Michael H. Kater
Ärzte als Hitlers Helfer

SERIE PIPER

Zu diesem Buch

Nur eine kleine Zahl von Medizinern leistete aktiven Widerstand gegen die Ideologisierung der medizinischen Lehre und Forschung unter den Nationalsozialisten. Und nur wenige Ärzte waren an Menschenversuchen und Massenmorden in den Konzentrationslagern beteiligt. Die meisten versuchten, sich zwischen staatlichen Vorgaben und dem Interesse des Patienten hindurchzulavieren. Doch gerade im alltäglichen Verstoß gegen den hippokratischen Eid sieht der Historiker Michael H. Kater die eigentliche ethische Korruption des gesamten deutschen Ärztestandes: Die Mediziner stiegen unter Hitler zur bestverdienenden Berufsgruppe auf, verhinderten aber weder den Verfall des wissenschaftlichen Standards noch die Vereinnahmung für verbrecherische Zwecke. Kater berücksichtigt in seiner Sozialgeschichte nicht zuletzt die Auswirkungen des Nationalsozialismus auf die Medizin in der Bundesrepublik.

Michael H. Kater, geboren 1937, ist Professor für Geschichte an der York University, Toronto. Als einer der renommiertesten Historiker für die Zeit des Nationalsozialismus hat er zahlreiche Bücher veröffentlicht. Auf deutsch liegen unter anderem »Gewagtes Spiel. Jazz im Nationalsozialismus« und »Die mißbrauchte Muse. Musiker im Dritten Reich« vor.

Michael H. Kater
Ärzte als Hitlers Helfer

Aus dem Amerikanischen von
Helmut Dierlamm und Renate Weitbrecht

Geleitwort von Hans Mommsen

Piper München Zürich

Von Michael H. Kater liegt in der Serie Piper außerdem vor:
Die mißbrauchte Muse (3097)

Für meine Töchter Anya und Eva

Ungekürzte Taschenbuchausgabe
Piper Verlag GmbH, München
März 2002

Titel der amerikanischen Originalausgabe:
»Doctors under Hitler«

Umschlag: Büro Hamburg
Isabel Bünermann, Meike Teubner
Fotos Umschlagvorderseite: Ullstein Bilderdienst
Satz: H & G Herstellung, Hamburg
Druck und Bindung: Clausen & Bosse, Leck
Printed in Germany ISBN 3-492-23407-0

www.piper.de

Inhalt

Geleitwort 9

Prolog 12

Dank 21

Abkürzungen 23

Einleitung 25

KAPITEL 1

Organisatorischer und sozioökonomischer Hintergrund 41

1. Angebot und Bedarf an Ärzten, Beschäftigungssituation 41
2. Die nationalsozialistische Umgestaltung der Ärzteorganisation 52
3. Medizinische Spezialisierung und Einkommen 60
4. Der Alltag der Ärzte im Dritten Reich 75

KAPITEL 2

Die Herausforderung durch die NS-Bewegung 103

1. Ärzte in der NSDAP 103
2. Der Nationalsozialistische Deutsche Ärztebund und andere der Partei angeschlossene Verbände 117
3. Formen des Widerstands 134
4. Ein zweiter Blick auf das Problem der Motive 149

KAPITEL 3

Das Dilemma der Ärztinnen 157

1. Demographische Trends und Tendenzen 157
2. Heirat, Mutterschaft und emanzipatorischer Kampfgeist 162
3. Universitätsstudentinnen 170
4. Medica Politica 180

KAPITEL 4

Medizinische Fakultäten in der Krise 189

1. Die Indoktrination der medizinischen Wissenschaft durch die NS-Ideologie 189
2. Das Wesen und der Mechanismus der Politisierung der Fakultäten 211
3. Antisemitismus, Widerstand und die Zukunft der medizinischen akademischen Welt 232

KAPITEL 5

Medizinstudenten am Scheideweg 249

1. Die Entwicklung der medizinischen Disziplin in Friedens- und Kriegszeiten 249
2. Zusammenhänge zwischen politischem Engagement und sozialer Herkunft 259
3. Die sogenannte Judenfrage und die Qualität der Medizinerausbildung 278

KAPITEL 6

Die Verfolgung der jüdischen Ärzte 291

1. Die Medikalisierung der »Judenfrage« 291
2. Rechtsunsicherheit bis September 1935 300
3. Fortschreitende Entrechtung: Von den Nürnberger Rassengesetzen im September 1935 bis zum Entzug der Approbationen im September 1938 315

4. Das Ende der jüdischen Ärzte 326
5. Chronik des Exils und eine Schätzung der Emigrationszahlen 335

Schluß

Die Krise der Ärzte und der Medizin unter Hitler 360

Anhang 389

Anmerkungen 412

Bibliographie 523

Register 567

Geleitwort

Michael H. Katers *Ärzte als Hitlers Helfer* ist ein Standardwerk für die Sozialgeschichte des Dritten Reiches. Schon die amerikanische Ausgabe fand große Beachtung in der Fachwelt. In deutscher Übersetzung wird es einem breiteren Publikum zugänglich. Es befaßt sich mit der Rolle der Ärzte und der Medizin in Deutschland, ist aber weit mehr als eine Spezialstudie über einen für die öffentliche Wohlfahrt unentbehrlichen Berufsstand. Es erklärt, warum das NS-Regime gerade auf die Ärzte eine große Faszination ausübte und viele in seinen Bann zog.

Die Entwicklung der medizinischen Wissenschaft und Praxis vollzog sich an der Schnittstelle zwischen professionellem Szientismus und nationalsozialistischem Rassenwahn, und sie war durch eine eigentümliche Vermischung von wertfreiem Wissenschaftsverständnis und sozialdarwinistischem Utopismus gekennzeichnet.

Katers abwägende Analyse legt dar, daß sich die Ärzte weithin bedenkenlos in den Dienst der nationalsozialistischen Gesundheits- und Rassenpolitik stellten und daß eine nicht geringe Zahl von ihnen zu aktiven Trägern der Vernichtungspolitik des Regimes wurde. Er widerlegt die Annahme, es hätte sich bei den medizinischen NS-Tätern um Außenseiter gehandelt. Sie verfügten vielmehr in aller Regel über eine exzellente akademische Ausbildung und glänzende Karrierechancen, die sie durch aktive Mitwirkung an der Rassenpolitik des Regimes weiter beförderten. Es handelte sich nicht um einzelne. Die Bereitschaft, rassisch und gesundheitlich unerwünschte Mitbürger auszumerzen und sich zum Diener einer verbrecherischen Züchtungspolitik zu machen, war weit verbreitet. Das reichte schließlich bis zur Anerkennung, ja zur aktiven Unterstützung der »Endlösung der Judenfrage«.

Dies wurde möglich, weil schon vor dem Beginn der nationalsozialistischen Herrschaft ein schleichender Zerfall des ärztlichen Ethos zugunsten eines *social engineering* eingetreten war, das die Grenzen zwischen moralisch zulässigem Eingriff und willkürlicher Korrektur der natürlichen Gegebenheiten flüssig werden ließ. Dies beschleunigte sich unter den Bedingungen des NS-Regimes.

Michael H. Kater scheut sich nicht, von einer fortschreitenden Dehumanisierung des medizinischen Berufs in Deutschland zu sprechen, der den Dienst am Patienten mit dem Dienst an der »Volksgesundheit« vertauschte. Sie war von einer fortschreitenden Korrumpierung des ärztlichen Standes und seiner Interessenvertretungen durch das Regime begleitet, was am Beispiel der »Euthanasie« deutlich hervortritt.

Die Folgen erblickt Kater nicht nur darin, daß die nationalsozialistische Vernichtungspolitik sich der indirekten und direkten Unterstützung vieler Mediziner bedienen konnte, sondern auch in einer tiefen Krise der Medizin im damaligen Deutschland. Sie schlug sich in wachsendem Nachwuchsmangel, im Absinken der fachlichen Qualifikation, im Vordringen irrelevanter und unwissenschaftlicher Gegenstände wie der »Rassenkunde« in der Medizinerausbildung, in der Abschließung von der internationalen Fachwelt und rückläufigen wissenschaftlichen Innovationen nieder. Die Perversion der humanen Zielsetzung der Disziplin in Gestalt der vom Regime favorisierten vielfältigen Menschenversuche ist ein Beispiel unter vielen für den Niedergang eines international anerkannten Berufsstandes unter dem Einfluß der NS-Rassen- und Kriegspolitik.

Mit Sorge konstatiert Kater, daß eine gründliche Aufarbeitung der Krise des Ärztestandes im NS-Regime von der Bundesrepublik nur zögernd in Angriff genommen wurde und daß heute, zehn Jahre nach dem Erscheinen der amerikanischen Fassung seines Buches, noch immer von seiten der Berufsvertretungen der Ärzteschaft versucht worden ist, die weitreichende Einbindung der Ärzte in das System des Verbrechens herunterzuspielen. Inzwischen wächst die Bereitschaft, sich über deren Ursachen offen Rechenschaft zu geben.

Dies ist jedoch nur ein Sonderfall der allgemeinen Erscheinung, daß erst in den jüngst zurückliegenden Jahren die Rolle der Funktionseliten im Dritten Reich auf breiter Front und ohne den Versuch der Beschönigung aufgearbeitet wird. Katers verdiente Darstellung nahm für den Bereich der Medizin diesen Schritt vorweg, indem er nicht nur, wie eine Reihe von Autoren vor ihm, die spektakulären Fälle der unmittelbaren Indienststellung von Ärzten in die verbrecherische Politik des NS-Regimes – wie in den Konzentrationslagern – herausstellt. Er liefert statt dessen eine umfassende Sozialgeschichte des Ärztestandes, schildert deren soziale Rolle, den Anteil weiblicher Mediziner und die Ausschaltung und Verfolgung der jüdischen Ärzteschaft in Deutschland, die Fälle offenen Widerstandes und innerer Emigration ebenso wie den überproportional hohen Anteil von Ärzten an der Mitgliedschaft der NSDAP und der affilierten Organisationen.

Dem Buch ist ein weiter Leserkreis zu wünschen. Es widerlegt die verbreitete Annahme, daß das NS-System einen umfassenden gesellschaftlichen und technischen Modernisierungsprozeß eingeleitet oder verstärkt habe. Im Gegenteil war – und nicht nur infolge der Bedingungen im Zweiten Weltkrieg – trotz äußerer staatlicher Förderung und Bevormundung ein rapides Absinken der Qualität der medizinischen Ausbildung und der Studentenzahlen im Fach Medizin ebenso wie eine Abschottung von internationalen Einflüssen und eine Stagnation in der Entwicklung und Anwendung neuer Medikamente und Therapien zu verzeichnen. Katers Analyse zwingt zu der Einsicht, daß die Herrschaft des Nationalsozialismus mit einem maßgeblichen Qualitätsverlust auch im Bereich der Naturwissenschaften verbunden war und gleichwohl in weitem Umfang von den akademischen Eliten toleriert und mitgetragen wurde. Sie beleuchtet zugleich die Versuchungen, denen die medizinische Wissenschaft auch unter nicht-totalitären Bedingungen ausgesetzt ist.

Hans Mommsen — Feldafing, im Januar 2000

Prolog

Die deutsche Übersetzung meines Buches über die Ärzte im Dritten Reich wird hiermit nach mehr als zehn Jahren seit Erscheinen der amerikanischen Originalausgabe vorgelegt. Diese Verzögerung hat mehrere Gründe. Zum ersten war damals gerade Robert Jay Liftons Werk über die Medizin in Auschwitz auf deutsch erschienen. Diese Untersuchung hatte auch deutschen Lesern den Eindruck vermittelt, das Thema »Medizin und Mediziner im Dritten Reich« sei erschöpfend behandelt worden, während sich Lifton tatsächlich nur auf die pervertierte Medizin der Vernichtungslager im besetzten Polen, allenfalls noch in den Konzentrationslagern des Altreichs, nicht jedoch auf die Regelmedizin bzw. den Berufsstand der Ärzte im nationalsozialistischen Deutschland bezogen hatte. Liftons Buch war in der Bundesrepublik sehr erfolgreich, nicht nur weil es eigenwillige psychohistorische Thesen vertrat, sondern auch wegen des von ihm vermittelten »Eichmann-Effekts«: Als Adolf Eichmann Anfang der sechziger Jahre im Glaskäfig des israelischen Gerichtshofes in Jerusalem saß, meinte die Mehrheit der Deutschen, der Hauptschuldige für die nazistischen Kapitalverbrechen — außer den bereits toten Hitler, Himmler und Heydrich — sei jetzt gefaßt, ihm werde der Prozeß gemacht und damit sei der Rest der deutschen Bundesbürger aus der historischen Verantwortung entlassen. Die Standesvertretungen der trizonalen Ärzte in Köln hatten sich diese Einstellung bereits kurz nach dem Zweiten Weltkrieg zu eigen gemacht, als sie nach dem sogenannten Nürnberger Ärzteprozeß bis 1948 auf verbrecherische Kollegen wie Rudolf Brandt, Claus Schilling und Karl Gebhardt mit Fingern zeigen und sagen konnten: Die schuldigen abartigen Mediziner sind verurteilt und ihrer verdienten Todesstrafen zugeführt.

Nach der Unterdrückung von Alexander Mitscherlichs und Fred Mielkes wichtiger Dokumentation *Das Diktat der Menschenverachtung* (später, erweitert, unter dem Titel *Medizin ohne Menschlichkeit* ein großer Verkaufserfolg), haben die leitenden deutschen Standesvertreter, von denen sie in Auftrag gegeben worden war, daraus einen Mythos fabriziert und in die Welt gesetzt, die noch lebenden deutschen Ärzte hätten, mit einer kleinen Ausnahme von etwa hundert perverser Kollegen, mit einer vom rechten Wege abgewichenen Humanmedizin zwischen 1933 und 1945 überhaupt nichts zu tun gehabt. Eine von der Kölner Dachorganisation Bundesärztekammer beherrschte westdeutsche Ärzteschaft und die von ihr als Patienten behandelte Öffentlichkeit war — im Gegensatz zu Liftons Untersuchung — einem Buch wie meinem gegenüber skeptisch, da es die Normalsituation aller deutschen Ärzte vor, während und nach der Hitler-Diktatur kritisch behandelte.

Inzwischen wurde jedoch offenkundig, daß nach der von Lifton beschriebenen Problematik das Thema bei weitem nicht erschöpft war. Und zwar weil sich allmählich von selbst herausstellte, daß es im Dritten Reich neben, oder präziser: verflochten mit der KZ-Medizin noch eine angeschlagene Regelmedizin gegeben hatte, deren Konsequenzen bis heute in die Bundesrepublik hinein sichtbar wurden. Dieses Phänomen sprang auf die Thematik einer sich der Vergangenheitsbewältigung verschließenden Bundesärztekammer über. Symptomatisch hierfür wurde der Sewering-Skandal. Der Dachauer Internist Hans Joachim Sewering, einst SS-Mitglied und von 1973 bis 1978 oberster Chef der deutschen Ärzteschaft in Köln, konnte 1993 gleichsam in letzter Minute in seinem Versuch gehindert werden, zum Präsident des Weltärztebundes aufzusteigen, weil sich herausgestellt hatte, daß er 1943 die »Euthanasie«-Ermordung eines vierzehnjährigen Mädchens in Eglfing-Haar mitverschuldet hatte. Ich hatte, nach Erscheinen der Originalausgabe des vorliegenden Buches mit dem Titel *Doctors Under Hitler*, in der Sewering zu Anfang kurz erwähnt wurde, im Zusammenwirken mit kanadischen, amerikanischen, israelischen und nicht zuletzt deutschen Ärzten und Medizinhistorikern einen Teil dazu beigetragen, daß Sewering schließlich nicht Präsident wurde. 1997 veröffentlichte ich in der Publikationsreihe des Deutschen Historischen Instituts Washington bei Cambridge University Press ein Protokoll dieses insgesamt komplizierten und sich schließlich auf internationaler Ebene abspielenden Komplott-Vorganges mit dem ehrgeizigen Sewering im Mittelpunkt und interpretierte den Skandal als eine logische Folge der korporativen Weigerung westdeutscher Ärzte, sich ihrer eigenen Geschichte kritisch zu stellen.

Mitte der neunziger Jahre, um die Zeit des Sewering-Skandals, war die Bundesärztekammer schließlich zur Genüge unter Druck geraten, um mit der Aufarbeitung ihrer Standes-Geschichte zu beginnen, und zwar als Folge von und in der Interaktion mit vier ineinandergreifenden Faktoren. Erstens war nicht mehr zu übersehen, daß (bis zum damaligen Bundesärztekammer-Präsidenten Karsten Vilmar, der zu jung gewesen war) die ersten drei Vorsitzenden, nämlich Carl Haedenkamp, Ernst Fromm und Hans Joachim Sewering, entweder der SA oder SS angehört hatten. Zweitens stand die Anklage der Unterdrückung der Mitscherlichschen Dokumentation durch die damaligen Standesvertretungen immer noch im Raum. Drittens erzwang nun der Sewering-Fall die längst fällige Selbstüberprüfung. Und viertens drangen endlich doch deutsche Nachwuchsmediziner und Historiker auf eine Offenlegung der Verbindung zwischen kompromittierter Medizin, vor und nach 1945, und möglichen nazistischen Faktoren und forschten inzwischen zum Teil selbst darüber. Das Resultat der dadurch herbeigeführten Klärungsversuche auf Kölner Seite waren zunächst einige worthülsenartige Artikel in der Standeszeitschrift *Deutsches Ärzteblatt*, deren Redakteur Norbert Jachertz im Bunde mit seinem obersten Chef Vilmar (wie ehemals seine Vorgänger unter Sewering, Fromm und Haedekamp) eine klare Bereinigung bis jetzt konsequent abgeblockt hatte. Jachertz ging, vermutlich auf höhere Anordnung, ein taktisch geschicktes Bündnis mit ein paar Vertretern der Schulmedizin ein, namentlich Johanna Bleker vom Medizinhistorischen Institut an der Freien Universität Berlin und Robert Jütte, Leiter des Medizinhistorischen Instituts der Robert-Bosch-Stiftung in Stuttgart. 1993 gaben Bleker und Jachertz in zweiter Auflage einen Überblick über die Medizin im Dritten Reich heraus, der plakativ die Imprimatur des Deutschen Ärzte-Verlags in Köln trug. Des weiteren steuerte Jachertz 1997 ein Kapitel zu Jüttes Anthologie zur Medizin im Deutschland des 19. und 20. Jahrhunderts bei – ebenfalls im Ärzte-Verlag erschienen, also nicht neutral, aber etwas gehaltvoller. Erwartungsgemäß wich Jachertz auch jetzt nur wenig vom Ton der Verdrängung oder Apologetik ab, der die Redaktion vom *Deutschen Ärzteblatt* seit dessen Neuerweckung nach 1945 (wohlgemerkt: ohne sinnstiftende Namensänderung!) stets charakterisiert hatte. In einigen wichtigen Punkten blieb Jachertz prinzipiell auf derselben harten Linie. So moderierte er in Jüttes Sammelband den alten Vorwurf, die Kölner Ärztevertretung habe Mitscherlichs und Mielkes Werk sofort nach dessen Erscheinen unterdrücken lassen, dahingehend, »daß das Buch verabredungsgemäß den Ärztekammern zugeteilt wurde, die Nachfrage der Ärzte aber zu wünschen übrig ließ«. Eine Abwälzung der Verantwortung also von den Ärztekammern auf die Ärzte selbst! Dem hielt die renommierte Ärztin Alice von Platen, die 1946 mit Mitscherlich und Mielke in der deutschen Ärztekommission für den Nürnberger Ärzteprozeß gesessen hatte, 1998 entgegen, daß damals »große Widerstände, besonders bei den westdeutschen Ärztekammern und bekannten Medizinprofessoren, gegen unsere Kommission und besonders gegen Dr. Mitscherlich, einen bekannten Widerständler, vorherrschten«. Zu Sewering bemerkte Jachertz wahrheitsbeugend: »Die Verdächtigungen [der Mitwirkung bei der »Euthanasie«] konnten bis heute nicht erhärtet werden. Eigene Recherchen zum Fall der jungen Patientin haben keine stichhaltigen Beweise gegen Sewering zu Tage gefördert.« Daß diese »Recherchen« nicht unabhängig, sondern im Auftrag von Sewerings Parteigänger und Arbeitgeber Vilmar durch den Apparat seines ihm unterstehenden *Deutschen Ärzteblattes* angestellt worden waren, bedarf wohl keines weiteren Kommentars.

In der nun ins Deutsche übersetzten Fassung meines Buches beklage ich, anfangs ebenso wie abschließend, die Kontinuität der medizinischen Wissenschaft und Praxis unter den Nationalsozialisten, gerade auch im personellen Sektor, bis in die Bundesrepublik. Des weiteren bedauere ich, wie oben bereits skizziert, die namentlich von der Kölner Standesvertretung unternommenen Anstrengungen, diese Kontinuität so lange wie möglich zu vertuschen oder zu relativieren und jede Aufklärungsarbeit zu bagatellisieren. Dazu ist aus heutiger Sicht allerdings anzumerken, daß schon vor dem Casus Sewering einige Vorstöße von Ärzten und Medizinhistorikern erfolgt sind, Licht in das Dunkel zu bringen. Das gilt für Ausländer wie die Amerikaner Robert Jay Lifton und Robert Proctor (dessen Buch *Racial Hygiene* 1988 leider von mir nicht mehr berücksichtig werden konnte), den Briten Paul Weindling, aber kumulativ auch für deutsche Autoren, gerade die jüngeren von ihnen. Übersichten und Teilberichte zur Situation der Ärzte und der Medizin im Dritten Reich sind von den progressivsten der westdeutschen Medizinhistoriker auch schon vor der Erstpublikation meines Buches 1989 vorgelegt worden. Beispielsweise erschien eine materialreiche Dokumentation aus der Feder Walter Wuttke-Gronenbergs bereits 1980, dergleichen ein Berliner Tagungsband, herausgegeben von einem der Pioniere auf diesem Gebiet, Gerhard Baader, zusammen mit Ulrich Schultz. Fünf Jahre später wurde eine Aufsatzsammlung von dem namhaften Kieler Medizingeschichtler Fridolf Kudlien publiziert. Zeitgleich mit meiner Monographie erschien 1989 die von Christian Pross und Götz Aly herausgegebene Sammlung von Tagungsbeiträgen aus Anlaß einer Nebentagung nebst Ausstellung zur Medizin während des Nationalsozialismus in West-Berlin, »Der Wert des Menschen«, parallel zum 92. Deutschen Ärztetag, als dessen Präsident Vilmar sie nunmehr anerkennen mußte und die so von der schon länger als fortschrittlich bekannten Berliner Ärztekammer unter Ellis Huber getragen werden konnte. Als ich der Konferenz 1989 beiwohnte, befanden sich bezeichnenderweise kaum ältere Ärzte im Publikum, nur ein kleines Häuflein jüngerer Zuhörer hatte sich eingefunden. Sie bildeten einen Ring um einen isoliert dasitzenden Karsten Vilmar. Zwei Jahre später veröffentlichte Norbert Frei vom Münchener Institut für Zeitgeschichte einschlägige Beiträge zum Thema, von ausgewiesenen jüngeren Forschern und heutigen Lehrstuhlinhabern Alfons Labisch und Dirk Blasius, aber auch von dem gerade vor der Emeritierung stehenden Kudlien und ausländischen Wissenschaftshistorikern wie Weindling.

Besonders wichtig war damals die Mitwirkung des Kölner Biogenetikers Benno Müller-Hill, der 1988 selbst eine große internationale Tagung zum Thema in Köln veranstaltet hatte und wegen einer früheren kritischen Durchleuchtung seiner Disziplin, der einst Josef Mengele und dessen Frankfurter Lehrer Otmar Freiherr von Verschuer angehört hatten, von Kollegen ausgegrenzt wurde und, wäre er in der medizinischen Fakultät gewesen, seinen Lehrstuhl riskiert hätte. In den Vereinigten Staaten erstellte John J. Michalczyk vom Boston College nach einer eigenen Konferenz eine ähnliche Anthologie, nun schon mit dem — nordamerikanische Wissenschaftler auszeichnenden – Blick auf Gegenwart und Zukunft: Was hat man aus medizinischer Fehlentwicklung und Verbrechen zu lernen? Als Meilenstein dieses Fortschritts muß der Sammelband der IPPNW (International Physicians for Peace and Against Nuclear War) gelten, publiziert nach einer internationalen Tagung 1996 in Nürnberg, die von Hunderten von Ärzten und Medizinstudenten besucht wurde – gerade von den deutschen und nun auch von den älteren unter ihnen. Viele der jüngeren Teilnehmer an dieser Tagung, auf der sich Vilmar bezeichnenderweise nicht sehen ließ, hatten noch vor drei Jahren in einem Großinserat in der Wochenzeitung *Die Zeit* Sewerings Rücktritt als designierter Weltärztebund-Präsident gefordert. Stark zugenommen haben auch Spezialstudien zur Psychiatrie und »Euthanasie« in einzelnen Heilstätten für Geisteskranke wie Eglfing-Haar, Galkhausen oder Lengerich — ein Thema, das man vor 1989, durch Fachleute wie Gerhard Schmidt und Klaus Dörner, allenfalls pauschal, aber nicht anstaltsspezifisch abgehandelt hatte. Was fernerhin hoffnungsvoll stimmt, sind immer mehr Regionalstudien zur medizinischen Ausbildung in der NS-Zeit, zu den medizinischen Fakultäten und der Forschung, zur Verbindung der reichsdeutschen Medizin mit dem Holocaust und zur, wenngleich sehr fehlgeleiteten, Behandlung medizinischer Verbrechen durch die Gerichtshöfe im amerikanisch besetzten Nürnberg bis August 1947 und später in der Bundesrepublik, in den fünfziger Jahren und bis zum Frankfurter Auschwitz-Prozeß zu Beginn der Sechziger.

Aus dieser Publikationsserie hoben sich die Arbeiten des Frankfurter Sozialarbeiters Ernst Klee als besonders engagiert heraus – so seine *Dokumente zur »Euthanasie«* (1985) und der Bericht über medizinische Mörder *Was sie taten – was sie wurden* (1986). Ich selbst habe sie für meine verschiedenen Arbeiten zur Medizingeschichte über die Jahre mit Gewinn benutzt und zitiert. Um so befremdlicher ist es daher, daß Klee 1997 einen Band vorlegte, der, wie ich ein Jahr später im *Bulletin of the History of Medicine* schrieb, sich zwar zum Teil unter Verwendung neu erschlossener Prozeßakten mit medizinischen Verbrechen im Dritten Reich auseinandersetzte — wie Lifton vor ihm nur damit –, dabei aber gerade diesen Pionier mit keinem Wort erwähnte. Ja, Klees *Auschwitz, die NS-Medizin und ihre Opfer* unterschlug auch die Werke anderer wichtiger Autoren, so die von Weindling und Proctor. Ferner verschwieg er meine Publikationen, sowohl *Doctors Under Hitler* als auch meine aufwendige Untersuchung über das »Ahnenerbe« der SS. Diesem »Ahnenerbe« und seinen Humanversuchen aber widmete Klee ein 45seitiges Kapitel, und zwar so, als wäre es wissenschaftliches Neuland. Da manches nicht belegt wurde, will ich hier dahingestellt bleiben lassen, was er von mir abgeschrieben haben mag. Die Behauptung des S. Fischer-Verlages, Klees Behandlung dieser Fragenkomplexe, zumal ausschließlich aufgrund frischer Quellen, sei eine Ersttat, ist jedenfalls gewagt.

Ganz abgesehen von diesem einen unseriösen Beispiel läßt trotz aller publizistischen Errungenschaften den Sozialhistoriker der Medizin auch heute noch verzagen, daß der Ärzteprozeß von Nürnberg (und der im Anschluß verabschiedete, als wegweisend gedachte, Nürnberger Kodex) wenig ins Bewußtsein der Ärzte, nicht nur der deutschen, sondern in aller Welt gedrungen ist. Noch immer mutiert der Arzt weltweit vom Hüter der Gesundheit zum Urheber oder Aufseher über Mißbrauch und Folter, ja zum »Todesengel«. Während der Militärdiktatur in Chile unter Augusto Pinochet wurden von 1973 bis 1983 Gefangene systematisch vergewaltigt und durch Elektroschocks gequält, während Ärzte darüber wachten. Im Libanon wurden die deutschen Geiseln Heinrich Strübig und Thomas Kempter in der Gefangenschaft nach häufiger Folter von Medizinern routinemäßig untersucht, damit sie als wichtiger Unterpfand nicht starben. In Augsburg steht gegenwärtig der Kardiologe Prof. Dr. Eberhard Struck unter Anklage, seit 1987 an Patienten der Intensivstation des städtischen Klinikums Versuche mit Antibiotika ohne deren Wissen durchgeführt zu haben. Auch gab er die vertraulichen Daten von 2995 operierten Herzpatienten zu Werbezwecken weiter. Blutproben von geistig behinderten Heimbewohnern wurden Forschern durch eine ehemalige Ärztin des Behindertenheims St. Josef-Stift in Eisingen bei Würzburg zugänglich gemacht, ohne die Betroffenen zu informieren; ihr droht ein Strafbefehl. In Kanada, ein Land mit dem nachweislich höchsten medizinischen Standard, einem breiten Sozialnetz und der seit Jahren gerühmten weltbesten Lebensqualität, werden wiederholt junge Frauen und Mädchen von praktizierenden Ärzten sexuell schwer belästigt; ein Gynäkologe in der Provinz Saskatchewan vergewaltigte unlängst eine Patientin in einer zu diesem Zweck verabreichten Narkose im Operationsraum.

Es scheint, als sei Hippokrates heute wie damals bewußtlos. Vielleicht haben böswillige Schüler ihn betäubt. Hippokrates endgültig wiederzubeleben und damit aus der schlimmen Entwicklung zu lernen, wäre demnach, unverändert, das Gebot der Stunde.

Abschließend noch ein erklärendes Wort zur deutschen Übersetzung der amerikanischen Originalausgabe und ein qualifizierendes zum deutschen Titel. Die Erstfassung dieses Buches ist so weit wie möglich wörtlich, das heißt ohne Änderungen, Ergänzungen oder Zusätze, übersetzt worden; das gilt auch für die Primärquellen und die Literatur. Eine Überarbeitung mit dem Zweck, das Werk auf den neuesten Stand zu bringen, erübrigte sich, da sich an der Grundaussage nichts geändert hätte. Die Forschung der letzten Jahre hat, wie ich schon oben bemerkte, zu Teilfragen der Thematik wichtige Einzelergebnisse geliefert, die das Gesamtbild abrunden, ohne es jedoch zu verschieben. Seit 1989 gibt es keine neuen Erkenntnisse, die eine Revision dieses Buches erforderten, geschweige eine Gesamtdarstellung der »Medizin und Mediziner im Dritten Reich« mit deren Vorgeschichte, die der deutschen Ausgabe von *Doctors Under Hitler* zuvorkam. Sie blieb aus.

Als deutscher Titel ist nach Übereinkommen von Verlag und Verfasser bewußt *Ärzte als Hitlers Helfer* gewählt worden. Das könnte man so auffassen, als seien alle praktizierenden Ärzte im Dritten Reich Zuarbeiter der Diktatur gewesen. Doch so vereinfachend, auf jeden einzelnen zielend, ist es nicht gemeint, denn einige Ärzte – wie im Buch ja auch gesagt – haben das hippokratische Ethos nicht verletzt und ihre Patienten nach bestem Wissen und Gewissen geholfen oder sogar aktiven Widerstand geleistet. Sie werden, soweit möglich, mit Namen genannt. Aber wie viele waren selbst von ihnen aus medizinischen Gründen Widerständler? Im nationalsozialistischen Deutschland gab es keine größere Gruppe von Ärzten, die sich, berufsethisch motiviert, gegen das Regime gewandt hat. Es gab sie aber im besetzten Holland, wo einheimische Ärzte den medizinischen Praxisvorgaben der neuen Machthaber nicht folgen mochten, sich geschlossen widersetzten und in reichsdeutsche Konzentrationslager deportiert wurden. Hätte es ein einziges Beispiel dieser Art damals in Deutschland gegeben, wären vielleicht Zeichen gesetzt worden, und vieles in Arztpraxen und medizinischen Hörsälen wäre anders verlaufen. Nicht zuletzt hätten die Standesvertretungen in einem nachhitlerischen Deutschland darauf aufbauen können. Jedoch es kam anders. Aus einer irregeleiteten Entwicklung bereits vor 1933 wurden Deutschlands Ärzte im Kollektiv zu Hitlers Helfern, gerade weil ohne sie die Verfolgung Andersdenkender oder auch, wie man damals sagte, Andersrassiger, nicht möglich gewesen wäre, insbesondere nicht der Genozid der europäischen Juden.

Michael H. Kater — Toronto, im Dezember 1999

Dank

Während meiner Arbeit an diesem Buch wurde ich von vielen Freunden und Kollegen großzügig unterstützt. Ich danke dem Social Sciences and Humanities Research Council of Canada in Ottawa, der mir die ganze Zeit über finanzielle Zuschüsse und für 1982/83 ein Stipendium gewährte. Er ermöglichte mir auch Reisen zu den Konferenzen der International Society for the History of Medicine in Düsseldorf (1986) und in Bologna (1988), auf denen ich Vorträge über die Medizin während der Nazizeit halten konnte. Das Office of Research Administration und das Atkinson College der York University gaben mir von 1984 bis 1985 und von 1987 bis 1988 Forschungsstipendien, so daß ich keine Lehr- und Verwaltungsaufgaben wahrnehmen mußte, und stellten mir für Reisen und Recherchen weitere finanzielle Mittel zur Verfügung. Das von Dr. G. R. Paterson geleitete Hannah Institute for the History of Medicine in Toronto bot mir an, von 1985 bis 1986 als Hannah-Gastprofessor Vorlesungen an der McMaster University in Hamilton zu halten. Das erwies sich als eine lohnende Erfahrung, denn in Hamilton lernte ich zwei hochqualifizierte Experten auf den Gebieten Medizin und Medizingeschichte kennen: den dort wohnhaften Hannah-Professor Charles G. Roland und William E. Seidelman. Beide führten mich nicht nur in die Grundlagen der Medizin ein und halfen mir bei bibliographischen Problemen, sondern wurden auch enge persönliche Freunde. Besonderen Dank schulde ich Konrad H. Jarausch, der mir Zugang zu raren Dokumenten verschaffte und mich stets mit sachkundigen Ratschlägen unterstützte, sowie Daniel P. Simon, dem unbeschreiblich hilfsbereiten Direktor des Berlin Document Center, der mich unermüdlich mit Archivmaterial eindeckte.

Zu den vielen anderen Menschen, die mir auf unterschiedliche Weise geholfen haben, gehören William Sheridan Allen, Wolfgang Benz, Gert Brieger, Henry Friedlander, Hans Halter, Hartmut Hanauske-Abel, H.-G. Herrlitz, Georg G. Iggers, Frederick H. Kasten, Eric D. Kohler, Fridolf Kudlien, Robert Jay Lifton, Gunter Mann, Howard Margolian, Sybil Milton, George L. Mosse, Benno Müller-Hill, Christian Pross, Mark Richardson, Ronald Schmalz, Rolf und Helga Steffensmeier, Lawrence D. Stokes, Achim Thom und Hermann Weisert.

Mein Dank gilt auch Lewis Bateman, dem Verlagsleiter von University of North Carolina Press, der sich bereit erklärte, das Manuskript zu veröffentlichen, und es mit großer Sorgfalt druckfertig machte.

Und nicht zuletzt möchte ich mich noch einmal bei Mary Hudecki, Gary MacDonald und John Carter vom Fernleihdienst der York University bedanken, die mir nicht nur innerhalb der Vereinigten Staaten, sondern auch in so fernen Ländern wie der DDR Bücher und Artikel besorgten.

Die Verantwortung für eventuelle Fehler in diesem Buch trage selbstverständlich ich allein.

Abkürzungen

Im Text werden folgende Abkürzungen verwendet (zu den Abkürzungen im Anhang und in den Anmerkungen siehe Seite 412).

Adgo	Allgemeine deutsche Gebührenordnung
ANSt	Arbeitsgemeinschaft Nationalsozialistischer Studentinnen
BDÄ	Bund Deutscher Ärztinnen
BDM	Bund Deutscher Mädel (die weibliche Hitler-Jugend)
DAF	Deutsche Arbeitsfront
DFW	Deutsches Frauenwerk
HJ	Hitler-Jugend
IPPNW	International Physicians for the Prevention of Nuclear War
KVD	Kassenärztliche Vereinigung Deutschlands
Napola	Nationalpolitische Erziehungsanstalten
NDH	Neue Deutsche Heilkunde
NSÄB	Nationalsozialistischer Deutscher Ärztebund
NSDAP	Nationalsozialistische Deutsche Arbeiterpartei
NSD-Dozentenbund	Nationalsozialistischer Deutscher Dozentenbund
NSDStB	Nationalsozialistischer Deutscher Studentenbund
NSF	NS-Frauenschaft
NSFK	Nationalsozialistisches Fliegerkorps
NSKK	Nationalsozialistisches Kraftfahrkorps
NSV	Nationalsozialistische Volkswohlfahrt
OKH	Oberkommando des Heeres

Preugo	Preußische Gebührenordnung
RÄK	Reichsärztekammer
REM	Reichserziehungsministerium
RM	Reichsmark
RSHA	Reichssicherheitshauptamt
RSW	Reichsstudentenwerk
SA	Sturmabteilungen
SD	(SS-)Sicherheitsdienst
SS	Schutzstaffel
TB	Tuberkulose
TH	Technische Hochschule
uk-Stellung	unabkömmlich-Stellung
VDI	Verein Deutscher Ingenieure

Einleitung

Dieses Buch beginnt mit den Fallgeschichten von sieben deutschen Ärzten und Ärztinnen. Der Gynäkologe Professor Carl Clauberg, der in der Nazizeit grausame Experimente an KZ-Häftlingen durchführte, wurde im Juni 1945 von den Russen gefangengenommen. Er wurde zu fünfundzwanzig Jahren Haft in einem sowjetischen Gefängnis verurteilt, jedoch schon 1955 nach Westdeutschland überführt. Dort suchte sich Clauberg sofort eine Sekretärin, weil er wieder eine Praxis eröffnen wollte. Die Bundesärztekammer unternahm nichts, um ihn daran zu hindern. Erst nach massivem Druck von außen entzog sie ihm schließlich die Approbation. Clauberg starb 1957 im Gefängnis, während er auf ein Wiederaufnahmeverfahren wartete.[1]

Rupprecht Bernbeck war im Dritten Reich Student mehrerer akademischer Disziplinen. Vor dem Ende des Zweiten Weltkriegs hatte der junge Nazi bereits drei Doktortitel erworben. Der Titel seiner Doktorarbeit in Philosophie lautete: »Rassenpsychologische Betrachtungen über die See und die Seefahrt unter besonderer Berücksichtigung des deutschen Volkes«. Bernbeck war auch Doktor der Medizin. Wenn er nicht gerade in einem von Hitlers U-Booten die Ozeane befuhr, setzte er seine Ausbildung zum Chirurgen fort. Nach 1945 schlug er eine Laufbahn als Orthopäde ein. Er wurde zum außerordentlichen Professor ernannt, zuerst in München, dann in Hamburg. Im Jahre 1984 warfen Hunderte von Patienten dem inzwischen siebenundsechzigjährigen Chefchirurgen Kunstfehler vor. Angeblich hatte er junge Frauen und Männer für private Experimente mißbraucht und sie dabei verkrüppelt. In vielen Fällen hatte Bernbeck mit großer Begeisterung operiert, obwohl der Eingriff nicht nötig gewesen wäre. Er war für seinen schwarzen Humor bekannt. Ein Patient, der an der Wirbelsäule operiert werden sollte, hatte einen Gipsverband am Bein, als er aus der Narkose erwachte. Als er Bernbeck nach dem Grund fragte, antwortete dieser: »So laufen Sie mir nicht davon!« 1988 begann der Prozeß gegen ihn.[2]

Dr. Ilse Szagunn war bereits eine erfahrene Ärztin, als sie 1941 Chefredakteurin der von den Nazis kontrollierten Zeitschrift für Medizinerinnen *Die Ärztin* wurde. Sie verfaßte und veröffentlichte zahlreiche Artikel »im nationalsozialistischen Geist«.[3] 1951 durfte die inzwischen vierundsechzigjährige Szagunn für ein Fachmagazin einen Artikel über die Veränderungen des Krankheitsbegriffs in den vergangenen fünf Jahrzehnten schreiben. Sie vermied es nicht nur, auf Veränderungen in den Jahren 1933 und 1945 einzugehen, sondern erwähnte auch noch den Namen von Professor Werner Catel, der im Rahmen des »Euthanasie«programms Hunderte von Kindern getötet hatte und sich später einer neuerlichen »Veränderung« der politischen Verhältnisse ebenso stillschweigend anpaßte, wie es Szagunn getan hatte.[4]

Walter Kreienberg wurde 1911 als Sohn eines praktischen Arztes geboren. Nach dem Abitur im Jahre 1931 studierte er an den renommierten Universitäten von Würzburg, Hamburg, Düsseldorf und Erlangen Medizin. 1937 machte er in Erlangen sein Examen und veröffentlichte als Doktorarbeit Betrachtungen zum neuen Nazigesetz über »Erbkranke«. Er pries die »rassenhygienischen« Bestimmungen des Gesetzes als einen »moralischen Sieg für Deutschland« und spottete über ausländische Kritiker, die jede vom neuen Deutschland angeordnete Maßnahme politisch ausschlachten würden, um ihren fanatischen Haß gegen die neue Staatsführung zum Ausdruck zu bringen.[5] Im selben Jahr trat er in die NSDAP ein. Dem Nationalsozialistischen Kraftfahrkorps und dem Nationalsozialistischen Deutschen Ärztebund gehörte er bereits an.[6] 1943 war der politisch unangreifbare Kreienberg Dozent für Physiologie. Ein Jahr später wurden vor einer Neuverteilung der Lehrstühle die Qualifikationen dieses jungen Wissenschaftlers überprüft, der nun für die Luftwaffe Druckkabinen-Experimente durchführte.[7] Während des Krieges klappte es nicht mehr mit einer Professur, doch 1948 erhielt er an der neu gegründeten Universität von Mainz einen

Lehrstuhl im Fach Physiologie. Im Jahre 1971 verlieh ihm die Bundesrepublik Deutschland seinen ersten Orden, das Bundesverdienstkreuz dritter Klasse; 1977 folgte das Bundesverdienstkreuz zweiter Klasse und 1984 das Große Verdienstkreuz.[8] Im Frühjahr 1987 verlieh die deutsche Ärzteschaft dem Physiologen schließlich noch die Paracelsus-Medaille, die schon Albert Schweitzer erhalten hatte. Ironischerweise sollte während des medizinischen Kongresses, auf dem Kreienberg für seine vorbildliche Haltung als Arzt im Dienst an seinen Patienten ausgezeichnet wurde, auch über einen Antrag auf Abschaffung des Sterilisationsgesetzes von 1933 beraten werden, über das er seine Doktorarbeit geschrieben hatte.[9]

Ernst Rodenwaldt begann seine Medizinerlaufbahn 1903 als fünfundzwanzigjähriger Sanitätsoffizier der kaiserlichen deutschen Armee. Von 1910 bis 1913 diente er in Togo, einer der vier deutschen Kolonien in Afrika. Zwischen 1920 und 1934 verbrachte er einige Jahre in Niederländisch-Indien, in denen er zeitweilig der Nazipartei angehörte. 1934 kehrte er nach Deutschland zurück, weil er von der Kieler Universität zum Professor für Hygiene und Bakteriologie ernannt worden war. 1935 lehrte er in Heidelberg. Während des Zweiten Weltkriegs unterstützte er die Nazis als Leiter des tropenmedizinischen Instituts der Militärakademie.[10] Rodenwaldt begeisterte sich für die neue Nazidisziplin »Rassenkunde«. Er hielt in Heidelberg Vorlesungen zum Thema Volk und Rasse und warnte in seinen Veröffentlichungen vor »der Vermischung der Rassen« in den Kolonien und deren Folgen für die Mutterländer. Er wetterte gegen den »liberalistisch-jüdischen«, die Rasse verleugnenden Geist des Systems [der Weimarer Republik], betonte die »Rassenunterschiede« zwischen Juden und Nicht-Juden und begrüßte die Nürnberger Rassengesetze vom September 1935.[11] Im Jahre 1944 brüstete sich der inzwischen zum Generalarzt aufgestiegene Rodenwaldt mit seinen Forschungsarbeiten auf dem Gebiet der Mischlingsforschung und war als Sachverständiger für nationalsozialistische Erbbiologie tätig.[12] Nach 1945 wurde der Professor von seinen Studenten wegen seiner Verbindungen zu den Nazis angezeigt und verlor daraufhin seinen Lehrstuhl. Trotzdem erteilten ihm die westlichen Alliierten 1947 den Auftrag, einen ausführlichen

Bericht über Hygiene im Dritten Reich zu verfassen – in dem die Rassenhygiene mit keinem Wort erwähnt wurde. Außerdem arbeitete er im Auftrag der Akademie der Wissenschaften an einem epidemiologischen Weltatlas. 1967 wurde das Institut für Militärmedizin und Hygiene der Bundeswehr nach ihm benannt.[13]

Gerhard Jungmann wurde 1910 in Elberfeld geboren. Er studierte Medizin in München, Bonn und Kiel und machte 1935 seinen Doktor. Im Mai 1933 war er in die NSDAP eingetreten, und 1936 gehörte er auch der SA und dem Nationalsozialistischen Deutschen Ärztebund an. Im Juni 1938 ließ sich Jungmann in Markoldendorf bei Hannover als praktischer Arzt nieder. 1939 wurde er eingezogen und diente bis 1945 in der Luftwaffe der Nazis.[14] Nach 1945 brach für ihn eine ruhige, glückliche Zeit an. 1953 war er im Hartmannbund, dem Verband der Ärzte Deutschlands, stellvertretender Vorsitzender für Niedersachsen. Nach 1955 engagierte er sich viele Jahre lang auf Bundesebene. Als überzeugter Verfechter der Ziele von Konrad Adenauers konservativer CDU wurde Jungmann zuerst in den Stadtrat von Markoldendorf und 1961 ins Bonner Parlament gewählt. 1968 wurde auch diesem Arzt das Bundesverdienstkreuz verliehen.[15] Doch er erinnerte sich noch gut an die Nazizeit und einige der medizinischen Dogmen, die er als Student gelernt hatte. 1972 veröffentlichte er im *Deutschen Ärzteblatt* einen Artikel, in dem er die Auffassung vertrat, Vorsorge sei besser als Fürsorge. Seine Argumente klangen allerdings verdächtig nationalsozialistisch, da sie sich auf die naturalistischen Lehren eines von ihm hoch gelobten Naziarztes und Professors namens Karl Kötschau stützten, dem er seine Abhandlung widmete.[16]

Hans Joachim Sewering war achtzehn Jahre alt und bereits Medizinstudent, als er sich im November 1933 der SS anschloß. Neun Monate später trat er in den Nationalsozialistischen Deutschen Studentenbund und in die NSDAP ein. Nach dem Staatsexamen, das er 1941 an der Münchner Universität ablegte, ging er zum Militär, wurde jedoch nach wenigen Wochen aus gesundheitlichen Gründen entlassen. Ab Sommer 1942 arbeitete er als Arzt in der städtischen Tuberkulose-Klinik von Schönbrunn bei Dachau.[17] Dort wurden auch behinderte Patienten behandelt, vor allem Schwachsinnige und Epileptiker. Viele davon waren Kinder. Eines davon, die vierzehnjährige Babette Fröwis, wurde aufgrund eines von Dr. Sewering am 26. Oktober 1943 ausgestellten »ärztlichen Zeugnisses« von Schönbrunn in die »für sie zuständige« Heilanstalt Eglfing-Haar verlegt.[18] Diese »Heilanstalt« war eines der berüchtigten Tötungszentren für Deutsche, deren Leben als »lebensunwert« betrachtet wurde. Dort starb Babette am 16. November, wahrscheinlich nach gezielt verabreichten Überdosen eines Schmerzmittels.[19] Dr. Sewering, der später von Kollegen respektvoll als Homo politicus von seltener Begabung bezeichnet wurde,[20] machte nach dem Krieg Karriere: 1955 war er Vorsitzender der Kassenärztlichen Vereinigung in Bayern, 1959 stellvertretender Vorsitzender der Bundesärztekammer, 1966 Vorstandsmitglied des Weltärzteverbands 1968 außerordentlicher Professor für Sozialmedizin.[21] 1973 wurde der Internist Sewering schließlich Vorsitzender der Bundesärztekammer und damit der ranghöchste Arzt des Landes. Fünf Jahre später mußte er allerdings von diesem Amt zurücktreten, nicht wegen seiner Nazivergangenheit, sondern wegen fragwürdiger Abrechnungspraktiken. Nichtsdestotrotz blieb er Vorsitzender der Kassenärztlichen Vereinigung in Bayern.[22]

Diese sieben Kurzbiographien lassen vermuten, daß sich nach 1945 ein unheilvoller Trend in der medizinischen Kultur Deutschlands fortsetzte, und einige Phänomene in der westdeutschen Medizingeschichte verstärken diesen Eindruck. So wurde behauptet, daß die Kassenärztliche Vereinigung nach 1945 eine Änderung des Kassenarztrechts zehn Jahre lang verhinderte, weil sie befürchtete, daß soziale Reformen ihnen wirtschaftliche Nachteile bringen würden.[23] Und die von den Nazis eingeführten Sterilisationen Behinderter wurden in der Universitätsklinik von West-Berlin angeblich noch bis Mitte der achtziger Jahren durchgeführt.[24] Als die Gerichtshöfe diese Fälle 1986 untersuchten, waren die im Dritten Reich Zwangssterilisierten immer noch nicht als Opfer nationalsozialistischer Unterdrückung anerkannt und hatten noch keine entsprechende Entschädigung erhalten.[25] Das galt auch für die Opfer medizinischer Experimente in Konzentrationslagern, wie die von Dr. Josef Mengele in Auschwitz.[26]

Solche Mißstände im deutschen Gesundheitswesen während der letzten Jahrzehnte werfen die Frage auf: Was geschah mit der deutschen Ärzteschaft in der Zeit ihrer größten Krise, der Herrschaft der Nationalsozialisten? Was ließ frühere negative Entwicklungen eskalieren und leitete neue ein? Die Mediziner nahmen unter Hitler aus verschiedenen Gründen eine Sonderstellung ein, doch der Führer selbst hatte damit nichts zu tun. Der Diktator unterhielt zwar private Beziehungen zu einer Schar von Ärzten, denen er dankbar war und die feststellten, daß er mit der Zeit immer hypochondrischer wurde, doch er hegte keine besonderen Sympathien für Mediziner.[27] Das heißt jedoch nicht, daß sie auch keine für ihn empfanden. Führende Vertreter der deutschen Ärzteschaft maßen Hitler eine große Bedeutung zu, die ihrer neuen »völkischen« Sichtweise der Medizin entsprach. Dr. Dietrich Amende, ein renommierter Arzt, der sich schon früh den Nationalsozialisten anschloß, sagte zum Beispiel 1937, Hitler sei nicht nur ein Naturtalent, weil er mit einem Federstrich ein so wichtiges Buch wie *Mein Kampf* geschrieben habe, sondern auch »der große Arzt seines Volkes«.[28]

Was Amende damit meinte, wird in den folgenden Kapiteln klarer werden. Ein weiterer Grund, sich mit den Ärzten im Dritten Reich zu beschäftigen, ist also, daß die Mediziner viel früher und vorbehaltloser nationalsozialistisches Gedankengut übernahmen als irgendeine andere Berufsgruppe. Und als Nazis gingen sie in ihrem Dienst für das ruchlose Regime weiter als ihre Parteigenossen aus anderen Berufen. Die erste Behauptung bestätigt eine Aussage des Reichsgesundheitsführers und »alten Kämpfers« Dr. Leonardo Conti aus dem Jahre 1943. Er erklärte anläßlich des zehnten Jahrestages von Hitlers Machtübernahme, die Ärzte in Deutschland hätten, was die Dauer und den Umfang ihres Einsatzes für die Ziele der nationalsozialistischen Bewegung betraf, alle anderen Akademiker übertroffen.[29] Die zweite Behauptung untermauert eine Äußerung eines anderen Nazimediziners. Professor Hans Reiter, ein führender Experte auf dem Gebiet der öffentlichen Hygiene, sagte Anfang 1933 voraus, daß die nationalsozialistische Weltanschauung die Medizin stärker verändern würde als irgendein anderes Fachgebiet.[30]

Wie radikal diese Veränderungen waren, sollte sich später zeigen, als Millionen Menschen in Konzentrationslagern, an der Selektionsrampe von Auschwitz und auf »Euthanasie«-Stationen Opfer des Terrors und des Völkermords der Nazis wurden. Reiters Worte wurden nachträglich von Louis Falstein bestätigt, der Anfang der sechziger Jahre schrieb, daß die Zerstörungskraft des Nationalsozialismus sich in keinem Bereich des Arbeitslebens mit einer so unmenschlichen Brutalität manifestiert habe wie in dem der Medizin. »Die Nazis entwürdigten die Justiz, pervertierten die Erziehung und korrumpierten die Beamtenschaft, doch sie machten Ärzte zu Mördern.«[31] Robert Jay Lifton beschäftigte sich später mit dem dämonologischen Aspekt vieler in der Nachkriegszeit erschienenen Kommentare zur Geschichte des Dritten Reiches und beschrieb die Situation vom nüchternen Standpunkt des Psychoanalytikers aus. Er gelangte zu der Erkenntnis, daß »sich die deutsche Ärzteschaft insgesamt als *Berufsgruppe* dem Naziregime zur Verfügung [stellte]. Das taten auch die meisten anderen Berufe, bei den Ärzten bedeutete dies aber, daß sie ihre intellektuelle Autorität dazu mißbrauchten, das medikalisierte Töten zu rechtfertigen und auszuführen«, daß sie »Therapie durch Massenmord« praktizierten.[32]

Man kann die – für einen Historiker vielleicht unbillige – Frage stellen, ob die Ärzte in Deutschland eine andere Wahl hatten, als Nazis zu werden und mit dem verbrecherischen Regime zusammenzuarbeiten. Doch man macht es sich zu einfach, wenn man annimmt, daß die Medizin einen Arzt für den Faschismus prädisponiert. Das zeigt die Situation in Holland während der deutschen Besetzung. Dort widersetzten sich die Ärzte Anfang der vierziger Jahre Versuchen der Nazis, sie an ihren Repressalien, Verstümmelungen und Tötungen zu beteiligen. Hundert holländische Ärzte wurden in Konzentrationslager gebracht, und viele starben; trotzdem änderten ihre Kollegen ihre Haltung nicht. Der bedeutende Mediziner Leo Alexander meint, daß wenn die Ärzteschaft eines kleinen Landes unter dem Joch des Eroberers so erfolgreich Widerstand leisten konnte, die deutsche Ärzteschaft ebenso hätte Widerstand leisten können, wenn sie nicht den fatalen ersten Schritt getan hätte.[33]

Alexanders Einschätzung zeigt, daß es notwendig ist, die Haltung der Ärzteschaft in den anderen faschistischen Ländern zu untersuchen. Mária Kovács erforscht die Situation der Ärzte im faschistischen Ungarn. Über das Verhältnis der italienischen Ärzte zu Mussolini ist wenig bekannt.[34] Japanische Historiker wurden von ihrer Regierung angehalten, die Geschichte der Einheit 731 – der Forschungsstation für biologische Kriegsführung in der Mandschurei, in der Kriegsgefangene für Experimente mißbraucht wurden – nicht publik zu machen. Es müßte untersucht werden, wie der Alltag der praktischen Ärzte in Hirohitos Reich im Vergleich zu diesen Übergriffen aussah.[35]

Die Ärzte unter Hitler können nicht völlig isoliert von ähnlichen Berufsgruppen in der deutschen Diktatur gesehen werden. Für eine Gegenüberstellung bieten sich die Zahnärzte, die Juristen und vielleicht auch die Apotheker an, weil es über diese Berufsgruppen Informationsmaterial gibt. Doch da bekannt ist, daß sich weder die Zahnärzte noch die Apotheker, ja nicht einmal die Juristen, in Hitlers Tötungsmaschinerie besonders hervortaten, liegen nur wenige richtungweisende Forschungsarbeiten vor, was bei meinen Recherchen ein Problem darstellte. Bekannt ist, daß zum Beispiel die Juristen, was die Entwicklung ihres Berufs betraf, ganz ähnliche Prozesse durchmachten wie die Mediziner, insbesondere die Arisierung, die Entfernung jüdischer Kollegen.[36] Hauptsächlich wegen der bahnbrechenden Arbeit von Konrad Jarausch machte die Forschung über die Juristen unter Hitler große Fortschritte.[37]

All das soll jedoch nicht heißen, daß *jeder* Arzt in der Hitlerzeit so pervertiert wurde, daß er bereit war, Morde zu begehen. Die große Mehrheit ging nicht so weit, sondern machte in diesen Jahren und danach so weiter wie bisher. Die Ärzte, die sich veränderten, und die Kräfte, die in der Atmosphäre des Terrors nach 1933 diese Veränderungen bewirkten, sind das äußerst schwierige Thema dieses Buchs. Gewisse Fallen sollten, können jedoch nicht immer umgangen werden. Zum Beispiel sollte man nicht von »nationalsozialistischer Medizin« sprechen, wenn man die Medizin unter dem Nationalsozialismus beschreibt.[38] Die Medizin automatisch mit dem Nazismus von 1933 bis 1945 gleichzusetzen wäre eine zu einfache Formel, mit der sich das Ausmaß, in dem nationalsozialistische Vorstellungen in die deutsche Schulmedizin eingingen und in dem die politische Ideologie und Praxis sogar schon vor 1933 »medikalisiert« wurden, nicht beschreiben läßt. Antworten auf solche Fragen zu finden ist ein langwieriger und mühsamer Prozeß. Der Historiker muß sich nicht nur mit Vorstellungen aus ganz verschiedenen Bereichen auseinandersetzen, sondern auch mit den Grauzonen, die sich aus der Kollusion dieser Ideen ergeben, und er muß das Beweismaterial sorgfältig prüfen, um zu einem ausgewogenen Urteil zu gelangen. Kein geringes Hindernis ist dabei der interdisziplinäre Ansatz, der aber wegen der möglicherweise verwirrenden Diskrepanzen zwischen Politik und Medizin, die beide von ethischen Vorstellungen beeinflußt sind, erforderlich ist.

Es ist eine legitime Frage, ob die Krise der Ärzteschaft und der Medizin unter Hitler, deren schlimmste Auswüchse im Nürnberger Ärzteprozeß offenbar wurden, eine heilsame Wirkung auf das Gesundheitswesen in der modernen Welt hatte. Daß die Antwort nicht in jeder Hinsicht ermutigend ist, mag teilweise an der Unveränderlichkeit der menschlichen Natur liegen, aber wohl auch daran, daß nie zuvor eine Studie über den allmählichen Niedergang der ärztlichen Wissenschaft in einem kulturell hochentwickelten Land vorgelegt oder gar weltweit veröffentlicht wurde.

Um das, was mit der deutschen Ärzteschaft geschah, in Zukunft zu verhindern, wurde ein Nürnberger Kodex gegen medizinischen Mißbrauch bei Versuchen an Menschen aufgesetzt, der Ende der vierziger Jahre international anerkannt wurde. Seine Bestimmungen wurden 1954 vom Weltärztebund überarbeitet und 1964 in dessen Deklaration von Helsinki 1964 weiter präzisiert.[39] Folterungen im Namen der Wissenschaft mit Hilfe von medizinischem Personal wurden nicht generell mit den Naziärzten in Zusammenhang gebracht, doch ihre Ähnlichkeit mit medizinischen Experimenten war offensichtlich. Die Vereinten Nationen verurteilten Folterungen in ihrer Allgemeinen Erklärung der Menschenrechte von 1948, in ihrer Deklaration von Tokio aus dem Jahre 1975 und in ihren 1982 aufgestellten Prinzipien der ärztlichen Ethik.[40] Verstöße gegen die Menschenrechte werden heute von Amnesty International konsequent verfolgt.[41] Die Berichte dieser Organisation sind bis heute nicht sehr ermutigend. Die Welt scheint aus der Geschichte der Medizin in der Nazizeit wenig gelernt zu haben. Folterungen von politischen Gefangenen waren und sind immer noch an der Tagesordnung. Ärzte brechen weiterhin ihren hippokratischen Eid, indem sie solche Praktiken persönlich überwachen. Sie sorgen dafür, daß Opfer, die über nützliche Informationen verfügen, dabei nicht sterben, und beraten die Polizei, welche Verhör- und Foltermethoden wie lange angewendet werden können. Der langjährige Staatspräsident von Paraguay, Alfredo Stroessner, der Mengele jahrelang beherbergte, soll im Polizeigefängnis von Asunción ein ganzes Stockwerk für die medizinische »Wiederbelebung« von bewußtlosen Folteropfern reserviert gehabt haben.[42] Nur Ärzte aus Uruguay, Argentinien und Chile haben ihre Beteiligung an solchen Verbrechen inzwischen bereut. Die Mitglieder des chilenischen Ärztebunds (Colegio Medico) setzten sich durch ihre Bekenntnisse einem großen Risiko aus.[43] Mit ärztlicher Hilfe verübte Verbrechen an Gefangenen wurden und werden auch aus dem Irak, dem Libanon, der Türkei, Südafrika (der Fall Steve Biko) und anderen afrikanischen Ländern wie Uganda und Tansania und sogar aus Israel gemeldet.[44] In der Sowjetunion war es üblich, Psychopharmaka und andere Medikamente zur Gehirnwäsche einzusetzen.[45]

Auch den sogenannten zivilisierten Ländern werden immer wieder Fälle von unmenschlicher Medizin vorgeworfen. England wurde vom Compton Committee beschuldigt, IRA-Rebellen Kapuzen übergestülpt und sie »weißem Lärm« ausgesetzt zu haben.[46] In Frankreich wurde Anfang 1988 ein komatöser Patient für ein Experiment mißbraucht, um Licht in ein Verfahren gegen zwei Ärzte zu bringen, die der Tötung eines anderen Patienten angeklagt worden waren.[47] In Kanada tauchte 1986 das Gespenst der Zwangssterilisierung wieder auf. Gleichzeitig befand das Ontario College of Physicians and Surgeons einen praktischen Arzt für schuldig. Er hatte zwei Männer angeheuert, um jemanden zusammenschlagen zu lassen, und die Verabreichung bestimmter Drogen an das Opfer überwacht.[48] Wenig schmeichelhaft für Kanada und die Vereinigten

Staaten, insbesondere für deren Geheimdienst CIA, war auch ihre Verwicklung in den Skandal um die schändlichen »Gedächtnisverlust-Experimente«, zu denen der Psychiater Dr. Ewen Cameron in den fünfziger und sechziger Jahren im Allan Memorial Institute in Montreal arglose Patienten mißbrauchte.[49]

Es ist also nötig, die gefährlichen Abwege zu zeigen, auf die Ärzte unter einem totalitären Regime geraten können. In einem gewissen Umfang wurde das natürlich bereits getan. Inzwischen erschien fast ein Dutzend Bücher über verschiedene Aspekte der Medizin im Dritten Reich, von denen ein oder zwei wirklich hervorragend sind. Das erste wurde bereits Ende der vierziger Jahre veröffentlicht und ist heute ein Klassiker. Es handelt sich um die scharfsinnig kommentierte Dokumentation des Nürnberger Ärzteprozesses (in dem zwanzig von insgesamt dreiundzwanzig Angeklagten Ärzte waren), die der junge Psychiatriedozent Alexander Mitscherlich zusammen mit einem Medizinstudenten namens Fred Mielke verfaßte.[50] Die beiden Autoren konzentrierten sich darin auf kriminelle Versuche an Menschen. Beeindruckend war auch das 1948 erschienene Werk von Alice Platen-Hallermund über die Tötung Geisteskranker, die die Nazis zynischerweise als »Euthanasie« bezeichneten.[51]

In den ersten zwei Jahrzehnten nach dem Krieg erschienen nur Bücher (und einige Artikel) über die pervertierten Ärzte des Dritten Reichs, deren Verbrechen noch nicht im Zusammenhang mit dem »normalen Berufsalltag« der übrigen Ärzte gesehen wurden. Die meisten Historiker interessierten sich nicht für umfassendere Fragen der Sozialgeschichte und daher auch nicht für die Ärzteschaft im allgemeinen. So läßt das erste Buch über das Gesundheitswesen im Dritten Reich, das die Franzosen Yves Ternon und Socrate Helman Anfang der siebziger Jahre verfaßten, die soziale und psychologische Dimension zwar außer acht, geht jedoch zumindest über die rein pathologischen Aspekte der Medizin im Dritten Reich hinaus. Dieses Werk, das sich – abgesehen von einigen Prozeßunterlagen aus Nürnberg – nicht auf Archivmaterial, sondern größtenteils auf Sekundärliteratur und auf Zeitungsartikel aus der Nazizeit stützt, war damals sehr wichtig, ist jedoch heute nur noch von begrenztem Wert.[52] Im Jahre 1980 veröffentlichte der damals in Tübingen lehrende Walter Wuttke-Groneberg das erste Buch, das die Verflechtungen zwischen den medizinischen Verbrechen der Nazis und dem ärztlichen Alltag im Dritten Reich beschreibt. Es enthält aufschlußreiche Dokumente, die jedoch aufgrund des marxistischen Blickwinkels des Autors nicht immer zufriedenstellend analysiert wurden.[53] Der Frankfurter Journalist und Sozialarbeiter Ernst Klee griff Anfang der achtziger Jahre erneut das Thema »Euthanasie« auf. Er zeigt in seiner Monographie, daß an den Verbrechen der Nazis gegen die Menschlichkeit sowohl Medizinprofessoren als auch »gute« praktische Ärzte beteiligt waren, daß diese pervertierte Form des Gnadentods auch in ganz gewöhnlichen medizinischen Einrichtungen praktiziert wurde, und zwar von viel mehr Menschen als der Handvoll Ärzte, die sich nach 1945 vor deutschen Gerichten verantworten mußten.[54] Auf Klees Buch folgte 1987 die Dissertation von Hans-Walter Schmuhl, in der er das »Euthanasie«-Programm nicht nur detailliert beschreibt, sondern auch dessen kulturelle und ideologische Wurzeln in der deutschen Rassenhygiene erforscht.[55] Im Jahre 1985 gab der Kieler Medizinhistoriker Fridolf Kudlien schließlich das erste umfassende Werk heraus, das nicht nur die kriminellen Mediziner, sondern die gesamte Ärzteschaft behandelt. Diese Anthologie ist schon allein deswegen bemerkenswert, weil sie die erste Auseinandersetzung des akademischen Establishments mit diesem Thema darstellt. Ihre Schwäche ist jedoch, daß sie eine Unmenge an Fakten präsentiert, die nicht im Zusammenhang analysiert werden, weil einige Kapitel nicht von Kudlien selbst, sondern von seinen Kollegen geschrieben wurden, unter denen nur wenige Mediziner waren.[56]

In den Jahren 1985 und 1986 erschien eine Flut von Büchern. 1985 veröffentlichte der junge amerikanische Historiker Geoffrey Cocks seine Dissertation über Martin Görings Institut für Psychotherapie. Er gibt zwar Einblicke in die Methoden der angewandten Psychologie im Dritten Reich, geht jedoch kaum auf die öffentliche oder private Gesundheitsfürsorge und die klassische Psychiatrie ein.[57] In Ostdeutschland gab der Leipziger Medizinhistoriker Achim Thom zusammen mit seinem Berliner Kollegen Horst Spaar eine Sammlung von Essays heraus; die meisten davon sind gut, besonders die der undogmatischen marxistischen Autoren, die nicht aus der DDR stammen, doch einige folgen zu offensichtlich der Linie der Kommunistischen Partei.[58] In Westdeutschland beschrieb der bekannte Kölner Genetiker Benno Müller-Hill in seinem kurzen, aber aufschlußreichen Buch *Tödliche Wissenschaft* die Wechselbeziehungen zwischen medizinischer Forschung und medizinischen Verbrechen. Diese Monographie enthält eine brillante Darstellung der Arbeitsbeziehung zwischen Joseph Mengele und seinem Lehrer Professor Otmar Freiherr von Verschuer, die möglicherweise die Katastrophe von 1945 überdauerte.[59]

Das wohl wichtigste Werk seit dem von Mitscherlich und Mielke, und sicher das bedeutendste, das in letzter Zeit erschien, ist das des Psychoanalytikers Robert Jay Lifton, der davor bereits Abhandlungen über die Überlebenden von Hiroshima und die Gehirnwäsche im kommunistischen China veröffentlichte. In *Ärzte im Dritten Reich* (1988) untersucht er die Rolle der Ärzte an den Selektionsrampen von Auschwitz und die Besessenheit, mit der sie Versuche an Menschen durchführten, aber auch ihre gesellschaftlichen Rollen als Akademiker und Familienväter. Eine der vielen Erkenntnisse Liftons war für das vorliegende Buch besonders wichtig: daß in der SS geschulte Ärzte vom Heilen zum Töten übergingen, ohne daß sich ihr Verständnis von ihrer ursprünglichen (ärztlichen) Aufgabe veränderte. Gleichzeitig zerstört Lifton den Mythos von den SS-Ärzten als abartigen, amoralischen Bestien und trägt so zu einem besseren Verständnis der »Banalität des Bösen« bei, die Hannah Arendt so brillant beschrieb. Indem Lifton die dämonische Seite aller deutschen Mengeles, ob sie nun Sigmund Rascher (Dachau) oder Karl Gebhardt (Ravensbrück) hießen, relativierte und sie fast wie Durchschnittsmenschen erscheinen ließ, relativierte er auch die Unterschiede zwischen der Haltung Mengeles und der aller anderen, »normalen« deutschen Ärzte. Die Schlußfolgerungen aus seiner »Vermenschlichung« des »Todesengels« sind vielleicht schockierend, aber notwendig, um zu verstehen, was damals geschah, und wurden daher in dieser Studie entsprechend berücksichtigt.[60]

Liftons »antidämonologischer« Ansatz dürfte bei den etablierten westdeutschen Medizinern nicht viel Anklang finden, weil sie sich und ihren Berufsstand offiziell gerne mit dem Argument verteidigen, daß mordende Ärzte eine bedauerliche Ausnahmeerscheinung in der deutschen Geschichte gewesen seien. Diese Auffassung führte früher dazu, daß man die Augen schloß und leugnete, was ein paar mutige junge Wissenschaftler unmittelbar nach dem Zusammenbruch Deutschlands im Jahre 1945 erkannten: daß die medizinischen Verbrechen der Nazis, so beispiellos sie auch sein mögen, wiederholbar sind, daß sie Teil der deutschen Medizingeschichte sind und daß deutsche Ärzte sich in Zukunft dieser Vergangenheit würden stellen müssen – eine Verpflichtung, die auch Mitscherlich und Mielke betont hatten. Doch genau dazu war die etablierte Ärzteschaft in Deutschland nicht bereit. So wurde Mitscherlich zur Strafe von den ranghohen Medizinern in der akademischen Hierarchie lange Zeit geächtet.[61] Dem unliebsamen Freudianer wurde ein Lehrstuhl an einer bundesdeutschen Hochschule verweigert, und die amtierenden Professoren für Medizingeschichte sahen keine Notwendigkeit, die neuere Geschichte der Medizin umzuschreiben oder überhaupt zu schreiben.

Daran hat sich bis heute wenig geändert. Der Marxist Wuttke-Groneberg verlor seine Stellung an der Tübinger Universität, nachdem seine kritische Haltung bekannt geworden war. Allerdings mögen auch persönliche und bürokratische Probleme seine Chancen auf eine Professur verringert haben.[62] Der Druck innerhalb der akademischen Hierarchie ist so stark wie eh und je. Als Müller-Hill mit seinen enthüllenden Studien begann, erinnerte ihn ein Kollege daran, daß er froh sein könne, bereits Professor zu sein.[63]

Wie sehr bestimmte Äußerungen der Karriere eines gewissenhaften westdeutschen Medizinhistorikers schaden konnten, bekam auch Dr. Hartmut Hanauske-Abel, ein junger Biogenetiker aus Mainz, schmerzlich zu spüren, als er im August 1986 einen Artikel in der renommierten englischen Zeitschrift *Lancet* veröffentlichte, in dem er andeutete, daß es für die westdeutschen Ärzte von heute eine moralische Pflicht sei, sich mit den medizinischen Verbrechen der Nazis auseinanderzusetzen.[64] Nur drei Wochen später wurde diesem begabten Wissenschaftler, der sich durch seine Forschungsarbeiten bereits internationales Ansehen erworben hatte und der den mit einem Nobelpreis ausgezeichneten IPPNW (International Physicians for the Prevention of Nuclear War) angehörte, unter einem Vorwand seine Stelle als Notarzt in Rheinhessen gekündigt. Der sechsunddreißigjährige Mediziner verklagte die Kassenärztliche Vereinigung in Mainz, um seine Wiedereinstellung durchzusetzen, und gewann den Rechtsstreit im Mai 1987, doch die Kassenärztliche Vereinigung legte Berufung ein und erwirkte damit einen weiteren Aufschub.[65]

Noch interessanter als die juristische Seite des Falls ist die ideologische. Die etablierte Ärzteschaft versuchte Hanauske-Abel nicht nur auf bürokratischem Wege beruflich fertigzumachen. Für ihre tonangebenden Vertreter war sein Fall darüber hinaus eine gute Gelegenheit, den um Aufklärung bemühten Arzt als einen vaterlandslosen Gesellen ohne Ehre und Verstand zu brandmarken, um seine Suche nach der Wahrheit fragwürdig erscheinen zu lassen. In einem fingierten Interview, das im offiziellem Presseorgan der Bundesärztekammer in Köln veröffentlicht wurde, warf deren Vorsitzender Dr. Karsten Vilmar, Sewerings Nachfolger, Hanauske-Abel historiographische Schlampigkeit vor und spielte gleichzeitig die Bedeutung der während der Nazizeit begangenen medizinischen Verbrechen für die westdeutsche Ärzteschaft herunter.[66] Der in Boston lebende Hanauske-Abel widerlegte Vilmars Behauptungen in einem langen, überzeugenden Artikel und kämpfte in einem weiteren, äußerst kostspieligen Prozeß gegen die reaktionäre Kölner Medizinerelite und ihre Obstruktionspolitik.[67] In fortschrittlichen Kreisen in Deutschland löste seine Veröffentlichung eine Welle der Solidarität aus; das bezeugen etliche Leserbriefe vor allem jüngerer Ärzte.[68]

Daß der engagierte Hanauske-Abel nicht mehr allein dasteht, verheißt Gutes für die Zukunft. Doch es ist noch Platz für ein umfassenderes Werk über den Werdegang der Ärzte im Dritten Reich – der guten, die am Galgen endeten, der schlechten, die in Auschwitz arbeiteten, und der »normalen«, die einfach überlebten. Es waren vor allem meine früheren Arbeiten über den Kurs der Ärzte und die Entwicklung ihres Berufs von der Kaiserzeit bis zum

Dritten Reich, die mich dazu bewogen, diese Monographie zu schreiben. Das Quellenmaterial, auf das sie sich stützt, stammt zum größten Teil aus den umfangreichen Beständen des Koblenzer Bundesarchivs und des Berliner Document Center. Viel Primärliteratur erhielt ich vom Studentenarchiv in Würzburg und einigen Landesarchiven. Sehr informativ und hilfreich waren Unterlagen der früheren Kassenärztlichen Vereinigung Deutschlands, die eher zufällig in Berlin gefunden wurden und von denen die Bundesärztekammer in Köln behauptet, sie seien »zerstört« worden.[69] Aus dem umfangreichen Datenmaterial des Koblenzer Bundesarchivs wurden einige repräsentative Fälle von Medizinstudenten herausgesucht. Die Fallbeispiele von praktischen Ärzten stammen aus dem Berliner Document Center. Darüber hinaus wurden die wichtigsten offiziellen Mitteilungsblätter der Zeit wie das *Deutsche Ärzteblatt*, die *Ärztlichen Mitteilungen* und *Ziel und Weg* sowie einige repräsentative medizinische Fachzeitschriften wie die *Münchener Medizinische Wochenschrift* und die *Deutsche Medizinische Wochenschrift* durchforstet. Von den nach 1945 erschienenen Memoiren von Ärzten waren die meisten auf die eine oder andere Art recht aufschlußreich. Dasselbe gilt für die Sekundärliteratur über verschiedene Aspekte meines Hauptthemas, die trotz der Lücken, auf die ich bereits hingewiesen habe, inzwischen recht umfangreich ist. Und da dieses Buch eine soziohistorische, wenn nicht eine soziologische Studie sein soll, wurden natürlich auch alle Veröffentlichungen über die Ärzte als eine soziale Gruppe in einem spezifischen gesellschaftlichen Kontext studiert.

KAPITEL I

Organisatorischer und sozioökonomischer Hintergrund

1. Angebot und Bedarf an Ärzten, Beschäftigungssituation

Das Dritte Reich erbte von der Weimarer Republik einen Ärzteüberschuß.[1] Obwohl die veröffentlichten Statistiken über die damalige Ärztezahl uneinheitlich und widersprüchlich sind, ist es inzwischen möglich, die Situation zu rekonstruieren. Ende 1931 gab es in Deutschland über 48 000 niedergelassene Ärzte. Diese Zahl sank bis 1934 geringfügig auf gut 47 000, stieg jedoch bis 1937 wieder auf mehr als 49 000 an.[2] Nach einer anderen Rechnung erhöhte sich die Zahl der Ärzte in Deutschland von etwas über 52 000 im Jahre 1935 auf über 55 000 im Jahre 1937, doch gleichzeitig sank die der niedergelassenen Ärzte von 38 000 auf gut 37 000, was darauf schließen läßt, daß in dieser Zeit mehr Ärzte in privaten oder staatlichen Einrichtungen arbeiteten.[3]

Eine andere Statistik veranschaulicht, wie sich das Ärzteangebot während des Krieges veränderte. Die Zahl der deutschen Ärzte stieg von insgesamt gut 59 000 vor dem Zweiten Weltkrieg auf fast 76 000 im Jahre 1942, was einer Zunahme von mehr als 25 Prozent entspricht, doch gleichzeitig erhöhte sich die Zahl der niedergelassenen Ärzte nur um rund zehn Prozent, von ungefähr 33 000 auf knapp 37 000.[4] Um diese Zeit war der allgemeine Ärztemangel bereits ein vieldiskutiertes nationales Problem mit bedenklichen Folgen für die Zivilbevölkerung. Über die Zeit nach 1942 liegen kaum Zahlen vor. Im Frühjahr 1944 gab es angeblich 79 462 Ärzte – die 32 000 Frontärzte mitgerechnet.[5]

Fest steht, daß die Zahl der Ärzte im Verhältnis zur Bevölkerung während des Dritten Reichs abnahm. Zunächst kamen auf einen

Kassenarzt 1351 krankenversicherte Patienten. Im Jahre 1935 waren es zwar nur 1344, 1936 jedoch bereits 1370. 1938 betrug das Verhältnis 1 zu 1380, und 1939 war ein Arzt für 1432 krankenversicherte Patienten zuständig. Im Juli 1943 hatte ein Arzt bereits 2543 Zivilisten zu versorgen, und diese Zahl erhöhte sich bis zum Ende des Krieges noch.[6]

Im Februar 1933 begrüßten die meisten Ärzte das neue Regime. Sie erwarteten, daß die Mängel im Gesundheitswesen der Weimarer Republik endlich beseitigt würden. Doch die neuen Machthaber führten erst nach und nach neue gesundheitspolitische Instrumente ein. Am Ende der Weimarer Republik war es für junge Ärzte, die gerade ihre Ausbildung beendet hatten, fast unmöglich, eine eigene Praxis zu eröffnen. Das Krankenkassensystem ließ nur einen neuen Arzt auf sechshundert Patienten zu. Hochschulabgänger mußten erst einmal drei Jahre als Assistenzarzt in einem Krankenhaus tätig sein.[7] Diese Bestimmungen wurden allmählich gelockert. Das Medizinalpraktikum im Krankenhaus wurde auf ein Jahr verkürzt, doch anschließend mußten die jungen Ärzte noch zwei Jahre bei einem niedergelassenen Arzt arbeiten. Kriegsveteranen wurde ein Jahr erlassen. Ab Juni 1935 mußten drei Monate dieser »Lehrzeit« in der Praxis eines Landarztes absolviert werden. Diese Neuregelung entsprach der »Blut-und-Boden«-Ideologie des Nazi-Regimes. Im Sommer 1939 wurde dieses lange Praktikum nach dem Examen wegen des bevorstehenden Krieges und des allgemeinen Ärztemangels verkürzt.[8]

Unter demographischem Druck wurde auch die Quote geändert. Die Grenze von sechshundert krankenversicherten Patienten pro Arzt, die den niedergelassenen Ärzten ursprünglich ein Mindesteinkommen garantieren sollte, wurde nur noch in Berlin erreicht, wo es mehr Ärzte gab als irgendwo sonst, und vielleicht auch noch in München. In großen ländlichen Gebieten wie Ostpreußen oder Thüringen hatte es schon zur Zeit der Weimarer Republik an Ärzten gefehlt. Nun wurden junge Ärzte, die eine Praxis eröffnen wollten, von den nationalsozialistischen Medizinalbeamten gedrängt, aufs Land zu ziehen, statt sich in der Stadt niederzulassen. Es wurde üblich, die Kassenzulassung von der Bereitschaft der Bewerber abhängig zu machen, diese behördliche Bevormundung zu akzeptieren.[9] Berlin und München wurden am 1. März 1937 zu Gebieten erklärt, für die eine Sonderzulassungsgenehmigung erforderlich war.[10] Achtzehn Monate später wurde eine Notdienstverordnung erlassen, die es den regionalen Gesundheitsbehörden erlaubte, Ärzte ausschließlich unter dem Gesichtspunkt von Angebot und Bedarf einzusetzen. Obwohl sie von dieser Möglichkeit erst während des Krieges Gebrauch machten, war diese Notdienstverordnung für kritische Beobachter bereits ein Signal für die drohende Beschneidung der traditionellen Freiheiten der Ärzte.[11]

Zu Beginn des Dritten Reichs herrschte unter den jungen Ärzten, die ihre drei Pflichtjahre als Assistenzarzt absolvierten, große Unzufriedenheit. Ihre wirtschaftliche Lage war ausgesprochen schlecht. Ob sie in einer städtischen Einrichtung wie einer Poliklinik oder einer staatlichen Einrichtung wie einer Universitätsklinik arbeiteten, sie verdienten nirgendwo mehr als 250 Mark im Monat, von denen automatisch ein gewisser Anteil für Kost und Logis abgezogen wurde. Wenn sie auf die Verpflegung im Krankenhaus verzichteten, erhielten sie keinen finanziellen Ausgleich. Die meisten jungen Ärzte, die gewöhnlich mit siebenundzwanzig Jahren ihre Approbation erhielten, konnten es sich unter diesen Umständen nicht leisten, zu heiraten und eine Familie zu gründen – und wenn sie es trotzdem taten, konnten sie gemäß ihren Arbeitsverträgen sogar entlassen werden. Ihre Vorgesetzten, bei denen es sich in der Regel um etablierte Medizinprofessoren handelte, setzten sich nur selten für sie ein. Verheiratete Assistenzärzte waren im allgemeinen unerwünscht. Für sie bestanden in den Krankenhäusern keine Unterbringungs- und Verpflegungsmöglichkeiten. Den jungen Ärzten standen höchstens vier Wochen Urlaub im Jahr zu, und es war ihnen verboten, ihr bescheidenes Einkommen durch außerplanmäßige ärztliche Dienstleistungen aufzubessern.[12]

Sprecher dieser Gruppe forderten bereits in der Anfangszeit des Dritten Reichs Reformen. Sie argumentierten, mehr oder weniger aufrichtig, daß ihre Situation auch aus rassenpolitischen Erwägungen heraus unhaltbar sei, da ein Volk, das sich selbst schwäche, indem es die Zeugung biologisch gesunder Nachkommen verhindere, seine Zukunft verpfände.[13] Sie wollten vor allem erreichen, daß medizinische Einrichtungen nicht länger nur Stellen für unverheiratete junge Ärzte ausschrieben, und wiesen darauf hin, daß Ärzte nach Lehrern, Hochschullehrern und Juristen die viertgrößte Gruppe der jüngeren, nach dem 31. Dezember 1900 geborenen Akademikergeneration bildeten.[14]

Es dauerte jedoch einige Jahre, bis die kurz vor dem Ende der Weimarer Republik festgelegten Rahmenbedingungen für Medizinalpraktika in Krankenhäusern geändert wurden. Und die schlechte wirtschaftliche Situation der Assistenzärzte verbesserte sich erst ab 1938. Die nationalsozialistischen Medizinalbeamten, interessiert an den Problemen der Jugend und jede Gelegenheit nutzend, sie propagandistisch auszuschlachten, setzten sich nach Kräften für den ärztlichen Nachwuchs ein. Als Anfang 1933 in München junge Assistenzärzte von ihren Arbeitgebern schikaniert wurden, wandte sich der Reichsverband Angestellter Ärzte an Dr. Leonardo Conti, den preußischen Gesundheitskommissar und Vertreter Berlins im Nationalsozialistischen Ärztebund. Obwohl Contis Zuständigkeitsbereich damals noch an den Grenzen Preußens endete, erklärte er sich mit den bayrischen Beschwerdeführern solidarisch.[15] Ein Jahr später forderte der Reichsinnenminister, dem die Gesundheitsbehörden unterstanden, die Personalchefs der Krankenhäuser offiziell dazu auf, auch verheiratete Bewerber mit Kindern einzustellen.[16] Doch erst 1938 sammelten die Reichsfachgruppen Medizin, die die Nazis an den Universitäten organisiert hatten, Beweismaterial für die wirtschaftliche Misere der jungen Assistenzärzte, das sie teilweise veröffentlichten, und versprachen, sich bei der Reichsregierung für sie einzusetzen.[17]

Mit der Zeit verbesserten sich die Chancen angestellter junger Ärzte, sich selbständig zu machen, da im Reich immer mehr Ärzte gebraucht wurden. Die kurz vor dem Ende der Weimarer Republik erlassenen Bestimmungen und die nach 1933 von den Gesundheitsbehörden eingeführten Verteilungsrichtlinien beseitigten das Ungleichgewicht zwischen dem Angebot und dem Bedarf an Ärzten in den verschiedenen Regionen allmählich. Doch dann verursachten die Kräfte des Marktes erneut ein Mißverhältnis, das sich aus einem zu geringen Ärzteangebot ergab und zu dem chronischen Ärztemangel am Ende des Zweiten Weltkriegs führte.

Wie in vielen Bereichen der deutschen Wirtschaft entstanden auch in der Medizin durch neue Aufgabengebiete neue Posten, die besetzt werden mußten. Dieser Trend beschleunigte sich, als die Vorbereitungen für den Krieg begannen und die Wehrmacht wiederaufgebaut wurde. 1933 waren in den Anzeigenteilen der medizinischen Fachzeitschriften noch mehr Stellengesuche als -angebote zu lesen.[18] Doch als die arbeitsuchenden jungen Ärzte erkannten, daß sie nur abzuwarten brauchten, bis in ländlichen Gebieten wie Ostpreußen oder in den schäbigeren Vierteln der Großstädte Praxen frei wurden und daß es nicht allzu schwierig war, eine Stelle in einem Krankenhaus zu bekommen, wo sie nach der Promotion eventuell eine Ausbildung zum Facharzt machen konnten, gaben sie kaum noch Stellengesuche auf.[19] Höchstwahrscheinlich fand dieser Umschwung 1935 statt, als durch die »Ausschaltung« jüdischer Kollegen die Konkurrenz geringer wurde. Allgemeine Besorgnis über einen landesweiten Ärztemangel machte sich erst ab 1939 breit.[20]

Ein Anzeichen für diesen neuen Trend waren die vielgepriesenen neuen Arbeitsmöglichkeiten für Ärzte in staatlichen Einrichtungen, zum Beispiel als beratende Ärzte innerhalb des Reichsversicherungssystems, oder in der NSDAP und ihren Organisationen, zum Beispiel in Lagern des Arbeitsdienstes oder in der SS. Auch die Industrie, die mit der Deutschen Arbeitsfront (DAF) zusammenarbeitete, stellte immer mehr Ärzte ein.[21] Außerdem bemühten sich das Heer, die Marine und die Luftwaffe um die jungen Ärzte, weil sie Sanitätsoffiziere brauchten, besonders als nach dem Hoßbachprotokoll vom November 1937 die systematische Vorbereitung des Angriffskrieges begann.[22]

Ein weiteres Indiz dafür, daß für die Ärzte bessere Zeiten anbrachen, war die Beschäftigungssituation im öffentlichen Gesundheitsdienst. 1934 mußten Bewerber für den altehrwürdigen, wenn auch nicht allzu gut bezahlten Posten eines Amtsarztes noch ein gutes Examen und ein gewisses Maß an praktischer Erfahrung vorweisen und eine Reihe zusätzlicher Qualifikationsprüfungen ablegen.[23] Im

Frühjahr 1935 wurde dieses strenge Auswahlverfahren bereits vereinfacht und entschärft, weil es für Ärzte inzwischen attraktivere Alternativen gab. Die Sonderschulungen wurden reduziert und die Prüfungen teilweise abgeschafft.[24] Um 1939 beschäftigten die Gesundheitsbehörden nicht nur reguläre Amtsärzte, also beamtete Vollzeitkräfte, sondern auch ärztliche Aushilfs- und Teilzeitkräfte, denen einige Privilegien der beamteten Ärzte eingeräumt wurden. Zum Beispiel durften sie sich Medizinalrat nennen und nebenher Privatpatienten behandeln, um ihr Einkommen aufzubessern.[25]

Ab dem Beginn des Krieges im September 1939 erfreute sich die Position eines Medizinalbeamten nur deshalb zeitweilig etwas größerer Beliebtheit, weil diese Mediziner bessere Chancen hatten, einer Einberufung durch die Wehrmacht zu entgehen, als zivile Ärzte.[26] Die Gesundheitsbehörden setzten sich in den Kriegsjahren oft mit Erfolg dafür ein, daß sämtliche Mitglieder ihrer Belegschaft an der »Heimatfront« bleiben konnten.[27] Doch obwohl man es den Ärzten immer leichter machte, Amtsarzt zu werden, und die Amtsärzte mit weiteren Privilegien ausstattete, blieb dieser Posten so unattraktiv wie vor dem Krieg.[28] Nach Meinung eines ranghohen Medizinalbeamten scheuten sich sowohl die jungen als auch die erfahrenen Ärzte, diese Laufbahn einzuschlagen, es sei denn, es gab in ihrem Leben irgendwo einen schwarzen Fleck.[29] Die Folge war, daß es in den meisten Regionen Deutschlands viel zu wenige Amtsärzte und Medizinalbeamte gab, besonders im Saargebiet, in Thüringen und in Preußen.[30]

Was den Einsatz an der »Heimatfront« betraf, ging es den Amtsärzten allerdings kaum besser als allen anderen Ärzten. In der zentralen Medizinalverwaltung wußte man längst, daß – und vielleicht sogar, wann – es zu einem Krieg kommen würde (eine Annahme, die sich nicht belegen läßt, aber im bekannten Sachzusammenhang richtig scheint).[31] Daher wurde am 15. Oktober 1938 die bereits erwähnte Notdienstverordnung erlassen, um über alle Ärzte des Reichs nach Belieben verfügen zu können. [32] In den ersten Kriegswochen erhielten viele diensttaugliche Ärzte, darunter auch Krankenhaus- und lehrende Ärzte, ihren Marschbefehl. Einige waren schon in den Monaten davor einberufen worden, andere wurden erst Anfang 1940 eingezogen. Ende Mai 1940 dienten 36,7 Prozent aller Krankenhaus- und 32,4 Prozent aller niedergelassenen Ärzte in der Wehrmacht.[33]

Zunächst funktionierte die Strategie des Reichsgesundheitsführers Dr. Conti, möglichst viele Ärzte zur Versorgung der Zivilbevölkerung zurückstellen zu lassen. Der Ärztemangel, der bereits in den Monaten vor dem Krieg, zum Beispiel in Ostpreußen und Schlesien, geherrscht hatte, verschärfte sich zwar weiter, konnte jedoch teilweise durch ältere, bereits pensionierte Ärzte und verheiratete Ärztinnen ausgeglichen werden, die bereitwillig in die Bresche sprangen. Außerdem wurden 2400 Studenten, die sich im letzten Studienjahr befanden, nach einem Notexamen zum Sanitätsdienst herangezogen.[34]

Die Gesundheitspolitiker erließen einige Sonderverordungen, um sicherzustellen, daß die zivilen Ärzte richtig eingesetzt wurden, und versuchten mit allen ihnen zur Verfügung stehenden Mitteln zu verhindern, daß die Wehrmacht alle Ärzte einzog, die vom Alter her in Frage kamen.[35] Am 2. September 1939 ermächtigte der Reichsinnenminister, als Contis Vorgesetzter, die Reichsärztekammer dazu, den niedergelassenen Ärzten jede Arbeit zuzuweisen, die im Interesse des öffentlichen Gesundheitswesens lag. Zwei Tage später verkündete der Reichsarbeitsminister, daß alle Ärzte mit den entsprechenden Qualifikationen, auch Fachärzte, die bisher nur Privatpatienten behandelten, oder junge Ärzte, die noch auf ihre Zulassung warteten, zum Dienst herangezogen werden würden. Die Mobilität der Ärzte wurde auf unbestimmte Zeit drastisch eingeschränkt. Sie hatten sich nach den Einsatzplänen der regionalen Gesundheitsbehörden zu richten, die sie innerhalb der Grenzen des Reichs nach Belieben herumschieben konnten.[36]

Die Gesundheitsbehörden waren im Prinzip stets bereit, einem Arzt zu helfen, sich dem Dienst an der Front zu entziehen, indem sie ihm seine Unentbehrlichkeit für die Zivilbevölkerung bescheinigten. Auf diese Weise konnten viele Ärzte zumindest noch eine Zeitlang in ihren Praxen bleiben, wenn sie gute Gründe dafür vorbringen konnten.[37] Wenn ein niedergelassener Arzt eingezogen wurde, wurde seine Praxis bis zu seiner Rückkehr von der Front mit einem Hilfskassenarzt besetzt. Alle dienstuntauglichen Ärzte konnten vorübergehend als Hilfskassenärzte eingesetzt werden (auch Ärzte und Ärztinnen mit jüdischen Ehepartnern). Sie führten die Praxen im Namen ihrer Vorgänger weiter und erhielten für ihre Arbeit von den Gesundheitsbehörden ein festes Gehalt. Diese Regelung wurde durch eine Verordnung verschärft, nach der die niedergelassenen Ärzte ihre Praxen nicht mehr schließen und ihre medizinischen Geräte sowie ihre Autos nicht mehr verkaufen durften.[38]

In den darauffolgenden Jahren entwickelte sich zwischen den Sanitätsdienststellen der Wehrmacht und den zivilen Gesundheitsbehörden ein erbitterter verwaltungsinterner Streit, bei dem es meist um Personalfragen ging und in dem der normale deutsche Arzt zu einer bloßen Schachfigur wurde. Die Wehrmacht nahm im allgemeinen wenig Rücksicht auf die Bedürfnisse der Zivilbevölkerung, deren medizinische Versorgung immer schlechter wurde, vor allem in den ländlichen Gebieten.[39] 1941 war dem Innenminister vollauf bewußt, daß die Wehrmacht alle jungen Ärzte unter achtundzwanzig Jahren nach dem Examen gleich einziehen würde.[40] Da die Reserve an Ärztinnen und älteren Ärzten allmählich erschöpft war, gab es nur zwei Möglichkeiten, der Wehrmacht zu begegnen: Erstens konnte man mehr junge Ärzte dazu ermuntern, sich bei den Behörden um eine uk-Stellung zu bewerben, und zweitens konnte man die logistische Kontrolle über alle verfügbaren zivilen Ärzte und Ärztinnen verschärfen und die Universitätsabgänger sofort – bevor die Wehrmacht sie einziehen konnte[41] – einsetzen, insbesondere in den Krankenhäusern, denn wenn es für Ärzte noch irgendwo einen letzten Rest Berufsfreiheit gab, dann dort.[42]

Im Mai 1942 beschlossen die Gesundheitspolitiker zwei weitere Maßnahmen gegen den Ärztemangel. Erstens verboten sie den zivilen Ärzten, den Beruf ohne eine entsprechende Sondergenehmigung aufzugeben.[43] Und zweitens einigten sie sich mit der Wehrmacht darauf, das derzeitige Verteilungsverhältnis zwischen zivilen und Frontärzten beizubehalten.[44] Die erste Maßnahme schränkte die traditionellen Freiheiten der deutschen Ärzte weiter ein, und ob sie zur Verbesserung der ärztlichen Versorgung der Zivilbevölkerung beitrug, ist fraglich. Die zweite bewirkte nur eine vorübergehende Entspannung der Situation. Die Wehrmacht legte die Vereinbarung, für jeden eingezogenen jungen Mediziner einen älteren, vom Dienst an der Front erschöpften Arzt nach Hause zu schicken, zu ihren Gunsten aus. Sie weigerte sich, ihre erfahrenen Veteranen heimzuschicken, bevor die rekrutierten jungen Mediziner ihre obligatorische dreimonatige Schulung für den Fronteinsatz absolviert hatten, und zwang den Gesundheitsbürokraten in Berlin so eine dreimonatige Wartefrist auf. Zudem schickte das Oberkommando hauptsächlich verwundete, fast arbeitsunfähige Ärzte zurück, die dem anstrengenden Dienst an der »Heimatfront« kaum noch gewachsen waren.[45] Da die zivilen Gesundheitsbehörden das wußten, stellten sie junge Ärzte, denen die Einberufung drohte, oft zurück.[46] Doch die Wehrmacht, die nach der Niederlage von Stalingrad im Februar 1943 dringend Offiziere aller Art brauchte, versuchte weiterhin möglichst viele junge Ärzte einzuziehen, ohne sich mit den zivilen Gesundheitsbehörden abzustimmen.[47]

Inzwischen verstärkten die Alliierten ihre Bombardements auf deutsche Städte, von denen einige, zum Beispiel Berlin, bereits rund die Hälfte ihrer Ärzte an die Wehrmacht abgetreten hatten. Da bei Opfern von Luftangriffen Verletzungen an den Extremitäten besonders häufig waren, fehlte es vor allem an Chirurgen, aber auch an anderen Spezialisten wie Augenärzten. Interne Verlegungsprobleme zermürbten die regionalen Medizinalbeamten, die nun auch für das Wohl der großen Bevölkerungsgruppen zuständig waren, die aus Sicherheitsheitsgründen umgesiedelt wurden.[48] Um den anhaltenden Spannungen zwischen den Sanitätsdienststellen der Wehrmacht und den zivilen Gesundheitsbehörden und dem organisatorischen Chaos ein Ende zu setzen, hatte Hitler im Juli 1942 einen seiner Begleitärzte, Professor Karl Brandt, zu seinem Generalkommissar für das Sanitäts- und Gesundheitswesen ernannt.[49] Brandt wurde im September 1943 in seinem Amt bestätigt und mit weiteren Vollmachten ausgestattet. Doch diese personelle Maßnahme, durch die der Reichsgesundheitsführer im Innenministerium Dr. Conti, der an seiner Hinhaltetaktik festhielt, isoliert werden sollte, half auch nichts.[50] Das Verhältnis zwischen den Sanitätsdienststellen der Wehrmacht und den zivilen Gesundheitsbehörden blieb gespannt, und die erbitterten Kämpfe zwischen Brandt und Conti konnten den chronischen Ärztemangel nicht beheben.[51]

1944 verschlechterte sich die medizinische Versorgung der Zivilbevölkerung zusehends. Inzwischen waren die Ärzte – einschließlich der Veterinäre – die Berufsgruppe, die die meisten neuen Rekruten stellte. Da sie direkt hinter den Frontlinien arbeiteten, wurden so viele von ihnen getötet oder verwundet, daß die Verluste selbst durch die ständige Rekrutierung von Hochschulabgängern nicht mehr ausgeglichen werden konnten.[52] Hinzu kamen Schlampereien in den zivilen Gesundheitsbehörden. Im Januar gingen zum Beispiel im Büro des Reichsgesundheitsführers die Akten der Hochschulabgänger verloren. Polizeichef Heinrich Himmler, der neue und gutunterrichtete Minister des Innern, beschwerte sich im April über die langen Verzögerungen bei der Bereitstellung von medizinischem Personal für die umgesiedelten Bevölkerungsgruppen.[53]

Keine der ergriffenen Notmaßnahmen trug zur Entspannung der Situation bei. Ab Ende März wurden erfahrenere Assistenzärzte auf die Regionen verteilt und ihre Posten in den Krankenhäusern mit Hochschulabgängern ohne Berufspraxis besetzt. Im April erklärte sich die Wehrmacht sogar widerstrebend bereit, ihre älteren Sanitäter ohne dreimonatige Wartefrist zu entlassen, doch dieses Zugeständnis änderte nicht viel und kam zu spät.[54] In den zivilen Gesundheitsbehörden war man sich inzwischen einig, daß die Wehrmacht sich immer rücksichtsloser über die medizinischen Bedürfnisse der Zivilbevölkerung hinwegsetzte.[55] Ironischerweise waren deren Truppen im März 1945 bereits so stark dezimiert, daß sie mehr Ärzte in ihren Reihen hatte, als sie benötigte.[56]

Nichtsdestotrotz beschlossen die Reichsgesundheitsbehörden in letzter Minute zwei weitere Notmaßnahmen. Im Frühjahr 1944 wurden Ärztinnen mit Kindern zur Mithilfe aufgefordert, notfalls auf Teilzeitbasis. Ende des Jahres wurden dann selbst Mütter mit kleinen Kindern auf der Grundlage der zu Beginn des Krieges erlassenen Notverordnungen dienstverpflichtet.[57]

Schließlich zogen die Medizinalbeamten in Erwägung, auf ausländische Ärzte zurückzugreifen. Diese ließen sich grob in zwei

Kategorien einteilen. Die erste, bevorzugte Gruppe umfaßte Ärzte aus befreundeten Staaten und Sympathisanten aus besetzten Ländern; die zweite, weniger geschätzte Gruppe bildeten Ärzte aus feindlichen Staaten, von denen sich viele in deutschen Gefangenenlagern befanden (sofern sie nicht, wie einige Weißrussen und Ukrainer, die Fronten gewechselt hatten). Bereits 1942 hatten einige Gesundheitspolitiker erkannt, daß es irgendwann erforderlich sein könnte, ausländische Ärzte einzusetzen, jedoch aus Angst vor logistischen und politischen Schwierigkeiten – zum Beispiel mit russischen Ärzten, die sowjetische Zwangsarbeiter hätten behandeln können – nichts unternommen. Zudem hatte Hitler große Bedenken gegen einen solchen Schritt geäußert.[58]

Diese Situation änderte sich im Herbst 1943 nach der Katastrophe von Stalingrad. Nun hielt man es für unumgänglich, ausländische Ärzte in Krankenhäusern und Arbeitslagern einzusetzen, wo sie leicht überwacht werden konnten.[59] Ab Ende 1943 wurden Ärzte der ersten Kategorie stufenweise in das öffentliche Gesundheitswesen eingegliedert. Das Kontingent an italienischen und anderen ausländischen Ärzten, die im Frühjahr 1944 aushilfsweise in diversen medizinischen Einrichtungen des Reichs arbeiteten,[60] wurde Ende des Jahres noch verstärkt, unter anderem durch Tschechen. Inzwischen betrachtete man ausländische Ärzte als unentbehrlich, denn die Situation an der »Heimatfront« wurde immer kritischer und geriet allmählich außer Kontrolle.[61]

Nach jahrelangen personellen Engpässen und logistischen Problemen und wegen der hohen Verluste an Menschenleben stand die Medizinalverwaltung kurz vor dem Zusammenbruch. Im ganzen Land herrschten verheerende Zustände. Im Münsterland wurden zum Beispiel Kindergartenkinder monatelang nicht ärztlich versorgt. Und in den Dörfern wurden selbst medizinische Notfälle vernachläßigt.[62] Im letzten Kriegsjahr kamen auf jeden im Reich eingesetzten Arzt unter fünfzig Jahren drei Frontärzte. Leider war von vornherein klar, daß die tausend Sanitäter, die die Wehrmacht im Rahmen eines Notprogramms von Generalkommissar Brandt bereitzustellen versprach, auch nicht in der Lage sein würden, die Katastrophe aufzuhalten.[63]

2. Die nationalsozialistische Umgestaltung der Ärzteorganisationen

Die Reorganisation der gesamten Ärzteschaft innerhalb des nationalsozialistischen Systems verlief nach dem Muster einer teilweise erzwungenen und teilweise freiwilligen Gleichschaltung, das in vielen deutschen Institutionen aus der Zeit vor 1933 zu beobachten war. Nach der Machtübernahme Hitlers bereiteten einige frühe Nazis, sogenannte »Alte Kämpfer«, die einflußreichen Organisationen angehörten, geschickt deren Eingliederung in den Nazistaat vor. Der äußere Druck, den das neue Regime ausübte, half ihnen dabei. Berufsverbände und Lobbys aus der Weimarer Zeit mußten infiltriert und unterwandert werden; und wenn das nicht ausreichte, um sie gleichzuschalten, mußten sie durch Zwang gefügig gemacht werden. Die alten Interessengruppen verloren zwangsläufig ihre Unabhängigkeit und schließlich ihre Existenzberechtigung, als sie in die jeweiligen NS-Organisationen eingebunden wurden. Und die genossen nun zweifellos Autorität, obwohl einige davon vor der Machtübernahme Hitlers nur unbedeutende Zweigorganisationen der NSDAP waren.[1]

Die fünfte Kolonne der Nazis innerhalb der Ärzteschaft war der Nationalsozialistische Deutsche Ärztebund, der im Sommer 1929 auf dem NSDAP-Parteitag in Nürnberg von dem Ingolstädter Sanitätsrat Dr. Ludwig Liebl und ein paar gleichgesinnten Kollegen als Interessenvertretung der nationalsozialistischen Ärzte in der Weimarer Republik gegründet worden war. Zu seinen Aktivitäten gehörte der heimliche Konkurrenzkampf mit dem Verband der Ärzte Deutschlands aus Leipzig, der nach seinem Gründer Hermann Hartmann auch Hartmannbund (gegründet 1900/01) genannt wurde und damals die führende Lobby der Ärzte war. Ende 1932 wurde Liebl durch den vierundvierzigjährigen Münchner Allgemeinmediziner Dr. Gerhard Wagner ersetzt, einen alten Freikorpskämpfer und frühen Nazi. Danach verstärkten sich die Spannungen zwischen dem NS-Ärztebund und dem Hartmannbund, weil die Nationalsozialisten der traditionellen Vertretung immer mehr Mitglieder abwarben und die gleichzeitige Mitgliedschaft in beiden Verbänden möglich war.[2]

Nach der Machtübernahme Hitlers im Januar 1933 beschloß Wagner, der der NSDAP die Kontrolle über den medizinischen Bereich sichern sollte, den Hartmannbund mit Hilfe seines NS-Ärztebunds in eine nationalsozialistische Medizinalverwaltung einzubinden, die systematisch aufgebaut und nur mit Parteimitgliedern besetzt werden sollte. Über den NS-Ärztebund begann das neue Regime, die gesamte deutsche Ärzteschaft gleichzuschalten, um sie später für ihre Ziele einzuspannen.[3] Typisch war die diplomatische Vorgehensweise von Reichsärzteführer Wagner, der es stets vorzog, seine Kollegen zu überreden, statt sie zu zwingen.[4] Bereits Ende März konnte er sich der vollen Unterstützung der bürgerlichen Ärzteverbände sicher sein. Anläßlich des »Tags von Potsdam« teilten der Hartmannbund und seine Zweigorganisation, der Deutsche Ärztevereinsbund, die beide seit 1929 von dem fünfundvierzigjährigen Nürnberger Gastroenterologen Dr. Alfons Stauder geleitet wurden, Hitler am 22. März in einem Telegramm mit, daß beide Organisationen sich sehr darauf freuten, den »patriotischen Zielen« der Reichsregierung zu dienen.[5] Daraufhin trafen sich Stauder und Wagner zu Sondierungsgesprächen in München und am 23. und 24. März noch einmal in Begleitung ihrer engsten Mitarbeiter in Nürnberg. Dort scheint Stauder freiwillig die Leitung beider Ärztevertretungen abgegeben zu haben, während Wagner von der Reichsregierung zum Kommissar der ärztlichen Spitzenverbände ernannt wurde.[6] Stauder blieb zwar pro forma im Amt, war jedoch nur noch eine Marionette Wagners.[7] In den darauffolgenden Wochen entwikkelten sich die Dinge ganz nach dessen Wünschen. Die Mitglieder der beiden bürgerlichen Ärzteverbände einigten sich am 2. April in Leipzig mit den Funktionären des NS-Ärztebunds darauf, alle neuen Entscheidungen der Ärzteführer einstimmig abzusegnen. Stauder erklärte in einer Rede vor den versammelten Ärzten, daß es notwendig sei, eine geschlossene Front zu bilden, um die »Revolution« zu vollenden.[8] Drei Tage später wurden Wagner und Stauder von Hitler empfangen, der seine Zustimmung zum Ausdruck brachte und die beiden Ärzte aufforderte, die Nazifizierung der gesamten Ärzteschaft weiter voranzutreiben. Als die Nazifunktionäre dann noch eine Kürzung von Stauders Gehalt erzwangen und sich überlegten, wie sie am besten an die beträchtlichen Vermögenswerte der alten Ärzteverbände gelangen konnten, zeichnete sich bereits das Ende der seit der Jahrhundertwende bestehenden Organisationen ab.[9] Am 7. Juni wurde Stauder dann offiziell entlassen und durch Wagner ersetzt, erhielt jedoch, um den Schein zu wahren, einen Titularrang in der neugeschaffenen Ärzte-Hierarchie der Nazis. Die nationalsozialistischen Ärzteführer nutzten das Netz der alten Institutionen geschickt aus, solange es ihnen Vorteile brachte. Ende Juni 1936 wurden der Hartmannbund und der Ärztevereinsbunddann unter Berufung auf die Reichsärzteordnung vom 13. Dezember 1935 aufgelöst.[10]

Bis heute beschreiben führende Vertreter der westdeutschen Ärzteschaft die Vereinnahmung der Ärzteverbände der Weimarer Republik durch die Nationalsozialisten als einen Machtkampf zwischen den freiheitlich-demokratischen und den totalitären Kräften, den die Nazis gewannen. Ostdeutsche Medizinhistoriker betrachten sie dagegen eher als Ergebnis eines bereits zu Beginn des Dritten Reichs geschlossenen Paktes zwischen der im Grunde mit den Faschisten sympathisierenden deutschen Ärzteschaft und den politischen Führern der Nationalsozialisten.[11] Die Wahrheit liegt irgendwo dazwischen, doch die ostdeutsche Version dürfte ihr wesentlich näher kommen. Zweifellos verübelten viele Ärzte den Nazis die systematische Reorganisation ihrer Verbände. Trotzdem wäre es falsch, die mit den Nazis kollaborierenden Funktionäre der alten Ärzteverbände als Opfer nationalsozialistischer Übergriffe hinzustellen. Da Männer wie Dr. med. Carl Haedenkamp, der ehemalige Schriftleiter des wichtigsten Mitteilungsblattes des Hartmannbundes, schon während der Weimarer Republik politisch nicht sehr weit links von den strammen Nazis standen – er war engagiertes Mitglied der mehrheitlich antisemitischen Deutschnationalen Volkspartei –, fiel es ihnen vergleichsweise leicht, sich dem neuen Regime anzupassen und sich in seinen Dienst zu stellen. So blieb Haedenkamp auch während der Nazizeit ein Spitzenfunktionär.[12] Seinem Beispiel folgten Akademiker mit einem ähnlichen politischen Hintergrund wie der Mediziner Heinrich Grote oder der Jurist Clemens Bewer, um nur die wichtigsten zu nennen, die mit wehenden Fahnen zu den Nazis überliefen und einflußreiche Posten in der nationalsozialistischen Medizinalverwaltung übernahmen. Ihre opportunistische Haltung paßte gut ins Konzept der nationalsozialistischen Ärzteführer, sich möglichst keine Feinde und aus einer gegebenen Situation das Beste zu machen.[13] Sie sollten später die ersten sein, die die historische Bedeutung des Hartmannbundes und dessen Verdienste bis zum Jahre 1933 nachträglich würdigten, aber natürlich stets hinzufügten, daß diese Institution mit dem Beginn des Dritten Reichs ein für allemal überflüssig geworden sei.[14]

Die Auflösung der beiden traditionellen Ärzteverbände war nur ein erster Schritt zum Aufbau eines nationalsozialistischen Gesundheitswesens mit gleichgeschalteten Ärzteorganisationen. Nach den ungeschriebenen Gleichschaltungsregeln der Nazis ging die Zerstörung des alten Systems mit dem Aufbau eines neuen einher, das das alte zur gegebenen Zeit ablösen sollte. Doch in der Praxis überschnitten sich diese beiden Prozesse oft. So erbte zum Beispiel die von den Nazis am 2. August 1933 gegründete Kassenärztliche Vereinigung Deutschlands im Frühjahr 1936 das Vermögen und den Verwaltungsapparat des Hartmannbundes.[15]

Zudem war die KVD nichts völlig Neues, sondern aus bereits bestehenden Institutionen hervorgegangen. 1932 hatte der Hartmannbund nach jahrelangen Konflikten zwischen den mehreren Hundert Krankenkassen und den Tausenden von Ärzten, die individuell krankenversicherte Patienten behandelten, in ganz Deutschland privatrechtliche, kassenärztliche Vereinigungen eingerichtet, die als neutrale Instanzen die Honorarverrechnungen zwischen den Kassenärzten und den Krankenkassen regelten. Sie trieben das Geld bei den verschiedenen Kassen ein und verteilten es nach einem Abrechnungssystem mit festen Pauschalen an die Kassenärzte in den einzelnen Verwaltungsbezirken.[16] Die Nationalsozialisten wandelten diese ungefähr sechstausend regionalen kassenärztlichen Vereinigungen zunächst in Körperschaften öffentlichen Rechts um und faßten sie dann zur Kassenärztlichen Vereinigung Deutschlands (KVD) zusammen. Die KVD fungierte weiterhin als Vermittler zwischen den Krankenkassen und den Kassenärzten, diente jedoch gleichzeitig als ein wirkungsvolles Instrument zur Gleichschaltung der deutschen Ärzteschaft. Ihre Hauptaufgabe war nun die berufliche, politische und soziale Kontrolle der deutschen Kassenärzte – das waren ungefähr achtzig Prozent der niedergelassenen Ärzte.

Die KVD, die von Dr. Wagner, dem Reichsärzteführer und Vorsitzenden des Nationalsozialistischen Deutschen Ärztebunds, geleitet wurde und größtenteils mit frühen Überläufern besetzt war, überwachte das Kassenzulassungsverfahren und die regionale Verteilung der Kassenärzte, bei der man sich an der idealen Quote von einem Arzt auf sechshundert krankenversicherte Patienten orientierte.[17] Die Einführung des faschistischen Führerprinzips – mit Wagner als »Führer« an der Spitze einer strengen Hierarchie – erleichterte die politische Kontrolle der Kassenärzte, für die die Mitgliedschaft obligatorisch war. Die politischen Verbindungen aller Mitglieder wurden überprüft; marxistischen und jüdischen Kassenärzten wurde die Zulassung entzogen.[18] Auf sozialem Gebiet kontrollierte die KVD ihre Mitglieder über einen Notfonds und ein dringend benötigtes Sozialversicherungsprogramm für Kassenärzte und ihre Familien sowie über ein internes Disziplinargericht, das natürlich auch für politische Zwecke mißbraucht werden konnte.[19]

Als hätte die KVD als Kontrollinstrument nicht ausgereicht, richteten die Nationalsozialisten im April 1936 noch die Reichsärztekammer (RÄK) ein. Dr. Wagner hielt diese zweite Organisation aus zwei Gründen für notwendig: Seine mächtige KVD erfaßte zwar alle Kassenärzte, aber nicht die niedergelassenen Ärzte, die nur Privatpatienten behandelten, und die in den Krankenhäusern oder an den Universitäten beschäftigten Ärzte. Zudem war sie teilweise vom Reichsarbeitsministerium abhängig, das auch für das Kranken- und Sozialversicherungswesen zuständig war. Irgendwelche vom Reichsarbeitsminister beschlossenen Veränderungen in der Krankenkassenstruktur konnten daher nicht nur die Zahlungmodalitäten der kassenärztlichen Honorare betreffen, sondern auch die Verrechnungsstelle selbst.[20]

Wagner wollte seine Position als Vertrauensmann der NSDAP für den medizinischen Bereich zu einer Zeit festigen, in der die Partei- und Regierungsämter im Dritten Reich aufgebaut wurden. 1932 wurde er zum Vorsitzenden des NS-Ärztebundes und zum Leiter der von der Partei neu gegründeten Abteilung Volksgesundheit ernannt. Im Mai und Juni 1934 wandelte Wagners Patient und enger Freund Rudolf Hess diese Parteiabteilung in das Hauptamt für Volksgesundheit um. Wagner wurde als dessen Leiter bestätigt und außerdem zum »Gesundheitsführer« designiert.[21]

Wagner nutzte dieses Amt, das ihm weitreichende Vollmachten für den gesamten medizinischen Bereich verlieh, um die Machtposition, die er ungefähr zehn Monate zuvor durch die Gründung der KVD erworben hatte, weiter auszubauen. Er griff das alte Konzept der deutschen Ärzteschaft von einer monopolistischen Standesvertretung mit dem Status einer Körperschaft öffentlichen Rechts auf, in das nach der Machtübernahme Hitlers nationalsozialistische Vorstellungen einflossen, und verkündete am 13. Dezember 1935 die Reichsärzteordnung.[22] Sie sah die Gründung einer öffentlich-rechtlichen Reichsärztekammer vor, der jeder graduierte Arzt im Land angehören sollte, regelte organisatorische Fragen und legte ethische Richtlinien für die gesamte Ärzteschaft fest.[23]

Am 6. April 1936 wurde die Reichsärztekammer offiziell gegründet. Ihre Satzung, die in den darauffolgenden Jahren mehrmals ergänzt wurde, enthielt ähnliche Klauseln wie die der drei Jahre zuvor gegründeten KVD. Zum Beispiel wurde die Zusammenarbeit aller Ärzte auf gesellschaftlicher Ebene erneut zur Pflicht erklärt. Gemäß den Prioritäten des sich herausbildenden Polizeistaates wurden bereits existierende Bestimmungen zu diversen Disziplinarmaßnahmen erweitert und die rassischen und politischen Kontrollmechanismen verstärkt.[24]

Einige der neuen Bestimmungen, die ganz auf die nationalsozialistische Ideologie zugeschnitten waren, entsprachen keineswegs den Erwartungen der Mehrheit der deutschen Ärzte, die immer stärker reglementiert wurden. Die Satzung der RÄK machte die Zwangssterilisation und die »Rassenhygiene« zu einem festen Bestandteil der Medizin in Deutschland und die Befolgung der nationalsozialistischen Prinzipien der »Gesundheitsführung« für jeden Arzt zur Pflicht. Der Arztberuf war nun kein Gewerbe mehr (1869 bis 1871 war er unter die Reichsgewerbeordnung gefallen), doch die neue rechtliche Stellung der Ärzte unter den klassischen akademischen Berufen blieb unklar. Diese Rechtsunsicherheit lieferte die Ärzte der Willkür des totalitären Regimes aus, das ihre Aufgaben und Pflichten nun nach eigenem Gutdünken neu definierte. So wurden die ursprünglich eigennützigen Ziele der deutschen Ärzte von Hitlers Lakaien geschickt verfälscht und mit den Interessen der nationalsozialistischen Politik verschmolzen.[25]

Wagner spielte in diesem Prozeß die Hauptrolle. Er übernahm auch die Leitung der Reichsärztekammer und festigte innerhalb der Partei und des Staates seine Position als Generalbevollmächtigter für die Bereiche Medizin und Gesundheit. Als Protegé von Hitlers Stellvertreter Hess konnte er sich Hoffnungen auf einen Verwaltungposten auf höchster Regierungsebene machen, vielleicht auf das bisher nicht existierende Amt des Gesundheitsministers, dessen Einrichtung er durchzusetzen hoffte (dazu kam es allerdings nicht). Um dieses wichtige Ziel zu erreichen, war es unvermeidlich, die Aufsicht über die Reichsärztekammer in einigen Bereichen vorläufig dem Innenminister zu überlassen, doch langfristig gesehen war das kein hoher Preis. Obwohl der Innenminister bei Wagners formeller Ernennung zum Reichsärzteführer die Hand im Spiel gehabt hatte, wußte Wagner, daß er im Grunde nur Adolf Hitler verantwortlich war, den er bereits in Angelegenheiten beriet, die eigentlich nicht in den Zuständigkeitsbereich des Reichsgesundheitsführers fielen, wie zum Beispiel bei den Rassengesetzen.[26]

Wagner konnte die Früchte seiner Bemühungen nicht mehr lange genießen. Bedrängt von seinem Rivalen Dr. Conti, der seine Karriere im Dritten Reich als Vertreter Berlins im Nationalsozialistischen Ärztebund begonnen hatte und danach durch die Übernahme einiger Ämter in der preußischen Medizinalverwaltung in der Gunst von Ministerpräsident Göring gestiegen war, starb Wagner Ende März 1939 an einer nicht näher bezeichneten, aber angeblich »heimtückischen« Krankheit.[27] Conti übernahm drei Wochen später als sein Nachfolger seine verschiedenen Posten und ordnete alle dem Amt des Reichsgesundheitsführers unter. Seine Vorgesetzten in Partei und Staat hatten ihm den Auftrag erteilt, die Vereinheitlichung des gesamten Gesundheitswesens zu Ende zu führen. Wagner hatte diese Aufgabe zwar in Angriff genommen, aber nie vollendet, weil so viele Institutionen gleichgeschaltet, durchorganisiert und zusammengefaßt werden mußten und wegen der etwas ungünstigen Lage seines Amtssitzes in München, die es seinem Rivalen Conti leicht machte, von der Reichshauptstadt aus gegen ihn zu intrigieren.[28]

Doch letztlich sollte der etwas farblose Conti es noch schwerer haben als sein charismatischer Vorgänger. Trotz seines klangvollen Titels war er als höchster Medizinalbeamter des Reichs nur theoretisch autonom. Es war ihm zwar gelungen, sich gegen einen weiteren potentiellen Nachfolger Wagners, den früheren Chef des Öffentlichen Gesundheitsdienstes im Innenministerium Dr. Arthur Gütt, durchzusetzen, der im Sommer 1939 schließlich aus gesundheitlichen Gründen zurückgetreten war,[29] doch das ihm unterstellte Reichsgesundheitsamt, das von Professor Hans Reiter geleitet wurde, nahm sich mehr Freiheiten heraus, als ihm zustanden, obwohl es nur nominelle Funktionen erfüllte (zu seinen Aufgaben gehörte die Gleichschaltung von akademischen Ärzteverbänden wie der Deutschen Dermatologischen Gesellschaft).[30] Außerdem wurden Contis Autorität und Kompetenz von einigen Parteigrößen in Frage gestellt. Robert Ley, der cholerische Leiter der Deutschen Arbeitsfront, der ein Interesse daran hatte, die Leistungen der Kranken- und Sozialversicherung auf einer breiten Basis auf deutsche Arbeiter auszudehnen – ein populistisches Konzept, das den Interessen der Ärzte zuwiderlief –, schaffte es 1941 beinahe, Conti die Kontrolle über das öffentliche Gesundheitswesen teilweise zu entreißen.[31]

Contis Ernennung zum Staatssekretär für das Gesundheitswesen im Reichsinnenministerium im August 1939 festigte seine Position innerhalb der Partei und des Staates. Doch im Verlauf des Krieges gelang es ihm immer weniger, die anstehenden Probleme zu bewältigen, zum Beispiel Institutionen wie die KVD und die Reichsärztekammer zu einer effizienten Zusammenarbeit zu bewegen.[32] Hitlers »Begleitarzt« Karl Brandt nutzte diese Situation aus und ließ sich im Juli 1942 zum Generalkommissar des Führers für das Sanitäts- und Gesundheitswesen ernennen, sicher nicht zum Vorteil der inzwischen vom NS-Regime völlig kontrollierten Ärzteschaft.[33]

Danach gelang es Brandt mit Hilfe einiger Sondererlässe Hitlers, Reichsgesundheitsführer Conti kaltzustellen, bis der ehemalige Berliner Arzt irgendwann im Jahre 1944 buchstäblich in einen Zustand der Apathie verfiel; ein Jahr später nahm er sich in einer Nürnberger Gefängniszelle das Leben.[34] Die Einsetzung Brandts war ein Zeichen für den bevorstehenden Zusammenbruch der kaum noch funktionsfähigen nationalsozialistischen Medizinalverwaltung und ihrer Ärzteorganisationen.

3. Medizinische Spezialisierung und Einkommen

Im Dritten Reich bestanden innerhalb der Ärzteschaft Spannungen zwischen den Allgemeinmedizinern und den Fachärzten. Dieser Konflikt hatte seine historischen Wurzeln in den zwanziger Jahren, in denen die Zahl der Fachärzte im Verhältnis zu der der Allgemeinmediziner gestiegen war.[1] Die Spezialisten konnten aufgrund ihrer längeren Ausbildung höhere Honorare verlangen; sie praktizierten lieber in Großstädten als auf dem Land, und bis Anfang der dreißiger Jahre waren viele von ihnen Juden. Aus diesen drei Gründen paßten sie den Verfechtern nationalsozialistischer Vorstellungen von Gesundheit und Medizin nicht ins Konzept.

Ihr vertikaler medizinischer Ansatz, ihre Konzentration auf Krankheiten, die in ihr besonderes Fachgebiet fielen, und ihre engen Kontakte zu wissenschaftlichen Einrichtungen entsprachen nicht dem organizistischen Ideal der Nazis.[2] Sie vertraten ein ganzheitliches Konzept von Medizin, in das sich sozialdarwinistische Vorstellungen mischten. Für sie war der einzelne Mensch ein organischer Bestandteil der rassisch definierten »Volksgemeinschaft«, ein Mikrokosmos, der nur als Ganzes von Bedeutung war. Seine einzelnen Bestandteile sollten nicht isoliert, sondern nur im Kontext des gesamten Organismus betrachtet werden. Im Prinzip verstieß es gegen dieses ganzheitliche Konzept, nur ein bestimmtes Organ näher zu untersuchen. Doch aufgrund der biologistischen Tendenz dieses Konzepts wurde Fragen der Fortpflanzung eine besondere Bedeutung beigemessen, während den Funktionen des

Gehirns wenig Beachtung geschenkt wurde. Diese Gewichtung entspricht der generellen Intellektfeindlichkeit der Nazis, die stets das Physische betonten.[3]

Dem ursprünglichen nationalsozialistischen Ideal vom deutschen Arzt entsprach daher der Allgemeinmediziner, dessen gesellschaftliches und berufliches Ansehen unter der zunehmenden Zahl von Fachärzten in den letzten Jahren der Weimarer Republik etwas gelitten hatte. Die nationalsozialistischen Gesundheitspolitiker waren von Anfang an bestrebt, diese Entwicklung umzukehren. Aus den deutschen Medizinstudenten sollten wieder Allroundärzte alten Schlages werden: bescheidene, zuverlässige Mediziner, die ihr umfassendes Wissen und ihre praktische Erfahrung in den Dienst des Patienten stellten. Die nationalsozialistischen Gesundheitspolitiker sahen im niedergelassenen Arzt einen wichtigen Helfer, denn er konnte bei seinen Hausbesuchen in die kleinsten Zellen der »Volksgemeinschaft«, die Familien, vordringen und als eine Art biologischer Blockwart oder biopolitischer Agent für die Partei auskundschaften, wie es um die Volksgesundheit stand.[4]

Im Grunde seines Herzens war der nationalsozialistische Arzt ein Landarzt. Auf dem Land ließ sich das Konzept einer ganzheitlichen, an der Naturheilkunde orientierten Medizin besser in die Praxis umsetzen und mit der Blut-und-Boden-Ideologie verschmelzen als in der Stadt. Städte waren für die Nazis künstliche, sterile, unorganische Gebilde, die mit Krankheiten der modernen Zivilisation wie dem Materialismus und natürlich dem Judentum »verseucht« waren. Reichsärzteführer Wagner haßte moderne Krankenhäuser, insbesondere Polikliniken.[5] Statt dessen wurden die Vorzüge des Landlebens gepriesen: die Möglichkeit zu Aktivitäten im Freien, die Nähe zur unverfälschten Natur und der robuste Menschenschlag der Bauern, die nach Meinung der Nazis noch die rassischen Qualitäten ihrer germanischen Vorfahren besaßen.[6] Nach den Idealvorstellungen der Nationalsozialisten war das Leben eines deutschen Landarztes beschwerlich, aber redlich, und natürlich ermunterte die KVD junge Ärzte bei der Erteilung der Kassenzulassung dazu, eine Praxis auf dem Land zu eröffnen.[7]

Doch die Wirklichkeit sah anders aus. Wie in den Jahrzehnten zuvor ließen sich die meisten Ärzte lieber in der Stadt nieder als auf dem Land, nicht zuletzt, weil sie dort besser verdienten. Im Januar 1934 betrug der Anteil der Landärzte nach wie vor nur 34 Prozent,[8] daher fehlte es in den ländlichen Regionen weiterhin an Ärzten.[9]

Von einem Landarzt wurde vor allem erwartet, daß er ein guter Geburtshelfer war, denn auf dem Land waren Hausgeburten üblich.[10] Da in Nazideutschland der Fortpflanzung und dem Bevölkerungswachstum so große Bedeutung beigemessen wurde, überrascht es nicht, daß die nationalsozialistischen Gesundheitspolitiker die perfekte Beherrschung natürlicher Entbindungstechniken in ihrer Gesundheitsreform, wenn man von einer solchen sprechen konnte, zur obersten Pflicht erhoben. Ihr Grundprinzip war organizistisch und biologistisch: Schwangere, die sich an die in den Städten üblichen medizinischen Standards, an hochqualifizierte Spezialisten und moderne, gut ausgerüstete Kliniken gewöhnt hatten, sollten auf diesen Komfort verzichten und ihre Kinder wieder wie früher auf natürliche Weise, also ohne Narkose, zur Welt bringen, und möglichst zu Hause unter Aufsicht ihres Hausarztes oder irgendeines anderen praktischen Arztes.

Nach Contis Ernennung zum Reichsgesundheitsführer im Frühjahr 1939 wurde verstärkt für die Hausgeburt Propaganda gemacht. Conti stand unter dem ideologischen Einfluß seiner Mutter Nanna Conti, einer gelernten Hebamme. Sie förderte als Leiterin der Reichsfachschaft deutscher Hebammen die Ausbildung junger Frauen zu Laienhelferinnen, die bei Hausgeburten eingesetzt werden konnten, um noch mehr junge Mütter davon abzubringen, in einer Klinik zu entbinden.[11] Doch auf diesem Gebiet wurden nur langsam Fortschritte erzielt, und zu den anfänglichen Schwierigkeiten kamen während des Krieges neue Probleme hinzu. Die nationalsozialistische Idee von der natürlichen Hausgeburt war gefährdet, weil es nicht genügend qualifizierte Hebammen und immer weniger praktische Ärzte gab, vor allem auf dem Land. Bäuerinnen, die es von jeher gewohnt waren, ihre Kinder zu Hause zur Welt zu bringen, neigten wegen der schweren Feldarbeit zu Fehlgeburten, so daß viele inzwischen lieber in nahe gelegene Kliniken gingen.[12]

Doch Conti ließ sich nicht beirren. Teilweise aus seiner tiefen Abneigung gegen die klinische Medizin heraus, teilweise aber auch, weil Krankenhausbetten im Krieg immer knapper wurden, verkündete er Ende 1939 Verordnungen, die das Pensionsalter für Hebammen von fünfundsechzig auf siebzig heraufsetzten, und propagierte weiterhin die Hausgeburt. Anfang 1942 betonte er in einer Rede, daß es übel sei, in einem schlechten Krankenhaus geboren zu werden.[13] Die immer noch sehr gefragten Hebammen, die oft nicht richtig ausgebildet waren und immer damit rechnen mußten, »nur« für Krankenschwestern gehalten zu werden, wurden unter Druck gesetzt, was ihrer Arbeitsmoral nicht gerade förderlich war.[14] Doch auch die Ärzte begannen zu protestieren. In einem ungeschönten Bericht aus der Kölner Region hieß es, daß die Frauen in den Städten angesichts der ständigen Gefahr von Luftangriffen ihre Kinder offensichtlich nicht zu Hause zur Welt bringen wollten und daß die natürliche Geburt immer unbeliebter werde, besonders auf dem Land, wo die sanitären Bedingungen angeblich verheerend seien und Infektionen grassierten. Alle, die sich mit diesem Thema beschäftigten, seien sich einig, daß diese Politik aufgegeben werden müsse, denn für Entbindungen ließen sich aufgrund der vielen Unwägbarkeiten keine festen Regeln aufstellen, lautete das Fazit des Verfassers.[15]

Der Bericht ließ keinen Zweifel daran, daß die Zahl der Hausgeburten, entgegen Contis Plänen, in Wirklichkeit sank. Nach Statistiken aus Städten wie Lübeck nahm die Zahl der Frauen, die in Kliniken entbanden, seit 1932 ständig zu, und es wurde erwartet, daß dieser Trend sich fortsetzen würde.[16] Und Statistiken aus bestimmten ländlichen Regionen wie Beckum in Westfalen belegten, daß auch schwangere Landfrauen sich ungern den nationalsozialistischen Hebammen auslieferten, sondern ihre Kinder lieber in Provinzkrankenhäusern zur Welt brachten.[17] Zwei Jahre vor dem völligen Zusammenbruch von Contis Medizinalverwaltung bewiesen diese Zahlen, daß ein großer und wichtiger Teil der spezifisch nationalsozialistischen Gesundheitsreform nicht verwirklicht werden konnte.

Eine Spezialisierung junger Ärzte war in den ersten Jahren des

Dritten Reichs ausgesprochen unerwünscht. Es war das erklärte Ziel der nationalsozialistischen Gesundheitspolitiker, die Zahl der Fachärzte zu verringern – Spezialisten paßten nicht in das romantische Konzept von Gesundheit und Medizin – und die verbleibenden Fachärzte gleichmäßiger zu verteilen, also etliche von der Stadt aufs Land zu versetzen. Außerdem sollten sich die Hochschulabgänger während ihres Medizinalpraktikums stärker auf die Allgemeinmedizin konzentrieren, damit sie ihre bescheideneren Kollegen, die praktischen Ärzte, schätzen lernten.[18]

Mitte der dreißiger Jahre war es den Nazis gelungen, den Anteil der Fachärzte, der gegen Ende der Weimarer Zeit noch ein Drittel betragen hatte, auf etwas mehr als ein Viertel zu reduzieren. Doch der Hauptgrund für diesen Rückgang war nicht die Bereitschaft junger Ärzte, die Ratschläge der Nazis zu befolgen, sondern die im Frühjahr 1933 verfügte »Ausschaltung« jüdischer Kassenärzte, die zu einem großen Teil Fachärzte waren. Danach stieg der Anteil der Spezialisten allerdings wieder, auch wenn die Nazis offiziell das Gegenteil behaupteten. 1942 betrug er wieder knapp ein Drittel,[19] obwohl 1938 allen jüdischen Ärzten die Approbation entzogen worden war.

Es gab nur wenig, was die nationalsozialistischen Planer tun konnten, um mehr Fachärzte auf die ländlichen Gebiete zu verteilen. Zudem war es die Landbevölkerung gewohnt, in den seltenen Fällen, in denen eine Krankheit nicht vom Hausarzt behandelt werden konnte, Experten in der nächsten größeren Stadt aufzusuchen. Außerdem bemühten sich viele Fachärzte gar nicht erst um eine Kassenzulassung, weil sie nur Privatpatienten behandelten, bei denen es sich in der Regel um wohlhabende Leute aus der Stadt handelte. In überwiegend ländlichen Regionen wie Ostpreußen oder Schleswig-Holstein herrschte also weiterhin Mangel an Fachärzten, in Städten wie Berlin, Hamburg und Leipzig dagegen ein Überangebot, auch noch nach der »Ausschaltung« jüdischer Kollegen. 1937 gab es allein in Berlin siebenmal so viele Spezialisten wie in ganz Schleswig-Holstein, und in Hamburg fast doppelt so viele wie in ganz Ostpreußen. An diesem Ungleichgewicht änderte sich während des Krieges wenig. Da die KDV meinte, den Fachärzten aus der Stadt fehle es an allgemeinmedizinischem Wissen, zog sie sie nur selten zum Dienst auf dem Land heran.[20]

Als die Nazis in der Berufsordnung für die deutschen Ärzte vom November 1937 den Verlauf der Facharztausbildung genau festlegten, versuchten sie nicht mehr, die Schwerpunkte der Ausbildung durch entsprechende inhaltliche Ergänzungen des Lehrplans auf die Allgemeinmedizin und den Einsatz auf dem Land zu verlagern.[21] Doch wenn sie schon eine Spezialisierung auf bestimmte Fachgebiete duldeten, dann mußten diese in das nationalsozialistische Wertesystem eingegliedert werden. Die Chirurgen nahmen in der Hierarchie der Fachärzte die Spitzenposition ein, die sie in patriarchalischen Gesellschaften wie der deutschen von jeher innehatten. Zudem entsprachen sie dem heroischen Kämpferideal eines totalitären Regimes, das sich für einen Krieg rüstete.[22] Bereits 1933 schrieb ein Ärztefunktionär, daß es kein Zufall sei, daß die wenigen geborenen Vertreter der Herrenrasse sich oft der Chirurgie zuwendeten. Wenn irgendwo noch ein fester Wille und entschlossenes Handeln entscheidend seien, dann auf diesem Gebiet. Und ein Jahr vor dem Krieg hieß es, die Persönlichkeit eines Chirurgen müsse in ihren Grundzügen der eines militärischen Führers gleichen.[23]

Die Facharztausbildung zum Chirurgen wurde Anfang November 1937 von drei Jahren auf vier Jahre verlängert.[24] Diese Disziplin war in Deutschland von jeher besonders beliebt, nicht zuletzt deshalb, weil die Leitung eines Krankenhauses nur einem Chirurgen oder einem Internisten übertragen wurde. In den ersten Jahren des Dritten Reichs stieg der Anteil der Chirurgen unter den deutschen Fachärzten stark an: von 10 Prozent 1935 auf 15,3 Prozent 1937 und 22,8 beziehungsweise 25,1 Prozent in den Jahren 1938 und 1939.[25] Die politischen Führer betrachteten diese Entwicklung angesichts des geplanten Krieges als positiv. 1940 sank der Anteil der Chirurgen dann allerdings wieder auf 16,4 Prozent.

In der Hierarchie kamen nach den Chirurgen die Internisten. Auch die Innere Medizin war teilweise deshalb eine besonders beliebte Fachrichtung, weil man als Internist relativ leicht Chef eines Krankenhauses werden konnte.[26] Außerdem hatten die Erfahrungen während des Ersten Weltkrieges gezeigt, daß Internisten in einem Krieg unentbehrlich waren.[27]

Den dritten Rang belegte die Gynäkologie, insbesondere die Geburtshilfe, da die Nazis der Fruchtbarkeit und der demographischen Entwicklung des Dritten Reichs besonders große Bedeutung beimaßen. Die Zahl der Gynäkologen stieg nach 1933 ebenfalls.[28] Doch die nationalsozialistischen Gesundheitspolitiker standen der Gynäkologie auch kritisch gegenüber, insbesondere der gynäkologischen Chirurgie. Sie waren gegen die »unnatürliche« Geburt in der Klinik und behaupteten, daß die meisten Kaiserschnitte medizinisch nicht gerechtfertigt seien. Sie wollten Chirurgen, die sich nicht in die Geburtshilfe einmischten, und Gynäkologen, die nur im äußersten Notfall zum Skalpell griffen.[29]

Auch für Kinderärzte bestanden im Dritten Reich recht gute Arbeitsmöglichkeiten, da sie in den diversen nationalsozialistischen Jugendorganisationen wie der Hitler-Jugend und in den staatlichen Kinderkrippen, Heimen und Schulen gebraucht wurden. Ihre Zahl stieg bis 1938 leicht an, dann allerdings nicht mehr, weil die Partei die Zeit dieser Ärzte über Gebühr in Anspruch nahm. Zum Beispiel erwartete sie von ihnen, daß sie ehrenamtlich in der Hitler-Jugend Dienst taten.[30] Die Facharztausbildung zum Kinderarzt, Internisten oder Gynäkologen war inzwischen ebenfalls auf vier Jahre verlängert worden.[31]

Zu den medizinischen Fachgebieten, denen die nationalsozialistischen Gesundheitspolitiker geringere Bedeutung beimaßen, gehörten die Augenheilkunde, die Ohrenheilkunde, die Dermatologie und die organische Psychiatrie, obwohl sie Psychiater in ihren »Heil- und Pflegeanstalten« und später für das »Euthanasie«-Programm brauchten. (Die Psychoanalyse des Juden Sigmund Freud durfte natürlich weder gelehrt noch praktiziert werden.) Einige der medizinischen Fachgebiete, für die nur eine dreijährige Ausbildung erforderlich war, machten bis 1939 eine schwierige Phase durch, teilweise wegen eines bereits seit der Weimarer Zeit bestehenden Überangebots an Ärzten dieser Fachrichtungen, zum Beispiel an Dermatologen.[32] Der Zweite Weltkrieg veränderte diese Rangordung und die Haltung der Nazis gegenüber den Fachärzten. Die

Erkenntnis, daß Spezialisten aller Art im Reich und an der Front unentbehrlich waren, führte zu einer Aufwertung der Fachärzte gegenüber den Allgemeinmedizinern. Auf dem Höhepunkt des Krieges klagte ein Stabsarzt, daß die Wehrmacht nun Mühe habe, all die Spezialisten aufzutreiben, die sie benötige.[33]

Schon 1937 hatte sich die Wehrmacht im Zuge der Kriegsvorbereitungen um Fachärzte aller Art bemüht und ihnen Offiziersstellen angeboten.[34] Nach Beginn des Krieges im September 1939 wurden führende Spezialisten zu beratenden Fachärzten der Wehrmacht ernannt und genossen hohes Ansehen. Ihre Aufgabe bestand darin, die hygienischen Verhältnisse und die medizinische Versorgung an der Front durch regelmäßige Stichproben zu kontrollieren. Diese Männer, bei denen es sich oft um bekannte Universitätsprofessoren handelte, konnten mit einer schnellen und steilen Karriere rechnen.[35] Es überrascht nicht, daß es die Chirurgen waren, die an der Front und in den Lazaretten des Heeres, der Marine und der Luftwaffe besonders dringend gebraucht wurden; sie wurden fast bis zum Schluß eingezogen.[36] Mit der Zeit stieg auch der Bedarf an anderen Spezialisten, insbesondere an Internisten, aber auch an Hygienikern und Psychiatern. Gynäkologen, Kinderärzte und andere Fachärzte waren dagegen nur noch gefragt, wenn sie sich umschulen ließen.[37]

Die Fachärzte im Reich hatten vor allem Opfer von Luftangriffen zu versorgen, deren Zahl sich bis 1942 allerdings noch in Grenzen hielt.[38] Danach waren es natürlich erneut die Chirurgen, die besonders dringend benötigt wurden, aber auch die Ophthalmologen, da Augenverletzungen durch herumfliegende Fensterglassplitter sehr häufig waren.[39] Auf dem Höhepunkt des Krieges war jeder Mediziner im Reich so unentbehrlich, daß die Zivilbehörden selbst die obskursten Spezialisten unter allen möglichen Vorwänden zurückstellten.[40] So zerstörte der Krieg die frühere willkürliche Ärzte-Hierarchie, und jeder Mediziner, der seine Karriere bewußt auf ein umfassendes Fachwissen aufgebaut hatte, konnte sich bestätigt fühlen. Ironischerweise war das ein verspäteter Sieg für die gesamte Ärzteschaft, so traurig dessen Umstände auch waren.

Von bestimmten Gruppen jüngerer Ärzte abgesehen, gehörten

die Fachärzte und die Allgemeinmediziner besonders in der Anfangsphase des Dritten Reichs[41] zu den Spitzenverdienern. Einige Ärztesprecher behaupteten zwar immer wieder, daß es dem deutschen Arzt nicht gutginge, zumindest nicht gut genug, um eine Verschlechterung seiner gegenwärtigen Lage zu verkraften,[42] doch ihr Lamento war nur eine vorsorgliche Maßnahme, denn von allen Vertretern der freien Berufe, Rechtsanwälte eingeschlossen, verdienten die Ärzte am meisten. Das galt nicht nur für die Kassenärzte, deren Anteil auf mehr als 80 Prozent geschätzt wurde, und für die kleinere Gruppe niedergelassener Ärzte, die nur Privatpatienten behandelten und durchweg besser verdienten, sondern auch für die angestellten Ärzte, von denen einige, zum Beispiel die Medizinprofessoren, die Möglichkeit hatten, ihr Einkommen durch die Behandlung von Privatpatienten aufzubessern.

Allerdings stimmt es, daß die Ärzte zu Beginn des Dritten Reichs noch unter den negativen Auswirkungen von Notverordnungen zu leiden hatten, die die Regierung Brüning in der Schlußphase der Weimarer Republik erlassen hatte, um die Defizite der Krankenkassen zu verringern und den Staatshaushalt zu sanieren. Doch da die damals sehr hohe Arbeitslosigkeit die Patienten davon abhielt, sich in ärztliche Behandlung zu begeben, verschlechterte sich die wirtschaftliche Lage der Ärzte.[43] Die Gründung der zentralisierten KVD, die die Zahlungsabwicklung zwischen den Krankenkassen und den Ärzten regelte und vereinfachte, und die offizielle Propaganda über geplante Maßnahmen zum Schutz der Interessen von Ärzten und Patienten trugen unbestreitbar viel dazu bei, das Vertrauen der Bevölkerung in das Gesundheitswesen wiederherzustellen, zumindest vorläufig. Gewisse Reformen wie die Herabsetzung der Gebühr, die Patienten seit der Schlußphase der Weimarer Republik für jeden Arztbesuch entrichten mußten, und eine quantitative Konsolidierung des komplexen Krankenkassensystems stärkten dieses Vertrauen noch.[44] Als die Wirtschaftslage sich verbesserte, stiegen die Patientenzahlen wieder. Gleichzeitig verringerte sich die Zahl der Ärzte im Verhältnis zur Bevölkerung, vor allem durch die systematische »Ausschaltung« jüdischer Ärzte. 1934 betrug das durchschnittliche Bruttoeinkommen eines Arztes 10 324 Reichsmark; die

Talsohle der Jahre 1932 und 1933 war also überwunden. Und 1937 verdiente ein Arzt im Durchschnitt bereits 13 643 Reichsmark, also mehr als 1928 und fast so viel wie 1929 (siehe Abbildung 1).[45]

Da mittlerweile in der für die Ziele des NS-Regimes eingespannten deutschen Wirtschaft wieder Vollbeschäftigung herrschte und Ende 1938 schließlich auch die niedergelassenen jüdischen Ärzte, die nur Privatpatienten behandelten, »ausgeschaltet« worden waren, stieg das Einkommen der Ärzte 1939 weiter an; allerdings liegen keine genauen Zahlen vor.[46] 1941 verdiente ein Arzt nach einer damaligen Schätzung durchschnittlich 20 000 Reichsmark.[47] Sie ist durchaus realistisch, wenn nicht nur die Kassenärzte berücksichtigt wurden, sondern auch die Ärzte, die nur Privatpatienten behandelten. Zwei Jahre später erhielten die insgesamt 356 Kassenärzte im Raum Augsburg von den Krankenkassen im Durchschnitt knapp 14 000 Reichsmark brutto, doch wahrscheinlich kamen noch einige Tausend Reichsmark an Privathonoraren dazu. Das Durchschnittseinkommen der 103 Kassenärzte in der Stadt Augsburg betrug fast 15 000 Reichsmark.[48] Die Kassenärzte der norddeutschen Stadt Brunswick, 53 Allgemeinmediziner und 75 Fachärzte, verdienten im selben Jahr über 16 000 Reichsmark brutto – die Privathonorare nicht mitgerechnet, die sich bei einem so hohen Anteil an Fachärzten möglicherweise auf eine beträchtliche Summe beliefen.[49] Im Norden verdienten die Ärzte, die während des Krieges aus den größeren Städten in die ländliche Umgebung versetzt wurden, in der Regel mehr, nämlich über 17 600 Reichsmark, doch die Möglichkeiten, ihre Einkünfte durch Privathonorare aufzubessern, waren im Kreis Wolfenbüttel oder in der Provinzstadt Peine sicherlich begrenzt.[50]

Zwischen den verschiedenen Fachrichtungen gab es beträchtliche Einkommensunterschiede. In Brunswick verdienten die Allgemeinmediziner 12 350 Reichsmark, die Fachärzte dagegen 19 300 Reichsmark, und unter denen erhielten die zehn Chirurgen 24 100 Reichsmark, die neun Augenärzte 23 200 Reichsmark und die dreizehn Gynäkologen 17 300 Reichsmark. Diese Zahlen spiegeln die damaligen Prioritäten im medizinischen Bereich und die sich aus ihnen ergebende Rangordnung unter den Fachärzten wider. Die folgenden Plätze belegten die Internisten mit 14600 Reichsmark und die Kinderärzte mit 13400 Reichsmark. Die Hautärzte, Neurologen und Urologen lagen (mit RM 12600, RM 9250 und RM 7800) weit hinter ihnen.[51]

Diese Einkommen erscheinen hoch, doch es muß zum einen darauf hingewiesen werden, daß sie wahrscheinlich noch höher gewesen wären, wenn es keinen Krieg gegeben hätte. Ingesamt büßten alle Ärzte 10 bis 15 Prozent ihres Nettoeinkommens ein, da diejenigen, die weiter praktizierten, die Frontärzte gemeinschaftlich unterstützen mußten, wobei die Gehälter der Sanitätsoffiziere als Berechnungsgrundlage herangezogen wurden.[52] Zum anderen hatten die Ärzte immer schon hohe Kosten, die je nach Fachrichtung 20 bis 40 Prozent ihrer Bruttoeinkünfte ausmachten. (Ein Radiologe mußte sich zum Beispiel teure Röntgengeräte anschaffen, und ein Landarzt brauchte ein robustes Auto.) Während des Krieges dürften sich diese Kosten weiter erhöht haben. Und vom Nettoeinkommen der Ärzte gingen noch Sozialversicherungs- und Beiträge an Lebensversicherungen und eine spezielle Pensionskasse ab, in die die Ärzte selbst in Friedenszeiten stets zuwenig einbezahlten.[53]

Es gab jedoch, in Friedens- wie in Kriegszeiten, noch drei weitere Kriterien, die bei einer Einschätzung des Nettoeinkommens der Ärzte zu berücksichtigen sind: die Extreme auf beiden Seiten des Einkommensspektrums im Verhältnis zum breiten Mittelfeld, die Honorare der Ärzte im Vergleich zu denen anderer Akademiker und der Zusammenhang zwischen dem Einkommen der Ärzte und ihrer Lebensqualität.

1934 verdienten 63,5 Prozent der deutschen Ärzte nach Abzug aller Kosten zwischen 5000 und 16000 Reichsmark (siehe Tabelle 1.1). Verglichen mit den Zahlen von 1937 für alle deutschen Selbständigen, von denen sich 21,4 Prozent in dieser Einkommensgruppe befanden, verdienten die Ärzte sehr gut, besonders wenn man berücksichtigt, daß die Einkommen 1937 generell höher lagen (siehe Tabelle 1.1). Wenn man die Zahlen für 1937 zugrundelegt, mußten die Spitzenverdiener in dieser mittleren Einkommensgruppe ungefähr 13 Prozent Einkommensteuer entrichten.[54]

Die Ärzte schienen also genug zu verdienen, um sich einen relativ hohen Lebensstandard leisten zu können. Doch da waren auch noch die Ärzte, die am unteren Ende der Skala standen, jene 12,6 Prozent, die zwischen 3000 und 5000 Reichsmark verdienten, und die 8,6 Prozent, deren Jahreseinkommen unter 3000 Reichsmark lag (sie machten 20,5 beziehungsweise knapp 53 Prozent der Selbständigen aus – siehe Tabelle 1.1). Daß es damals auch arme Ärzte gab, läßt sich aus den offiziellen Unterstützungsprogrammen der KVD schließen, die drei Jahre nach Hitlers Machtübernahme eingeführt wurden. Die KVD garantierte niedergelassenen Ärzten, die sich in wirtschaftlich unterentwickelten Provinzorten überwiegend ländlicher Regionen wie Ostpreußen oder Bayern mühsam durchschlugen, 1936 ein jährliches Mindesteinkommen von 5000 Reichsmark; 1937 erhöhte sie es auf 6000 Reichsmark. In diesem Jahr bezuschußte sie 123 Praxen mit insgesamt 316 000 Reichsmark.[55] Bedürftige Ärzte mit Praxen in nicht subventionierten Gebieten und Ärzte mit großen Familien, die Anspruch auf die Kinderbeihilfen hatten, die Kassenärzte nach der Geburt eines zweiten Kindes erhielten, wurden nicht ganz so großzügig unterstützt.[56] Aufzeichnungen aus dieser Zeit belegen, daß viele junge Ärzte, die um 1936 eine Kassenarztpraxis eröffneten, trotz des sich bereits abzeichnenden Ärztemangels ebenfalls in diese unterste Einkommensgruppe fielen, zumindest ein paar Monate lang, bis sie einigermaßen bekannt waren.[57]

Diesen schlecht verdienenden Ärzten standen auf der anderen Seite des Spektrums die 11,3 Prozent mit einem Jahreseinkommen zwischen 16 000 und 25 000 Reichsmark und die 4 Prozent Spitzenverdiener mit einem Jahreseinkommen von über 25 000 Reichsmark gegenüber. Bei den Ärzten dieser Einkommensgruppen handelte es sich überwiegend um Ärzte, die nur Privatpatienten behandelten. Einige von ihnen berechneten, sagen wir 1936, für eine einzige Behandlung möglicherweise um die 3500 Reichsmark.[58] In den drei höchsten Einkommensgruppen befanden sich immerhin 15,3 Prozent der Ärzte, doch nur 5,2 Prozent aller deutschen Selbständigen (siehe Tabelle 1.1).

Bei den Ärzten blieben diese Extreme während des Krieges bestehen, auch wenn die genauen Relationen sich nicht ermitteln lassen. Dr. M. im schwäbischen Amerdingen erhielt von der KVD für das letzte Vierteljahr 1943 nur 300 Reichsmark, während sein Kollege W. im einige Hundert Kilometer weiter südlich gelegenen Lindenberg 10 000 Reichsmark brutto verdiente.[59]

Diese Zahlen mit den Einkünften vergleichbarer Berufsgruppen zu konfrontieren ist nur für die Anfangsphase des Dritten Reichs möglich, aus der Statistiken über die Einkommen von Ärzten, Zahnärzten und Rechtsanwälten vorliegen. Die Anwälte, die 1928 wesentlich mehr verdienten als die Ärzte, gerieten ab 1933 allmählich ins Hintertreffen. 1936 lagen sie mit einem durchschnittlichen Jahreseinkommen von 10 800 Reichsmark bereits deutlich hinter den Ärzten, die auf 12 546 Reichsmark kamen.[60] Anders ausgedrückt: Zwischen 1933 und 1936 stiegen die Einkünfte aller Ärzte zusammengenommen um durchschnittlich 10,5 Prozent pro Jahr, die der Anwälte dagegen nur um 4,4 Prozent.[61]

Man kann versuchen, anhand der Statistiken aus den willkürlich ausgewählten Jahren 1934 und 1936 weitere Vergleiche zwischen den Einkünften der Ärzte und der Anwälte anzustellen. Die Ärzte verdienten 1934 durchschnittlich 10 324 Reichsmark, die Anwälte 9784 Reichsmark.[62] Tabelle 1.1 zeigt, wie diese Zahlen zustande kommen: 20,3 Prozent der Anwälte, aber nur 8,6 Prozent der Ärzte mußten in diesem Jahr mit weniger als 3000 Reichsmark auskommen. Doch dieser hohe Anteil schlecht verdienender Anwälte wurde am anderen Ende des Einkommensspektrums nicht durch einen entsprechend großen Anteil wohlhabender Anwälte ausgeglichen. Nur 6,1 Prozent kamen auf ein Jahreseinkommen von über 25 000 Reichsmark; bei den Ärzten waren es immerhin 4 Prozent. (Nach den veröffentlichten Statistiken gehörten allerdings 0,2 Prozent der Anwälte zu den Spitzenverdienern mit einem Bruttoeinkommen von 100 000 Reichsmark und mehr, das von keinem Arzt erreicht wurde).[63] Interessant an dieser Gegenüberstellung ist die Verteilung im mittleren Einkommensbereich. 63,5 Prozent der Ärzte, aber nur 47,1 Prozent der Anwälte verdienten genug (zwischen 5000 und 16 000 Reichsmark), um sich ein angenehmes, wenn auch nicht luxuriöses Leben leisten zu können. Mehr als die Hälfte der Anwälte lebte von Einkünften unter 7000 Reichsmark.[64] Diese

Situation scheint sich in den folgenden zwei Jahre kaum geändert zu haben. 1936 verdienten 2570 Ärzte, aber immerhin 3000 Anwälte weniger als 3000 Reichsmark, während 46 Anwälte und 41 Ärzte ein Einkommen von über 100000 Reichsmark zu versteuern hatten.[65]

Die deutschen Zahnärzte, die heute mindestens ebensoviel verdienen wie andere Ärzte, lagen damals noch hinter den Rechtsanwälten. 1934 betrug ihr Durchschnittseinkommen 6361 Reichsmark, doch die Hälfte von ihnen verdiente weniger als 5500 Reichsmark.[66] Der Anteil der armen Zahnärzte, die mit 3000 Reichsmark oder weniger auskommen mußten, war mit 21 Prozent dreimal so hoch wie bei den übrigen Ärzten, und auf jeden Zahnarzt mit einem Bruttoeinkommen von mindestens 16000 Reichsmark kamen fast fünf andere Ärzte dieser Einkommensgruppe. Von den anderen Ärzten brachten es immerhin 4 Prozent auf 25000 Reichsmark oder mehr, von den Zahnärzten jedoch kein einziger (siehe Tabelle 1.1). Auf fünf Zahnärzte, die mit einem mittleren Jahreseinkommen von 5000 bis 16000 Reichsmark in relativ guten Verhältnisse lebten, kamen sechs andere Ärzte derselben Einkommensgruppe (siehe Tabelle 1.1). Zwei Jahre später verdienten die anderen Ärzte immer noch fast doppelt soviel wie die Zahnärzte.[67]

Wie zu erwarten, lebten die Ärzte bei ihrem guten Einkommen im allgemeinen nicht schlecht, trotz ihrer hohen Kosten. Nur die wenigen Ärzte, die über 50000 Reichmark im Jahr verdienten, mußten, wenn man die Zahlen für 1937 zugrundelegt, Einkommensteuern von rund 31 Prozent entrichten, doch die konnten sie leicht verkraften.[68] Die reichsten unter diesen Spitzenverdienern führten ein luxuriöses Leben wie der Chirurg Ferdinand Sauerbruch, der in vornehmen Villen wohnte, teure Pferde hielt und seine Lieblingsassistenten manchmal erstaunlich großzügig beschenkte, zum Beispiel mit einem Auto.[69] Bis 1939 war es für viele Ärzte selbstverständlich, ihren Urlaub im Ausland zu verbringen.[70] Die meisten konnten sich komfortable Feriendomizile in bester Lage leisten, in Friedenszeiten sowieso. Nur jüngeren Ärzten aus ärmeren, ländlichen Regionen wie Schleswig-Holstein fehlten dazu die Mittel.[71]

Zu den kostbarsten Gütern eines deutschen Arztes gehörte das Auto, dessen Anschaffung sich oft mit beruflichen Gründen rechtfertigen ließ. Anzeigen in medizinischen Fachzeitschriften lassen darauf schließen, daß nicht nur stilbewußte Koryphäen wie Sauerbruch, sondern auch die meisten seiner weniger bedeutenden Kollegen am liebsten einen Mercedes fuhren.[72] Das Mercedes-Flaggschiff mit Fünf-Liter-Kompressor, das 1936 22000 Reichsmark kostete, konnten sich nur die wirklich Reichen leisten, doch es gab auch noch das bescheidenere Zwei-Liter-Modell zum Sonderpreis von 6000 Reichsmark – das war ungefähr ein Fünftel des durchschnittlichen Jahreseinkommens eines Arztes. Der billigste Pkw dieser Marke war ein viersitziges Kabriolett, das beim Händler für 4000 Reichsmark zu haben war. Es wäre einen Versuch wert, nachträglich zu ermitteln, wie viele Ärzte im Vergleich zu anderen Akademikern oder Mitgliedern der gesellschaftlichen Elite Deutschlands, einschließlich der Nazibonzen, diesen noch erschwinglichen Wagen fuhren.[73] Manche Ärzte begnügten sich mit Gebrauchtwagen, die für den Durchschnittsdeutschen damals ebenfalls unbezahlbarer Luxus waren. Zum Beispiel konnte man 1935 – wie Dr. Wilhelm Hagen aus Augsburg – für 500 Reichsmark einen alten Opel P 25 bekommen.[74]

Während des Krieges verloren die Autos der Ärzte ihre Funktion als Statussymbol (die sie für die meisten Angehörigen der deutschen Oberschicht waren), weil sie oft von der Wehrmacht beschlagnahmt oder von der KVD den Notärzten und Hilfskassenärzten zugeteilt wurden. Privatfahrten waren verboten und wurden strafrechtlich verfolgt. Auf dem Höhepunkt des Krieges wurden die Mercedes-Limousinen dann allerdings von billigeren und weniger eleganten Fahrzeugen verdrängt: von auf Holzgas umgerüsteten Wagen, von den kleinen Fiat-Topolinos mit Benzinmotor aus dem faschistischen Italien oder von Fahrrädern.[75] In dieser Zeit sahen sich die meisten Ärzte nicht nur gezwungen, über den Wert ihrer materiellen Güter nachzudenken, sondern auch über ihr Berufsethos.

4. Der Alltag der Ärzte im Dritten Reich

Während die Ärzte im Dritten Reich weiterhin ihren beruflichen Pflichten nachgingen, verloren sie immer mehr ihrer traditionellen Privilegien, ohne daß ihnen dafür andere eingeräumt wurden. Statt dessen wurden ihnen neue Verpflichtungen aufgebürdet, ohne daß sie sich alter entledigen durften. Die entscheidenden Änderungen ihrer Rechte und Pflichten, zwischen denen nie ein ausgeglichenes Verhältnis bestand, ergaben sich aus den neuen Verordnungen, die im Zusammenhang mit der Gründung der KVD im Sommer 1933 und der Reichsärztekammer im Frühjahr 1936 erlassen wurden. Die wichtigsten waren die KVD-Verordnung vom August 1933, die Reichsärzteordnung vom Dezember 1935 sowie die sie ergänzende Berufsordnung für die deutschen Ärzte vom November 1937. Ende der dreißiger Jahre und während des Krieges wurden weitere Verordnungen erlassen und bereits bestehende ergänzt.

Die Reichsärzteordnung von 1935 war ein historisches Präjudiz, ein Verhaltenskodex für die gesamte deutsche Ärzteschaft, und schien als solcher die jahrzehntelang gehegten Wünsche vieler Ärzte zu erfüllen. Doch er ging in vielen wichtigen Punkten weit über den freiwillig akzeptierten Ehrenkodex der Weimarer Zeit hinaus, indem er den Ärzten für alle Verstöße gegen die Reichsärzteordnung harte Strafen androhte und sie in ihrer Freiheit erheblich einschränkte. Sie begriffen erst nach einer Weile, daß die darin aufgestellten Verhaltensregeln nicht Ausdruck ihres freien Willens waren, sondern ihnen von einer kleinen Gruppe nationalsozialistischer Kollegen aufgezwungen worden waren, die vorgegeben hatte, die Interessen der deutschen Ärzteschaft zu vertreten, ihre Versprechungen letzten Endes aber nicht erfüllte.

Mit dem Inkrafttreten der neuen Verordnungen wurde die deutsche Ärzteschaft im Grunde zu einem Mikrokosmos innerhalb des größeren soziopolitischen Systems der Nazis, in dem das Führerprinzip galt. An der Spitze standen der Reichsärzteführer und später der Reichsgesundheitsführer, die beide weder Diskussionen über noch Widerstand gegen ihre Anordnungen duldeten. Während des Gleichschaltungsprozesses, in dem die Pflichten der Ärzte im nationalsozialistischen Sinne neu definiert wurden, verstärkten die Nazis den Anpassungsdruck auf die Ärzte und ihre Kontrolle über sie, indem sie ein neues, zweigleisiges System gestaffelter Strafen einführten, die bei relativ geringfügigen Vergehen auf disziplinargerichtlicher Ebene und bei schwerwiegenderen auf der Ebene eines höheren nationalsozialistischen Berufsgerichts verhängt wurden. Die Disziplinargerichte sprachen Verwarnungen und Tadel aus, belegten die angeklagten Ärzte mit Geldbußen bis zu tausend Reichsmark und suspendierten sie manchmal vom Dienst. Die Berufsgerichte entschieden stets über einen endgültigen Ausschluß aus dem Beruf und waren schnell bereit, die Fälle den Zivilgerichten, wenn nicht gar der Geheimpolizei zu überlassen.[1]

Nach den neuen Bestimmungen mußten die Ärzte jede private vertragliche Vereinbarung der Reichsärztekammer zur Genehmigung vorlegen,[2] sich bei den neuen nationalsozialistischen Gesundheitsämtern registrieren lassen und sie über alle Änderungen ihres Familienstands oder ihrer beruflichen Qualifikationen, zum Beispiel über eine Weiterbildung zum Facharzt, unterrichten. Einzelheiten über ihren Wohnort und ihr Einkommen wurden von der KVD und der Reichsärztekammer schon lange vor Kriegsausbruch peinlich genau in ihren Akten vermerkt, um die Logistik für die Verteilung von Ärzten zu erleichtern.[3]

Auch die Patienten konnten sich diesen verstärkten Kontrollen kaum entziehen, und Ärzte, die die Vorschriften nicht genau genug nahmen, wurden bestraft. Nicht nur Patienten mit Geschlechtskrankheiten oder anderen ansteckenden Krankheiten, sondern auch alle Fälle, in denen schwerer Alkoholismus, eine unheilbare Erbkrankheit oder eine angeborene Krankheit wie Schwachsinn vorzuliegen schien, mußten aus »rassenhygienischen« Gründen den Gesundheitsbehörden gemeldet werden. Diese frühe Erfassung bestimmter Krankheiten erleichterte die systematische Zwangssterilisation und später die Tötung der Betroffenen.[4] Verstöße gegen den Paragraphen 218 des deutschen Strafgesetzbuchs, der den Schutz des ungeborenen Lebens betrifft, wurden von den Naziführern, die aus biopolitischen Gründen entschiedene Abtreibungsgegner waren, streng geahndet. So wurde ein Dr. Heinrich Eckard aus

Eisenach im Mai 1936 für dieses Vergehen zu zwei Jahren Gefängnis verurteilt, und der Eutiner Gynäkologe Dr. Wolfgang Saalfeldt mußte wegen diesbezüglicher Vorwürfe mehrmals vor Gericht erscheinen, obwohl er ein loyales NSDAP-Mitglied war.[5]

Eine gesundheitspolitische Neuerung der Nazis war die Einführung regelmäßiger Schulungen für berufserfahrene Ärzte.[6] Ein Ziel dieser Maßnahme war, die Unterschiede zwischen den Allgemeinmedizinern und den Fachärzten weiter zu verringern, indem man beide zur Teilnahme an diesen Kursen zwang.[7] Die ersten Lehrgänge fanden im Herbst 1935 unter der Leitung des Dermatologen Dr. Kurt Blome statt, den Gerhard Wagner im Frühjahr 1935 zu seinem Beauftragten für das ärztliche Fortbildungswesen ernannt hatte. Zunächst wurden nur Landärzte geschult. Einige Monate später kamen dann ihre Kollegen aus den Klein- und Großstädten hinzu.[8] Diese dreiwöchigen Kurse sollten vorzugsweise in medizinischen Einrichtungen auf dem Lande stattfinden, auch wenn eingeräumt wurde, daß sie ebensogut in städtischen Kliniken abgehalten werden könnten. Bald gaben die Gesundheitsfunktionäre speziellen Fortbildungszentren in München, Berlin, Hamburg (später auch in Wien) und im Rudolf-Hess-Krankenhaus in Dresden den Vorzug, in denen spezifisch nationalsozialistische Konzepte von Gesundheit und Medizin gelehrt wurden. Alle Ärzte unter sechzig Jahren, mit Ausnahme der lehrenden Ärzte und der Medizinalbeamten, waren verpflichtet, alle fünf Jahre solche Fortbildungslehrgänge zu absolvieren. Allein 1936 wurden mehr als fünftausend Ärzte geschult.[9] Die von fanatischen Nazis abgehaltenen Kurse waren alles andere als beliebt. Eine besorgte Lehrkraft riet den Ärzten 1937, mehr Enthusiasmus zu zeigen und sich freiwillig zu den Kursen anzumelden, um die Unannehmlichkeiten der zwangsweisen Verpflichtung zur Teilnahme zu vermeiden.[10]

Manche deutsche Ärzte mögen so naiv gewesen sein, diese Indoktrinationsübungen für einen Fortschritt in der Ärzteausbildung zu halten, doch das Interesse an den Kursen nahm im Laufe der Jahre weiter ab. Ein stärkeres Echo fand eine andere Neuregelung in der Vielzahl neuer Verordnungen, die die Reihen der Ärzte fest zu schließen versprach. Indem die Nazis den Arztberuf aus der Reichsgewerbeordnung herausnahmen, unter die er seit 1869–1871 zusammen mit anderen Erwerbstätigkeiten gefallen war, ebneten sie den Weg für eine willkommene Neudefinition der ärztlichen Kunst, die einschneidende soziale und rechtliche Konsequenzen haben sollte. Die kurze Feststellung in Paragraph 1 der Reichsärzteordnung, daß der ärztliche Beruf kein Gewerbe sei, ermöglichte eine Abgrenzung der Ärzteschaft von nicht approbierten Scharlatanen ohne formale Ausbildung.[11]

Wie die überwiegende Mehrheit der deutschen Ärzteschaft hielten es offenbar auch die Nazis für eine unhaltbare Situation, daß jede beliebige Person gegen ein Honorar die Heilkunde ausüben durfte, solange sie keinen Doktortitel benutzte. Während der Weimarer Republik hatten sich die fähigsten Vertreter der Naturheilkunde in Form einer zivilrechtlichen Körperschaft organisiert und weniger qualifizierten »Heilern« sowie betrügerischen Scharlatanen die Mitgliedschaft verweigert. Doch da alle sich Arzt nennen durften, fiel es der deutschen Bevölkerung damals schwer, die approbierten Mediziner, die fast alle einen Doktortitel führten, von den organisierten »Naturheilkundlern«, die den Patienten mit begrenzten Mitteln nach besten Kräften zu helfen versuchten, oder von den kriminellen Scharlatanen, die nur hohe Honorare kassieren wollten, zu unterscheiden. Und da gerade die unseriösen »Heiler« sich gerne als Koryphäen aufspielten und die Schulmediziner verunglimpften, von denen die deutsche Öffentlichkeit seit den letzten Jahren der Weimarer Republik sowieso nicht nicht mehr viel hielt, verschärfte sich die seit der Wirtschaftkrise herrschende »Krise der Medizin« weiter.[12]

Nach der Machtübernahme der Nationalsozialisten befanden sich deren Gesundheitspolitiker in einem Dilemma: Einerseits erkannten sie, daß sie sich bei der Ärzteschaft einschmeicheln konnten, indem sie die Scharlatane ächteten; andererseits meinten sie, daß eine von sachkundigen Laien ausgeübte Naturheilkunde der sogenannten Schulmedizin vorzuziehen sei.[13] Sie mußten in ihren Reformplänen für das deutsche Gesundheitswesen also einen Mittelweg finden, der die seriösen Naturheilkundler zufriedenstellte und die militanten Vertreter der Ärzteschaft besänftigte, die ein Berufsverbot für alle praktizierenden Laien forderten.[14]

Anfang 1935 durften sich die Scharlatane zwar nicht mehr Ärzte nennen und im Land umherreisen, doch es gab immer noch mindestens vierzehntausend praktizierende Laien; auf zehn approbierte Ärzte kamen also drei »Laien-Heiler«.[15] Der nächste Schachzug war die im Dezember 1935 erlassene Reichsärzteordnung, die nach den Worten von Reichsärzteführer Wagner die Ärzteschaft von fremdem rechtlichem Boden entfernte.[16] Ein paar Monate später säuberte der Reichsverband der Naturärzte seine Reihen von »anstößigen Elementen«, um das Vertrauen in die Seriosität seiner Mitglieder zu stärken. Deren Zahl reduzierte sich durch diese Maßnahme um ein Drittel.[17]

Die nationalsozialistischen Gesundheitspolitiker legten sich auch in der Berufsordnung für die deutschen Ärzte vom November 1937 nicht fest,[18] sondern schienen weiterhin nach einer Kompromißlösung zu suchen. Im Februar 1939 verkündeten sie schließlich das Gesetz über die berufsmäßige Ausübung der Heilkunde ohne Zulassung. Es verlangte eine spezielle Zulassung für Laientherapeuten. Wer sie erhielt, durfte den neuen, gesetzlich anerkannten Titel »Heilpraktiker« führen. Die Pflichtmitgliedschaft im Reichsverband der Naturärzte, den das NS-Regime unterstützte und zur Säuberung seiner Reihen ermunterte, verlieh den Heilpraktikern einen professionellen Anstrich, ohne sie jedoch den approbierten Ärzten gleichzustellen. Um dieses alte rechtliche Problem zu lösen, sollten in Zukunft keine neuen Heilpraktiker mehr zugelassen werden. Andererseits wurden den Quacksalbern zum Verdruß der Ärzteschaft in diesem Gesetz dubiose Zugeständnisse gemacht, die sich nur mit den Sympathien der nationalsozialistischen Gesundheitsführer für Laientherapeuten erklären ließen. Jeder Scharlatan, der die erforderliche Heilbegabung glaubhaft machen konnte, durfte sich nun »Arzt für Naturheilkunde« nennen und stieg damit in die Gruppe der »seriösen« Ärzte auf. Außerdem konnte jede Person mit einer besonderen Heilbegabung auch ohne Abitur ein abgekürztes Medizinstudium absolvieren und danach bestallt werden. Und selbst Laientherapeuten, die nicht zu diesen »Naturtalenten« gehörten, durften weiterhin im alten Stil Kurpfuscherei betreiben, solange sie kein Geld dafür verlangten.[19]

Für die etablierten Schulmediziner machten die Nazis alles noch schlimmer, als sie verfügten, daß die approbierten Ärzte den Heilpraktikern auf deren Bitte hin Beistand zu leisten hätten.[20] Zudem hatte die Ärzteschaft keine Möglichkeit, in Erfahrung zu bringen, wer in der Gesundheitsbürokratie über die »begabten« Laien zu befinden hatte und entscheiden würde, ob sie die Universität besuchen durften. Später sollte sich zeigen, daß die Machthaber aufgrund falscher Vorstellungen von professioneller Heilkunde und vielleicht auch von sozialer Gerechtigkeit mit ihren vermeintlichen Reformen alte Mißstände im Gesundheitswesen noch verschlimmerten, weil sie Laientherapeuten aller Art einfach gewähren ließen und die Rivalitäten zwischen ihnen und den Schulmedizinern eher noch verstärkten. Obwohl in der Anfangsphase des Krieges weitere gesetzliche Maßnahmen gegen Kurpfuscher beschlossen wurden, unternahm man letztlich nichts gegen sie. Ein oder zwei Jahre vor Kriegsende konnte man sich über die gefährliche Zunahme der Kurpfuscherei im Dritten Reich nicht mehr hinwegtäuschen.[21]

Die Ärzte wurden noch auf eine andere Weise hintergangen. Das traditionelle Recht der Ärzte, Auskünfte über ihre Patienten zu verweigern, war in der Reichsärzteordnung von 1935 und in der Berufsordnung für die deutschen Ärzte von 1937 noch ausdrücklich geschützt worden. Verstöße gegen die Schweigepflicht sollten mit Geld- oder Haftstrafen von bis zu einem Jahr bestraft werden.[22] Ärzte konnten sich sogar auf ihre Schweigepflicht berufen, wenn sie bei Gerichtsverfahren in den Zeugenstand gerufen wurden.[23] Noch 1940, als bereits Krieg herrschte, erklärte RÄK-Funktionär Kurt Blome auf einer Ärzteversammlung unter lautem Applaus, daß dieses traditionelle Recht nicht angetastet werden würde, da es die Vertrauensbasis zwischen Arzt und Patient bilde.[24]

Doch da die Möglichkeit, dieses Recht, das Ärzte wie Patienten schützte, zu entziehen, in einer Klausel der Reichsärzteordnung und der Berufsordnung eingebaut worden war, nach der ein ärztliches Berufsgeheimnis offengelegt werden konnte, wenn das »gesunde Volksempfinden« es verlangte, wurde es mit der Zeit immer weiter eingeschränkt.[25] Zum Beispiel wurden die Ärzte unter Berufung auf diese Klausel später gesetzlich verpflichtet, den nationalsozialistischen Gesundheitsbehörden Erbkrankheiten ihrer Patienten zu melden.[26]

Während des Zweiten Weltkrieges verschärfte das NS-Regime im Rahmen bestimmter Programme zur Aussonderung und Liquidierung biologisch unerwünschter Männer, Frauen und Kinder die medizinische Überwachung der deutschen Bevölkerung. Die neuen Maßnahmen gingen mit einer radikalen Umwertung der medizinischen Ethik einher. So äußerte Reichsgesundheitsführer Conti im März 1942 öffentlich den lange gehegten Wunsch des Regimes, Gesundheitspässe für alle deutschen Staatsbürger einzuführen, damit deren gesundheitliche Beobachtung »von der Wiege bis zum Grabe« möglich werde. Bei der Zusammenstellung der dafür benötigten Daten sei eine Verletzung der ärztlichen Schweigepflicht zwar nicht zu vermeiden, doch man würde versuchen, sie so gering wie möglich zu halten, versicherte er.[27]

Das Ende dieses lange unangetasteten Privilegs kam im Januar 1943, als Hitler persönlich die ärztliche Schweigepflicht gegenüber dem höchsten Gesundheitsbeamten, seinem Generalkommissar für das Sanitäts- und Gesundheitswesen Professor Karl Brandt, aufhob. Ein bekannter Medizinsoziologe der Nachkriegszeit schrieb, diese Maßnahme habe nicht nur einen erheblichen Prestigeverlust für die Ärzteschaft bedeutet, sondern auch das Ende eines wichtigen sozialen Interaktionsprozesses.[28]

Auf dem Höhepunkt des Krieges hatten viele Ärzte, denen es schwerfiel, sich an das strenge Regiment der Gesundheitsbürokratie zu gewöhnen, dem sie im Reich und an der Front unterworfen waren, guten Grund zu befürchten, daß sie ihren Beruf auch nach dem erhofften »Endsieg« nicht mehr so frei ausüben können würden wie früher. Nie war die Freiheit der deutschen Ärzte durch den Staat so wenig eingeschränkt worden wie während der Weimarer Republik, und nie war ihre Angst, diese Unabhängigkeit einzubüßen, größer gewesen als zu dieser Zeit. Gefahr drohte damals von den egalitär gesinnten Verwaltern der Krankenkassen, die die Privilegien der Ärzte als freie Unternehmer (die ihnen die Reichsgewerbeordnung, unter die sie 1869–1871 fielen, garantierte) abschaffen und das Gesundheitswesen nach ihren Vorstellungen sozialisieren wollten.

Dann wären die Ärzte und ihre Patienten nicht mehr unabhängige Vertragspartner gewesen wie freie Unternehmer und ihre Kunden, sondern die Kassen hätten jedem Arzt eine von ihnen festgelegte Zahl von Patienten zugeteilt. Als Gegenreaktion auf diese hartnäkkigen Sozialisierungsbestrebungen der Krankenkassen organisierten sich die Ärzte immer stärker im Hartmannbund, und als dieser ihnen nicht durchsetzungsfähig genug erschien, liefen immer mehr ins Lager der Nazis über.[29] In der Endphase der Weimarer Republik traten die nationalsozialistischen Ärztevertreter vehement für die Berufsfreiheit der Ärzteschaft und die freie Arztwahl für jeden Patienten ein, und nach der Machtübernahme Hitlers hielten die nationalsozialistischen Gesundheitspolitiker offiziell an diesen Prinzipien fest. Sie wurden Bestandteil der Reichsärzteordnung und diese ergänzender Verordnungen, und Männer wie Wagner beriefen sich immer wieder auf sie.[30]

Doch diese Verordnungen enthielten verborgene Fallen. Man könnte sogar sagen, daß die Ärzte gerade durch die Neudefinition ihrer rechtlichen Stellung im Dezember 1935 der Willkür des Staates ausgeliefert wurden – daß sie mit ihrer Herauslösung aus der Reichsgewerbeordnung die Freiheiten einbüßten, die sie während der Weimarer Republik genossen und hartnäckig verteidigt hatten. So gesehen war die Reichsärzteordnung tatsächlich ein Produkt des totalitären Regimes. Die Naziführer sagten das zwar nie offen, doch Wagner wußte sicher genau, was er wollte, als er die Ärzte mit allen möglichen Mitteln dazu verpflichtete, die gesundheitspolitischen Ziele der Nationalsozialisten zu unterstützen, und als er ankündigte, daß die Freiheit der Patienten, den Arzt zu wechseln, in Zukunft eingeschränkt werden müsse.[31]

Zu Beginn des Krieges, als Wagners Nachfolger Conti außergewöhnliche Maßnahmen ergriff, um eine ausreichende ärztliche Versorgung der Zivilbevölkerung und der kämpfenden Truppen sicherzustellen, äußerten einige Ärzte die Befürchtung, daß sich aus der kriegsbedingten Ausnahmesituation nach dem Sieg ein Dauerzustand, ein sozialisiertes Gesundheitswesen entwickeln könnte. Von da an sahen sich Conti und seine Untergebenen immer wieder genötigt, diese Möglichkeit zu bestreiten.[32] Obwohl der Reichsgesundheitsführer seine Kollegen im Grunde gut verstand und sie sogar erfolgreich vor den bürokratischen Gängelungsversuchen des DAF-Leiters Ley schützte, war auch er gezwungen, den ständigen Engpässen bei der Zuteilung von Ärzten mit strengen Vorschriften zu begegnen.[33] Die Furcht der Ärzte vor einer Sozialisierung des Gesundheitswesens waren nicht unbegründet. Es gab tatsächlich Pläne in der Medizinalverwaltung, die Ärzte auch in Friedenszeiten nach eigenem Gutdünken einzusetzen, anstatt sich nach dem »Endsieg« wieder auf die moderate Kontrolle zu beschränken, die die KVD auf regionaler Ebene über die Zulassung ausübte. Das hätte für die Ärzte den endgültigen Verlust ihrer Mobilität bedeutet, deren drastische Einschränkung seit dem Herbst 1939 den meisten von ihnen nicht behagte.[34]

Die Reglementierung der Ärzte durch ein Regime, das strenge Disziplin im Dienste der Volksgemeinschaft forderte, ging weiter, und als nach der Niederlage von Stalingrad noch mehr Reserven mobilisiert wurden, machte sich unter den Ärzten allmählich Angst breit. Im August 1944 forderte Himmler, Contis damaliger Vorgesetzter, den Ärzten feste Gehälter zu zahlen und sie für jeden Tag, den ihre Patienten krank waren, finanziell zur Rechenschaft zu ziehen. Als Conti entmachtet war, dachte man in den Gesundheitsbehörden ernsthaft über die Integration der Ärzte in ein neues bürokratisches Gesundheitssystem nach, und höchstwahrscheinlich wären diese Pläne, zusammen mit anderen radikalen Reformen, die für die Zeit nach dem Krieg geplant waren, schließlich auch verwirklicht worden.[35] Letzten Endes hatten es die deutschen Ärzte der Niederlage der Nationalsozialisten zu verdanken, daß es nicht mehr zur völligen Aufhebung ihrer beruflichen Freiheiten kam.

Eine Einbindung der Ärzte in ein bürokratisches Gesundheitssystem hätte deren Arbeit nur erschwert, denn Statistiken belegen, daß sie zur Zeit des Dritten Reichs mit einer höheren Krankheits- und Unfallrate konfrontiert waren als ihre Kollegen in England und in den Vereinigten Staaten. Zudem kann man wohl annehmen, daß die Krankenziffern in Deutschland zwischen 1933 und 1939 höher waren als in der Zeit davor.[36] Die Folgen der Wirtschaftskrise wurden nach 1932 zwar allmählich überwunden, doch die allgemeinen

Lebensbedingungen, einschließlich der Ernährung, verbesserten sich nicht so deutlich, daß die Deutschen insgesamt gesehen gesünder wurden, auch wenn bis zum Ausbruch des Krieges auf bestimmten Gebieten Fortschritte erzielt wurden. Von da an bis zur schließlichen Katastrophe verschlechterte sich die Situation dann dramatisch. Zu den alltäglichen Gesundheitsrisiken und hygienischen Problemen kamen nach 1940 noch die Gefahren, die von den Luftangriffen mit Flieger- und Brandbomben ausgingen, so daß die Sterblichkeitsziffer stieg.

Nach 1933 hatten die Ärzte stets genug zu tun, weil sich die Volksgesundheit langsam, aber unaufhörlich verschlechterte. Zwischen 1933 und 1935 stieg der Krankenstand bei den krankenversicherten Personen (ungefähr 90 Prozent der deutschen Bevölkerung) um 20 Prozent, und zwischen 1935 und 1938 um fast 30 Prozent. Der Anstieg nach 1935 läßt sich damit erklären, daß immer mehr Deutsche, die durch die Krisenjahre noch gesundheitlich geschwächt waren, darunter auch ältere Leute und Invaliden, wieder zu arbeiten begannen, und zwar härter denn je, denn das NS-Regime verfolgte sein politisches Ziel, Deutschland wirtschaftlich autark zu machen und es für einen Krieg zu rüsten, rigoros.[37]

Bestimmte Krankheiten, zum Beispiel Tuberkulose und Geschlechtskrankheiten, gingen zunächst zurück, was sich die Ärzteschaft zu Recht als Verdienst anrechnete.[38] Wegen des Fruchtbarkeitskults der Nazis bemühten die Ärzte sich auch mit Erfolg, die Zahl der Fehlgeburten sowie die Säuglings- und die Müttersterblichkeit so gering wie möglich zu halten, so daß die Geburtenrate hoch blieb.[39] Alarmierend war jedoch, daß die Fälle von Diphtherie und Scharlach bei Kindern zwischen 1933 und 1939 um mehr als 100 Prozent zunahmen. Allein in den zwölf Monaten von 1938 bis 1939 stieg die Zahl der Scharlach-Fälle von 114 000 auf 154 000 und die der Diphtherie-Fälle von 150 000 auf 175 000. Wie so oft bei Epidemien differierte der Schweregrad der Krankheit von Region zu Region und war unvorhersehbar. Im pfälzischen Speyer trat eine besonders gefährliche Diphtherie auf, die tödlich verlief, und im westfälischen Herne waren 1939 mehr als viermal so viele Fälle von Scharlach zu verzeichnen wie 1933.[40]

Ein weiterer Makel in den Statistiken der nationalsozialistischen Gesundheitsbehörden für die Jahre vor dem Krieg war die Zunahme der Arbeitsunfälle, insbesondere bei den Beschäftigten, die bis an die Grenzen ihrer Leistungsfähigkeit getrieben wurden.[41] Je niederer die zu leistenden Tätigkeiten waren, desto schwerer verunglückten die Arbeiter. Diejenigen, die neue Autobahnen bauten oder Aquädukte errichteten, waren dem strengen Regiment brutaler Vorarbeiter unterworfen, die sie erbarmungslos antrieben, selbst auf die Gefahr schwerer oder tödlicher Unfälle hin. Im Steinbruch des schlesischen Striegau verunglückten im Herbst 1935 innerhalb einer Woche drei Arbeiter: einem wurde der Brustkorb zertrümmert, ein anderer wurde von herabstürzenden Gesteinsbrocken am Kopf getroffen, und ein dritter verbrannte bei einer Sprengung. Andernorts, zum Beispiel in den Kohlegruben von Mansfeld, nahmen die tödlichen Unfälle zwischen 1933 und 1935 nicht so dramatisch zu, doch landesweit gesehen scheint die Zahl der Unfälle stärker gestiegen zu sein als die der Beschäftigten.[42]

Originaldokumente aus westdeutschen Archiven belegen, daß die nationalsozialistischen Medizinalbeamten die Lage sehr wohl kannten.[43] Nichtsdestotrotz spielten sie in offiziellen Berichten und Meldungen an die Presse das Problem herunter und gaben sich optimistisch, anstatt ernste Warnungen auszusprechen. Als Conti Wagners Nachfolge angetreten hatte und der Krieg sich bereits abzeichnete, wurde diese Taktik aus Friedenszeiten perfektioniert. So behauptete Conti im Frühjahr 1940, die Diphtherie sei auf dem Rückzug, genau wie andere Kinderkrankheiten und die Tuberkulose. Es bestehe kein Grund zur Panik, trotz der falschen Gerüchte, die heimtückische jüdische Emigranten im Ausland verbreitet hätten.[44]

In Wirklichkeit breiteten sich diese Krankheiten immer weiter aus, und die Unfallrate stieg nach 1939 rapide; außerdem war die deutsche Bevölkerung inzwischen von neuen, teilweise exotischen Krankheiten bedroht. Die polnischen Zwangsarbeiter, die ab 1939 im Reich eingesetzt wurden, und die aus Osteuropa zurückkehrenden Wehrmachtssoldaten schleppten die Ruhr in bestimmte Gebiete, zum Beispiel nach Bayern, ein, doch eine landesweite

Ausbreitung der Krankheit konnte verhindert werden. Und als sie 1942 erneut auftrat, wurde sie ebenfalls unter Kontrolle gebracht.[45] Auch das Fleckfieber und der Typhus wurden erfolgreich bekämpft, konnten jedoch bis zum Ende des Krieges nicht völlig ausgerottet werden.[46] Besser bekannte und zu Recht gefürchtete Krankheiten wie Krebs nahmen in diesen Jahren zu, und zeitweise, zum Beispiel im Frühjahr 1942, häuften sich kriegsbedingte Erkrankungen wie die Krätze, Lebensmittelvergiftungen oder Darmgeschwüre.[47]

Scharlach und Diphtherie waren aufgrund von Ernährungsmängeln schwer unter Kontrolle zu bringen. Durch die extrem kalten Winter von 1940 und 1941 und später durch die Bombardierungen und die Zwangsevakuierungen erhöhte sich die Kindersterblichkeit weiter und war gegen Ende des Krieges erschreckend hoch.[48] Auch Tuberkulose (die pulmonale wie die extrapulmonale) breitete sich nach Kriegsbeginn im Reich unkontrolliert aus. Allein die Fälle von Lungen- und Bronchialtuberkulose erhöhten sich von über 70000 im Jahre 1939 auf über 100000 im Jahre 1942. In Herne wurden 1943 insgesamt 2579 Tuberkulose-Fälle registriert. Dort war die Zahl der Infizierten ab 1939 vierzehnmal so schnell gestiegen wie zwischen 1933 und 1939.[49] Ende 1941 kamen auf 100000 Bewohner einer deutschen Großstadt 67 Tuberkulose-Todesfälle; ein Jahr später waren es bereits 73.[50] Einerseits wollte man verhindern, daß die Infizierten an der Krankheit starben, andererseits brauchte man Arbeitskräfte für die Kriegsproduktion. So wurden Infizierte weiterhin in zivilen Arbeitsprogrammen eingesetzt, bis sie das Stadium der offenen Tuberkulose erreichten. Oft wurden sie viel zu spät ins Krankenhaus eingeliefert und hatten inzwischen Arbeitskollegen angesteckt. Es war typisch für die Haltung der führenden nationalsozialistischen Gesundheitspolitiker gegenüber der klinischen Medizin und gegenüber menschlichem Leid, daß sie zögerten, mehr Betten für Patienten mit einer chronischen Tuberkulose zur Verfügung zu stellen, aber nichts dabei fanden, Kranke im Endstadium hinter Gittern zu isolieren.[51]

Die deutliche Zunahme der Arbeitsunfälle während des Krieges stand in engem Zusammenhang mit den extremen Leistungsanforderungen und der wachsenden Zahl von Krankmeldungen – eine verheerende Kombination, die die Gesundheit der hart arbeitenden Menschen mit der Zeit zerrüttete und die Produktivität verringerte. In den Kohlegruben von Mansfeld stieg die Zahl der schweren Unfälle, die die Betroffenen für mehr als acht Wochen arbeitsunfähig machten, zwischen 1940 und 1944 von 1,3 auf 1,9 Prozent, die Zahl der weniger schweren Unfälle von 26,3 auf 29,6 Prozent. Und in den Kohlegruben von Penzberg in Oberbayern verdoppelte sich die Zahl der Unfälle pro zehntausend Schichten von sieben im Jahre 1939 auf vierzehn im Jahre 1943.[52] Die Zahl der Krankmeldungen erreichte während des Krieges eine Rekordhöhe. Besonders anfällig für Krankheiten und Erschöpfungszustände waren die Frauen, vor allem die Zwanzig- bis Vierzigjährigen. Mitte 1942 fehlten sie vier- bis fünfmal so häufig wegen Krankheit wie die Männer.[53] Während der letzten Jahre des Naziregimes führten die Gesundheitsbehörden und die vielen überforderten Ärzte einen aussichtslosen Kampf gegen Auszehrung, Krankheit und Tod. Noch schlimmer als die Verhältnisse in den Betrieben, in denen sich die Unfälle und die Erkrankungen häuften, oder die Versorgungsengpässe in den Schulen, Heimen und Krankenhäusern war die Situation während und nach den Luftangriffen. Die öffentlichen Beschwichtigungen des Reichsgesundheitsführers Conti, der sich nicht scheute, schmeichelhafte Vergleiche mit der Situation während des Ersten Weltkriegs anzustellen und die unangenehme Wahrheit mit blanken Lügen zu vertuschen, klangen hohl.[54]

Zusätzlich erschwert wurde das Leben der deutschen Ärzte im Dritten Reich durch Mißstände in den Krankenhäusern, die größtenteils mit der Mobilmachung und später mit dem Krieg zusammenhingen.[55] Doch teilweise waren sie auch Folge der Aversion nationalsozialistischer Gesundheitspolitiker gegen institutionalisierte Krankenpflege, aus der heraus sie die deutsche Krankenhaustradition vernachlässigten und den Ausbau bestehender Kliniken ablehnten. Zu dieser Aversion gehörte auch die Ablehnung von Großstädten mit ihren modernen Krankenhäusern mit vielen Spezialisten, die wiederum mit den medizinischen Einrichtungen der Universitäten zusammenarbeiteten.[56]

Da seit dem Beginn des Dritten Reichs immer weniger Krankenhäuser für stationäre Patienten gebaut worden waren, verringerte sich die Zahl der für Notfälle verfügbaren Betten von 1932 bis 1938 kontinuierlich. Während der Weimarer Republik waren die Kapazitäten der Krankenhäuser kontinuierlich erhöht worden. 1932 waren nur 62 Prozent aller Krankenhausbetten belegt; 1935 waren es 64,9 Prozent und 1938 bereits 69,3 Prozent. In diesen sechs Jahren stieg die Zahl der Krankenhauspatienten im Jahresdurchschnitt um mehr als drei Prozent, doppelt so schnell wie die Zahl der verfügbaren Krankenhausbetten.[57] In einem Lübecker Krankenhaus erhöhte sich die Zahl der Patienten sogar um mehr als neun Prozent pro Jahr.[58] In den Jahren vor dem Krieg versuchten die Klinikdirektoren und die Medizinprofessoren in zähen Verhandlungen mit den Gesundheitbehörden den Bau neuer und den Ausbau bestehender Krankenhäuser durchzusetzen, doch meist ohne Erfolg.[59] Ab Ende 1938 sank die Zahl der für Zivilisten zur Verfügung stehenden Krankenhausbetten um ungefähr ein Viertel, obwohl während des Krieges auch die medizinischen Einrichtungen in den annektierten Gebieten genutzt werden konnten.[60]

Bereits im Juli 1935, vier Monate nach der Wiedereinführung der allgemeinen Wehrpflicht, beeinflußte die Aufrüstung die gesundheitspolitischen Planungen des Regimes. Um diese Zeit wurden die Gesundheitsbehörden gebeten, der Reichsregierung eine vollständige Liste aller Krankenhäuser vorzulegen.[61] Nach der Verkündung des Vierjahresplans im September 1936 und angesichts der für 1938 geplanten Gebietsannexionen wurde der Zweck dieser Maßnahme klarer. Als eine Sondererhebung ergab, daß die nach Abzug der von der Wehrmacht benötigten Krankenhausbetten verbleibenden Kapazitäten für die Zivilbevölkerung nicht ausreichten, wurden in Ausweichkrankenhäusern zusätzliche Betten organisiert, was zu diesem Zeitpunkt noch kein Problem darstellte. Trotz der Umwandlung etlicher Krankenhäuser in Heimatlazarette der Wehrmacht gab es bei Kriegsbeginn in Deutschland etwas mehr Betten als 1938, jedenfalls reichten sie aus, um den steigenden zivilen Bedarf zu befriedigen.[62]

Während des Polenfeldzugs und des Westfeldzugs führten die Forderungen der Wehrmacht nach zusätzlichen Betten zu einer bedenklichen Verringerung der Kapazitäten für die Zivilbevölkerung, obwohl in den zivilen Krankenhäusern nach dem »Gnadentod« von fast hunderttausend »Unheilbaren« Betten frei wurden.[63] Wirklich kritisch waren die Verhältnisse in den Kliniken während der ersten Kriegsjahre jedoch noch nicht, obwohl die Betten für stationäre Patienten allmählich knapp wurden und einige medizinische Einrichtungen, zum Beispiel die Düsseldorfer Universitätsklinik, bei Bombenangriffen beschädigt wurden. Kassenpatienten wurden oft nach einer ambulanten Behandlung nach Hause geschickt, doch für wohlhabendere Patienten gab es immer noch Betten in luxuriösen und teilweise idyllisch gelegenen Privatkliniken.[64]

Bei den britischen Bombenangriffen kamen zwar nur relativ wenige Patienten ums Leben, doch es zeichnete sich bereits ein totaler Krieg ab, der auch die Zivilbevölkerung nicht verschonen würde. Die Naziführer kümmerte es nicht, daß ihre »Blitzkriegstaktik« auch zivile Opfer forderte. Gleichzeitig glaubten sie in ihrer Hybris, daß die deutsche Bevölkerung vor Angriffen von außen sicher sei. Was den Luftkrieg betraf, so überschätzte der korrupte Reichsmarschall Hermann Göring seine Fähigkeiten als Luftschutzwart. 1938 räumten die politischen Führer zwar ein, daß die Häufigkeit von Verletzungen zunehmen könnte, doch die Gefahr von Luftangriffen auf deutsche Städte, bei denen auch zivile Einrichtungen wie Krankenhäuser getroffen werden könnten, spielten sie herunter.[65] Der Luftschutz wurde sträflich vernachlässigt. Doch in den Jahren 1940 und 1941 drangen, allen Erklärungen des überraschten Göring zum Hohn, immer mehr britische Bomber in den deutschen Luftraum ein. Joseph Goebbels schrieb in sein Tagebuch: »Wenn ganz schwere Luftangriffe kommen, wird es in Berlin sehr mulmig werden. Unsere neuen Bunker reichen bei weitem nicht aus.«[66] Klinikleitern wie dem Berliner Gynäkologen Professor Walter Stoeckel wurde schmerzlich bewußt, wie gefährdet medizinische Einrichtungen waren, die sich im Zentrum größerer Städte und teilweise in der Nähe militärischer Anlagen befanden.[67]

Unter den bereits überlasteten Ärzten wuchs die Anspannung, als die britischen Luftangriffe 1942 zunahmen. Als Ende Mai ein Bombenhagel auf Köln niederging, sank Görings Beliebtheit im

Führerhauptquartier.[68] Im Herbst 1942 tat sich in bezug auf die Aufnahme von Zivilisten in Krankenhäuser ein zweifaches Problem auf. Die noch vorhandenen Krankenhäuser füllten sich allmählich. Im ganzen Reich waren bereits 82,2 Prozent der Krankenhausbetten belegt, in der Reichshauptstadt sogar 86,6 Prozent.[69] Schlimmer war jedoch, daß selbst diese letzten Notreserven nicht viel nützten, solange die Krankenhäuser in den Stadtzentren Hauptangriffsziele blieben. Es war also dringend notwendig, entweder Bunker zu bauen oder in weniger gefährdeten Gebieten neue, sicherere Krankenhäuser einzurichten. Dafür war seit Juli der Generalkommissar des Führers für das Sanitäts- und Gesundheitswesen Karl Brandt zuständig, doch alle von ihm und seinen Untergebenen beschlossenen Notmaßnahmen kamen zu spät oder scheiterten am komplizierten Verwaltungsapparat alter Institutionen wie der Berliner Charité, in denen die Korruption blühte und strukturelle Veränderungen kaum möglich waren.[70]

Bis Anfang 1943 wurden im Reich nicht mehr als 150 Krankenhauspatienten getötet. Das änderte sich jedoch, als die Briten ihre nächtlichen Luftangriffe intensivierten und tagsüber von den Amerikanern Verstärkung erhielten.[71] Im März wurde Berlin schwer getroffen, auch die immer noch unbefestigte Charité.[72] Inzwischen war mit der Einrichtung von Ausweichkrankenhäusern begonnen worden, doch wegen der ständigen Unterbrechungen waren sie noch lange nicht fertig, so daß weiterhin auf die letzten Notreserven zurückgegriffen werden mußte. Inzwischen gaben die Reichsgesundheitsbehörden zu, daß in den Krankenhäusern ein akuter Bettenmangel herrschte.[73] Wie ernst die Situation wirklich war, zeigte sich während der Bombenangriffe auf Hamburg im Juli und August, bei denen an die fünfzigtausend Einwohner umkamen und die Universitätskliniken zu 60 Prozent zerstört wurden. Bevor diese Katastrophe über die zweitgrößte Stadt Deutschlands hereinbrach, gab es in der Umgebung nur 630 Notbetten in mit Bunkern versehenen Einrichtungen – über 3000 waren geplant. Im Stadtgebiet waren zwölf große Kliniken und vierzehn Ersatzkrankenhäuser den Angriffen voll ausgesetzt. Danach standen in Hamburg für weitere Notfälle nur noch 3000 Betten in Einrichtungen mit Luftschutzkellern zur Verfügung, doch es wurden weitere 4000 benötigt.[74]

Zu der Bettenknappheit kamen in den letzten zwei Jahren des Krieges noch Materialmängel sowie organisatorische Fehler und technische Probleme, die den Ärzten die Arbeit zusätzlich erschwerten. In Leipzig funktionierten zum Beispiel die Krankentransporte nicht, und in Kassel war die Mobilität der Medizinalbeamten stark eingeschränkt, weil ihnen nicht genug Autos zur Verfügung standen.[75] Als die Ostfront sich nach Westen verschob, setzte die Wehrmacht die zivilen Gesundheitsbehörden noch stärker unter Druck, sie erhoben Anspruch auf weitere zivile Krankenhäuser.[76] Und die Charité in Berlin wurde trotz des Drängens der Klinikleitung, die den Ernst der Lage erkannte, nur zum Teil evakuiert. Viele Patienten und Teile des medizinischen Personals mußten in dem alten Klinikkomplex bleiben. Es grenzte an ein Wunder, daß selbst nach den massiven Bombardierungen, durch die zwei Drittel der Gebäude beschädigt wurden, keine größeren Verluste zu beklagen waren.[77]

In der letzten verzweifelten Phase des Krieges herrschte nur noch Chaos und Zerstörung. Das Ausmaß an menschlichem Leid, das die fast völlige Vernichtung so renommierter medizinischer Einrichtungen wie der Universitätskliniken von Leipzig, Münster und Düsseldorf oder der städtischen Krankenhäuser in Stuttgart über verzweifelte Patienten und Ärzte brachte, läßt sich selbst mit der heutigen Distanz nicht mit Worten beschreiben.[78] Im Frühjahr 1945 fanden die Alliierten kaum noch unbeschädigte Krankenhäuser vor. Von den meisten existierten nur noch Ruinen – das Ergebnis der vielen Fehlplanungen von Conti und Brandt, aber auch, in einem tieferen Sinne, die tragische Folge der rachsüchtigen, unmenschlichen Politik der Nationalsozialisten, die das deutsche Volk nun zu büßen hatte.[79]

Trotz der vielen Einschränkungen und Zwänge, die die nationalsozialistischen Gesundheitspolitiker den deutschen Ärzten auferlegt hatten, war die medizinische Versorgung bis zum Beginn des Zweiten Weltkriegs nicht wesentlich schlechter gewesen als während der Weimarer Republik. Die Ärzte hielten an professionellen

Standards fest, die im großen und ganzen allgemein akzeptiert wurden. Doch Ende der dreißiger Jahre kamen neue, nationalsozialistisch geschulte junge Ärzte hinzu, deren Qualifikationen viel zu wünschen übrig ließen. Allerdings arbeiteten viele von ihnen unter der Aufsicht älterer, während der Kaiserzeit oder der Weimarer Republik ausgebildeter Kollegen, auch an der Front.[80]

Unvorhergesehene Schwierigkeiten, die sich aus der Planwirtschaft und der Kriegssituation ergaben, führten nach 1939 zu einer zunehmenden Verschlechtung der medizinischen Versorgung, teilweise sogar schon früher. Zum Beispiel wurde es nach dem Erreichen von Vollbeschäftigung immer schwieriger, Arzthelferinnen zu bekommen. Ein großer Teil des ausgebildeten Pflegepersonals wurde von der Wehrmacht abgeworben oder dienstverpflichtet.[81] Wegen der Einfuhrbeschränkungen auf ausländische Rohstoffe wurden bestimmte Medikamente und medizinische Hilfsmittel knapp, so daß die Ärzte sich zum Teil mit minderwertigem Ersatz behelfen mußten, zum Beispiel im Fall von Gazebinden.[82] In dieser Zeit der Überbeschäftigung kam es oft vor, daß Arbeiter, aber auch Angestellte, die sich in Betrieben an die Grenzen ihrer Leistungsfähigkeit getrieben fühlten, ihre Hausärzte unter Vortäuschung aller möglichen Beschwerden baten, sie krank zu schreiben. Ein paar Tage zu Hause zu bleiben kostete sie nicht allzuviel, weil die Krankenkassen ihnen in dieser Zeit den halben Lohn bezahlten. Sehr zum Verdruß der Wirtschaftsplaner, die solche Praktiken zu unterbinden versuchten, zeigten viele Ärzte sich entgegenkommend, vielleicht aus Mitgefühl, vielleicht auch, um keine Patienten zu verlieren.[83] Nicht zuletzt, weil Arztbesuche sich aus diesem Grund häuften, doch hauptsächlich, weil immer weniger zivile Ärzte immer mehr Patienten zu betreuen hatten, waren viele Mediziner ständig überlastet und alterten vorzeitig. Die Reichsgesundheitsbehörden errechneten, daß deren durchschnittliche Lebenserwartung im Jahr 1939 neun Jahre unter dem Durchschnittswert für alle deutschen Männer lag; das verhieß nicht Gutes für die Zukunft.[84]

Der Krieg verschärfte diese Probleme noch und ließ neue entstehen. Materialknappheit blieb ein lästiges Übel, auch wenn man erfinderisch war und sich wenn nötig zu helfen wußte. In den ersten

Kriegsjahren gaben die Gesundheitsbürokraten Empfehlungen heraus, wie man auf importierte Medikamente verzichten und Verbände sparen konnte. Insulin sollte nur sehr sparsam eingesetzt werden; dasselbe galt für Morphium, das noch nicht synthetisch hergestellt werden konnte. Asiatischer Medizinal-Rhabarber sollte in Deutschland angepflanzt werden, Heilkräuter aus eigenem Anbau sollten teuren importierten Arzneien, zum Beispiel gegen Husten, vorgezogen werden – eine Richtlinie, die den Zurück-zur-Natur-Idealen der nationalsozialistischen Gesundheitspolitiker entsprach.[85] Diese Anweisungen erwiesen sich eine Zeitlang als nützlich, doch Anfang 1943 kamen neue Versorgungsprobleme hinzu. Da Glas ein sehr gefragter Rohstoff war, waren medizinische Gefäße, Thermometer und Spritzen bereits 1942 kaum noch zu bekommen. Zur Zeit von Stalingrad gab es an der »Heimatfront« praktisch kein Morphium, kein Insulin und kein Chloroform mehr, weil die letzten Reserven in den Lazaretten der Wehrmacht gebraucht wurden.[86]

Weiterhin herrschte ein großer Mangel an Krankenpflegepersonal,[87] und die Patienten, die sich nur ein paar Tage vor der Arbeit drücken wollten, waren für viele Ärzte inzwischen nicht nur eine zusätzliche Belastung, sondern ein Alptraum. Ende 1939 verfügten die Gesundheitsbehörden, daß die Ärzte in Zukunft nur den Gesundheitszustand der Patienten zu beurteilen hatten, nicht ihre Arbeitsfähigkeit. Doch diese Anweisung hatte keinerlei Einfluß auf den Krankenstand. Der nahm täglich zu, besonders in der Rüstungsindustrie und unter den vielen dort arbeitenden Frauen, die sich der Dauerbelastung nicht mehr gewachsen fühlten. Bald griff die KVD härter durch und versuchte die großzügigeren Ärzte mit Drohungen einzuschüchtern. Dabei wäre es den überlasteten Ärzten auch sehr viel lieber gewesen, wenn nur Patienten mit »echten« Beschwerden bei ihnen erschienen wären, auch wenn damals Uneinigkeit darüber herrschte, wo die Grenze zu ziehen war. Zum Leidwesen der Ärzte erhielt dieses Problem im Juni 1942 eine neue Dimension, als für bestimmte Regionen angeordnet wurde, daß die jährlichen Urlaubstage für Arbeiter von einem ärztlichen Zeugnis abhängig gemacht werden sollten.[88]

Die Mediziner hatten in diesen Jahren ausreichend Gelegenheit, ihre Hilfsbereitschaft im Sinne des hippokratischen Eids unter Beweis zu stellen. Auf dem Höhepunkt des Krieges betreuten manche täglich achtzig oder mehr Patienten, die immer gereizter, nervöser und hypochondrischer wurden und ihren Ärzten Vorwürfe machten, weil sie stundenlang warten mußten – oft in Gesellschaft von »dreckigen Polen«. Abgesehen von den Überstunden und der harten Arbeit, die die Ärzte in ihren Praxen leisteten, war es für viele eine äußerst belastende Erfahrung, Opfern von Luftangriffen, die Augenverletzungen oder einen Schock, aber auch abgerissene Gliedmaßen oder Schädelfrakturen hatten, Erste Hilfe zu leisten. Auch ihre eigene Gesundheit war gefährdet, besonders die der älteren, bereits pensionierten Ärzte, die inzwischen auch zum Dienst herangezogen wurden. In den Krankenhäusern leisteten die Ärzte und das Pflegepersonal ebenfalls Übermenschliches. Zum Beispiel operierten die Chirurgen in der Berliner Charité bis zu achtzehn Stunden am Tag, und das bei einer so schlechten Ernährung, daß alle reichlich Gewicht verloren. Die Sterblichkeitsziffer stieg dramatisch: Von Kriegsbeginn bis Januar 1943 starben im Reich 3883 Ärzte, viermal so viele wie an der Front. So verwundert es nicht, daß die Moral der Ärzte im Juli 1941 bereits stark gesunken war und daß sie allmählich einen tiefen Groll gegen den Reichsgesundheitsführer und seine Untergebenen hegten.[89]

Nach der Niederlage von Stalingrad Anfang Februar 1943 und der Zunahme der alliierten Luftangriffe auf deutsche Städte war es eine echte Prüfung, in Deutschland Arzt zu sein. Zu dem Mangel an Ausrüstung und Material kam im letzten Kriegsjahr die Einstellung der Versorgung mit lebenswichtigen Medikamenten wie Insulin und mit Benzin.[90] Viele Ärzte mußten sich mit schlampig arbeitenden und anmaßenden Hilfskräften herumärgern, denn da Krankenpflegepersonal so rar war, glaubten viele Krankenschwestern, sich alle möglichen Freiheiten herausnehmen zu können.[91] Außerdem verdächtigten die Nazifunktionäre die Ärzte weiterhin, »arbeitsscheuen« Patienten »Gefälligkeitsatteste« auszustellen. Die Versuche, das Problem des wachsenden Krankenstandes in den Griff zu bekommen, hatten so wenig Erfolg, daß der Reichsminister für

Bewaffnung und Munition Albert Speer im März 1944 vorschlug, Leute, die als Bummelanten bekannt seien, in KZ-Betriebe zu stekken.[92]

In den Städten, die Luftangriffen ausgesetzt waren, wurde die Arbeit der Ärzte 1943 durch die Verwüstung vieler Praxen zusätzlich erschwert. Oft wurden teure medizinische Geräte und Hilfsmittel zerstört, und es war nur ein schwacher Trost, daß es manchmal gelang, Ersatz zu beschaffen. In dieser Situation waren in manchen Städten mobile Notausrüstungen eine gewisse Hilfe, insbesondere bei Einsätzen nach Luftangriffen. Einige Ärzte wie der ausgebombte Berliner Internist Theodor Brugsch konnten in den Praxisräumen kooperativer Kollegen weiterhin notdürftig Patienten behandeln, doch die Frage war stets: Wie lange noch? Es war nicht nur eine enorme körperliche Belastung, unter so erschwerten Bedingungen zu arbeiten. Die Zerstörung vieler Praxen, die für das Gesundheitswesen einen großen Schaden bedeutete, demoralisierte die Ärzte auch, obwohl unter der strengen Kontrolle der Behörden alle pessimistischen Regungen unterdrückt werden mußten. Bei einer Serie von Luftangriffen auf die Stuttgarter Innenstadt im September 1944 wurden 52 ärztliche Praxen völlig zerstört; 118 konnten weiterbetrieben werden. Diese Zahlen stammen aus den damaligen Sitzungsprotokollen des Stadtrats, dessen Mitglieder ihre Verzweiflung kaum noch verbargen.[93]

Die überlasteten Ärzte improvisierten, so gut sie konnten. Ihre angegriffene Gesundheit verschlechterte sich mit jedem Monat, und ihre Todesrate war weiterhin extrem hoch, was natürlich auch am hohen Anteil älterer Ärzte lag.[94] Tag für Tag absolvierten sie ein horrendes Arbeitspensum, bis einige von ihnen völlig zusammenbrachen. Die folgenden Beispiele wurden von den Behörden im September 1943 zusammengestellt und als repräsentativ betrachtet. Ein sechsundsiebzigjähriger Orthopäde führte die Praxis seines eingezogenen Sohnes weiter. Obwohl er selbst krank war – er litt unter Darmkrebs –, behandelte er täglich etwa hundert Patienten. Ein neunundvierzigjähriger praktischer Arzt absolvierte mit seiner Frau, die ebenfalls Ärztin war und sich nebenbei noch um ihr Kind kümmern mußte, ein ungeheures Pensum. Ihre Sprechstunden begannen morgens um halb acht und endeten abends um acht; zwischendurch machten sie höchstens eine Stunde Pause, und danach mußten sie noch den Papierkram erledigen, weil sie keine Arzthelferin hatten. Manchmal klingelte das Telefon die ganze Nacht, und mindestens dreimal die Woche mußten sie nachts Notfälle behandeln. Seit 1939 hatte dieser Arzt nicht nur dreiunddreißig Pfund abgenommen, sondern auch einen Abdominaltumor entwickelt. Ein sechsundsechzigjähriger Internist, der unter Koronarsklerose und chronischer Bronchitis litt, arbeitete zehn Stunden täglich in einer weit von seinem Zuhause entfernten Praxis und kam auf bis zu sechzig Patienten am Tag. Und eine vierunddreißigjährige Internistin nahm in neun Monaten fünfzehn Pfund ab; ihre spätere Sterilität war zweifellos auf ihren harten sechzehnstündigen Arbeitstag zurückzuführen, denn außer ihren Patienten hatte sie noch zwei Kleinkinder zu versorgen.[95]

Die Ärzte wurden zwangsläufig Zeugen menschlicher Tragödien, die sie sich in Friedenszeiten kaum hätten vorstellen können. Der 1943 in Berlin stationierte Urologe Werner Forßmann wurde zum Dienst im Zuchthaus Brandenburg-Görden eingeteilt, wo zahllose politische Gefangene guillotiniert wurden. Diverse makabre Einzelheiten des Anstaltsalltags hielt er später in einem Buch fest, zum Beispiel, daß zwischen den Hinrichtungen keine zwei Minuten vergingen. Die Wärter lehnten ab, als Forßmann sich unter Berufung auf das ärztliche Berufsethos dafür einsetzte, den Delinquenten Beruhigungsmittel zu verabreichen. Über seine eigene Sonderzuteilung von Kognak und Zigaretten empfand er tiefen Abscheu.[96] Der Kinderarzt Werner Catel war mit einer noch härteren Wirklichkeit konfrontiert, als er die Bombardierung von Leipzig überlebte. In der Nacht des 3. Dezember 1943 wurde das Stadtzentrum, in dem sich seine Klinik befand, in Brand gesetzt. Diejenigen seiner kleinen Patienten, die noch die Straße erreichen konnten, krümmten sich blutend und stöhnend auf dem vereisten Pflaster. Es gab kein Wasser, keine Nahrung, keine Verbände für ihre offenen Wunden. Ärzte und Schwestern riskierten ihr Leben, um die Kinder zu retten. Im Bombenhagel trugen sie sie auf Schulter und Rücken durch die Trümmer. Es war ein Inferno. »Als ich auf die brennende

Tuberkulosestation zulief, gewahrte ich das Haupt einer Schwester, einer der besten; es ragte aus einem Trümmerhaufen hervor, das Antlitz in Todesangst und Verzweiflung erstarrt.«[97] Während der letzten verzweifelten Rückzugsgefechte der Wehrmacht begegnete ein junger Arzt namens Brandt in einer ländlichen Gegend zufällig einer von einem Nazifunktionär angeführten Menschenmenge, die einen gerade abgestürzten britischen Piloten lynchen wollten. Er mußte all seine Überredungskünste einsetzen, um die aufgebrachte Menge auf Abstand zu halten und schließlich die Einlieferung des verletzten Fliegers in ein Krankenhaus durchzusetzen.[98]

Viele Städter suchten damals auf dem Land Zuflucht. Das war Ärzten, die die Reichsgesundheitsführung in größere Städte versetzt hatte, nicht gestattet; manchmal durften sie nicht einmal ihre Familien in Sicherheit bringen. So kam es zu privaten Tragödien, die vielleicht vermeidbar gewesen wären, wenn die Betroffenen nicht Ärzte gewesen wären. Der Dermatologe Edmund Hofmann war dreiundfünfzig und hatte gute Aussichten auf eine glänzende akademische Karriere, als er kurz nach seiner Rückkehr von einem Fronteinsatz auf dem Balkan in seinem Haus in Kassel von einem Luftangriff überrascht wurde, bei dem er und drei seiner Kinder umkamen.[99] Der junge Dr. Gustav Heinrich Hahn, der in eine von Hamburgs alten Patrizierfamilien eingeheiratet hatte, nahm seinen Beruf so ernst, daß er angesichts all des menschlichen Elends in Depressionen verfiel und schließlich selbstmordgefährdet war. Er starb im Juni 1944 an Lungenentzündung und Herzversagen.[100] Die beiden Assistenten des Berliner Gynäkologen Stoeckel, Dr. Caffier und Dr. Breipohl, wurden in den letzten Kriegstagen von plündernden Soldaten der Roten Armee wegen eines bloßen Mißverständnisses durch Schüsse in den Hinterkopf getötet. Durch eine weitere Grausamkeit des Krieges verlor Stoeckel nur wenige Monate später seinen Enkel Goswin, der von einer verirrten Granate getötet wurde, als er sie fortwerfen wollte.[101]

Diese schlimmen letzten Monate des Krieges waren für die Ärzte jedoch nicht nur eine Zeit des Heldenmuts. Schließlich waren auch sie nur Menschen, und viele von ihnen brachen unter der Dauerbelastung zusammen, auch moralisch. Bei den vielen Hundert

Kranken und Verletzten, die sie zu versorgen hatten, war es verständlich, daß sie manche Patienten bevorzugt behandelten.[102] Schlimmer war jedoch, daß sie immer häufiger zu Alkohol und Morphium griffen, um durchzuhalten. Auch aus diesem Grund kam es nicht selten vor, daß sie falsche Diagnosen stellten und Patienten falsch behandelten. Auch sexuelle Übergriffe auf Patientinnen, ein altes Berufsproblem, scheinen in dieser Zeit zugenommen zu haben.[103] Andere Ärzte verstießen gegen den ärztlichen Verhaltenskodex, indem sie nicht zum Dienst erschienen, weil sie unfähig waren, sich ihrer Verantwortung als ergebene Diener des Regimes zu stellen, oder indem sie in der Schlußphase vom Schauplatz der Katastrophe flohen und ihre Patienten einem ungewissen Schicksal überließen.[104] Natürlich war es nicht nur der grausame Krieg selbst, sondern auch die Skrupellosigkeit der Politiker, die ihn entfesselt hatten, die viele Ärzte völlig korrumpierte. Für diese Mediziner war aus der Sorge um das Leben ihrer Patienten ein kalkuliertes Spiel mit dem Tod geworden.

Die eingezogenen Ärzte waren teilweise noch extremeren Belastungen ausgesetzt als ihre zivilen Kollegen. Die gefragtesten Spezialisten waren im Krieg Chirurgen. Sie wurden nicht nur auf den Sänitätsplätzen hinter den Schützengräben gebraucht, sondern auch in den weiter von der Front entfernten Feldlazaretten, wo sie und ihre Patienten relativ sicher waren. Während des Polenfeldzugs wurden an die 60000 deutsche Soldaten verwundet; an der Westfront waren es 220000 und in Rußland weit über 650000. Mehr als die Hälfte erlitt Verletzungen an den Gliedmaßen; nur ungefähr fünf Prozent wurden am Kopf, am Hals, an der Lunge oder am Bauch verwundet.[105] In all diesen Fällen wurde die Hilfe von Chirurgen mit besonderen Fachkenntnissen benötigt; nur wenn Soldaten an Ruhr, Typhus, Fleckfieber oder – in der Krimregion oder in Nordafrika – an Malaria erkrankten, wurden vor allem Pathologen, Hygieniker und Internisten gebraucht.[106]

Die Militärärzte, insbesondere die Chirurgen an der Ostfront, leisteten Unglaubliches, oft scheinbar unüberwindlichen Schwierigkeiten zum Trotz.[107] Unterstützt von ein paar schlecht ausgebildeten Sanitätern arbeiteten viele von ihnen Tag und Nacht, schliefen zwischendurch kaum ein paar Stunden und hielten sich mit Kaffee, Nikotin und anderen Drogen wach.[108] Während ihrer Notoperationen waren sie vor feindlichen Angriffen kaum geschützt. Oft arbeiteten sie im Kugelhagel oder in Eiseskälte. Im Winter erschwerte die dicke Kleidung der Soldaten das Freilegen der Wunden. In der Nähe explodierende Granaten konnten die Hand, die das Skalpell führte, zucken lassen. Läuse und Fliegen konnten Wunden infizieren, Verbände unbrauchbar machen und Hautkrankheiten verursachen, auch bei den Ärzten und Sanitätern. Der westdeutsche Bestsellerautor Peter Bamm, der den Krieg als Chirurg an der Front erlebte, erzählte von Mäusen, die Zigarettenpapier und Privatbriefe fraßen und bei Operationen über die Verwundeten sprangen.[109]

Die Härte, mit der dieser Krieg, besonders in der Sowjetunion, geführt wurde, erschwerte die Arbeit der Frontärzte zusätzlich. So entwickelte sich die relativ hohe Zahl von Unterkühlungfällen und Erfrierungen, die oft Amputationen notwendig machten, zu einem großen Problem – nicht nur auf dem Schlachtfeld, sondern auch beim Lufttransport der Verwundeten hinter die Frontlinien, da ihnen in den ungeheizten Flugzeugen oft die Zehen erfroren, selbst wenn sie dick eingewickelt waren. 1944 gelangten Wehrmachtsangehörige zu der Einschätzung, daß die Hälfte der Soldaten, die bei feindlichen Angriffen lebensgefährlich verletzt wurden, an der extremen russischen Kälte starb. Wiederholt standen die Frontärzte vor der schwierigen Entscheidung, ob sie einen Verwundeten den Risisken einer Unterkühlung während des Transports aussetzen oder ihn lieber hinter den Frontlinien weiterbehandeln sollten. Was das kleinere Übel gewesen wäre, ließ sich oft erst nach dem Tod des Patienten sagen.[110]

Zu den kritischen Fällen, in denen die Ärzte direkten Einfluß darauf hatten, ob ein Verletzter starb oder überlebte, gehörten Selbstverstümmelungen von Soldaten, die unter den extremen Belastungen des Krieges zusammengebrochen waren und buchstäblich alles taten, um nach Hause geschickt zu werden. Sie scherten sich nicht mehr um das Kriegsrecht, das für schwere Selbstverstümmelungen, sofern sie bewiesen werden konnten, die Todesstrafe vorsah. Diese Verzweiflungstaten stellten das Pflichtgefühl der deutschen Ärzte auf eine harte Probe, denn das Leben dieser Patienten zu retten, bedeutete, gegen bestehende Vorschriften zu verstoßen. Um ihre Auslieferung an die SS oder an erbarmungslose Kriegsrichter zu verhindern, mußten sie versuchen, diese Patienten gesundzupflegen, ohne daß Vorgesetzte Verdacht schöpften, und in den Dienstbüchern die wahre Ursache der Verletzung vertuschen. Das war alles andere als eine leichte Aufgabe. Es ist nicht bekannt, wie viele Frontärzte das beträchtliche persönliche Risiko auf sich nahmen, solche kriegsmüden Soldaten zu schützen, doch diejenigen, die dazu bereit waren und später noch darüber berichten konnten, haben der ärztlichen Kunst in Kriegszeiten hervorragende Denkmäler errichtet.[111]

Die eingezogenen Ärzte mußten während ihres Fronteinsatzes vielfältige berufliche und persönliche Entscheidungen fällen. Diese Entscheidungen waren weder von größerer noch von geringerer Bedeutung als die, die sie als Zivilisten zu treffen hatten, doch sie waren belastender, weil sie im Konflikt zu militärischen Vorschriften stehen konnten und weil an der Front kaum Zeit zum Überlegen blieb. Da ein Frontarzt weder Kollegen noch medizinische Lehrbücher zu Rate ziehen konnte und selbst die Dienstvorschriften oft nicht zur Hand hatte, blieb vieles seinem eigenen Urteil überlassen. Wann sollte der Transport eines Verwundeten veranlaßt werden? War eine Operation angesichts eines drohenden weiteren Angriffs zu riskant?[112] Ärzte konnten vor ein Kriegsgericht gestellt werden, wenn sie Patienten mit bestimmten Magenerkrankungen ins Lazarett zurückschickten oder leicht Verwundete der Reserve zuwiesen. An der Front wurde die »Triage« praktiziert: Soldaten, die während eines russischen Schneesturms schwer verwundet wurden, mußten manchmal ihrem Schicksal überlassen werden, um andere zu retten. Wie weit sollte man sich den Kampflinien nähern, um Verwundete rasch bergen zu können?[113] Was sollte man mit Kriegsgefangenen tun, die dringend ärztliche Hilfe benötigten?[114] Die Frontärzte standen auch oft vor der Frage, ob sie gegen besseres medizinisches Wissen helfen sollten. Ein in den Ruinen von Stalingrad eingeschlossener Arzt lief unermüdlich von einem sterbenden

Soldaten zum nächsten, behandelte alle Wunden mit Jod und verband sie sorgfältig – ein völlig sinnloser und zugleich sehr menschlicher Akt.[115] Der sechsundzwanzigjährige Dr. Gottfried Gruner schrieb im Oktober 1943 vom Schwarzen Meer, er wisse nun wieder, warum er dort sei und was es bedeute, Arzt zu sein. Eine Woche später fiel er.[116]

Solche Detailinformationen legen den Schluß nahe, daß die militärische Führung bei weitem nicht alles tat, was möglich gewesen wäre, um den Frontärzten gute Arbeitsbedingungen zu verschaffen und die hohen Verluste unter ihnen zu verhindern. Dieses Problem kann an dieser Stelle zwar nicht abschließend geklärt werden, doch es liegen genügend Belege dafür vor, daß die Nazis schon während des Polenfeldzugs im Herbst 1939 medizinischen Fragen zu wenig Beachtung schenkten. Das medizinische Versorgungssystem für den Zweiten Weltkrieg unterschied sich kaum von dem für den Ersten Weltkrieg[117] und war in mehrfacher Hinsicht veraltet. Der Verwundetentransport mit Kraftfahrzeugen und Zügen war umständlich und langwierig und für die Betroffenen eine Qual, auch wenn dieses Problem später durch den zunehmenden Einsatz von Flugzeugen entschärft wurde. Nur sehr wenige Feldlazarette waren mobil.[118] Der Mangel an Medikamenten, Instrumenten und sanitären Einrichtungen, das schlecht funktionierende Zuteilungssystem und die mangelnde Hygiene war für Ärzte wie für Patienten ein Alptraum. Das medizinische Hilfspersonal war rar und schlecht ausgebildet; manchmal mußten Scheren fehlende Skalpelle ersetzen.[119] Manche neue Medikamente, zum Beispiel Antibiotika, wurden gar nicht eingesetzt, oder ihre Entwicklung wurde vernachlässigt. Wegen der Lebensmittelknappheit war die Ernährung im allgemeinen schlecht, wobei die der kämpfenden Truppen noch besser war als die der Verwundeten.[120]

Unter den chaotischen Arbeitsbedingungen und dem Dauerstreß an der Front büßten die erfahrenen, älteren Ärzte viele ihrer Fertigkeiten ein, und die jüngeren, die an den medizinischen Fakultäten keine solide Ausbildung erhalten hatten, erwarben nie eine sichere Hand, sondern griffen häufig auf schnelle, unprofessionelle Notlösungen zurück. Natürlich gab es Ausnahmen.[121] Doch die Erfolge, die dann und wann auf einigen Gebieten der Medizin erzielt wurden, machten Mißerfolge auf anderen wieder zunichte. So gelang es den deutschen Medizinern zum Beispiel, eine Spezialklinik für Gehirnverletzte einzurichten, doch da sie es bis zum Ende des Krieges nicht verstanden, Bluttransfusionen sachgemäß durchzuführen, starben ihnen viele Patienten.[122] Ob deutsche Ärzte, wie unlängst behauptet wurde, viel zu oft amputierten, bleibt strittig, solange ihnen auch das Gegenteil vorgeworfen werden kann.[123] Die These, daß die »relative Rückständigkeit der nationalsozialistischen Medizin« das Dritte Reich an den Fronten unnötig viele Menschenleben kostete und zur allmählichen Entmenschlichung der ärztlichen Kunst bis zur Katastrophe im Jahre 1945 beitrug, bedarf noch einer gründlicheren Untersuchung.[124]

KAPITEL 2

Die Herausforderung durch die NS-Bewegung

1. Ärzte in der NSDAP

Zu Beginn des Dritten Reichs arbeitete der bekannte deutsche Schriftsteller Peter Bamm noch unter seinem tatsächlichen Namen Dr. Kurt Emmrich als Chirurg in Hamburg. Die Stadt galt als eher zurückhaltend gegenüber dem Nationalsozialismus. Ihre Bürger hegten angeblich weniger Sympathien für die NS-Bewegung als die anderer Städte. Trotzdem erinnert sich Bamm, daß im Lauf des Jahres 1933 in der Kantine des Krankenhauses, in dem er arbeitete, ein Kollege nach dem anderen eher gelegentlich und anfangs immer etwas verlegen in einer braunen oder schwarzen Uniform erschien.[1] Der entschiedene Nazigegner Dr. Otto Buchinger, ein Quäker, der damals schon für das von ihm entwickelte Heilfasten für übergewichtige Patienten berühmt war, traf im September desselben Jahres an einem anderen deutschen Ort bei einem Kameradschaftstreffen ehemalige Marineärzte. Er schreibt in seinen Erinnerungen, nur eine Minderheit sei nicht in der Partei gewesen.[2]

Diese Aussagen lassen vermuten, daß die deutschen Ärzte, auch wenn sie in der Vergangenheit monarchistische und republikanische Parteien bevorzugt hatten, schon ab 1933 in der NSDAP und den mit ihr verbundenen Organisationen überrepräsentiert waren. Bezüglich der NSDAP läßt sich diese Vermutung anhand der Mitgliederstatistik eindeutig verifizieren. Unmittelbar vor der nationalsozialistischen Machtübernahme war die NSDAP anscheinend nur für weniger als sieben Prozent aller Ärzte attraktiv.[3] Zusammen mit anderen gesellschaftlichen und beruflichen Gruppen traten jedoch auch die Ärzte in die NSDAP ein, als in den Jahren 1933 und 1937 jeder geeignete Deutsche über siebzehn Mitglied werden konnte und eine Mitgliedschaft vorteilhaft erschien. Auch 1940/41, als die

Parteiführung den befristeten Aufnahmestopp von 1939 aufhob, wurden viele Ärzte Parteimitglieder (Tabelle 2.1). In den Jahren 1934–1936 und 1942–1945 wurden dagegen nur die jüngsten Bewerber und ein paar bevorzugte Gruppen in die Partei aufgenommen; da Ärzte in der Regel über sechsundzwanzig waren, traten sie der Partei in diesen Zeiträumen nicht bei. Als dagegen im Sommer 1939 die Aufnahmebeschränkungen erneut aufgehoben wurden, traten kaum noch Ärzte in die NSDAP ein, vielleicht weil die Anzeichen von Mobilisierung, die Planwirtschaft und der sich abzeichnende Krieg den Ruf der Partei bereits geschädigt hatten.[4]

Ärzte waren akademisch ausgebildete Freiberufler, und sie gehörten zur sozialen Elite, die, wie aus Tabelle 2.1 ersichtlich, in der Hierarchie der zwischen 1933 und 1945 eingetretenen NSDAP-Mitglieder die höchste und schmalste Schicht stellte.[5] Das Beitrittsmuster der Ärzte, anderer akademischer Freiberufler und der sozialen Elite insgesamt war im Grunde dasselbe wie bei den anderen Parteimitgliedern, jedoch mit einigen signifikanten Ausnahmen. Die Partei erlebte zwischen 1942 und 1945, einem Zeitraum, in dem die meisten älteren Deutschen vom Aufnahmestopp betroffen waren, einen starken Zustrom sehr junger Leute (17,7 Prozent aller Mitglieder). Etablierte ältere Zugehörige der sozialen Elite wurden in dieser letzten Phase nicht mehr in die Partei aufgenommen, doch dies galt nicht für Studenten und einige privilegierte Angehörige der älteren Generation. Diese Lage spiegelt sich in der niedrigen Beitrittsrate von 2,6 Prozent bei den Ärzten wider (Tabelle 2.1). Zudem war 1937 und nicht 1933 das Jahr, in dem die meisten Deutschen Parteimitglieder wurden. Dies hing vermutlich mit den Erfolgen des Naziregimes zusammen, das die Wirtschaftskrise überwunden und wieder nahezu Vollbeschäftigung hergestellt hatte. Die soziale Elite einschließlich der meisten Akademiker hatte jedoch besondere Interessen und war von beruflichen oder psychologischen Erwägungen geleitet. Sie schätzte die Lage anders ein als die Masse der Bevölkerung und trat der Partei 1933 in größerer Zahl bei, 1937 nahmen die Eintritte leicht ab.[6] Dabei bildeten die Ärzte innerhalb der größeren Untergruppe der Akademiker allerdings die Ausnahme. Sie zögerten 1933 noch (32,9 Prozent aller Beitritte zwischen 1933 und 1945), und erreichten den Höchststand ihrer Mitgliedschaft erst 1937 (mit 43,4 Prozent). Sie folgten in dieser Beziehung dem Verhaltensmuster der Gesamtmitgliedschaft (22 und 27,2 Prozent).[7]

Dafür, daß sich die Ärzte anders verhielten als die anderen Mitglieder der Oberschicht, gab es drei Hauptgründe. Erstens hatten die meisten Mediziner zu Beginn des Dritten Reichs erst einmal mißtrauisch abgewartet, wie die Nazis das sozioökonomische Dilemma ihres Berufsstands lösen würden, das gerade erst durch die dringenden Bedürfnisse der ärztlichen Berufsanfänger entstanden war. Wie bereits im letzten Kapitel angedeutet, hatte das Regime jedoch bis 1937 Beschäftigung und Verteilung der Ärzte wesentlich verbessert, und die ärztlichen Durchschnittsverdienste lagen in diesem Jahr höher als je zuvor. Diese Entwicklung war durch eine nationalsozialistische Teillösung der »Judenfrage« erleichtert worden, durch die 1934 viele jüdische Ärzte ihre Kassenzulassung verloren und die in Universitäten und Krankenhäusern beschäftigten jüdischen Mediziner entlassen wurden – der zweite Grund für die hohe Beitrittsrate von 1937.[8] Der dritte lag darin, daß die nationalsozialistischen Führer bis 1937 die versprochene Reorganisation des Berufsstands weitgehend abgeschlossen hatten, vor allem indem sie die Bezahlung der Ärzte durch die Krankenkassen neu geregelt, mit der Reichsärzteordnung eine umfassende gesetzliche Grundlage für den Berufsstand geschaffen und mit der Reichsärztekammer den entsprechenden Verband gegründet hatten. Eine willkommene Nebenwirkung dieser Maßnahmen war die Ausschaltung der verhaßten Bürokratie der Krankenkassen. Vor diesen Reformen hatten die Ärzte nicht sicher sein können, wie sich die Maßnahmen des neuen Regimes auf ihren beruflichen Alltag auswirken würden. Die Veränderungen versprachen, die traditionellen Privilegien wenig oder überhaupt nicht zu beeinträchtigen und schienen den Ärzten, etwa im Vergleich mit den Heilpraktikern ohne akademische Ausbildung, eine glänzende Zukunft zu verheißen. Dies ermutigte viele Ärzte, sich enger mit dem Naziregime zu verbinden und seiner Partei beizutreten.

1939 dagegen wurden die Ärzte, noch bevor im Herbst der Krieg begann, vom Regime auf eine Weise eingeschränkt und in Anspruch genommen, daß ihre Mobilität und damit auch ihre Einnahmen bedroht waren. Auch andere Enttäuschungen wirkten sich aus, etwa über die Trägheit des Gesetzgebers bezüglich der Heilpraktiker und über das allzu strenge Regiment von Reichsärztekammer (RÄK) und Kassenärztlicher Vereinigung (KVD). Auch nahmen die Partei und ihre Unterorganisationen, wie noch gezeigt werden wird, immer mehr von der kostbaren Zeit der Ärzte in Anspruch. Es ist bemerkenswert, daß die Mediziner in dieser Zeit einen viel geringeren Anteil an den neuen Mitgliedern der NSDAP stellten als die anderen Akademiker und die soziale Elite insgesamt. Bei den Ärzten war die Partei nur noch halb so populär wie bei den anderen neuen Mitgliedern. Da die Auswirkungen des Krieges für sie sowohl im Reich als auch an der Front deutlich spürbar waren, blieben ihre Prozentwerte bei den neuen Parteimitgliedern bis zum Ende des Krieges im Vergleich zu früheren Perioden durchgehend niedriger als die der anderen drei Gruppen, deren NSDAP-Mitgliedschaft in Tabelle 2.1 verzeichnet ist. Wer dieses Verhalten als Zeichen für harte Zeiten wertet, dem sei gesagt, daß die Zahlen nur dann aussagekräftig sind, wenn man die Beitrittsperioden untereinander vergleicht, und zwar in Verbindung mit anderen Gruppen neuer Parteimitglieder. Durch eine andere Art der Zählung läßt sich, wie gezeigt, beweisen, daß der Anteil der Ärzte, die der NSDAP beitraten, trotzdem erschreckend hoch blieb.

In welchem Verhältnis die Teilgruppe der Ärzte, die der Akademiker und die soziale Elite insgesamt jeweils der NSDAP beitraten, wird in Tabelle 2.2 verdeutlicht. 1933, als der Anteil der Ärzte unter den neuen Parteimitgliedern seinen zweithöchsten Stand hatte, stellten diese Ärzte ungefähr ein Viertel aller Akademiker und etwa ein Fünfzehntel aller Mitglieder der sozialen Elite, die der Partei beitraten. 1937, als die neuen Mitgliedschaften der Ärzte ihren Höchststand erreichten, stellten sie etwa ein Drittel der eingetretenen Akademiker und ein Zehntel aller eingetretenen Mitglieder der Elite. Zwei Jahre später machten die Ärzte noch ein knappes Fünftel aller der Partei beigetretenen akademischen Freiberufler aus und nur noch ein Zwanzigstel aller neuen Mitglieder aus der gesamten

Oberschicht. In bezug auf die letzten Phase des Regimes ist die absolute Zahl von nur zwei neuen ärztlichen NSDAP-Mitgliedern zu klein, um daraus Schlüsse im Vergleich zu den anderen Akademikern und der Elite zu ziehen.[9]

Die Werte in den Tabellen 2.1 und 2.2 stammen von einer nach dem Zufallsprinzip aus den Akten im Berliner Document Center ausgewählten Stichprobe von 18 255 neuen NSDAP-Mitgliedern (aus der Zeit von 1925–1945) und lassen im Zusammenhang mit den im Reichszensus von 1933 veröffentlichten Zahlen über insgesamt 27 047 899 sozial klassifizierbare Personen den Schluß zu, daß die Ärzte in der NSDAP von 1933 bis zum Ende des Dritten Reichs in einem Verhältnis von drei zu eins überrepräsentiert waren.[10] An einer weiteren nach dem Zufallsprinzip aus den Akten im Document Center ausgewählten Gruppe von 4177 Ärzten, die in der Zeit von der Gründung der Reichsärztekammer (RÄK) 1936 bis zur Kapitulation im Jahr 1945 als RÄK-Mitglieder registriert waren, läßt sich ablesen, daß protestantische Ärzte eher Parteimitglieder wurden als ihre katholischen Kollegen (Tabelle 2.3, Spalte A). Dies stimmt mit dem bekannten Befund überein, daß Katholiken der nationalsozialistischen Verlockung weniger leicht erlagen als Protestanten.[11]

Ein weiterer Beweis für die starke Bindung zwischen Nationalsozialismus und Ärzteschaft ist in Tabelle 2.4 enthalten, die auf dem RÄK-Sample basiert. Sie zeigt, daß 44,8 Prozent aller Ärzte, die sich von 1936 bis 1945 bei der Reichsärztekammer registrieren lassen mußten, Anhänger der NSDAP waren, entweder bereits vor oder erst nach 1933.[12] Von diesen hatten die zwischen 1925 und 1932 zugelassenen Ärzte mit 53,1 Prozent die stärkste Tendenz, der Nazipartei beizutreten, und die zwischen 1919 und 1932 zugelassene Gruppe mit 50,8 Prozent die zweitstärkste. Dagegen waren bei den zwischen 1878 (dem frühesten in dieser Stichprobe genannten Datum) und 1919 zugelassenen Ärzten mit 39,1 Prozent beträchtlich weniger Parteimitglieder als bei den nach 1932 approbierten. Dies ist ein starkes Indiz dafür, daß von den nationalsozialistischen Ärzten jene Gruppe am engagiertesten war, die erst relativ kurz vor Hitlers »Machtergreifung« ihren Abschluß gemacht hatte und der, insbesondere in den Jahren der Weltwirtschaftskrise, von ihren älteren, etablierten Kollegen der Zugang zum Arztberuf verwehrt worden war – mit all den daraus erwachsenden Härten.[13] Diese Ärzte waren in einer Ära der erbitterten ideologischen Auseinandersetzungen sozialisiert worden und der zunehmenden politischen Präsenz der Nazis ausgesetzt. Bis einschließlich 1933 hatten sie sich aus Empörung über die widrigen Verhältnisse und weil sie sich von prädestinierten Führern eine glänzendere Zukunft versprachen, dem nationalsozialistischen Lager immer mehr angenähert. Es ist sehr wahrscheinlich, daß diese Jungärzte als reife Männer zu der Gruppe von Akademikern gehörten, die zum starken Anwachsen der NSDAP-Mitgliedschaft im Jahr 1937 beitrug, weil sie mit den sichtbaren Veränderungen in den ersten Jahren des Naziregimes zufrieden waren. Auch die Universitätsabgänger der Jahre 1933–1938 schreckten nicht davor zurück, sich den Nazis anzuschließen, denn in dieser Zeit wirkte das Dritte Reich als zuverlässiger Garant ihrer beruflichen Sicherheit – ihr Anteil lag bei 43 Prozent (Tabelle 2.4, Spalte E). Daß diese Rate auch während des Krieges praktisch konstant blieb, muß nicht heißen, daß die NSDAP Druck auf die Studenten ausübte, der Partei beizutreten, wenn deren Zwangsmitgliedschaft in der Hitlerjugend ausgelaufen war. Vielmehr brachten die jungen Mediziner damit zum Ausdruck, daß sie mit der NS-Herrschaft während des Krieges zwar nicht unbedingt zufrieden waren, aber immer noch an den »Endsieg« und eine glänzende Zukunft danach glaubten.[14]

Aus den Tabellen 2.5 und 2.6 geht außerdem hervor, daß die Bewerber aus der Ärzteschaft in sämtlichen Rekrutierungsperioden der Partei zumeist reife Männer und Frauen mit einiger Berufserfahrung waren. (Mit der einzigen Ausnahme des Jahres 1938, als das Durchschnittsalter der in die Partei eintretenden Ärzte 27 Jahre betrug, das Alter, in dem ein Arzt in der Regel seine Zulassung erhielt.) Die Ärzte waren also nicht an dem Zustrom Jüngerer beteiligt, den die NSDAP besonders gegen Ende des Regimes zu verzeichnen hatte. In dieser Hinsicht zeigten die Ärzte ein ähnliches Verhalten wie andere Gruppen aus der sozialen Elite, etwa die akademisch ausgebildeten Freiberufler oder die höheren Staatsbeamten, deren Eintritt ins Berufsleben von ähnlichen Faktoren bestimmt war wie bei den Medizinern: ein langes Universitätsstudium und lange Famulatur- und Referendariatszeiten (Tabelle 2.5).

Weiter ist aus Tabelle 2.6 (Spalten A und C) ersichtlich, daß 1937, auf dem Höhepunkt der NSDAP-Beitritte von Mitgliedern der Reichsärztekammer, die einunddreißig- bis vierzigjährigen Ärzte in der NSDAP im Vergleich zur Gesamtzahl der deutschen Ärzte dieses Alters überrepräsentiert waren. Ebenfalls überrepräsentiert waren die Ärzte unter dreißig in der untersten Altersgruppe. Die Gruppe der einundvierzig- bis fünfzigjährigen war proportional zu ihrem Anteil an allen deutschen Ärzten repräsentiert, und die Altersgruppe der über fünfzigjährigen zeigte ein deutlich geringeres Interesse an der NSDAP.[15] Das Bild, daß die mit dem Nationalsozialismus sympathisierenden Ärzte beruflich gesichert, aber noch recht jung waren, wird durch die Werte für die 33 neuen NSDAP-Mitglieder jenes Jahres, wenn auch statistisch sehr viel unsicherer, ebenfalls bestätigt (Tabelle 2.6, Spalte B). Hier sind die ersten drei Altersgruppen überrepräsentiert, und die Überrepräsentanz bei den Gruppen zwei und drei ist beträchtlich.[16] Ein Vergleich dieser Zahlen mit denen für alte NSDAP-Mitglieder und -Funktionäre mittleren Ranges (Kreisleiter) aus dem Jahr 1934 läßt vermuten, daß die NS-Ärzte mehrheitlich älter waren als die Gesamtmitgliedschaft der Partei. Zudem waren die NS-Ärzte in der Reichsärztekammer 1937 älter als die Gruppe der Kreisleiter im Jahr 1934; diese Gruppe bestand vorwiegend aus Männern zwischen dreißig und vierzig Jahren, dem Alter, in dem man nach Auffassung des Regimes am besten politische Verantwortung übernahm.[17] Am unteren Ende des Altersspektrums waren die NS-Ärzte in der RÄK nicht so jung wie die Parteimitgliedschaft insgesamt, und sie waren auch nicht wie die Parteifunktionäre fast ausschließlich in der Altersgruppe der Dreißig- bis Vierzigjährigen vertreten. Dieser letzte Vergleich unterstreicht noch einmal, daß die nationalsozialistischen Ärzte der Altersstruktur nach stärker mit den anderen deutschen Ärzten im Reich übereinstimmten als mit den typischen Parteigängern und Unterführern der Nazis.[18]

Dieses Soziogramm galt für die Ärzte im gesamten Reich, was

nicht heißt, daß es auf alle Regionen und Orte übertragbar ist. Es gab zweifellos Abweichungen, doch darüber liegen kaum Einzelheiten vor. 1933 traten im rheinischen Stolberg, einer Stadt mit etwa 30 000 Einwohnern, vermutlich wegen extremen Gruppendrucks elf von dreizehn Ärzten in die NSDAP ein, also beinahe 85 Prozent.[19] Und in Thüringen waren bis 1945 fast 80 Prozent aller freiberuflichen Ärzte Parteimitglieder geworden.[20] In den bayerischen Landkreisen Laufen und Berchtesgaden war im Februar 1935 die Hälfte der dort praktizierenden 32 Ärzte als NSDAP-Mitglieder registriert.[21] In ganz Bayern war im Schlüsseljahr 1937 eine Mehrheit der Ärzte (51 Prozent) in der NSDAP; davon waren 80 Prozent zwischen 30 und 61 Jahre alt.[22] Andere Regionen des Reichs lagen dagegen weit unter dem festgestellten Durchschnitt von beinahe 45 Prozent NS-Ärzten. Im traditionell liberal gesinnten Baden waren es nur 30, in Hessennassau 33 und in Württemberg 36 Prozent.[23] Vermutlich sind in diesen Zahlen jüdische Ärzte nicht enthalten, denn sie konnten generell keine Mitglieder in der Kassenärztlichen Vereinigung Deutschlands oder in der Reichsärztekammer sein, wo diese Statistiken mit peinlicher Genauigkeit erstellt wurden. Eine bezüglich Berlins veröffentlichte Notiz, in der zwischen jüdischen und »arischen« Ärzten unterschieden wird, weist aus, daß dort im Jahr 1937 weniger als 26 Prozent der Ärzte NSDAP-Mitglieder waren. Dies mag angesichts der Rekordzahl jüdischer Ärzte in Berlin überraschend erscheinen, ist jedoch relativ plausibel, wenn man bedenkt, daß die Berliner Bevölkerung dafür bekannt war, daß sie den Nazis mehr Schwierigkeiten machte als die Einwohner irgendeiner anderen deutschen Stadt.[24]

Wie nehmen sich die Zahlen über die Parteimitgliedschaft der Ärzte im Vergleich zu denen anderer, sozial vergleichbarer Untergruppen aus? Obwohl es in der Erforschung der Sozialgeschichte des Nationalsozialismus in den letzten Jahren merkliche Fortschritte gegeben hat, weiß man noch immer wenig über die Sozialpsychologie der leidenschaftlichen Hitler-Anhänger in den verschiedenen Berufen. Was die Parteimitgliedschaft angeht, standen die Ärzte zweifellos an der Spitze aller akademischen Berufe. Sie lagen vor den Juristen, von denen laut einer gut fundierten

Schätzung nie über 25 Prozent der NSDAP angehörten.[25] Auch andere Gruppen lagen hinter den Ärzten, so etwa die Lehrer (einschließlich der Gymnasiallehrer), von denen jeder vierte NSDAP-Mitglied war. Noch hinter den Lehrern kamen alle anderen Beamten, obwohl auch sie wie die Lehrer noch immer erkennbar überrepräsentiert waren.[26] Die technischen Berufe waren aus heute noch nicht klar erkennbaren Gründen gegenüber dem Nationalsozialismus bemerkenswert immun – ganz im Gegensatz zu Hermann Rauschnings Einschätzung auf dem Höhepunkt des Zweiten Weltkrieges. Bis jetzt deutet die noch ungenügend empirisch fundierte, kritische Literatur über die Techniker darauf hin, daß diese in der Partei stark unterrepräsentiert waren, trotz des Beispiels Albert Speer und der oft betonten Technik- und Technokratiebegeisterung des Regimes.[27] Seltsamerweise übten auch die akademisch ausgebildeten Pharmazeuten, die eng mit den Medizinern zusammenarbeiteten, beträchtliche Zurückhaltung, wenn sie aufgefordert wurden, sich der einzigen Partei des Dritten Reichs anzuschließen; die Gründe für dieses Verhalten sind noch nicht erforscht.[28]

Für einen Anwalt, Apotheker oder Arzt war es eine Sache, ein einfaches Mitglied der NSDAP zu sein, aber eine ganz andere, auf unterer, mittlerer oder hoher Ebene eine Führungsfunktion zu übernehmen. Es überrascht nicht, daß sich unter den NS-Funktionären Legionen von Juristen befanden, von denen Hans Frank, Roland Freisler und Werner Best vielleicht die einflußreichsten waren. Bis Dezember 1932 hatte mit Gregor Straßer auch ein willensstarker Pharmazeut der Partei seinen Stempel aufgedrückt. Es gab ein paar exponierte Techniker wie Fritz Todt, Gottfried Feder und Speer sowie Dutzende von unterschiedlich qualifizierten Lehrern. Mit einer unbedeutenden Ausnahme sucht man jedoch vergeblich nach einem Doktor der Medizin, der der nationalsozialistischen Sache an hoher Stelle gedient hätte.[29] Das *Führerlexikon* von 1935, ein wahres *Who is Who* der frühen NS-Diktatur, führt für Ende 1934 nur 63 Ärzte auf, die in Institutionen von Partei, Regierung, Wirtschaft und Kultur des Dritten Reichs leitende Funktionen hatten, ihre Lebensläufe machen nur knapp 3,7 Prozent aller in dem Buch abgedruckten Biographien aus. Im Vergleich zu den Vertretern anderer Berufe, insbesondere der Juristen, die in dem Wälzer gewaltig überrepräsentiert sind, sind die Ärzte entschieden schlecht vertreten. 40 der 63 waren Medizinprofessoren, die allein wegen ihres universitären Amtes aufgenommen werden mußten, so daß nur 23 normale Ärzte übrig blieben. Von diesen hatten alle außer zweien im Ersten Weltkrieg gedient, und nicht ganz die Hälfte hatte nach dem Krieg einem Freikorps oder einer ähnlichen Gruppe angehört. Zwanzig von ihnen betonten ausdrücklich eine Verbindung mit dem Naziregime.[30]

Bevor ein genaueres Bild von diesen Männern gezeichnet wird und von ähnlich gesinnten, die nicht in dem nationalsozialistischen Nachschlagwerk aufgeführt sind, sollen ein paar einleitende Überlegungen über die Diskrepanz zwischen der Überrepräsentation der Ärzte in der Partei und ihrer Unterrepräsentation in Regierungs- und Staatsämtern angestellt werden. Die Berufsgruppe der Ärzte hatte sich in früheren Jahrzehnten den Ruf erworben, unpolitisch zu sein, weil sie sich keiner politischen Partei anschlossen. Um dieses Phänomen zu erklären, könnte man spekulieren, daß sich die Ärzte so sehr mit ihrem Beruf und dem direkten zwischenmenschlichen Kontakt zwischen Arzt und Patient identifizierten, daß sie sich für größere gesellschaftliche Zusammenhänge nur dann interessierten, wenn es um grundlegende Bedürfnisse ihres Berufsstands ging und die Bindung an eine Partei solchen Zwecken diente. Und genau dies dürfte vor und nach dem Jahr der nationalsozialistischen Machtübernahme der Fall gewesen sein. Die vieldiskutierte »Krise der Medizin« mit ihren wirtschaftlichen, sozialen und ethischen Weiterungen war entweder real oder eingebildet, oder sie erschien einer Mehrheit als so bedrohlich, daß sie die einflußreiche NSDAP als »Pressure-group« benutzte, vielleicht sogar als Ersatz für den Hartmannbund, dem in den letzten Jahre der Weimarer Republik oft Untätigkeit vorgeworfen worden war. Die Ärzte zögerten jedoch, Ämter anzunehmen, die sie in einen sozialen Rahmen gestellt hätten, der dem persönlichen Verhältnis zwischen Arzt und Patient unähnlich gewesen wäre. Im Gegensatz zu den Juristen, die auch in einem öffentlichen Amt ihre beruflichen Fähigkeiten noch brauchen konnten, mußten die Ärzte in solchen Positionen auf ihre Berufsausübung verzichten. Ein zweiter, aber nicht weniger wichtiger Faktor mag der Einkommensverlust gewesen sein, der in manchen, wenn auch längst nicht in allen, Partei- oder Staatsämtern zu erwarten war. Die Ärzte waren die bestverdienenden Freiberufler im Dritten Reich und verständlicherweise nur ungern bereit, auf dieses Privileg zu verzichten. Der Sicherheitsdienst beklagte 1938, daß sich die Ärzte immer weniger für die Partei einsetzten, was hauptsächlich auf ihre materialistische Einstellung zurückzuführen sei.[31]

Die politisch aktiven Ärzte können grob in drei Gruppen eingeteilt werden: Die erste war nur insofern politisch engagiert, als die Verwaltung ihres Berufsstands politisiert war. Die zweite war an der Bürokratie der NSDAP im weitesten Sinne beteiligt. Und die dritte übte in irgendeiner Form Regierungsmacht aus.

Die meisten Männer, die etwa bei der KVD oder der RÄK für die medizinische Bürokratie der Nazis arbeiteten, waren im Ersten Weltkrieg Soldaten und später Freikorpsmitglieder gewesen und waren als »alte Kämpfer« schon vor 1933 Parteimitglieder geworden.[32] Sie hatten bei der Gründung des NS-Ärztebunds und seiner Entwicklung nach 1929 die Schlüsselpositionen besetzt und, insbesondere in der letzten Phase der Weimarer Republik und nach Hitlers Machtübernahme, dazu tendiert, ihr berufliches Fortkommen den Zielen der Bewegung zu opfern. Wenn es je fanatische Gläubige an die Ziele des Nationalsozialismus gab, vor allem solche im medizinischen Bereich, so waren es diese Männer. Man kann sie heute für ihre falschen Ideale und ihren engen Horizont kritisieren, doch ihre Hingabe und ihr Pflichtgefühl (nach den Kriterien der NSDAP) sind nicht zu leugnen. Diese Männer konnten politisch sehr ehrgeizig sein, wie die frühe Karriere von Leonardo Conti deutlich zeigt, aber sie waren keine Opportunisten im herkömmlichen Sinne, und, soweit man heute weiß, ganz bestimmt nicht an materiellem Reichtum interessiert. Außer Conti waren Gerhard Wagner, der erste Reichsärzteführer, Friedrich Bartels, Wagners Stellvertreter bis 1939, und als Bartels' Nachfolger bis zum Kriegsende Kurt Blome führende Männer dieser Gruppe.[33]

Aus demselben Holz geschnitzt, aber in weniger wichtigen Funktionen, waren Männer wie der 1890 geborene Stuttgarter Neurologe Eugen Stähle, Stabsarzt im Ersten Weltkrieg und danach Mitglied des Freikorps Epp, das Anfang 1919 an der Niederwerfung der bayerischen Räterepublik beteiligt war. Stähle trat 1927 in die Partei ein, wurde 1930 der Vertreter Württembergs im NS-Ärztebund und übernahm am 30. April 1933 den württembergischen Landesverband der Kassenärztlichen Vereinigung (KVD), was deren Nazifizierung sehr erleichterte.[34] Stähles Breslauer Kollege, der acht Jahre ältere Allgemeinmediziner Karl Peschke, absolvierte eine ähnliche Karriere, nur daß er nicht bei einem Freikorps gedient hatte. Er leitete 1934 die KVD in Schlesien.[35] Ein weiterer Funktionär war der 1899 in Celle geborene praktische Arzt Carl Heinz Behrens, ein Anhänger Hitlers seit 1924. Er arbeitete in Hessen als Gauamtsleiter für Volksgesundheit.[36] Der in seiner Eigenschaft als Funktionär des Hartmannbunds bereits erwähnte Landarzt Heinrich Grote hatte kein Problem damit, nach dem Januar 1933 ins Lager des Nazis zu wechseln. Als ehemaliger Stabsarzt im Ersten Weltkrieg und altes NSDAP-Mitglied gewann er schnell das Vertrauen von Gerhard Wagner, der ihn nach 1933 zunächst für Berlin und dann für ganz Deutschland zum Chef der KVD machte.[37] Zur Abrundung dieses Gruppenprofils könnte man noch den im Jahr 1934 neunundvierzigjährigen Kurt Klare erwähnen. Dieser fühlte sich 1941 nicht mehr als Katholik, sondern als »deutscher Christ« und der »nordischen Rasse« zugehörig. Klare, der wegen seines schlechten Gesundheitszustands im Ersten Weltkrieg keine militärische Karriere gemacht hatte, war seit 1927 NSDAP-Mitglied. 1929 hatte er den NS-Ärztebund mitgegründet und die Mitgliedsnummer 2 erhalten. Der Lungenspezialist und fanatische Antisemit hatte seine Ansichten schon in der Frühzeit des Regimes gedruckt verbreiten lassen und brachte es unter Reichsärzteführer Wagner zum Chefzensor der medizinischen Publikationen, wofür er mit den Ehrentitel »Professor« ausgezeichnet wurde.[38]

Viele Ärzte hatten oder übernahmen nach dem Machtwechsel von 1933 Parteiämter, aber ihre Gesamtzahl dürfte aus den genannten Gründen viel kleiner gewesen sein als die der gesundheitspolitischen Funktionäre. Sie dienten der Partei zumeist auf lokaler oder regionaler, kaum jedoch auf Reichsebene. Mehr oder weniger typisch für diese Gruppe waren die Ortsgruppenleiter Friedrich Mennecke in Eichberg, Wolfgang Saalfeldt in Eutin und Walter Krauss in Eichstätt.[39] Der Erstgenannte war ein inkompetenter Intrigant, der kein Hehl daraus machte, daß ihm die Partei wichtiger war als die Medizin. Die beiden anderen waren korrupt, neigten in ihrem Privatleben zu Exzessen als Säufer und Schürzenjäger und nutzten ihre gesellschaftliche Stellung offensichtlich, um sich persönlich zu vergnügen und zu bereichern.[40] Doch nicht viele Ärzte gaben sich mit der vergleichsweise niedrigen Parteifunktion eines Ortsgruppenleiters zufrieden; die meisten strebten nach Höherem, wenn sie überhaupt ein Amt übernahmen. Typisch war die Karriere des 1892 im thüringischen Apolda geborenen Internisten Karl Kötschau. Er hatte sowohl in der kaiserlichen Armee als auch in einem ostpreußischen Freikorps gedient und war von Anfang 1933 bis Juni desselben Jahres Ortsgruppenleiter der NSDAP in Beelitz. Außerdem half er bei der Formulierung der medizinischen Glaubenssätze der Nazis und fühlte sich aufgrund dieser Tätigkeit zum Universitätsprofessor berufen. Kleinere politische Aufgaben hätten ihn nur in der Provinz festgehalten und an der Verfolgung höherer Ziele gehindert. Statt dessen wurde er wie gewünscht 1935 auf einen ordentlichen Lehrstuhl in Jena berufen.[41]

Kötschau hätte es mindestens bis zum Kreisleiter bringen können, wie es einigen ebenfalls eher begabten Kollegen gelang. Einer von ihnen war der Allgemeinmediziner Anton Endrös – zu jung, um noch im Weltkrieg gedient zu haben, aber ein Veteran nicht nur des Freikorps Möhl, sondern auch von Hitlers Bierhallenputsch des Jahres 1923. Endrös war ein guter Redner, und er verhandelte geschickt für die Partei, wenn diese eine unabhängige Regionalzeitung übernehmen wollte.[42] Der 1892 geborene Dr. Helmut Otto hatte eine glänzende Weltkriegs- und Freikorpskarriere gemacht und nicht nur Medizin, sondern auch Jura und Agrarwissenschaft studiert. Er wurde 1933 Kreisleiter in Solingen.[43] Dagegen machte der vier Jahre jüngere Dr. Theo Rehm, ein Schläger und »alter

Kämpfer«, der Partei keine Ehre. Er war den Anforderungen seines Amtes als Kreisleiter von Emmendingen nicht gewachsen und wurde 1936 schmählich entlassen.[44]

Zusätzliche, aber nicht weniger prestigeträchtige Parteiämter erhielt, wer über den entsprechenden sozialen Status, die Begabung und die erforderliche politische Erfahrung verfügte. Der 1888 geborene ehemalige Chirurg Erasmus Pauly heiratete in ein reiches Familienunternehmen ein, trat 1931 in die Partei ein und wurde Funktionär in der regionalen Parteileitung der NSDAP in Gießen.[45] Der etwa achtzehn Jahre jüngere Dr. Heinrich Haselmayer, ein Hitler-Anhänger der ersten Stunde, wurde 1933 zum Leiter der von der NSDAP im Gau Hamburg geförderten Volkshochschule ernannt.[46] Beiden Ärzten wurde die seltene Ehre zuteil, als Vorbilder der Bewegung in das nationalsozialistische *Deutsche Führerlexikon* von 1935 aufgenommen zu werden.

Schließlich gelangten manche Ärzte in Ämter, die nominell zur Regierung gehörten, tatsächlich jedoch im Grenzbereich von Partei und Staat lagen; diese waren mit einem respektablen Gehalt und manchmal auch mit beträchtlichem Einfluß verbunden. So wurden bis 1936 sechs Ärzte Mitglieder des Reichstags, zweifellos als Lohn für ihre Treue zur nationalsozialistischen Bewegung und vielleicht auch als Zeichen, daß ihnen eine große Zukunft bevorstünde.[47] Dr. Erhardt Hamann wurde im März 1933 Mitglied des sächsischen Landtags und arbeitete anschließend einige Monate in der Stadtverwaltung von Halle.[48] Außer in ihren Parteiämtern wirkten einige Ärzte zugleich als Bürgermeister oder Stadträte.[49] Mit Unterstützung der NSDAP erhielten einige vielversprechende Stellen bei der Polizei, die sich zu einflußreichen Positionen in der Verwaltung der besetzten Länder, etwa in Polen, entwickeln, aber auch noch bedenklichere Aufgaben bei der SS nach sich ziehen konnten.[50]

2. Der Nationalsozialistische Deutsche Ärztebund und andere der Partei angeschlossene Verbände

Die zweite wichtige nationalsozialistische Organisation neben der NSDAP, die Ärzte zum Beitritt einlud, war der Nationalsozialistische Deutsche Ärztebund oder NS-Ärztebund (NSÄB). Wie aus den Tabellen 2.3 und 2.4 hervorgeht, traten von allen zwischen 1936 und 1945 in der Reichsärztekammer (RÄK) registrierten Ärzten 31 Prozent dem NS-Ärztebund bei – ein Drittel aller protestantischen, ein Viertel aller katholischen und insgesamt beträchtlich weniger, als der NSDAP beitraten.[1] Das Beitrittsmuster der unterschiedlichen Altersgruppen ist jedoch beim NS-Ärztebund und der Partei ungefähr gleich; auch am NS-Ärztebund zeigte die Gruppe der vor der Weimarer Republik zugelassenen Ärzte weniger Interesse als diejenigen, die in der Republik ihr Studium abgeschlossen hatten.[2] Und wie für die Partei zeigte die Gruppe der 1933–1938 zugelassenen Ärzte auch für den NS-Ärztebund weniger Begeisterung, was auf ein relatives Übergewicht der etwas älteren Jahrgänge schließen läßt, unter denen sich zweifellos »alte Kämpfer« befanden. Die wirkliche Überraschung birgt jedoch die Zahl für den Zeitraum von 1939–1945: Nur 7,4 Prozent aller Ärzte, die sich unmittelbar vor dem Krieg und während des Kriegs bei der RÄK registrieren ließen, traten dem NS-Ärztebund bei, und sie kamen aus der Gruppe der frisch zugelassenen Jungärzte.[3] In absoluten Zahlen soll der Ärztebund 2786 Mitglieder im Januar 1933, 14 500 im Jahr 1935 und 30 000 im Jahr 1938 gehabt haben. Diese Zahlen sind deshalb so hoch, weil auch Veterinäre, Zahnärzte und sogar Pharmazeuten Mitglied werden konnten und höchstwahrscheinlich mitgezählt wurden.[4]

Tabelle 2.4 zeigt außerdem, daß fast 28 Prozent aller zwischen 1936 und 1945 in der RÄK registrierten Ärzte sowohl der NSDAP als auch dem NS-Ärztebund angehörten. Der NS-Ärztebund war ein der Partei angeschlossener Verband, dem formell nur NSDAP-Mitglieder beitreten konnten.[5] Diese Regel wurde jedoch nicht streng beachtet, denn der Ärztebund wollte seine Mitgliedschaft unbedingt vergrößern und tendierte dazu, auch Kandidaten aufzunehmen, die nicht der NSDAP, aber anderen NS-Organisationen wie SA oder SS angehörten. Er nahm auch Ärzte auf, die der Partei nicht beitreten konnten, als 1934–1936 und 1938 Aufnahmestopp herrschte, wobei man stillschweigend davon ausging, daß sie sich später um die Mitgliedschaft in der NSDAP bewerben würden. Als bei dem gesellschaftlich eher elitären NS-Ärztebund etwa fünf Jahre nach der Machtübernahme ein Mitgliederschwund einsetzte, hob dessen diktatorischer Führer Gerhard Wagner im Mai 1938 das Verbot der Mitgliedschaft für eine bestimmte Kategorie ehemaliger Freimaurer auf.[6]

Der bemerkenswerte Popularitätsverlust des NS-Ärztebunds nach 1935 und vor allem während des Krieges war das Ergebnis einer Glaubwürdigkeitskrise, die in der frühen Geschichte der Organisation ihren Ursprung hat und mit dem Nürnberger Parteitag der NSDAP vom August 1929 in Verbindung steht. In dieser Periode der Parteigeschichte hatten soziale oder wirtschaftliche Interessengruppen des Bürgertums zunehmend ihre eigenen nationalsozialistischen Verbände gegründet. Im Februar 1926 war der Nationalsozialistische Deutsche Studentenbund ins Leben gerufen worden, im Oktober 1928 der NS-Rechtswahrerbund und im April 1929 der NS-Lehrerbund.[7] Die NS-Führung in München nutzte diese Gruppierungen, um die Parteibasis in der unteren und insbesondere in der oberen Mittelklasse zu verbreitern. Im Zusammenhang mit diesen Bemühungen gründete Alfred Rosenberg 1927 den Kampfbund für deutsche Kultur, der eher die spirituellen und nationalistischen Bande zwischen den Berufsgruppen und Hitlers Bewegung betonte, als daß er mit wirtschaftlichen Hirngespinsten gearbeitet hätte.[8]

Vor diesem Hintergrund legten Dr. Ludwig Liebl und die anderen Gründer des NS-Ärztebunds großen Wert darauf, daß der Bund in seiner Satzung nicht als wirtschaftlicher oder beruflicher Verband der Ärzte, sondern als Teil der Kampforganisation der NSDAP bezeichnet wurde. Sie gelobten, in gesundheitlichen und rassebiologischen Fragen als Berater der Partei zu wirken und dieser wann immer nötig zu dienen. Außerdem versprachen sie, in ihrem Berufsstand ein spezifisch nationalsozialistisches Berufsethos zu verbreiten und ganz in diesem Geiste ihre jüngeren Kollegen zu unterstützen sowie einen positiven Einfluß auf die jeweilige Studentengeneration auszuüben.[9]

Diese Ziele waren eher altruistisch als eigennützig, und sie stehen für ein einzigartiges Kapitel in der Geschichte der frühen NS-Bewegung, wenn man diese vor allem als ein Phänomen des sozialen Protests in einer Zeit des sozioökonomischen Aufruhrs betrachtet. Zumindest in ihrer Rhetorik riefen diese Gründer eine Tradition des Altruismus ins Leben, die weit ins Dritte Reich hineinreichen sollte. Hochherzige Absichtserklärungen, die praktisch nie widerrufen wurden, bildeten auch den Kern weiterer Erklärungen der NSÄB-Führung bis zum Januar 1933 und sogar noch im Jahr 1943.[10]

Sie entsprachen jedoch nicht den wahren Gefühlen der Masse der NS-Anhänger unter den Ärzten. Diese waren vor 1933 eher jung als alt, eher beruflich ungesichert als etabliert und eher auf der verzweifelten Suche nach einer Möglichkeit, sich mit einem sicheren Einkommen selbständig zu machen, als nach der Möglichkeit, sich zum Wohl irgendeiner politischen Partei aufzuopfern.[11] In den verschiedenen Satzungen des Ärztebundes vor 1933 ist in mindestens einem Dokument von rassischer Zersetzung (eine Anspielung auf die Konkurrenz unerwünschter Juden) und von der Sozialisierung des öffentlichen Gesundheitssystems die Rede (ein Hinweis auf die gefürchtete Erweiterung des öffentlichen Gesundheitsversorgungssystems der Weimarer Republik).[12] Der Autor dieser 1931 geschriebenen Zeilen, der damals einunddreißigjährige Arzt Leonardo Conti, konnte sich mit seinen desillusionierten, beruflich in der Luft hängenden Kollegen gut identifizieren, war jedoch eine einsame Stimme der jüngeren Generation, die in der Führungsriege des frühen Ärztebunds generell unterdrückt wurde. Alle fünf in einer zentralen Quelle erwähnten Gründer des NSÄB waren ältere, etablierte Ärzte aus der Gruppe der vor 1918 zugelassenen Ärzte, die der NSDAP und dem NS-Ärztebund vor 1936 beitraten.[13] So ist es bezeichnend, daß Dr. Fritz Lejeune an der Gründung des NS-Ärztebunds nicht beteiligt worden war. Der 1892 geborene Arzt war seit 1925 Führer der Jungärzte, die in der Weimarer Republik ganz hinten in der

Warteschlange standen, und er war ein bekannter Nationalsozialist mit einer der niedrigsten Parteimitgliedsnummern.[14]

Die Bataillone der Jungen dürften im Herbst 1932 die Oberhand gewonnen haben. Damals löste Conti als Berliner Repräsentant des NS-Ärztebunds eine Führungskrise aus, als er der Münchener Führung unter Liebl vorwarf, nicht energisch und kämpferisch genug zu sein. Ende dieses Jahres wurde der kränkelnde Liebl jedoch nicht von Conti, sondern von Wagner abgelöst, einem Münchener Allgemeinmediziner, der zwar jünger war als sein Vorgänger, jedoch keineswegs ein Sprecher der Jungen. Conti wäre damals um Haaresbreite aus dem Verband ausgeschlossen worden, und der Vorfall verschärfte die ohnehin schon bestehenden Spannungen zwischen ihm und Wagner auf Jahre hinaus.[15]

Die beträchtliche Zahl der Ärzte, die in der späten Weimarer Republik die Entwicklung im NS-Ärztebund verfolgten und – enttäuscht von der berufsständischen Politik des Hartmannbunds – schließlich NSÄB-Mitglieder wurden, betrachtete den NS-Ärztebund vor allem als einen wirtschaftlichen Kampfverband – genau die Rolle, für die Gregor Straßer, der Reichsorganisationsleiter der NSDAP, den Verband bereits 1930 prädestiniert sah. Der Bund werde die Vertretung wichtiger berufsständischer Interessen der Ärzteschaft übernehmen, schrieb Straßer im September 1930 in Beantwortung einer vorsichtigen Anfrage des wachsamen Hartmannbunds.[16]

Nach der Machtübernahme im Jahr 1933 nutzte Wagner den NS-Ärztebund auf Betreiben von Hitler und Hess hauptsächlich als politische Waffe gegen die noch bestehenden bürgerlichen Ärzteverbände. Tatsächlich schien mit deren Auflösung und der Gründung neuer NS-Institutionen wie der Kassenärztlichen Vereinigung Deutschlands und der Reichsärztekammer den beruflichen und wirtschaftlichen Interessen aller deutschen Ärzte gedient zu sein, auch den ehemals aufsässigen Jungärzten. Daher die relativ stabile Zahl von Beitritten zum NS-Ärztebund bis 1939.[17] Doch der Ärztebund litt damals bereits an einem ernsten Identitätsproblem. Im Alltag wurden die beruflichen Interessen der Naziärzte, die mit denen fast aller anderen Ärzte durchaus übereinstimmten, einerseits von KVD und RÄK und andererseits von der NSDAP vertreten. Als Mitglieder dieser drei Organisationen hielten viele Ärzte den NS-Ärztebund für überflüssig. Vielleicht erregte es auch ihren Groll, daß der Bund im Gegensatz zu den manchmal lästigen Verbänden KVD und RÄK keine exklusive Berufsorganisation war, sondern sie in seinen Reihen auch mit schlechter qualifizierten Medizinern wie Zahnärzten, Veterinären und sogar Pharmazeuten ohne Doktortitel verkehren mußten.[18] Zudem hatte der NS-Ärztebund seinen eigenen Kodex und seine eigenen disziplinarischen Gremien, als ob die Ärzte durch die Ehrengerichte und Vorschriften zur Berufsausübung von KVD und RÄK und, wenn sie Parteimitglieder waren, auch durch die der NSDAP noch nicht genug reglementiert gewesen wären.[19]

Trotzdem unternahm der NS-Ärztebund nach 1933 große Anstrengungen, seine Existenz sowohl gegenüber seinen Mitgliedern als auch gegenüber der Bewegung zu rechtfertigen, indem er hinter einer kulturellen Fassade versuchte, Ärzte politisch zu agitieren. Um den Schein zu wahren, bot man Medizinern das kultivierte Ambiente, welches das Großbürgertum gewohnt war. Es gab ehrgeizige Kunstausstellungen, zum Beispiel Anfang Oktober 1934 eine Ausstellung in Wiesbaden über alte und neue Romantik in Deutschland mit der Kunsthistorikerin Juliane Harms als Expertin.[20] Es gab besondere Vorlesungen etwa über die deutsche Kultur in Hessennassau und entsprechende Bücherbörsen.[21] Dieser kulturelle Anspruch wirkte glaubwürdig, als der Ärztebund 1935 mit Rosenbergs parteioffizieller NS-Kulturgemeinde ein Abkommen zum gegenseitigen Austausch von Talenten schloß: Rosenberg sollte dem Ärztebund zu Theateraufführungen, Konzerten und Filmen verhelfen, und die nationalsozialistischen Ärzte sollten ihm als Gegenleistung medizinisch kompetente Redner schicken.[22]

Die Verbindung mit einer weiteren NS-Institution wirft ein scharfes Licht auf die eindeutig politischen Bestrebungen der Führung der NS-Ärzte, waren doch die regelmäßigen geselligen Veranstaltungen letztlich darauf angelegt, die Ärzte an obligatorische außerberufliche Aktivitäten zu gewöhnen, die in Krisenzeiten zur eisernen Pflicht werden konnten. Alle Veranstaltungen waren mit politischen Inhalten befrachtet, und es mangelte nicht an ideologischen Anspielungen. So kam es, daß sich die Wiesbadener NS-Ärzte, eine Woche nachdem Juliane Harms über Kunst gesprochen hatte, einen rassenbiologischen Vortrag über den Umgang des praktischen Arztes mit Erbkrankheiten anhören mußten. Und in Berlin informierte Richard Lepsius, ein Unternehmer mit besten Verbindungen zum Regime, etwa zum selben Zeitpunkt die dortigen Ärzte über die Auswirkungen des nationalen Autarkieprogramms auf die Rohstoffversorgung und warnte seine Zuhörer vor dem planwirtschaftlich verursachten Mangel an importierten medizinischen Geräten.[23]

Andere Themen waren politischer Natur, und manche hatten mit dem beruflichen Wohl der Mitglieder zu tun. Der Ärztebund verbreitete biographische Informationen über jüdische Kollegen, die noch als Ärzte praktizierten, und versuchte, alle loyalen Parteigenossen nicht nur aus den Praxen der jüdischen Ärzte fernzuhalten, sondern auch aus denen »arischer« Ärzte, die dem NS-Regime gleichgültig gegenüberstanden.[24] Mitglieder wurden in Zivil oder in Uniform zu bedeutenden politischen Ereignissen gekarrt, ebensooft jedoch zu Truppenübungen, Fahnenweihen und ähnlich nebensächlichen Veranstaltungen.[25] Die Ortsgruppen des NS-Ärztebunds dienten ausnahmslos als Foren für umständliche politische Erklärungen und als Vermittlungsstellen für die Rekrutierung von NS-Ärzten durch andere Naziorganisationen wie etwa die Hitlerjugend.[26]

Das bei weitem wichtigste politische Ziel des NS-Ärztebunds war, den deutschen Arzt, soweit er beeinflußbar war, zu einem ideologisch motivierten Soldaten und Führer zu formen. Dieses Ideal entsprach ganz der NS-Bewegung, deren zentrales Prinzip der Abbau der traditionellen Klassenunterschiede und die Annäherung der Klassen war. Für die einstige Elite bedeutete dies den Verzicht auf alte Privilegien und die Annahme der Sitten, Vorlieben und Eigenarten einfacher Leute. Doch diese ersehnte soziokulturelle Metamorphose konnte sich nicht über Nacht ereignen, und es war mit Widerstand gegen diese Zurichtung zu rechnen, wenn man den Menschen die Unterwerfung nicht versüßte.

Bei den Ärzten, die seit Jahrzehnten Stützen der deutschen Gesellschaft waren, mußten derartige Veränderungen durch sorgfältig geplante Trainingskurse in freundlicher, geschmackvoller Umgebung und mit einer genau kalkulierten Mischung von Arbeit und Erholung, Sport, Studium, Spiel und entspannender Kontemplation bewirkt werden. Die richtige Dosis frische Luft sollte, geschickt verabreicht, die Vorliebe der Doktoren für die akademische Tätigkeit etwas abschwächen, die der Dreh- und Angelpunkt ihres Elitebewußtseins war. Außerdem galt es, die berufliche Disziplin der Ärzte mit der richtigen politischen Einstellung zu kombinieren, um medizinische Inhalte und nationalsozialistische Konditionierung in ein perfektes Gleichgewicht zu bringen. Das Verfahren sollte zuerst bei den Kollegen angewandt werden, die dem Nationalsozialistischen Deutschen Ärztebund bereits angehörten; diese würden am ehesten mitmachen, mit gutem Beispiel vorangehen und als bessere Nazis in ihr Berufsleben zurückkehren.

Das Experiment wurde an der sogenannten Führerschule der deutschen Ärzteschaft in Alt-Rehse durchgeführt, einem Ort von atemraubender Schönheit am Tollensesee in Mecklenburg.[27] In der als »Charakterschule für den Arzt des nationalsozialistischen Deutschland« bezeichneten, nach dem von Kurt Blome entwickelten Modell der Medizinerfortbildung arbeitenden Bildungsstätte hielten hochrangige Funktionäre wie Wagner, Conti und Haedenkamp sowie berühmte Nazis wie Rosenberg und Hess Vorträge über die nationalsozialistische Weltanschauung, das öffentliche Gesundheitswesen, holistische Medizin und berufsständische Politik.[28] Die zweiwöchigen Kurse für jeweils etwa hundert Teilnehmer begannen Anfang Juni 1935 unter Hans Deuschl, dem örtlichen Direktor der Schule unter Blome.[29] In einer Atmosphäre gezwungener Kameraderie appellierte man mittels körperlicher Übungen und Volksliedern an die Instinkte der als Mitglieder des NS-Ärztebunds zur Kursteilnahme verpflichteten Mediziner, und zwar in einem Ausmaß, daß Fachgespräche außerhalb der Unterrichtsräume verpönt waren. Zum antiintellektuellen Stil der Kurse gehörten bisweilen auch bierseelige Geschmacklosigkeiten.[30] Solche Vulgarität galt jedoch als geeignet, deutsche Ärzte, die starke Sympathien für die Nazis hegten, aber nun mal Produkte kultivierter Elternhäuser und stolzer Universitäten waren, auf ihren männlichen Kern zu reduzieren. Befehlston, anfeuernde Reden und Appelle sollten das nationalsozialistische Bewußtsein schärfen und die Ärzte zu soldatischer Tapferkeit erziehen. Bis Anfang 1936 hatten fast 1000 Ärzte, größtenteils engagierte Funktionäre, einen der Kurse absolviert, und von da an waren junge Ärzte die Zielgruppe, da sie als das beste Material für eine künftige politische Führungsschicht galten.[31]

Es ist heute schwer abzuschätzen, wie populär dieses Fortbildungssystem selbst unter loyalen Mitgliedern des NS-Ärztebunds war. Mit Kriegsbeginn wurden die pädagogischen Aktivitäten in Alt-Rehse unterbrochen, und die Einrichtung diente wieder ihren alten militärischen Zwecken. Danach wurden dort Ärzte aus den neu eroberten »germanischen Ländern« – Holland, Elsaß, Lothringen – und umgesiedelte »Volksdeutsche« entsprechend den geopolitischen Überzeugungen der Nazis unterrichtet.[32] Eingeweihten galt der Niedergang von Alt-Rehse als bezeichnend für die jüngere Entwicklung des NS-Ärztebunds. Eingeklemmt zwischen der NSDAP auf der einen und der KVD und der RÄK auf der anderen Seite, war der Bund für viele Ärzte zu einem Ärgernis geworden. Seine Aktivitäten waren eine ungewollte Belastung. Außerdem war seine Finanzierung noch nie sonderlich stabil gewesen, und die Mitglieder lehnten die »freiwilligen« Spenden ab, mit denen sie ebendiese ungewollte Belastung finanzieren sollten.[33] Die regionalen Funktionäre des Bundes verloren das Interesse an ihrer Arbeit; einige machten die Verwaltungsarbeit nur noch schlampig, andere traten von ihrem Amt zurück.[34]

Zwischen 1939 und 1945 traten nur noch 7,4 Prozent aller damals graduierenden Mediziner dem NS-Ärztebund bei; vor dem Krieg waren es 32 Prozent gewesen (Tabelle 2.4). Als durch den Krieg ganze Gruppen von Ärzten an die verschiedenen Fronten kamen und die KVD im Reich fast das gesamte Leben der Ärzteschaft kontrollierte, wurden die sozialen und kryptomilitärischen Funktionen des Ärztebunds vollends überflüssig. Die Planung einer nationalen Ärztekonferenz wurde eingestellt, und auch regionale Treffen wurden abgesagt.[35] Offiziell bestand der NSÄB als eine Abteilung des Hauptamts für Volksgesundheit der Partei noch weiter, und er wurde bisweilen auch dazu gebraucht, NS-Ärzte auf Heimaturlaub für Versammlungen zusammenzutrommeln, auf denen die Reden der Funktionäre viel Propaganda enthielten, aber auch eine gewisse Resignation zum Ausdruck brachten.[36] Als die Parteikanzlei den NS-Ärztebund aufgrund der Anforderungen des »totalen Krieges« Anfang 1943 zu einer bis zum »Endsieg« ruhenden Organisation erklärte – ein Schicksal, das andere Organisationen wie etwa der NS-Lehrerbund teilten –, waren sich selbst die größten Fanatiker an der Spitze des von Conti geführten Bundes bewußt, daß das Ende längst überfällig war.[37]

Unter den NS-Organisationen lagen laut Tabelle 2.4 die Braunhemden der SA und die Schwarzhemden der SS bei den Beitritten von Ärzten an dritter und vierter Stelle; 26 Prozent aller vor 1945 zugelassenen und nach 1935 von der RÄK registrierten Ärzte wurden vor oder nach 1933 SA-Mitglieder. Im Vergleich dazu gehörten nur elf Prozent aller Lehrer dieser Organisation an.[38] Ein erstaunlich geringer Prozentsatz der Ärzte gehörte sowohl der SA als auch der NSDAP an – erstaunlich, weil man diesen Parteigliederungen genau wie dem NS-Ärztebund eigentlich nur als NSDAP-Mitglied beitreten konnte.[39] Die SA war bei den Ärzten, die noch in der Weimarer Republik ihren Abschluß gemacht hatten und massenhaft in die NSDAP und in den NS-Ärztebund eintraten, weniger populär, doch für die zwischen 1933 und dem Beginn des Zweiten Weltkriegs zugelassenen Ärzte war sie die bevorzugte Organisation. Bei den Medizinern, die erst 1938 registriert wurden, nahm die Zahl der SA-Mitglieder ab; nur knapp 22 Prozent traten noch der SA bei, im Vergleich zu fast 37 Prozent in der Friedensperiode des Regimes. Ein offensichtlicher Grund dafür ist, daß die SA nie einen zeitweisen Aufnahmestopp verhängte, auch wenn sie nach 1934 nicht mehr groß in Mode war (Tabelle 2.4).

Der in Tabelle 2.4 verzeichnete Prozentsatz von in der Weimarer Republik graduierten Medizinern in der SA (28,5) ist so niedrig, daß eine beträchtliche Differenz zur entsprechenden Zahl für die NSDAP angenommen werden muß, auch wenn man die weiblichen

NSDAP-Mitglieder abzieht.[40] Dies legt den Schluß nahe, daß die SA für die »alten Kämpfer« im Lager der NS-Ärzte nicht unbedingt erste Wahl war. Wie die Forschung in den letzten Jahren zeigte, entstammte die Basis der SA vor 1933 vorwiegend dem Proletariat und dem unteren Mittelstand, und die Organisation zog nur sehr wenige Mitglieder aus der sozialen Elite an.[41] Männer aus dem gehobenen Bürgertum waren eher geneigt, ein Engagement auf den Führungsebenen der SA in Erwägung zu ziehen. Zweifellos erhielten Ärzte in der SA automatisch Führungspositionen, denn die Braunhemden in der Weimarer Republik hatten einen permanenten Mangel an Sanitätern zu beklagen, die traditionell Offiziersabzeichen trugen.[42] Eine Reihe von Ärzten aus der Avantgarde der NS-Bewegung hatte wie etwa Conti, Blome, Saalfeldt und Otto aktiv als Arzt in der SA gedient und während der Wirtschaftskrise nach den Scharmützeln mit den Kommunisten die Verwundeten versorgt.[43] Aufgrund solcher eher lästigen Aufgaben dürften der SA vor 1933 kaum opportunistische Ärzte beigetreten sein. Wer damals Mitglied wurde, gehörte zum absoluten harten Kern und war bereit, »sein Leben in die Waagschale zu werfen«.[44]

Nach der Machtübernahme im Januar 1933 sollte sich dies jedoch ändern. Als die Zahl der Braunhemden unter der energischen Führung Ernst Röhms sprunghaft wuchs, brauchte die Organisation auch mehr Ärzte. Ein SA-Rang war nun für die deutschen Ärzte sehr viel attraktiver, auch für diejenigen, die erst einmal die Wassertemperatur testen wollten, bevor sie sich ernsthaft und dauerhaft in die braune Flut stürzten.[45] Röhms Versuch, den Apparat der Reichswehr nachzubilden, bedeutete die Institutionalisierung eines medizinischen Dienstes nach einem geordneten militärischen Muster. Dies gefiel vielen Ärzten, die gerne zur Reichswehr gegangen wären, dies jedoch wegen des chronischen Rekrutierungsstopps nicht konnten.[46] Der medizinische Dienst bei der SA war nun, ohne die Auseinandersetzungen mit anderen Parteien, nicht mehr mit den Risiken der »Kampfzeit« (1919–1933) verbunden. Die Anforderungen an die SA-Ärzte waren geringer geworden: gelegentliche Geldspenden für wohltätige Aktivitäten der Organisation, unentgeltlicher ärztlicher Dienst in SA-Lagern und natürlich die Teilnahme an Aufmärschen und Versammlungen.[47] Junge Ärzte, die der SA vor dem 30. Januar 1933 beigetreten waren, machten nun die Erfahrung, daß sie sofort als Kassenärzte zugelassen wurden, was durchaus den Neid ihrer zuvor nicht organisierten Kollegen erweckt haben mag.[48] Insgesamt profitierten die Ärzte also von einer Situation, in die Röhm sie seit Anfang 1933 im Austausch gegen eine Fülle von Privilegien zu bringen trachtete.[49] Als die Veteranenorganisation Stahlhelm Anfang 1934 mit der SA zwangsvereinigt wurde, vermehrten sich die bestehenden medizinischen Einheiten der SA sehr zu Röhms Entzücken um Hunderte von Ärzten.[50] Mediziner konnten bei der SA in relativ kurzer Zeit recht hohe Ränge erreichen, die sie bei einer (ohnehin nicht möglichen) Aufnahme in die Reichswehr nie erreicht hätten.[51]

Hitlers Säuberung der SA im Juni und Juli 1934 war für diese Ärzte ein Problem. Sie wollten sich nicht kompromittieren lassen, insbesondere weil sie den Dienst bei der SA gar nicht ernst genommen hatten. Überzeugte Nazis und umsichtige Karrieretypen neigten charakteristischerweise dazu, zur SS zu wechseln.[52] Wenn der SA damals und während des Krieges auch weiterhin Ärzte beitraten, dann vielleicht gerade deshalb, weil die Organisation durch die Säuberung so stark geschwächt worden war (Tabelle 2.4, Spalte F). Da die Mitgliedschaft in der SA oft nur ehrenhalber oder nominell war, bot sie das Beste aus zwei Welten: den Schutz einer NS-Organisation bei minimalem politischem Engagement.[53] Die SS dagegen war, insbesondere nach dem Sommer 1934, eine ganz andere Organisation. Sie verstand sich als Elitekorps und nahm deshalb immer nur begrenzt Mitglieder auf. Etwa sieben Prozent der männlichen deutschen Ärzte, die sich nach 1935 bei der RÄK registrieren ließen, wurden von der SS rekrutiert (Tabelle 2.4). Etwa neun Prozent aller zwischen 1933 und 1939 zugelassenen männlichen Ärzte gingen zur SS, und dieser Prozentsatz stieg bei der Gruppe von 1939–1945 vielleicht noch an.[54] Diese Zahlen mögen niedrig erscheinen, doch sie müssen im Vergleich zur SS-Mitgliedschaft anderer Berufsgruppen gesehen werden. So waren in der Zeit von 1925 bis 1945 beispielsweise nur 0,4 Prozent der Lehrer bei den Schwarzhemden, also sehr viel weniger als Ärzte.[55] Bei beiden Gruppen kann auch verglichen werden, wie stark sie im Verhältnis zu ihrem Anteil an der Gesamtbevölkerung in der SS vertreten waren. Fast 1,3 Prozent aller einfachen SS-Männer und SS-Führer waren Ende 1937 Ärzte – Veterinäre eingeschlossen, nicht aber Zahnärzte. Konservativ geschätzt waren die Ärzte bei der SS im Verhältnis zu ihrem Anteil an der Gesamtbevölkerung um den Faktor sieben überrepräsentiert, während die Lehrer nur leicht überrepräsentiert waren.[56] Die einzige Berufsgruppe, die in der SS noch stärker überrepräsentiert war als die Ärzte waren die Juristen; bei diesen betrug das Verhältnis fünfundzwanzig zu eins.[57]

Es ist angebracht, kurz über die bemerkenswerte Anziehungskraft der SS auf Ärzte und Juristen zu spekulieren. Wie die SA bot auch die SS Angehörigen des gehobenen Bürgertums verantwortliche Führungspositionen, aber ein Posten bei der SS war nicht nur mit dem geheimnisvollen Nimbus der SS und einem großen Ausmaß realer Macht verbunden, sondern war auch viel prestigeträchtiger als jeder Posten bei der SA. Ärzte und Juristen betrachteten sich als Stützpfeiler der eher traditionellen Gesellschaft und fühlten sich zunächst eher unbehaglich bei den Veränderungen, die das Dritte Reich versprach. Sie strebten deshalb nach dauerhafter beruflicher und sozialer Sicherheit und fortdauernder Anerkennung auch in einem »revolutionierten« Gemeinwesen, und neben der Armee war die SS die Institution, die diese Bedürfnisse am ehesten erfüllen konnte. Zudem umgab die SS eine Aura der technischen Perfektion und wenigstens oberflächlich auch der intellektuellen Brillanz, die diese erfolgsorientierten Menschen faszinierte.[58]

Noch wichtiger war jedoch, daß die SS mit Angelegenheiten befaßt war, die viel mit dem Alltagsgeschäft von Juristen und Ärzten zu tun hatten. Die SS war damit beschäftigt, das Konzept des Rechts und die juristische Praxis neu zu definieren, wobei der Begriff »Gesetz« eine andere Bedeutung bekommen konnte, als Jurastudenten auf der Universität gelernt hatten. Viele Juristen waren sich der Pervertierung des Gesetzes vielleicht bewußt, aber sie waren so fasziniert von den Möglichkeiten seiner Verfälschung, daß sie Zeugen des Geschehens werden oder vielleicht sogar daran mitwirken wollten. Es schmeichelte ihrem Gefühl von der eigenen

Wichtigkeit, wenn sie die alte Unabhängigkeit des Gesetzes zerstören und sich über das Gesetz stellen konnten.[59]

»Ärzte«, schreibt Robert Jay Lifton, »arbeiten regelmäßig an der Grenze zwischen Leben und Tod.«[60] Aus diesem Grund waren sich die Ärzte der scheinbar absoluten Herrschaft der SS über Leben und Tod zweifellos bewußt, einer Lage, die ihrer eigenen nicht unähnlich war. Seit Jahrhunderten hatte das Charisma, ja die sehr reale Macht des Arztes darauf beruht, daß er, manchmal an der Schwelle zum Tod, Einfluß auf die Gesundheit seines Patienten nahm und diesen zwingen konnte, sein Schicksal in die ärztlichen Hände zu legen. Ähnlich war auch der schwarz uniformierte SS-Führer eine Person, deren Entscheidungsbefugnisse ihm andere Menschen auf Gnade und Ungnade auslieferten. Für einen Arzt in den Reihen der Schwarzhemden bekam der Tod ein etwas anderes Gesicht als in dessen ziviler Laufbahn oder sogar beim Militär, das sich an allgemein akzeptierten Verhaltensnormen orientierte. Der Faktor Tod hatte eine gewaltige Bedeutung in einer Organisation, die sich mit einem Totenkopf als Symbol schmückte. Er bekam eine neue Bedeutung, da er auch als Drohung eingesetzt werden konnte. Patienten hatten die Ärzte traditionell als Personen gesehen, die den Tod abzuwenden suchten; darauf beruhte das Ansehen der Ärzte. In einer Gesellschaft, deren Führer nicht nur vor dem Tod retten, sondern ihn auch nach Belieben zufügen, konnten die Ärzte sogar ein noch größeres Ansehen erwerben. Dieses Motiv ist eine Teilerklärung dafür, daß Ärzte in Himmlers Elitekorps so offensichtlich überrepräsentiert waren.

Für Ärzte gab es in der SS in der Regel zwei Wege zum Erfolg. Ganz ähnlich wie in der SA konnten sie sich für eine Teilzeitmitgliedschaft in der Allgemeinen SS entscheiden, die sie in ihrer beruflichen Tätigkeit nicht unangemessen beeinträchtigte. Die SS-Ärzte entschieden sich mehrheitlich für diese Möglichkeit, leisteten ihren Dienst an Wochenenden und legten nur bei besonderen Gelegenheiten die SS-Uniform an. Ein typischer Fall ist der von Dr. Gregor Ebner. Er arbeitete ab 1931 für eine lokale SS-Stelle in München und praktizierte hauptberuflich weiter als Allgemeinmediziner im oberbayerischen Kirchseeon. Erst 1937 wurde er hauptberuflicher

Angestellter des SS-Vereins Lebensborn.[61] Aber auch Ärzte mit Teilzeitstatus konnten bei der SS im Gegensatz zu ihren Kollegen bei der SA sehr schnell mobilisiert werden. Die SS wurde systematisch so aufgebaut, daß sie in der Kriegszeit klar definierte Funktionen erfüllen konnte. Nach der Aufstellung bewaffneter SS-Bataillone im Jahr 1933 (ab 1940 Waffen-SS), aber insbesondere nach 1938, war jedes Mitglied der Allgemeinen SS ein Reservist und konnte in die Waffen-SS eingezogen werden. Danach konnte er für Stoßtruppunternehmen an der Front oder für Spezialaufgaben wie die Partisanenbekämpfung oder den Wachdienst in Konzentrationslagern eingesetzt werden. Bei einem solchen Einsatz konnte sich ein ehemals »normaler« Arzt in tödliche Kriegsverbrechen verstricken.[62]

Im Einzelfall führte dies zu tragischen Ergebnissen, wie das Beispiel Percival Treite zeigt. Der in Berlin geborene Treite war erst zweiundzwanzig und noch Student, als er 1933 der Allgemeinen SS beitrat. Nach seinem medizinischen Staatsexamen 1936 machte er eine zusätzliche Ausbildung zum Gynäkologen bei Professor Walter Stoeckel an der Berliner Charité und blieb nach dem Studium als Stoeckels hochgeachteter Assistent in Berlin.[63] Im Zweiten Weltkrieg erhielt er offensichtlich gegen seinen und Stoeckels Willen eine Einberufung. Dem Professor wäre es fast gelungen, ihn in seinem Krankenhaus zu behalten, doch im April 1943 wurde Treite schließlich doch zur Waffen-SS eingezogen.[64] Im September desselben Jahres wurde der junge Gynäkologe Stabsarzt im Frauenkonzentrationslager Ravensbrück. Dort machte er zum ungläubigen Entsetzen seines Berliner Lehrers grausame Versuche an Häftlingen.[65] Treite fand ein schimpfliches Ende. Er desertierte am 30. April 1945 aus Ravensbrück und wurde am 11. Mai von den Briten verhaftet. Man klagte ihn als Kriegsverbrecher an und verurteilte ihn am 3. Februar 1947 zum Tod durch den Strang. Einige Wochen später nahm er sich in einem Hamburger Gefängnis das Leben.[66]

Die Karrieren anderer Ärzte sind deutlicher von dem sofortigen und dynamischen Erfolg geprägt, den eine engagierte Vollzeitmitgliedschaft bei der SS bekanntermaßen verhieß. Himmler und seine Stellvertreter hatten weitsichtig die richtigen Kanäle geschaffen, um einen solchen Erfolg zu erleichtern. Schon ab 1936 gab es staatlich besoldete medizinische Einheiten außerhalb der von der Partei finanzierten Allgemeinen SS.[67] Ab Frühjahr 1939 wurde Vollzeitärzten der Waffen-SS garantiert, daß jede Spezialausbildung, die sie als Zivilisten absolviert hatten, angerechnet würde.[68] Bei Kriegsbeginn arbeiteten die Militärärzte der Waffen-SS in einem komplexen System, das neuen Erfordernissen ständig angepaßt wurde.[69] Es gab einen Reichsarzt SS, der wie der Generalstabsarzt bei der Armee die Aufsicht über die medizinische Versorgung der SS-Truppen hatte. Seine Position wurde gestärkt, als ihm Himmler im August 1943 die medizinischen Abteilungen aller Teilorganisationen der SS unterstellte.[70] Dieser Schachzug war eine Folge der Beförderung Himmlers vom Polizeichef zum Reichsinnenminister, in dieser Funktion war er nominell für alle zivilen Ärzte im Reich zuständig.[71] Es gab sogar, zunächst in Berlin und ab 1940 in Graz, medizinische Akademien der SS, an denen vielversprechende SS-Ärzte in lockerer Zusammenarbeit mit den örtlichen Universitäten eine Spezialausbildung erhielten.[72]

Bis Stalingrad war eine Karriere bei der Waffen-SS für Ärzte mit militärischen Neigungen recht attraktiv, wenn sie Wert auf schnelle Beförderungen, beträchtliche Macht und gute Bezahlung legten.[73] Mit einer verantwortlichen Position bei den militärisch eingesetzten Polizeieinheiten war man automatisch für die Waffen-SS qualifiziert. Dr. Hans-Jochen Boye aus Dresden wurde im Februar 1939 mit 26 Jahren als Arzt zugelassen. Nachdem er in einem Berliner Polizeikrankenhaus und als Arzt der Luftwaffe im besetzten Warschau gearbeitet hatte, bewarb er sich um eine Stelle als Polizeiarzt, die ihm die Einkünfte und Privilegien eines höheren Beamten einbrachte. Boyes Versetzung von der Luftwaffe zur SS wurde im Oktober 1941 voll wirksam, auch wenn seine folgende Karriere am Polizeikrankenhaus eine Zeitlang durch einen weiteren Einsatz an der Ostfront in einer kombinierten SS- und Polizeieinheit unterbrochen wurde.[74] In einer anderen Ecke des Reichs galt der Polizeiarzt Dr. Josef Fischer, ein kleiner, aber drahtiger Mann, der sich sehr aufrecht hielt, als angenehmer Kollege. Der vierunddreißigjährige SS-Führer und Spezialist für Partisanenbekämpfung war damals schon als ehrgeizig bekannt und wurde 1942 ungewöhnlich früh zum Oberstabsarzt der Polizei befördert.[75] Auch etwas ältere Ärzte konnten bei den vereinigten Polizei- und SS-Kräften gut Karriere machen. Ende 1938 wurde der siebenundvierzigjährige Dr. Ernst Wenzel, der schon vor 1933 Polizeioffizier gewesen war, zum SS-Obersturmbannführer und Arzt im Rang eines Polizeiobersten befördert. Zugleich wurde er Direktor des staatlichen Polizeikrankenhauses, wo er bis dahin erfolgreich eine Abteilung geleitet hatte.[76]

Schließlich gab es auch Ärzte, die ihren ganzen Weg fanatisch mit der SS gingen und kaum etwas anderes kannten. Friedrich Entress wurde 1914 in der polnisch-preußischen Provinz Posen geboren und machte im Juni 1939 an der medizinischen Fakultät der gleichnamigen Stadt sein Examen, als sich Posen wieder unter polnischer Herrschaft befand. Als Mitglied einer lokalen paramilitärischen Gruppe »Volksdeutscher«, die von illegalen SS-Einheiten in Polen unterstützt wurde, landete er beim Abschluß des deutschen Polenfeldzugs im November fast automatisch bei den SS-Totenkopfverbänden. Er diente zunächst bei einer Nachrichteneinheit und wurde schließlich Lagerarzt in dem Konzentrationslager Groß-Rosen. Von dort aus kam er nach Auschwitz und dann, 1943, in das Konzentrationslager Mauthausen bei Linz, wo er mit seinen achtunddreißig Jahren der dienstälteste Arzt war. Entress galt mit seinen grauen Augen und dunkelblonden Haaren als »nordischer« Typ. Bei seiner Gefangennahme durch die Alliierten im Mai 1945 war er leitender Sanitätsoffizier einer SS-Panzerdivision und auf dem Gipfelpunkt seiner Karriere.[77]

Entress' Kollege, der drei Jahre ältere Josef Mengele, stammte aus der Familie eines wohlhabenden schwäbischen Maschinenfabrikanten. Er promovierte 1935 an der Universität München in Philosophie und drei Jahre später als Mediziner in Frankfurt. Er war in München und Frankfurt schon früh von der Rassenforschung beeinflußt worden und hatte eine junge Frau geheiratet, die man ihm als eine hingebungsvolle Vorkämpferin der nationalsozialistische Idee gepriesen hatte. Mengele wurde im Sommer 1937 NSDAP-Mitglied und ging ein Jahr später zur SS. Er diente bei der Waffen-SS an der Front und wurde im Mai 1943 hochdekoriert und mit einer Kriegsverletzung nach Auschwitz versetzt. Seine Vorgesetzten lobten ihn im August 1944 nicht nur für seinen normalen Dienst als Lagerarzt, sondern auch, weil er mehr getan hatte, als seine Pflicht war. SS-Hauptsturmführer Mengele war ein hochangesehener Anthropologe und hatte seine in Frankfurt begonnenen Forschungen zu Erbbiologie und Rassenhygiene im Lager fortgesetzt. Seinen beruflichen Aufstiegschancen waren praktisch keine Grenzen gesetzt: Er sei sicherlich geeignet für jede Art von Verwendung, auch auf höherer Ebene, hieß es in einer Beurteilung vom August 1944.[78]

Fast jeder zehnte Arzt im Dritten Reich hatte etwas mit der Hitler-Jugend (HJ) zu tun (Tabelle 2.4, Spalte G). Sie war in den frühen Jahren des Regimes von Baldur von Schirach als einzige Jugendorganisation des Reichs aufgebaut worden und zählte bei Kriegsbeginn 8 Millionen Mitglieder.[79] Bei den HJ-Ärzten unter dem »alten Kämpfer« Karl-Walther Kondeyne war die zwischen 1933 und 1945 zugelassene Generation stärker vertreten als die noch in der Weimarer Republik und in der Kaiserzeit zugelassene, was dem relativ jugendlichen Image der HJ-Ärzte entsprach.[80] In der HJ sollten die Mediziner den Ausbruch von Seuchen und den Drogenmißbrauch verhindern. Außerdem nahmen sie allgemeine Aufgaben der Gesundheitsaufsicht wahr.[81] Der Dienst bei der HJ war bei den Ärzten offensichtlich nicht so beliebt, wie Schirach gehofft hatte; es gab für sie bequemere und vielversprechendere Möglichkeiten des politischen Engagements. Es werde bestimmt nicht einfach sein, in Hessen Ärzte für den ausschließlichen Dienst bei der HJ zu gewinnen, schrieb ein Funktionär des hessischen NSÄB im Oktober 1934, denn unter seinen jüngeren Kollegen kenne er kaum jemanden, der nicht schon in der SA, der SS oder bei den Fliegern, den Gasschutzeinheiten oder beim medizinischen und technischen Katastrophendienst tätig sei.[82] Trotzdem gelang es Schirach, der nie genug Ärzte in seine Organisation locken konnte, bis zum November 1935 frühere SA-Ärzte, die nach dem »Röhmputsch« 15 Monate zuvor ihre Arbeitsplätze verloren hatten, in die HJ zu integrieren und so den Stab von 6000 Medizinern weiter zu vergrößern.[83]

Wie das schon erwähnte Schreiben des hessischen Ärzteführers zeigt, gab es auch noch andere NS-Organisationen, denen ein Arzt im Dritten Reich angehören oder, manchmal nur lose, verbunden sein konnte. Einige davon waren für Ärzte besonders attraktiv. So erfreute sich etwa das Nationalsozialistische Kraftfahrkorps (NSKK) echt großer Beliebtheit, weil seine Mitglieder ein Auto besitzen mußten und die Veranstaltungen des NSKK als angenehme und politisch harmlose Möglichkeit, sich an der NS-Bewegung zu beteiligen, angesehen wurden.[84] Von allen weiblichen und männlichen Ärzten gehörten 1,6 Prozent der Nationalsozialistischen Volkswohlfahrt (NSV) an, für die sie Gutachten schrieben oder als Berater fungierten.[85] Ärzte waren Schirmherren von NS-Fliegerclubs, SS-Solidaritätsgruppen und Frauenvereinen. Da sich über zwei Drittel aller Ärzte in Deutschland zu einer Verbindung mit der NSDAP oder einer ihrer Tochterorganisationen bekannten, waren die Ärzte sicherlich einer der am stärksten nazi-orientierten Berufsstände im Dritten Reich.[86]

3. Formen des Widerstands

Die starke Beteiligung von Ärzten an der NS-Bewegung während des Dritten Reichs läßt vermuten, daß ihre Aktivitäten gegen das Regime nicht gerade zahlreich waren. Das vorgelegte Beweismaterial bestätigt diese These. Es widerlegt eine frühere Behauptung von Georg Bittner, die deutschen Ärzte hätten von 1933 bis 1945 einen stillen, unpolitischen Heroismus gezeigt, indem sie sich in die von Bittner so genannte »innere Emigration« zurückgezogen hätten. Und es entlarvt auch die Behauptung von Hans Schadewaldt als unrichtig, daß dem Berufstand der Ärzte durch die Willkürherrschaft der Nazis insgesamt Unrecht geschehen sei.[1] Nur wenige Ärzte leisteten aus politischen, ideologischen (einschließlich religiösen) oder medizinisch-ethischen Gründen Widerstand gegen die Nazis. Eine Handvoll riskierte ihr Leben; ein etwas größerer Anteil reichte nur Beschwerden ein und äußerte Unzufriedenheit – oft in naiver Unkenntnis der Folgen. Letztlich war die Skala von negativen Reaktionen auf das NS-Regime fein unterteilt und reichte von verbal geäußertem Widerspruch und demonstrativem Protest bis zu Verschwörung und zum politischem Mord. Diese unterschiedlichen Äußerungen der Unzufriedenheit zu etikettieren, um sie in eine Bewertungshierarchie zu bringen, hat heute eine rein akademische Bedeutung, gewisse britische und deutsche Historiker haben sich dieser Aufgabe zugewandt. Die Widerstandshandlungen wurden subjektiv erlebt und sind daher kaum nach vorgeblich objektiven, nachträglich entwickelten Kriterien zu beurteilen; die Kategorien von heute sind willkürlich gesetzt und häufig durch sprachliche Unschärfen verzerrt. Man täte besser daran, die graduellen Unterschiede – wie man es bei historischen Handlungen immer tun sollte – zu erklären, indem man sich in die Handelnden hineinversetzt und ihre Motive nach einigen allgemeinverständlichen Regeln eingrenzt. Dies würde wie bei der statistischen Analyse genügend Spielraum für eine Korrektur möglicher Fehlurteile durch qualifiziertere Personen lassen, zu denen auch die Akteure selbst gehören können.[2]

Eine solche qualitative Untersuchung kann natürlich nur unter Anwendung eines allgemein akzeptierten Maßstabs gemacht werden, mit dem sich die erkennbaren Extreme auf beiden Seiten messen lassen: die echte altruistische Selbstaufopferung für die Sache der Freiheit einerseits und die Verzerrungen und Täuschungen in der unmittelbaren Nachkriegsperiode oder der heutigen Zeit. Beim Extrem der Selbstaufopferung sprechen die dokumentierten Todesurteile und Hinrichtungen für sich. Dagegen muß man bezüglich des anderen Extrems auf der Hut sein, wenn man eine Geschichte der Ärzte unter Hitler schreibt. Angesichts der offiziellen Forderung des Naziregimes, jeder deutsche Arzt solle seinen Beruf im Geist des Nationalsozialismus ausüben, die durch eine Unzahl von Verordnungen untermauert war,[3] war es für die NS-Bürokraten sehr einfach, einen Vorwand für Beschuldigungen zu finden, und ein Arzt konnte aus den nichtigsten Gründen in den Verdacht der Aufsässigkeit geraten. So wurde beispielsweise Dr. Werner Schmidt aus Reichenbach 1935 angeklagt, Abtreibungen vorgenommen zu haben, ein durchaus schweres Verbrechen nach den damals neuen Gesetzen. Trotzdem fand es die KVD angebracht, den Arzt außerdem noch als Marxisten und Kommunisten zu denunzieren, um seinen Ruf auch wirklich völlig zu ruinieren.[4] Dr. med. dent. Fritz Baerwolf aus Gotha wurde 1934 nicht als Hals-Nasen-Ohren-Arzt zugelassen und erhob öffentlich den Vorwurf, daß ihn eifersüchtige Kollegen als Kommunisten verleumdet hätten.[5] Der Krankenhausarzt Dr. Sch. aus Wolfsburg wurde wiederholt wegen Unregelmäßigkeiten aller Art ermahnt und äußerte daraufhin den Verdacht, daß ihn jemand ins Konzentrationslager bringen wolle.[6] Der fünfundzwanzigjährige Dr. Kurt Herlitschka wurde im Herbst 1943 zu einer fünfjährigen Zuchthausstrafe verurteilt, weil er heimlich nach Frankreich hatte fliehen wollen. Er hatte den Fluchtversuch in einem Straflager der SS unternommen, wo er sich befand, weil er als Mitglied des Himmler-Ordens den Tod eines Kameraden verursacht hatte.[7] War er ein Held? Wie es scheint, konnten sich die von den Nazis konkret oder allgemein Beschuldigten in all diesen Fällen nach dem Krieg problemlos als politische Oppositionelle darstellen, auch wenn es in Wirklichkeit nur um berufliche Streitigkeiten oder normale Regelverstöße gegangen war.

Die engagierteste Gruppe im politisch motivierten Widerstand der deutschen Ärzte waren zweifellos die Marxisten – fast durchweg kompromißlose Kommunisten – zusammen mit einigen wenigen Sozialdemokraten und anderen Linken. Doch selbst sie waren nur wenige. Unter einer bekannten Gruppe von 485 überzeugten Kommunisten, die zwischen 1933 und 1945 Opfer ihres Kampfes gegen den Nationalsozialismus wurden, waren fünf Ärzte, von denen einer Jude war. Auch der sechzigjährige Dr. Ernst Wittern aus Eutin war, als er wegen Verunglimpfung des Regimes und seiner Symbole in ein hastig improvisiertes Konzentrationslager in Holstein eingeliefert wurde, der einzige Arzt unter 283 Häftlingen. Diese Beispiele scheinen dafür zu sprechen, daß die Ärzte im Verhältnis zu ihrem Anteil an der Gesamtbevölkerung im Widerstand beträchtlich überrepräsentiert waren, doch die genannten Fälle sind nicht unbedingt typisch. Ärzte waren in aller Regel keine Marxisten.[8]

In gewissem Umfang wurde der Widerstand marxistischer Ärzte dadurch ausgelöst, daß sie durch das Gesetz zur Wiederherstellung des Berufsbeamtentums im Frühling 1933 Berufsverbot erhielten.

Zusammen mit ihren jüdischen Kollegen verloren »arische« Ärzte, die sich in der Weimarer Republik erwiesenermaßen marxistisch betätigt hatten, ihre Stellen an Krankenhäusern, Gesundheitsämtern und anderen staatlichen Einrichtungen sowie ihre Kassenzulassung.[9] In ihrem Vorgehen gegen Einzelpersonen verhielten sich die Ärztefunktionäre in der KVD dabei fast immer viel radikaler und unversöhnlicher als im Gesetz vorgesehen, zweifellos wegen des berüchtigten Hasses, den die etablierten deutschen Ärzte gegen alles hegten, was nach einem verstaatlichten Gesundheitswesen aussah. Die Folge war, daß die KVD bis zum Sommer 1933 zwar 338 marxistischen Kollegen die Kassenzulassung entzog, die Entscheidung aber in 231 Fällen vom Reichsarbeitsministerium wieder aufgehoben wurde, das als letzte Entscheidungsinstanz sehr viel gemäßigtere, wenn auch nicht gerade humanitäre Maßstäbe anlegte.[10] Die KVD-Funktionäre wollten möglichst viele unliebsame Konkurrenten ausschalten. Also legten sie das neue Gesetz extrem scharf aus in der Erwartung, dadurch mildere Urteile der Staatsbeamten verhindern zu können. Sie hofften, daß ihre strengen Urteile schon wegen drohenden zivilrechtlichen Schadenersatzklagen Bestand haben würden, die von mehreren kämpferischen Ärzten dann auch tatsächlich erhoben wurden. Das Problem sei für die neue Führung der NS-Mediziner von beträchtlicher Bedeutung, schrieb Dr. Grote im Oktober 1934, denn es bestehe die Möglichkeit, daß eine beträchtliche Anzahl aus der KVD ausgeschlossener Ärzte, wenn ihr Ausschluß wieder aufgehoben werde, eine rückwirkende Bezahlung der kassenärztlichen Leistungen fordern werde, die sie nach ursprünglichen Entzug der Zulassung trotzdem erbracht hätten.[11]

Das Problem wurde dadurch noch weiter kompliziert, daß unter den marxistischen Ärzten auch jüdische Ärzte waren, für die es im selben Gesetz noch eine zusätzliche Klausel gab. Das veranlaßte das Reichsarbeitsministerium zu dem Kommentar, daß es keine klare Definition des marxistisch aktiven Arztes gebe und deshalb im Zweifel zugunsten der Verdächtigen zu entscheiden sei.[12] Diese Überlegung ist nicht zuletzt für die heutigen Bemühungen wichtig, den Fall der marxistischen Ärzte fair zu beurteilen. Da die große Mehrheit der sozialistischen Ärzte jüdisch war, wäre es nämlich falsch, ihre Verfolgung durch die Nazis allein auf ihre politische Überzeugung zurückzuführen. Tatsächlich fielen die rassistischen Beweggründe viel stärker ins Gewicht. Leider haben bestimmte westdeutsche Wissenschaftler dieser komplizierten Sachlage bei der Untersuchung, unter welchen Umständen Ärzte damals auf die schwarze Liste kamen, nicht genug Aufmerksamkeit geschenkt: Die von ihnen erwähnten linken Ärzte sind praktisch alle als Mitglieder der jüdischen Minderheit identifizierbar.[13]

Es gab noch zwei weitere Maßnahmen in der Frühzeit der NS-Herrschaft, die die kommunistischen und sozialdemokratischen Ärzte gegen das Regime aufbrachten: die Auflösung der marxistischen Ärzteorganisationen und die erzwungene Einstellung der ambulanten Dienste. Die beiden wichtigsten linken Ärzteverbände in der Weimarer Republik waren der 1913 gegründete und nach dem Ersten Weltkrieg wiederbelebte Verein sozialistischer Ärzte und die 1926 gegründete Arbeitsgemeinschaft sozialdemokratischer Ärzte. Beiden Organisationen gehörten viele Juden an. Aus diesem Grund verkündete der staatliche Reichskommissar, nachdem er im Juni 1933 den sächsischen Verein sozialistischer Ärzte aufgelöst hatte, dieser habe wie allgemein bekannt aus einer Horde größtenteils kommunistischer Ärzte bestanden.[14] Außerdem wurden die sozialistisch orientierten Ärzte, die in den von der SPD geförderten ambulanten Diensten gearbeitet und vor allem in Großstädten den Bedürftigen medizinische Hilfe geleistet hatten, im Frühjahr 1933 auf die Straße gesetzt. Ihre Verträge wurden ohne das rechtlich vorgeschriebene Verfahren annulliert, und man blieb ihnen Tausende von Mark an ausstehenden Gehältern und Pensionsleistungen schuldig.[15]

Bei der Gruppe der marxistisch orientierten Ärzte, deren Widerstand gegen das Dritte Reich belegt ist, ist es sinnvoll, zwischen hundertprozentigen Verschwörern und eher zufälligen Widerständlern zu unterscheiden. In der ersten Gruppe waren Karl Gelbke, Elfriede Paul, Fritz Gietzelt, Reiner Fetscher und Johannes Kreiselmaier die wichtigsten.[16] Ihre Lebensgeschichten und die Umstände, unter denen sie im kommunistischen Lager zu eingeschworenen Feinden Hitlers wurden, waren nicht identisch, aber bemerkenswert ähnlich. Einige hatten schon immer mit der KPD sympathisiert und sich als Freunde der Sowjetunion betrachtet. Dr. Gelbke war der Polizei schon in der Weimarer Republik verdächtig, als er von 1930 bis 1933 Vertragsarzt der sowjetischen Handelsmission in Leipzig war. Nach Hitlers »Machtergreifung« erhielten Gelbke und seine Frau Dina von der bald darauf verbotenen KPD die Anweisung, ihre Arztpraxis als Deckadresse für kommunistische *agents provocateurs* zu nutzen. Erstaunlicherweise gelang es Gelbke, seine Praxis trotz widrigster Umstände weiterzuführen, wobei er sowohl Patienten behandelte als auch ein Geheimdienstnetz für den Untergrund leitete. Gelbke trotzte Nazispitzeln und Hausdurchsuchungen und überstand sogar Gestapoverhöre ungebrochen. Dabei war sein medizinischer Ruf so gut, daß er sogar das kranke Kind von einem seiner Verhörspezialisten behandeln mußte. Viele deutsche Kommunisten, ausländische Zwangsarbeiter und Kriegsgefangene verdankten ihre Gesundheit und ihr Leben diesem Arzt, der das Dritte Reich wie durch ein Wunder überlebte.[17]

Eine ähnlich engagierte Kommunistin war Dr. Elfriede Paul, die von 1936 bis 1942 als Allgemeinmedizinerin in der Nähe des Berliner Kurfürstendamms praktizierte. Sie gehörte zusammen mit ihrem Geliebten Walter Küchenmeister der von Harro Schulze-Boysen und Arvid Harnack geführten kommunistischen Widerstandsorganisation Rote Kapelle an. Für diese Organisation schrieb und verteilte sie Flugblätter und Plakate mit antinationalsozialistischen Parolen, hielt heimlich Funkkontakt mit sowjetischen Kadern und versuchte, deutsche Arbeiter für den Kommunismus zu gewinnen. Sie half auch, Fluchtwege in die Schweiz zu erschließen. Einen davon benutzte Kurt Schumacher, der nach dem Krieg führend am Wiederaufbau der SPD beteiligt war und ihr Vorsitzender wurde.[18] Es ist nicht bekannt, wieviel Zeit und Energie Elfriede Paul damals noch in ihren Beruf investieren konnte, doch man weiß, daß sie nach ihrer Festnahme und Inhaftierung im September 1942 ihr medizinisches Können, wenn auch begrenzt, für ihre Mitgefangenen einsetzen konnte. Küchenmeister wurde 1943 hingerichtet, aber Elfriede Paul wurde im April 1945 in Leipzig aus der Haft befreit.[19]

Anders als Dr. Gelbke und Dr. Paul wurde Dr. Rainer Fetscher erst durch Patienten in seiner Sprechstunde von der kommunistischen Sache überzeugt, nachdem er im Herbst 1933 seinen Lehrstuhl für Sozialhygiene an der Technischen Universität verloren hatte. Er wehrte sich jedoch bis zum Schluß dagegen, als kommunistisches Parteimitglied betrachtet zu werden, und bezeichnete sich schlicht als bürgerlicher Demokrat. Bis 1936 hatte er seine medizinische Praxis so organisiert, daß sie als Unterstützungszentrum für Kommunisten im Untergrund dienen konnte. Er entwickelte das geniale System, reiche NS-Führer zu behandeln und ihre Honorare für den Kampf gegen Hitler einzusetzen. Linke Genossen fanden bei ihm nicht nur medizinische, sondern auch moralische und materielle Unterstützung. Er ließ seine Verbindung zu der von Hermann Eckhardt geführten kommunistischen Kadergruppe in Dresden niemals abbrechen. Anfang 1945 war Fetscher überzeugt, daß der Sieg der Roten Armee über das faschistische Deutschland unmittelbar bevorstand, und machte bereits Pläne für die Reorganisation des deutschen Gesundheitswesens nach sowjetischem Vorbild. Er hatte bereits die Beamten eines lokalen Dresdener Polizeireviers für seine Sache gewonnen und versuchte seine Kontakte zu nutzen, um strategisch wichtige Brücken und Gebäude vor der Zerstörung durch die SS zu bewahren. Doch dann schlug Hitlers Elitekorps zu, und Fetscher wurde noch am 8. Mai 1945 ermordet, dem Tag, als die deutsche Kapitulation in der gefallenen Hauptstadt erklärt wurde.[20]

Auch der Leipziger Internist Fritz Gietzelt war ursprünglich kein Kommunist, aber er war über die Politisierung der deutschen Medizin durch die Nazis entsetzt, die gerade begann, als Gietzelt 1933 seine Approbation erhielt. Ein Versuch, nach Schweden auszuwandern, scheiterte, weil Gietzelt dort keine ärztliche Zulassung erhielt – ein Problem, das die meisten Ärzte hatten, die nach Schweden emigrieren wollten. In der Folge spezialisierte sich Gietzelt als Internist und eröffnete 1939 eine Röntgenfachpraxis, die ihn bald zu einem der reichsten Ärzte Deutschlands machte. Wie Fetscher zählte auch er eine beträchtliche Anzahl prominenter Nazis zu seinen Patienten. Es spricht gleichermaßen für seine politische Klugheit wie für sein medizinisches Können, daß seine Fachgutachten bei Wehrmacht wie Gestapo geschätzt waren. Gietzelt hatte seine regimekritische Haltung einigen Bekannten gegenüber vorsichtig offenbart und wurde schließlich von dem Künstler Karl Krause, einem führenden lokalen Kader, für die kommunistische Untergrundarbeit rekrutiert. Danach nutzte der Arzt seine Praxisräume ganz ähnlich wie Fetscher und Gelbke. 1943 machte Gelbke seinen Kollegen näher mit der antifaschistischen Plattform der Leipziger KPD vertraut, und obwohl Gietzelt nie zu den zentralen Figuren unter den Leipziger Kommunisten gehörte, unterstützte er sie doch auf vielfältige Weise. Er übermittelte verschlüsselte Funkbotschaften und arbeitete mit sowjetischen Offizieren zusammen, die in dem nahe gelegenen Kriegsgefangenenlager von Taucha interniert waren. Da er das Vertrauen der Leipziger Naziführer genoß, stellte er häufig falsche Gesundheitszeugnisse für ausländische Zwangsarbeiter aus, damit sie von ihrer schweren Arbeit befreit wurden. Diese Arbeiter trieben später Sabotage in der deutschen Rüstungsindustrie. Mit seinen falschen Attesten ermöglichte Gietzelt niederländischen, französischen und belgischen Zwangsarbeitern die Rückkehr in ihre Heimat und rettete deutsche Widerstandskämpfer vor dem Einsatz an der Front. Am 30. Juni 1944 wurde Gietzelt verhaftet. Er kam vor Gericht und wurde zum Tode verurteilt. Zu seinem Glück wurde die Hinrichtung jedoch auf den Februar des folgenden Jahres verschoben, und in der allgemeinen Verwirrung nach einem Luftangriff gelang ihm die Flucht aus seinem Dresdener Gefängnis. Er versteckte sich im nahe gelegenen Meißen, war aber erst nach der Ankunft der sowjetischen Truppen wirklich sicher.[21]

Der letzte hier vorgestellte beispielhafte Arzt im kommunistischen Widerstand, Johannes Kreiselmaier, hatte weniger Glück. Er hatte im orthodox-marxistischen Widerstand viel erreicht, als er von seinen nationalsozialistischen Folterern am 27. November 1944 in Berlin-Plötzensee enthauptet wurde. Kreiselmaier hatte sich dem Widerstand erst relativ spät angeschlossen. Der fromme Sohn eines lutherischen Geistlichen war seit 1936 aktiver Sympathisant der SS gewesen und 1937 der NSDAP beigetreten. Als seine Karriere in der Wehrmacht im November 1940 mit der Beförderung zum Oberstabsarzt ihren Höhepunkt erreichte, glaubte er noch fest an den deutschen »Endsieg«. Doch die schreckliche Niederlage bei Stalingrad im Februar 1943 erschütterte diesen Glauben. Wie viele andere Deutsche erlebte Kreiselmaier diese Katastrophe als Wendepunkt des Krieges. Doch das Regime führte den Krieg ungerührt fort, und Kreiselmaier erkannte allmählich dessen verbrecherischen Charakter. Nach seiner Rückkehr ins Reich im Jahr 1943 wurde der Arzt in die Widerstandsgruppe von Anton Saefkow und Franz Jacob eingeführt. Er stellte seine neue antinationalsozialistische Einstellung praktisch unter Beweis, indem er kommunistische Kader umsonst behandelte und sie manchmal in dem von ihm geleiteten Militärhospital versteckte. Seine Praxis in Berlin-Zehlendorf diente den Kadern als Versammlungsort. Wie Fetscher verhinderte auch er, daß Deutsche an die Front versetzt wurden, und er sammelte wertvolle Informationen bei seinen einflußreichen nationalsozialistischen Patienten. So soll er dem Untergrund Details über die berüchtigte V2-Rakete mitgeteilt haben, so daß viele dieser gefährlichen Waffen zerstört wurden, bevor sie irgendwelchen Schaden anrichten konnten. Auch er war wie Fetscher an der Planung eines neuen deutschen Gesundheitswesens beteiligt. Es hätte nach dem Sturz des nationalsozialistischen Regimes etabliert werden sollen, wobei der Verhinderung von Massenepidemien besondere Aufmerksamkeit geschenkt worden wäre. Im Juli 1944 wurde Kreiselmaier von der Gestapo verhaftet und den üblichen Folterungen und Drohungen ausgesetzt. Trotzdem verriet er keinen seiner Mitverschwörer.[22]

Andere marxistische Ärzte waren vielleicht weniger effektiv bei ihren Aktionen, und einige mögen auch sehr viel weniger riskiert haben, trotzdem waren sie ihren nationalsozialistischen Kollegen an Moral und Mut weit überlegen und verdienen es deshalb, hier erwähnt zu werden. In Berlin arbeitete Dr. Wolfgang Kühn eng mit Saefkow und Jacob zusammen, und ihm standen wiederum die Ärzte Gerhard Pagel und Helmut Müller zur Seite. Soweit bekannt, haben sie alle überlebt.[23] Dr. Margarete Plank, eine aktive Kommunistin seit der späten Weimarer Republik, stellte ihre Praxis im sächsischen Panitzsch ganz ähnlich wie ihre Kollegen Fetscher und Gietzelt mutig dem Widerstand zur Verfügung, hörte Nachrichtensendungen der deutschen Kriegsgegner im Radio und half sowjetischen Kriegsgefangenen. Sie wurde im Februar 1945 enthauptet.[24] Dr. Theodor Brugsch, ein bekannter Berliner Internist, der wie Fetscher seinen Lehrstuhl verloren hatte, half Kollegen, die in die Verschwörung des 20. Juli 1944 verwickelt waren.[25] Auch sollten die 21 Ärzte nicht vergessen werden, die in der Frühzeit des NS-Regimes ihre antifaschistische Gesinnung bewiesen, als sie im Spanischen Bürgerkrieg gegen Franco kämpften. Unter ihnen hat sich mindestens eine Frau besonders ausgezeichnet.[26] Nicht zu diesen 21 gehörte Karl Schnell, der zunächst nach Frankreich emigriert war und dann die Leitung eines Feldlazaretts der republikanischen Streitkräfte in Spanien übernahm. Er kam ums Leben, als das Lazarett von nationalsozialistischen Interventionskräften aufgelöst wurde.[27] Zu den sozialdemokratischen Ärzten, die wegen ihrer antinationalsozialistischen Haltung in die Geschichte eingingen, gehören Dr. Braun aus dem fränkischen Coburg, der im Frühjahr 1933 verhaftet wurde, und Julius Nördlinger, der mit großer Hingabe für das Augsburger Proletariat gearbeitet hatte und 1934 verfolgten Augsburger SPD-Funktionären half.[28]

Die nicht-marxistischen Ärzte im Widerstand waren durch ethische Erwägungen motiviert, die sich direkt aus dem hippokratischen Eid ergaben, oder durch allgemeinere humanitäre Beweggründe, die dem Lebensstil und der Mentalität des deutschen Großbürgertums entsprangen, das zum kleinbürgerlichen Spießertum der Hitlerherrschaft in radikalem Gegensatz stand. Diese Haltung kam häufig in der Ablehnung des offenen und sogar des versteckten Rassismus und der Verfolgung von Juden und Roma und Sinti zum Ausdruck, oder sie äußerte sich als tiefe Skepsis gegenüber dem nationalsozialistischen Größenwahn oder als Empörung über die Unterdrückung der christlichen Kirchen durch die Partei. Nicht zuletzt löste auch ein Gefühl für Etikette, Benehmen und Ästhetik bei den elitebewußten Akademikern Abscheu vor den schlechten Manieren der Nazis und der abstoßenden Taktlosigkeit dieser Möchtegern-Revolutionäre aus.[29]

Hervorragende Beispiele ethisch begründeten ärztlichen Widerstands wurden vor allem im Zusammenhang mit dem kurz vor dem Krieg begonnenen »Euthanasie«-Programm der Nazis bekannt, der

Tötung von geistig Behinderten und verkrüppelten Zivilisten, von denen viele in Wirklichkeit durchaus lebensfähig waren. Dies war jedenfalls die fachliche Ansicht einiger der Ärzte, die an den verschiedenen Stufen der selektiven Liquidierung beteiligt waren.[30] Auch Ärzte, die wegen des rassistisch motivierten Mordprogramms große Gewissensqualen litten, fanden es so gut wie unmöglich, ihre Beteiligung zu verweigern oder die Morde offen zu sabotieren. Sie griffen auf Täuschungsmanöver zurück, fälschten Dokumente oder erfanden Ausreden, um die »Behandlung« bestimmter Patienten zu verschieben. Auf diese Weise gelang es beispielsweise Dr. Roemer, dem Direktor einer Anstalt für geistig Behinderte in Württemberg, nach zähem Ringen mit Dr. Eugen Stähle, der es inzwischen zum obersten Gesundheitsbeamten dieses Landes gebracht hatte und noch immer ein strammer Nazi war, den Transport von vielen seiner Schutzbefohlenen in eine Tötungsanstalt zu verhindern. Andere Patienten wurden in die Obhut ihrer Verwandten gegeben, eine Strategie, die beispielsweise Frau Dr. Conrad, eine Ärztin der Anstalt Eichberg, unter Irreführung des Anstaltsdirektors erfolgreich praktizierte.[31] Obwohl es sehr schwierig war, gaben einige Ärzte auch ihren Dienst in den Tötungsanstalten auf, indem sie sich entweder freiwillig an die Front meldeten oder auf einer vorzeitigen Pensionierung bestanden.[32]

Doch es sind auch einige herausragende Fälle von Verweigerung dokumentiert. Dr. Martin Hohl, der Direktor der Bayreuther Behindertenanstalt Wendelhöfen, teilte seinen Berliner Vorgesetzten nach langwierigen Ausflüchten schließlich unumwunden mit, daß er sich nie an der Ermordung unschuldiger Menschen beteiligen werde.[33] Und Dr. F. Hölzel schrieb im Sommer 1940 an seinen Vorgesetzten in der berüchtigten oberbayerischen Anstalt Eglfing-Haar, daß er die staatlich befohlenen »Euthanasie«-Maßnahmen von den Zielen her für überzeugend halte. Für ihn waren jedoch die Anerkennung der Wichtigkeit der staatlichen Verordnungen und deren konkrete und persönliche Ausführung nicht dasselbe. Deshalb schrieb er weiter, daß er trotz aller rationalen Einsicht und seines guten Willens das Gefühl habe, der Aufgabe charakterlich nicht gewachsen zu sein.[34]

Auch gegen andere nationalsozialistische Projekte gab es berufsethisch motivierten Widerstand, wenn es um Menschenleben ging. Nach dem Reichstagsbrand Ende Februar 1933, als johlende Schlägertrupps der SA auf offener Straße bekannte deutsche Kommunisten zusammenschlugen, versuchten tapfere zivile Ärzte das Schlimmste zu verhindern, indem sie unter beträchtlichem Risiko, selbst von den Braunhemden mißhandelt zu werden, den Opfern Hilfe anboten.[35] Im Mai 1934 sabotierte ein Düsseldorfer Amtsarzt vermutlich bewußt die offiziell gewünschte Sterilisierung eines dort ansässigen indochinesisch-deutschen Mischlings, indem er sich weigerte, die Operation anzuordnen.[36] Während des Krieges gab es vielfache Gelegenheiten für solche ärztliche Widerspenstigkeit. So schlug Dr. Wilhelm Hagen, einem deutschen Gesundheitsbeamten im besetzten Warschau, im Dezember 1942 das Gewissen, als er erfuhr, daß 71000 Polen – alte Menschen und Kinder unter zehn Jahren – »genau wie die Juden« getötet werden sollten, und er schrieb einen Protestbrief an Hitler.[37] Etwa acht Monate später erhoben einige Würzburger Ärzte bei den Behörden scharfen Protest aufgrund des Gerüchts, daß die Schweinfurther Kugellagerwerke, die damals Ziel amerikanischer Bombenangriffe waren, nach Würzburg verlegt werden sollten, und zwar in gefährliche Nähe zu den dortigen Krankenhäusern.[38]

Wenn einige deutsche Ärzte gegen die immer offensichtlicheren antijüdischen Maßnahmen Widerstand leisteten, dann waren meist der hippokratische Eid und allgemeinere humanitäre Überzeugungen der Grund. Einige »arische« Ärzte kümmerten sich nicht um die Vorschriften und pflegten auch weiterhin völlig offen Freundschaften mit ihren jüdischen Nachbarn. An dem von Professor Ernst Rüdin geleiteten Kaiser-Wilhelm-Institut für Psychiatrie in München protestierten einige deutsche Ärzte trotz der Drohungen ihrer nazistischen Kollegen gegen die Entfernung der »jüdischen Gemälde« des russischen Emigranten Leonid Pasternak.[39] Deutsche Ärzte behandelten auch nach der Verabschiedung der diskriminierenden Rassengesetze im September 1935 heimlich weiter ihre jüdischen Patienten, manche bis weit in den Krieg hinein.[40] In der Kriegszeit setzten sich Ärzte, die weiter mit Juden Kontakt hatten oder mit Jüdinnen verheiratet waren, bewußt den Verleumdungskampagnen des Regimes aus; sie liefen Gefahr, in ein Konzentrationslager eingeliefert zu werden. Ärzte, die das Risiko eingingen, »U-Booten« zu helfen – Juden, die nach Beginn der Todestransporte untergetaucht waren –, waren besonders bedroht. Es gab nur wenige solcher Ärzte, und ihre Namen sind in die Geschichte eingegangen: Josef Schunk, Walter Seitz, Theodor Brugsch und M. Helmy, alle aus Berlin, praktisch dem einzigen Ort im Nazireich, wo Juden erfolgreich versteckt werden konnten.[41] Doch Bruno Schulz und Leo Mager operierten von Rüdins berühmtem Münchener Institut aus, und man weiß von mindestens zwei »arischen« Ärzten, die in Auschwitz endeten, weil sie Juden halfen.[42]

Einige Mediziner hielten noch immer an den Idealen von Freiheit und Demokratie fest und verabscheuten die autoritären Strukturen, die ihnen von skrupellosen Hitleranhängern aufgezwungen wurden. Sie zeigten ihren Widerwillen, indem sie vom Regime Geächtete bevorzugt einstellten oder das nationalsozialistische Verbot ignorierten, mit ihren polnischen Bediensteten am selben Tisch zu essen.[43] Ein Arzt zerriß bei der Volksabstimmung von 1934 demonstrativ im Wahllokal seinen Wahlzettel, ein anderer kritisierte in der Öffentlichkeit die SA.[44] Während des Krieges gab es in Hamburg englandfreundliche junge Ärzte, die sich heimlich mit Gleichgesinnten trafen und über verbotene Bücher, »entartete Kunst« und immer wieder über den Größenwahn von Hitlers Feldzügen diskutierten. Sie tanzten mit regimekritischen Schauspielerinnen zu amerikanischem Swing die Nächte durch.[45] Unterdessen versteckte Dr. Vera Gaupp in der Hauptstadt flüchtige Verschwörer des 20. Juli.[46] Doch man konnte nicht vorsichtig genug sein. Erika Mann berichtet von einem Münchener Arzt, der sich in der Frühzeit des Regimes regelmäßig verächtlich über die Nazis äußerte; auch seine Frau, die mit Erika Mann eine Reise in die Schweiz machte, legte, was mögliche Folgen betraf, eine gefährliche Furchtlosigkeit an den Tag. Es dauerte nicht lange, bis der Arzt in Dachau landete, seine Frau ins Gefängnis kam und der kleine Sohn des Paares in ein Kinderheim der Partei gesteckt wurde.[47] Politische Kritik wurde am sichersten in Gestalt von Parabeln und Metaphern geübt. So machte es beispielsweise der bekannte Berliner Arzt Dr. Munk, als er im Sommer 1941 die Freiheit unter Herzog Karl Eugen von Württemberg, dem Landesherrn Friedrich Schillers, mit der unter dem NS-Regime gleichsetzte.[48]

Wenn manchmal behauptet wird, die deutschen Ärzte seien im Grunde unpolitisch gewesen, und wenn damit gemeint ist, daß sie eher naiv als mit kühlem Kopf agierten, dann lassen sich dafür zumindest einige Beispiele finden. Im September 1934 wurde der Landarzt Dr. Theodor Ensinger aus Haltingen bei Konstanz denunziert, weil er gesagt hatte, er sei zwar einmal von den Kommunisten eingesperrt worden, aber er zöge sie trotzdem immer noch den Nazis vor. Göring habe den Reichstag selbst angezündet, beim »Röhmputsch« sei es auch nicht gerade fein zugegangen und in den Konzentrationslagern herrschten grausame Zustände. Er könne nicht erkennen, daß der Nationalsozialismus auch nur den geringsten Fortschritt gebracht hätte, und obendrein dürfe niemand seine Meinung sagen. Der Landarzt hatte, vermutlich unter dem Einfluß von Alkohol, spontan seine Unzufriedenheit mit dem herrschenden politischen System zum Ausdruck gebracht, wie viele seiner Landsleute auch, ob sie nun ebenfalls Ärzte oder Straßenbahnfahrer oder Hersteller von Kerzenleuchtern waren.[49] Ein ähnliches Verhalten hätte den zeitweilig zum Kriegsdienst eingezogenen Gynäkologen Dr. Carlo Pietz aus Berlin fast das Leben gekostet, weil er von seiner früheren Gouvernante denunziert wurde. Er besuchte die alte Dame im Frühjahr 1943 in seinem Geburtsort Darmstadt und mußte feststellen, daß das Haus seines Vaters einem Bombenangriff zum Opfer gefallen war. In seiner Wut begann der Arzt, der 1940 der NSDAP und 1942 dem NS-Ärztebund beigetreten war, wild auf den Führer zu schimpfen. Hitler habe mit seinen Welteroberungsträumen den Tod von Millionen verschuldet, und man müsse ihn endlich loswerden. Pietz überlebte die Denunziation nur, weil sein Vorgesetzter bei der Wehrmacht Mitleid mit ihm hatte und die Gerichtsakten vernichtete. Die Empörung über einen persönlichen materiellen Verlust war kaum das richtige Motiv, sich derart offen und leichtsinnig politisch zu äußern.[50]

Bei einigen Ärzten entsprang die projüdische und antinationalsozialistische Einstellung einer tiefen christlichen Überzeugung, die ihre Haltung als Mediziner seit Jahren und manchmal seit Jahrzehnten geprägt hatte. Bei der Stadt beschäftigte Ärzte in Bayreuth wurden 1938 von der SS als widerspenstige Christen und Judenfreunde inhaftiert.[51] Dr. Otto Buchinger aus Witzenhausen, ein überzeugter Quäker, wurde wiederholt von der Partei belästigt, er war den Nazis wegen seiner Religiosität verdächtig und wurde von ihnen für einen heimlichen Semiten gehalten. Auf dem Höhepunkt des Krieges plante ein jüngerer nationalsozialistischer Kollege, Buchingers lukrative Praxis zu übernehmen. Doch zu Buchingers Glück stellte sich heraus, daß der junge Mann verrückt war.[52] Der österreichische Arzt Albert Niedermeyer, ein katholischer Gynäkologe mit drei Doktortiteln und ein strenger Verteidiger des ungeborenen Lebens, der im niederschlesischen Görlitz praktizierte, sprach sich mutig gegen die eugenische Politik der Nazis aus. Die lokale KVD entzog ihm die ärztliche Zulassung, und wenig später wurde er von der Gestapo abgeholt. 1938 saß er eine Haftstrafe im Konzentrationslager Sachsenhausen ab. Als er nach seiner Entlassung in Wien eine Praxis eröffnete, wurde er strikt überwacht und war ständigen Schikanen ausgesetzt.[53]

Viele deutsche Ärzte besannen sich bei ihrem Dienst in der Wehrmacht auf den hippokratischen Eid, auf religiöse Prinzipien und auf die Gebote menschlicher Anständigkeit, für sie waren wohl die Schrecken des Schützengrabens notwendig, um sie an das Wesentliche ihres Berufs zu erinnern.[54] Daß Wehrmachtsärzte die Wunden heilten, die sich Soldaten selbst zugefügt hatten, um dem Kriegsdienst zu entrinnen, und die Soldaten später deckten, ist eine Form des politischen Widerstands, die von edelsten medizinischen Erwägungen motiviert ist.[55] Es ist bekannt, daß Wehrmachtsärzte, insbesondere gegen Ende des Krieges, Atteste schrieben, durch die Soldaten vom Kriegsdienst befreit oder Wehrpflichtige nicht eingezogen wurden.[56] Der tiefreligiöse Freiburger Pathologe Franz Büchner sprach sich vor jungen Militärärzten auf Heimaturlaub vehement gegen die »Euthanasie« aus, und sie nahmen seine weisen Worte über die Verbrechen des Regimes begierig auf, was eine offene Parteinahme für den Professor und gegen die Nazis bedeutete.[57]

Dr. Alois Hauer, ein österreichischer Arzt, der 1942/43 bei der deutschen Besatzungsarmee in Norwegen diente, war als Gefängnisinspektor für gefangene norwegische Patrioten zuständig. Er tat, was er konnte, um sie vor den SS-Ärzten zu retten, indem er beispielsweise durch falsche Diphteriediagnosen Norweger vor der gefürchteten Deportation nach Deutschland rettete. Er unterstützte auch inhaftierte norwegische Kollegen, wenn sie ihren Mitgefangenen zu helfen suchten. »Er rettete vielen das Leben und die Gesundheit«, lautet das Urteil von Dr. Astrid Lange Ahlson, die Hauer damals kannte, »und er bewahrte sie vor Folter, Leid und Tod – nicht ohne sich selbst in Gefahr zu bringen.«[58] Zuletzt seien zwei Oberstabsärzte der Wehrmacht genannt, die Anfang Mai 1945 aus Mitleid mit den Bürgern von Regensburg die Stadt gegenüber den heranrückenden Amerikanern auf eigene Faust zu neutralem Gebiet erklärten, damit in dem drohenden Häuserkampf keine Zivilisten zu Schaden kämen. Sie mußten für ihre Humanität mit dem Leben bezahlen, als sie unmittelbar nach der mutigen Tat von fanatischen Nazis an Fahnenstangen aufgeknüpft wurden.[59]

4. Ein zweiter Blick auf das Problem der Motive

Angesichts dieser eindrucksvollen Beispiele für antinationalsozialistisch eingestellte Ärzte stellt sich die Frage, warum die Mehrheit der deutschen Ärzte sich politisch mit dem Dritten Reich identifizierte. Bevor das Problem der Motive genauer analysiert wird, soll noch einmal betont werden, daß das Verhalten der deutschen Ärzte kaum einmal ganz moralisch oder ganz unmoralisch, ganz schwarz oder ganz weiß gewesen ist, sondern daß verschiedene Grautöne dominierten. Manche Motive waren absolut selbstlos, andere von krasser Selbstsucht geprägt, und wieder andere waren gemischt, wobei sich das Verhältnis zwischen Selbstlosigkeit und Selbstsucht ständig änderte. Diese einschränkende Regel gilt nicht nur für die Anhänger des Regimes, sondern auch für seine aktiven Gegner oder für die Ärzte, die heute als Regimegegner gelten. Wer kann heute noch wissen und letztlich beurteilen, was genau in ihren Köpfen vorging? Wie ein scharfsinniger Beobachter Ende 1943 bemerkte, als der Krieg vielen schon als verloren galt, hatten die Ärzte im Dritten Reich wahrscheinlich mehr Bewegungs- und Meinungsfreiheit als andere Bürger, weil in ihren Händen letztlich auch das Leben der Tyrannen lag.[1] Aus diesem Grund müssen die von Ärzten geäußerten Bedenken oder ihre aktiven Widerstandshandlungen heute strenger beurteilt werden als beispielsweise die der Lehrer, die als Beamte und offizielle Vorbilder für die junge Generation bei offenem Widerstand ein wesentlich höheres Risiko eingegangen wären.[2] Auch sollte man nicht vergessen, daß Worte und Taten deutscher Ärzte heute wie Widerstand aussehen können, auch wenn es ihnen in ihrer besonderen Position damals eher um ihren beruflichen Status und ihre Standesprivilegien ging. Wenn es zutrifft, daß Dr. Fritz Gietzelts Hinrichtung 1944 verschoben wurde, weil prominente Leipziger Ärzte als Gruppe Protest erhoben hatten, dann waren diese vielleicht nicht nur humanitär, sondern auch durch einen kollektiven Egoismus motiviert. Das heißt, sie handelten auch, um den Ruf ihres Berufsstands zu schützen und aus einem Gefühl der ständischen Solidarität heraus.[3]

Entsprechend gemischt mögen auch die Motive jener Ärzte gewesen sein, die sich in irgendeiner Funktion der nationalsozialistischen Bewegung anschlossen oder ihr dienten. Sicherlich hatte eine beträchtliche Anzahl von ihnen idealistische und wirklich politische Gründe. So etwa der alte Hitleranhänger Dr. Kurt Klare, der schon bald auf der Gehaltsliste Gerhard Wagners stand, oder der unbekannte junge Arzt, der im Herbst 1933 in offenen Briefen an die Parteipresse bei seinen Kollegen für Hitler und dessen wunderbare Bewegung warb.[4] Einige Mediziner erlagen der ständigen Propaganda des Regimes, daß Ärzte Nationalsozialisten und Führer des Volkes sein *müßten.*[5] Viele jedoch handelten aus nackter Not politisch. Junge Ärzte, die eine Kassenpraxis eröffnen wollten, hatten kaum eine andere Wahl. Im Gefolge der neuen KVD-Kontrollen von 1933 wurden sie zu einer Art unfreiwilligem Opportunismus getrieben. Die KVD *verpflichtete* nämlich sämtliche Berufsmediziner, die auf ihren Wartelisten für die Zulassung standen, Belege für eine makellose nationalsozialistische Karriere vorzulegen; Antragsteller, die sich

Lorbeeren als »alte Kämpfer« erworben hatten, mußten bevorzugt behandelt werden.[6]

Die Fälle von Dr. Herbert Volkmar und Dr. Hanna Donnerberg dürften in dieser Beziehung repräsentativ sein. Volkmar hatte im November 1934 bei der Wiesbadener KVD-Stelle bereits einen Antrag auf Zulassung als Kassenarzt gestellt, als ein kränkelnder älterer Arzt beantragte, daß Volkmar seine Kassenpraxis übernehme. Nun schlug es zu Volkmars Vorteil aus, daß er seit 1933 in der SA und ein ordentliches Mitglied des NS-Ärztebunds war.[7] Ein einwandfreier Ruf als Nationalsozialist wurde selbst 1938 noch verlangt, als bereits Ärztemangel herrschte und die Mediziner vom Regime umworben wurden. In diesem Jahr befand die KVD, daß die zweiundvierzigjährige Dr. Hanna Donnerberg aus dem rheinland-pfälzischen Neuwied, die bis dahin eine Privatpraxis betrieben hatte, in der Hitler-Jugend nicht genügend Engagement gezeigt und sich auch sonst in keiner Parteiorganisation hervorgetan habe. Sie wurde als politisch unzuverlässig eingestuft und erhielt keine Kassenzulassung. Frau Donnerberg erhob gegen den Beschluß mit der Begründung Widerspruch, sie habe in der NS-Frauenschaft und in der Deutschen Arbeitsfront sowie in anderen Organisationen hervorragende Leistungen erbracht. Ihr Widerspruch wurde von einer höheren Instanz der KVD für berechtigt erklärt, als Beweise vorgelegt wurden, daß sie eine treue Naziaktivistin und nicht wie behauptet noch 1935 Stammkundin in jüdischen Geschäften gewesen war. Die Zulassung wurde nun sofort erteilt.[8]

Hinzu kam, daß etablierte nationalsozialistische Mediziner in der Frühzeit des Regimes, als viele junge Ärzte noch verzweifelt Arbeit suchten, ihre Praxen ganz oder auf Teilzeitbasis Kollegen übergaben, die eine Verbindung mit der Partei nachweisen konnten.[9] Der politische Faktor spielte eine noch größere Rolle, wenn Institutionen wie städtische oder private Kliniken junges oder leitendes Personal suchten.[10] Kein Wunder also, daß realistische Stellenjäger die Kunst perfektionierten, bei ihren Bewerbungen ihre Verdienste als Nationalsozialisten herauszustellen.[11] Er wolle gern Betriebsarzt werden, denn die Bezahlung sei gar nicht schlecht, schrieb ein frischgebackener Doktor der Medizin im November

1936. Doch er wisse nicht, ob er genommen werde, da er nicht den bevorzugten Status eines »alten Kämpfers« vorzuweisen habe.[12]

Ärzte, die sich um eine Stelle in öffentlich verwalteten Institutionen oder Regierungseinrichtungen bewarben, wurden einer genauen politischen Überprüfung unterzogen, die beträchtliche Zeit in Anspruch nehmen konnte. Typisch ist der in der Einleitung erwähnte Fall von Dr. Hans Joachim Sewering. Bevor dieser im Sommer 1942 seinen Posten als Tuberkulosespezialist in Schönbrunn antreten konnte, wurde von der NS-Gauleitung in Übereinstimmung mit den Bestimmungen ein politisches »Gesundheitszeugnis« angefordert. Die Antwort lautete, daß Sewering 1933 der SS und 1934 der NSDAP beigetreten sei und sich gegenwärtig im Fronteinsatz befinde. Trotzdem war das Urteil nicht eindeutig. Es spreche nichts gegen den Arzt, stand da in sauberer Schreibmaschinenschrift, und es bestünden weder politische noch soziale Bedenken. Handschriftlich aber war hinzugefügt, daß Sewering bisher kein Interesse an der Ortsgruppe der Partei, also an der nationalsozialistischen Bewegung, gezeigt habe. Dieser Satz hätte dem Arzt schaden können, hat aber, wie wir gesehen haben, seine Karriere nicht beeinträchtigt.[13]

Es gab Wege, persönliche Verbindungen für einen skrupellosen Karrierismus zu nutzen, die über nominelle Mitgliedschaften und eidesstattliche Erklärungen hinausgingen und mit dem kaum verborgenen System von Pfründen und Korruption durchaus im Einklang standen, das während der NS-Herrschaft eine große Rolle spielte.[14] Ein Gynäkologe im oberbayerischen Murnau hatte beispielsweise keine Bedenken, den lokalen Bürgermeister um einen lukrativen Posten im Krankenhaus zu bitten, weil er schon seit vielen Jahren Parteigenosse sei.[15] In anderer Hinsicht erinnern solche Verhaltensweisen jedoch auch an Protektion und Einflußnahme im Rahmen von Sozialstrukturen, die man eher mit vornazistischen Traditionen und insbesondere mit der Protektion durch ehemalige Kommilitonen in Verbindung bringt. Dies weist abermals auf die eigentümliche Verknüpfung von reaktionärer Interessenwahrung und neuem politischem Ehrgeiz hin, die die alten sozialen Eliten, wenn auch nur locker, mit den neuen Maklern der Macht verband, weil zeitweilig beide Seiten davon profitierten. War sich Hans Pfundtner, Staatssekretär im Innenministerium und Vertrauter von Conti und Frick, deshalb keiner Schuld bewußt, als er sein Amt nutzte, um jüngere Mitglieder seiner alten Stundentenverbindung zu begünstigen – allesamt Ärzte, die schnell Karriere machen und befördert werden wollten?[16]

Tatsächlich kann der politische Kompromiß der Ärzte im Dritten Reich noch weitere Dimensionen gehabt haben, die heute nicht leicht zu interpretieren sind, denn der von der NS-Bewegung ausgeübte Druck war so vielfältig, subtil und komplex, daß er manchmal nicht nur verwirrend, sondern geradezu paradox erschien.[17] Wie zum Beispiel ist es zu bewerten, daß die Ärzte in der Frühzeit des Regimes zwar ständig ermahnt wurden, sich der Bewegung anzuschließen, die neuen Nazis aber zugleich öffentlich herabgesetzt wurden? So verkündete beispielsweise einer von Wagners Funktionären, in der Politik sei es leicht, sich anzupassen. Man brauche nur den schwarzen Frack gegen ein Braunhemd einzutauschen, und die Sache sei erledigt.[18] Die Parteimitglieder wurden zwar allgemein ermuntert, sich als Patienten von Mitgliedern des NS-Ärztebunds in ihrer Region behandeln zu lassen und viele Ärzte traten zugegebenermaßen in die NSDAP ein, weil dies gute Geschäfte verhieß, zugleich aber wurden Ärzte der Bewegung in manchen staatlichen Krankenhäusern noch immer diskriminiert.[19] Und wie verhält es sich mit der nach dem Zweiten Weltkrieg häufig geäußerten Behauptung, man sei der Partei nur beigetreten, weil alle anderen es auch taten, ohne innere Überzeugung? Und darf man der von anderen gemachten Versicherung glauben, die Ärzte seien nur durch die Uniform in die Bewegung gelockt worden, nie jedoch durch die Lehren des Nationalsozialismus?[20] War es nicht ungewöhnlich, daß ein bekannter Kritiker des Regimes, als er seine Arbeit bei der staatlichen Gesundheitsverwaltung aufgeben wollte, gedrängt wurde, in die Partei zu gehen, damit er weiterhin Arbeit fände, während ein anderer Arzt, der unbedingt der NSDAP dienen wollte, aus der Partei ausgeschlossen wurde, weil sein Vater in der SPD gewesen war?[21] Und wie paßte es zusammen, daß jeder nationalsozialistische Blockwart einen Arzt bedrängen konnte, der NSDAP beizutreten, während gleichzeitig betont wurde, daß ein Arzt in der Partei, der eines Kunstfehlers angeklagt wurde, eine härtere Behandlung zu erwarten hatte als ein politisch abstinenter Arzt?[22]

Auch wenn die verwirrenden Teile dieses Puzzles auf diesen Seiten nicht zusammengefügt werden können, sollte noch eine letzte verbleibende Möglichkeit erörtert werden. Sie lautet, daß Mediziner sich der NS-Bewegung anschlossen, um von innen her Widerstand gegen das System zu leisten. Das klassische Drama vom Trojanischen Pferd, das in der Geschichte des Dritten Reichs angeblich mehrmals aufgeführt wurde, zum Beispiel von Wolfram Sievers und Kurt Gerstein in der SS. Doch Sievers war ein Lügner, und Gerstein machte sich höchstwahrscheinlich etwas vor. Das Potential für eine vorsätzliche Kombination von Spionage und Sabotage innerhalb irgendeines Apparats des Regimes nach 1933 war immer äußerst gering.[23] Kein einziger Arzt schloß sich mit dem ausdrücklichen Ziel, die Diktatur zu stürzen[24] oder auch nur einen mäßigenden Einfluß auszuüben, einer NS-Organisation an, auch wenn manche das Gegenteil behauptet haben.[25] Der von Lifton eindrücklich geschilderte Fall des Chefarztes von Auschwitz, Eduard Wirths, ist eine überzeugende Bestätigung für diese These.[26]

Derartige Legenden haben neue Nahrung erhalten, als die Geschichte vom selbstlosen Widerstand eines nominellen Kollaborateurs des Hitlerregimes breit publiziert wurde. Valentin Senger, ein Jude, der die Hitlerära in seiner Heimatstadt Frankfurt überlebte, gibt einen herzergreifenden Bericht über Dr. Kurt Hanf-Dressler, einen Gastroenterologen, der am Bittersdorfplatz angeblich seinen Beruf in SA-Uniform ausübte. Senger erzählt, daß der Arzt einige Monate vor dem Krieg seine Beschneidung übersehen und ihn erfolgreich wegen Magenkrämpfen behandelt habe.[27] Wie Senger weiter schreibt, habe er Jahre später erfahren, daß der gute Doktor seinen Rang in der »Reiter-SA« genutzt habe, um einer Vielzahl von Juden zu helfen und sich sogar in ihren Verstecken um sie gekümmert habe.[28] Hanf-Dressler mag durchaus ein Held gewesen sein und den Juden geholfen haben. Er gehört dann zu den furchtlosen Männern und Frauen, die die Israelis »Gerechte unter den Völkern« nennen. Doch die Sache mit der SA ist offensichtlich eine

Erfindung, denn Hanf-Dresslers Akten bei der RÄK beweisen, daß er niemals Mitglied irgendeiner Naziorganisation wurde.[29]

Trotzdem läßt der Fall Hanf-Dressler es plausibel erscheinen, daß einigen Ärzten nach ihrem Eintritt in das NS-System die Augen aufgingen und sie ihr Bestes taten, um es zu zerstören. Auch hier gilt es jedoch die Spreu vom Weizen zu trennen werden. So hatte etwa der Rostocker Radiologe Dr. L. einen jüdischen Schwager, und er hatte vor 1933 Verbindungen zur SPD gehabt. L. schloß sich 1940 der NSDAP an, machte jedoch ständig abfällige Bemerkungen über das Dritte Reich und kritisierte beispielsweise öffentlich die Radioreden des Führers. Seine Parteigenossen hielten ihn für einen Kosmopoliten und für unzuverlässig.[30] Aber wurde dieser Mann von der Partei als Wolf im Schafspelz betrachtet? Wegen seines für einen Nazi ungewöhnlichen politischen Werdegangs und seines periodischen Herumnörgelns kann er jedenfalls kaum mit denjenigen auf eine Stufe gestellt werden, die gegen das Regime systematisch oder auch nur gelegentlich Widerstand leisteten.

Es gab Personen, die die NS-Herrschaft von innen heraus bekämpften, aber es läßt sich nicht mehr sicher feststellen, ob sie dies nur aufgrund gelegentlicher Gewissensbisse taten oder wirklich wie echte Doppelagenten arbeiteten. Ersteres ist wahrscheinlicher. Hochrangige Gesundheitsfunktionäre in Würzburg und Hamburg verzichteten darauf, judenfreundliche Kollegen zu melden, und kümmerten sich um Sozialdemokraten, als diese aus dem Konzentrationslager entlassen wurden.[31] Die Ärzte Kurt Gauger und Curt Thomalla machten durch die Mitwirkung an Propagandafilmen Karriere, bewahrten jedoch die ganze Zeit ein wirklich freundschaftliches Verhältnis zu ihren kritischeren Kollegen; Gauger soll sogar vielen Verfolgten geholfen haben.[32] Der Psychiater Dr. Karsten Jaspersen, NSDAP-Mitglied seit 1931, bekam Gewissensbisse wegen des »Euthanasie«-Programms, an dem er beteiligt war, und intervenierte 1940 zusammen mit dem Münsteraner Bischof Graf von Galen und sogar gemeinsam mit Martin Borman dagegen – ohne Erfolg.[33]

Manche wagten sogar noch mehr und gingen noch größere Risiken ein. Die Chronik ihrer edlen Taten überspannt praktisch die gesamte Geschichte des Dritten Reichs. Als der bayerische Adlige Erwein von Aretin 1933 in einer Münchener Gefängniszelle saß, untersuchte ihn der junge SS-Arzt Dr. Meixner sehr sorgfältig und bewahrte ihn mit einem geeigneten Attest vor dem Konzentrationslager Dachau.[34] Im August desselben Jahres beschwerte sich ein nationalsozialistischer Arzt über die schlimme Behandlung, die einem Opfer des Regimes in den Straßen von Wuppertal zuteil geworden war, und wurde daraufhin selbst inhaftiert. Dr. Werner Kirchert, der Adjutant des SS-Arztes Ernst Robert Grawitz, verweigerte jede Beteiligung an den im Herbst 1939 beginnenden »Gnadentod«-Aktionen und begründete seine Weigerung mit großer Schärfe.[36] Im Konzentrationslager Flossenbürg war Dr. Baader als der einzig humane Arzt unter den dortigen SS-Ärzten bekannt. Er unterlief Befehle und verhinderte Folterungen und Morde, bis es ihm gelang, sich im Sommer 1940 aus dem Lager an die Front versetzen zu lassen.[37] Lifton erzählt die unglaubliche Geschichte des SS-Arztes »Dr. B.« (sein wirklicher Name war Dr. Münch, der einzige Arzt aus einem Todeslager, der in den Prozessen nach dem Krieg freigesprochen wurde). »Dr. B.« beteiligte sich nie an den Selektionen für die Gaskammer an der Rampe in Auschwitz und versuchte, den Häftlingen zu helfen, so gut er konnte.[38]

Das tragische Schicksal eines pommerschen Chefarztes, über das erst spät Einzelheiten bekannt wurden, mag für das humane Verhalten weiterer regimetreuer deutscher Ärzte stehen, die ähnlich handelten, aber nicht überlebten, um darüber zu berichten. Der hier genannte Chefarzt weigerte sich, einen jüdischen Kollegen aus seinem Krankenhaus zu entlassen. Er wurde vor ein Parteigericht gestellt und verlor seinen Posten. Der jüdische Arzt beging Selbstmord, als seine Deportation unmittelbar bevorstand. Sein früherer Chef kam später bei einem Luftangriff ums Leben.[39]

KAPITEL 3

Das Dilemma der Ärztinnen

1. Demographische Trends und Tendenzen

Zwischen 1933 und 1945 stieg der Anteil der Frauen an der deutschen Ärzteschaft beträchtlich. Damit setzte sich ein Trend fort, der bereits vor der Weimarer Republik begonnen hatte, nachdem den Frauen das Recht zugestanden worden war, approbierte Ärztinnen zu werden.[1] 1907 waren nur gut 0,5 Prozent der deutschen Ärzteschaft Frauen, und diese Ärztinnen hatten ihr Staatsexamen im Ausland abgelegt, denn in Deutschland wurden Frauen erst ab 1908 zu Prüfungen im Fach Medizin zugelassen. Bis 1925 stieg der Anteil der Ärztinnen dann auf über 5 Prozent. Da ihre männlichen Kollegen weibliche Konkurrenz jedoch nicht schätzten und sicher auch fürchteten, führten ihre Verbände gegen Ende der Weimarer Republik einen Numerus clausus für Frauen ein, indem sie bei der Kontingentierung der künftigen Arztstellen nur fünf Prozent den Frauen überließen.[2] Doch da von dieser Maßnahme nur die Medizinstudentinnen in den ersten Semestern betroffen waren, stieg der Anteil der Ärztinnen weiter: 1932 betrug er 6,5 Prozent, 1937 dann 7,9 Prozent, 1939 bereits 9,8 Prozent und 1942 schließlich 12,4 Prozent.[3] Wie hoch ihr Anteil in den Jahren 1944 und 1945 war, ist nach wie vor ungewiß, doch von 1936 bis zum Ende des Dritten Reichs waren ungefähr 17 Prozent der bei der Reichsärztekammer registrierten Ärzte Frauen.[4]

Gegen Ende des Krieges waren nach Aussagen eines führenden Ärztekammerfunktionärs alle bestallten Ärztinnen, bis auf sehr wenige Ausnahmen, in das nationale Gesundheitssystem eingebunden.[5] Das war nicht immer so gewesen, denn, wie später noch näher ausgeführt werden wird, übten viele Ärztinnen ihren Beruf erst aus, als sie während des Krieges dazu gedrängt wurden. Von den erwähnten 17 Prozent war daher sicher nur ein Teil berufstätig. Nach 1935 hatten nur 17,4 Prozent aller Ärztinnen (aber 45,1 Prozent ihrer männlichen Kollegen) eine Kassenzulassung. Die restlichen 82,6 Prozent übten ihren Beruf entweder ohne diese Sicherheit aus oder waren arbeitslos. Ihre Sonderstellung verdeutlicht auch die Tatsache, daß von den 44,9 Prozent ihrer männlichen Kollegen, die keine Kassenzulassung hatten, kaum einer arbeitslos war.[6]

Tabelle 3.1, die sich auf eine der zwei noch erhaltenen RÄK-Erhebungen stützt, zeigt, daß von den zwischen 1936 und 1945 bei der Reichsärztekammer registrierten Ärztinnen, die 1918 oder davor approbierten, damals nur knapp 5 Prozent des ärztlichen Nachwuchses ausmachten. Während der Weimarer Republik nahm der Anteil der approbierten weiblichen Ärzte zwar zu, doch natürlich übten viele ihren Beruf gar nicht aus. Nach der Heirat mit einem Ernährer, bei dem es sich häufig um einen Arzt handelte, blieben sie in der Regel zu Hause. Das änderte sich erst in der zweiten Hälfte des Dritten Reichs, in der der Anteil der Frauen am approbierten ärztlichen Nachwuchs mehr als ein Viertel betrug. In den frühen vierziger Jahren kamen im Fach Medizin auf sechsundzwanzig weibliche Hochschulabgänger vierundsiebzig männliche, die in der Regel sofort zu arbeiten begannen.[7]

Eine leitende Ärztin schrieb 1939, daß die Kassenzulassung für die meisten Ärztinnen aus wirtschaftlichen Gründen von entscheidender Bedeutung sei.[8] Doch bezeichnenderweise erhielten die Jungärztinnen viel seltener die Möglichkeit, sich selbständig zu machen, als die männlichen Berufsanfänger. Waren sie vor der Weimarer Republik noch beinahe gleichberechtigt gewesen (weil sie in dieser Zeit noch ein Kuriosum waren und weil ihre männlichen Kollegen Zeit brauchten, um sich überzeugende Argumente gegen sie zurechtzulegen), so sahen sie sich während der zwanziger Jahre nach dem Staatsexamen mit massiven Hindernissen konfrontiert. Diese Entwicklung setzte sich im Dritten Reich fort. Wie Tabelle 3.2 zeigt, waren die Chancen eines Jungarztes, sich als Kassenarzt niederzulassen, seinerzeit beinahe doppelt so groß wie die seiner weiblichen Konkurrentin.[9] Typisch ist der Fall der Allgemeinmedizinerin Dr. Margot Gressler, die im März 1939 im thüringischen

Ohrdruf eine eigene Praxis eröffnen wollte und unmittelbar vor dem Krieg gegen ihren Willen von der KVD dienstverpflichtet wurde. Da die Kassenzulassungsgremien Dr. Gresslers Argument, daß das ungefähr achttausend Einwohner zählende Ohrdruf dringend eine praktische Ärzt*in* benötige, weil es dort schon drei praktische Ärzte gab, nicht gelten ließen, mußte sie weiterhin als angestellte Ärztin arbeiten.[10]

Die Diskriminierung der Ärztinnen während der ganzen Nazizeit läßt sich mit absoluten Zahlen belegen. 1932 befanden sich 21,8 Prozent aller Ärztinnen in einem Angestelltenverhältnis; 1935 waren es 24,1 Prozent und 1939 bereits 41,4 Prozent. 1942 waren schließlich 54,6 Prozent, nämlich 5146 Ärztinnen, Gehaltsempfängerinnen.[11] 3453 von ihnen arbeiteten in Krankenhäusern und Kliniken, und ungefähr 700 als von der KDV eingesetzte Hilfskassenärztinnen;[12] die übrigen hatten Stellen in der Pharma-Industrie oder in nationalsozialistischen Einrichtungen wie der NSV oder waren als Betriebsärztinnen in den Fabriken tätig.[13] Die selbständigen Ärztinnen mit eigenen Praxen konnten froh sein, daß ein Plan vom September 1941, sie durch Assistenzärzte aus den Krankenhäusern des Reichs zu ersetzen, nie verwirklicht wurde.[14]

Die Ärztinnen wurden nicht nur bei der Vergabe der Kassenzulassungen benachteiligt, die die Voraussetzung für berufliche (und wirtschaftliche) Unabhängigkeit waren, sie hatten es auch viel schwerer als ihre männlichen Kollegen, wenn sie sich spezialisieren wollten. Doch mit der zunehmenden Akzeptanz weiblicher Ärzte verbesserten sich die Aussichten der Frauen auf eine erfolgreiche Facharztkarriere. Von den 1936 und danach bei der RÄK registrierten Fachärztinnen hatten diejenigen, die ihr Staatsexamen vor 1918 abgelegt hatten, noch eine kleine Minderheit von 5 Prozent gebildet. In der Weimarer Zeit erhöhte sich der Anteil weiblicher Spezialisten jedoch kontinuierlich. In den ersten sechs Jahren des Dritten Reichs betrug er immerhin schon 19 Prozent (siehe Tabelle 3.3).[15] Der Anteil der Allgemeinmedizinerinnen stieg im selben Zeitraum allerdings wesentlich schneller, nämlich von 4,6 auf über 27 Prozent (siehe Tabelle 3.4).[16] Doch da viele approbierte Ärztinnen ihren Beruf gar nicht ausübten, war die Zahl der praktizierenden Ärztinnen viel niedriger. So betrug der Anteil der erwerbstätigen weiblichen Fachärzte an allen registrierten Fachärzten im Januar 1937 nur 5,5 Prozent und ein Jahr später 5,6 Prozent.[17]

Obwohl das Verhältnis zwischen den Allgemeinmedizinern und den Spezialisten bei den Frauen wie bei den Männern ungefähr 2 zu 1 war,[18] wurden Ärztinnen, die sich spezialisieren wollten, größtenteils auf »frauenspezifische Fachgebiete« verwiesen. Doch auch das änderte sich mit der Zeit. Die Kinderheilkunde, für das sich die meisten Ärztinnen entschieden und das in der nationalsozialistischen Propaganda ausdrücklich den Frauen zugestanden wurde,[19] wurde nach 1932 allmählich von weniger »weiblichen Fachgebieten« zurückgedrängt: 1930 spezialisierten sich noch 45,7 Prozent der Ärztinnen auf die Kinderheilkunde. 1932 sank dieser Anteil auf 44,1 Prozent, 1935 auf 43,3 Prozent und 1937 auf 42,4 Prozent. 1938 entschieden sich nur noch sechsundzwanzig Frauen, beziehungsweise 37,1 Prozent der angehenden Fachärztinnen, für die Kinderheilkunde. Trotzdem waren natürlich immer noch 42,6 Prozent aller Kinderärzte Frauen.[20]

Die Frauenheilkunde erfreute sich bei den Ärztinnen ebenfalls großer Beliebtheit, doch auch auf diesem »frauenspezifischen Fachgebiet« verringerte sich ihr Anteil von 14,5 Prozent im Jahre 1930 auf 14 Prozent im Jahre 1937.[21] Dr. Agnes Bluhm, die nach einem Medizinstudium in Zürich zu den ersten drei Ärztinnen in Deutschland gehörte, als sie 1890 in Berlin eine eigene Praxis eröffnete, hatte die Gynäkologie bei den deutschen Frauen populär gemacht. Sie wandte sich schon früh der eugenischen Lehre zu, die damals von Alfred Ploetz und später von dessen Schüler Fritz Lenz verbreitet wurde, und verknüpfte Themen aus dem Bereich der Frauenheilkunde und der Geburtshilfe mit sozialdarwinistischen Ideen, auf die sich die Nazis später beriefen, als sie die Gynäkologie zu einem »artgemäßen« Betätigungsfeld für Frauen erklärten.[22]

Im Dritten Reich spezialisierten sich immer mehr Ärztinnen auf andere Fachgebiete wie die innere Medizin, die Dermatologie und die Ohren- oder Augenheilkunde. Ab 1937 gab es nicht nur weibliche Spezialisten auf dem Gebiet der Orthopädie, sondern sogar auf dem der Urologie. Angesichts dieser Entwicklung konnte man den Eindruck gewinnen, daß es den Ärztinnen gelungen war, in traditionelle Männerdomänen vorzudringen.[23] Vor dem Krieg lehrten sogar einige Frauen an den medizinischen Fakultäten.[24] Doch der Rückgang des Frauenanteils im traditionellen »Männerfach« Chirurgie von 2 Prozent im Jahr 1930 auf 1,6 Prozent im Jahr 1937 relativiert die kleinen Fortschritte, die die Ärztinnen zwischen 1930 und 1939 in anderen Fachbereichen erzielten.[25]

Dieser Rückgang entsprach der völkischen Vorstellung der Nazis, daß die Chirurgie die besonderen Eigenschaften des deutschen Mannes verlange,[26] was auch das entscheidende Kriterium in ihrem allgemeinen Urteil über weibliche Ärzte war. In den medizinischen Fakultäten teilte man die Auffassung von Dr. Roderich von Ungern-Sternberg, daß es im Dritten Reich keine weiblichen Chirurgen oder Chefärzte mehr geben könne.[27] Selbst Medizinerinnen, die der Meinung waren, daß weibliche Patienten sich lieber von weiblichen Ärzten behandeln lassen sollten, wie die sonst so kämpferische Mathilde Kelchner, schienen das zu akzeptieren.[28] Im Dritten Reich spezialisierten sich Chirurginnen vermutlich auf Bereiche wie die plastische Chirurgie, in denen die körperliche Belastung relativ gering war. Doch wie hoch der Frauenanteil dort war, wurde noch nicht näher untersucht.[29]

Der berufliche Werdegang einer Fachärztin hing oft vom Zeitpunkt ihrer Approbation ab. Wegen des zunehmenden Trends zum Angestelltenverhältnis bei den Ärzten und insbesondere bei den Ärztinnen war es vor dem Beginn des Zweiten Weltkriegs in der Regel leichter, eine Facharztpraxis zu eröffnen und die Kassenzulassung zu erhalten, als danach. Die 1894 geborene Bertha Essig ließ sich 1932 als praktische Ärztin nieder und spezialisierte sich dreieinhalb Jahre später auf Kinderheilkunde. Ihre sechzehn Jahre jüngere Kollegin Charlotte Geisler erhielt 1943 nach dem Abschluß ihrer Ausbildung zur Kinderärztin in einem Schwabinger Krankenhaus keine Kassenzulassung und damit keine Chance, sich selbständig zu machen, sie mußte als Aushilfs-Assistenzärztin in diesem Krankenhaus bleiben.[30] Ähnlich wie die Karriere von Bertha Essig verlief die der 1904 geborenen Susanne Bergk, die sich 1937 als praktische Ärztin und Neurologin niederließ. Der Lungenspezialistin Edith Wermter und der Internistin Gertrud Daniel erging es dagegen ähnlich wie Charlotte Geisler. Die 1909 geborene Edith Wermter erhielt 1940 ihre Approbation und war danach Assistenzärztin in einer ostpreußischen Einrichtung für tuberkulöse Kinder. Die ein Jahr ältere Gertrud Daniel wurde erst 1944 approbiert und hatte danach keine andere Möglichkeit, als aushilfsweise als Oberärztin in einer Privatklinik zu arbeiten.[31] Weder Wermter noch Daniel sind Beispiele für Ärztinnen, die das Maximum an beruflicher Emanzipation erreichten.

2. Heirat, Mutterschaft und emanzipatorischer Kampfgeist

Nach der völkischen Lehre, die später zur offiziellen nationalsozialistischen Ideologie erhoben wurde, sollte die deutsche Frau nicht studieren und anschließend einem akademischen Beruf nachgehen, sondern heiraten, zu Hause bleiben und Kinder bekommen. Die Berufstätigkeit beider Ehepartner, das sogenannte Doppelverdienertum, war den Nazis ein Dorn im Auge.[1]

Die nationalsozialistische Medizinalverwaltung erschwerte es den Ärztinnen systematisch, ihren Beruf auszuüben, vor allem den verheirateten. Im ersten Jahr des Hitler-Regimes wurden freie Klinikstellen vorzugsweise mit unverheirateten Jungärzten besetzt, eine Politik, die die verheirateten Ärztinnen besonders stark benachteiligte.[2] Zwischen 1930 und 1937 stieg der Anteil der nicht praktizierenden Ärztinnen an der weiblichen Ärzteschaft von 4,8 auf 17 Prozent, und 1939 betrug er bereits 25,7 Prozent; fast alle dieser nicht berufstätigen Ärztinnen waren verheiratet.[3] Doch diese Zahlen werden von zwei wichtigen Faktoren relativiert, die in diesen Statistiken nicht berücksichtigt sind. Vor 1936 war der Anteil der nicht berufstätigen Ärztinnen in Wirklichkeit höher, denn vor der Einrichtung der Reichsärztekammer in diesem Jahr mußten Ärztinnen, die nicht arbeiteten, sich bei keiner Behörde registrieren lassen. Außerdem sind in den Statistiken für 1933 bis 1935 auch jüdische Ärztinnen erfaßt, die damals gezwungen wurden, ihren

Beruf aufzugeben.[4] 1939, kurz vor dem Krieg, war gut die Hälfte aller verheirateten deutschen Ärztinnen nicht erwerbstätig.[5] Doch bereits 1938, als es selbst für eine unverheiratete Ärztin noch schwierig war, sich als Kassenärztin niederzulassen, besonders im Vergleich zu einem verheirateten Arzt,[6] begann dieser Trend sich wieder umzukehren. Durch die »Ausschaltung« jüdischer Ärztinnen und Ärzte und die allgemeine Mobilmachung entstand damals im Reich ein Ärztemangel, so daß allmählich selbst verheiratete Ärztinnen in den Kliniken und Gesundheitsbehörden beschäftigt wurden, wenn auch in niedrigeren Positionen als ihre männlichen Kollegen.[7] Von 1939 bis 1942 sank der Anteil der beschäftigungslosen Ärztinnen von 25,7 auf 22,0 Prozent.[8]

Doch vor diesem Umschwung mußten die verheirateten Ärztinnen, die eine Kassenzulassung hatten, die Demütigung hinnehmen, daß sie, zumindest formal, von der Liste der deutschen Kassenärzte gestrichen wurden. Das geschah im Zuge einer voreiligen frauenfeindlichen Kampagne des Reichsärzteführers Gerhard Wagner, der im Dezember 1933 öffentlich die Absicht der NSDAP verkündete, durch die Einführung von Zulassungsbeschränkungen für Frauen an den medizinischen Fakultäten das Land allmählich von allen weiblichen Ärzten zu befreien. Und einen Monat später kündigte er eine neue Kassenzulassungordnung an, nach der verheirateten Ärztinnen die Kassenzulassung entzogen (beziehungsweise ein Antrag auf diese abgelehnt) werden sollte, sofern ihre Einkünfte zur Sicherung des Lebensunterhalts der Familie nicht erforderlich schienen.[9] Doch aus verschiedenen Gründen, unter anderem weil Dr. Lea Thimm, die Sprecherin der weiblichen Ärzteschaft, vehement Protest einlegte und weil das Überangebot an Ärzten bereits zu schrumpfen begann, kostete Wagners neue Kassenzulassungsordnung, die 1939 theoretisch zwar noch Gültigkeit besaß, aber praktisch nur noch ein Stück Papier war, letztlich nur ungefähr 115 verheiratete Ärztinnen die Kassenzulassung.[10]

Die frauenfeindlichen Ärzte argumentierten, die Berufstätigkeit hindere verheiratete Ärztinnen an der Erfüllung ihrer obersten nationalsozialistischen Pflicht, eine angemessene Zahl von Kindern zu gebären und großzuziehen. Dr. Friedrich Bartels, ein fanatischer ehemaliger Freikorps-Kämpfer, der schließlich zum Stellvertreter von Reichsärzteführer Wagner ernannt werden sollte, erklärte 1933, er räume zwar ein, daß praktizierende Ärztinnen eine soziale Aufgabe erfüllten, doch die verheiratete Frau, die arbeitende Mutter, müsse unbedingt wieder in die Familie integriert werden.[11] Sein Gesinnungsgenosse Carl Haedenkamp vertrat ein Jahr später die Auffassung, verheiratete Ärztinnen sollten sich ihren Pflichten als Ehefrauen und Mütter widmen und den Kampf ums Überleben ihren Männern überlassen.[12] 1938/39 legte Dr. Gerd Hegemann von der Universität Münster dar, daß Ärztinnen in der Regel später heirateten als andere Frauen. Da sich dadurch ihre fruchtbare Zeit verkürze, sei die Zahl der von ihnen zu erwartenden Kinder im Durchschnitt unbefriedigend. Der Gynäkologieprofessor Ernst Bach, der höchste Medizinalbeamte im Reichserziehungsministerium, fand Hegemanns Ausführungen sehr überzeugend.[13] Doch die Ärzte, die ihre weiblichen Kollegen an die Wand drängen wollten, argumentierten unfair. 1933 hatte Dr. Charlotte Graetz-Menzel vom Hygiene-Institut der Münchner Universität in einer wissenschaftlichen Abhandlung ein repräsentatives Sample von Medizinerinnen der Weimarer Republik analysiert und errechnet, daß 41,2 Prozent der verheirateten Ärztinnen kinderlos geblieben waren.[14] Ungefähr zwei Jahre später benutzte Dr. Julius Hadrich aus Gerhard Wagners Stab dieses Ergebnis als Argument gegen die Ärztinnen, indem er erklärte, Dr. »Grisetz-Menzel« habe bewiesen, daß ein großer Teil von ihnen nicht Mutter geworden sei.[15] Hätte Hadrich die Absicht gehabt, die verheirateten Ärztinnen zu verteidigen, dann hätte er sich auf eine Statistik von 1933 berufen können, nach der 46,4 Prozent aller damals berufstätigen Frauen Berlins kinderlos waren – ein deutlich höherer Anteil als bei den Ärztinnen.[16] Anfang 1936 veröffentlichte die Frauenzeitschrift *Die Frau* Statistiken, nach denen 70 Prozent aller verheirateten Ärztinnen Mütter waren.[17] Während des Krieges, als die Ärztinnen wußten, daß sie gebraucht wurden, machten die verheirateten es sich zum Prinzip, die Geburt jedes neuen Kindes öffentlich bekanntzugeben.[18]

Die Ärztinnen, ob sie nun verheiratet waren und Kinder hatten oder nicht, verteidigten weiterhin auf unterschiedliche Weise ihren

Platz in der Medizin gegen die männliche Übermacht in der Ärzteschaft. In den Debatten über die Rolle der Ärztin in der deutschen Gesellschaft vertraten sie mehr oder weniger konsequent drei verschiedene Ansätze: 1. den unterwürfigen Mütterlichkeitsansatz, 2. den neutralen Gleichberechtigungsansatz und 3. den militanten antipatriarchalen Ansatz. Die Ärztinnen aller drei Fraktionen hatten untergeordnete Positionen in diversen sozialen und medizinischen Einrichtungen des Nazistaates inne.

Diejenigen, die den ersten Ansatz vertraten, konnten sich auf den spezifisch nationalsozialistischen Grundsatz berufen, daß in der deutschen Gesellschaft die Mutterschaft die Quintessenz des Frauentums war.[19] Erna Orlopp-Pleick, eine 1894 geborene, verheiratete Gynäkologin, die als beratende Ärztin im BDM tätig war, erklärte 1936, daß sie als Vorstandsmitglied des Bundes deutscher Ärztinnen (BDÄ) in Ostpreußen bereits im November 1933 dafür gesorgt habe, daß einige Ärztinnen zum Reichsmütterdienst des Deutschen Frauenwerks entsandt wurden, denn sie und ihre Kolleginnen hätten erkannt, daß dort besondere Bedürfnisse bestanden, um die sich weibliche Ärzte kümmern sollten.[20] Die Reichsmütterdienstfunktionärin Erna Röpke schloß sich Orlopp-Pleicks Auffassung an, als sie im selben Jahr in Berlin vor einer Versammlung von Ärztinnen erklärte, die Betreuung und Schulung der Mütter im Dritten Reich sei die spezielle Aufgabe *verheirateter* Ärztinnen.[21] Diese Überzeugung vertrat keine zwölf Monate später auch die Berliner Medizinstudentin Ursula Romann, die einen Posten in der Reichsstudentenführung innehatte und kurz vor der Heirat stand.[22] Edith von Lölhöffel, eine Sportärztin mit vier Kindern, resümierte 1939, daß von allen akademischen Berufen für Frauen der der Ärztin der weiblichste und mütterlichste sei. Die Ärztin müsse sich in der großen Volksgemeinschaft genau denselben Aufgaben widmen, die jede Frau zu Hause im Kreise ihrer Familie zu erfüllen habe.[23] Diesen Standpunkt vertraten Repräsentantinnen der weiblichen Ärzteschaft auch während des Krieges, allerdings etwas weniger enthusiastisch, da das Thema inzwischen zweitrangig geworden war.[24]

Der Gleichberechtigungsansatz war etwas kühner. Die Grundidee war, daß Frauen, die nach der nationalsozialistischen Ideologie ja ganz anders waren als Männer, aufgrund ihrer besonderen Veranlagung einer geschlechtsspezifischen medizinischen Betreuung bedürften. Wenn Frauen tatsächlich emotionaler, intuitiver und spiritueller waren als Männer, dann könne nur die intuitive Ärztin sie wirklich verstehen und richtig behandeln. Dr. Mathilde Kelchner, eine unerschütterliche Vorkämpferin in Frauenangelegenheiten, die 1932 als Sechzigjährige in die Partei eingetreten war, zog stets eine klare Trennlinie zwischen den männlichen und den weiblichen Ärzten. Ihre Haltung entsprang einem starken emanzipatorischen Ehrgeiz. Sie vertrat die Auffassung, die Ärzte sollten sich um die männlichen Patienten kümmern und die Ärztinnen um die weiblichen, und erklärte kühn, die Ärztin sei keine Kopie des Arztes; vielmehr sei sie in der Lage, der medizinischen Praxis ihren eigenen Stempel aufzudrücken. Weibliche Patienten zögen weibliche Ärzte oft vor, insbesondere in gynäkologischen Situationen, in denen sie sich in Gegenwart eines Mannes unbehaglich fühlten. Damit seien die Aufgaben der Ärztin definiert.[25]

Kelchners Argumente regten den Kreis von Ärztinnen, die die Gleichstellung mit ihren männlichen Kollegen anstrebten, 1934 zu weiteren Überlegungen an.[26] Zwei Jahre später, 1936, faßte Kelchner ihre Thesen in *Die Ärztin* zusammen; dieses Sprachrohr der weiblichen Ärzte war gleichzeitig ein wichtiges Forum für emanzipatorische Ideen.[27] Auch Agnes Bluhm, die von den Nazis hoch geschätzte, alte Dame unter den deutschen Medizinerinnen, äußerte sich damals zu diesem Thema, wenn auch in einem streng völkischen Rahmen. Allmählich erkannten die Ärzteführer, daß da eine potentiell gefährliche Bewegung im Gange war. Im Oktober entschied die KVD, die wohl ein salomonisches Urteil fällen wollte, daß sich weibliche Patienten mit demselben Recht von Ärztinnen behandeln lassen könnten wie männliche Patienten von Ärzten.[28] Diese Entscheidung konnte zwar auch so ausgelegt werden, daß es den Ärztinnen wie ihren männlichen Kollegen freistand, Patienten beiderlei Geschlechts zu behandeln, doch das war nicht das Recht, um das es diesen geschlechtsbewußten Akademikerinnen ging.

In einer Phase des Dritten Reichs, in der die männlichen Machthaber andere Akademikerinnen unmißverständlich in ihre Schranken wiesen,[29] beendete diese Entscheidung der KVD die Diskussion über eine feministische Variante der Geschlechtertrennung. Die militanten Ärztinnen, die die ausgesprochen radikale Ansicht vertraten, daß männliche »Exemplare« nichts wert seien und ignoriert werden sollten, verwahrten sich gegen das alte frauenfeindliche Vorurteil, daß Frauen wegen ihrer körperlichen Unterlegenheit (und ihrem kleineren und leichteren Gehirn) für gehobene Berufe nicht geeignet seien.[30] Dr. Lizzie Hoffa, eine Funktionärin des Bundes Deutscher Ärztinnen, bestand 1933 darauf, daß Frauen, da sie sowohl die Kindererziehung wie die Hausarbeit meisterten, körperlich ebenso in der Lage seien, die Aufgaben eines Arztes zu bewältigen wie Männer.[31] 1934 prangerte Dr. Lea Thimm, die gegen Wagners neue, frauenfeindliche Kassenzulassungsordnung kämpfte, die Gehässigkeit und Mißgunst junger Ärzte an, die bisher von den tonangebenden älteren Kollegen in den Kassenzulassungsgremien ganz offensichtlich bevorzugt worden seien. Nach Clifford Kirkpatrick, diesem scharfsichtigen ausländischen Beobachter der Frauenpolitik unter Hitler, beschwerte sich Thimm offen darüber, daß ein neidischer Arzt einer Ärztin mit der Einweisung in ein Konzentrationslager gedroht habe, falls sie ihre Praxis nicht freiwillig aufgebe.[32]

1936 waren aufstrebende junge Akademikerinnen schon einen Schritt weiter, auch wenn für Frauenrechtlerinnen jeden Alters die Zeit allmählich knapp wurde. Die Frauen hätten in der Vergangenheit oft versucht, sich an eine männliche Denk- und Arbeitsweise anzupassen, doch das sei ein Fehler gewesen, verkündeten Sprecherinnen von Medizinstudentinnen aus allen Regionen des Reichs. Statt dessen hätten die Frauen lieber ihre besonderen weiblichen Fähigkeiten herausstellen und produktiv nutzen sollen. Und das ganze Gerede von der Sendung der Frau als »geistiger Mutter« sei dummes Geschwätz. Medizinerinnen sollten heiraten, wenn sie wollten, und sich dann in vielen verschiedenen Funktionen für das Wohl des deutschen Volk einsetzen, naturgemäß vor allem im medizinischen und sozialen Bereich.[33]

All diese Überlegungen, die seit dem Beginn des Dritten Reichs für viele deutsche Medizinerinnen von existentieller Bedeutung waren, wurden vor dem Krieg bedeutungslos, weil die Medizinalverwaltung immer dringender qualifizierte Ärzte brauchte – männliche wie weibliche. Unter Berufung auf die Verordnungen, die der Innenminister und der Arbeitsminister Anfang September 1939 erlassen hatten,[34] wurden immer mehr Ärztinnen, die vielleicht gar nicht praktizieren wollten, solange sie keine Kassenzulassung erhielten, von den Reichsgesundheitsbehörden dienstverpflichtet.[35] Im Januar 1941 lobte Leonardo Conti die Leistungen der Frauen, die trotz familiärer Verpflichtungen in die Bresche gesprungen waren.[36]

In den darauffolgenden Monaten wuchsen die Probleme mit den weiblichen Arbeitskräften. Es zeigte sich, daß insbesondere Frauen aus den wohlhabenderen Schichten zögerten, in der Kriegswirtschaft mitzuarbeiten, so daß Goebbels, der am liebsten trotz der Bedenken des »Führers« die Zwangsarbeit für Frauen eingeführt hätte, frustriert in sein Tagebuch schrieb: »Die feinen Dämchen kommen doch nicht freiwillig.«[37] Im Gesundheitswesen bedeutete das, daß frei werdende Krankenhausstellen und die Praxen eingezogener Ärzte schließlich größtenteils mit unerfahrenen Jungärztinnen besetzt wurden, da die Jungärzte direkt nach dem Examen an die Front geschickt wurden.[38] Der Familienstand spielte inzwischen keine große Rolle mehr. Anne-Liese Schwang aus Danzig war zum Beispiel vierundzwanzig und unverheiratet, als sie im März 1940 approbiert wurde. Sie wurde sofort als Assistenzärztin im städtischen Krankenhaus von Gotenhafen eingesetzt. Ihre Kollegin Gertrud Wohlfeil war bei ihrer Approbation im Jahre 1941 achtundzwanzig und verheiratet. Sie wurde zum Dienst in einem Privatsanatorium am Rande des Schwarzwalds verpflichtet.[39]

Im Laufe des Jahres 1942 wurden die Anreize und der Druck erhöht, um nicht nur die jungen Ärztinnen, sondern auch die bereits pensionierten in das Gesundheitssystem einzubinden. Zum Beispiel ermöglichte die Reichsgesundheitsführung durch die Beseitigung formaler Hindernisse vielen Medizinerinnen eine Amtsarztkarriere. Gleichzeitig sahen sich die Behörden unter dem Druck der öffentlichen Meinung gezwungen, immer mehr Ärztinnen, auch verheiratete, zum Dienst zu verpflichten.[40] Doch selbst 1943 befanden sich die deutschen Medizinerinnen nach wie vor in einer paradoxen Situation. Einerseits waren sie nun sehr gefragt und wurden von Contis Gesundheitsbeamten nach Gutdünken im ganzen Reich eingesetzt, andererseits wurden sie als kultivierte Akademikerinnen von den primitiven Fanatikern in der Partei verachtet, die zum Beispiel Anstoß nahmen, wenn eine Ärztin sich schminkte oder sich die Fingernägel lackierte.[41]

1944 griff die Reichsgesundheitsführung dann sogar auf Medizinstudentinnen im letzten Studienjahr und auf Ärztinnen mit Kindern zurück. In einer Verordnung vom April heißt es, daß Ärztinnen mit Kindern nicht gezwungen werden können, aber ermuntert werden sollten, medizinische Aufgaben zu übernehmen, selbst auf Teilzeitbasis. Zwei Monate später wurde diese Verordnung so ausgelegt, daß nur Ärztinnen mit Kindern unter fünfzehn Jahren bis auf weiteres vom Dienst freigestellt werden konnten, doch daß diejenigen, denen es möglich war zu arbeiten, obwohl sie Kinder hatten, dienstverpflichtet werden sollten.[42] Das war die Zeit, in der auch Dr. Jacoba Hahn, die Witwe des Hamburger Allgemeinmediziners Dr. Gustav Heinrich Hahn, der sich kurz zuvor aus Verzweiflung das Leben genommen hatte, sich genötigt fühlte, ihren Beruf wiederaufzunehmen, obwohl sie einen kleinen Sohn hatte. Sie wurde Assistenzärztin im staatlichen Krankenhaus von Neustadt in Holstein.[43] Im Herbst, als Contis Untergebene auch Medizinstudentinnen, die kurz vor dem Examen standen, zum Dienst verpflichteten, schlugen bayrische Mediziner vor, auch den Einsatz von Ärztinnen mit kleinen Kindern ernsthaft in Erwägung zu ziehen. Es sei nun selbstverständlich, daß »auch Ärztinnen zum Einsatz kommen müssen, deren häusliche Belastung gering ist. Was Frauen in der Rüstung und in der übrigen schaffenden Heimat zugemutet wird, nämlich die Sorge für ihre Kinder und ihren Haushalt anderen anzuvertrauen, muß heute auch von Ärztinnen mit Kindern verlangt werden. Es wird nicht immer möglich sein, diese Ärztinnen an ihrem Wohnsitz tätig werden zu lassen, eine Trennung von der Familie wird sich nicht immer vermeiden lassen.«[44]

Ungefähr vier Monate vor dem unrühmlichen Ende des Naziregimes wurden tatsächlich auch Ärztinnen mit Kleinkindern im ganzen Reich eingesetzt, vorausgesetzt ihr Nachwuchs war irgendwie versorgt.[45] Diese Politik mag einige Ärztinnen mit Genugtuung erfüllt haben, doch sie erwies sich als fragwürdiger Kompromiß zwischen den anfänglich so festen Vorstellungen der Nazis vom weiblichen Geschlecht und den emanzipatorischen Idealen der streitbarsten Ärztinnen.

3. Universitätsstudentinnen

Die Schwankungen der Immatrikulationszahlen bei den weiblichen Medizinstudenten zwischen 1933 und 1945 spiegeln den Wandel des Frauenbilds und der Frauenpolitik der nationalsozialistischen Machthaber und insbesondere ihrer Haltung gegenüber den Ärztinnen wider, doch sie trugen auch zu ihm bei. Obwohl 1930 ein Numerus clausus für Medizinerinnen eingeführt worden war, war der Anteil weiblicher Medizinstudenten im Sommer 1933 mit gut 20 Prozent so hoch wie nie zuvor. Doch dann begann die Propaganda gegen das Frauenstudium, die bereits vor dem Dritten Reich betrieben worden war und vom Naziregime fortgesetzt wurde, allmählich Wirkung zu zeigen, denn nach 1933 nahm der Anteil der weiblichen Medizinstudenten, die von einigen Professoren inzwischen demonstrativ ignoriert wurden, kontinuierlich ab und erreichte im Frühjahr 1939 einen Tiefstand von 15,9 Prozent.[1] Natürlich variierten diese Prozentwerte von Universität zu Universität. Landesweit waren im Sommer 1937 durchschnittlich 17,9 Prozent aller Medizinstudierenden Frauen, doch an der Medizinischen Fakultät der Universität Würzburg betrug der Frauenanteil zu dieser Zeit nur 17,1 Prozent, da der kontrollierende Einfluß der Nazis in kleineren Städten größer war.[2]

Doch dieses Phänomen, die scheinbare Verschlechterung der Situation weiblicher Medizinstudenten nach 1933, muß differenzierter betrachtet werden. Erstens entsprach die tatsächliche Entwicklung nicht Wagners im Dezember 1933 verkündetem Plan, das

Frauenstudium ganz abzuschaffen.[3] Möglicherweise sank infolge dieser radikalen Absichtserklärung der Anteil der weiblichen Medizinstudenten zwischen dem Sommer 1933 und 1934 von 20,2 auf 19,1 Prozent, doch ein Jahr später stieg er bereits wieder auf 19,3 Prozent an.[4] Tatsächlich zeichnete sich die positive Haltung gegenüber weiblichen Ärzten, die die nationalsozialistischen Machthaber ungefähr ab 1938 in ihren offiziellen Erklärungen einnahmen, in Universitätskreisen bereits 1935 ab, als Funktionäre der studentischen Selbstverwaltung Ausbildungsbeihilfen für junge Medizinerinnen mit dem Argument befürworteten, daß Ärztinnen in Zukunft ebenso unentbehrlich sein würden wie Lehrerinnen.[5] Zweitens entschieden sich nach 1933 noch mehr Abiturientinnen für ein Medizinstudium als davor, da der Beruf der Ärztin als »weiblicher« betrachtet wurde als beispielsweise der der Rechtsanwältin oder Physikerin. Tatsächlich stieg der Frauenanteil im Fach Medizin verglichen mit dem in anderen Fächern zwischen 1933 und 1939 um 12,4 Prozent. Das Medizinstudium wurde bei den Frauen sogar beliebter als das Lehramtsstudium, das bis dahin stets den ersten Platz belegt hatte.[6]

Nach den Immatrikulationsstatistiken waren die Frauen im Sommer 1938 im Fach Medizin sogar etwas stärker überrepräsentiert als im Sommer 1928 – dort stieg ihr Anteil in diesem Zeitraum um ein halbes Prozent, während er im Fach Jura, in dem sie immer schon stark unterrepräsentiert waren, um 2,3 Prozent sank.[7]

Was den Anteil der Medizinstudentinnen betraf, so kamen während des Krieges einige neue Faktoren ins Spiel, die die Verhältnisse im Bereich der Medizin widerspiegelten, aber auch beeinflußten. Durch die Einberufung männlicher Studenten stieg der Anteil weiblicher Studenten an den deutschen Hochschulen von 11,5 Prozent im Sommer 1938 auf 27 Prozent im Frühjahr 1941.[8] In dieser Zeit erhöhte sich auch die Zahl der weiblichen Medizinstudenten im Verhältnis zu den männlichen, doch obwohl die Medizinerinnen nun offenbar geschätzt wurden, büßten sie ihre subjektive Exklusivität ein, da im Rahmen einer neuen Hochschulpolitik nun mehr Frauen zum Studium von Fächern zugelassen wurden, aus denen man sie vorher durch eine entsprechende Propaganda zu verdrängen versucht hatte. Zum Beispiel wurde bereits vor dem Krieg ausdrücklich darauf hingewiesen, daß auch die Physik und die Jurisprudenz fruchtbare Betätigungsfelder für die deutsche Akademikerin seien.[9] Es wurde zwar nach wie vor sehr begrüßt, wenn junge Frauen, die studieren wollten, sich für den Beruf der Ärztin oder der Lehrerin entschieden, doch da man sie inzwischen auch zum Studium von Fächern wie Jura ermunterte,[10] nutzten wahrscheinlich etliche intelligente und selbstbewußte Jungakademikerinnen die Gelegenheit, sich auf einem anderen Gebiet zu beweisen als auf dem der Medizin.

Die neue Situation war insofern paradox, als Conti und seine Bürokraten junge Frauen zu einer Zeit dazu drängten, Medizin zu studieren und Ärztinnen zu werden, in der kollidierende wirtschaftliche und berufliche Erfordernisse, die sich aus den umfassenden Kriegsanstrengungen ergaben, die bisherige Attraktivität der Medizin für die Frauen verringerte.[11] Zwar stieg im Wintersemester 1943/44 der Frauenanteil im Fach Medizin, der ungefähr fünf Jahre davor noch 16,6 Prozent betragen hatte, auf 33,8 Prozent, doch gleichzeitig verschob sich das prozentuale Verhältnis zwischen den Medizinstudentinnen und den Studentinnen anderer Fächer wie Jura allmählich zuungunsten der Medizin. Gegen Ende der Nazizeit waren im Fach Medizin – verglichen mit allen Fächern, die Frauen damals an deutschen Universitäten studierten – die weiblichen Studenten um 18,5 Prozent unterrepräsentiert.[12]

Wegen des großen Bedarfs an Jungmedizinerinnen auf dem Höhepunkt des Krieges wurden Neuregelungen eingeführt, durch die sich die Qualität ihrer Ausbildung und folglich auch die ihrer späteren Arbeit zunehmend verschlechterte. Das galt zwar auch für ihre männlichen Kommilitonen,[13] doch es ist möglich, daß der Ausbildungsstandard für die Studentinnen sogar noch stärker sank als der für Studenten, und zwar hauptsächlich aus zwei Gründen. Erstens erhielten Mädchen in den Oberschulen inzwischen keinen Lateinunterricht mehr. Da das Latinum an den medizinischen Fakultäten aber verlangt wurde, mußten die Medizinstudentinnen nebenher noch diese klassische Sprache studieren, wenn sie die Eignungsprüfung bestehen wollten. Folge war, daß sie das Studium viel häufiger vor den Abschlußprüfungen abbrachen als ihre männlichen Kommilitonen und daß die Fachkenntnisse derjenigen, die die Prüfungen in Latein und in Medizin irgendwie bestanden, sich später oft als lückenhaft erwiesen.[14]

Für ein Absinken des Ausbildungsniveaus bei den Medizinstudentinnen spricht auch, daß sie während des Krieges ihr Studium im Durchschnitt mit sechsundzwanzig Jahren abschlossen, also ein Jahr früher als zwischen 1933 und 1938 und auch ein Jahr früher als ihre männlichen Kommilitonen,[15] weil ihnen im Krieg ein Studienjahr erlassen wurde.[16] Zudem erhielten die männlichen Medizinstudenten in den Kriegsjahren wohl auch deshalb eine gründlichere Ausbildung als die weiblichen, weil viele, denen es vor dem Fronteinsatz graute, mit allen möglichen Tricks versuchten, so lange wie möglich an der Universität zu bleiben, zum Beispiel indem sie sich vor Prüfungen drückten. Erst im Sommer 1943 schrieb das Reichserziehungsministerium schließlich feste Prüfungsfristen vor, um solche Verzögerungstaktiken zu unterbinden.[17] Dagegen standen die Frauen vermutlich die ganze Zeit über unter dem Druck, ihr Studium schnell zu beenden und danach gleich zu arbeiten. Ab Ende 1944 wurden sie sogar schon vor dem Examen provisorisch als Ärztinnen eingesetzt.[18] Den männlichen Medizinstudenten wurden also gewisse Freiheiten gewährt, die den weiblichen verweigert wurden, was auf Kosten der Qualität ihrer Ausbildung ging. Das ist ein weiteres Beispiel für die Benachteiligung der Frauen im Bereich der Medizin und für den utilitaristischen Zynismus der nationalsozialistischen Medizinalverwaltung, die weibliche Kollegen nur widerstrebend akzeptierte.

Es bestanden jedoch noch weitere Unterschiede zwischen den männlichen und den weiblichen Medizinstudenten des Dritten Reichs, zum Beispiel hinsichtlich ihrer sozialen Herkunft, von der wiederum ihre finanzielle Situation abhing. Leider existieren, soweit bekannt, keine vergleichenden Statistiken über die Schichtzugehörigkeit der weiblichen und der männlichen Studentenschaft unter Hitler. Abgesehen von einem speziellen Sample liegen nur Erhebungen über Studentinnen und über Medizinstudenten vor. Inwieweit sich dieses spezielle Sample von minderbemittelten

Studierenden, die finanzielle Unterstützung in Form von staatlichen Darlehen beantragten, für eine soziohistorische Analyse eignet, wird in Kapitel 5 ausführlich erörtert. An dieser Stelle soll nur erwähnt werden, daß Studierende aus der Unterschicht und der unteren Mittelschicht darin stark überrepräsentiert sind. Alle aus diesem Sample gezogenen Schlußfolgerungen, auch hinsichtlich der Beziehung zwischen Geschlecht und sozialer Herkunft der Medizinstudenten, müssen daher mit größter Vorsicht behandelt werden.

Trotz der Unvollständigkeit der verfügbaren Daten gelangt man nach deren sorgfältiger Analyse zu folgenden vorsichtigen Einschätzungen: 1. In der Weimarer Republik erhöhte sich der Anteil der Studierenden aus der unteren Mittelschicht im Verhältnis zu dem der Studierenden aus der oberen Mittelschicht (zu der auch ein immer größerer Teil des alten Adels zählte) und der Oberschicht, die früher das Monopol auf höhere Bildung besaßen.[19] 2. Dieser Trend setzte sich in den ersten Jahren des Dritten Reichs fort (siehe Tabelle 3.5).[20] 3. Seit der frühen Weimarer Zeit kamen die Studentinnen eher aus der oberen als aus der unteren Mittelschicht, denn ein Mädchen studieren zu lassen galt in Jahren allgemeiner wirtschaftlicher Unsicherheit als Luxus, den sich bestenfalls wohlhabende Mitglieder der Gesellschaft leisten konnten. Das galt insbesondere während der Wirtschaftskrise, deren Ende mit der Machtübernahme Hitlers zusammenfiel. Im Dritten Reich setzte sich diese Tendenz fort, nicht zuletzt wegen der fortwährenden Propaganda gegen das Frauenstudium in der Anfangsphase.[21] 4. In der Weimarer Republik war insbesondere das Medizinstudium für männliche und weibliche Mitglieder der unteren Mittelschicht eine Möglichkeit, gesellschaftlich aufzusteigen; gleichzeitig waren an den medizinischen Fakultäten eher Frauen als Männer aus der oberen Mittelschicht zu finden, auch nach 1933 noch.[22] 5. Zumindest im Fall der Studierenden aus dem vorliegenden »Darlehensnehmer-Sample« ergeben sich interessante Unterschiede hinsichtlich der Bereitschaft von Eltern aus verschiedenen Schichten und Berufsgruppen, ihre Söhne oder Töchter Medizin studieren zu lassen. Angestellte aus der unteren Mittelschicht und Nichtakademiker aus der oberen Mittelschicht schickten, möglicherweise aus Prestigegründen, eher ihre Töchter als ihre Söhne an die medizinischen Fakultäten (vielleicht gingen die Töchter auch aus eigenem Antrieb hin). Das galt in besonderem Maße auch für höhere Beamte aus der Oberschicht. Dagegen konnten Bauern aus der unteren Mittelschicht studierende Töchter offenbar am wenigsten gebrauchen; sie ließen lieber ihre Söhne Medizin studieren.[23]

Dieses Sample von minderbemittelten Studierenden (auf das hier in Ermangelung besserer Aufzeichnungen zurückgegriffen wurde) gibt trotz seines begrenzten Werts auch Aufschluß über die unterschiedlichen Haltungen der männlichen und weiblichen Medizinstudenten zur NS-Politik. Auch wenn eingeräumt werden muß, daß die Studenten, die auf staatliche Darlehen angewiesen waren, sich wahrscheinlich eher gezwungen sahen, in irgendwelche NS-Organisationen einzutreten,[24] als ihre finanziell unabhängigen Kommilitonen, ist es bemerkenswert, daß einige Studenten es trotz allem für möglich hielten, sich ganz aus der Politik herauszuhalten. Das läßt vermuten, daß die Studentenschaft nicht allzu streng kontrolliert wurde (siehe Tabelle 3.6, Spalte A). Jedenfalls legen die Daten nahe, daß dreimal so viele weibliche wie männliche Medizinstudenten sich aus der NS-Politik heraushielten und daß der Anteil der politisch nicht organisierten Studentinnen im Fach Medizin höher war als in allen Fächern zusammengenommen.[25] Sie machen auch deutlich, daß die weiblichen Medizinstudenten sich nicht so stark in NS-Organisationen engagierten wie die männlichen.[26] Doch wenn sie sich einer anschlossen, dann gewöhnlich im selben Alter wie ihre männlichen Kommilitonen: im Durchschnitt mit zweiundzwanzig Jahren.[27]

Außerdem fühlten sich die Medizinerinnen von anderen Nazi-Organisationen angezogen als die Mediziner. Möglicherweise wurde ihre Entscheidungsfreiheit aber auch durch geschlechtsspezifische Faktoren eingeschränkt, und wie es sich für eine »männerbündische« Diktatur geziemte, hatten die Frauen zu einigen NS-Organisationen, zum Beispiel zu den einflußreichen Formationen SA und SS oder dem Nationalsozialistischen Kraftfahrkorps (NSKK), gar keinen Zutritt. Für 35,6 Prozent der politisch aktiven männlichen Medizinstudenten war die SA die attraktivste NS-Formation. Die Lieblingsorganisation der politisch organisierten weiblichen Medizinstudenten war der Nationalsozialistische Studentenbund (beziehungsweise dessen Unterorganisation für Frauen, die Arbeitsgemeinschaft Nationalsozialistischer Studentinnen), in dem sie mehr als dreimal so stark vertreten waren wie ihre männlichen Kommilitonen, wenn auch nicht so stark wie die Studentinnen aller Fächer zusammengenommen, von denen sich ungefähr die Hälfte dem NS-Studentenbund anschloß (siehe Tabelle 3.7).[28] Wie die graduierten Medizinerinnen, von denen später noch die Rede sein wird, waren auch die Medizinstudentinnen weniger geneigt, in die NSDAP einzutreten, als ihre männlichen Kommilitonen, bei denen der Anteil der Parteimitglieder fast doppelt so hoch war. Dennoch scheint die NSDAP bei den Medizinstudentinnen beliebter gewesen zu sein als bei den Studentinnen aller Fächer zusammengenommen.[29] Viele Medizinerinnen engagierten sich erwartungsgemäß in Organisationen wie der Hitler-Jugend, in der sie dreimal so stark vertreten waren wie ihre männlichen Kommilitonen, sowie in nationalsozialistischen Frauengruppen, in denen sie unter sich waren.[30]

Tatsächlich hatten die Arbeitsgemeinschaft nationalsozialistischer Studentinnen (ANSt), der zur Hitlerjugend gehörende Bund deutscher Mädel (BDM) und die anderen Frauenorganisationen in erster Linie soziale Funktionen wie die Förderung, Betreuung und Beratung der Mitglieder. Die ANSt chleuste Medizinstudentinnen in Kliniker-Fachschaften oder medizinische Arbeitsgruppen, die das Studium ergänzende Schulungskurse und Ausbildungslager sowie freiwillige Dienste in sozialen oder medizinischen Einrichtungen organisierten.[31] Der BDM brauchte ständig Medizinstudentinnen, die den jüngeren Mädchen Unterricht in Hygiene und Gesundheitspflege erteilten, in Jugendlagern als Sanitäterinnen fungierten und die Ärztinnen bei Reihenuntersuchungen unterstützten. Auch der BDM vermittelte Jungmedizinerinnen, sofern er sie nicht selbst brauchte, an diverse nationalsozialistische Wohlfahrtsorganisationen wie die NSV weiter.[32] Bereits im Sommer 1939, während der allgemeinen Mobilmachung, erklärten die

Reichsgesundheitsbehörden, die diesen Bedarf erkannten, den unbezahlten Dienst in der Hitler-Jugend (beziehungsweise im BDM) für alle Medizinstudentinnen zur Pflicht, die nicht beim Roten Kreuz mitarbeiteten. Trotz des umfangreichen Lern- und Arbeitspensums der Studentinnen während des Krieges bestand diese Dienstpflicht bis zuletzt.[33] Die Mitgliedschaft in Organisationen für erwachsene Frauen wie der NSV oder der NS-Frauenschaft bedeutete für Medizinerinnen, die sich noch in der Ausbildung befanden, daß sie in ihrer Freizeit unentgeltlich alle möglichen sozialen Aufgaben zu erfüllen hatten. Zum Beispiel mußten sie Kleinkinder betreuen, deren Mütter in Ernährungfragen beraten und sich in Freizeiteinrichtungen der Nationalsozialistischen Volkswohlfahrt nützlich machen.[34]

Die weiblichen Medizinstudenten wurden wie die männlichen zur Mitarbeit in den Fachschaften oder Fachgruppen aufgefordert, die von der gleichgeschalteten studentischen Selbstverwaltung an allen Fakultäten eingerichtet oder aktiviert worden waren. Die Fachschaften, ursprünglich vom offiziellen Lehrbetrieb unabhängige, studentische Arbeitsgemeinschaften, hatten nun in erster Linie den Auftrag, nationalsozialistische Propaganda zu betreiben und der Lehre und Forschung eine nationalsozialistische Richtung zu geben, doch sie erfüllten auch rein soziale Funktionen, um zumindest eine kleine Zahl von Studierenden anzulocken.[35] Auch die Arbeit in den medizinischen Fachschaften war geschlechtsspezifisch: Die Jungmedizinerinnen sollte sie auf »artgemäße«, karitative und dienende Tätigkeiten und entsprechende Aufgaben während der Mobilmachung und des Krieges vorbereiten, die Jungmediziner dagegen auf die Führungsaufgaben des heroischen Arztes.

Die Medizinstudentinnen wurden von den Fachschaften vor allem zum Krankenpflegedienst eingeteilt, den sie entweder während des Semesters oder in den Semesterferien absolvierten.[36] Zu ihren sonstigen Pflichten gehörten, zum Beispiel in Heidelberg, der Dienst in der Volkswohlfahrt oder, in Würzburg und anderswo, die Beratung und Betreuung schwangerer Frauen oder junger Mütter.[37] Ständig wurden die angehenden Ärztinnen aufgefordert, an speziellen Medizinerinnenlagern teilzunehmen, die von den Fachschaften, oft in Zusammenarbeit mit der ANSt und anderen nationalsozialistischen Frauengruppen organisiert wurden, um medizinische NS-Kader heranzubilden.[38] Bereits 1935 wurden für den Fall eines Krieges spezielle Luftschutzkurse für Ärztinnen konzipiert.[39]

Berichten zufolge versuchten die Studentinnen, sich vor Einsätzen zu drücken, die sie als sinnlose Zeitvergeudung betrachteten, weil sie derentwegen nicht an wichtigen Laborpraktika, Seminaren und Vorlesungen teilnehmen konnten, in denen sie Scheine erwerben konnten. Unpolitischen Medizinprofessoren bereitete die zunehmende Belastung ihrer Studentinnen durch außeruniversitäre Pflichten allmählich Sorge. Als immer mehr junge Frauen sich vor der Fachschaftsarbeit drückten – sowohl in Freiburg wie auch in Köln und in Würzburg, wo im Wintersemester 1937/38 nicht einmal die Hälfte aller eingeschriebenen Medizinstudentinnen im Klinikum Interesse zeigte, in einer Fachschaft aktiv zu werden –, mußten die ursprünglich geplanten Einsätze und Veranstaltungen reduziert werden.[40]

Da die Fachschaftsarbeit, die bestenfalls besonders dienstbeflissenen Fanatikern ein paar Lorbeeren eintrug,[41] bisher immer als »freiwillig« bezeichnet worden war, wurde die Situation für das Regime bald so peinlich, daß es sich gezwungen sah, einen Teil des Fachschaftsprogramms zur Pflicht zu erklären, und zwar bezeichnenderweise den paramilitärischen Teil, der zunächst Luftschutzlehrgänge umfaßte, später dann auch Sanitätskurse über die Behandlung von durch chemische Kampfstoffe verursachten Beschwerden. Da die Teilnahme an solchen Kursen zur Voraussetzung für die Zulassung zu medizinischen Prüfungen gemacht wurde, mußten die Medizinstudentinnen sich von da an zumindest zeitweise einer Fachschaft anschließen.[42] Etwas beliebter als die Luftschutz- und Gasschutzkurse waren die Krankenpflegekurse, da praktische Erfahrung dieser Art auch nach traditionellen Maßstäben nützlich war und für die Teilnahme Scheine ausgestellt wurden.[43] Doch unmittelbar vor dem Krieg, als die Reichsstudentenführung keinen Zweifel mehr daran ließ, daß die medizinischen Fachschaften in erster Linie Propaganda-Plattformen waren – sie sollten den ärztlichen Nachwuchs ideologisch auf die Einbindung in den NS-Ärztebund vorbereiten —, begannen die Jungmedizinerinnen zu murren. Im November 1939 meldete der Sicherheitsdienst der SS, daß Fachschaftsleiter der medizinischen Fakultät Breslau in Erwägung zögen, Medizinstudentinnen vom Studium auszuschließen, die sich durch respektloses Verhalten in der Öffentlichkeit unmöglich gemacht hätten.[44]

Zu dieser Zeit machten weitere zusätzliche Verpflichtungen den Medizinstudentinnen das Leben schwer. Die ANSt und die Fachschaften nötigten sie zur Teilnahme an rassenpolitischen Schulungslagern; einige nahmen sogar unbezahlte Teilzeitjobs im Rassenpolitischen Amt der NSDAP an, das von dem fanatischen Nazi Dr. Walter Groß geleitet wurde.[45] Außerdem wurden die Medizinstudentinnen aufgefordert, sich fleißig mit wissenschaftlichen Arbeiten an den jährlichen Reichsberufswettkämpfen zu beteiligen. 1937/38 wurde eine Gruppe Würzburger Medizinstudentinnen mit einem Bericht über den Gesundheitszustand von Säuglingen und Kleinkindern aus der Rhön-Region »Reichssieger«.[46]

Diese systematische Organisierung der Medizinstudentinnen hatte nach Kriegsbeginn für das Regime große Vorteile, denn nun wurden in immer größerem Umfang Jungmedizinerinnen mobilisiert, während die Arbeit in den Fachschaften und der ANSt in den Hintergrund rückte. Ein kompliziertes Dienstpflichtsystem zwang die Medizinstudentinnen, ihr Studium zu vernachlässigen und außeruniversitären Aufgaben noch mehr Zeit zu opfern. Ab 1940 hatte jede von ihnen drei Monate im Jahr Krankenpflegedienst zu leisten.[47] Und ab Sommer 1941 mußten Abiturientinnen, die Medizin studieren wollten, einen sechsmonatigen Kriegshilfsdienst im Krankenhaus ableisten, um zum Studium zugelassen zu werden.[48] Ab Anfang 1940 bestand auch die Pflicht zum Landdienst, gewöhnlich in der Erntezeit, der die Mädchen zu harter körperlicher Arbeit zwang, und die Pflicht zum Fabrikdienst, bei dem sie neben den Arbeiterinnen am Fließband standen.[49] Auf dem Höhepunkt des Krieges konnten nur noch ältere Studentinnen mit Kindern, deren Männer an der Front gefallen waren, auf Antrag von diesen Verpflichtungen befreit werden.[50]

Später wurden die Gebiete des eroberten Ostens zum neuen

Einsatzgebiet vieler im Rahmen des studentischen Kriegseinsatzes mobilisierter Jungmedizinerinnen. Während des sogenannten Facheinsatzes Ost sollten sie sich der mannigfaltigen gesundheitlichen Probleme der »volksdeutschen Siedler« in Osteuropa annehmen. Dort waren sie auf sich gestellt, da sie getrennt von ihren männlichen Kommilitonen arbeiteten. Ihre Arbeit konzentrierte sich auf Präventionsmaßnahmen gegen die in dieser Region recht verbreitete ansteckende Augenerkrankung Trachom und auf die Unterweisung deutschstämmiger polnischer Mütter in richtiger Säuglingspflege und Ernährung. Doch sie beinhaltete auch rassenhygienische, eugenische Aufgaben, die stets unter der Oberaufsicht der SS ausgeführt wurden. Die wichtigste war, den »Volksdeutschen« die Blut-und-Boden-Ideologie des »Herrenvolks« zu vermitteln. Offenbar waren die angehenden deutschen Ärztinnen dazu bestimmt, nach Abschluß ihres Studiums durch solche Aktivitäten einen Beitrag zur Aufrechterhaltung der neuen nationalsozialistischen Ordnung zu leisten.[51]

4. Medica Politica

Das politische Engagement der Ärztinnen im Dritten Reich beschränkte sich weitgehend auf den Kampf um die Erhaltung einer eigenen Vertretung. Zu Anfang gab es praktisch nur Forderungen, die in diesem Kontext standen, teils gemäßigte, teils radikalere, emanzipatorische. Die Beteiligung an der NS-Politik im allgemeinen war zweitrangig, zumindest vor dem Zweiten Weltkrieg.

1933 waren die meisten Ärztinnen im Bund Deutscher Ärztinnen (BDÄ) organisiert. Dieser durch und durch bürgerliche Verband war im Oktober 1924 von dreihundert nach Unabhängigkeit strebenden Kolleginnen unter der Leitung einer gewissen Dr. Schröder-Jakowski als unabhängige Interessenvertretung deutscher Ärztinnen gegründet worden. Einige der bald darauf eingerichteten regionalen Ortsgruppen des BDÄ wurden von resoluten Ärztinnen geleitet, die später mühelos den Anschluß an das neue Regime fanden, zum Beispiel von Dr. Clara Soergel, die erste BDÄ-Vertreterin für Sachsen/Thüringen.[1] 1928 hatte sich die Zahl der BDÄ-Mitglieder bereits mehr als verdoppelt.[2] Sehr wahrscheinlich erhöhte sich damit auch der Anteil der Mitglieder, die anti-sozialistisch und pro-völkisch eingestellt waren. Das würde jedenfalls gewisse vom BDÄ vertretene Positionen erklären, die denen der etablierten bürgerlichen Gesellschaft entsprachen – zum Beispiel war sein rechter Flügel entschieden gegen eine Entkriminalisierung der Abtreibung. In den harten Jahren der Wirtschaftskrise, in denen arbeitslose Familien sich keine weiteren Kinder leisten konnten, wurde über dieses Thema besonders heftig gestritten, auch im BDÄ.[3]

Nach der Machtübernahme Hitlers wurde der BDÄ nicht sofort aufgelöst, sondern, wie andere bürgerliche Verbände, durch die Einbindung in eigens eingerichtete nationalsozialistische Dachorganisationen gleichgeschaltet. Der BDÄ war nun, wie der Deutsche Verband Akademischer Frauenvereine, eine Unterorganisation des Deutschen Frauenwerks.[4] Die Leitung übernahm eine eingefleischte Nationalsozialistin, die Berliner Ärztin Dr. Lea Thimm, die bereits seit 1926 ein absolut zuverlässiges Parteimitglied war. Auch die einzelnen Ortsgruppen wurden nazifiziert, sofern sie es nicht bereits waren.[5] In Ostpreußen hatte zum Beispiel die neununddreißigjährige Ärztin Erna Orlopp-Pleick, die Mitglied der NSDAP und des NS-Ärztebunds und beratende Ärztin der Hitler-Jugend war, im Herbst 1933 das Kommando über die Königsberger BDÄ-Ortsgruppe übernommen.[6]

Doch trotz der erfolgreichen Gleichschaltung der weiblichen Ärzteschaft wurde der BDÄ unter der Leitung der eigensinnigen Nationalsozialistin Lea Thimm ironischerweise zum Hauptinstrument im Kampf der Ärztinnen um ihre Rechte. Auf einer Plenarsitzung des BDÄ im Januar 1936 in Berlin bemerkte Thimm bissig, als die Partei ihr die Leitung des alten Verbandes übertragen habe, sei ihre ganze Kraft sofort vom Kampf um die Anerkennung der Stellung der Ärztinnen in Anspruch genommen worden.[7] Das war natürlich eine Anspielung auf ihre zwei Jahre zurückliegende Auseinandersetzung mit Reichsärzteführer Wagner über das Recht der Frauen, Medizin zu studieren, und den damals drohenden Ausschluß weiblicher Ärzte von den Kassenpraxen.[8] Es ist mehr als wahrscheinlich, daß Wagner 1934/35 der unerschrockenen Thimm Zugeständnisse machen mußte – ein Erfolg, an den sie in den Jahren, in denen sie den BDÄ leitete, gerne erinnerte –, auch deshalb, weil die Vorbereitungen für eine nationalsozialistische Reichsärzteordnung damals noch nicht abgeschlossen waren.[9]

So wurde dem BDÄ einstweilen noch eine Schonfrist gewährt. Unter der Leitung von Lea Thimm, die von ebenso resoluten nationalsozialistischen Kolleginnen unterstützt wurde, sollte der BDÄ die organisatorische Basis für die Prinzipienstreits bilden, die diese Ärztinnen mit ihren männlichen Kollegen führten. Dr. Helene Sauer, eine Allgemeinmedizinerin aus Wuppertal, wurde Thimms Kassenführerin, und Dr. Auguste Hoffmann aus Berlin organisierte Trainingskurse für Sportärztinnen; beide Frauen genossen das volle Vertrauen des Amtes für Volksgesundheit der NSDAP.[10] Dr. Edith von Lölhöffel, die im Februar 1936 Schriftführerin der BDÄ-Zeitung *Die Ärztin* wurde, war seit 1933 Parteimitglied.[11] Doch Thimm war so unverfroren, auch Kolleginnen, die keinerlei Parteibindungen hatten, Ämter zu übertragen. Margarete Schubert machte sie zur Leiterin einer Beratungsstelle für Jungärztinnen, und Elisabeth Geilen ernannte sie im Dezember 1936 zur Schriftführerin des BDÄ.[12]

Ende 1936 wurde die fünfzigjährige Lea Thimm entmachtet – zu einer Zeit, in der im Reich noch andere militante nationalsozialistische »Frauenrechtlerinnen« zum Schweigen gebracht wurden.[13] Unter Berufung auf die Reichsärzteordnung vom Dezember 1935 wurden in diesem Jahr etliche Organisationen aufgelöst, die für die KVD und die RÄK eine Konkurrenz dargestellt hätten.[14] Im Oktober meinte Thimm noch zuversichtlich, daß die Absicht, Ärztinnen durch ihre wirtschaftliche Unterdrückung allmählich aus dem Beruf zu verdrängen, weil man sie als überflüssig und lästig betrachte, endlich aufgegeben worden sei, auch wenn man immer auf der Hut sein müsse. Vielleicht aus einer Vorahnung heraus übernahm sie im November die Schriftführung für den BDÄ.[15] Ein paar Wochen später löste Wagner den Bund Deutscher Ärztinnen unter dem bezeichnenden Vorwand auf, er habe »zur Absonderung der Ärztin mit der eventuellen Entwicklung auf eine Frauenhochschule hingeführt«.[16] 1937 setzte sich die achtundzwanzigjährige Ursula Kuhlo, die bereits seit Februar 1932 Parteimitglied war und Wagner daher vermutlich vertrauenswürdig erschien, beim Reichsärzteführer erfolglos für ein neue standespolitische Vertretung der Ärztinnen ein. Eine von Wagners letzten Amtshandlungen als Reichsärzteführer war die Gründung eines Referats für Ärztinnen in der Reichsärztekammer und Kassenärztlichen Vereinigung Deutschlands im Oktober 1938. Zu dessen Leiterin bestellte er Ursula Kuhlo, die als Berufsanfängerin von Thimms Machenschaften relativ unbeeinflußt schien.[17] Im Mai 1939 vollendete Wagners Nachfolger Conti die institutionelle Ausschaltung der weiblichen Ärzteschaft als eine Interessengruppe mit eigener Stimme, indem er Ursula Kuhlo in den Beirat der Reichsärztekammer berief, wo sie die einzige Frau unter dreizehn Männern war.[18] 1942 wurde die Zeitung *Die Ärztin* ein offizielles Organ der RÄK.[19] Durch Contis systematische Vereinheitlichung des Gesundheitswesens blieben die Ärztinnen und ihre Vertreterin Kuhlo bis Kriegsende in die von Männern beherrschten NS-Ärzteorganisationen eingebunden.[20] Unter diesen Umständen blieben die schüchternen Versuche einiger Ärztinnen, den ausgeprägten Korpsgeist ihrer ehemaligen älteren Kolleginnen wieder aufleben zu lassen, praktisch erfolglos.[21]

Als die Hoffnungen der Ärztinnen auf eine eigene Interessenvertretung schwanden, schlossen sie sich zunehmend NS-Organisationen an. Tabelle 3.8 zeigt, daß zwischen 1933 und 1945 mehr als die Hälfte der Ärztinnen Parteibindungen hatten, auch wenn die politisch organisierten weiblichen Ärzte im Verhältnis zu den männlichen stets unterrepräsentiert waren.[22] Nichtsdestotrotz stieg ihr Anteil zwischen 1939 und 1945 von 53,4 auf 60,7 Prozent (siehe Tabelle 3.9).[23] Das war eine logische Folge ihrer zunehmenden formellen Anerkennung, durch die sich die Zahl der berufstätigen Ärztinnen erhöhte. Die Erfahrung, wegen der Kriegserfordernisse nun doch gebraucht zu werden, machten nach 1939 alle Frauen, insbesondere die weiblichen Fachkräfte.[24]

Tabelle 3.8 verdeutlicht den kurativen und karitativen Charakter der politischen Aktivitäten der Ärztinnen im Dritten Reich. So waren sie in Organisationen wie der Hitler-Jugend (beziehungsweise dem Bund Deutscher Mädel) oder dem Nationalsozialistischen Deutschen Studentenbund prozentual stärker vertreten als ihre männlichen Kollegen, während sie in der frauenfeindlichen NSDAP und im Nationalsozialistischen Ärztebund stark unterrepräsentiert waren. Die Partei war nicht interessiert an den Dienstleistungen, für die angeblich nur weibliche Ärzte begabt waren, und der NS-Ärztebund hatte den Ärztinnen in ihrem Kampf um ihren unabhängigen Status viel Ärger bereitet und wurde darüber hinaus von dem unbeliebten Gerhard Wagner geleitet.[25] Natürlich engagierten sich in den nationalsozialistischen Frauenorganisationen, dem Deutschen Frauenwerk und der straffer organisierten NS-Frauenschaft, nur weibliche Ärzte und in der SA und der SS nur männliche.[26]

Welchen Wert die Mitgliedschaft in der NSDAP für Ärztinnen hatte, wurde bereits aus der kurz umrissenen Geschichte des BDÄ deutlich: Mit einem NSDAP-Mitgliedsausweis konnten sie ihre politische Loyalität dokumentieren und sich gleichzeitig in ihren Auseinandersetzungen mit der Reichsärzteführung mehr Freiheiten herausnehmen. Außerdem war er zweifellos der Karriere förderlich. Politische Zuverlässigkeit war stets ein Kriterium, wenn man sich um eine Stelle bewarb oder sich beruflich verbessern wollte;[27] auch angesichts der anhaltenden Feindseligkeit männlicher Kollegen war der Eintritt in die NSDAP für Ärztinnen die mit Abstand beste Taktik. Die Mitgliedschaft in irgendeiner NS-Organisation zählte nicht so viel. Bereits in den ersten Jahren des NS-Regimes, in der Jungärzte, die die Kassenzulassung beantragten, für die etablierten Ärzte noch eine Konkurrenz darstellten, waren Ärztinnen bereits so clever, in ihren Stellengesuchen zu erwähnen, daß sie NSDAP-Mitglieder waren. Als Ärzte Mitte der dreißiger Jahre knapper wurden, gaben sie diese Gewohnheit auf.[28]

Mit einigen Einzelheiten aus den Lebensläufen von fünf Ärztinnen – Hanna Donnerberg, Margot Gressler, Hildegard Schönberg, Herta Russ und Hilde Tries – möchte ich meine Ausführungen zu diesem Thema abschließen. Ich erwähnte bereits den Fall von Dr. Donnerberg, die sich 1938 als praktische Ärztin in Neuwied niederlassen wollte. Zunächst lehnte die KVD ihren Antrag mit der Begründung ab, daß sie nie in einer nationalsozialistischen

Organisation, geschweige denn der NSDAP selbst, aktiv gewesen sei, dabei arbeitete sie seit September 1934 ehrenamtlich als beratende Ärztin für den BDM. Erst als Donnerberg, der darüber hinaus vorgeworfen wurde, noch 1935 in einem jüdischen Geschäft eingekauft zu haben, mit Unterstützung der örtlichen NSF-Leiterin entschlossen Widerspruch einlegte und auf ihren Dienst im BDM verwies, bescheinigte eine höhere Instanz ihr Zuverlässigkeit in »Partei-Organisationen« und gestattete ihr, eine Praxis zu eröffnen.[29] Margot Gressler hoffte zwei Jahre später jedoch vergeblich, sich in Ohrdruf niederlassen zu können, hauptsächlich deshalb, weil es auch männliche Interessenten gab, doch daß sie keinerlei Parteibindungen hatte, verringerte ihre Chancen sicher erheblich.[30]

Hildegard Schönberg erging es wesentlich besser. Die begabte Pathologin war bereits 1931 in die Partei eingetreten, und spätestens 1938 wurde sie außerdem Mitglied des Nationalsozialistischen Fliegerkorps (NSFK). Das war ihrer Karriere zweifellos förderlich. Zunächst war sie Assistenzärztin am Berliner Auguste-Viktoria-Krankenhaus, ab 1936 leitete sie eine Abteilung in einer Kinderklinik, und vor ihrem Tod im Jahre 1939 arbeitete sie in drei medizinischen Einrichtungen gleichzeitig. Trotzdem fand sie nebenher noch Zeit, eigene Forschungsergebnisse zu veröffentlichen. Ihre vielversprechende Karriere hatte gerade erst begonnen, als sie sich eine Diphterie zuzog, die tödlich verlief.[31]

Gute Beziehungen zu nationalsozialistischen Organisationen waren auch während des Krieges sehr nützlich. Die in Wien geborene Ärztin Herta Russ erklärte der Reichsgesundheitsführung im November 1940, daß sie in Österreich vor dem »Anschluß« wegen ihrer nationalsozialistischen Überzeugungen sehr zu leiden gehabt habe, und erhob anschließend Anspruch auf eine eigene Praxis. Es war tatsächlich amtlich, daß sie 1938, unmittelbar nach dem »Anschluß« Österreichs, in die NSDAP eingetreten war.[32] Mit Referenzen dieser Art konnte die sechsundzwanzigjährige Dr. Hilde Thies nicht aufwarten, als sie sich im Sommer 1942 im hessischen Kelkheim um die Stelle einer Betriebsärztin bewarb. Zudem war sie eine praktizierende Katholikin, deren Familie den Nazis wegen ihrer engen Bindungen an die Kirche bereits verdächtig war. Die Partei gelangte zu dem Urteil, daß die junge Ärztin dem neuen Regime keineswegs positiv gegenüberstand, da sie weder einer Unterorganisation der nationalsozialistischen Bewegung noch der NSV, geschweige denn der NSDAP beigetreten sei. Der Sachverständige der Partei übersah offenbar ihre Mitgliedschaft im BDM, doch möglicherweise erhielt sie auch wegen ihrer religiösen Überzeugungen keine Chance, ihre beruflichen Pläne zu verwirklichen.[33]

Von allen Naziorganisationen, in denen berufliche Möglichkeiten für Ärztinnen bestanden, war der BDM die beliebteste. Dort gab es keine Männer, und obwohl die Mitarbeit im BDM ehrenamtlich war, wie jede Tätigkeit dieser Art in der Bewegung,[34] wurde sie als lohnend betrachtet. Vermutlich diente sie gleichzeitig als Sprungbrett zu einer erfolgreichen Karriere, zum Beispiel als Sportärztin im staatlichen Schulsystem oder als Betriebsärztin im Arbeitsdienst.[35] Abgesehen davon lieferte sie ein politisches Alibi, das im nationalsozialistischen System im Grunde jeder brauchte. Erst 1937 begann der BDM, Ärztinnen auf Vollzeitbasis einzustellen, und als das regionale Netz der Hitler-Jugend während des Krieges ausgebaut wurde, erhöhte sich die Zahl der bezahlten BDM-Ärztinnen in leitenden Positionen entsprechend.[36] 1939 arbeiteten insgesamt 1300 Medizinerinnen als bezahlte Vollzeitkräfte oder ehrenamtliche beratende Ärztinnen für den BDM; zwei Jahre später waren es 1500.[37] Von 1936 bis zum Beginn des Krieges fanden jeden September im RÄK-Lager von Alt-Rehse spezielle Schulungen für diese BDM-Ärztinnen statt; am ersten Lehrgang nahmen 130 Frauen mit großem Enthusiasmus teil.[38] Zu den Aufgaben der BDM-Ärztinnen gehörten die Überwachung der hygienischen Verhältnisse in der weiblichen Hitler-Jugend, die Durchführung von Vorsorgeuntersuchungen, Notfalleinsätze, die allgemeine medizinische Beratung, die Organisation von Kursen in Gesundheitsführung und während des Krieges sogar die Leitung der Erste-Hilfe-Einsätze von BDM-Mädchen nach Luftangriffen.[39] Darüber hinaus waren die BDM-Ärztinnen verpflichtet, die Amtsärzte bei der routinemäßigen medizinischen Betreuung von Schulkindern zu unterstützen.[40]

Die Arbeit in der NSV, die wie die ärztliche Tätigkeit im BDM in den Zuständigkeitsbereich des vom Reichsärzteführer geleiteten Hauptamtes für Volksgesundheit fiel, drehte sich gewöhnlich um die Mütterbetreuung und die Säuglingspflege, eine besonders wichtige Aufgabe im offiziellen Gesundheitsvorsorgeprogramm des NS-Regimes.[41] Sie scheint die Ärztinnen nur deshalb weniger gereizt zu haben als der Dienst im BDM, weil in der NSV die männlichen Kollegen in der Überzahl waren und die meisten leitenden Positionen innehatten (siehe Tabelle 3.8). Doch da die ärztliche Arbeit im NSV oft mit Programmen der beiden großen nationalsozialistischen Frauenorganisationen, dem DFW und insbesondere der NSF, verknüpft war,[42] wurde sie von den Ärztinnen im großen und ganzen als befriedigend empfunden. Sie bestand zum Beispiel darin, Schwangere und junge Mütter mit ihren Babys zu Erholungsaufenthalten in Kurorte und eigens eingerichtete Heime auf dem Land zu schicken, wo durch viel frische Luft, kräftigende Gymnastik und eine gehaltvolle Ernährung ihre Gesundheit gestärkt werden sollte. Es wurden auch Schulungskurse für Mütter und Schwangere veranstaltet.[43] Natürlich lag diesen Bemühungen eine rassistische Philosophie zugrunde: Nur biologisch gesunde deutsche Frauen, ungeachtet ihrer sozialen Herkunft, sollten betreut werden, damit sie noch gesünderen Nachwuchs produzierten.[44] Und schließlich konnten die Medizinerinnen in den Reihen der NSV als – oft mit gesetzlichen Vollmachten ausgestattete – beratende Ärztinnen in der Jugendpsychiatrie eine wichtige Rolle übernehmen.[45]

Abgesehen von der Arbeit im BDM oder in der NSV, erwiesen Ärztinnen der nationalsozialistischen Bewegung noch andere Dienste, von denen hier nur die extremsten erwähnt werden sollen, um zu verdeutlichen, wie weit die fanatischsten nationalsozialistischen Medizinerinnen zu gehen bereit waren, um sich einen guten Posten zu sichern. Eine gewisse Dr. Bahr war beim Rassenpolitischen Amt angestellt, wo sie auf dem Höhepunkt des Krieges Stammbäume von gewöhnlichen Bürgern nach jüdischen Vorfahren durchforstete – mit katastrophalen Folgen für diejenigen, die welche hatten.[46] Gute Posten für Ärztinnen gab es auch in der SS-Einrichtung Lebensborn, die sich um unehelich geborene »rassisch hochwertige«

Kinder und deren Mütter kümmerte, von denen einige Geschlechtsverkehr mit körperlich makellosen SS-Männern gehabt hatten.[47]

Dr. Herta Oberheuser übertraf diese Kolleginnen noch. Die 1911 geborene Kinderärztin trat als sechsundzwanzigjährige Medizinalassistentin in die NSDAP ein und gehörte später zum Arztpersonal von Ravensbrück, dem einzigen Konzentrationslager für Frauen. Sie beteiligte sich dort an grausamen Experimenten und war für den Tod vieler Opfer mitverantwortlich.[48] Bis heute verkörpert sie die ideologisch pervertierte, aber nichtsdestotrotz ehrgeizige Akademikerin dieser beispiellosen sieben Jahre. Am Anfang mag sie ein Opfer der Politik des Dritten Reichs gewesen sein, doch am Ende trug sie eine große Mitschuld an seinen Verbrechen.

KAPITEL 4

Medizinische Fakultäten in der Krise

1. Die Indoktrination der medizinischen Wissenschaft durch die NS-Ideologie

Im Dritten Reich wurde die Medizin an allen Universitäten und Hochschulen die wichtigste akademische Disziplin, sowohl absolut als auch relativ gesehen. Sie wurde nicht nur das größte Fach, so daß 1935 etwa 30 Prozent aller universitären Lehrkräfte medizinische Fächer unterrichteten und danach noch mehr, sondern die Mediziner hatten auch mehr politische Macht an den Universitäten als alle anderen Fachbereiche. Die deutschen medizinischen Fakultäten waren nach Ende des 19. Jahrhunderts gewachsen, und die Medizin hatte sich schon in der Weimarer Republik zum wichtigsten universitären Fach entwickelt. Schon damals übten Mediziner als Rektoren notorisch die Vorherrschaft in den Universitätsverwaltungen aus. Von 1923 bis 1932 waren fast 36 Prozent aller Rektoren Mediziner. Im Dritten Reich setzte sich dieser Trend fort, denn von 1933–1945 erhöhten sich diese 36 Prozent auf nahezu 59 Prozent. Die Mediziner waren als Rektoren im Verhältnis zu allen anderen Disziplinen 2 zu 1 überrepräsentiert. Der Einfluß des medizinischen Bereichs wurde noch dadurch verstärkt, daß nach dem Januar 1933 die Rektoren aller Universitäten vom nationalsozialistischen Staat ernannt und mit Führervollmachten ausgestattet wurden. Sie standen nun völlig unangefochten an der Spitze der Universitätshierarchie und waren nur noch dem Reichserziehungsministerium verantwortlich und in gewissem Ausmaß dem Einfluß des akademischen Vertreters der Partei unterworfen.[1]

Was immer an einer medizinischen Fakultät geschah, setzte in der Regel Präzedenzfälle für die Entwicklung in anderen Fakultäten oder verhieß Veränderungen für die gesamte universitäre Gemeinschaft. In diesem Sinne hatten die medizinischen Fakultäten mit der Zeit eine Art Modellcharakter erhalten.[2]

Angesichts der gewachsenen Bedeutung der medizinischen Fachbereiche im Dritten Reich war es ein besonders unheilvoller neuer Trend, daß an ihnen nun neue Pseudodisziplinen etabliert wurden. Die bei weitem wichtigste dieser Pseudodisziplinen war die häufig auch als Eugenik bezeichnete »Rassenkunde« oder Rassenhygiene, deren wichtigste Inhalte natürlich die Grundlage der nationalsozialistischen Doktrin bildeten.[3] Ja, man könnte sogar sagen, daß die Ideen der »Rassenkunde« oder Rassenhygiene, soweit sie von Medizinern entwickelt wurden, ein wirklich medizinischer Anteil des nationalsozialistischen Gedankenguts, wie es sich seit den Anfängen der völkischen Bewegung entwickelt hatte, war. Dies bedeutet, daß wichtige Teile des nationalsozialistischen Programms in der »Kampfzeit« der NS-Bewegung sozusagen medikalisiert wurden und daß bestimmte medizinische Wissenschaftler an dieser Medikalisierung beteiligt waren. Letztlich läßt sich ein organischer Zusammenhang zwischen verschiedenen Tendenzen in der deutschen Medizin vor 1920 und dem rassenhygienisch motivierten Horror von Auschwitz feststellen, ein Zusammenhang, der in der kritischen Literatur über den Nationalsozialismus bis zur Publikation der grundlegenden Studien von George Mosse und Robert Jay Lifton weitgehend übersehen wurde.[4]

Nach ihren ursprünglichen völkischen Kriterien bestand die »Wissenschaft« der Rassenhygiene oder »Rassenkunde« aus drei gleichgewichtigen Komponenten: einer anthropologischen, einer soziopolitischen und einer rein medizinischen. Die anthropologische Komponente basierte auf der Messung und Aufzeichnung menschlicher Körpermerkmale als Grundlage für Vergleiche und letztlich Werturteile, die jedoch allen Anstrengungen zum Trotz immer völlig willkürlich blieben. Diese Werturteile waren von soziopolitischen, das heißt expansionistischen oder imperialistischen Annahmen inspiriert, die für den Kreis der Gläubigen eine axiomatische Qualität gewannen. Sie sollten später den geistigen Rahmen für die »Selektion« und »Gegenselektion«, die an Individuen und Gruppen vorgenommen wurden, bilden. Das Ziel war, eine genau definierte »Rasse«, die man für überlegen hielt, zu verbessern (Aufzucht) und eine andere, für minderwertig gehaltene an der Fortpflanzung zu hindern oder »auszurotten« (Ausmerze).[5]

Daß die »Rassenkunde« in der universitären Medizin Fuß fassen und danach auch andere Disziplinen beeinflussen konnte, lag an der wissenschaftlichen Atmosphäre im letzten Viertel des 19. Jahrhunderts. Es war die unmittelbar postdarwinistische Ära, in der das von Kaiser Wilhelm II. regierte Deutsche Reich den Aufstieg einer neuen, rassisch motivierten Form des Antisemitismus erlebte, als deren geistiger Kopf der Zoologe und ehemalige Arzt Ernst Haeckel wirkte.[6] In gewisser Hinsicht kommt Dr. Alfred Ploetz, obwohl er kein Antisemit war, das zweifelhafte Verdienst zu, als Theoretiker eines vulgarisierten Sozialdarwinismus der geistige Vater der »Rassenkunde« zu sein. Der 1860 geborene Ploetz arbeitete als praktischer Arzt, Dozent und Schriftsteller und lebte lange genug, um 1930 von der philosophischen Fakultät der Universität München einen Ehrendoktortitel und sechs Jahre später von Hitler persönlich einen Lehrstuhl an derselben Universität zu erhalten.[7] Ploetz bediente sich eines sehr primitiven darwinistischen Schemas und behauptete, daß die weiße (»westarische«) Rasse den anderen Rassen überlegen sei. Die Juden waren in seinem System noch als beinahe »arisch« geduldet, und Antisemitismus wurde vermieden. Sicher war nur, daß die germanischen Völker ganz an der Spitze standen.[8]

Laut Ploetz ergaben sich solche Ansichten aus den Notwendigkeiten der Rassenhygiene. In einem Krieg sollten nur die minderwertigen Mitglieder einer Rasse als Kanonenfutter an die Front geschickt werden. Ploetz kam sogar zu dem Schluß, daß ein Rat von Medizinern über Leben und Tod eines jeden Neugeborenen entscheiden sollte, um die Gesundheit der überlegenen Rasse zu sichern. Wie Mosse richtig schreibt, »beruhte die der Methode der Rassenhygiene innewohnende Brutalität auf einer Überhöhung der menschlichen Macht, die unvermeidlich war, solange man daran glaubte, das Überleben der Menschheit sei von der Aufzucht einer Elite und der Ausrottung der Schwachen abhängig«.[9]

Der für Ploetz 1930 von der Universität München ausgerichtete Festakt war symptomatisch für die Wichtigkeit, die die »Rassenkunde« in Deutschland damals schon hatte. Dies war Ploetz selbst und seiner treuen Anhängerschaft zu verdanken. Er hatte 1895 das damals als grundlegend angesehene Werk über die Überlegenheit der germanischen Rasse veröffentlicht, und neun Jahre später hatte er mit der bald schon berühmten Zeitschrift *Archiv für Rassen- und Gesellschaftsbiologie* das maßgebliche Periodikum für alle völkisch orientierten Wissenschaftler gegründet. Eine der ersten Personen, die sich an diesem Unternehmen beteiligten, war die Gynäkologin Dr. Agnes Bluhm. Zusammen mit Bluhm, Ernst Rüdin und anderen gründete Ploetz außerdem im Jahr 1905 die Deutsche Gesellschaft für Rassenhygiene, eine »wissenschaftliche« Gesellschaft, die sich bald schon bei weißen rassistischen Wissenschaftlern auch außerhalb der Reichsgrenzen einen guten Ruf erwarb.[10]

Einer weiterer Mitgründer der Gesellschaft für Rassenhygiene war Philalethes Kuhn. Er war zehn Jahre jünger als Ploetz und hatte seine berufliche Laufbahn als Arzt in Deutsch-Südwestafrika begonnen. Dort hatte er an den brutalen Feldzügen gegen ungehorsame Eingeborenenstämme und insbesondere an dem Ausrottungskrieg gegen die stolzen Hereros im Jahr 1904 teilgenommen. Auf diese Erfahrungen gründete er sein Verständnis von der Überlegenheit der deutschen Herrenrasse, eine Behauptung, die von den Völkischen zunächst nur im Hinblick auf Schwarze aufgestellt wurde, aber leicht auch auf Juden ausgedehnt werden konnte.[11] 1920 erhielt Kuhn eine ordentliche Professur für klinische Hygiene an der Technischen Universität Dresden, und 1924 wurde er der neue Ortsgruppenleiter der Gesellschaft für Rassenhygiene und ein begeisterter, wenn auch heimlicher Anhänger Adolf Hitlers, der damals in Landsberg in Festungshaft saß. 1926 wechselte Kuhn nach Gießen und verknüpfte auch hier wie schon in Dresden seine Seminare in medizinischer Hygiene mit rassischen Botschaften.[12] Bald schon folgte der 1891 geborene Professor Hans Reiter Kuhns Beispiel. Er lehrte seit 1919 als außerordentlicher Professor für Hygiene in Rostock, und zwar mit ähnlich rassistischer Tendenz. Auch er war begeisterter Hitleranhänger und eroberte 1932 für die NSDAP einen Sitz im Mecklenburger Landtag.[13] Während der ganzen zwanziger Jahre waren Kuhn und Reiter mit einem dritten Arzt im Bunde, der sich lebhaft für die »Rassenfrage« interessierte: Dr. Fritz Lenz. Als früherer Student von Ploetz hatte der Sechsunddreißigjährige den 1923 in München geschaffenen ersten Lehrstuhl für Rassenhygiene inne, wenn auch nur als planmäßiger außerordentlicher Professor.[14] Kuhn, Reiter und Lenz sowie einige unbedeutendere medizinische Hochschullehrer mit anthropologischen Interessen lehrten in den zwanziger und frühen dreißiger Jahren an mehreren Universitäten Rassenhygiene, wenn auch keineswegs systematisch.[15] Obwohl die Atmosphäre an den medizinischen Fakultäten einige Jahre vor Beginn des Dritten Reichs für rassenhygienische Studien in bescheidenem Umfang durchaus förderlich war, konnte in der Weimarer Republik kaum einer der späteren Rassentheoretiker seinen Abschluß in »Rassenkunde« machen. So erhielt beispielsweise der Dozent Siegfried Koller, der Jahre später eine wichtige Rolle bei der eugenischen Planung spielen sollte, den ersten seiner zwei Doktortitel im Jahr 1930 nicht in Medizin, sondern von der philosophischen Fakultät in Göttingen für eine Arbeit über den Einsatz von Statistiken in der Blutgruppenforschung.[16]

Die etablierten medizinischen Hochschulen zögerten zunächst, »Rassenkunde« als ernsthafte Disziplin zu akzeptieren. Doch nach Hitlers Machtantritt änderte sich die Lage, wenn auch nicht über Nacht. Es ist sicher, daß Hitler schon 1924 von Lenz' medikalisierten Rassenideen beeinflußt wurde, als er dessen erstes wichtiges Buch im Landsberger Gefängnis las. Ebenfalls gut bekannt ist, daß Lenz das Rassenprogramm des Führers begrüßte, soweit es bis Anfang der dreißiger Jahre veröffentlicht war – obwohl der Wissenschaftler äußerte, seine eigenen Konzepte seien von Hitler, insbesondere bezüglich der Juden, etwas zu sehr radikalisiert worden.[17] Jedenfalls besteht heute kein Zweifel mehr darüber, daß Hitler nach dem Januar 1933, unterstützt von Rudolf Hess und dessen Protegé Dr. Gerhard Wagner, nicht nur rückhaltlos für die Institutionalisierung von rassisch-eugenischen Organisationen und deren staatliche Unterstützung eintrat, sondern auch die Einrichtung von Lehrstühlen für »Rassenkunde« an den medizinischen Fakultäten besonders befürwortete.

Diese Unterstützung zeigte sich sowohl in der offenen Anerkennung, die der neue Reichskanzler dem Werk Philalethes Kuhns zollte,[18] als auch in seiner demonstrativen Berufung von Fritz Lenz auf den ersten ordentlichen Lehrstuhl für Rassenhygiene – an der angesehenen Universität Berlin –, der starke öffentliche Aufmerksamkeit zuteil wurde.[19] Etwa um dieselbe Zeit riefen Kuhn und seine Kollegen dazu auf, an den medizinischen Fakultäten weitere Stellen im Fach »Rassenkunde« zu schaffen, und zwar möglichst als ordentliche Professuren.[20] Die gleichzeitige Entstehung von zahllosen rassistischen Einrichtungen öffentlichen oder halböffentlichen Charakters im ganzen Land verhieß der »Rassenkunde« als akademischem Fach eine glänzende Zukunft.[21]

Diese Entwicklung stand im Einklang mit den neuen Aufgaben, deren Bewältigung in den einschlägigen Werken von Ploetz, Lenz und Kuhn ständig als Voraussetzung für das Überleben einer wie auch immer definierten deutschen »arischen« Rasse gefordert wurde. So verkündete der Arzt und neue Staatskommissar für das Gesundheitswesen in Bayern, Professor Walter Schultze, die Rassenfrage habe derart an Bedeutung gewonnen, daß die alte Sitte, für die Schwachen zu sorgen, zugunsten der rassisch Reinen und Erbgesunden aufgegeben werden müsse. Da die Sterilisierung dafür eine ungenügende Maßnahme war, würde »Ausmerze« notwendig werden. Die Spreu sollte vom Weizen getrennt werden, ein Prozeß, der laut Professor Schultze in den Konzentrationslagern bereits begonnen hatte.[22] Professor Reiner Müller, der seit 1914 an der medizinischen Fakultät in Köln lehrte, schrieb 1935 in einem Lehrbuch über Hygiene in dem Kapitel »Rassenhygiene«, daß die verschiedenen Rassen unterschiedlich anfällig für Krankheiten seien. Er zog daraus den Schluß, daß die Rassen identifizierbar seien und soziale und sexuelle Kontakte zwischen ihnen unterbunden werden könnten, was schließlich der Zweck einer richtig umgesetzten Rassenhygiene sei. In diesem Zusammenhang stellte Müller fest, daß Diabetes bei Juden und Hindus häufiger vorkomme als bei anderen Völkern. Er betonte ausdrücklich, daß die deutschen »Arier« nicht zu den besonders krankheitsgeplagten Rassen gehörten. Vielmehr konstatierte er ihre Überlegenheit aufgrund der wohlbekannten

Begabung der nordischen Völker für das Überleben unter harten Umweltbedingungen. Dieses habe im Lauf der Zeit den gegenwärtigen deutschen Typus hervorgebracht: den produktiven, intelligenten Menschen, der sich durch eine Kombination von Erfindungsgeist, logischer Klarheit und Willensstärke auszeichnet.[23] Im selben Jahr meinte der Dessauer Arzt Alfred Böttcher, die »Rassenkunde« müsse sich das praktische Ziel setzen, jüdisches Blut im Reagenzglas sichtbar zu machen, was allerdings nicht möglich sein werde, so lange es den jüdischen Wissenschaftlern an deutschen Universitäten noch möglich sei, solche Forschungsprojekte von nationaler Wichtigkeit zu boykottieren.[24]

Zwischen 1933 und 1939 wurden an den meisten medizinischen Fakultäten Stellen für Rassenhygiene geschaffen, und wenn keine Lehrstühle eingerichtet wurden, hielten Fakultätsmitglieder mit einem nachhaltigen Interesse an »Rassenkunde« die entsprechenden Seminare. In Berlin, Greifswald, München, Halle und Leipzig gab es bereits 1933 Lehrstühle oder Universitätsinstitute für Rassenhygiene. In Frankfurt wurde 1935 ein Lehrstuhl für Otmar Freiherr von Verschuereingerichtet und in Gießen 1938 einer für Heinrich Wilhelm Kranz. An der medizinischen Fakultät Tübingen gab es zwar keinen solchen Lehrstuhl, aber das Fach wurde von den strammen Nationalsozialisten Wilhelm Gieseler, Heinrich Hoffmann und Otto Stickl gut betreut.[25]

Ein Problem, das noch der Lösung harrte, war der Mangel an qualifizierten Bewerbern für die neuen Stellen in diesem Fach, für das es natürlich keine Ausbildungstradition gab. Mit Ausnahme der Anatomie war die einzigartige Kombination von Anthropologie und Medizin noch nicht in den anerkannten Lehrplan vorgedrungen, Lehrveranstaltungen mußten erst noch konzipiert werden. Die meisten, wenn nicht gar alle der hastig als Lehrende verpflichteten Experten für »Rassenkunde« erwiesen sich als kläglich inkompetent. Ein gutes Beispiel ist der tschechische Gynäkologe Lothar Gottlieb Tirala, der Lenz' Nachfolger in München wurde, nachdem er acht Jahre eine Privatpraxis in Brünn geführt hatte. Obwohl Tirala zwei Doktortitel besaß, war er nicht einmal mit den grundlegenden Theorien der Vererbungslehre wie etwa der von Mendel vertraut. Statt dessen konzentrierte er seine Anstrengungen darauf, alle Arten von Krankheiten durch Atemübungen zu kurieren, in öffentlicher Rede und bei Fortbildungsseminaren für praktizierende Ärzte Albert Einstein des geistigen Diebstahls zu beschuldigen und Paul Ehrlich dessen epochale Entdeckung einer Heilmethode für Syphilis zu mißgönnen. Kein Wunder, daß Tirala für seine Studenten bald schon eine Quelle der Erheiterung und des Gelächters wurde.[26] Selbst der angesehene Eugen Fischer in Berlin, der als Anthropologe und als Mediziner einen hervorragenden Ruf genoß, entwickelte sich zu einem fanatischen Anhänger des Ideenwirrwarrs der »Rassenkunde«. So groß war seine Ehrfurcht vor dem »großen Führer«, daß wißbegierige Studenten es schwierig fanden, ein intelligentes Gespräch mit ihm zu führen.[27]

Im Lauf der Jahre entstand das Paradox, daß die Qualität der universitären Ausbildung in »Rassenkunde« und ihr Status an den Hochschulen immer noch als extrem zweifelhaft galt, ihre praktische Anwendung insbesondere in der Kriegszeit aber in einem solchen Maße zunahm, daß die medizinisch-ethischen Grenzen strapaziert und überschritten wurden. Im März 1936 wurde »Rassenkunde« als Prüfungsfach für Medinzinstudenten eingeführt und damit Bestandteil der ärztlichen Ausbildung.[28] In Hochburgen der »Rassenkunde« wie etwa Gießen wurden bald schon zahlreiche Doktorarbeiten in »Rassenkunde« geschrieben.[29] Trotzdem verwiesen Kritiker an den Universitäten und in verschiedenen Ministerien 1938 erneut auf die Probleme in dem neuen Fach. Im Januar mahnte Professor Reiter in einem offenen Brief, daß die Universitätsveranstaltungen in Rassenhygiene in Quantität und Qualität noch immer ungenügend seien. Einen Monat später wiederholte Dr. Herbert Linden aus Contis Gesundheitsabteilung im Reichsinnenministerium diese Beschwerde und fügte seiner Kritik einen Verbesserungsvorschlag hinzu.[30] Ein Jahr später waren die Mängel jedoch noch immer nicht behoben. Da keine qualifizierten Hochschullehrer für »Rassenkunde« verfügbar waren, waren viele Seminare eher improvisierte Workshops oder mußten mit externen Lehrkräften abgehalten werden. Unter Fachleuten werde am Erfolg dieser Methode gezweifelt, kommentierte der Sicherheitsdienst der SS lakonisch.[31]

Gegen Ende des Krieges mußte das Reichserziehungsministerium das Scheitern der Ausbildung im Fach »Rassenkunde« eingestehen: Ein qualifizierter Lehrkörper existiere nicht, und die Studenten beherrschten den Stoff nur mangelhaft.[32] Dieses Scheitern wurde täglich manifest, wenn sich »Arier«, die die Untersuchung auf nordische Merkmale mit Auszeichnung bestanden hatten, als Juden entpuppten.[33] Wie auch immer, der rassisch-eugenische Apparat war schon lange eingerichtet, um die Maßnahmen durchzuführen, die zur Verbesserung der deutschen Rasse für unabdingbar gehalten wurden: Sterilisierung, Kastration, »Euthanasie« und die »Ausrottung« minderwertiger Rassen. Der Vorschlag, Gewohnheitstrinker zu sterilisieren, wurde von Professor Lenz heftig begrüßt.[34] Und im Sommer 1942 billigten die Professoren Fischer, Verschuer und Lenz Leonardo Contis Pläne für eine strenger rassenhygienische Orientierung der deutschen Gesundheitspolitik – derselbe Conti hatte sich, gestützt auf die rassenkundlichen Glaubenssätze eben dieser Professoren, bereits an den Morden im Zuge des »Euthanasie«-Programms beteiligt.[35]

Bei weitem der schlimmste intellektuelle Rohling auf einem Lehrstuhl für »Rassenkunde« im Dritten Reich war Heinrich Wilhelm Kranz. Seine Karriere soll hier etwas ausführlicher geschildert werden, weil sie typisch für jene »alten Kämpfer« unter den Ärzten ist, die schon in den zwanziger Jahren fanatische Nationalsozialisten waren und nach der Machtübernahme dafür belohnt wurden.[36] Kranz wurde 1897 in Göttingen als Sohn eines Postbeamten geboren. Seine Jugend war von Gewalt geprägt, wie es für viele alte Hitleranhänger typisch war. Er besuchte das Gymnasium, studierte aber zunächst nicht, sondern wurde mit siebzehn Soldat. Bei Kriegsende bekleidete er den Rang eines Leutnants und schrieb sich an der medizinischen Fakultät der Universität Marburg ein.[37] Dort wurde er Mitglied des berüchtigten Studentenkorps, das in einem Wald bei Mechterstedt in Thüringen 15 unbewaffnete linke Arbeiter kaltblütig erschoß. Die Studenten kamen zwar vor ein Militärgericht, wurden aber alle von der Anklage des Mordes freigesprochen – ein Skandal, der damals im ganzen Reich monatelang Schlagzeilen machte.[38] Kranz war damit zu einem Helden des extrem nationalistischen Flügels geworden und zog kurz darauf nach Freiburg, wo er 1921 seinen medizinischen Doktortitel erhielt. Danach machte er in Frankfurt und Gießen den Facharzt für Ophtalmologie. Er habilitierte sich 1926 und eröffnete in Gießen eine Praxis als Augenarzt.[39]

Vermutlich unter dem Einfluß von Professor Kuhn, der in jenem Jahr in Gießen lehrte, entwickelte Kranz ein wachsendes Interesse für »Rassenkunde«, das er eng mit Bevölkerungsplanung verknüpfte, während er gleichzeitig seine Verbindung zu Hitlers völkischer Bewegung pflegte. Als Mitglied des NS-Ärztebunds und ordentliches Parteimitglied seit Anfang der dreißger Jahre gab er 1931 rassenhygienische Kurse für den NSÄB.[40]

Nach dem Januar 1933 setzte Kranz' politischer und beruflicher Aufstieg ein. Er wurde zunächst Dr. Wagners Stellvertreter in Oberhessen und der höchste Vertreter der KVD in der Region. Danach bekleidete er eine Reihe von Ämtern in der Partei und in den nationalsozialistischen Ärzteverbänden, die etwas mit Rassenhygiene zu tun hatten. Insbesondere wirkte er als Gutachter an speziellen Gerichtshöfen, die in den frühen Jahren des Regimes durch eine Reihe von rassenpolitischen Gesetzen zur »Erbgesundheit« geschaffen wurden. Obwohl er noch immer nur Ophtalmologe war und keinerlei ordentliche Ausbildung in Anthropologie besaß, stand er kurz davor, einer der mächtigsten Ideologen in der Rassen- und Bevölkerungspolitik des Dritten Reichs zu werden.[41]

Kranz bereitete seinen Eintritt in die erlauchten Hallen der höheren Gelehrsamkeit sorgfältig vor, und sein Erfolg war eindrucksvoll. Schon im Januar 1934 hatte er sich die offizielle Erlaubnis beschafft, in den Räumen der Gießener Universität für Krankenschwestern und auch für Ärzte Fortbildungskurse in Rassenhygiene zu halten. Gleichgesinnte Mitglieder der Fakultät wie Professor Rudolf Edler von Jaschke, der Leiter der gynäkologischen Klinik der Universität, aber auch prominente Experten von außerhalb wie der Frankfurter Professor Otmar von Verschuer gaben ebenfalls solche Kurse.[42] Für das Wintersemester 1934/35 erhielt Kranz einen Lehrauftrag in Rassenhygiene, und Anfang 1937 wurde er zum Extraordinarius für dieses Fach ernannt.[43] Das Institut für Erbgesundheits-

und Rassenpflege, das Kranz im Herbst 1933 als eine von der Partei geförderte Einrichtung gegründet hatte, war mit Hilfe von Professor Kuhn bis Januar 1936 teilweise in die Universität angegliedert worden. Zwei Jahre später wurde es eine vollwertige, staatlich finanzierte Abteilung der Universität. 1939 stieg Kranz zum Führer der Ortsgruppe Gießen des NS-Dozentenbunds auf, und nach einer kurzen Stippvisite in der Wehrmacht, die ihn in die eroberte Tschechoslowakei führte, wurde er 1940 zum Rektor der Universität ernannt. Er setzte seine spektakuläre Karriere als ordentlicher Professor fort und wurde 1942 Nachfolger Otmar von Verschuers in Frankfurt, nachdem dieser »Star« unter den Rassenhygienikern Fischers begehrte Position in Berlin eingenommen hatte.[44]

Kranz soll sich, vermutlich auf der Flucht vor den Alliierten, die ihn auf ihre Kriegsverbrecherliste gesetzt hatten, im Mai 1945 das Leben genommen haben.[45] Der Grund für seinen Selbstmord war wohl die eigene Einschätzung, daß seine Arbeit nicht auf allgemeine wissenschaftliche Zustimmung stoßen würde, da er die äußersten Grenzen der hippokratischen Ethik weit überschritten hatte. Wenn Kranz sich bis 1945 durch irgendeine seiner Taten wirklich strafbar gemacht hat – was nie gerichtlich geklärt werden konnte –, dann müßte man ihn als Planer, als typischen Schreibtischtäter bezeichnen. Juristen und Historiker haben Kranz meist ignoriert, nicht nur weil er 1945 starb, ohne große wissenschaftliche Werke zu hinterlassen, sondern auch weil das Böse, das er und seine Anhänger angerichtet hatten, nur potentiell Böses war, denn viele von Kranz' Kopfgeburten wurden nie realisiert. Trotzdem ist der Fall Kranz ein wichtiges Beispiel für die Entwicklung der deutschen Medizin unter rassistischer Schirmherrschaft, denn neben den bekannten Verhältnissen in Auschwitz und anderen Konzentrationslagern beweisen seine Institute in Gießen und Frankfurt, wie weit eine kriminell gewordene Medizin unter Hitler zu gehen bereit war. Kranz' Laufbahn wirft ein Licht auf die Hohlheit der »Rassenkunde« als wissenschaftlicher Disziplin, die in der internationalen Wissenschaftstradition keinen Ort hatte. Noch wichtiger ist, daß diese Karriere auch symptomatisch für die Indoktrination der deutschen Wissenschaft mit nationalsozialistischem Gedankengut ist und für die Komplizenschaft der Rassenhygieniker, die, als dieses Gedankengut von der Theorie in die Praxis umgesetzt wurde, als Mediziner am Tod von Millionen mitschuldig wurden.

Kranz' akademische Arbeit war deshalb eine konkrete Gefahr für alle, die seinen Kriterien nicht gerecht wurden, denn sein »wissenschaftliches« Werturteil entschied letztlich über die Zukunft dieser Menschen. Mit dieser Arbeit begann Kranz an dem Institut, das er 1933 mit Hilfe der NSDAP gegründet hatte. Im Interesse des »Aufartungsprozesses«[46] sammelte und archivierte er für den ständigen Zugriff gesundheitliche und andere persönliche Daten von Hunderttausenden hessischer Bürger, darunter auch die Daten der Patienten in Irrenanstalten und Tuberkulosekliniken und die der »Fremdrassigen« und »Bastarde«, wie man Juden, Roma und Sinti sowie Personen gemischter ethnischer Herkunft bezeichnete. Zusätzlich bestand 1939 noch eine separate »erbstatistische« Kartei, in der 1800 Zwillingspaare aus dem Gießener Hinterland registriert waren. Eine weitere Abteilung des Instituts befaßte sich mit den biologischen Eigenschaften künftiger Ehepartner; sie erstellte nicht nur Gutachten über die Berechtigung von Ehestandsdarlehen, sondern auch über eine mögliche Sterilisierung, die anschließend von einem Erbgesundheitsgericht verkündet wurde. Eine weitere Tätigkeit der Institutsmitarbeiter war die bindende Begutachtung in Vaterschaftsfragen, und das nicht nur im Fall von Alimenten, sondern auch wenn weitere Nachkommen aufgrund der Erbanlagen oder aus rassischen Gründen durch Sterilisierung verhindert werden sollten. Die Unterlagen des Instituts enthielten umfassende persönliche Daten über alle Hessen, die von Kranz und seinen Assistenten als »asozial« klassifiziert worden waren: Prostituierte, Nichtseßhafte, Bettler, Kleinkriminelle und Trinker.[47]

Was geschah mit dieser vielfältigen Datensammlung? 1937 machte Kranz' Assistent Dr. Otto Finger eine genaue Aufstellung der antisozialen Eigenschaften von 136 Personen, die zwei großen »Zigeunersippen« angehörten. Am Schluß seiner ehrgeizigen Studie über die »fremdrassigen Parasiten« sprach Finger sich für deren Internierung aus. Dieser Empfehlung wurde durch die Einlieferung der deutschen Roma und Sinti in Konzentrationslager entsprochen, wo sie die Sterilisierung oder der Transport in ein Vernichtungslager erwartete.[48]

1934 kam der ehrgeizige Rassenhygieniker Dr. Siegfried Koller an Kranz' Institut. Der Blutgruppenexperte war elf Jahre jünger als der Ophtalmologe Kranz. Er war 1933 der NSDAP beigetreten. Nun machte er bis 1938 bei Kranz seinen zweiten, medizinischen Abschluß. Ein Jahr später war er Dozent an der Universität. Koller, der sich für die Makroanalyse der Bevölkerung zunehmend statistischer Methoden bediente, empfahl noch vor dem Krieg, den Kreis derjenigen, die sterilisiert, kastriert oder interniert werden sollten, weit über das Maß hinaus zu erweitern, das damals durch die nationalsozialistische Rassengesetzgebung abgedeckt war.[49] Diese Ansichten wurden von Kranz und Koller in späteren Veröffentlichungen noch weiter radikalisiert, mit potentiell katastrophalen Konsequenzen für Millionen von Deutschen, deren »asoziale« Eigenschaften als ererbt betrachtet wurden. Die beiden Ärzte erhielten vom Regime den Auftrag, ein neues biopolitisches Gesetz zu entwerfen. Es sollte die Voraussetzungen für die Aberkennung der »völkischen Ehrenrechte« schaffen – ein Begriff, den die beiden Ärzte selbst geprägt hatten. 1,6 Millionen Unglückliche wären nach diesen Plänen von einem normalen Leben in der »Volksgemeinschaft« ausgeschlossen worden. Dieser grausige Plan wurde nur dadurch verhindert, daß sich 1942 an der Ostfront das Kriegsglück für die Wehrmacht wendete und Koller als wehrmedizinischer Statistiker zum Militär eingezogen wurde.[50]

Kranz hatte vermutlich maßgeblichen Einfluß auf die Tötung von Behinderten in der etwa 80 Kilometer von Gießen entfernten Stadt Hadamar nach Kriegsbeginn. Alice Platen-Hallermund, eine der ersten deutschen Chronistinnen des Mißbrauchs der Medizin unter dem Nationalsozialismus, versuchte Kranz' Rolle zu beurteilen. Sie charakterisierte ihn als einen der wenigen Universitätsprofessoren für Rassenhygiene, deren Zerstörungswille völlig offensichtlich gewesen sei.[51]

Die »Rassenkunde« war zwar die bedenklichste, aber gewiß nicht die einzige fragwürdige Neuerung, die nach dem Januar 1933 in der akademischen Medizin eingeführt wurde. In gewissem Umfang war die ganze Disziplin von völkischen Ideen infiltriert, und viele hatten sich schon durchgesetzt, bevor Hitler an die Macht kam. Diese Ideen waren die Grundlage der Kritik und der Korrekturvorschläge, die in den späten zwanziger Jahren angesichts einer von dem gesamten Berufsstand tief empfundenen »Krise der Medizin« vor allem vom rechten Lager formuliert worden waren.[52]

Den Kern der revisionistischen neuen Medizin bildete das völkische Konzept der Ganzheitlichkeit.[53] Gestützt auf die Ideen des streitbaren Danziger Chirurgen Erwin Liek, einer barocken, charismatischen Figur, die in der zweiten Hälfte der Weimarer Republik gewaltigen Einfluß auf die deutsche Medizin ausgeübt hatte,[54] verwarfen die nationalsozialistisch orientierten Ärzte, was sie verächtlich als moderne »mechanistische Medizin« bezeichneten. Sie verlangten, daß der menschliche Körper im Rahmen einer neuen medizinischen Kosmologie ganzheitlich gesehen werden müsse, als eine natürliche Einheit, innerhalb derer alle Teile physiologisch miteinander in Beziehung stünden. Sie hielten es daher für falsch, in einzelnen Körperorganen nach der Ursache für eine bestimmte Krankheit zu suchen; vielmehr sollte der gesamte Organismus bei der Behandlung berücksichtigt werden. Diese Grundsätze machen die Verachtung der NS-Medizin für den Spezialisten und die Vorliebe für die generalistische Praxis verständlich.[55] Die völkischen Ärzte strebten, medizinisch gesprochen, die Rückkehr zu einem vorindustriellen Zustand an, in dem Naturkräfte wie Sonnenlicht, frische Luft oder Heilkräuter anstatt synthetischer pharmazeutischer Produkte, Labortechnik und moderner Operationsmethoden zur Anwendung kämen, damit der menschliche Organismus sein Gleichgewicht behielte oder wiedergewänne. Diese Ärzte waren überzeugt, daß Heilen ein Handwerk sei, das in direkter Arzt-Patient-Beziehung ausgeübt werden müsse, und zwar eher auf intuitiver als auf rationaler Grundlage.[56]

Eine angewandte Medizin, die auf Eingebungen und Erfahrung beruhte, wurde viel höher bewertet als die medizinische Wissenschaft, die an den Universitäten betrieben wurde.[57] Die herkömmlichen medizinischen Fakultäten wurden deshalb doppelt angegriffen: als Zitadellen der intellektuellen Realitätsferne, wo Wissenschaftler sich theoretischen Übungen hingaben, die keinerlei Verbindung zur organischen »Volksgemeinschaft« hatten, und, in einem spezifischer medizinischen Kontext, als Bastionen der »objektiven«, spezialisierten Forschung, die zu den wirklichen Bedürfnissen der Patienten keinen Bezug hatte.[58]

Von solchen Ideen durchdrungen, startete der Führer des NS-Ärztebunds Wagner, der schon in der Frühzeit des Regimes einen gewissen Einfluß auf die Universitäten erringen konnte,[59] eine wüste Propagandakampagne gegen die medizinischen Hochschulen. Sein Idealziel war, die Nazimedizin zu institutionalisieren, doch in seinem alltäglichen Umgang mit den medizinischen Fakultäten bediente er sich einer zweigleisigen Taktik. Da er als Pragmatiker erkannt hatte, welchen Wert die traditionelle Universität mit ihrem erprobten Apparat für die nationalsozialistische Medizin hatte, stimmte er mit den radikalsten nationalsozialistischen Revolutionären nicht überein, die die medizinischen Fakultäten völlig zerstören wollten. Statt dessen gab er vor, zwischen der »Neuen Deutschen Heilkunde«[60] der Nazis und dem, was er als »Schulmedizin« bezeichnete, eine Synthese anzustreben, mit dem Ziel, den traditionellen Lehrkörper allmählich zu infiltrieren und zu bekehren. Dabei bediente er sich sowohl der Berufung eigener Leute als auch des noch existierenden Prestiges etablierter Wissenschaftler, wenn diese sich mit Veränderungen abfanden, die sie zunächst für radikal halten mußten.[61]

Außerdem plante Wagner mit größtmöglicher Hilfe von Staat und Partei, Gegeninstitutionen zu schaffen, die künftig jeder unerwünschten Entwicklung der medizinischen Hochschulen entgegenwirken sollten. Denn er rechnete damit, daß letztlich doch einige unbelehrbare, »reaktionäre« Wissenschaftler Widerstand leisten würden. Als ersten Schritt gründete er in Zusammenarbeit mit seinem engen Verbündeten in der Partei, dem bayerischen Staatskommissar für das Gesundheitswesen Dr. Walter (»Bubi«) Schultze 1933 eine neue Akademie für Gesundheitsbeamte und 1934 eine bayerische Fortbildungsakademie, beide in München.[62] Es folgte im Juni 1934 die Gründung eines neuen Ausbildungskrankenhauses in Dresden, das speziell der Verbreitung der Neuen Deutschen

Heilkunde dienen sollte und passenderweise den Namen Rudolf-Hess-Krankenhaus erhielt – nach Wagners einflußreichem Schirmherrn und Patienten, der selbst für Kräuterkuren schwärmte.[63] Die Einrichtung kontinuierlicher Fortbildungskurse für Naziärzte unter der Ägide des NS-Ärztebunds in Alt-Rehse war von ständigen Angriffen gegen die Schulmedizin durch Wagner und seinen Stellvertreter Kurt Blome begleitet – Angriffe, die von hellhörigen Universitätsverwaltern als direkte Bedrohungen interpretiert werden mußten.[64] 1938 wurde, wiederum in Dresden, eine weitere Fortbildungsakademie nach dem bayerischen Vorbild gegründet. Sie wurde einer bereits existierenden traditionellen Institution aufgepfropft und sollte das Ausbildungskrankenhaus ergänzen.[65]

Es zeigt das ganze Ausmaß mangelnden Rückgrats bei einem gewissen Teil der etablierten medizinischen Wissenschaftler, daß sie Gerhard Wagners Angriffen auf die medizinische Ausbildung nicht nur keinen Widerstand entgegensetzten, sondern sich sogar alle Mühe gaben, seinen Wünschen entgegenzukommen. Vermutlich aus opportunistischen Gründen paßten sich diese Männer der neuen Lage kampflos an. So erschienen, als die bayerische Fortbildungsakademie im September 1934 einen Kurs über Rassenhygiene veranstaltete, drei Mitglieder der Münchener medizinischen Fakultät auf der nationalsozialistischen Abschlußfeier des Kurses.[66] Auch ließen sich im Juni 1935 fast alle Dekane der deutschen medizinischen Fakultäten und viele ihrer Fachbereichskollegen nach Alt-Rehse zitieren, um sich die Beleidigungen der medizinischen Funktionäre der Partei anzuhören.[67] Schon vor dem Krieg gingen die Zugeständnisse des akademischen Establishments weit über bloße Formalitäten hinaus, denn sie hatten Auswirkungen auf den Lehrplan. Im Herbst 1937 organisierte die medizinische Fakultät an der Universität Heidelberg einen Preis für die beste Arbeit über das nationalsozialistische Konzept der »Volksgesundheit«, und Breslau folgte einige Monate später mit einem Preis für den besten Aufsatz über die neue Erbgesetzgebung.[68] Natürlich paßte zu der intellektuellen Perversion, die inzwischen einen Großteil der offiziellen universitären Lehre erfaßt hatte, daß – etwa in Heidelberg – Professor Theodor Pakheiser ein Seminar über Rassen- und Erbbiologie als Aufgaben des nationalsozialistischen Staates und Professor Carl Schneider ein Seminar über »Rasse und Rassenhygiene« abhielt.[69] Selbst schon seit langer Zeit etablierte medizinische Wissenschaftler wie der Chirurg Ernst Heinrich Seifert, der seit 1923 in Würzburg Professor war und dort 1938 Rektor wurde, legten nun Lippenbekenntnisse zu den von Hitler proklamierten Zielen ab und beschworen das spezifisch deutsche Phänomen eines inneren Zusammenhalts zwischen Ärzte- und Führerschaft.[70] Der international renommierte Münchener Pathologe Max Borst sprach öffentlich über die Notwendigkeit, daß die Wissenschaft in Notzeiten »dem Volke dienen« müsse, und wiederholte die Forderungen der Naziärzte nach ganzheitlichen Heilverfahren in der Medizin.[71] Auch der Berliner Medizinhistoriker Paul Robert Diepgen trug zur Verbreitung solcher Ansichten bei, als er in seinem bekannten Lehrbuch von 1938 schrieb, es komme darauf an, wie man völkische Wissenschaft und Gelehrsamkeit definiere. Natürlich müsse die Wissenschaft, da sie der ganzen Menschheit diene, kosmopolitisch sein. Dies widerspreche jedoch nicht der Tatsache, daß jedes Volk die Wissenschaft von seinem eigenen Standpunkt aus verstehe und fördere. Diepgen kam zu dem Schluß, daß die Deutschen für ihre medizinische Praxis und das Medizinstudium kein besseres als das nationalsozialistische Fundament im Geiste Adolf Hitlers haben könnten.[72]

Dies bedeutet nicht, daß die gesamte medizinische Wissenschaft an den Universitäten nach 1933 verfälscht worden wäre. Es gab Inseln erstaunlicher Gelehrsamkeit und, wie noch gezeigt wird, in ein paar Fällen auch echten Widerstand gegen das Regime. Letztlich muß zumindest die Frage gestellt werden, ob diese positiven Beispiele repräsentativ für den Zustand der akademischen Medizin unter den Nazis waren oder die korrumpierten und kompromittierten Professoren. Wenn überhaupt, kann ein ausgewogenes Urteil erst nach der Auswertung des gesamten Spektrums gefällt werden.

Mehrere altgediente medizinische Wissenschaftler konnten, insbesondere wenn sie international einen guten Ruf hatten, nach Hitlers »Machtergreifung« genau dasselbe lehren wie zuvor, und zwar ohne die geringsten Zugeständnisse zu machen. Sie sahen keinen Grund, vom erprobten Weg abzuweichen. Sie konnten den

Vorwurf, sie hätten die Entwicklung im Fach »Rassenkunde« nicht mitbekommen, den der nationalsozialistische Rassist Dr. Walter Groß bereits im April 1933 erhob, problemlos ignorieren.[73] Wagner und seine Kumpane hätten es nicht gewagt, sie zu belästigen, um nicht auch noch die Reste des traditionell nicht gerade ausgeprägten Ansehens der deutschen Medizin im Ausland zu verspielen.[74] Die Memoiren nicht korrumpierter Professoren wie etwa das Buch des Pathologen Franz Büchner sind ein überzeugender Beweis dafür. Der fromme Katholik Büchner schreibt über die zutiefst wissenschaftliche Atmosphäre, die er zuerst in Berlin und später in Freiburg erlebte, und er äußert sich ähnlich lobend über seine älteren und jüngeren Kollegen.[75] Ludwig Aschoff, der große Freiburger Pathologe, dessen Lehrstuhl Büchner übernehmen sollte, nahm 1934 öffentlich Stellung gegen die Ansichten der Nazis und erklärte, daß es keine national beschränkte Medizin gebe. Krankheiten seien nicht auf bestimmte kulturelle oder politische Kreise beschränkt, und die Medizin sei deshalb wie keine andere Disziplin auf die Zusammenarbeit der Völker angewiesen.[76]

Es läßt sich nicht leugnen, daß die Koryphäen der deutschen Medizin noch immer zu großen Leistungen fähig waren, wie der Fall des Pathologen Gerhard Domagk beweist. Er hatte in den zwanziger Jahren eine vielversprechende medizinische Karriere abgebrochen und war zu IG Farben gegangen. 1936 berichtete Domagk auf einer Versammlung an einer Universität, wie er beim letztlich erfolgreichen Einsatz von Sulfonamiden zur Bekämpfung von bakteriellen Infektionen die Gesundheit seiner eigenen Tochter aufs Spiel gesetzt hatte.[77] Domagk erhielt 1939 den Nobelpreis, doch das Regime verbot ihm, den Preis anzunehmen. Ebenfalls 1936 analysierte der Internist Dr. Theodor Brugsch Aspekte der Ganzheitlichkeit in der Medizin, ohne sich sklavisch an die Vorgaben der nationalsozialistischen Ideologie zu halten.[78] Und es ist dem berühmten Heidelberger Internisten Ludolf von Krehl hoch anzurechnen, daß er 1937 im Alter von 78 Jahren ein kleines Büchlein mit dem Titel *Der Arzt* publizierte, in dem er ohne eine Spur von NS-Ideologie über die idealen Eigenschaften eines Arztes nachdachte, obwohl er das Buch auf Geheiß von Wagners Berater Dr. Kurt Klare schrieb.[79]

Selbst während des Krieges gab es noch Mediziner, die ihre anständige Haltung und ihre Verpflichtung im Sinne des hippokratischen Eids nicht änderten. 1940 referierten die Chirurgen Emil Karl Frey, Erwin Payr und von Seemen öffentlich über die Fortschritte in ihrem Fach; was sie zu sagen hatten, war eindrucksvoll, auch nach internationalen Maßstäben.[80] Der Internist Ferdinand Hoff, der wie Büchner das Dritte Reich überlebte und nach dem Krieg seine Memoiren schrieb, berichtet, daß er im Sommer 1943 vor Medizinern in Berlin ein Referat hielt und sich danach solche Koryphäen wie der Chirurg Ferdinand Sauerbruch, der Gynäkologe Walter Stoeckel und der Internist Gustav von Bergmann sowie die meisten Mitglieder der Berliner Fakultät an der Diskussion beteiligten.[81]

Doch es gab auch gewissenlose Ärzte, die das nationalsozialistische Klima nutzten, um auf jede erdenkliche Weise eine wissenschaftliche Karriere zu machen. Das Problem mit diesen Pseudowissenschaftlern war, daß sie sich ihrer Mittelmäßigkeit bewußt waren. Ohne jeden Skrupel überwanden sie sämtliche Schwierigkeiten in ihrer beruflichen Laufbahn. Ohne Rücksicht auch auf ihre eigene Integrität versuchten sie so schnell wie möglich voranzukommen. Sie wurden zu Kriminellen. Exemplarisch werden hier die folgenden fünf Männer behandelt: Ernst Günther Schenck, Kurt Heißmeyer, Johann Kremer, Sigmund Rascher und Josef Mengele. Sie alle verfolgten das Ziel, ordentliche Medizinprofessoren zu werden.[82]

Schenck wurde 1904 geboren. Er erhielt 1927 einen naturwissenschaftlichen Doktortitel und 1929 einen weiteren in Medizin.[83] 1933 trat er in die SA ein und 1937 in den NS-Ärztebund und in die NSDAP.[84] Inzwischen war er bereits leitender Arzt an einem Münchener Krankenhaus geworden und lehrte an der Münchener medizinischen Fakultät innere Medizin und Physiologie. Im Sommer 1942 wurde er außerordentlicher Professor.[85] Als Mitglied von Wagners Stab in München und Befürworter der biologistischen Neuen Deutschen Heilkunde hatte er nach Wagners Tod im Jahr 1939 problemlos in Contis Berliner Büro übergewechselt und war schon einer der engsten gesundheitspolitischen Berater Contis geworden.[86] Im April 1940 war er im Rang eines Untersturmführers der SS beigetreten und hatte es im Herbst 1944 bis zum Obersturmbannführer gebracht.[87] 1942 wurde er Ernährungsinspektor der Waffen-SS und war als solcher dem (später in Nürnberg gehängten) Leiter des KZ-Systems, SS-Obergruppenführer Oswald Pohl, persönlich verantwortlich.[88] Er erhielt die Aufgabe, die Ernährung der Fronttruppen der SS zu verbessern, etwa durch die Entwicklung neuer, gut transportierbarer Naturerzeugnisse mit hohem Eiweißgehalt. Ende Dezember 1943 planten Pohl und Schenck, ein solches Produkt in den Lagern Dachau, Buchenwald und Sachsenhausen an 100000 Gefangenen zu testen. Es bestand aus chemischen Abfällen, die laut Himmler ein Fischsterben hätten auslösen können.[89] Aus unbekannten Gründen wurde Schencks Proteinwurst schließlich nur 100 Häftlingen verabreicht. Doch der Arzt führte 1943/44 Ernährungs- oder besser gesagt Hungerexperimente an 370 Insassen des Konzentrationslagers Mauthausen durch, in deren Verlauf sich alle Häftlinge unwohl fühlten und Schmerzen hatten und viele schließlich an Auszehrung starben.[90] Aus den vorhandenen Dokumenten geht klar hervor, daß sich Schenck als SS-Offizier unbedingt bei Himmler und Pohl beliebt machen wollte, aber es besteht auch kaum Zweifel, daß er die Gesamtsumme seiner »Forschungen« nutzen wollte, um sich sofort nach seiner Entlassung aus dem aktiven Dienst bei der SS einen ordentlichen Lehrstuhl in Physiologie zu sichern.[91]

Kurt Heißmeyer gehörte nie der SS an, aber seit 1937 der NSDAP. Er war ein Jahr jünger als Schenck und ein Neffe des einflußreichen SS-Generals Heißmeyer. Nach seiner ärztlichen Zulassung im Jahr 1933 spezialisierte sich der Arzt auf die Behandlung von Tuberkulose. Er war seit 1934 mit Himmlers Jugendfreund, dem SS-Chirurgen Karl Gebhardt, befreundet und arbeitete 1944 als Oberarzt in Gebhardts Sanatorium in Hohenlychen. Heißmeyer war ehrgeizig, aber ohne echte wissenschaftliche Verdienste und träumte ebenfalls davon, Medizinprofessor zu werden. Um sich zu habilitieren, wollte er ein Heilmittel für Tuberkulose finden. Die notwendigen Experimente führte er nicht wie bisher üblich an Tieren, sondern an Menschen durch; mit Hilfe seines Freundes Oswald Pohl und Unterstützung Himmlers erhielt er dafür im Konzentrationslager Neuengamme bei Hamburg Gelegenheit.[92]

Heißmeyers Therapiekonzept bestand darin, lebende Organismen mit Tuberkelbazillen zu infizieren. Es beruhte auf der abstrusen homöopathischen Theorie, daß eine Krankheit durch eine Dosis ihrer eigenen Erreger bekämpft werden könnte. Heißmeyers Hypothese war von Experten schon lange widerlegt worden, und es spricht nicht für seine Fähigkeiten als Wissenschaftler, daß er davon nichts wußte.[93] Im Juni 1944 begann er mit seinen Experimenten und injizierte polnischen und russischen Insassen von Neuengamme, die teilweise bereits erkrankt waren, Tuberkelbazillen. Angesichts der extrem schlechten hygienischen Bedingungen und weil jede angemessene medizinische Versorgung fehlte, starben viele Häftlinge bei dem Experiment. Die ostdeutschen Beamten, die Heißmeyer zwanzig Jahre später verhörten, kamen zu dem Schluß, daß die medizinischen Experimente des Möchtegern-Professors keinerlei wissenschaftlichen Wert besessen hatten.[94] Selbst Heißmeyer hatte bis zum Herbst 1944 erkannt, daß seine Hypothese falsch war, machte aber trotzdem weiter, um Material für seine Habilitationsschrift zu bekommen.[95] Er schloß seine gräßliche Versuchsreihe damit ab, daß er zwanzig polnische Kindern im Alter zwischen vier und zwölf Jahren, die alle aus Auschwitz angeliefert worden waren, mit den Bazillen infizierte. Als dann im April 1945 die Zeit knapp wurde und die Beweise für die mörderischen Versuche hastig vernichtet werden mußten, ließ er die Kinder alle vergiften oder hängen.[96]

Johann Paul Kremer war schon 1932 der SS beigetreten und außerordentlicher Professor für Anatomie in Münster, als er im August 1942 als Lagerarzt nach Auschwitz kam. Er litt unter einem Minderwertigkeitskomplex, weil er es 1942 als beinahe Sechzigjähriger und obwohl er zwei Doktortitel besaß, noch nicht zum ordentlichen Professor gebracht hatte. Diese scheinbare Mißachtung seiner Verdienste nagte an dem Wissenschaftler. Er fand, daß das Regime ihm etwas schulde, war er doch 1932 von allen Lehrkräften an seiner Universität als erster der NSDAP beigetreten.[97] In Auschwitz nahm Kremer nicht nur an den Selektionen für die Gaskammer teil, sondern sammelte auch für seine Untersuchung über die Auswirkungen des Hungers »lebendfrisches Material« aus

Leber, Milz und Bauchspeicheldrüse von Häftlingen, die er persönlich auswählte und nur zu diesem Zweck töten ließ.[98] Als er Anfang 1943 nach Münster zurückkehrte, hoffte Kremer, für seine Bemühungen mit einem ordentlichen Lehrstuhl für Erbbiologie belohnt zu werden, wurde jedoch bitter enttäuscht. Er sah sich zunehmend als Opfer von Intrigen an der Universität. Er glaubte, er sei seinen Kollegen an der Universität wegen seines wissenschaftlichen Rufs und seiner jahrelangen aktiven Parteimitgliedschaft lästig geworden und sie hätten ein sehr schlechtes Gewissen. Er wollte sein »Material« aus Auschwitz nutzen, um bei seinen Kollegen seine volle Anerkennung als Wissenschaftler zu erzwingen, und trug sich mit dem Gedanken, ein Buch über histologische Regression zu veröffentlichen.[99]

Der Arztsohn Sigmund Rascher schuftete im Frühjahr 1939 als Dreißigjähriger auf der vergleichsweise bescheidenen Stelle eines Assistenzarztes am berühmten Schwabinger Krankenhaus in München. Im April 1939 lernte er Himmler kennen, der sich so sehr für seine Krebsforschungen interessierte, daß er ihm erlaubte, die Einrichtungen im Konzentrationslager Dachau zu nutzen, damit er von Tier- auf Menschenversuche übergehen könnte. Raschers onkologische Arbeit wurde kurz vor Kriegsausbruch durch seine Einberufung zur Luftwaffe unterbrochen, aber er ließ den Kontakt zur SS nicht abreißen. Anfang Februar 1942 erreichte er, daß er in München stationiert wurde. Dort führte er in Unterdruckkammern tödliche Experimente an männlichen Häftlingen durch, um Mittel gegen die Schwierigkeiten zu finden, die Piloten in großen Flughöhen bekamen. Das gemeinsam von SS und Luftwaffe betriebene Forschungsprojekt dauerte bis zum Mai und kostete mindestens 100 Dachauer Häftlingen – häufig im Gefolge einer Vivisektion – das Leben. Ab August war Rascher an Unterkühlungsversuchen beteiligt, die etwa 90 Personen den Tod brachten und etwa 200 weiteren schreckliche Schmerzen zufügten. All dies geschah, weil der inzwischen zur Waffen-SS versetzte Rascher sich mit aller Macht die wissenschaftlichen Lorbeeren für eine gehobene Stellung an der Universität verdienen wollte und dabei aus anderen Gründen von Himmler und dessen SS-Apparat unterstützt wurde. Mit der

Habilitationsschrift, die auf seinen geheimem »Forschungen« basierte, scheiterte Rascher jedoch zunächst in München und dann auch in Marburg und Frankfurt, vor allem aufgrund der formalen Anforderung, daß die Forschungsergebnisse der Öffentlichkeit zur kritischen Begutachtung vorliegen mußten. Schließlich stellte man Rascher in Aussicht, ab Anfang 1944 mit dem SS-Professor August Hirt in Straßburg zu arbeiten. Doch er wurde noch vor dem Wechsel wegen Kindesentführung von Himmlers Männern verhaftet und später erschossen.[100]

Dr. phil. med. Josef Mengele traf im Mai 1943 in Auschwitz ein und setzte dort Forschungen fort, die er als Assistent von Professor Otmar von Verschuer Ende der dreißiger Jahre in Frankfurt begonnen hatte. Während sein Mentor inzwischen auf einem hochangesehenen Lehrstuhl am Kaiser-Wilhelm-Institut in Berlin saß, sammelte Mengele Organe von Häftlingen – oft von Zwillingen oder Kleinwüchsigen. Mengele gewann seine Objekte, etwa verschiedenfarbige Augen oder ungeborene Föten, auf dieselbe Weise wie Kremer und schickte sie an Verschuer nach Berlin. Indizien sprechen dafür, daß Verschuer Mengele einen entsprechenden Auftrag erteilt und ihm als Gegenleistung eine Förderung seiner akademischen Karriere versprochen hatte.[101] Mengeles wissenschaftliche Ziele waren für niemanden ein Geheimnis, der ihn damals kannte. Er hatte das überwältigende Bedürfnis, als großer Wissenschaftler anerkannt zu werden, und seine Habilitation war bereits in Vorbereitung.[102]

2. Das Wesen und der Mechanismus der Politisierung der Fakultäten

Gerhard Wagner hatte zunächst versucht, die medizinischen Fakultäten dadurch zu beeinflussen, daß er außerhalb der Universitäten medizinische Foren einrichtete. Dann jedoch wollte er an die Universitäten selbst vordringen. Rudolf Hess hatte Wagner zu diesem Vorgehen bereits in einem Erlaß vom 6. September 1933 ermächtigt, der vorschrieb, daß alle medizinischen Fakultäten im Reich Wagner als Deutschlands obersten Mediziner konsultieren mußten. In der Folge baute Wagner an allen Fakultäten ein Netz von Handlangern auf, das von dem Münchener Dermatologieprofessor Franz Wirz koordiniert wurde.[1] Diese Männer versammelten sich erstmals im Januar 1934 zur Ausarbeitung eines langfristigen Programms. Die auf dem Treffen verabschiedeten Beschlüsse wurden später von der Hochschulkommission der NSDAP umgesetzt, die im Juli 1934 unter Hess gegründet wurde. Mitglieder waren unter anderen Alfred Rosenberg und Gerhard Wagner, der die Kommission schon bald beherrschte. Der unmittelbare Zweck des Gremiums war, ein Gegengewicht zu dem am 1. Mai neu eingerichteten Reichserziehungsministerium (REM) unter Bernhard Rust zu bilden. Obwohl die Kommission das Mandat hatte, *alle* Universitätsfakultäten zu kontrollieren, galt Wagners Interesse fast nur den medizinischen Fakultäten – wo er die Ernennung von Kandidaten der Partei durchsetzen wollte. Tatsächlich wurden noch 1934 34 Posten an medizinischen Fachbereichen verschiedener Universitäten des Landes aufgrund der Interventionen der Hochschulkommission besetzt – zum offensichtlichen Ärger der Beamten des Ministeriums.[2]

Eine der ersten Berufungen, die Wagner mit Hilfe der ihm freundlicher gesonnenen bayerischen Behörden organisierte, war die seines 1894 geborenen Münchener Kollegen und Freundes Dr. Walter Schultze. Sein Ruhm in der Partei beruhte darauf, daß er nach dem Novemberputsch von 1923 Hitlers ausgerenkte Schulter behandelt hatte. Im September 1934 wurde der gerade erst zum bayerischen Gesundheitskommissar ernannte Schultze als außerordentlicher Professor für Volksgesundheit an die Münchener Universität berufen. Um die programmatische Bedeutung der Berufung zu unterstreichen, sprach Wagner bei seiner Rede anläßlich der Inauguration Schultzes von einem Münchener Präzendenzfall, dem bald auch andere Fakultäten folgen würden.[3]

Inzwischen hatte Wagner mit Schultzes Unterstützung sowohl seine Macht an den medizinischen Hochschulen ausgebaut als auch seine eigenen Kandidaten auf die Stellen im Reichserziehungsministerium (REM) gebracht, die bei den Berufungen an den medizinischen Fakultäten das letzte Wort hatten. Unter dem Minister Rust und dem Leiter des Amtes Wissenschaft, der für alle Berufungen im akademischen Bereich verantwortlich war,[4] wurde die Abteilung Medizin im Jahr 1934 von einem gewissen Dr. Fricke geleitet. Dieser hatte den Posten jedoch nur einige Monate inne, und es ist zweifelhaft, ob Wagnerausreichend Gelegenheit hatte, ihn unter Druck zu setzen. Noch im selben Jahr wurde Fricke jedoch durch Dr. Werner Jansen ersetzt, einen Arzt und Autor leichter Romane mit völkischer Tendenz, der bis Juni 1937 im Ministerium verblieb. Jansen wird wohl ein verwandter Geist Wagners gewesen sein, wie seine Vorliebe für Konzepte der Neuen Deutschen Heilkunde wie etwa die Hydrotherapie, »Gesundheitshäuser« und naturnahe prophylaktische Methoden vermuten läßt. Obwohl Jansen sich nie formell qualifiziert hatte, wurde er beim Antritt seines Regierungsamts zum Professor ernannt, an sich schon ein deutliches Zeichen für die zunehmende Politisierung der etablierten akademischen Medizin.[5]

Eine echte Chance für Reichsärzteführer Wagner,im REM Fuß zu fassen, kam im Sommer 1937, als ein Ersatz für den kränkelnden Jansen gesucht wurde. Die Wahl Wagners und Schultzes fiel auf Dr. Ernst Bach, einen Münchener Gynäkologen, der Wagners Vorstellungen hundertprozentig entsprach. Der 1899 geborene Bach hatte sich 1917 zur kaiserlichen Armee gemeldet und den Krieg als Leutnant der Reserve beendet. In den Jahren 1919 und 1920 war er aktives Mitglied in mindestens zwei Freikorps. Er gründete 1922/23 eine der ersten NSDAP-Ortsgruppen in München und nahm selbstverständlich an Hitlers Bierhallenputsch teil. 1925 erhielt er die ärztliche Zulassung und schloß 1930 seine Ausbildung als Facharzt ab. Im Juli 1933 wurde er als erfolgreich praktizierender Gynäkologe auf Wagners Bitte hin der bayerische Vertreter des NS-Ärztebunds. Zwei Jahre später habilitierte er sich und wurde Dozent an der Münchener medizinischen Fakultät. Es ist erwiesen, daß bei der Berufung Bachs auf den Berliner Posten sowohl Wagner als auch Schultze ihren Einfluß geltend machten. Bach hatte öffentlich von Naturheilkunde geschwärmt, um sich bei Wagner beliebt zu machen, und Schultze schlug seinen Freund Bach in Übereinstimmung mit Wagner für die Stelle im Ministerium vor.[6] Auch Wagner setzte sich bei den Beamten des Ministeriums stark für Bach ein.[7] Fortan konnte sich Bach zu Recht als der Vertrauensmann des Reichsärzteführers in Universitätsangelegenheiten betrachten.[8]

Bach trat sein Berliner Amt im Frühjahr 1938 an, und obwohl Einigkeit darüber bestand, daß seine akademischen Qualifikationen nur durchschnittlich waren, erhielt auch er auf spezielle Anregung von Schultze eine Titularprofessur.[9] Nach emsigen Manipulationen wurde diese Professur im Herbst 1939 in eine ordentliche Professur für Gynäkologie in Marburg umgewandelt, die obendrein mit der Leitung der dortigen Universitätsklinik verbunden war.[10] Wagner hatte gegenüber Rusts Stellvertreter Otto Wacker offen zugegeben, daß er großes Interesse an der Ausbildung der Medizinstudenten und an medizinischer Fortbildung habe,[11] konnte jedoch Bachs Dienste kaum mehr in Anspruch nehmen, da er im Frühjahr 1939 starb. Politische Berufungen waren während der ganzen Zeit gang und gäbe, in der Wagner Reichsärzteführer war – sei es durch Wirz oder durch die Hochschulkommission, durch Schultze in seinem zusätzlichen Amt als Reichsdozentenführer (seit Juli 1935)[12] oder direkt durch Jansen oder Bach. Einer der letzten und vielleicht folgenschwersten Eingriffe Wagners an den medizinischen Hochschulen war, auch vielversprechende, zum Teil mit speziellen Stipendien ausgestattete Heilpraktiker studieren zu lassen, von denen er sicher sein konnte, daß sie die Ideale der Neuen Deutschen Heilkunde auch in der formell akademischen Umgebung bewahren würden.[13]

Unter Leonardo Conti wurde noch vor dem Zweiten Weltkrieg eine neue Ära in der Gesundheitspolitik des Regimes eingeleitet. Eine der markantesten Veränderungen im Vergleich zur Ära Wagners bestand darin, daß die Partei ihre Vorrechte weitgehend verlor und die nun formell in das Reichsinnenministerium integrierte Gesundheitsverwaltung näher an Himmlers SS heranrückte.[14] Ebenfalls wichtig in dieser neuen Konstellation war, daß der Sitz der Reichsärzteführung von München nach Berlin verlegt wurde, was den Einfluß von Figuren wie Schultze auf die Gestaltung der akademischen Medizin verringerte, denn dieser war eher ein Mann der Partei und der SA als der Schwarzhemden.[15] Zudem ist bekannt, daß Himmler, obwohl er jedes Interesse an den Universitäten des

Reichs und insbesondere an den Angelegenheiten der medizinischen Fakultäten routinemäßig leugnete, sehr wichtig nahm, was in den Seminaren und Hörsälen vermittelt wurde und welche Wissenschaftler Lehraufträge erhielten.[16]

Aus diesen Gründen ist es zumindest wahrscheinlich, daß zwischen Wagners Tod und der Beendigung von Bachs Arbeit im Ministerium ein Zusammenhang bestand, obwohl die genauen Umstände von Bachs Abschied aus dem Berliner Ministerium unbekannt sind. Jedenfalls wurde der Gynäkologe Anfang 1940 durch Dr. Max de Crinis, einen Psychiatrieprofessor an der Berliner Universitätsklinik Charité, ersetzt, der nicht nur für Reichsgesundheitsführer Conti akzeptabel war, sondern auch Verbindungen zur SS hatte. Obendrein hatte de Crinis als Nachfolger von Karl Bonhoeffer ganz im Gegensatz zu Ernst Bach im Reich einen sehr guten Ruf als Wissenschaftler.[17]

De Crinis wurde 1899 in der Steiermark als Sohn eines Arztes geboren. Er studierte in Graz Medizin, machte dort seinen Facharzt und wurde 1924 an der Universität Graz außerordentlicher Professor für Neurologie. Zehn Jahre später erhielt er einen ordentlichen Lehrstuhl in Köln. Dieses Angebot kam ihm vermutlich sehr gelegen, denn auch er hatte sich seit Jahren als extremer Rechter exponiert: als Anhänger der alldeutschen Bewegung Schönerers, die die Vereinigung mit Deutschland propagierte. Wegen dieser Haltung wurde de Crinis wie viele andere frühe österreichische Hitleranhänger von dem klerikalfaschistischen Regime in Wien verfolgt. Man verdächtigte ihn der Beteiligung an dem fehlgeschlagenen Naziputsch vom Juli 1934, bei dem der österreichische Bundeskanzler Dollfuß ermordet worden war. Anfang 1939 wechselte de Crinis dann von Köln nach Berlin.[18]

Laut einer Notiz in seinen Personalakten war de Crinis ein bekannter Pionier in Sachen Antisemitismus, und tatsächlich profilierte sich dieser Arzt, den Zeitgenossen als hart in der Sache, aber angenehm freundlich im Umgang beschrieben,[19] insbesondere im medizinischen Bereich auch weiterhin als fanatischer Judenhasser.[20] Diese Einstellung mag seine frühen Verbindungen zur SS erklären, der er 1936 beitrat. Genauer gesagt, wurde er Mitglied beim

Sicherheitsdienst der SS, dem SD, wo Walter Schellenberg, der Leiter der Abteilung Ausland, bald sein Freund und eine Art Vaterfigur für ihn wurde.[21] Es war zweifellos der bei Himmler beliebte Schellenberg, der de Crinis wiederholte Treffen mit dem Reichsführer SS ermöglichte, denn seit seinem Dienstantritt im REM im Frühjahr 1940 galt de Crinis beim SD als besonders nützlich.[22] Zumindest war man Ende 1943 im Reichssicherheitshauptamt (RSHA) überzeugt, daß der Psychiater diskret und mit optimalem Erfolg für den SD gearbeitet hatte.[23]

De Crinis zog bis zum Kriegsende praktisch bei allen Berufungen an den medizinischen Fakultäten des Landes allein die Fäden, und er tat dies sehr geschickt mit einer Mischung aus geradezu unheimlicher Intuition und entwaffnender Logik. Dabei warf er stets sein persönliches Prestige als Wissenschaftler in die Waagschale, damit die Stellen seinem Wunsch gemäß besetzt wurden; nur wenn dies nichts fruchtete, diktierte er den Dekanen die Berufung.[24] Idealerweise versuchte er jedoch immer die betroffenen Fakultäten zufriedenzustellen.[25] Außerdem nutzte er blitzschnell sämtliche Informationen, die er bekommen konnte, und hielt jahrelang engen Kontakt zu seinem Amtsvorgänger und Freund Ernst Bach.[26] Er war ein treuer und skrupelloser Diener des Regimes, an das er als fanatischer Nazi wirklich glaubte. Dies bedeutete, daß er der Politik einen höheren Wert beimaß als der Wissenschaft. Und so leistete er seinen eigenen spezifischen Beitrag zum fortdauernden Verfall der wissenschaftlichen Maßstäbe an den medizinischen Hochschulen, der damals allgemein beklagt wurde.[27]

Leonardo Contis Einfluß auf die Berufungsmaschinerie blieb dagegen begrenzt, nicht weil zwischen ihm und de Crinis unüberwindliche Differenzen bestanden hätten (tatsächlich bestanden vielleicht sogar überhaupt keine), sondern weil sein Apparat es bis zum bitteren Ende nicht schaffte, die verschiedenen Facetten des öffentlichen Gesundheitswesens zu koordinieren. Contis Amt war formell dem Innenministerium zugeordnet und nicht dem Erziehungsministerium. Aus diesem Grund ist vermutlich Werner Forßmanns Behauptung unrichtig, Conti habe ihm schon 1939 eine Habilitation in Aussicht gestellt.[28] Schüchterne Versuche Contis,

Anfang 1943 mehr Einfluß auf die Stellenbesetzung an den medizinischen Fakultäten zu nehmen, fruchteten nicht.[29] Als Conti schließlich im Sommer 1943 als oberster Gesundheitsbeamter de facto durch Professor Karl Brandt abgelöst wurde, war sein politischer Einfluß bereits irreparabel geschwächt. Wenn überhaupt, wäre nun für Berufungsangelegenheiten eine von Karl Brandt erwählte Person zuständig gewesen. Und Brandt hatte mit dem Chirurgen Professor Paul Rostock von der Berliner Fakultät tatsächlich einen solchen Mann. Doch er kam mit de Crinis gut zurecht.[30]

Himmlers Entschlossenheit, Einfluß auf die Berufungspraxis an den medizinischen Fakultäten zu gewinnen, war durch ein doppeltes Interesse an Medizin motiviert: Himmler war ein Anhänger von Naturheilmethoden und stand daher den Idealen von Wagners Neuer Deutscher Heilkunde nahe. Darüber hinaus jedoch sah er insbesondere seit Kriegsbeginn in einer experimentell verbesserten angewandten Medizin ein Potential für seine SS, und er brannte zunehmend darauf, das »Menschenmaterial« in seinen Konzentrationslagern für solche Versuche zur Verfügung zu stellen. Da er wußte, daß die traditionellen Medizinprofessoren auf diesem Gebiet Skrupel hatten, war ihm am besten gedient, wenn an den Fakultäten Männer des Schwarzen Ordens Posten bekamen, denen er absolut vertrauen konnte.[31]

Der manipulative Eingriff des Reichsführers SS in die akademische Medizin erwies sich als sehr geschickt. Er beobachtete genau, wie Ernst Bach zum Nachfolger von Jansen im REM ernannt wurde, und gab seine Zustimmung erst, nachdem die Beamten des Ministeriums es für notwendig befunden hatten, ihm Bericht zu erstatten.[32] Über den SS-Apparat förderte er den bekannten Professor für innere Medizin Alfred Schittenhelm, der 1934 von Kiel nach München gewechselt war und sich ein Jahr später den Schwarzhemden angeschlossen hatte.[33] Ähnlich wurde auch Professor Wilhelm Pfannenstiel, ein Hygieneprofessor in Marburg, der einst in Oxford studiert hatte und 1934 der SS beigetreten war, zu einem Werkzeug Himmlers gemacht. In diesem Fall werden die Intentionen des SS sehr deutlich in einem Brief, den Josias Erbprinz zu Waldeck-Pyrmont, Himmlers Stellvertreter im Verwaltungsbezirk Fulda-Werra, im Dezember 1936 verfaßte. Waldeck drängte in dem Schreiben darauf, nochmals im REM nachzufragen, wie weit man mit der Investitur von Dr. Pfannenstiel als Rektor der Universität Marburg gediehen sei.[34] Bis Anfang 1939 hatte Pfannenstiel Himmlers wissenschaftliche Erwartungen zum Teil erfüllt, indem er eine Methode zur Konservierung von Brot getestet hatte, die für reguläre SS-Einheiten im Feld anwendbar war.[35] Während des Krieges wirkte Pfannenstiel als Hygieneberater der Waffen-SS. In dieser Eigenschaft besuchte er auch das Vernichtungslager Belzec und war bei der Vergasung von Juden zugegen.[36] Es waren Schittenhelm in München und Pfannenstiel in Marburg, die Raschers Habilitation durchdrücken sollten, damit dieser ehrgeizige Experimentator mit großzügiger Unterstützung der SS eine Dozentur oder gar eine Professur bekommen konnte.[37] 1942 zeigte Himmler auch großes Interesse daran, dem Frankfurter Radiologen Professor Hans Holfelder, der Tausende seiner SS-Männer auf Tuberkulose geröntgt hatte, einen angemessenen Lehrstuhl an der neuen Universität Posen zu verschaffen.[38]

Zudem nahm Himmler höchstwahrscheinlich auch über regionale Vertreter des NS-Dozentenbunds Einfluß auf die Politik bestimmter Fakultäten, denn der Bund besaß noch immer ein gewisses Mitspracherecht bei Berufungen. Ein Mitglied des NS-Dozentenbunds, das zugleich als Spitzel für den SD arbeitete, war beispielsweise der Anatomieprofessor und hochrangige SS-Mann Enno Freerksen von der Universität Kiel.[39] Noch Ende Januar 1945 wollte Himmler sicherstellen, daß der frei werdende, prestigeträchtige Lehrstuhl für Medizingeschichte in Berlin mit dem von ihm bevorzugten Bewerber Dr. Bernward J. Gottlieb besetzt wurde, der an Himmlers SS-Akademie in Graz als Dozent wirkte. Zugleich betonte er ständig, daß er sich keineswegs in die Angelegenheiten des Reichserziehungsministers Rust einmischen wollte.[40]

Dieses Beispiel, das von Rascher und vielleicht auch das von Mengele zeigen, daß Himmler sich nicht darauf verließ, daß Universitätsangehörige der SS beitraten, sondern auch *seine* Männer zu Hochschullehrern machte. So diente es beispielsweise seinen Interessen, daß die drei ranghöchsten Mediziner in der SS an einem bestimmten Punkt ihrer politischen Karriere zu Professoren ernannt wurden, auch wenn ihre tatsächlichen universitären Pflichten sehr beschränkt blieben.

Der 1899 als Sohn des bekannten Berliner Hämatologen Professor Ernst Grawitz geborene Internist Ernst Robert Grawitz,[41] der laut Göring schon als Student für die frühe NS-Bewegung aktiv gewesen war, wurde im Mai 1935 zu Himmlers oberstem SS-Arzt ernannt. Er bekam im Dezember 1941 vermutlich auf Himmlers Geheiß eine Honorarprofessur an der Universität Graz. Vielleicht hat Himmler Grawitz' Berufung später bedauert, denn der Chef des SS-Gesundheitsdiensts, der nicht nur die Menschenexperimente koordinierte, sondern sich auch persönlich in deren Durchführung einmischte, war selbst nach Himmlers verrückten Maßstäben kein guter Wissenschaftler.[42] Auch Joachim Mrugowsky, einst ein unterernährter, um seinen Lebensunterhalt ringender Student[43] und nun oberster Hygieniker der SS unter Grawitz, wurde 1941 zunächst Dozent und im September 1944 außerordentlicher Professor an der Berliner Universität.[44]

Weder Grawitz noch Mrugowsky scheinen sich um eine Habilitationsurkunde bemüht zu haben.[45] Dagegen legte Dr. Karl Gebhardt, der dritte Mann des Trios, genau darauf großen Wert. Außer als Leiter des SS-Sanatoriums in Hohenlychen fungierte Gebhardt auch als höchster SS-Chirurg unter Grawitz und wurde 1943 oberster Kliniker der SS. Gebhardt war vermutlich der bestqualifizierte Arzt von den dreien, wurde wegen seiner schändlichen, völlig unnötigen Knochentransplantationen und anderen Experimenten mit Lagerhäftlingen aber auch der berüchtigtste.[46] Der 1897 geborene Schulkamerad Himmlers hatte eine Weile bei Sauerbruch in München gelernt und sich 1932 als Chirurg habilitiert. Er war ein bekannter Experte in Sport- und Unfallmedizin geworden und hatte 1937 den König von Belgien behandelt. Im selben Jahr war er bereits ordentlicher Professor an der medizinischen Fakultät Berlin geworden, nachdem er 1935 mit dem ungewöhnlich hohen Rang eines Sturmbannführers in die SS eingetreten war.[47]

In dem Bewußtsein, daß eine Ordination durch die SS vielleicht der geschickteste Weg zum beruflichen Erfolg war, schloß sich eine ganze Reihe ehrgeiziger junger Wissenschaftler nicht nur der Partei, sondern auch den Schwarzhemden an. Einer dieser Fälle ist der 1900 geborene Chirurg Friedrich (»Fritz«) Hartmann, der keinen makellosen akademischen Lebenslauf, aber eine »glänzende« politische Laufbahn absolvierte. Wie de Crinis war auch Hartmann ein Österreicher mit einer eindrucksvollen (illegalen) politischen Vergangenheit, denn er hatte dem radikalen Flügel des rechtsgerichteten, hitlerfreundlichen Steirischen Heimatschutzes angehört. Schon während seines Medizinstudiums in Graz hatte er sich wegen des seiner Ansicht nach unangemessenen katholischen und jüdischen Einflusses in Österreich um die Erhaltung des deutschen und »arischen« Charakters der Studentenschaft und der Universitätsangehörigen gesorgt. Nach seinem Examen im Jahr 1923 ging Hartmann als Assistent von Professor Wilhelm Trendelenburg nach Tübingen. 1926 wurde er Mitglied von Professor Sauerbruchs Team an der Münchener Universität und kam mit diesem 1928 nach Berlin.[48] 1936 habilitierte er sich mit Sauerbruchs Unterstützung und bekam eine Dozentur.[49] Vielleicht noch wichtiger ist jedoch, daß Hartmann damals bereits seit Jahren der SS angehörte. Die Schwarzhemden schätzten ihn sehr, weil er ständig engen Kontakt zu den Nationalsozialisten in Österreich hielt. 1935 beendete der Chirurg die obligatorische politische Schulung für Lehrende an der Universität; dabei hatte er sich nach dem Urteil seiner Lehrer, ideologisch betrachtet, wahrscheinlich als der beste Mann des Kurses profiliert. 1938 wurde er Parteimitglied.[50] Die Kombination von rückhaltloser Unterstützung durch seinen Vorgesetzten Sauerbruch und makellosen SS-Verbindungen brachte Hartmann wie vorauszusehen im Juli 1941 die Berufung zum außerordentlichen Professor an der Berliner Universität, wobei er anderen, qualifizierteren Bewerbern vorgezogen wurde. Diese Begünstigung läßt sich anhand der sorgfältig formulierten Gutachten zweier medizinischer Autoritäten nachweisen, die seine nachweisbaren medizinischen Leistungen als kaum mehr denn mittelmäßig beurteilten.[51] Trotzdem wurde Hartmann bis zum Kriegsende von Professor Sauerbruch protegiert.[52]

Es gibt noch eine Reihe weiterer Beispiele dafür, daß akademische Unfähigkeit im Dritten Reich kein Hindernis für eine

Karriere war, wenn man sich geschickt mit Himmlers Macht arrangierte. Wenn die SS im Hintergrund drohte, war der Erfolg gewiß; eine Erfahrung, die noch ein weiterer Assistent Dr. Sauerbruchs machen durfte. Max Madlener war zwei Jahre älter als Hartmann, Parteimitglied seit 1933, SS-Mann seit 1934, und wurde 1940 außerordentlicher Professor für Chirurgie in Düsseldorf.[53]

Der schlimmste, aber auch der ironischste Fall dieser Art ist jedoch der des Chirurgen Kurt Strauß. Er zeigt nämlich, daß sich bei einer allzu einseitigen Überbewertung des Politischen in der Wissenschaft schließlich der von den NS-Ärzten selbst geglaubte Mechanismus vom Überleben des Tüchtigsten durchsetzt und der Untüchtige buchstäblich untergehen muß – aber leider erst, nachdem dieser zuvor riesigen Schaden angerichtet hat. Auch Strauß konnte auf eine lange persönliche Geschichte der politischen Gewalt in den Rängen der Nazibewegung zurückblicken und hatte nach deren Ehrenkodex Anspruch auf Entschädigung für die Opfer, die er gebracht hatte.[54] Er war schon seit 1932 gut mit Conti und Robert Ley befreundet und hatte irgendwann auch zur SS gefunden. Trotz einer kläglichen Publikationsliste konnte er sich mit zahlreichen Tricks als Chirurg habilitieren. Eine zweifelhafte Errungenschaft bei einem Mann, den sein früherer Assistent, der Nobelpreisträger Werner Forßmann, erst kurz zuvor einen Metzger genannt hatte, dem ständig ein Prozeß drohe und der ein eifriger Partybesucher und Schürzenjäger sei.[55] Schon kurz nach Kriegsbeginn wurde Strauß provisorisch mit einem Lehrstuhl in Prag versorgt und zusätzlich mit der Leitung einer von seinem Freund Robert Ley gegründeten Rehabilitationsklinik für verwundete und verstümmelte Soldaten betraut. Hier bekam er Schwierigkeiten, weil er Ressourcen veruntreute, seine Untergebenen ausbeutete und sich des Heiratsschwindels verdächtig machte. Daheim im Erziehungsministerium suchte der von Personalproblemen geplagte de Crinis unterdessen nach einem eleganten Weg, den allgemein unbeliebten Chirurgen, dem er gewisse Fähigkeiten nicht absprach, zu versetzen – möglicherweise nach Münster.[56] Doch im Herbst 1944 kam es zur Katastrophe. Strauß sollte wegen seiner verschiedenen Vergehen vor ein Kriegsgericht kommen, und Himmler ließ ihn degradieren und aus der SS ausschließen. Kurz darauf nahm sich Strauß in seiner Gefängniszelle das Leben.[57]

Die Mitgliedschaft in der SS war die verläßlichste Methode, sich einen Lehrauftrag an der Universität zu verschaffen, mit weit überdurchschnittlichen Aussichten auf eine ordentliche Professur. Umgekehrt konnten frühere oder noch bestehende Verbindungen zu Organisationen, die nicht mit dem Nationalsozialismus verbündet waren, dazu führen, daß ein Kandidat bei der Berufung übersehen wurde oder gar entlassen, wenn er seinen Posten bereits vor Hitlers Machtübernahme innegehabt hatte. Es gab nicht viele, aber doch einige nichtjüdische Hochschullehrer in der Medizin, die dem Gesetz zur Wiederherstellung des Berufsbeamtentums vom 7. April 1933 oder späteren ähnlichen Gesetzen zum Opfer fielen.[58] Realisten mit starkem Ehrgeiz mußten daher das Regime umwerben, wenn sie den Verdacht politischer Illoyalität auf jeden Fall vermeiden wollten. Schließlich war die Konkurrenz schon seit der Weimarer Republik sehr hart. 1932 war breit publiziert worden, daß von sieben Lehrenden im Fach Medizin statistisch nur einer mit der Berufung auf eine feste Vollzeitstelle rechnen konnte.[59]

Unter diesen Umständen war der Druck, sich der herrschenden Macht anzupassen und sie zu hofieren, für die jüngeren Hochschullehrer größer als für die älteren, etablierten. An den Universitätskliniken und den medizinischen Fakultäten konnte man deshalb erleben, wie Assistenzärzte und Lehrende, die einen ordentlichen Lehrstuhl anstrebten, nach dem 30. Januar 1933 plötzlich mit Verbindungen zu den Nazis glänzten, die ihnen in den Jahren zuvor vielleicht sehr peinlich gewesen wären.[60] Andere lernten schnell, daß der NS-Dozentenbund, in dem Mediziner stark vertreten waren,[61] schon bald routinemäßig auf die Besetzung der niedrigsten Stellen Einfluß nahm, und verhielten sich entsprechend.

In der Frühzeit des Regimes kam es sehr häufig vor, daß junge aufstrebende Akademiker, die mit ihren älteren, erfahreneren Lehrern konkurrierten und vielleicht hofften, an deren Stelle zu treten, sich als besonders überzeugte Nationalsozialisten gerierten, und zwar besonders wenn ihre Konkurrenten Juden waren. So traten beispielsweise in Tübingen sämtliche Assistenten der medizinischen

Fakultät im Mai 1933 geschlossen der SA bei. In Berlin wurde es populär, in die NSDAP und in die SA einzutreten, und am Jahresende verglichen die schlimmsten Nazis unter den Assistenzärzten bei einer Weihnachtsfeier Hitler mit dem alten Gott Wotan. An der Bonner Universität intrigierten einige Assistenzärzte, um die Amtsenthebung des (nichtjüdischen) Dermatologen Erich Hoffmann zu erreichen. Für solche Assistenzärzte erwies sich die Zusammenarbeit mit fanatischen Studenten häufig als genauso effektiv wie die Unterstützung durch den NS-Dozentenbund. So bestanden etwa in Leipzig Assistenten und Medizinstudenten gleichermaßen auf der Ausführung des Hitlergrußes bei allen Gelegenheiten, und in Freiburg scharten sich Assistenten wie Medizinstudenten um den nationalsozialistischen Dozenten Otto Bickenbach, der sich im Krieg durch seine Menschenexperimente im Konzentrationslager schrecklichen Ruhm erwerben sollte.[62]

Auf allen medizinischen Rängen, von ganz unten bis ganz oben, bestand nun die Tendenz, Stellen nach politischen Kriterien und offensichtlich mit jüngeren Männern zu besetzen, und zwar in einem Ausmaß, daß es an Geschichtsklitterung grenzt, wenn der deutsche Historiker Hans Schadewaldt behauptet, neue Fakultätsmitglieder seien ausschließlich aus objektiven Gründen berufen worden.[63] Der hervorstechende Fall von Heinrich Wilhelm Kranz ist schon behandelt worden.[64] Ähnlich gelagert sind auch die Fälle von Heinz Kürten, Willy Usadel, Johannes Stein und Heinrich Hoffmann. Der 1891 geborene Kürten begann seine wissenschaftliche Karriere in Halle, wo er ab 1925 als Dozent für Innere Medizin arbeitete. Er war wie Kranz von »Rassenkunde« fasziniert, organisierte Fortbildungskurse in Rassenhygiene und beteiligte sich 1933 an der Vertreibung seiner jüdischen Kollegen aus der medizinischen Fakultät. Es überrascht nicht, daß Kürten ein Jahr später einen Lehrstuhl an der Münchener Universität erhielt.[65] Der drei Jahre jüngere Chirurg Usadel war 1928 in Tübingen Dozent geworden und arbeitete 1933 als Chef eines Krankenhauses in Berlin. Usadel hatte das Glück, einen einflußreichen Bruder in der Parteihierarchie zu besitzen, war selbst Parteimitglied seit 1931 und hatte Hitler unmittelbar vor den kritischen Reichstagswahlen im November 1932 öffentlich unterstützt. Aus diesen Gründen wurde er 1934 als ordentlicher Professor nach Tübingen berufen. Dabei überging man zwei besser qualifizierte Kollegen und ignorierte das vorsichtige Votum der Tübinger Fakultät, daß Usadel für einen solchen Lehrstuhl nicht das notwendige Vertrauen seiner Kollegen besitze.[66] Johannes Stein ist von dem Heidelberger Psychiater und Philosophieprofessor Karl Jaspers als fanatischer Nationalsozialist bezeichnet worden. Bei der Beerdigung Ludolf von Krehls am 18. Juni 1937 verdammte Stein, der als SS- und Parteimitglied einen soliden Ruf als Antisemit genoß, die Gegner des Nationalsozialismus in Bausch und Bogen und sang eine Lobeshymne auf die Rassenhygiene. Diese Äußerungen sollten die nationalsozialistischen Behörden seiner fortdauernden Loyalität versichern. Er war seit 1931 außerordentlicher Professor gewesen, im März 1934 auf Krehls Lehrstuhl und 1935 zum stellvertretenden Rektor der Universität berufen worden – eine entschieden politische Berufung.[67] Ähnlich erntete auch der Gießener Psychiater Heinrich Hoffmann die Früchte eines früh artikulierten Antisemitismus und eines rechtzeitigen Parteieintritts, als er im Herbst 1937 zum Führerrektor der Universität Tübingen berufen wurde.[68]

Eine selbst nach zeitgenössischen Kriterien heikle Angelegenheit und gerade deshalb ein Indiz für die starke nationalsozialistische Infiltration der medizinischen Fachbereiche ist die Verleihung von professoralen Ehren *ad hominem,* wenn diese Parteimitgliedern zuteil wurde, die dafür in keiner Weise formell qualifiziert waren. Solche Ernennungen wurden in der Regel unter Berufung auf Hitlers Entscheidungsrecht als Führer und Reichspräsident bei »alten Kämpfern« vorgenommen, wenn diese von Wagner und seinen Untergebenen empfohlen worden waren. Beispiele sind die Ärzte Wilhelm Holzmann, Kurt Klare und Hermann Boehm.

Der praktische Arzt Wilhelm Holzmann hatte gegen Ende der Weimarer Republik in Hamburg eine Ortsgruppe des NS-Ärztebunds gegründet und wurde 1933 mit einer Professur belohnt.[69] Kurt Klare, völkischer Lungenspezialist, Mitgründer des NS-Ärztebunds und Berater Wagners, erhielt 1935 eine außerordentliche Professur in München und nahm 1940 eine ähnliche Berufung nach Münster an.[70] Die Verdienste des pensionierten Amtsarztes Hermann Boehm reichten noch weiter zurück. Der Veteran des Münchener Bierhallenputschs von 1923 war ebenfalls ein wichtiges Mitglied des frühen NS-Ärztebunds gewesen. Er wurde 1934 Arzt am naturheilkundlichen Rudolf-Hess-Krankenhaus in Dresden und ein Jahr später Professor für »Rassenkunde« im benachbarten Leipzig. In der Folge wurde der auch in der NS-Bildungsstätte Alt-Rehse lehrende »alte Kämpfer« für würdig befunden, bei der Berufung neuer Lehrstuhlinhaber als Berater zu wirken, und kam während des Krieges selbst in die engere Wahl für einen Lehrstuhl in Straßburg.[71]

Offensichtlich erwartete das Regime von Mitgliedern der medizinischen Fakultäten, daß sie irgendeine Bindung an Partei und Staat eingingen, wenn sie Karriere machen wollten. Dem stand nicht entgegen, daß sie mitunter gerade deshalb auch gründlich verachtet wurden. Gegen Ende des Krieges stellte der SD sarkastisch fest, daß die produktivsten medizinischen Hochschullehrer nur eines über den Nationalsozialismus gelernt hätten, nämlich daß man in die Partei eintritt, um anderen zu zeigen, daß man mit der Zeit zu gehen versteht.[72]

Die oben erwähnten Fälle, in denen aus politisch-karrieristischen Gründen das Prinzip der wissenschaftlichen Qualität in der Medizin verletzt wurde, lassen sich allesamt leicht klassifizieren. Die betroffenen Wissenschaftler zeichneten sich durch mehr oder weniger ausgeprägte Inkompetenz in dem von ihnen gewählten Fach aus. Vielleicht ist es sogar möglich, einen negativen Zusammenhang zwischen Kompetenz und politischem Engagement zu postulieren. Je schlechter ein Mann als Wissenschaftler war, um so wahrscheinlicher erlag er dem Nationalsozialismus.

Wo aber zieht man die Grenze zwischen den wirklich überzeugten Nazis und denen, die bloße Lippenbekenntnisse zum Regime ablegten, was sich in der nominellen Mitgliedschaft in einer NS-Organisation äußern konnte? Mischformen sind denkbar, etwa wenn ein integerer Wissenschaftler mit allen Mitteln Regimetreue demonstrierte, nur um seine berufliche Stellung nicht zu gefährden, zugleich jedoch einige nationalsozialistische Vorstellungen übernahm. Ein solches Verhalten war typisch für viele normale Ärzte, ja für die gesamte deutsche Elite, aber auch für andere Schichten des Volkes, insbesondere vor Beginn des Krieges.[73] Beim Versuch, den Kern des Problems zu erfassen, sieht sich der Historiker durch eine widersprüchliche Beweislage behindert, was die persönlichen Erinnerungen und die offiziellen Dossiers über prominente Professoren betrifft.

Ein solcher Fall ist beispielsweise Professor Oswald Bumke. In seinen Nachkriegserinnerungen macht der pensionierte Münchener Psychiater große Anstrengungen, den Geist des Nationalsozialismus zu exorzieren. Die betreffenden Passagen kulminieren im verächtlichen Charakterbild eines Allgemeinmediziners, der in seiner Vorlesung den Studenten ein Hitlerbild zeigte. Sie sollten sich des Bildes als letztmöglicher Inspirationsquelle bedienen, wenn alle anderen diagnostischen Mittel versagten. Gut versteckt findet sich aber in einem obskuren Publikationsorgan eine ziemlich anderslautende Äußerung von Bumke. Als der international anerkannte Wissenschaftler am 27. September 1934 die Versammlung der deutschen Gesellschaft für Neurologie leitete, sagte er nach einem Rückblick auf die Jahre der gerade untergegangenen Republik, daß man sich inzwischen in einem ganz anderen Deutschland versammelt habe. Nun sei das deutsche Herz wieder von Hoffnung erfüllt. Doch diesmal handle es sich nicht um die letzte Anstrengung eines langsam ermüdenden Volkes, sondern um eine Erhebung, die wirklich das ganze Deutschland aus der Ängstlichkeit der Nachkriegsjahre gerissen habe, eine Erhebung, die das Volk wieder stärken werde, innerlich und äußerlich.[74] Dies war keine Zurückhaltung, keine Neutralität und kein naives Lippenbekenntnis – es war eine von Herzen kommende Lobrede auf das neue Regime. Und in der Tat, diese Sätze ähneln verdächtig den offiziösen Loyalitätsbekundungen, mit denen überzeugte Nazirektoren ihre Verläßlichkeit demonstrierten. Etwa denen des Klinikers Johannes Reinmöller, als er 1933 in Erlangen seine Kollegen mit einer Rede begrüßte, die in fast jedem Satz das Wort »Führer« enthielt.[75] Bei näherer Betrachtung von Bumkes Karriere stellt man außerdem fest, daß seine Art der Psychiatrie zu der nationalsozialistischen Rechtfertigung krimineller eugenischer Manipulationen nicht im Widerspruch stand und daß der Professor das am 14. Juli 1933 verabschiedete Gesetz zu Verhinderung erbkranken Nachwuchses begrüßt hatte.[76] Wohl deshalb wird der ehemals objektive Wissenschaftler Bumke von jüngeren westdeutschen Kritikern als Vertreter der faschistischen Psychiatrie charakterisiert.[77]

Auch wenn einige medizinische Hochschullehrer sich ihrer zumindest teilweisen Übereinstimmung mit dem Nationalsozialismus bewußt waren, haben sie, offensichtlich um in dem neuen demokratischen Deutschland nach 1945 überleben zu können oder einfach, um nicht das Gesicht zu verlieren, ihre frühere Regimetreue häufig verdrängt oder falsch dargestellt. Für den heutigen Historiker ist es deshalb oft schwer, die Wahrheit herauszufinden. So schildert etwa der Bonner Emeritus Erich Hoffmann in seinen Memoiren ausführlich die Intrigen, die von neidischen jüngeren Fakultätsmitgliedern gegen ihn angezettelt wurden, und er beklagt wie Bumke die Herrschaft des Hitlerregimes.[78] Mehrere Passagen zu Beginn des Buches hinterlassen jedoch den Eindruck, daß Hoffmann viele Facetten der »Revolution« in seinem »Vaterland« ernst nahm, bis ihm die Sache aus dem Ruder zu laufen schien. Er versäumt es jedoch, den Leser zu informieren, wie intensiv seine ursprüngliche Sympathie für die Nazis wirklich war und warum genau er sich wieder von ihnen abwandte.[79] Auch geht er locker über die Tatsache hinweg, daß er der Diktatur im März 1933 zusammen mit 300 Kollegen eine fatale Glaubwürdigkeit verschaffte, als er seine Unterschrift unter eine im *Völkischen Beobachter* veröffentlichte Erklärung setzte, die Vertrauen in Hitlers neue Regierung bekundete und ihr energische Unterstützung gelobte.[80] Der Leser hat keine Möglichkeit zu beurteilen, ob Hoffmann damals ernsthaft an diese Aktion glaubte, was auf einen ausgeprägten Antisemitismus und Antimarxismus hingedeutet hätte.

Auch andere führende westdeutsche Wissenschaftler wie der Urologe und Nobelpreisträger Werner Forßmann, der Hamburger Psychiater Hans Bürger-Prinz und der Internist Ferdinand Hoff unterschlagen in ihren Memoiren wichtige Fakten oder verzichten auf angemessene Erklärungen. Forßmann verwischt den Tatbestand seiner Regimetreue, indem er die nationalsozialistischen Verwicklungen anderer, wie etwa die seines früheren Chefs Kurt Strauß, betont, und die eigene Parteimitgliedschaft herunterspielt. Die Umstände seines Parteieintritts werden absichtlich im Dunkeln gelassen. In der deutschen Originalversion seiner Memoiren wird der Parteieintritt mit keinem Wort erklärt – statt dessen wird der Leser ganz unvermittelt mit der NSDAP-Mitgliedschaft des Arztes ab März 1933 konfrontiert. In der zwei Jahre später erschienenen englischsprachigen Ausgabe sind völlig neue Abschnitte enthalten, die unter anderem andeuten, daß Forßmann der NSDAP vor 1934 beitrat. Gerade diese Passage zeichnet sich jedoch durch besondere Unklarheit aus. In Wahrheit trat Forßmann bereits im August 1932 in die Partei ein, als noch niemand gezwungen war, dies zu tun, aber nachdem die Nazis bei den Juliwahlen einen vielversprechenden Wahlsieg errungen hatten. Ansonsten wird die Partei in beiden Versionen des Buches als unvermeidliches Ärgernis verniedlicht, das jedoch keine ernsthaften Schwierigkeiten machte, und auch Forßmanns Pflichten als SA-Mann werden heruntergespielt.[81] Zudem zieht es Forßmann vor, sich zu seiner Mitgliedschaft im NS-Ärztebund nicht zu äußern, die sich heute durch seine Ärztekammerkarte nachweisen läßt.[82]

Bürger-Prinz gibt in seinen Erinnerungen viele lehrreiche Episoden aus seinem ereignis- und abwechslungsreichen Leben als Psychiater zum besten, unterläßt es jedoch zu erklären, warum er 1935 die Existenz von erblichen Psychosen ganz im Geiste des gerade verabschiedeten Erbgesundheitsgesetzes bejahte.[83] Der Psychiater erinnert sich auch genau an die Umstände seiner Berufung als ordentlicher Professor in Hamburg, vermeidet jedoch sorgfältig die Frage, ob seine Berufung nicht vielleicht doch das Ergebnis seines NSDAP- und SA-Beitritts im Mai 1933 war – Details, die in der Autobiographie als scheinbar belanglose Kleinigkeiten im eigenen Interesse weggelassen wurden.[84] Zudem vergißt Bürger-Prinz zu erzählen, daß er von den Morden an psychisch Kranken und von der Verschärfung der Zwangsarbeit für »asoziale« Jugendliche wußte, die lebenslang eingekerkert werden konnten. Der »Euthanasie«-Mörder Werner Heyde (dessen illegale Existenz als

Dr. Sawade Bürger-Prinz nach 1945 deckte) und der Brandenburger Gefängnispsychiater Hans Heinze waren in dieses System eingeweiht, und jugendliche Jazzfans in Bürger-Prinz' Heimatstadt Hamburg waren ihre potentiellen Opfer.[85] Auch über seine unrühmliche Rolle in der Affäre Degkwitz schweigt sich der Psychiater aus. Als der Pädiater Rudolf Degkwitz, Bürger-Prinz' Fakultätskollege, 1943 wegen »Defätismus« angeklagt wurde, machte der Psychiater als damaliger Dekan der medizinischen Fakultät keineswegs den Versuch, zu dessen Gunsten zu intervenieren. Vielmehr schrieb er in einem unterwürfigen Brief an den Stellvertreter des Gesundheitskommissars Brandt, Degkwitz sei wegen mündlicher oder schriftlicher defätistischer Äußerungen von der Gestapo verhaftet worden und werde seines Wissens vor ein ordentliches Gericht gestellt werden. Er rechne daher nicht damit, daß der Professor wieder an die Fakultät zurückkehren werde. Danach machte sich Bürger-Prinz sofort auf die Suche nach einem Nachfolger für den verhafteten Hochschullehrer.[86] Was die Hypothese betrifft, daß sich das universitätspolitische Engagement eines Hochschullehrers im Dritten Reich umgekehrt proportional zu seinen wissenschaftlichen Verdiensten verhielt, läßt sich für Bürger-Prinz feststellen, daß über seine Verdienste als Wissenschaftler damals noch keine Einigkeit bestand. So vertrat zumindest ein Experte noch 1944 die Meinung, Bürger-Prinz sei zwar ein sehr netter Mensch, aber kein bedeutender Wissenschaftler.[87]

Auch Ferdinand Hoff schildert in seiner Autobiographie die eindrucksvolle Karriere eines schon in der Weimarer Republik hochqualifizierten medizinischen Wissenschaftlers, der nach 1934 schnell von einer Universität an die andere berufen wurde, wobei er sich stets verbesserte und sein Aufstieg allein auf der objektiven Qualität seiner wissenschaftlichen Leistungen beruhte.[88] Aus Hoffs Personalakte geht hervor, daß er bei seinen Standesgenossen, aber auch beim Berliner Erziehungsministerium großes Ansehen genoß.[89] Trotzdem ist in seinem Buch nirgends der geringste Hinweis darauf zu finden, daß zwischen seiner höchst eindrucksvollen beruflichen Karriere und seinem guten Ruf in der NS-Bewegung auch nur der geringste Zusammenhang bestanden haben könnte. Wenn diese politischen Verbindungen erwähnt werden, dann sind die Erklärungen sehr dürftig. Hoff macht plausibel, daß er aufgrund seiner dokumentierten früheren Mitgliedschaft in der Deutschen Demokratischen Partei einen gewissen politischen Schutz benötigte, verharmlost jedoch seine eigene aktive Rolle bei der Kontaktaufnahme zu den Nazis. Seiner Lebensgeschichte zufolge schlug ihm 1933 ein Kollege vor, in einer unwichtigen Funktion in die SA einzutreten, aus der sich keine Verpflichtung zu leitenden Funktionen ergeben würde. Später, im Jahr 1937, soll dann die SA für Hoff einen Aufnahmeantrag bei der NSDAP gestellt haben, der positiv beschieden wurde.[90] Aus den Quellen geht jedoch hervor, daß Hoff sich den Braunhemden 1933 im vergleichsweise hohen Rang eines Hauptsturmbannführers anschloß und den Parteiakten zufolge ein aktives Mitglied der Organisation war. Als er seine SA-Mitgliedschaft zugunsten der NSDAP-Mitgliedschaft aufgab, wurde er von der SA »ehrenhaft« entlassen. Bereits vor dieser Zeit war Hoffs Frau in Königsberg eine lokale Funktionärin der Nationalsozialistischen Volkswohlfahrt (NSV) gewesen, und Hoff war der NSV ebenfalls beigetreten. Die beiden Töchter des Ehepaars gehörten dem Bund Deutscher Mädel an. Später, in Würzburg, arbeitete Hoff freiwillig mit den nationalsozialistisch beherrschten Fachschaften zusammen, für die er Vorlesungen über Neue Deutsche Heilkunde hielt. Außerdem gehörte Hoff dem NS-Ärztebund und dem NS-Dozentenbund an (dem sich viele Professoren aus opportunistischen Gründen anschlossen). Schließlich war die Familie Hoff immer großzügig bei den häufigen Spendensammlungen der Partei – all dies Symptome eines weit überdurchschnittlich guten Verhältnisses zur NSDAP und alles sauber ausradiert in Hoffs Nachkriegsbewußtsein.[91] Auch wurde Hoff, wie glücklicherweise in seinen Papieren vermerkt, auf eigenen Wunsch in die NSDAP aufgenommen, und nicht, weil ihn die SA als Mitglied vorgeschlagen hatte. Er besaß das Vertrauen der Partei als ein Mann, der jederzeit rückhaltlos im Interesse des nationalsozialistischen Staates handeln würde.[92] Dies ist nicht gerade das typische Profil eines Mitläufers.

Das vielleicht größte Rätsel in dieser Hinsicht ist der gefeierte Chirurg Ferdinand Sauerbruch. Er war zwar ein hervorragender

Arzt, scheint aber viel stärker mit den Nazis sympathisiert zu haben, als bisher allgemein angenommen. Es trifft zu, daß Sauerbruch dem neuen Regime nur drei formale Konzessionen machte, die ihm nutzten und innerhalb des Regimes großes Ansehen einbrachten. Er nahm den Titel eines Staatsrats an, er ließ sich gemeinsam mit Professor August Bier, der viel offener mit den Nazis sympathisierte, den nationalsozialistischen Ersatz für den Nobelpreis verleihen, und er fungierte im Krieg bei der Wehrmacht als Generalstabsarzt.[93] Sauerbruch war nie Parteimitglied, geschweige denn bei der SA oder SS. Er war im Grunde seines Herzens ein wahrhaft konservativer Monarchist, der es SA-Männern demonstrativ untersagte, eine Hakenkreuzfahne auf dem Dach seiner Klinik zu hissen. Auch war er gemeinen Angriffen durch Dr. Walter Groß, dem Parteiexperten für »Rassenkunde«, ausgesetzt, weil er die Ideale des Ersten Weltkriegs und der traditionellen Universitäten als Vorbilder für die Jugend im Dritten Reich hochhielt.[94] Als Hochschullehrer und innovativem Forscher war Sauerbruch trotz eigenartiger, im zwischenpersönlichen Bereich oft beleidigender Manierismen nichts vorzuwerfen.[95]

Es trifft jedoch zu, daß der Chirurg viele politische Ziele des neuen Regimes unterstützte, auch wenn er Hitler wohl persönlich nicht mochte und bisweilen Streit mit ausgesprochen nationalsozialistischen Wissenschaftlern bekam.[96] So teilte er die offensiv antiwestliche Einstellung des Regimes, die ideologische Begründung für den offiziellen Antisemitismus (dessen radikale Umsetzung er allerdings ablehnte) und einige der klischeehaften Ansichten über die Ganzheitsmedizin.[97] Sauerbruch richtete lautstarke Appelle an die Deutschen und das Ausland, in denen er versuchte, die neue Politik der Nazis zu erklären, und um Sympathie und Verständnis für sie warb, und er ließ es später wissentlich zu, daß sein internationales Ansehen von der NS-Propaganda schäbig mißbraucht wurde.[98] Er unterstützte Anhänger des Regimes wie Fritz Hartmann nicht zuletzt deshalb, weil dessen Vater als Anhänger des Alldeutschen Verbands in Opposition zum Dollfuß-Regime stand, und er lobte Hartmann selbst als einen aufrichtigen alten Nationalsozialisten, der dem Führer und seinem Staat politisch treu ergeben sei.[99]

Den Andeutungen einiger moderner Historiker zum Trotz waren Sauerbruchs Kontakte zu Vertretern des klassischen Widerstands wie General Ludwig Beck und Oberst Claus Graf von Stauffenberg nur flüchtig, obwohl er wahrscheinlich dazu gedrängt wurde, sich viel stärker gegen das Hitlerregime zu engagieren.[100] Wichtig ist, daß er dies nicht tat. Ein ausgewogenes Urteil über Ferdinand Sauerbruchkönnte deshalb wohl dasselbe sein, das auch über eine ganze Reihe weniger bedeutender Kollegen an den medizinischen Fakultäten zu fällen wäre: In den Augen zweier westdeutscher Wissenschaftler, die die verfügbaren Quellen analysiert haben, lebte Sauerbruch in qualifiziertem, wenn auch schwankendem Einverständnis mit dem NS-Staat.[101] In mehrfacher Hinsicht kann die Gestalt des Meisterchirurgen deshalb trotz aller rätselhaften Eigenschaften als ein Symbol für das Dilemma dienen, vor dem die medizinischen Wissenschaftler unter Hitler letztlich standen, in den besten wie in den schlimmsten Zeiten des Regimes.

3. Antisemitismus, Widerstand und die Zukunft der medizinischen akademischen Welt

Aus ideologischen Gründen und aufgrund des Stellenmangels an den Hochschulen zu Beginn des NS-Regimes suchten ehrgeizige nationalsozialistische Hochschullehrer im Fach Medizin nach Wegen, um die jüdischen Kollegen loszuwerden, die mit ihnen um Universitätsposten konkurrierten. Diese Haltung unterschied sich zwar nicht wesentlich von der in anderen akademischen Disziplinen, doch war für die medizinischen Fakultäten, vielleicht zusammen mit den juristischen und bestimmten naturwissenschaftlichen Fachbereichen wie etwa der Physik, eine besonders schlimme Behandlung der Juden kennzeichnend, weil der Anteil der jüdischen Lehrenden in den genannten Fächern besonders groß war. Wie groß genau, ist unbekannt, doch er war gewiß größer als der Anteil von 17 Prozent, den die Juden an der gesamten Ärzteschaft stellten.[1] Schon am 23. März 1933 erhoben die Nazis den Vorwurf, daß jüdische Dozenten die Lehrstühle in Medizin dominierten. Und in seiner Rede auf dem Reichsparteitag vom September 1934 stellte Dr. Wagner die vermutlich übertriebene Behauptung auf, daß die Hälfte der Berliner medizinischen Fakultät aus Juden bestehe.[2]

Die Vertreibung der jüdischen Assistenten, Professoren und sonstigen Lehrenden aus den Universitäten begann mit der Verkündung des Gesetzes zur Wiederherstellung des Berufsbeamtentums vom 7. April 1933, auf dem die folgenden Verordnungen basierten. Alle Juden im öffentlichen Dienst einschließlich der Hochschullehrer wurden sofort entlassen, wenn sie nicht schon vor 1914 im Amt gewesen waren, im Ersten Weltkrieg gekämpft hatten oder den Vater oder einen Sohn in diesem Krieg verloren hatten. In der Lehre wurden Mediziner außerdem von der Entlassung ausgenommen, wenn sie ihr Leben in einem Seuchenlazarett riskiert hatten. Gehälter und Pensionen wurden nur ab einer bestimmten Dienstzeit ausbezahlt und auf jeden Fall beträchtlich gekürzt.[3] Ergänzt wurde dieses Gesetz durch weitere Bestimmungen, wie etwa der vom 4. Oktober 1933, die es deutsch-jüdischen Gelehrten untersagte, ihre Forschungsergebnisse in deutschen Büchern oder Zeitschriften zu veröffentlichen.[4]

Das Tempo, in dem die jüdischen Lehrenden entlassen wurden, war von Land zu Land unterschiedlich, genau wie die persönlichen Umstände, denn jedes Land konnte seine eigene Version des Gesetzes vom 7. April erlassen und es wie auch die meisten Universitäten sehr frei interpretieren.[5] Trotzdem waren die meisten Entlassungen bis Anfang 1935 vollzogen. Einige Professoren waren vor ihrer Entlassung besonderen Demütigungen ausgesetzt. So belästigte die SA beispielsweise schon ab März 1933 den Internisten Hermann Zondek, einen planmäßigen außerordentlichen Professor in Berlin, und schlug seine jüdischen Assistenten zusammen, bevor er seine Lehrerlaubnis am 5. September 1933 offiziell verlor.[6] Auch der Freiburger Dozent für Innere Medizin Hans Krebs wurde schon Mitte April beurlaubt und erst Anfang Juli legal entlassen.[7] Ebenso schnell verlief die Entlassung des seit 1923 in Gießen als Dozent beschäftigten Gynäkologen Egon Pribram.[8]

Da der Antisemitismus im »Dritten Reich« nicht nur politisch gewollt war, sondern auch in staatlich nicht manipulierten, spontanen Handlungen seinen Ausdruck fand,[9] war die Säuberung der medizinischen Fakultäten von jüdischen Lehrkräften stets auch von der Heimtücke und von offenen Haßausbrüchen der »Arier« begleitet, die von der Säuberung profitierten. So erhob etwa Dr. Ernst Nückel, ein früher an der Berliner Frauenklinik Cecilienhaus beschäftigter Gynäkologe, schon am 9. März, Wochen bevor das neue Beamtengesetz in Kraft trat, schwere Vorwürfe gegen Professor Wilhelm Liepmann, den jüdischen Direktor des Cecilienhauses, der ihn 1932 entlassen hatte. Nückel bezeichnete den Professor als berüchtigten Marxisten und Intriganten und beschuldigte ihn, die Nazis offen für den Reichstagsbrand verantwortlich gemacht zu haben, der 14 Tage zuvor stattgefunden hatte.[10] Rudolf Nissen, Sauerbruchs Lieblingsassistent, mußte Berlin im Mai 1933 verlassen, und er hatte außer dem gesetzlich verhängten Unrecht auch noch die Beleidigungen eines früheren Freundes zu erdulden, dem er – bezeichnenderweise – häufig bei der Vorbereitung seiner Habilitation geholfen hatte.[11] Manche Professoren, die vielleicht politisch verdächtig oder bei ihren Kollegen aus einem anderen Grund unbeliebt waren, wurden von diesen wie Juden behandelt und als solche angesprochen.[12] Dr. Wagners organisierte Naziärzte hießen dieses schändliche Verhalten gut und beteiligten sich daran. Professor Otto Lubarsch, ein angesehener Berliner Pathologe war aus irregeleitetem Patriotismus schon früh ein Antisemit und Hitleranhänger geworden, obwohl er selbst Jude war. Als der verwirrte alte Mann am 1. April 1933 starb, was ihm vermutlich eine grausame Zukunft ersparte, wurde sein Andenken in dem nationalsozialistischen Ärzteblatt *Ziel und Weg* hemmungslos durch den Schmutz gezogen.[13]

Für einige jüdische Lehrende an den medizinischen Fakultäten war die legalisierte Verfolgung durch die Nazis aufgeschoben, aber nicht aufgehoben. Sie blieben als Weltkriegsveteranen zunächst von der Entlassung verschont, wurden aber aufgrund der Nürnberger Rassengesetze vom September 1935 entlassen.[14] Nach dem Anschluß Österreichs wurden 28 weitere Professoren und 120 andere Lehrende auch dort Opfer des Unrechts.[15] Als im Februar 1939 eine neue Habilitationsordnung verkündet wurde, durften Personen mosaischen Glaubens oder jüdischer Herkunft nicht mehr als medizinische Hochschullehrer zugelassen werden.[16]

Unmittelbar vor dem Zweiten Weltkrieg wurde noch eine zweite, kleinere Gruppe jüdischer medizinischer Wissenschaftler entlassen, zu der der Heidelberger Psychiater Willy Mayer-Groß, ein außerordentlicher Professor, und der junge Psychiatrieassistent Karl Stern gehörten. Stern hatte als herausragender Wissenschaftler ein Rockefeller-Stipendium für das von dem Naziprofessor Ernst Rüdin geleitete Münchener Kaiser-Wilhelm-Institut (und damit besonderen Schutz) erhalten.[17] In Halle wurde der Neurologe Alfred Hauptmann, ein ordentlicher Professor, der im Ersten Weltkrieg das Eiserne Kreuz und weitere Orden erhalten hatte und noch immer Militärarzt der Reserve war, im Dezember 1935 von der Universität gejagt, nachdem der Hartmannbund und die KVD gegenüber dem Rektor auf seiner Entlassung bestanden hatten.[18] In Berlin waren der berühmte Gynäkologe Robert Meyer und in Frankfurt der ebenso berühmte Dermatologe Karl Herxheimer, der mehreren internationalen wissenschaftlichen Gesellschaften angehörte, unmittelbar von der Entlassung bedroht.[19]

Obwohl sich gegen die ungerechte Behandlung der jüdischen medizinischen Wissenschaftler, von denen einige Weltruf besaßen, im Ausland wachsender Protest erhob,[20] machten es dieselben Länder den emigrierten deutsch-jüdischen Wissenschaftlern paradoxerweise immer schwerer, ihre Arbeit an medizinischen Hochschulen im Ausland fortzusetzen. So gab es im damals britisch verwalteten Palästina praktisch keine freien Stellen für Medizinprofessoren.[21] Großbritannien selbst gehörte hingegen zu den großzügigeren Nationen bei der Unterbringung jüngerer und älterer medizinischer Forscher. So wurde beispielsweise Hans Krebs zunächst in Cambridge, dann in Sheffield und schließlich in Oxford willkommen geheißen; er erhielt 1939 die britische Staatsbürgerschaft und wurde für seine (noch in Nazideutschland gemachte) Entdeckung des Zitronensäurezyklus und grundlegende Untersuchungen zur Ernährung 1953 mit dem Nobelpreis ausgezeichnet; fünf Jahre später wurde er zum Ritter geschlagen.[22] Auch Mayer-Groß konnte sich in Großbritannien etablieren, wurde Koautor eines wichtigen psychiatrischen Werkes und trat als Pionier des bahnbrechenden psychiatrischen Systems der Tag-und-Nacht-Kliniken hervor.[23]

Wie Krebs in seinen Memoiren betont, hatte ein Mediziner, zumindest im bevorzugten angelsächsischen Raum, um so bessere Chancen auf einen Universitätsposten, je theoretischer sein medizinischer Ansatz war. Der Chirurg Rudolf Nissen hat diese Regel auch für die Vereinigten Staaten bestätigt, die sich weniger großzügig verhielten als Großbritannien.[24] In den USA konnten nur absolut herausragende jüdische Persönlichkeiten ihre Universitätskarriere ohne Unterbrechung fortsetzen; jüngere Lehrende und insbesondere solche mit einem eher praktischen Betätigungsfeld wie etwa Internisten mußten von einer Privatpraxis leben, deren Gründung aufgrund von Niederlassungsbeschränkungen jedoch schwierig war.[25] Einer derjenigen, die an den amerikanischen Universitäten schließlich doch Erfolg hatten, war der Freiburger Internist Siegfried Thannhauser, zweifellos weil auch er einst ein Rockefeller-Stipendium erhalten hatte. Thannhauser schaffte es, im Frühjahr 1935 eine Stelle an der Tufts University in Boston zu bekommen.[26] Auch der Physiologe Rudolf Höber aus Kiel, Autor eines anerkannten Lehrbuchs in seinem Fach, aber trotzdem im April 1933 entlassen, kam mit über 50 Jahren an der University of Pennsylvania unter.[27] Dieselbe Fakultät nahm auch den Heidelberger Professor und Nobelpreisträger (von 1922) Otto Meyerhof auf, ebenfalls ein Physiologe, der noch in der Weimarer Republik den viel jüngeren Krebs gefördert hatte.[28] Der Berliner Professor Robert Meyer war fünfundsiebzig, als man ihm 1939 einen Posten an der medizinischen Fakultät von Minneapolis anbot.[29]

Nissen eröffnete 1941 eine chirurgische Praxis in New York, nachdem er zuvor mehrere Jahre in Istanbul Professor gewesen war. Er und mehrere andere deutsch-jüdische Wissenschaftler, darunter der Gynäkologe Wilhelm Liepmann und der Ophtalmologe Joseph Igersheimer, hatten geholfen, die dortige Universität im modernen Geist von Kemal Pascha (Atatürk) umzustrukturieren.[30] Einigen jüdischen Medizinern gelang es, in die Schweiz oder eines der Balkanländer zu emigrieren, wo jedoch keiner eine realistische Aussicht auf einen Lehrstuhl hatte.[31]

Am Ende durfte nur noch eine Handvoll nicht »volljüdische« oder mit einer »arischen« Frau verheiratete »volljüdische« medizinische Hochschullehrer im Reich arbeiten, aber unter demütigenden Umständen. Friedrich Löning, ein Lutheraner, der im Ersten Weltkrieg als Stabsarzt gedient hatte, aber väterlicherseits einen Großvater mosaischen Glaubens hatte, wurde als kaum über Fünfzigjähriger zwangspensioniert und sogar daran gehindert, im bayerischen Schongau Sprechstunden zu halten.[32] Robert Oppolzer, ein »Vierteljude« und dekorierter Veteran des Ersten Weltkriegs, wurde Anfang 1940 als Chirurg an der Universität Wien gebraucht, weil seine Kollegen an die Front eingezogen worden waren. Alle Ärzte der Klinik, die ausnahmslos der SA oder der SS angehörten, hätten darum gebeten, Dr. Oppolzer auf seinem Posten zu belassen, schrieb der Reichskommissar für die Wiedervereinigung Österreichs mit dem Deutschen Reich an den Reichsinnenminister.[33]

Auch wenn die unfreiwillige Ironie dieser offiziellen Erklärung heute unangenehm auffällt, war die Arbeit als Chirurg für den Assistenzarzt und Vater von vier Kindern zweifellos besser als die Zwangsarbeit in einem Rüstungsbetrieb. Andere deutsche Ärzte in NS-Organisationen waren vermutlich erfreut, daß die »volljüdischen« medizinischen Hochschullehrer, die bis zum Höhepunkt des Krieges im Reich geblieben waren, nun entweder im Konzentrationslager saßen oder nach Osten verbracht und umgebracht wurden. Wie viele jüdische Hochschullehrer für Medizin letztlich ermordet wurden, ist unbekannt. Mindestens zwei Lehrende der Berliner Fakultät gehörten zu dieser Gruppe, der Dermatologe Abraham Buschke und der Internist Hermann Strauss, vielleicht aber auch noch ein dritter, der Pathologe Ludwig Pick.[34] Auch der Frankfurter Karl Herxheimer, der sich geweigert hatte, ins Exil zu gehen, wurde eines der Opfer, genau wie der Gießener Professor Soetbeer, der sich nach der Verhaftung durch die Gestapo im März 1943 in seiner Zelle das Leben nahm.[35] Am Ende könnte Deutschland mehr als 40 Prozent seiner medizinischen Hochschullehrer durch rassistischen Fanatismus verloren haben – ein unermeßlicher Schaden für Bildung und Wissenschaft.[36]

Trotz dieses entsetzlichen Stücks Medizingeschichte muß betont werden, daß nicht alle »arischen« Medizinprofessoren mit der antisemitischen Politik des Dritten Reichs übereinstimmten und manche ihre Ablehnung auch äußerten oder sogar Widerstand leisteten. Am wirkungsvollsten ist in der Regel kollektiver Widerspruch, und genau dies soll in Marburg geschehen sein, als der Pädiatrieprofessor Ernst Freudenberg wegen seiner jüdischen Frau entlassen werden sollte. Die gesamte medizinische Fakultät intervenierte beim Reichserziehungsministerium, aber ohne Erfolg.[37] In Heidelberg schrieb der Dekan der medizinischen Fakultät Richard Siebeck schon im April 1933 an das Ministerium, es sei zwar notwendig, daß deutsche Hochschullehrer »von deutscher Art und deutschem Wesen« seien, aber man könne nicht übersehen, »daß das deutsche Judentum Teil hat an Leistungen der Wissenschaft und daß aus ihm große ärztliche Persönlichkeiten hervorgegangen sind«. Einige Monate später wurde Siebeck von dem neuen Führerrektor seiner Universität als Dekan abgesetzt, und von seiner Petition wurde nie wieder etwas gehört.[38] Ähnliche Versuche mit ähnlich kläglichem Ergebnis wurden auch in Düsseldorf unternommen.[39]

Der politische Protest war natürlich nicht nur auf die »Judenfrage« beschränkt. In Bonn wollte die medizinische Fakultät den außerordentlichen Psychiatrieprofessor Hans Walther Gruhle auf einen ordentlichen Lehrstuhl berufen. Gruhle wurde jedoch als bekannter Gegner der Sterilisierungsgesetze von dem Berliner Ministerium abgelehnt, angeblich nachdem Ernst Rüdin aus München im Sommer 1934 seinen Einfluß geltend gemacht hatte. Im Oktober versuchte es die Fakultät erneut und berief sich auf Gruhles Beliebtheit bei den Studenten. Doch die Nazis wollten Kurt Pohlisch auf dem Lehrstuhl haben, der in Sterilisierungsfragen sehr viel nachgiebiger zu sein schien. Gruhle konnte bis 1946 nicht berufen werden.[40]

Dies wirft abermals die grundlegende Frage des ärztlichen Widerstands auf, in diesem Fall des Widerstands der Mediziner in der akademischen Welt. Der Münchener Oswald Bumke, eine ohnehin zweifelhafte Figur, sprach sich durch die schlichte Behauptung frei, jeder, der es gewagt hätte, Widerstand zu leisten, wäre sofort ins Konzentrationslager gekommen. Natürlich hätte man auch ins

Konzentrationslager gehen können, wenn dies jemandem genützt hätte, fuhr Bumke fort. Doch wäre dies mit Sicherheit nicht der Fall gewesen. Wenn er selbst zum Beispiel verschwunden wäre – durch Entlassung, Einlieferung in ein Lager oder durch einen »Unfall« –, dann wäre sofort ein anderer an seine Stelle getreten. Die Krankenschwestern wären entlassen und die Patienten vergast worden, und die Studenten wären nicht mehr so ausgebildet worden, daß sie Bumkes Vorstellung von Ärzten entsprochen hätten. Er habe nie viel von Don Quichote und seinen Streichen gehalten – außer im Roman.[41]

Bumke illustriert diese zynische Argumentation mit einem Beispiel aus seiner eigenen Karriere: Er hatte angeblich zwei Wochen vor der Röhm-Affäre im Juni 1934 versucht, von seinem Lehrstuhl zurückzutreten, weil der tschechische Scharlatan Tirala in die Münchener Fakultät aufgenommen worden war.[42] Selbst wenn dies wahr wäre, bewiese es nur, daß einige medizinische Hochschullehrer in ihrer professoralen Eitelkeit verletzt waren, weil das neue Regime Veränderungen vornahm, die zudem häufig nur prozeduralen Charakter hatten, nicht jedoch, daß die Professoren wegen ideologischer oder moralischer Probleme besorgt waren. Daß ersteres zutraf, läßt sich am Verhalten von mehreren Kollegen Bumkes ablesen. Der Leipziger Pädiater Werner Catel, Parteimitglied und daran beteiligt, behinderten Kinder den »Gnadentod« zu verabreichen, hatte einen Streit mit seinem Dekan, einem außergewöhnlich fanatischen Nazi und Freund des Gauleiters Mutschmann, und behauptete, er habe von da an unter endlosen Intrigen in der Partei zu leiden gehabt.[43] Auch der in Marburg lehrende Psychiater Ernst Kretschmer beschwerte sich über ständige Reibereien mit seinem Gauleiter und kleineren NS-Funktionären, weil diese sich Kretschmers Ansicht nach in rein akademische Angelegenheiten einmischten. Kretschmer war zwar kein Freund des Regimes, doch er lobte dessen radikale Sterilisierungspraktiken, hatte eine kollegiale Beziehung zu dem Erznazi Rüdin und war zumindest eine Zeitlang institutionell mit dem akademisch und politisch fragwürdigen psychotherapeutischen Institut Martin Görings verbunden.[44] Professor Johannes Heinrich Schultz, ein anderes Mitglied von Görings Institut, bekam gegen Ende des Regimes Schwierigkeiten mit seinem nationalsozialistischen Chef, weil dieser ihn als Defätisten beschimpfte. Dies allein ist jedoch kein ausreichendes politisches Alibi für einen Professor, der immerhin Mitglied im NS-Kraftfahrkorps war und sich mindestens einmal um die Mitgliedschaft in der Partei bewarb.[45] Auch die Motive des Münsteraner Radiologen Paul Krause, der sich am 7. Mai 1934 aus Protest das Leben nahm, müssen sehr sorgfältig untersucht werden. Er sterbe für sein Vaterland, wegen des schrecklichen Terrors und der Verfolgung, die sowohl ungerecht als auch überflüssig seien, heißt es in seinem Abschiedsbrief.[46] Diese Worte klingen extrem altruistisch, doch man sollte bedenken, daß Krause als rechtsgerichteter Nationalist und erklärter Feind des Marxismus und der Sozialdemokratie die Machtübernahme des Nationalsozialismus als Erlösung begrüßt hatte. Krause sei nicht von antifaschistischen, demokratischen oder ideologischen Grundsätzen motiviert gewesen, schreibt einer seiner scharfsichtigeren Biographen. Vielleicht war er dies doch, und sogar in hohem Maße, aber es hatte auch bösartige Machenschaften eines unmittelbaren Untergebenen Krauses gegeben, der es auf Krauses Stelle abgesehen hatte. Außerdem hatte Krause sich über einige organisatorische Maßnahmen Dr. Wagners beschwert und diese als unerträglich unprofessionell bezeichnet.[47]

Es ist menschlich verständlich, daß das mächtige Motiv der Furcht um die eigene Sicherheit so manchem Möchtegern-Oppositionellen unter den deutschen Hochschullehrern den Mund verschloß. Der Wiener Internist Professor Julius Bauer erinnert sich, daß er nach einem scharfen Angriff auf den »wissenschaftlichen« Rassismus der Nazis, den er 1935 in einer angesehenen schweizerischen Zeitschrift publiziert hatte, aus der Deutschen Gesellschaft für Innere Medizin ausgeschlossen und von Gerhard Wagner übel verleumdet wurde. Danach bekam er einige freundliche Briefe von deutschen Universitätskollegen, die ihm heimlich übermittelt wurden. Niemand habe es jedoch wagen können, öffentlich für ihn Partei zu ergreifen, wenn er nicht sein Amt, seine Freiheit oder sogar sein Leben habe verlieren wollen.[48]

Trotzdem gab es medizinische Hochschullehrer, die aus ethischen, moralischen oder ideologischen Gründen nicht nur ihre Karriere, sondern auch ihr Leben riskierten. Gemeint sind nicht die Wissenschaftler, die in ihren Publikationen die Verdienste von jüdischen Pionieren erwähnten, denn dies taten sogar in der Wolle gefärbte Nazis, wenn es ihnen paßte.[49] An der Spitze dieser Liste standen Marxisten, die unerschütterlich nach ihren Überzeugungen handelten, auch wenn sie deshalb mit der Sowjetunion in Verbindung gebracht wurden und in den Ruch des Hochverrats gerieten.

Georg Groscurth war Dozent für Innere Medizin an der Berliner Universität und mit dem bekannten Chemiker Robert Havemann befreundet. Er vermittelte über eine Europäische Union genannte Widerstandsgruppe Informationen an die illegale KPD, die er aus ranghohen Patienten wie Rudolf Hess herausholte, schützte jedoch auch potentielle Opfer vor Übergriffen der Nazis. Groscurth wurde in einem Schauprozeß von Roland Freislers schändlichem Volksgerichtshof verurteilt und am 8. Mai 1944 hingerichtet.[50] Dasselbe Schicksal erlitt auch der zwei Jahre ältere Dr. John Rittmeister, der zwischenzeitlich ein brillanter Mitarbeiter an Martin Görings Institut gewesen war. Obwohl Rittmeister formell nicht zum Hochschullehrer qualifiziert war, war er ein überaus engagierter Forscher und beeinflußte einen großen Kreis von Berliner Studenten. Er schloß sich der Roten Kapellean. Die Widerstandsorganisation wurde 1942 von der Gestapo enttarnt, und Rittmeister wurde im Mai des folgenden Jahres hingerichtet.[51]

Auch andere Männer, die nicht aus kommunistischer Überzeugung handelten, verdienen unseren Respekt. An der Münchener Universität arbeitete 1933 der Chirurg Max Lebsche als Professor. Er war bei älteren Kollegen hoch geschätzt, insbesondere bei Ferdinand Sauerbruch, der ihn 1927 bei seinem Wechsel nach Berlin gerne mitgenommen hätte. Lebsche war ein frommer Katholik, der das 1933 zwischen dem Vatikan und Hitler geschlossene Konkordat radikal verurteilte. Er trat, als er zu nominellen Zugeständnissen gezwungen wurde, aus Protest von seinem Amt zurück.[52] Religiöse Überzeugungen waren auch das Hauptmotiv für die mutigen Taten des Freiburger Pathologen Franz Büchner. Er kritisierte 1941 in einer Vorlesungsreihe die »Euthanasie« im Dritten Reich.[53] Im

Oktober 1942 nahm er an einer geschlossenen Fachkonferenz über menschliches Überleben unter extremen Wetterbedingungen teil, auf der Dr. Rascher Einzelheiten über seine verbrecherischen Unterkühlungsversuche mit Menschen enthüllte. Danach soll Büchner in seiner Eigenschaft als beratender Pathologe der Wehrmacht bei seinem militärischen Vorgesetzten in Berlin protestiert haben, ein Protest, der glücklicherweise keine negativen Folgen für ihn hatte.[54]

Zur selben Kategorie der politischen Oppositionellen ist auch der Berliner Pharmakologe Wolfgang Heubner zu rechen. Er beklagte sich in einem Brief vom Dezember 1938 beim Sekretär der Göttinger Akademie der Wissenschaften über den Ausschluß von Juden und mit Juden oder Jüdinnen verheirateten Mitgliedern der Akademie und forderte, auch ihn aus der Mitgliedschaft zu entlassen. Daß der einundsechzigjährige Heubner dabei seinen Lehrer, den Juden Richard Willstätter ausdrücklich als eines der Opfer erwähnte, hebt ihn wirklich aus der Masse der Opportunisten und NS-Anhänger der damaligen Zeit heraus.[55] Es überrascht nicht, daß Heubner später versuchte, Dr. Groscurth vor der Hinrichtung zu retten.[56]

Ähnlich furchtlos waren auch die Professoren Paul Schürmann, Emil Krückmann und Rudolf Degkwitz, auch wenn sie ihre Ablehnung der Nazis auf unterschiedliche Arten äußerten. Der Berliner Pathologe Schürmann lehrte seine Studenten, daß sie sich immer an den hippokratischen Eid halten müßten. Er selbst blieb diesem Grundsatz treu, als er im Auftrag der Partei die Todesursache von Häftlingen des KZs Oranienburg (später Sachsenhausen) durch falsche Totenscheine vertuschen sollte. Schürmann gab die wirkliche Todesursache an. Er fiel beim Regime in Ungnade, gab seine Universitätslaufbahn auf und ging zur Wehrmacht. Er fiel im Juli 1941 an der Ostfront im Gefecht.[57] Der Berliner Ophtalmologe Professor Krückmann trat 1934 von seinem Posten zurück, behandelte trotz möglicher Repressalien der Nazis seine »nicht-arischen« Patienten weiter, ohne ein Honorar zu verlangen, und besuchte sogar einige von ihnen im Gefängnis.[58] Der Hamburger Pädiater Degkwitz hatte anfangs mit dem Nationalsozialismus sympathisiert, haßte jedoch das Regime später so sehr, daß er ständig kritische Bemerkungen vor seinen Studenten riskierte, bis er im Februar 1944 vor den Volksgerichtshof gestellt wurde. Er kam nur mit dem Leben davon, weil seine früheren Forschungsarbeiten über die Bekämpfung von Masern seinen Richtern epochal erschienen. Er überlebte das Dritte Reich im Gefängnis.[59]

Zuletzt seien Hochschullehrer erwähnt, deren Widerstand gegen das Hitlerregime darin bestand, daß sie sich gegen Sterilisierung und »Euthanasie« wehrten. Die Frage, ob es sich dabei um eine große oder eher um eine kleine Gruppe handelte, ist genau wie die Art des geleisteten Widerstands in den Augen mancher Autoren bis heute umstritten. So schreibt Alice Platen-Hallermund, jene frühe Chronistin des nationalsozialistischen Mißbrauchs der Medizin, im Jahr 1948, daß sich die meisten Ordinarien von der »Euthanasie« ferngehalten und einige, wenn auch erfolglos, aktiven Widerstand geleistet hätten. Dagegen vertritt Dirk Blasius, ein jüngerer Experte, die Ansicht, daß die Elite der deutschen Psychiatrie die nationalsozialistischen Gesetze leidenschaftlich unterstützt habe.[60] Dieser Widerspruch mag das Ergebnis unvereinbarer Beurteilungen sein, scheint sich jedoch auch in der Persönlichkeit von Professor Karl Bonhoeffer, dem Nestor der deutschen Psychiatrie, zu manifestieren, der den Mord durch Mediziner verdammte, sich jedoch anscheinend kaum und vielleicht sogar überhaupt nicht gegen die Sterilisierungen aussprach.[61] Es ist einigermaßen sicher, daß der Frankfurter Psychiater Karl Kleist sich 1938 nach einer Inspektion mutig über den schlechten körperlichen Zustand und die Unterernährung der Insassen von Irrenanstalten beschwerte und daß er später vor seinen Studenten die »Euthanasie« verurteilte.[62] Auch kann kein Zweifel bestehen, daß der Freiburger Psychiater Kurt Beringer noch im November 1944 verhinderte, daß die ihm anvertrauten Geisteskranken ermordet wurden, da dies durch die Aussage des äußerst glaubwürdigen Franz Büchner belegt ist.[63] Ähnlicher Widerstand wurde nach einem zuverlässigen Bericht auch von Beringers Kieler Fachkollegen Professor Hans Gerhardt Creutzfeldt geleistet.[64]

Die inneren Widersprüche und Zweifel, die Männer wie Paul Krause oder, weniger ausgeprägt, Karl Bonhoeffer hatten, traten bei genauerer Betrachtung auch bei anderen auf, und man könnte vorschnelle Urteile vermeiden, wenn diese Ambivalenzen richtig erkannt würden. Sie illustrieren nämlich, wie schwierig es nach wie vor ist, das Phänomen des Widerstands richtig einzuschätzen, wenn man nicht alle Motive und die gesamte Vorgeschichte der beteiligten Personen mit in Betracht zieht. So hatte der große Psychiater Gottfried Ewald vielleicht tatsächlich gemischte Motive, als er sich im August 1940 vom »Euthanasie«-Programm zurückzog und es trotz ausdrücklichen Verbots kritisierte. Über den normalerweise als Paradebeispiel für den Widerstand in der Medizin angeführten Ewald[65] ist inzwischen bekannt, daß er nicht nur im Ersten Weltkrieg, sondern auch als Freikorpssoldat diente und ursprünglich ein treuer Anhänger des Nationalsozialismus war. Er bewarb sich um die Parteimitgliedschaft und wurde nur deshalb abgewiesen, weil er im Krieg einen Arm verloren hatte. Also schloß er sich der SA-Reserve an, um nicht ganz auf militärische Manöver verzichten zu müssen, und in einer Beurteilung von 1939 hieß es, er befinde sich in völliger Übereinstimmung mit den Zielen der NSDAP. Laut seiner Frau befürchtete Ewald 1940, für seine mutige Tat ins Konzentrationslager zu kommen. Trotzdem bewarb er sich 1944 auf einen Lehrstuhl in der unter dem Schutz der SS stehenden Universität Straßburg. Ewald gehörte zu den medizinischen Hochschullehrern, die nach dem Krieg nicht angeklagt wurden, und es ist möglich, daß er ihn selbst belastendes Material vernichtete.[66] Was immer aus der persönlichen Geschichte Ewalds auch zu lernen ist, sie verdeutlicht jedenfalls wieder einmal, wie gefährlich es sein kann, die Charaktere an den Hochschulen in der Nazizeit ganz schwarz oder ganz weiß zu malen.

Im August 1940, als Ewald so mutig gegen das »Euthanasie«-Programm Stellung nahm, war die Zukunft der medizinischen Fakultäten bereits sehr unsicher. Wie auch bei einigen anderen universitären Disziplinen gingen die Wurzeln des Problems bereits auf die Mitte der dreißiger Jahre zurück. Die freien Stellen nach der Entlassung vieler fähiger jüdischer Hochschullehrer waren damals mit nichtjüdischen Nachfolgern besetzt worden, die im allgemeinen schlechter als ihre Vorgänger waren. Bis 1938 herrschte nicht nur ein Mangel an qualifizierten Bewerbern für prestigeträchtige Lehrstühle in der Medizin, die eine außerordentliche Begabung verlangt hätten, sondern der Mangel erstreckte sich bis auf die untersten Assistentenstellen und war noch dadurch verschärft worden, daß eine akademische Karriere angesichts des beschwerlichen, teuren Studiums und im Vergleich zu den Angeboten der Privatindustrie oder der verschiedenen Teilstreitkräfte der Wehrmacht inzwischen wenig attraktiv erschien. Es war symptomatisch, daß der große Gynäkologe Walter Stoeckel an der Berliner Charité 1938 im Alter von 67 Jahren vom Erziehungsministerium gebeten wurde, weitere 24 Monate weiterzuarbeiten, weil ein geeigneter Nachfolger fehlte.[67]

Zusätzlich verschärften sich die Schwierigkeiten der medizinischen Fakultäten dadurch, daß die Zahl der Medizinstudenten schon vor Kriegsbeginn stark zunahm. Anfang 1939 wurde deutlich, daß bestimmte Fächer wie etwa Rassenhygiene und Medizingeschichte mit dem vorhandenen Personal kaum mehr gelehrt werden konnten; in beiden Fächern wurde die gesamte Lehre hauptsächlich von Gesundheitsbeamten und Fachärzten wie etwa Gynäkologen und nur von wenigen echten Professoren bestritten.[68] Weitere Anzeichen akuten Personalmangels traten im Herbst desselben Jahres zutage, als vielen Universitäten wegen des Krieges die Schließung drohte und einige tatsächlich eine Zeitlang geschlossen wurden. Zu diesem Zeitpunkt beeilten sich mehrere medizinische Dekane dem Berliner Erziehungsministerium, vielleicht wider besseres Wissen, zu versichern, daß sie trotz der höheren Studentenzahlen noch genügend Lehrkräfte besäßen, um eine Stillegung zu vermeiden.[69] Trotzdem wurden junge und ältere Fakultätsmitglieder in derart beängstigender Zahl und auf derart unkoordinierte Weise eingezogen, daß der Rektor der Berliner Universität bei den Berliner Behörden anfragte, ob man die planerischen Erfordernisse an den Universitäten nicht etwas besser berücksichtigen könne.[70]

Eine weitere Komplikation entstand durch die neuen medizinischen Fakultäten und Akademien, die als direktes Resultat des nationalsozialistischen Imperialismus in den besetzten Gebieten konzipiert wurden. Die wichtigsten dieser Einrichtungen waren die

Reichsuniversitäten, die unter nationalsozialistischer Schirmherrschaft 1941 in Straßburg und Posen eröffnet werden sollten.[71] Die dort geplante Einrichtung von medizinischen Lehrstühlen, aber auch von untergeordneten Stellen wurde zu einer ernsten Behinderung der ohnehin schon schwierigen Bemühungen, die bestehenden Stellen im Kern des Reiches besetzt zu halten.[72] Um geeignetes Personal nach Straßburg zu ziehen, zog man beispielsweise die Bezahlung überdurchschnittlicher Gehälter in Erwägung, verzichtete dann jedoch darauf, weil man befürchtete, damit den Neid der medizinischen Hochschullehrer im Rest des Reiches zu erregen.[73] In Posen, das außer bei den politisch ehrgeizigsten Lehrenden allgemein unbeliebt war, bestand noch im Herbst 1943 die Befürchtung, daß man aus Mangel an qualifizierten Bewerbern ordentliche Lehrstühle mit den Chefärzten der lokalen Krankenhäuser würde besetzen müssen – eine Horrorvision für die konservative Berliner Gesundheitsverwaltung.[74] Da die ernsthafte Unterhaltung besonderer medizinischer Hochschulen in Krakau, Dresden, Klagenfurt und Linz unsinnig war, kamen diese nie über das Planungsstadium hinaus, zumal das Berliner Ministerium auch noch für die Bedürfnisse der neu erworbenen medizinischen Fakultät in Prag zu sorgen hatte.[75]

Es bedurfte daher keines besonderen Scharfblicks, um wie der Berliner Professor Rostock im Juli 1942 zu bemerken, daß es immer schwieriger werden würde, die bestehenden Lehrstühle zu besetzen, es sei denn man senkte die Anforderungen, die an einen deutschen Professor gestellt wurden.[76] Die diesbezüglichen Maßstäbe waren bereits verfallen, wie unverblümt in einer weitverbreiteten, von dem berühmten Berliner Metallurgen Professor Wilhelm Guertler verfaßten Denkschrift festgestellt wurde, aus der sich für das Fach Medizin besondere Schlüsse ziehen ließen.[77] Medizinische Hochschullehrer wurden auch weiterhin eingezogen, und die Verluste durch Tod oder Verwundung an der Front wurden immer spürbarer. Die medizinischen Hochschulen feilschten um jeden Lehrenden, den sie kriegen konnten. Es überrascht deshalb nicht, daß es beträchtlicher Überredungskunst bedurfte, um Professor Stoeckel zu einer weiteren, unbefristeten Verlängerung seiner

Amtszeit zu bewegen.[78] Inzwischen, Ende 1942, waren in fast allen medizinischen Fächern Stellen frei, beispielsweise fünf Stellen allein in der Physiologie.[79]

Ab 1942 wurden riskante Notmaßnahmen ergriffen. Zunächst einmal wurde der Fronturlaub universitärer Assistenten verlängert, damit sie ihre Verpflichtungen an den Fakultäten wahrnehmen konnten.[80] Dann wurde in Erwägung gezogen, Lehrstühle mit Ausländern zu besetzen, wobei diese natürlich »politisch verläßlich« sein mußten. [81] (Man fragt sich, aus welchen besetzten Ländern die Bewerber hätten kommen sollen. Aus Belgien, Dänemark oder Bulgarien? Auch in diesen Ländern gab es Probleme.) Als man auch weiterhin unverzichtbares Lehrpersonal zum Kriegsdienst einzog,[82] wurden immer mehr Professoren, die ihre beste Zeit lange hinter sich hatten, aufgefordert, auf ihren Posten zu bleiben, trotz der möglichen negativen Konsequenzen einer solchen Überalterung.[83]

Den Berliner Planern blieben diese Konsequenzen nicht verborgen. Im Februar 1944, als der Mangel an begabten Hochschullehrern so gravierend war wie nie zuvor, geriet der Physiologieprofessor Wilhelm Trendelenburg körperlich und geistig in einen kritischen Zustand. Der mit siebenundsechzig noch immer nicht emeritierte Professor war nicht mehr ansprechbar und interessierte sich nur noch für Spaziergänge und sein Cellospiel.[84] Zur gleichen Zeit hieß es auch von dem neunundsechzigjährigen Wiener Ophtalmologen Josef Meller, daß er schon lange abbaue und sein Gesundheitszustand sehr zu wünschen übrig lasse, während sein gleichaltriger Kollege, der Internist Nikolaus Jagic wegen unzureichender wissenschaftlicher Kompetenz angeblich nicht mehr in der Lage war, Seminare zu halten.[85] Als Meller die Leitung der Klinik vernachlässigte, wurde an der Wiener Akademie der Wissenschaften in Gestalt des gerade fünfundsechzig gewordenen Internisten Professor Hans Eppinger ein »aktiverer« Nachfolger ausgesucht.[86] Tatsächlich hatte bis Juli 1944 ein Drittel aller medizinischen Hochschullehrer im Reich das normale Pensionsalter von fünfundsechzig erreicht.[87]

In den letzten zwölf Monaten des NS-Regimes litten viele Medizinprofessoren unter der allgemeinen Not und den Luftangriffen, mißbrauchten ihren freien Zugang zu Drogen oder starben an Altersschwäche oder Erschöpfung. Außerdem wurde der medizinische Lehrbetrieb ständig durch die Auswirkungen des Krieges an der »Heimatfront« behindert und unterbrochen.[88] Nicht das unwichtigste Ergebnis dieser Bedingungen war, daß Deutschland einen fatalen Rückstand in der Grundlagenforschung erlitt. Eines der erschütterndsten Dokumente über die Folgen jahrelanger Vernachlässigung ist eine Liste, auf der gegen Ende des Krieges der dringendste Forschungsbedarf detailliert aufgezählt wurde. Unter 23 zentralen Forschungsgegenständen wird an dritter Stelle Penizillin genannt.[89] Es läßt sich mit gutem Grund behaupten, daß eine Massenproduktion dieses Medikaments, das im Reich erst ab 1944 in kleinen Mengen verfügbar war, den Sieg der Alliierten verzögert hätte. Doch das Penizillin und seine Verwendung bei kriegsbedingten Verletzungen wurde in Großbritannien und den Vereinigten Staaten erfunden und weiterentwickelt. Einer der drei für diese historische Leistung verantwortlichen Männer war der jüdische Arzt Ernst Boris Chain.[90] Chain war als siebenundzwanzigjähriger Assistent von den Nationalsozialisten aus der Berliner Charité vertrieben worden.[91]

KAPITEL 5

Medizinstudenten am Scheideweg

1. Die Entwicklung der medizinischen Disziplin in Friedens- und Kriegszeiten

Wie bereits an anderer Stelle dargelegt, gab es schon ab der zweiten Hälfte der Weimarer Republik eine »Ärzteschwemme«. Daher wurden in diesen Jahren alle möglichen Maßnahmen ergriffen, um Abiturienten davon abzuhalten, Medizin zu studieren; ein Numerus clausus wurde allerdings nicht eingeführt. Diese Maßnahmen führten zwar zu einem Rückgang der absoluten Zahl der Medizinstudenten in den letzten Monaten der Weimarer Republik, konnten jedoch nicht verhindern, daß der Anteil der Mediziner an der gesamten Studentenschaft weiter stieg – von 13 Prozent im Sommer 1926 auf 26,2 Prozent im Winter 1932/33.[1] Ab Ende 1932 bis zum Wintersemester 1938/39 erhöhte er sich auf 38,6 Prozent. Doch die absolute Zahl der Medizinstudenten sank. Danach kehrte sich dieser Trend der Vorkriegszeit um. Da der Bedarf an Ärzten sich durch den Krieg erhöhte und das NS-Regime offiziell zum Medizinstudium ermunterte, schnellte nun auch die absolute Zahl der Medizinstudenten in die Höhe. Während des Dritten Reichs stiegen die Immatrikulationszahlen im Fach Medizin um durchschnittlich 4,4 Prozent pro Jahr, während sie in allen Fächern zusammengenommen um 4,74 Prozent sanken. Verglichen mit der Entwicklung in allen Disziplinen zusammengenommen, betrug die durchschnittliche jährliche Wachstumsrate im Fach Medizin 9,61 Prozent (siehe Tabelle 5.1).

In dieser Hinsicht übertraf die Medizin nicht nur das verwandte, aber nicht so angesehene Fach Zahnheilkunde, sondern auch ihre traditionelle Konkurrenzdisziplin Jura, in der, verglichen mit allen Studienfächern zusammengenommen, die Studentenzahlen in der zweiten Hälfte der Weimarer Republik und während des Dritten Reiches ständig zurückgingen – von immerhin 30,1 Prozent im Sommer 1925 auf nur noch 6,7 Prozent im Wintersemester 1943/44. Dagegen erreichte der Anteil der Medizinstudenten im Wintersemester 1943/44 stattliche 71,9 Prozent.[2] Auch in der Zahnheilkunde ging nicht nur der relative Anteil, sondern auch die absolute Zahl der Studenten nach 1933 deutlich zurück; 1945 waren nur noch 2,5 Prozent aller deutschen Studenten Zahnmediziner. Doch noch verblüffender ist vielleicht, daß ab 1932 auch an den Technischen Hochschulen die Immatrikulationszahlen sanken, absolut wie auch im Verhältnis zu den anderen Hochschulen, insbesondere den medizinischen Fakultäten. Während die absolute Zahl der Mediziner im Jahresdurchschnitt um fast fünf Prozent zunahm, war bei den Ingenieuren ein Rückgang von 7,65 Prozent zu verzeichnen (siehe Tabelle 5.1). Die Bedeutung dieser beunruhigenden Entwicklung war den technokratischen Kriegsstrategen des Dritten Reichs durchaus bewußt.

In den ersten Jahren des Naziregimes erregte die relative Zunahme der Medizinstudenten noch große Besorgnis, da die Ausschaltung jüdischer Kollegen, durch die Stellen und Praxen frei werden sollten, gerade erst begonnen hatte und noch nicht vorhersehbar war, in welchem Umfang der Bedarf an Ärzten später infolge der Mobilmachung steigen würde. Zum Beispiel wiesen die zuständigen Behörden 1934 alarmiert darauf hin, daß jährlich nicht mehr als 2000 neue Ärzte ins Gesundheitssystem integriert werden könnten (denn es herrschte nach wie vor ein Überangebot an Ärzten, die gegen Ende der Weimarer Republik approbiert worden waren und nun auf die Kassenzulassung warteten), doch bis ungefähr 1939 würde die Zahl der pro Jahr examinierten Medizinstudenten diese Höchstgrenze weit übersteigen. Erst danach würde ein gewisses Gleichgewicht erreicht werden. 1936 hieß es, 1934 seien im Fach Medizin 2930 Doktorarbeiten angenommen worden, und ein Jahr später sogar 3600, was einer Zunahme von fast 23 Prozent entspricht. Allerdings war die absolute Zahl der Medizinstudenten in diesem Zeitraum um 13,3 Prozent gesunken.[3]

Das demographische Problem des Ärzteüberschusses war 1938

weitgehend gelöst. Doch der Ausbruch des Krieges im Herbst 1939 brachte neue Probleme mit sich. Aus Gründen, die im folgenden noch erläutert werden, bewarben sich im Herbsttrimester 1939 Scharen von Abiturienten um einen Medizinstudienplatz; 16 565 erhielten einen, 660 mehr als knapp ein Jahr zuvor (siehe Tabelle 5.1). In Greifswald war zum Beispiel nur Platz für 380 Studienanfänger, doch 492 waren eingeschrieben. An anderen Universitäten herrschten ähnliche Verhältnisse, und in Marburg mußten im Oktober sogar die Einschreibungen gestoppt werden, weil die Zahl der Einführungskurse sich bereits verdreifacht hatte.[4] Nach offiziellen Schätzungen studierten an den zehn noch geöffneten medizinischen Fakultäten (einige Universitäten waren bei Kriegsbeginn geschlossen worden) 35 Prozent mehr Erstsemester als knapp ein Jahr davor an sechsundzwanzig.[5] Anfang 1940 waren an den meisten Universitäten mehr als 50 Prozent der Erstsemester Medizinstudenten, in Tübingen sogar 75 Prozent.[6]

Um besser planen zu können, beschlossen die Nazibürokraten, Umfragen durchzuführen, und erkannten so im Laufe der Jahre, daß die Medizin wahrscheinlich das Lieblingsfach angehender Studenten bleiben würde, zumindest bis ein kriegsbedingter Strukturwandel die bisherige Rangordnung nationaler Prioritäten veränderte. Bei den befragten Gruppen wurden technische Fächer zwar schließlich wieder beliebter – der Ingenieurberuf wurde sogar einer militärischen Laufbahn vorgezogen –, doch, wie Tabelle 5.1 zeigt, schlug sich dieser neue Trend nicht in einer deutlichen Zunahme der Studentenzahlen an den Technischen Hochschulen nieder. Die Medizin behauptete mühelos ihren Spitzenplatz, wie der stets hohe Anteil der Medizinstudenten belegt.[7] An einem Jurastudium zeigten die Oberschüler dagegen bis zum Schluß wenig Interesse. Eine Anfang 1944 unter süddeutschen Napola-Schülern durchgeführte Umfrage ergab zum Beispiel, daß über 22 Prozent der angehenden Abiturienten Ingenieure werden wollten; 18 Prozent strebten eine militärische Laufbahn und 11 Prozent eine Arztkarriere an, doch nur 1,8 Prozent wollten Jura studieren.[8] Das Desinteresse an der Rechtswissenschaft war teilweise eine direkte Folge des Krieges, in dem Zivilgerichtsverfahren möglichst vermieden wurden, aber auch, in zunehmendem Maße, eine Reaktion auf die Gesetzlosigkeit, die eine unvermeidliche Begleiterscheinung des totalitären Hitlerregimes war.[9] Dabei waren die Schüler der von der SS geleiteten Nationalpolitischen Erziehungsanstalten eigentlich keine typischen deutschen Oberschüler.

Diese trockenen Statistiken spiegeln gewisse, an hoher Stelle getroffene Entscheidungen wider, die im Dritten Reich die Entwicklung der Medizin als Studienfach beeinflußten, können sie jedoch nicht erklären. Die medizinische Disziplin machte infolge der Mobilmachung und des Krieges grundlegende strukturelle Veränderungen durch. Nach der Einführung der allgemeinen Wehrpflicht in der wiederaufgebauten Wehrmacht im Jahre 1935 mußten junge Männer, die eigentlich studieren wollten, erst einmal zum Militär. Hinzu kam die im selben Jahr eingeführte allgemeine Arbeitsdienstpflicht. Diesen beiden Pflichten hatten alle Abiturienten und Studenten nachzukommen,[10] doch was die angehenden Ärzte betraf, so befand sich die Wehrmacht bald in einem Dilemma. Sie begrüßte es zwar, daß diese wie alle anderen jungen Männer ihren Wehrdienst ableisteten, erkannte aber auch, daß im Falle eines Krieges so viele qualifizierte Ärzte wie möglich gebraucht werden würden und daß eine übermäßige Belastung der Medizinstudenten durch Pflichten, die sie vom Studieren abhielten, letztlich kontraproduktiv war und daher vermieden werden sollte. So führte sie 1938 Regelungen ein, die es eingezogenen Medizinstudenten ermöglichten, einen Teil ihres zweijährigen Wehrdienstes als Sanitätsdienst abzuleisten, der ihnen dann als Praktikum angerechnet wurde. Eine weitere Neuregelung aus dem Jahre 1938 erlaubte es dem Generalstab der Wehrmacht, den Wehrdienst für Medizinstudenten zu verkürzen.[11]

Der Nachwuchsbedarf der Wehrmacht verlieh dem Argument der Hochschulpolitiker, daß die Studienzeiten, auch im Fach Medizin, aus wirtschaftlichen und aus demographischen Gründen verkürzt werden sollten, mehr Gewicht: Wenn die Studenten früher ins Berufsleben eintraten und heirateten, trugen sie nicht nur zur Steigerung des Bruttosozialprodukts, sondern auch zur angestrebten Erhöhung der Geburtenrate bei. Aus solchen Erwägungen heraus wurde um Ostern 1937 die bisher dreizehnjährige Schulausbildung bis zum Abitur durch eine Oberschulreform um ein Jahr verkürzt. Man beschloß, auch die Hochschulausbildung zu verkürzen – interessanterweise trotz der Proteste des Rassenhygienikers Fritz Lenz, der eine Verschlechterung des Ausbildungsniveaus befürchtete.[12]

Ein erster Schritt in diese Richtung war die Einführung von Trimestern im Herbst 1939; das hieß, daß das akademische Jahr nach dem Ausbruch des Krieges nicht mehr aus zwei Semestern und den üblichen Semesterferien bestand, sondern aus drei kürzeren Trimestern. Nach diesem neuen System, das bis zum Frühjahr 1941 beibehalten wurde,[13] konnten tatsächlich mehr Medizinstudenten als nach dem alten ihr Studium schnell abschließen. Viele wurden nach provisorischen Abschlußprüfungen, manche sogar ohne irgendein Examen, sofort an die Front geschickt.[14]

Doch da der Generalstab der Wehrmacht schnell erkannte, daß Sanitäter voll ausgebildete Ärzte sein sollten, ließ er Medizinstudenten bald ganz vom aktiven Dienst freistellen, solange sie noch eingeschrieben waren. Und bereits eingezogene Medizinstudenten wurden zum »nebendienstlichen Studium« in Universitätsstädte abkommandiert, wo sie ihren Abschluß machen sollten, bevor sie an die Front zurückkehrten.[15] Ab 1941 wurden spezielle medizinische Studentenkompanien gebildet, deren Mitglieder das militärische Protokoll einhielten und in Uniform auf dem Campus erschienen.[16] Diese Studentenkompanien erfreuten sich bei den Abiturienten bald großer Beliebtheit. Eine 1942 durchgeführte Umfrage ergab, daß Eltern ihre Söhne dazu ermunterten, diesen Weg einzuschlagen, und daß die jungen Männer sich angesichts der harten Zeiten über dessen Vorteile einig waren. Auf die Frage, warum sie sich zu einem Medizinstudium entschlossen hätten, antworteten viele, es sei eine sichere Methode, sich ohne irgendwelche Unkosten und mit voller Unterstützung der Wehrmacht vor dem Krieg, insbesondere vor einem Fronteinsatz, zu drücken.[17]

So überrascht es nicht, daß männliche Studenten anderer Fächer wie der Rechtswissenschaft oder der Geisteswissenschaften nach Abschluß ihres Studiums an die medizinische Fakultät überwechselten. Das belegt ein offizielles Schreiben aus der Frühphase des Krieges, dessen Verfasser sich über falsch motivierte Medizinstudenten beklagte. Wenn im Krieg Juristen und Theologen plötzlich mit über dreißig Jahren ihre Vorliebe für die Medizin entdeckten, dann könne man ihnen nur in den seltensten Fällen glauben. Daher müsse man an diese Gruppe viel strengere Maßstäbe anlegen als an andere, schrieb er.[18]

Der Verdacht des Verfassers – bei dem es sich wahrscheinlich um de Crinis handelte – war durchaus begründet. Angesichts der bisher unbestrittenen Tatsache, daß die große Mehrheit der jungen Männer, denen die Einberufung drohte, Hitlers Krieg nicht viel abgewinnen konnte, schien das Medizinstudium ein einfacher Weg, einem sofortigen Fronteinsatz zu entgehen. Das hieß jedoch, daß diese Medizinstudenten nicht die richtige Motivation mitbrachten, um ein guter Arzt im Sinne der hippokratischen Leitsätze zu werden, was erfahrene Medizinprofessoren natürlich bald erkannten. Bereits im Oktober 1939 klagte der Dekan der Medizinischen Fakultät Marburg, daß dort viele junge Studenten eingeschrieben seien, die früher nie daran gedacht hätten, Arzt zu werden.[19] Andere Experten, Conti eingeschlossen, waren ebenfalls der Meinung, daß die Sonderregelungen für Medizinstudenten nur zu einer negativen Auslese zukünftiger Ärzte führen würden.[20] Die ranghöchsten Regierungs- und Parteimitglieder waren aufgebracht. Goebbels forderte, die Befreiung der Medizinstudenten vom Kriegsdienst solle aufgehoben werden.[21] Himmler, der von seinem Sicherheitsdienst möglicherweise bereits unterrichtet worden war, daß allein in Königsberg mehr als die Hälfte der Abiturienten plötzlich ihre beruflichen Pläne geändert und sich für die Medizin entschieden hatte, hätte solche »Drückeberger« am liebsten erschießen lassen.[22]

Im Herbst 1940 wurde den Hochschulpolitikern allmählich klar, daß die Lösung dieses Problems in einer strengeren Kontrolle der Abschlußprüfungen bestand, die viele Medizinstudenten so lange wie möglich hinauszuzögern versuchten, um an der Universität bleiben zu können.[23] Im Februar 1942 verfügte Conti, der als Chef der Abteilung Gesundheitswesen im Reichsministerium des Innern formal für diese Angelegenheiten zuständig war, daß alle medizinischen

Prüfungen innerhalb einer möglichst kurzen Frist abzulegen seien, die die Semesterferien oder den Heimaturlaub einschloß, drohte jedoch noch keine Sanktionen an.[24] So nahmen sich die Medizinstudenten weiterhin zwischendurch mehrere Wochen Erholungsurlaub oder ließen sich monatelang Zeit, um eine Doktorarbeit fertigzustellen, obwohl sie nach bestandenem Staatsexamen die Approbation erhalten und praktizieren konnten. Eine Verordnung vom Juli 1943 legte schließlich maximale Prüfungsfristen fest und empfahl den regionalen Aufsichtsbehörden, hart durchzugreifen, falls die Prüfungskandidaten diese Fristen nicht einhielten. Im schlimmsten Fall verloren Medizinstudenten, die Prüfungen hinauszuzögern versuchten, ihren Sonderstatus.[25]

Trotz dieser Regelungen drängten weiterhin Scharen von Abiturienten an die medizinischen Fakultäten. So wurde im August 1943 sogar die Schließung der Berliner Universität erwogen, obwohl um diese Zeit bereits mehrere ausgebombte medizinische Einrichtungen westdeutscher Universitäten geschlossen werden mußten.[26] Ein Jahr später dachte man an der Universität von Greifswald über ähnliche Maßnahmen nach.[27]

Im Sommer 1944 waren wichtige Entwicklungen, die die Dauer und den Inhalt des Medizinstudiums betrafen, längst in vollem Gange. Seit 1933 war der Lehrplan immer wieder geändert worden. Angebotene Kurse wurden gestrafft und traditionelle Fächer durch spezifisch nationalsozialistische ersetzt oder auf Kosten des Unterrichtsniveaus ideologisiert. Außerdem wurden strenge Regelungen für Medizinstudenten beiderlei Geschlechts eingeführt.

Die Einführung des Trimestersystems bei Kriegsbeginn war nur eine von diversen Maßnahmen zur Verkürzung des Medizinstudiums, die eindeutig den Nachswuchsbedarf der Wehrmacht befriedigen helfen sollten. Die zu Beginn des Naziregimes geltende Studienordnung für das Fach Medizin basierte auf 1927 eingeführten und 1932 ergänzten Studien- und Prüfungsrichtlinien. Sie sah ein Medizinstudium von insgesamt elf Semestern vor, das aus einem Vorklinikum (von fünf bis sechs Semestern), einer Zwischenprüfung – dem sogenannten Physikum – und einem Klinikum (von ebenfalls fünf oder sechs Semestern) bestand. In den Semesterferien absolvierten die Studenten in der Regel freiwillige und meist unbezahlte Krankenhaus-Praktika unter Aufsicht eines Chefarztes (Famulatur), um wertvolle praktische Erfahrungen zu sammeln. Danach begann die Prüfungszeit, die sich, je nach dem individuellen Lerntempo der Studenten, im allgemeinen über sechs bis zwölf Monate erstreckte. Die Höchstdauer betrug zwei Jahre, in denen unter Umständen auch eine nicht bestandene Prüfung wiederholt werden konnte. Nach dem Staatsexamen (das in die Zuständigkeit der dem Reichsinnenministerium unterstellten Ministerien der einzelnen Länder fiel) mußte der Kandidat in einem anerkannten Lehrkrankenhaus wie einer Universitätsklinik ein einjähriges, gewöhnlich schlecht oder gar nicht bezahltes Medizinalpraktikum absolvieren. In dieser Zeit konnte die in der Regel nicht einmal hundert Seiten umfassende Doktorarbeit für eine medizinische Fakultät geschrieben werden, die dann auch den Doktortitel verlieh. Nach dem Medizinalpraktikum wurden die jungen Ärzte von dem Land approbiert, in dem sie das Staatsexamen abgelegt hatten. Dann konnten sie sich eine Stelle suchen oder eine eigene Praxis eröffnen, sofern sie sich nicht zum Facharzt weiterbilden wollten.[28] All diese Bestimmungen wurden in die Bestallungsordnung vom 25. März 1936 übernommen, die ohne allzu große Eingriffe in das traditionelle System dem Tenor der im Dezember 1935 erlassenen nationalsozialistischen Reichsärzteordnung angepaßt wurde.[29]

Wegen des sich abzeichnenden Krieges, aber auch wegen der neuen Erfordernisse einer Wirtschaft, in der inzwischen ein Mangel an Arbeitskräften herrschte, wurde das Medizinstudium am 1. April 1939 drastisch gekürzt. Die Frist für die Abschlußprüfung wurde auf ungefähr sechs Wochen begrenzt, ein vorklinisches Semester wurde gestrichen und das praktische Jahr zwischen der Abschlußprüfung und der Approbation halbiert und in das neue gestraffte Medizinstudium eingebunden: Die ersten drei Monate des verkürzten Medizinalpraktikums (das nun offiziell Famulatur genannt wurde) mußten nun nach dem siebten Semester und die restlichen drei nach dem neunten Semester abgeleistet werden. So wurden zwar zwei Jahre eingespart, doch die Studenten hatten weniger Zeit zum Lernen, insbesondere weil durch die eingeschobenen Famulaturen nun die Sommerferien nach dem sechsten und dem neunten Semester wegfielen.[30] Dennoch war, zumindest vor dem Krieg, ein zweijähriges Praktikum nach der Approbation Pflicht. Von diesen zwei Jahren konnten sechs Monate als Teil der Wehrpflicht abgeleistet werden. Nach Kriegsbeginn verkürzte sich das Praktikum auf ein Jahr und fiel schließlich ganz weg, als die Wehrmacht auch Ärzte einzog, die kaum ihr Studium abgeschlossen hatten.[31] Während dieses gestrafften Medizinstudiums blieb wenig Zeit für die in der Regel nicht sehr aufwendige Doktorarbeit; sie mußte nun während des Klinikums oder direkt nach dem letzten Staatsexamen geschrieben werden und wurde von männlichen Jungärzten, die sich dem aktiven Dienst an der Front entziehen wollten, gern als Vorwand benutzt, um noch länger an der Universität bleiben zu können.[32]

Das im Herbst 1939 eingeführte, im Frühjahr 1941 allerdings wieder abgeschaffte Trimestersystem verkürzte das Medizinstudium für diejenigen, die das Pech hatten, in dieser Zeit zu studieren, um weitere Monate. Für die Studenten im Klinikum brachte es große Probleme mit sich, denn zwischen den Trimestern gab es nun keine Ferien mehr, in denen sie famulieren konnten. Daß die Trimester gravierende Nachteile hatten, zeigte sich, als spezielle Regelungen getroffen werden mußten, damit die Studenten das Medizinalpraktikum nach dem letzten Examen nachholen konnten.[33]

Da es notwendig wurde, das Medizinstudium weiter zu vereinfachen (um möglichst viele graduierte Mediziner in die Kampfgebiete schicken zu können), konnten ab Mai 1943 Fächer wie Botanik und Zoologie schon vor dem Physikum geprüft werden.[34] Topographische Anatomie und Pathophysiologie brauchten die Studenten Anfang 1944 praktisch gar nicht mehr zu büffeln, weil diese Fächer aus dem Prüfungskatalog gestrichen worden waren.[35] Ab November 1944 konnte ein fünftes vorklinisches Semester als klinisches Semester angerechnet werden, wodurch sich das Klinikum um ein halbes Jahr verkürzte.[36]

Zu diesen zeitsparenden Neuregelungen kamen grundlegende inhaltliche Änderungen des Lehrplans, deren Ziel es war, Rassenhygiene, Eugenik und Wehrmedizin zu Schwerpunkten eines stärker berufsorientierten Studiums zu machen. Gemäß den Lehren der

Neuen Deutschen Heilkunde, die Gerhard Wagner über spezielle Lehrbeauftragte auch an den medizinischen Fakultäten verbreiten ließ, wurde nun mehr Gewicht auf die praktische Ausbildung am Krankenbett gelegt. Alle Medizinstudenten, insbesondere die in den vorklinischen Semestern, wurden dazu aufgefordert, Krankenpflegedienst in medizinischen Einrichtungen zu leisten.[37] Da die »Rassenkunde« zu einem Pflichtfach werden sollte, wurden an verschiedenen Universitäten zur gleichen Zeit Lehrstühle für Rassenhygiene eingerichtet. Und als sich die »Rassenkunde« trotz des chronischen Mangels an Lehrkräften an den medizinischen Fakultäten durchzusetzen begann, wuchs ihr Einfluß auf die traditionellen Fächer, von denen einige sogar ganz gestrichen wurden.[38] Dafür nahm die Wehrmedizin, insbesondere die Luftfahrtmedizin, einen immer größeren Platz im Lehrplan ein.[39]

Außerdem wurden die Medizinstudenten immer stärker reglementiert. 1937 verfügte das Reichserziehungsministerium, daß sie die ersten drei Semester an derselben Universität zu verbringen hatten, und schränkte so die Freiheit ein, nach Belieben den Studienort zu wechseln.[40] Ab Sommer 1939 waren die Studenten verpflichtet, während ihrer Ausbildung, in der Regel direkt nach dem Abitur, einen sechswöchigen Fabrik- oder Landdienst zu absolvieren. Ab 1940 mußten sie außerdem drei Monate, später sechs Monate, Krankenpflegedienst in medizinischen Einrichtungen leisten, entweder nach dem Abitur oder in den Semesterferien. Diese Vorschriften galten ab 1941 nur noch für Medizinstudentinnen und die Medizinstudenten, die für den aktiven Militärdienst untauglich waren. Die wehrfähigen, aber vom aktiven Dienst freigestellten »Soldatenstudenten« wurden statt dessen zum Sanitätsdienst in Lazarette geschickt.[41] Und als hätten diese zusätzlichen Verpflichtungen den Medizinern das Studium nicht schon genug erschwert, wurde während des Krieges das Verhältnis zwischen den vorklinischen und den klinischen Semestern, das nach der Bestallungsordnung vom März 1936 noch variabel war, auf vier zu sechs festgelegt.[42]

2. Zusammenhänge zwischen politischem Engagement und sozialer Herkunft

Die Politisierung der deutschen Medizin unter der Ägide der Nationalsozialisten sollte gemäß deren Programm zur Nazifizierung der gesamten akademischen Welt bei den Universitätsstudenten beginnen,[1] und zwar durch deren ständige politische und ideologische Kontrolle. Nach der Durchsetzung des Nationalsozialismus an den Hochschulen sollten die Studenten an der Neugestaltung des gesamten Hochschulsystems mitwirken, verkündete Dr. Gustav Adolf Scheel, ein Arzt, der im November 1936 zum Reichsstudentenführer ernannt wurde. Wie andere vor und nach ihm erklärte er die Verbindung von »Rassenkunde«, medizinischer Verantwortung und nationalsozialistischer Ideologie zur Voraussetzung für das Überleben des deutschen Volkes, als er sich im Juni 1938 auf einer Versammlung in Heidelberg an die deutsche Studentenschaft wandte. Die wichtigste Aufgabe der deutschen Wissenschaft sei der Kampf um den Fortbestand des deutschen Volkes. Aus dem Leben der deutschen »Volksgemeinschaft« und aus der Rassenlehre der nationalsozialistischen Bewegung erhalte die deutsche Wissenschaft neue Anstöße und Ziele. Die Notwendigkeit der Erneuerung der deutschen Hochschule werde von den deutschen Studenten erkannt, doch ihr Handeln werde ausschließlich von der nationalsozialistischen Bewegung bestimmt. Nur ihr Geist könne die Hochschule zu neuem Leben erwecken.[2]

Von den deutschen Medizinstudenten wurde wie von allen Studenten erwartet, daß sie das nationalsozialistische Regime unterstützten. Die medizinischen Fachschaften sollten sie politisch organisieren und dann ihre Haltung gegenüber dem Regime überwachen. Diese Fachschaften – es gab eine für die Studenten im Vorklinikum und eine für die höheren Semester – waren der nationalsozialistischen Reichsstudentenführung unterstellt und arbeiteten mit den Parteiorganisationen zusammen, in denen sich die Studenten ebenfalls engagieren sollten.[3] Wie der prominente Berliner Medizinhistoriker Professor Paul Robert Diepgen es in seinem einführenden Werk formulierte, sollte die Fachschaftsarbeit jedem

Studenten Wissen über die spezifischen Aufgaben der Ärzte im nationalsozialistischen Staat vermitteln.[4] Daß sie, wie jeder wußte, keineswegs freiwillig war, erwähnte er nicht.[5]

Die Aktivitäten der Fachschaften an den medizinischen Fakultäten waren sehr vielfältig. Sie organisierten Vorträge »ideologisch zuverlässiger« Lehrkräfte und Ärzte für Anfänger und Fortgeschrittene, in denen es gewöhnlich um die angestrebte Verbindung von Medizin und völkischer Weltanschauung ging; zum Beispiel sprach der renommierte Nazimediziner Dr. Curt Thomalla Anfang 1934 in Würzburg über Bevölkerungspolitik und Rassenpflege als Schicksalsfrage des deutschen Volkes.[6] Die Fachschaften veranstalteten auch von Fakultätsmitgliedern geleitete balneologische Exkursionen sowie spezielle Schulungslager wie das der Heidelberger Fachschaft im Winter 1935/36, auf dem der Anatomieprofessor August Hirt über Rassenfragen dozierte (während des Krieges tötete dieser Wissenschaftler, um für Himmler eine Sammlung jüdischer Skelette zusammenzustellen).[7] Eine ähnliche Funktion hatten die Arbeitsgemeinschaften, in denen Fakultätsmitglieder Studenten ehrenamtlich mit fachlichen Ratschlägen unterstützten; sie boten allen Beteiligten Gelegenheit, sich zu profilieren. In Würzburg beschäftigte man sich 1937 nicht nur mit Bevölkerungspolitik oder so banalen Themen wie der Situation und Haltung des Arztes in der »Volksgemeinschaft«, sondern stellte auch erbbiologische Untersuchungen der Familien von Studenten mit Lernproblemen an.[8] Das wichtigste Arbeitsgebiet war natürlich die Rassenhygiene. Weitere Themen, die mit ihr im Zusammenhang standen, waren nationalsozialistische Gesundheitspolitik, politischer Katholizismus, Freimaurertum und Judentum.[9] Und da von Studienanfängern erwartet wurde, daß sie entweder vor Aufnahme des Studiums oder in den Semesterferien praktische Krankenhauserfahrung erwarben, vermittelten die Fachschaften auch Praktikantenstellen.[10] Sie hatten allerdings auch eine soziale Seite und organisierten zum Beispiel Studentenfeste wie Tanzveranstaltungen in der Vorweihnachtszeit.[11]

Die Fachschaftsleiter behaupteten zwar, die Teilnahme an den meisten ihrer Veranstaltungen sei freiwillig, doch Medizinstudenten, die famulieren wollten, blieb oft nichts anderes übrig, als sich der Fachschaft anzuschließen, weil diese die begehrten Praktikantenstellen vermittelte. Bis zur neuen Studienordnung vom April 1939 konnte eine Famulatur in den Semesterferien beruflich von großem Nutzen sein. An vielen medizinischen Fakultäten, zum Beispiel in Würzburg, Leipzig, Hamburg, Düsseldorf und Heidelberg, wo hervorragende Arbeitsbeziehungen zwischen der nationalsozialistischen Studentenführung und den nazifizierten Professoren bestanden, wurden nur loyalen Fachschaftsmitgliedern Praktikantenstellen zugewiesen, teilweise sogar bezahlte.[12] Intern wurde offen zugegeben, daß vor allem die bewährten und verdienten Kandidaten und Mitarbeiter die guten Stellen erhielten.[13] Auf die Vergabe von Medizinalassistentenstellen hatten die Fachschaften offenbar keinen so großen Einfluß, da die Klinikchefs sich das Recht vorbehielten, ihre Jungärzte, denen schließlich eine beträchtliche Verantwortung übertragen wurde, selbst auszusuchen. Der Bevorzugung bestimmter Studenten aus politischen Gründen waren hier also Grenzen gesetzt. Nach den noch erhaltenen Unterlagen folgten offenbar nur die Direktoren der Münchner Krankenhäuser den Empfehlungen der Fachschaftsleiter.[14]

Nichtsdestotrotz übten die Fachschaftsleiter in manchen Situationen eine starke Kontrolle über die Mitglieder der Fachgruppen und Arbeitsgemeinschaften aus, zum Beispiel wenn Medizinstudenten aus den höheren Semestern die Universität wechseln wollten. Routinemäßige Berichte der Fachschaften über Kommilitonen hatten bald so entscheidende Bedeutung wie Zensuren und unter Umständen auch Einfluß auf so profane Dinge wie die Vergabe von Stipendien oder die Aufnahme in politische Organisationen, die von der Mehrheit der Studenten als Voraussetzung für eine erfolgreiche Karriere betrachtet wurde.[15]

Obwohl die medizinischen Fachschaften ursprünglich in den Zuständigkeitsbereich der nazifizierten Studentenverwaltung fielen, wurden sie im Laufe der Zeit auch in Dr. Gerhard Wagners wachsendes gesundheitspolitisches Netz eingebunden. Natürlich sah Wagner in den Fachschaften ein gewaltiges Potential für die Rekrutierung nationalsozialistischer Ärztekader. Sie waren bereits

Rädchen in Wagners Apparat zur Kontrolle der Universitäten, als er im Januar 1934 mit einem Studentenführer vereinbarte, daß die Fachschaftsleiter in Zukunft erst nach Absprache mit den Vertrauensmännern der NSDAP an den medizinischen Fakultäten ernannt werden sollten. Von da an arbeiteten die Fachschaftsleiter eng mit den Parteispitzeln unter den Lehrkräften der jeweiligen Fakultäten zusammen, die ihrem Chef, Wagners Vertrauensmann Professor Wirz, regelmäßig Bericht erstatteten.[16]

Ein paar Jahre später wurde Medizinalassistenten die Teilnahme an Lehrgängen in Wagners Führerschule der deutschen Ärzteschaft in Alt-Rehse empfohlen; einige Kurse wurden sogar auf die Medizinalpraktikantenzeit angerechnet.[17] Im März 1937 ließ Wagner dort eine Versammlung der Fachschaftsleiter einberufen. Ein wichtiger Punkt, der auf diesem Treffen besprochen wurde, war eine engere Zusammenarbeit zwischen den Fachschaften und dem NS-Ärztebund.[18] Am 10. Juni verkündete Wagner dann eine Verordnung, nach der in Zukunft Vertreter des NSÄB in die Fachschaftsgremien berufen werden sollten.[19] Während des Sommersemesters wurde ein zweites Treffen organisiert, an dem Wagners Beauftragter für das ärztliche Fortbildungswesen Dr. Blome, sein »Spezialist« für die Jungärzte Dr. Dingeldey und der Reichsgesundheitsführer selbst teilnahmen. Das deutete auf eine immer engere Zusammenarbeit zwischen den Studentenfunktionären und Wagners Apparat hin. Der Leiter der Reichsfachgruppe Medizin im NSDStB, Dr. F. Gauwerky, hatte sein Büro bereits in Wagners Münchner Hauptquartier verlegt.[20]

Solche Querverbindungen ermöglichten Wagner eine gezielte Einflußnahme auf studentische Angelegenheiten wie die Teilnahme von Medizinstudenten am jährlichen Reichsberufswettkampf.[21] 1937 hatte Wagner auch in diesem Bereich die Führung übernommen. Im März 1938 zitierte er die Mitglieder der Jury für die medizinischen Wettbewerbsbeiträge in seinen Münchner Amtssitz und hielt ihnen Vorträge über biologisches Denken und den politischen und wissenschaftlichen Führungsnachwuchs. Erwartungsgemäß entsprach der Inhalt der in diesem Jahr preisgekrönten medizinischen Arbeiten Wagners Vorstellungen von nationalsozialistischer

Gesundheitsführung.[22] Wagners spezielles Interesse an den Medizinstudenten[23] führte dazu, daß etliche von ihnen schon früh in der NS-Medizinalverwaltung, zum Beispiel im Rassenpolitischen Amt von Dr. Groß, mitarbeiteten, was ihrer Karriere förderlich gewesen sein mag, sie jedoch sicher nicht zu besseren Ärzten machte.[24]

Schon lange vor dem Zweiten Weltkrieg sicherten sich die medizinischen Fachschaften mit Dr. Wagners stillschweigendem Einverständnis weitreichende Befugnisse, sogar das Recht, zu hochschulpolitischen Entscheidungen, die die Einstellung und Beförderung von Lehrkräften betrafen, Stellung zu nehmen.[25] Noch gefährlicher war jedoch ihr ideologischer Einfluß auf die Studentenschaft. Das verdeutlicht der Fall eines Freiburger Medizinstudenten im dritten Semester namens Vollmann, der Anfang 1934 in der berühmten Pflegeanstalt für Behinderte in Bethel (Bielefeld) famulierte. Dort erlebte er tief beeindruckt die christliche Nächstenliebe, mit der die Diakone epileptische Kinder betreuten (der Anstaltsleiter Friedrich von Bodelschwingh war ein exponiertes Mitglied der Bekennenden Kirche). Sein Bericht an seinen Fachschaftsleiter vermittelte den Eindruck, daß ihn die Philosophie von Bethel, sich solchen Patienten besonders intensiv zu widmen, weil sie »Gottes liebste Kinder« waren, überzeugt hatte. Da ein solches Konzept mit der Rassenlehre unvereinbar und daher »absolut unnationalsozialistisch« war, löste Vollmanns Schreiben in der Fachschaft einen solchen Aufruhr aus, daß selbst die Reichsstudentenführung davon erfuhr. Auch wenn die Studentenführer sich von den Vorstellungen distanzierten, die die Nazis später mit ihrem »Euthanasie«-Programm verwirklichten, deutet sich in dem Briefwechsel, der nach diesem Bericht geführt wurde, diese unheilvolle Entwicklung bereits an – fünf Jahre bevor die Verbrechen tatsächlich begangen wurden.[26]

Nach Wagners Tod im März 1939 und insbesondere nach Ausbruch des Krieges spielten die Fachschaften keine bedeutende Rolle mehr. Dafür wuchs der Einfluß der Kameradschaften, die im Grunde dieselben Funktionen erfüllten, sich jedoch völlig auf die Kriegserfordernisse einstellten.[27] Wie die Medizinstudentinnen wurden auch die in den Kameradschaften organisierten Medizinstudenten während des Krieges zu Sondereinsätzen, die auf die inzwischen ins

Studium integrierte Medizinalpraktikantenzeit angerechnet wurden, in den eroberten Osten geschickt, wo sie »Volksdeutsche« medizinisch betreuen sollten. Doch im Gegensatz zu den jungen Frauen arbeiteten sie auch in Konzentrationslagern und »Euthanasie«-Anstalten. Solche »Sondereinsätze« waren noch politischer als die außerplanmäßigen Verpflichtungen der Medizinstudenten in Friedenszeiten.[28]

Es bestand immer ein enger Zusammenhang zwischen der Mitgliedschaft in einer Arbeitsgemeinschaft und der Eingliederung in eine NS-Organisation und insbesondere in die NSDAP. Ob die Medizinstudenten sich einer NS-Formation anschlossen, hing in den meisten Fällen von den sozialen Verhältnissen und sogar von den beruflichen Aussichten ab; daher erscheint es sinnvoll, ihren sozioökonomischen Hintergrund zu beleuchten, bevor man untersucht, wie zahlreich sie in diesen NS-Formationen vertreten waren.

Es hat sich bereits als hilfreich erwiesen, dies im Kontext mit anderen Disziplinen zu tun, insbesondere mit der fachverwandten Zahnmedizin und der traditionellen Konkurrenzdisziplin Jura. Gegen Ende der Weimarer Republik war die Medizin das Lieblingsfach der gesellschaftlichen Elite Deutschlands, eng gefolgt von der ebenfalls sehr angesehenen Rechtswissenschaft, die um die Jahrhundertwende noch den Spitzenplatz eingenommen hatte.[29] Doch bis 1935 stieg in der Medizin wie in den Rechtswissenschaft und allen anderen Fächern der Anteil der Studenten aus der unteren Mittelschicht und der Arbeiterschicht leicht an, während der Anteil der Studenten aus der Oberschicht zurückging (siehe Tabelle 3.5). Die Universitäten verloren also allmählich den Charakter von Bastionen der gesellschaftlichen Elite, ein Trend, der bereits in der Weimarer Republik einsetzte,[30] sich allerdings zwischen 1935 und 1941, und wahrscheinlich auch in der Zeit danach, wieder umgekehrt zu haben scheint. Mit Sicherheit läßt sich das nicht sagen, weil das verfügbare Datenmaterial über diesen Zeitraum lückenhaft ist.[31]

Die erhaltenen Statistiken über den mittleren Abschnitt der dreißiger Jahre lassen darauf schließen, daß die Medizin dem bis dahin angesehensten Fach Jura allmählich den Rang ablief, während die Zahnmedizin weit hinterherhinkte. Der Anteil der Studierenden aus der Oberschicht lag in den Fächern Medizin und Jura deutlich über dem Durchschnittswert für alle Universitäten und Technischen Hochschulen, in der Zahnmedizin dagegen deutlich darunter. Die untere Mittelschicht war in den Fächern Medizin und Jura unterrepräsentiert und im Fach Zahnmedizin überrepräsentiert (siehe Tabelle 3.5). Wahrscheinlich vertiefte sich diese soziale Kluft zwischen der Medizin und der Rechtswissenschaft auf der einen Seite und der Zahnmedizin auf der anderen in den Kriegsjahren, über die keine zuverlässigen Daten vorliegen.[32]

Zeigten die Mediziner, die ein stärkeres Elitebewußtsein hatten als die Studenten anderer Fächer mit Ausnahme der Juristen, inen besonderen Hang zur NSDAP und ihren Organisationen? Auf der Basis von Erhebungen aus dem Dritten Reich läßt sich diese wichtige Frage schwer beantworten, da damals keine umfassenden Statistiken über die Mitgliedschaft von Studenten in der NSDAP und ihren Organisationen erstellt wurden. Analysiert man jedoch die fast zwanzigtausend Personalakten über die Darlehensnehmer unter den damaligen Studenten, die in deutschen Archiven einsehbar sind, erhält man auf Umwegen eine Antwort.[33] Dabei muß man jedoch große Vorsicht walten lassen, nicht nur weil die in dieser Kartei erfaßte Studentengruppe kein genaues Abbild der gesamten Studentenschaft ist, sondern auch weil das Datenmaterial lückenhaft ist. Nach meinen Berechnungen umfaßt diese unvollständige Kartei nicht einmal zwei Prozent der gesamten Studentenschaft im Dritten Reich.[34]

Es müssen also bestimmte Einschränkungen gemacht werden, wenn aus dieser Darlehensnehmerkartei Rückschlüsse auf die gesamte Studentenschaft gezogen werden sollen. Das Sample ist in mehrfacher Hinsicht nicht repräsentativ. Erstens war der Frauenanteil an der Studentenschaft im Dritten Reich wesentlich höher als in diesem Sample, vor allem in der Spätphase des Krieges, in der enorm viele Frauen Fächer wie Medizin zu studieren begannen. In dem hier analysierten Sample von insgesamt 2019 männlichen und weiblichen Medizinstudenten, die zwischen 1933 und 1945 Darlehen beantragten, sind die Frauen in den Jahren 1934/35, 1938 und 1941, über die entsprechende Statistiken vorliegen, deutlich unterrepräsentiert; nur für 1943/44 ergibt sich eine weitgehende Übereinstimmung des Frauenanteils im Darlehensnehmer-Sample mit dem Prozentsatz der insgesamt immatrikulierten Medizinstudentinnen.[35] Daß unter den Darlehensnehmern relativ wenige Frauen waren, lag möglicherweise daran, daß insbesondere im Fach Medizin mehr weibliche als männliche Stundenten aus der Oberschicht kamen und daher keine finanzielle Unterstützung benötigten; doch selbst wenn man diesen Faktor berücksichtigt, bleiben die männlichen Studenten in diesem Sample überrepräsentiert.

Zweitens repräsentiert das Darlehensnehmer-Sample natürlich eine wirtschaftlich schwächere Gruppe innerhalb der damaligen Studentenschaft. Man kann argumentieren, daß diese minderbemittelten Studenten sich sicher in größerer Zahl nationalsozialistischen Organisationen und/oder der NSDAP anschlossen als die übrigen Studenten, da politisches Engagement die Voraussetzung für die Bewilligung von Darlehen war.[36] Das hieße, daß die aus dem Darlehensnehmer-Sample gewonnenen Erkenntnisse über das politische Verhalten dieser Untergruppe nicht auf die gesamte Studentenschaft im Dritten Reich übertragbar wären.

Drittens muß bei der Analyse berücksichtigt werden, daß während des Zweiten Weltkriegs weniger Darlehen an Studenten vergeben wurden als in den Anfangsjahren des NS-Regimes. Dieser Rückgang ist in der zeitgenössischen Literatur dokumentiert und wurde offiziell mit einer Verbesserung der wirtschaftlichen Verhältnisse begründet.[37] Im Fach Medizin war der Grund für diese Verbesserung möglicherweise die finanzielle Unterstützung, die die Medizinstudenten in den Studentenkompanien von der Wehrmacht erhielten. Diese Entwicklung, welchen Grund sie auch gehabt haben mag, spiegeln die Zahlen der mit Darlehen geförderten Medizin-, Zahnmedizin- und Jurastudenten wider, die nach 1940 stark sanken.[38]

Ein viertes Argument gegen die Verwertbarkeit dieses Samples wäre, daß das Medizinstudium bekanntermaßen schon immer besonders teuer war und daher nur von relativ wohlhabenden Eltern finanziert werden konnte. Tatsächlich konnte ein Semester an einer medizinischen Fakultät im Dritten Reich, wie bereits in der

Weimarer Republik, dreimal soviel kosten wie ein Semester an einer anderen Fakultät.[39] Da relativ viele weibliche und männliche Medizinstudenten aus besseren Verhältnissen kamen, war die relativ kleine Gruppe, die auf Darlehen angewiesen war, nicht repräsentativ für die Mehrheit, deren Eltern diese teure Ausbildung finanzieren konnten.

Jedem der beschriebenen Probleme muß auf irgendeine Weise Rechnung getragen werden. Das erste erledigt sich, wenn man bei der Analyse des Darlehensnehmer-Samples nur die männlichen Studenten berücksichtigt, die im Dritten Reich immer noch die Mehrheit bildeten. Außerdem wurden sie viel stärker an der nationalsozialistischen Politik beteiligt als die Frauen, die in so einflußreichen Organisationen wie der SA und der SS ar nicht vertreten waren. Eine Beschränkung auf die Daten für die männlichen Studenten erleichtert zudem den Vergleich mit den Daten in der Pilotstudie von Gerhard Arminger, der sich ebenfalls auf die männlichen Studenten beschränkt.

Das zweite Argument entkräftet die Tatsache, daß viele Medizin-, Zahnmedizin- und Jurastudenten aus dem Darlehensnehmer-Sample bereits vor Beginn des Dritten Reichs politisch engagiert waren, also schon bevor politisches Engagement zu einer Bedingung für finanzielle Unterstützung gemacht wurde. Tabelle 5.2 zeigt, daß zum Beispiel im Fach Jura fast 23 Prozent aller weiblichen und männlichen Darlehensnehmer, die während ihres Studiums NS-Organisationen angehörten, sich diesen bereits vor der Machtübernahme Hitlers angeschlossen hatten. Von den Darlehensnehmern, die bis 1945 in die NSDAP eintraten, entschlossen sich 42 Prozent aller Jurastudenten und 43 Prozent aller Zahnmedizinstudenten bereits in den letzten Jahren der Weimarer Republik zu diesem Schritt. Natürlich kann man einwenden, daß diese Studenten wußten, daß sie, weil sie bereits seit 1930 oder 1932 Parteimitglied waren, gute Chancen hatten, Darlehen vom NS-Staat zu erhalten, und daher auch welche beantragten, während ihre politisch nicht organisierten Kommilitonen sich wahrscheinlich scheuten, das Naziregime um Geld zu bitten. Tatsache ist jedoch, daß auch politisch neutrale Studenten während des Dritten Reichs, in dem politisches Engagement erklärtermaßen ein wichtiges Kriterium war, Darlehen erhalten konnten. Tabelle 5.3 zeigt, daß fast ein Fünftel der Studenten aller drei Fächer, die Darlehen in Anspruch nahmen, politisch nicht organisiert war.

Drittens war bei den relativ wenigen Studenten, die nach Kriegsbeginn noch Darlehen erhielten, die Bereitschaft, sich politisch zu engagieren, offenbar gering (siehe Tabelle 5.2 über Medizin-, Zahnmedizin- und Jurastudenten). Doch man kann auch die Auffassung vertreten, daß diese niedrigen Werte nicht viel besagen, weil die Mitgliederzahlen der NSDAP und ihrer Organisationen während des Dritten Reichs ständig schwankten. Tendenziell sank nach 1939 die Zahl der neuen Mitglieder in der NSDAP und ihren Organisationen, zumindest die Zahl der neuen Mitglieder über einem gewissen Alter, weil die Partei vorzugsweise jüngere Leute, vor allem Nachwuchs aus der Hitler-Jugend, anwarb.[40] Wie Abbildung 2 zeigt, sank der Anteil der politisch organisierten Studenten im Verhältnis zu dem der nicht organisierten nach 1940, zwischen 1942 und 1944 sogar rapide. Nach Kriegsausbruch gewann die NSDAP nur 50 Prozent mehr Mitglieder hinzu, als sie seit 1925 pro Jahr anwerben konnte.[41] Das nach 1939 offenbar relativ geringe Interesse, einer NS-Formation beizutreten (siehe Tabelle 5.2), und die Abkehr von der Partei und ihren Organisationen nach 1940 (siehe Abbildung 2) waren daher möglicherweise nicht nur für die Darlehensnehmer unter den Studenten typisch, sondern für die gesamte Studentenschaft.

Und was das vierte Argument betrifft, so läßt sich zwar nicht bestreiten, daß wegen der hohen Kosten eines Medizinstudiums eher Kinder relativ wohlhabender Eltern dieses Fach studierten, doch an den medizinischen Fakultäten schrieben sich auch minderbemittelte Abiturienten ein, die auf Darlehen angewiesen waren; deren soziokultureller Hintergrund unterschied sich nicht von dem ihrer finanziell bessergestellten Altersgenossen. Es war logisch, daß Medizinstudenten gerade wegen der hohen Ausbildungskosten finanzielle Unterstützung benötigten (Darlehen, die deutlich höher waren als die für Zahnmedizin- und Jurastudenten), ein Punkt, den die Verwalter der Darlehenskasse offen ansprachen.[42] In Würzburg gewährte man 1934 gut einem Drittel der Medizinstudenten Ermäßigungen bei den Universitätsgebühren. Zur selben Zeit beschwerten sich Studenten anderer Fächer über Benachteiligungen, weil Mediziner im Klinikum in öffentlichen Verkehrsmitteln Fahrpreisermäßigungen erhielten.[43] Andererseits wurde errechnet, daß die Medizin im Gegensatz zu Jura im Studienförderungsprogramm unterrepräsentiert war. Die Zahnmedizin wurde nicht erwähnt.[44]

Es muß also, wie gesagt, berücksichtigt werden, daß die Darlehensnehmer nicht ohne weiteres mit dem Rest der Studentenschaft gleichgesetzt werden können, hauptsächlich deswegen nicht, weil sie aus wirtschaftlichen Zwängen heraus eher bereit waren, politische Verpflichtungen einzugehen, ob ihnen diese behagten oder nicht. Deshalb kann man argumentieren, daß das Verteilungsmuster in bezug auf die soziale Schichtung und vielleicht auch das politische Engagement in den einzelnen Disziplinen bei den Darlehensnehmern und den Studenten, die keine Darlehen erhielten, unterschiedlich war.

Selbst wenn man sich bei der Analyse des Darlehensnehmer-Samples auf die Zahlen für die männlichen Studenten beschränkt (da sie sich für Vergleichszwecke leichter aufbereiten lassen als die Zahlen für Studenten beiderlei Geschlechts), können aus ihnen natürlich erst Rückschlüsse gezogen werden, nachdem gewisse Faktoren berücksichtigt worden sind. In Tabelle 5.4 (in der nur männliche Studenten erfaßt sind) ist im Wintersemester 1934/35 der Anteil der Studenten aus der Oberschicht im Darlehensnehmer-Sample niedriger als in der gesamten männlichen Studentenschaft, weil die Söhne der besseren Gesellschaft keine Darlehen benötigten, entsprechend ist der Anteil der Studenten aus der Unterschicht höher (Spalten G und H). Es ist auch ersichtlich, daß in der gesamten Studentenschaft der Disziplinen Medizin und Jura die Studenten aus der Oberschicht überrepräsentiert und die aus der Unterschicht unterrepräsentiert waren, während in der Gruppe der Darlehensnehmer die Verhältnisse genau umgekehrt waren.[45] Die Zahnmedizin bietet ein uneinheitliches Bild, hier sind die Relationen für die Oberschicht und die Mittelschicht bei beiden Studentengruppen ähnlich, die für die Unterschicht dagegen verschieden.[46]

Wie auch immer, wenn politisches Engagement für die Studenten im Dritten Reich ein Mittel war, berufliche und/oder gesellschaftliche Ziele zu erreichen, zum Beispiel um mit staatlicher Unterstützung studieren zu können, spricht nichts gegen die Annahme, daß die Medizin-, Jura- und Zahnmedizinstudenten aus der Untergruppe der männlichen Darlehensnehmer in den jeweiligen NS-Formationen (siehe Tabelle 5.5) ungefähr gleich stark vertreten waren wie die Studenten insgesamt. Ein Darlehensnehmer, der beschlossen hatte, sich einer dieser Formationen anzuschließen, konnte sich schließlich aus demselben Grund für die NSDAP, die SA, die SS oder eine andere nationalsozialistische Organisation entschieden haben wie ein Student, der keine finanzielle Unterstützung erhielt. Wenn zum Beispiel fünfzehn Darlehensnehmer der NSDAP, zehn der SA und fünf der SS den Vorzug gaben, waren wahrscheinlich neun reguläre Studenten in der Partei, sechs in der SA und fünf in der SS. Unter dieser Voraussetzung erhalten Unterschiede im politischen Verhalten zwischen den Medizinern, den Juristen und den Zahnmedizinern Relevanz.

Aus Tabelle 5.5 wird deutlich, daß für die Medizin-, Jura- und Zahnmedizinstudenten unter den Darlehensnehmern – wie für alle anderen Studenten aus dieser Untergruppe – die SA die attraktivste NS-Organisation war (jedenfalls bis Mitte 1934 – siehe Tabelle 5.2). Bei den Zahnmedizinern war sie sogar noch beliebter als bei den Medizinern und den Juristen (und den Studenten der meisten anderen Fächer). Dasselbe galt für die SS, auch wenn der Durchschnittswert für die Zahnmediziner hier unter dem für die gesamte Studentenschaft lag. In der NSDAP und anderen Formationen waren die Juristen und die Mediziner stärker vertreten als die Zahnmediziner und die meisten anderen Studenten. Diese Ergebnisse könnte man dahingegehend interpretieren, daß die Studenten der Zahnmedizin – ein Fach, das Juristen und Ärzte nach wie vor geringschätzten – der Meinung waren, unter einem militaristischen Regime ihre gesellschaftlichen Ziele in paramilitärischen Organisationen wie der SA und der SS am ehesten erreichen zu können. Eingedenk aller Überlegungen, die zu dieser Einschätzung führten, kann man sie mit aller gebotenen Vorsicht vom

Darlehensnehmer-Sample auf die gesamte Studentenschaft übertragen.

Die Vertreter der traditionell hochangesehenen Disziplinen Medizin und Jura waren gelassener. Im Gegensatz zu den Zahnmedizinstudenten, von denen ein viel geringerer Teil aus der Oberschicht stammte (siehe Tabelle 5.4), waren sie von ihrer gesellschaftlichen Überlegenheit überzeugt und brauchten sie nicht durch braune oder schwarze Uniformen zu demonstrieren. Bezeichnend sind jedoch die Parallelen zwischen den Medizinern und den Juristen. Tabelle 5.5 zeigt, daß die Prozentwerte für ihr Engagement in den verschiedenen NS-Formationen extrem positiv korrelieren.[47] Daß das politische Verhalten der Medizinstudenten am ehesten mit dem der Jurastudenten vergleichbar ist, beweist, daß sie aufgrund soziokultureller Gemeinsamkeiten praktisch dasselbe Selbstverständnis hatten.

Was bei den Medizinern auf den ersten Blick überrascht, sind die Unterschiede zwischen den Studenten und den approbierten Ärzten (über die Juristen lassen sich aufgrund mangelnder Daten keine diesbezüglichen Aussagen machen): Der NSDAP schlossen sich nur 28,6 Prozent der männlichen Medizinstudenten, aber immerhin 49,9 Prozent der Ärzte an; in der SA waren 32 Prozent der Studenten und 26 Prozent der Ärzte, und die SS bevorzugten 5,8 Prozent der Studenten und 7,2 Prozent der Ärzte. Der Hauptgrund für diese Unterschiede war wohl das sinkende Ansehen der SA nach der Röhm-Affäre vom 30. Juni 1934 (siehe Tabelle 5.2). Medizinstudenten, die vom berüchtigten SA-Hochschulamt zum Eintritt in die SA gedrängt worden waren,[48] verließen nach Abschluß ihres Studiums die Braunhemden und schlossen sich statt dessen der NSDAP oder der SS an. Das belegen die Zahlen der Reichsärztekammer, die für Kapitel 2 ausgewertet wurden.

Tabelle 5.6 soll schließlich über die Beziehungen zwischen sozialer Herkunft und politischem Engagement der Medizin-, Zahnmedizin- und Jurastudenten Aufschluß geben. Doch da die soziale Schichtung im Darlehensnehmer-Sample wahrscheinlich nicht der der gesamten Studentenschaft entspricht, weil nur minderbemittelte Studenten Darlehen erhielten, sind Verallgemeinerungen auch hier riskant. Die Zahlen in Tabelle 5.6 machen deutlich, daß, zumindest im Darlehensnehmer-Sample, die relativ kleine Gruppe der aus der Oberschicht stammenden Zahnmedizinstudenten überdurchschnittlich stark in der SS vertreten war, während von den Zahnmedizinern aus der unteren Mittelschicht überdurchschnittlich viele ihre Ambitionen in der SA verfolgten (siehe die Spalten G, H und J). Die SS war zwar auch bei den Medizinern und insbesondere den Juristen aus der Oberschicht sehr beliebt (siehe die Spalten C, E, M und O), doch etliche Juristen aus der Oberschicht bevorzugten wie ihre Kommilitonen aus der unteren Mittelschicht die NSDAP; auch die relativ vielen Parteimitglieder unter den Medizinern stammten offenbar größtenteils aus der unteren Mittelschicht (siehe die Spalten A, E, K und O). In der SA waren vor allem Zahnmedizinstudenten, aber auch etliche Medizin- und Jurastudenten aus der unteren Mittelschicht; für die angehenden Ärzte und Anwälte aus der Oberschicht war sie dagegen unattraktiv (siehe Spalten B, E, G, J, L und O).

Von den Studenten aus der Unterschicht scheinen sich interessanterweise nur die Juristen in relativ großer Zahl der SA angeschlossen zu haben; bei den Medizinern und den Zahnmedizinern aus dieser Gruppe lag der Anteil der SA-Mitglieder nur geringfügig über dem Durchschnittswert für alle Unterschichtsstudenten (siehe Spalten B, E, G, J, L, O, Q und T). Wenn politisches Engagement für die Studenten nach 1933 ein Instrument sozialer Mobilität war, dann hatten nach dieser Analyse, die sich auf die Fächer Medizin, Zahnmedizin und Jura konzentriert, die folgenden akademischen Untergruppen wahrscheinlich die besten Aufstiegschancen: Medizinstudenten aus der unteren Mittelschicht, die NSDAP-Mitglieder wurden, und ihre Kommilitonen aus der Arbeiterschicht, die sich den verschiedenen NS-Organisationen anschlossen; Zahnmediziner aus der Oberschicht, die die Partei und insbesondere die SS unterstützten, aber auch ihre Kommilitonen aus der unteren Mittelschicht, die in irgendwelche NS-Organisationen oder in die SA eintraten, sowie die angehenden Zahnärzte aus der Unterschicht, und schließlich Jurastudenten aus der unteren Mittelschicht und aus der Arbeiterschicht, die sich für die SA entschieden. Umgekehrt traten Medizin- und Jurastudenten aus der Oberschicht in die SS ein, um ihre privilegierte gesellschaftliche Stellung zu festigen. Zweifellos befürchteten sie, aufstrebende Kollegen aus der Mittel- und Unterschicht oder gar Emporkömmlinge aus den Reihen der Zahnmediziner könnten sie vom Sockel stürzen. Auch diese vorläufige Einschätzung könnte von der Gruppe der Darlehensnehmer auf die große Mehrheit der finanziell abgesicherten Studenten übertragbar sein.

Wenn man die NS-Organisationen, für die sich die männlichen Studenten entschieden, nach den absoluten Mitgliederzahlen ordnet, ergibt sich folgende Reihenfolge: Die SA belegte den ersten Platz, gefolgt von der NSDAP (nach 1934 kehrte sich diese Rangordnung um); dann kamen die Hitler-Jugend, der Nationalsozialistische Deutsche Studentenbund (NSDStB),die SS, das Nationalsozialistische Kraftfahrkorps (NSKK) und diverse kleinere Organisationen.[49] Die Studenten verfolgten in diesen Formationen ähnliche berufliche und/oder politische Ambitionen wie die Studentinnen, die sich NS-Organisationen anschlossen (siehe Kapitel 3,3). Doch da die politischen Verpflichtungen ständig mit dem Studium kollidierten, waren nur relativ wenige Medizinstudenten politisch so aktiv wie ein gewisser Friedrich Fleischmann, der nebenbei auch in der Bewegung Karriere machte. Der von seinen Kommilitonen als Streber und Fanatiker beschriebene Fleischmann, der 1933 wahrscheinlich in Erlangen Medizin studierte, übernahm eine führende Rolle in der Nürnberger SA, die in der Burg der Stadt Quartier bezogen hatte. Die 50 SA-Männer, über die er das Kommando hatte, verhafteten in ihrer Eigenschaft als Hilfspolizisten politisch verdächtige Personen und folterten sie beim Verhör. 1935 wurde der inzwischen von seinen SA-Verpflichtungen befreite Fleischmann approbiert.[50]

Wie stark das politische Engagement der Medizinstudenten von 1933 bis 1945 tatsächlich war, läßt sich schwer ermitteln. Die Studenten, Mediziner eingeschlossen, bildeten schon ab den späten zwanziger Jahren eine intellektuelle Vorhut der nationalsozialistischen Bewegung; die waren sie auch zu Beginn des Dritten Reiches noch, doch als ihnen das NS-Regime im Laufe der Zeit immer mehr politische Pflichten auferlegte, die sie zunehmend daran hinderten, sich ernsthaft ihrem Studium zu widmen, scheint ihr anfänglicher Enthusiasmus allmählich verflogen zu sein. Immer mehr Studenten versuchten, sich so weit wie möglich aus der Nazipolitik herauszuhalten, ein Trend, der sich nach Beginn des (von ihnen nicht befürworteten) Krieges – als die Einberufung potentiell erfolgreiche Karrieren in den freien Berufen, an der Universität, im öffentlichen Dienst oder in der Industrie unterbrach – beträchtlich verstärkt zu haben scheint.[51]

Doch in einer Gesellschaft, in der nationalsozialistische Kriterien galten, konnte selbst ein nur nominelles politisches Engagement ein Sprungbrett zum Erfolg sein. Daher muß erneut in Betracht gezogen werden, daß diese Möglichkeit, bereits durch eine formale Mitgliedschaft in einer NS-Organisation die Berufaussichten zu verbessern, Einfluß auf die Karriereplanung der Studenten hatte. Das zahlenmäßige Verhältnis zwischen den Studenten, die aus Opportunismus einer NS-Organisation beitraten, ohne aktiv in ihr mitzuarbeiten, und jenen, die sich aus Überzeugung in der nationalsozialistischen Bewegung engagierten, läßt sich allerdings bis heute nicht bestimmen. Doch vielleicht sollte man die Gruppe der überzeugten Naziaktivisten unter den Medizinstudenten nicht unterschätzen, denn in Hitlers Organisationen waren außerordentlich viele approbierte Ärzte zu finden, von denen die jüngeren, die ihr Studium erst in den Jahren nach 1932 abgeschlossen hatten, an den medizinischen Fakultäten bereits von nationalsozialistischen Lehrkräften, die in ihren Vorlesungen und Seminaren (über Neue Deutsche Heilkunde oder »Rassenkunde«) einen biologistischen medizinischen Ansatz vertraten, indoktriniert worden waren.

Wie weit die Anpassungsbereitschaft von Medizinstudenten, die ihre Karriere nicht gefährden wollten, damals oder später auch gegangen sein mag, es liegen jedenfalls genügend Beweise dafür vor, daß sie bereits 1934 murrten, wenn sie sich an den diversen Aktivitäten der Fachschaften beteiligen sollten, auch wenn sie um die formale Mitgliedschaft in einer Fachschaft nicht herumkamen. Sie setzten den NS-Funktionären zwar keinen wirklichen Widerstand entgegen, doch ihre geringe Einsatzfreudigkeit und ihr Desinteresse wurden auf unterschiedliche Weise und in unterschiedlichem

Ausmaß deutlich. Zum Beispiel war es unter den Medizinstudenten üblich, sich zu als freiwillig deklarierten Schulungskursen der Fachschaften nicht anzumelden.[52] Die Fachschaftsleiter hatten große Schwierigkeiten, das Fachschaftsblatt *Der Jungarzt* unter die Leute zu bringen; kaum jemand wollte es lesen, obwohl es nichts kostete.[53] Wenn die Situation an anderen deutschen Hochschulen ähnlich war wie an der Universität Würzburg, über die die meisten Daten vorliegen, dann versuchten die Medizinstudenten nicht nur, sich vor den von der Fachschaft organisierten Erntehilfeeinsätzen zu drücken, sondern auch vor dem Krankenpflegedienst, und viele nahmen an Spendensammelaktionen für die Partei einfach nicht teil.[54] Die Fachschaftsleiter interpretierten diese Pflichtvergessenheit oder gar Aufsässigkeit der Studenten allerdings nur selten als Zeichen offener politischer Opposition, denn sie wußten, daß das Angebot an Fachschaftsveranstaltungen so groß war, daß die Studenten unmöglich an allen teilnehmen konnten. Im Juni 1934 meinte ein Freiburger Studentenführer, das wachsende Desinteresse seiner Kommilitonen liege an der Neigung der Medizinstudenten, auf alle Dinge, die etwas aus dem Rahmen fielen, mit snobistischer Reserviertheit zu reagieren.[55] Jedenfalls wurde nur sehr selten der Verdacht geäußert, daß das Verhalten der Studenten politische Gründe haben könnte, zum Beispiel im Wintersemester 1935/36 in Rostock, wo einem Bericht zufolge zu wenige Studenten Interesse zeigten, an freiwilligen Zusatzkursen in »Rassenkunde« teilzunehmen. Der Verfasser klagte, an dieser Universität herrsche entweder ein Mangel an Nationalsozialismus oder sie sei auf die Stufe eines Polytechnikums herabgesunken.[56]

Nach Kriegsbeginn konnten die Fachschaften das Verhalten der Medizinstudenten, zu deren innerer Distanzierung manchmal noch persönlicher Groll kam, nicht mehr so systematisch überwachen wie zuvor, denn sie verloren allmählich ihren Einfluß. Die von der Wehrmacht und den Ministerien geleitete Kriegs- und Einsatzplanung hatte nun Vorrang vor außeruniversitären Parteiaktivitäten wie den Lehrgängen in Alt-Rehse. Sicher ist, daß die Medizinstudenten sich nicht aus Gewissensgründen um eine Freistellung vom aktiven Kriegsdienst bemühten, wie ein Bonner Geologe dem britischen Autor Stephen Spender im Sommer 1945 erzählte, sondern weil ihnen vor einem Fronteinsatz graute oder weil sie ihr Studium nicht ohne triftigen beruflichen Grund unterbrechen wollten.[57] Viele, die zu Hause blieben und in den Vorlesungssälen und Laboratorien der Universitäten ihre Ausbildung fortsetzten, ließen die Gefaßtheit vermissen, die in Zeiten einer nationalen Krise von ihnen erwartet wurde.[58] Die Medizinstudenten der Studentenkompanien, die nach den Vorstellungen von führenden Parteimitgliedern wie dem sächsischen Gauleiter Martin Mutschmann Vorbilder sein sollten, zu denen die hart bedrängte Zivilbevölkerung aufblicken konnte, wurden allmählich nervös; vielleicht aus Überdruß oder auch aus Ärger über die militärischen Mißerfolge des Regimes, die ihre Chancen auf eine sorgenfreie berufliche Zukunft zunichte zu machen drohten.[59] Mitglieder einer in Jena stationierten Studentenkompanie zerschmetterten zum Beispiel am 2. Juli 1943 nach einem Trinkgelage eine Tonbüste des Führers; doch was sie dazu trieb, war wohl eher ein Gefühl allgemeiner Sinnlosigkeit angesichts der genau fünf Monate zurückliegenden Niederlage von Stalingrad als Abscheu vor Hitler.[60] 1944 erklärte sich der Anwalt Dietrich Güstrow bereit, einen älteren Medizinstudenten zu verteidigen, der, nachdem er als Offizier die Schrecken der Front erlebt hatte, während eines Heimaturlaub in volltrunkenem Zustand in einem Berliner Wohnbezirk randalierte.[61]

Es gab unter den Medizinstudenten allerdings auch idealistische, unbeirrbare Gegner des Naziregimes, die meisten von ihnen waren Marxisten. Sie waren bereit, für ihre Überzeugung ins Gefängnis zu gehen oder im KZ zu sterben. Bereits im März 1933 wurde eine Medizinstudentin, die Tochter eines Bonner Zahnmedizinprofessors, nach dem Reichstagsbrand wegen subversiver kommunistischer Umtriebe verhaftet.[62] Ihr Kommilitone Donald Degenhardt erlitt in Marburg ein ähnliches Schicksal.[63] Zwei Jahre später unterhielt der Berliner Medizinstudent Kurt Steude, der damals kurz vor dem Examen stand, geheime Kontakte zum kommunistischen Zirkel um den Arzt Karl Gelbke; er überlebte das Regime in einer Wehrmachtsuniform.[64]

Andere Regimegegner unter den Medizinstudenten, die nur losen

Kontakt zu Gleichgesinnten hatten, riskierten ihr Leben, weil sie an ihren Vorstellungen von Ehre und Anstand und vielleicht auch an der hippokratischen Ethik festhielten. Alexander Mitscherlich, der in Berlin im Kreis von Ernst Niekisch verkehrte, zog 1935 nach Zürich, um sein Medizinstudium ohne Angst vor der Gestapo fortsetzen zu können. 1937 überquerte er mit einer Einreiseerlaubnis für einen Tag die schweizerisch-deutsche Grenze, um dem inzwischen inhaftierten Niekisch zu helfen. Er wurde sofort von der Polizei festgenommen und verbrachte acht Monate in einem Nürnberger Gefängnis, ohne daß je eine formelle Anklage gegen ihn erhoben wurde. Dann wurde er, ebenfalls ohne Angabe von Gründen, wieder auf freien Fuß gesetzt.[65]

Mitglieder der Widerstandsgruppe Weiße Rose, die Ende 1942 in München aktiv wurde, aber auch in Hamburg, Berlin und Freiburg Sympathisanten hatte, wurden zu Recht die meistgefeierten deutschen Helden, insbesondere Hans Scholl, Alexander Schmorell, Christoph Probst und Willi Graf. Diese Medizinstudenten und ihre Freunde wurden enthauptet, weil sie das Hitlerregime in Flugblättern und offenen Briefen, die sie als Handzettel verteilten, aus humanitären Gründen verurteilten.[66]

Die Liste läßt sich fortsetzen. Der Pathologieprofessor Büchner schrieb über die Studenten, die er in seinen Seminaren an der Freiburger Universität kennenlernte. Viele von ihnen waren tief religiös und brachten in Briefen, die sie ihm von der Front schrieben, ihren wachsenden Zorn gegen das Regime offen zum Ausdruck.[67] Der 1918 in Wien geborene Karl Groeger studierte in Holland Medizin, als der Krieg ausbrach. 1943 gehörte er einer Amsterdamer Widerstandsgruppe an, die holländische Juden vor der Deportation zu bewahren versuchte. Groeger starb auf dem Schafott.[68] Heinz Bello war ein Einzelkämpfer, der als Äskulap-Schüler in Münster nur seinem eigenen Gewissen folgte. Er hatte bereits an der Ostfront gekämpft und nach Bombenangriffen auf Münster unter Einsatz seines Lebens Zivilisten geholfen, als er im Juli 1943 im Kreise von Kommilitonen kein Hehl daraus machte, daß er jede Form von Militarismus, den Nationalsozialismus und die in der Parteiführung herrschende Korruption mißbilligte. Da er einer Studentenkompanie angehörte, mußte er sich vor einem Berliner Militärgericht verantworten. Er schlug mehrere Chancen zur Flucht aus und wurde am 29. Juni 1944 von einem Erschießungskommando hingerichtet. Die Tatsache, daß er von zwei Kommilitonen denunziert wurde, zeigt, daß das politische Engagement der Medizinstudenten unter Hitler ein sehr komplexes Thema ist.[69]

3. Die sogenannte Judenfrage und die Qualität der Medizinerausbildung

Ein erklärtes Ziel der nationalsozialistischen Studentenführer, das sie auch in ein Programm für eine nationalsozialistische Hochschulreform aufnahmen,[1] war neben der Entfernung jüdischer Professoren von den Universitäten die Vertreibung jüdischer Kommilitonen, die für sie eine Konkurrenz auf dem Arbeitsmarkt darstellten. In den ersten Monaten nach Hitlers Machtübernahme erließen die neuen Machthaber, die vollstes Verständnis für solche Ressentiments hatten, ein Gesetz, nach dem der Anteil »nichtarischer« Studenten an deutschen Hochschulen so weit reduziert werden sollte, daß er den Anteil der »Nichtarier« an der reichsdeutschen Bevölkerung nicht überstieg. So schrumpfte der Anteil jüdischer Studenten bereits im Wintersemester 1933/34 auf gut ein Prozent, lag damit jedoch immer noch etwas über dem Bevölkerungsanteil der Juden (mosaischen Glaubens) von knapp 0,8 Prozent.[2] In absoluten Zahlen ausgedrückt, bedeutete das, daß sich zum Beispiel an der zahnmedizinischen Fakultät Würzburg die Zahl der jüdischen Studenten im Herbst 1933 von ungefähr sechzig auf sieben reduzierte.[3]

Im Wintersemester 1932/33 hatte der Anteil der jüdischen Studenten an der Studentenschaft aller deutschen Universitäten und Technischen Hochschulen noch 4,8 Prozent betragen; in einigen Disziplinen lag er sogar noch höher – am höchsten im Fach Statistik und in den Geisteswissenschaften und in der Medizin mit 7,8 Prozent am dritthöchsten. Über 29 Prozent dieser jüdischen Medizinstudenten waren Ausländer, größtenteils aus Osteuropa.[4] Nach dem Ende der Weimarer Republik forderten viele nationalsozialistische Ärzte und Medizinstudenten – hauptsächlich aus Furcht vor unliebsamer Konkurrenz – die Entfernung jüdischer Kollegen und Kommilitonen. An einigen medizinischen Fakultäten, zum Beispiel in Freiburg und in Erlangen, verschärfte der hohe Anteil jüdischer Studenten die Ressentiments der nationalsozialistischen Studenten gegen die Juden noch.[5]

Die Reichsregierung in Berlin war zwar bereit, Schritte gegen die »nichtarischen« Studenten einzuleiten, doch sie handelte nicht schnell genug für viele fanatisierte Studenten, die in den darauffolgenden Jahren beweisen sollten, daß sie, was die Vertreibung jüdischer Kommilitonen betraf, der nationalsozialistischen Gesetzgebung stets ein paar Schritte voraus waren. Wegen des damals noch herrschenden Überangebots an Ärzten und wegen des relativ hohen Anteils und der hervorragenden Leistungen jüdischer Ärzte und Medizinstudenten galt das insbesondere für den Bereich der Medizin. Bereits im März 1933 (als der NS-Staat noch keinerlei Gesetze über den Ausschluß jüdischer Studenten vom Studium erlassen hatte) versuchten Studenten aller Fächer, gegen jüdische Kommilitonen vorzugehen, die finanzielle Unterstützung erhielten, weil sie hofften, dadurch selbst in den Genuß dieser Fördergelder zu kommen.[6] Die »arischen« Medizinstudenten, die solche Aktionen guthießen, setzten sich in den Vorlesungssälen demonstrativ nicht mehr neben jüdische Kommilitonen und bestanden darauf, daß diese – wie in einem Ghetto – in separaten Gruppen arbeiteten, bevor der Staat oder die Universitäten diesbezügliche Regelungen einführten.[7] Im Mai 1933 traten an der Frankfurter Universität Medizinstudenten in SA-Uniformen auf ihre jüdischen Kommilitonen zu, konfiszierten ihre Studentenausweise und jagten sie vom Campus.[8]

Diese nationalsozialistischen Studenten wurden von ihren politisierten Fachschaften angeführt, die ganz im Sinne des erbitterten Antisemiten Dr. Wagner handelten – Wagner wurde Mitte 1934 vom Stellvertreter des Führers zum Beauftragten für Hochschulangelegenheiten ernannt und übte in dieser Funktion einen starken Einfluß auf die medizinischen Fakultäten aus. Ende 1933 begann die Regierung dann öffentliche Erklärungen abzugeben. Sofort wurden die beruflichen Möglichkeiten der »nichtarischen« Medizinstudenten im Reich drastisch eingeschränkt: Sie wurden nicht mehr zum Staatsexamen zugelassen, konnten keinen Doktortitel mehr erwerben und erhielten keine Approbation mehr. Es wurde ihnen also unmöglich gemacht, die drei unerläßlichen Voraussetzungen für eine Arztkarriere zu erfüllen. Anfang 1934 wurden diese Bestimmungen etwas entschärft. Jüdische Examenskandidaten erhielten nur den Doktortitel, wenn sie ihre Absicht erklärten auszuwandern und den Rechtsanspruch auf Erteilung der Approbation in Deutschland aufgaben. Etwas später wurde deutschen Juden dieses »Sonderrecht« nur noch unter der Bedingung zugestanden, daß sie nach ihrer Ausreise aus Deutschland freiwillig auf die deutsche Staatsangehörigkeit verzichteten.[9] Die jüdischen Medizinstudenten befanden sich nun in einem Dilemma. Solange sie sich noch im Deutschen Reich aufhielten, konnten sie ihre deutsche Staatbürgerschaft nicht aufgeben, und die Ausbildungsnachweise wurden ihnen nicht ausgehändigt. Doch wenn sie auswandern und sich im Ausland um eine Stelle bewerben wollten, brauchten sie diese Nachweise, die ihnen verweigert wurden, solange sie sich noch auf deutschem Boden befanden.[10] Ausnahmeregelungen waren theoretisch zwar möglich, doch nur für »Mischlinge« und nur mit einer Sondererlaubnis der Fakultät und des Innenministeriums.[11]

Im Februar 1935 folgte eine weitere Verschärfung. Nun konnten nur noch deutsche »Voll«- und »Halbjuden« die Zulassung erhalten, die ihr Medizinstudium vor dem Sommersemester 1933 aufgenommen hatten. Ausnahmen waren nur möglich, wenn der Kandidat sich als Frontkämpfer am Ersten Weltkrieg beteiligt hatte und »nach seelischer Haltung und entsprechendem Aussehen einwandfrei« erschien. Studenten, die nur einen jüdischen Großvater oder eine jüdische Großmutter hatten (sogenannte Vierteljuden) waren von den neuen Regelungen noch nicht betroffen.[12] Eine weitere antisemitische Maßnahme aus diesem Jahr war der Ausschluß aller jüdischer Studenten aus dem staatlichen Studienförderungssystem.[13] Ein Jahr später mußte jeder Student, der finanzielle Unterstützung beantragte, einen bis 1800 zurückreichenden Ahnennachweis vorlegen, in dem keine jüdischen Vorfahren vermerkt sein durften.[14]

Zu dieser Zeit stritten sich die radikalen nationalsozialistischen Fachschaftsleiter über die Frage, wie die »arischen« Medizinstudenten sich den noch immatrikulierten jüdischen Kommilitonen gegenüber verhalten sollten, und suchten nach weiteren Möglichkeiten, die verhaßten Juden zu diskriminieren, zu isolieren und dann zu vertreiben. Sie versuchten es über die Famulatur und mit dem Argument, daß es jüdischen Medizinstudenten nicht erlaubt sein sollte, während ihrer praktischen Ausbildung »arische« Patienten oder gar Patientinnen zu behandeln. Die uneinheitlichen und unterschiedlich auslegbaren Regelungen der einzelnen Länderverwaltungen erlaubten es ihnen, sich alle möglichen Unverschämtheiten herauszunehmen. In Baden waren zum Beispiel bereits ab April 1934 in staatlichen Einrichtungen keine jüdischen Praktikanten mehr zugelassen, während in Preußen noch keine diesbezüglichen Verordnungen erlassen worden waren. Ende 1936 war man im Innenministerium immer noch der Meinung, daß die Famulatur für alle Studenten, einschließlich der Juden, ein regulärer Bestandteil des Medizinstudiums war. In der Gynäkologie und der Geburtshilfe lagen diesbezügliche Entscheidungen allerdings im Ermessen der jeweiligen Klinikdirektoren.[15]

So entschied die medizinische Fachschaft der Würzburger Universität im Sommer 1935, daß »Nichtarier« nicht mehr als Praktikanten oder Medizinalassistenten in deutschen Krankenhäusern arbeiten durften, sondern ihre praktischen Erfahrungen in entsprechenden jüdischen Einrichtungen sammeln sollten.[16] Und die Kölner Fachschaft verkündete, daß jüdische Studenten in Zukunft keine vaginalen Untersuchungen an »arischen« Patientinnen mehr vornehmen, sondern nur noch jüdische Patientinnen behandeln durften.[17] In Leipzig, Hamburg, Frankfurt und Jena übernahm man diese Regelungen, doch in Heidelberg übte man noch Zurückhaltung, da es sich bei den dort immatrikulierten jüdischen Studenten größtenteils um Ausländer handelte.[18] In Rostock war kein einziger jüdischer Student eingeschrieben.[19] Tatsächlich ging es den Fachschaften inzwischen nur noch ums Prinzip, denn die Zahl der jüdischen Studenten an den medizinischen Fakultäten war zu dieser Zeit bereits extrem klein: Unter den rund vierhundert Würzburger Studenten befanden sich zum Beispiel nur drei Juden.[20]

Im Sommer 1937, in dem das Bündnis zwischen den radikalen Fachschaften und Dr. Wagners Medizinalverwaltung geschmiedet wurde, studierten an den medizinischen Fakultäten des Deutschen Reichs nicht einmal hundert »Nichtarier«, die »Mischlinge« eingeschlossen.[21] Zu dieser Zeit galten bereits die Nürnberger Gesetze vom September 1935, an deren Ausarbeitung zwei mächtige nationalsozialistische Gesundheitsfunktionäre, Dr. Wagner und Dr. Groß, maßgeblich mitgewirkt hatten.[22] Diese Rassengesetze, mit denen Normen zur »rechtlichen« Definition der Juden in Deutschland etabliert wurden, bildeten die juristische Basis für die Diskriminierung der Juden, die später zur systematischen Verfolgung wurde, und für immer radikalere Konzepte zur Lösung der »Judenfrage«, die Neuregelungen des Medizinstudiums an deutschen Universitäten einschlossen. In der Parteikanzlei von Rudolf Hess versuchte insbesondere der zähe Martin Bormann mit Wagners Unterstützung die eher konservativen und immer noch zögernden Bürokraten im Reichserziehungsministerium dazu zu drängen, Entschlossenheit zu zeigen und strenge Richtlinien für jüdische Studenten festzulegen, die als Famuli in deutschen Krankenhäusern Kontakt mit »arischen« Patienten hatten.[23] Doch noch Ende Februar 1938 beharrten Rusts Ministerialbeamte darauf, daß die von Hess und Bormann geforderten Sofortmaßnahmen wegen der geringen Zahl »nichtarischer« Studenten nicht erforderlich seien. Sie schlugen Fricks Ministerium auch vor, die »Mischlinge« unter den Medizinstudenten, die inzwischen alle zu den »Volljuden« gerechnet wurden, wie »Arier« zu behandeln.[24] Im Oktober akzeptierte Wagner, daß »Vierteljuden« vorläufig wieder zu medizinischen Prüfungen zugelassen wurden, doch »Halbjuden« sollten dieses Sonderrecht nur in Anspruch nehmen können, wenn ihnen das Innenministerium nach Absprache mit Wagners Reichsärztekammer eine entsprechende Sondererlaubnis erteilte.[25]

Am Ende sollten die radikalen Antisemiten Hess, Bormann und Wagner siegreich aus dieser Auseinandersetzung hervorgehen.

Nach den Pogromen vom November 1938, zu denen die Schikanen gegen die Juden schließlich eskalierten, wurde die geltende Studienordnung durch im Frühjahr und Sommer 1939 erlassene antisemitische Verordnungen ergänzt, nach denen weder deutsche noch ausländische »Volljuden« zum Medizinstudium und zu medizinischen Prüfungen zugelassen werden durften.[26] Während des Krieges, als deutsche Juden interniert und zur Liquidierung in den Osten verschickt wurden, hatten nur noch »Vierteljuden« und in extrem wenigen Ausnahmefällen auch »Halbjuden« eine Chance, Medizin zu studieren, denn die von Wagner im Oktober 1938 aufgestellten Selektionsrichtlinien für »Mischlinge« wurden nach seinem Tod von der inzwischen sehr einflußreichen Parteikanzlei unter Bormann konsequent umgesetzt – mit dem stillschweigenden Einverständnis und möglicherweise sogar der Unterstützung von Conti, dem neuen Reichsgesundheitsführer und Staatssekretär für das Gesundheitswesen im Innenministerium.[27] An deutschen Universitäten gab es nun praktisch keine jüdischen Lehrkräfte und Studenten mehr.

Der Ausschluß der jüdischen Studenten vom Medizinstudium hatte ähnliche Auswirkungen auf das Ausbildungsniveau an den medizinischen Fakultäten wie die Verbannung der jüdischen Lehrkräfte: Er bedeutete einen erheblichen Substanzverlust. Es war seit langem bekannt, daß die jüdischen Studenten bei den Prüfungen besonders gut abschnitten; daher stellten sie für die »arischen« Jungärzte eine ernstzunehmende Konkurrenz dar. Das erklärt nicht nur den Eifer, mit dem »arische« Medizinstudenten vor dem Krieg, als viele noch fanatische Nazis waren, jede Gelegenheit nutzen, jüdische Kommilitonen und Professoren zu vertreiben,[28] sondern auch den Enthusiasmus, mit dem sie die von Wagners NS-Ärztebund energisch vorangetriebene »Ausschaltung« approbierter jüdischer Ärzte begrüßten, die im folgenden Kapitel beschrieben wird.

Zu diesem Qualitätsverlust, der gravierende Auswirkungen auf die Zukunft der Medizin in Deutschland nach 1945 hatte, trugen neben den antisemitischen Maßnahmen noch andere Faktoren bei. Das Problem hatte insofern auch eine quantitative Dimension, als das Medizinstudium nach 1933 mehrmals »reformiert« und gestrafft wurde. Unter den Lehrkräften der medizinischen Fakultäten befanden sich zwar trotz der Entfernung vieler hochqualifizierter jüdischer oder politisch mißliebiger Kollegen noch ein paar standhafte Koryphäen wie Aschoff oder zumindest fachlich kompetente Professoren wie Hoff oder Bürger-Prinz, doch in vielen der klassischen medizinischen Fächer, die sie lehrten, wurde die Pflichtstundenzahl immer weiter reduziert. Die fachliche Verkürzung des Medizinstudiums begann in Friedenszeiten mit der Einführung spezifisch nationalsozialistischer Pflichtveranstaltungen für Studierende der Medizin und führte nach 1939 zu einer völligen Überforderung der schlecht ausgebildeten Mediziner. In der Anfangszeit des Regimes schienen die Medizinstudenten die Problematik dieser Entwicklung zu erkennen. So schrieb ein Student im Frühjahr 1934, das Geheimnis beruflichen Erfolgs liege in der Bewältigung der beiden schwer miteinander zu vereinbarenden Aufgaben, sich den gewaltigen Herausforderungen der Zeit zu stellen und sich gleichzeitig zu einem erstklassigen Arzt zu entwickeln.[29]

In den ersten Jahren des Dritten Reichs blieb den Medizinstudenten in den vorlesungsfreien Wochen, insbesondere in den Semesterferien vor den vormedizinischen Prüfungen und den Abschlußprüfungen, kaum Zeit zum Lernen, da die gleichgeschaltete studentische Selbstverwaltung sie zum Arbeitsdienst einteilte; eine Befreiung von dieser Pflicht war nur in Ausnahmefällen möglich.[30] Bis Sommer 1934 war der obligatorische SA-Dienst, der körperlich strapaziöse, wehrsportliche Übungen und tagelange Aufenthalte in Schulungslagern einschloß, so zeitraubend, daß besonders die Medizinstudenten, die täglich zwischen der Universität und den Kliniken hin- und herpendeln mußten, kaum noch zum Arbeiten kamen. Nach Schätzungen des Psychiatrieprofessors Oswald Bumke nahmen solche SA-Pflichten in München rund vierundzwanzig Wochenstunden in Anspruch.[31] Als das strenge Regiment der SA-Hochschulämter im Oktober 1934 endete, legten Parteiorganisationen wie die SS, der NS-Studentenbund, die Hitler-Jugend sowie die NSDAP selbst den Studenten neue Verpflichtungen auf, die zusammengenommen ebensoviel Zeit kosten konnten wie zuvor der SA-Dienst. Zudem wurden sie natürlich auch von den Fachschaften zur Mitarbeit aufgefordert. Viele Medizinstudenten versuchten sich zwar vor der Fachschaftsarbeit zu drücken, doch das war oft schwierig. Die Fachschaftsleiter räumten allerdings immerhin ein, daß all diese Verpflichtungen die Studenten übermäßig belasteten.[32] Das unvermeidliche Resultat war, daß sie weniger Zeit für ihr Studium hatten. Auch Fachschaftsfunktionäre litten unter dieser Situation. So schrieb der in Würzburg Medizin studierende Hermann Lindgens aus einem Mülheimer Krankenhaus, er täusche Fleiß vor und spiele den Doktor. Das erweise sich als sehr nützlich, denn auf diese Weise könne er verlorene Zeit wettmachen und ein bißchen fürs Examen büffeln.[33] Gewissenhafte Medizinprofessoren wie Sauerbruch sahen bereits die zukünftigen Probleme. Auf einer Gesellschaft in der französischen Botschaft Anfang Februar 1935 klagte er »über die mangelnden Voraussetzungen beim jetzigen medizinischen Nachwuchs: ›Ihr geistiges Niveau ist erschreckend. Sie werden meist auf Grund ihrer niedrigen Parteimitgliedsnummer zum Studium zugelassen. Bevorzugt werden diejenigen, deren Väter der Partei angehören. Fünfmal wöchentlich müssen sie an Marsch- und Exerzierübungen teilnehmen, ferner an Vorlesungen über Rassentheorie. Am nächsten Morgen schlafen sie dann in den Vorlesungen ein, wenn sie überhaupt erscheinen.‹«[34]

Der berühmte Chirurg mag in bezug auf den nationalsozialistischen familiären Hintergrund seiner Studenten übertrieben haben, doch seine Äußerungen illustrieren die Bedingungen des Medizinstudiums in den Vorkriegs- und Kriegsjahren recht gut. Der Zeitdruck, unter dem die Studenten standen, verstärkte sich nach der »Reform« der geltenden Prüfungs- und Studienordnung im Frühjahr 1939 noch. Obwohl sie ihr Studium nun zwei Jahre früher abschließen mußten als bisher, wurde von den Examenskandidaten derselbe Kenntnisstand erwartet.[35] Ein paar Monate später wurde das Trimestersystem eingeführt, doch bereits Ende 1939 erkannte man, daß dieses Experiment katastrophale Auswirkungen haben würde, da die Studenten nach diesem System noch weniger lernten als zuvor. So schaffte man es wieder ab, und auf dem Höhepunkt des Krieges gestand de Crinis, ernüchtert von den dürftigen Fachkenntnissen der Jungmediziner an der Front, daß es ein Fehler gewesen sei.[36] Besonders nach Hitlers Angriff auf die Sowjetunion im Frühjahr 1941 wurden Medizinstudenten, die allen Verzögerungsversuchen zum Trotz am Ende ihres Studiums angelangt waren, direkt nach dem Examen an die Front geschickt, ohne die praktische Erfahrung, die sie früher durch ein Medizinalpraktikum erworben hätten, und ohne jede Möglichkeit, ihre Fachkenntnisse vor Ort zu vertiefen, auch wenn sie zwischendurch vielleicht zu einem mehrwöchigen Auffrischungskurs an eine Universität zurückkehren konnten.[37]

Dieses System brachte miserable Ärzte hervor, denen nicht einmal die verwundeten Soldaten trauten.[38] Das läßt sich am Beispiel der Chirurgen überzeugend demonstrieren. Einerseits vernachlässigte man aufgrund ideologischer Vorbehalte gegen Spezialisten die Ausbildung von Fachärzten und produzierte statt dessen »vom Fließband« Ärzte mit allgemeinmedizinischen Grundkenntnissen, andererseits mußten diese schlecht ausgebildeten Allgemeinmediziner im Feld plötzlich in erster Linie operieren, obwohl ihre Kenntnisse im Fach Chirurgie dafür nicht ausreichten. Nach ein paar Monaten beherrschten die meisten dann zwar ein paar chirurgische Techniken, ohne deshalb erfahrene Spezialisten zu sein, doch dafür vergaßen sie im Laufe der Zeit alles, was sie sonst noch zum Beispiel über Hygiene, Physiologie oder Gynäkologie gelernt hatten.[39]

Ein weiterer negativer Aspekt der Lehrplanänderungen war die Reduzierung oder Streichung der Pflichtstunden in traditionellen medizinischen Fächern, um Platz für nutzlose – und im Krieg erst recht überflüssige – Fächer wie »Rassenkunde« zu schaffen. Im vorigen Kapitel wurde bereits dargelegt, daß die Rassenhygiene sich unter der Hochschullehrerschaft allmählich als Forschungsgebiet etablierte, was für die reine wie für die angewandte Wissenschaft schon schlimm genug war. Doch als offizielles Lehrfach hatte »Rassenkunde« einen verhängnisvollen Einfluß auf das Denken und das Berufsethos der Medizinstudenten. Nachdem das Fach 1936 zu einem Prüfungsthema geworden war, konzentrierten sich immer mehr Studenten darauf und vernachlässigten dafür wichtige medizinische Fächer. Viele junge Frauen und Männer vergeudeten ihre

Zeit mit dem Verfassen von Dissertationen über Rassenhygiene, für die ihnen dann der Doktortitel in Medizin verliehen wurde.[40] 1938 brachen die Machthaber mit einer weiteren bewährten akademischen Tradition. Sie entschieden, daß den Studenten für zum Reichsberufswettkampf eingereichte Arbeiten – die aus dem Fachbereich Medizin beschäftigten sich überwiegend mit rassenkundlichen Themen – Seminarscheine erteilt oder sogar Doktortitel verliehen werden sollten.[41] Schließlich wurde »Rassenkunde«, die bisher nur an ein paar ausgewählten Universitäten gelehrt worden war, an allen medizinischen Fakultäten zu einem festen Bestandteil des Lehrplans. Nach der neuen Studienregelung vom April 1939 mußten Medizinstudenten im Examen unter Beweis stellen, daß sie in Erbbiologie und Rassenhygiene bewandert waren und um die Anforderungen der Rassenhygiene in der Praxis wußten.[42] Diese Bestimmung klingt wie ein Ansporn für die Auschwitz-Ärzte! Anfang 1944, eine weitere Lehrplanänderung war bereits in Vorbereitung, bestand Dr. Conti auf der Verdoppelung der geplanten zwei Wochenstunden »Rassenkunde« im zehnten Semester, was der etwas gemäßigtere de Crinis angesichts der vom Krieg diktierten neuen Prioritäten nicht für erforderlich hielt. Doch Conti hatte immer noch genug Einfluß, um sich in diesem Punkt durchzusetzen: Die endgültige Studienordnung vom 1. Oktober 1944 schrieb vier Wochenstunden Rassenbiologie vor.[43] Da die Ideologie im Lehrplan für das Fach Medizin einen immer größeren Platz einnahm, stellte sich am Ende zwangsläufig die Frage, ob Experten in »Rassenkunde« in der Lage waren, hinter den Schützengräben Leben zu retten, wie beispielsweise Spezialisten in Chirurgie.

Die Ausweitung des Krieges brachte weitere Schwierigkeiten mit sich, die das Problem des sinkenden Ausbildungsniveaus noch verschärften. Bereits vor dem Krieg begann die Veränderung des früher ausgewogenen Verhältnisses zwischen der Zahl der Medizinstudenten und der der Medizinprofessoren sich nachteilig auf die Qualität der Ausbildung auszuwirken. Nach 1938 erhöhte sich die absolute Zahl der Studenten, während die der Professoren sank, weil viele wehrtaugliche Lehrkräfte eingezogen wurden. 1935 waren beispielsweise an der Tübinger Universität 34 Prozent der Studenten und 28

Prozent der Lehrkräfte Mediziner. 1939 war dort der Anteil der Medizinstudenten auf 44 Prozent angestiegen, der der Medizinprofessoren dagegen auf 26 Prozent gesunken.[44] In München mußten zu dieser Zeit Gruppen von durchschnittlich vierundzwanzig Studenten in der Prosektur an einer Leiche arbeiten, und der Unterricht in Chirurgie wurde teilweise über Lautsprecher erteilt. 1940 wurde in der Berliner Universität eine zentrale Lautsprecheranlage installiert, zwei Jahre später auch in Leipzig.[45] Hinzu kam, daß den Studenten, deren Zahl ständig wuchs, immer weniger Lehrbücher und Unterrichtsmaterialien zur Verfügung standen.[46]

Im Februar 1945 herrschte zwischen der Zahl der Lehrkräfte und der Zahl der Studenten ein so krasses Mißverhältnis, daß an einigen Universitäten Dutzende von Examenskandidaten gleichzeitig von einem Fakultätsmitglied geprüft wurden. Als sich herausstellte, daß viele Studenten ohne adäquate Vorbereitung und ohne offizielle Zulassung zu den medizinischen Abschlußprüfungen erschienen, wurden die Qualifikationen der auf diese Weise examinierten Hochschulabgänger in Frage gestellt.[47]

Tatsächlich erhebt sich die Frage, ob im Dritten Reich die Prüfungsmaßstäbe angesichts der steigenden Zahl schlecht ausgebildeter und vorbereiteter Examenskandidaten im Laufe der Jahre nicht gesenkt wurden. Betrachtet man die Examensergebnisse im Zusammenhang mit Kommentaren von Professoren über die Zuverlässigkeit von Prüfungen als Ausleseverfahren, erhärtet sich dieser Verdacht. Zwischen 1932 und 1939 stieg der Anteil der Medizinstudenten, die die Abschlußprüfungen mit guten Noten bestanden, während der Anteil derjenigen, die ihr Studium vor dem Examen abbrachen, sank. Im Sommer 1939 äußerten Mitglieder der medizinischen Fakultäten Zweifel am Wert der Klausuren.[48] Auf Unstimmigkeiten bei den Prüfungen ließ auch ein Schreiben Leonardo Contis vom November 1940 schließen, in dem es heißt, auch wenn die Leistungen der Medizinstudierenden seit einiger Zeit in besorgniserregender Weise zurückblieben, sei es nicht zulässig, die Prüfungsanforderungen zu senken und eine Arbeit positiv zu beurteilen, die es nicht verdiene.[49]

Offenbar wurden daraufhin etwas strengere Maßstäbe angelegt, denn achtzehn Monate später berichtete der Sicherheitsdienst der SS, daß hervorragende Examensergebnisse sehr selten seien und daß die Kenntnisse der meisten frisch graduierten Mediziner sich ungefähr auf dem Niveau einer Hebammenschule bewegten.[50] In Freiburg fielen im Herbst 1942 bei einer vormedizinischen Prüfung über fünfzig Prozent der Kandidaten durch; aus Rostock wurden ähnliche Ergebnisse gemeldet.[51] Ende 1942 klagte der Chirurgieprofessor Nicolai Guleke von der Universität Jena, daß in diesem Jahr wegen beschnittener Lehre und fehlender Kenntnisse bei den Abschlußprüfungen viermal so viele Studenten durch das Examen gefallen seien wie 1938 und daß viel weniger Kandidaten die Höchstnote erreicht hätten. Wenn es so weitergehe, würden in Deutschland »Ärzte zweiter Ordnung geschaffen«.[52]

Die Zukunftsplaner des Regimes erkannten, daß am Ende des Krieges ein trauriger Haufen größtenteils unerfahrener Jungärzte mit recht einseitigen Fachkenntnissen – der während des Krieges ausgebildete ärztliche Nachwuchs – von der Front zurückkehren und zum erstenmal die Zivilbevölkerung medizinisch betreuen würde. Das war keine rosige Aussicht. Auf dem Schlachtfeld mochte die Medizin den Kampf gewinnen, doch zu Hause würde sie ihn sicher verlieren, zumindest in den nächsten dreißig Jahren, meinte ein Stabsarzt.[53] Es würde an Spezialisten fehlen, die in schwierigen Fällen hinzugezogen werden könnten, lautete der Kommentar eines anderen hochrangigen Gesundheitsexperten.[54] Vielleicht könne man sich mit der Hoffnung auf eine Reform des Medizinstudiums nach dem »Endsieg« trösten.[55]

Der Reichsführer SS Himmler war zynischer. Er wollte an den Universitäten keine neuen Medizinstudenten mehr sehen, zumindest keine vom derzeitigen Schlag. Im Juli 1944 schrieb er dem Generalkommissar des Führers für das Sanitäts- und Gesundheitswesen, Professor Karl Brandt, daß es keinen Sinn habe, den neuen Plan weiterzuverfolgen, nach dem Abiturienten, die sich für ein Medizinstudium entschieden hatten, vom aktiven Dienst freigestellt werden sollten. Auf diese Weise sei das Problem des Ärztemangels nicht zu lösen, solange noch Krieg herrsche. Niemand wolle eine neue Generation von Feiglingen züchten, denn es könne unmöglich im Interesse der Ärzteschaft sein, weiterhin den moralischen Abschaum der Nation anzuziehen.[56] Dieser Kommentar aus der Feder des Kriegsherrn der Konzentrationslager, die mehr als sonst irgend etwas oder irgendwer dazu beigetragen hatten, bisher allgemeingültige medizinische Maßstäbe zu pervertieren, war das vernichtendste Urteil, das seit Jahrzehnten über die deutsche Ärzteschaft abgegeben worden war.

KAPITEL 6

Die Verfolgung der jüdischen Ärzte

1. Die Medikalisierung der »Judenfrage«

Die Ächtung der deutsch-jüdischen Ärzte unter dem Nationalsozialismus, ein Prozeß, der eskalierte, bis er Anfang der vierziger Jahre seinen grausamen Höhepunkt erreichte, kann nur vor dem Hintergrund der »Biokratie« (ein von Lifton geprägter Begriff)[1] richtig verstanden werden, die zur Infrastruktur des NS-Staats gehörte. In dieser Biokratie wurde das deutsche Gemeinwesen in typisch ganzheitlicher Manier wie ein menschlicher Körper behandelt, dessen weitere Existenz von eigenen und fremden Faktoren abhing. Die eigenen Faktoren galten als erblich, die fremden als umwelt- oder milieubedingt. Das Gleichgewicht oder Wohlbefinden dieses deutschen Organismus war demgemäß eine Funktion der positiven, negativen oder neutralen Rollen, die diese Faktoren in gewissen definierbaren Szenarien spielen konnten.

Diese physiologische Metaphorik war der Matrix der »Rassenkunde« aufgepfropft, wie sie von den biomedizinischen deutschen Denkern entwickelt worden war. Wie bereits erwähnt, hatte die von dem Arzt Fritz Lenz entwickelte Theorie der rassischen Ungleichheit, obwohl sie in ihren ersten Versionen gemäßigt formuliert war, starken Einfluß auf Hitler, der Lenz' Text 1924/25 in seiner Landsberger Gefängniszelle studierte. Die in ihrer wissenschaftlichen Verkleidung verführerische Theorie bestätigte Hitlers viel primitivere Vorstellungen von der Überlegenheit der blonden Völker gegenüber den dunkelhaarigen, die er in seinen Wiener Jahren aus den primitiven *Ostara*-Broschüren des Lanz von Liebenfels abgeleitet hatte.[2] Diese synkretistischen Gedanken schlugen sich in *Mein Kampf* nieder. Alles, was Hitler in diesem Buch über Rasse schreibt, ist medikalisiert, und umgekehrt sind alle von ihm geäußerten medizinischen Spekulationen von rassistischen Vorurteilen geprägt.[3]

Genauer gesagt: Hitler betrachtet in seinem programmatischen Werk den deutschen »Volkskörper« als krank und will ihn einer radikalen Kur unterziehen. Die Krankheit wird den »Ariern« Hitlers Ansicht nach von den Juden zugefügt oder, wie Hitler es mit großer Wirkung vereinfachte: Der Jude ist die personifizierte Krankheit. Er ist ein »Bazillus« oder »Parasit«, stets bereit, eine »Blutvergiftung« im »Volkskörper« zu verursachen. (Hitler bezeichnete Juden noch im Juli 1941 als »Bazillus«.) Die Medizin-Metapher suggeriert Assoziationen: Der Jude sitzt in einer »Geschwulst« und wird so ein Teil davon. Er macht Reklame für kulturellen »Schmutz«, der das deutsche Volk wie eine »Pest« verseucht. Hitlers diesbezüglich vielleicht entlarvendste Äußerung ist seine Klage, das jüdische Gift habe ungehindert in den Blutstrom des deutschen Volkes eindringen können und der Staat habe nicht die Macht besessen, der Krankheit Herr zu werden.[4]

Man darf annehmen, daß Hitlers Buch wegen seines biomedizinischen Inhalts von völkischen Ärzten und Rassentheoretikern gieriger verschlungen wurde als vom Rest der Bevölkerung. Die Ideen, die der Parteiführer ursprünglich von Wissenschaftlern wie Lenz übernommen, um seine eigenen oberflächlichen Gedanken ergänzt und damit wirkungsvoll vulgarisiert hatte, wurden wiederum von Lenz' Epigonen übernommen. Da deren Ergüsse Hitler wiederum beeinflußten (wie anhand des Beispiels Gerhard Wagner noch bewiesen wird), kam es zu einem Prozeß steter gegenseitiger »Befruchtung«, der sich in der zweiten Hälfte der zwanziger Jahre fest etablierte und in völkermörderischer Dialektik bis Auschwitz fortsetzte.[5]

In den medizinischen Annalen der Nazis findet sich von Beginn des Regimes an ein steter Strom von Sprachbildern, in denen die Juden mit einer Krankheit gleichgesetzt werden. Der Lungenspezialist und Mitbegründer des NS-Ärztebunds Kurt Klare sprach 1933 gegenüber einem Kollegen über den zersetzenden Einfluß des Judentums im deutschen Organismus, als ob das Judentum eine Krankheit wäre.[6] Dieses Thema der rassischen Zersetzung durch die Juden und der deshalb nötigen Säuberung des »Volkskörpers« wurde anläßlich des Nürnberger Parteitags von 1935 von Dr. Wagner und seinen medizinischen Beratern drastisch wiederholt – auf jenem todbringenden Parteitag, auf dem die Rassengesetze eingeführt wurden.[7]

Dr. Dietrich Amende, Arzt und früher Anhänger Hitlers, wiederholte 1937 noch einmal, welche Lehren aus der Zersetzung durch die Juden zu ziehen seien.[8] Und Wagner konstatierte zwar erleichtert, daß die »arische« deutsche Jugend durch die Rassengesetze gegen das »jüdische Gift« immunisiert worden sei, äußerte sich aber trotzdem besorgt über die biologische Gefahr, die »der Jude« innerhalb des deutschen Volkes darstelle, und er sah sich auch weiterhin veranlaßt, vor den »jüdischen Parasiten« zu warnen.[9]

Nach Wagners Tod brachte der Beginn der Kriegszeit auch eine Radikalisierung des medikalisierten Krieges gegen die Juden. Vor diesem Hintergrund fühlte sich der Hamburger Arzt H. H. Meier dazu berufen, die schon lange in Gang befindliche Verdrängung der jüdischen Ärzte aus ihrem Beruf mit dem viel größeren Problem der »Ausbrennung des jüdischen Geschwürs im deutschen Volkskörper« in Verbindung zu bringen. Er beschrieb die Ausschaltung der Juden aus dem Ärztestand und führenden Stellungen im Gesundheitswesen als medizinische Vorsichtsmaßnahme zur Erhaltung der kollektiven Gesundheit des Volkes.[10] Ernst Hiemer, ein Kumpan des Nürnberger Gauleiters Julius Streicher, der sein eigenes medizinisches Weltbild hatte, veröffentlichte eine abstoßend suggestive Kinderfibel, in der Wanzen, Bandwürmer und Bazillen mit Juden gleichgesetzt wurden. Im letzten Kapitel über die Volkspest behauptete Hiemer, die jüdischen Bazillen seien aus Polen, einem Land mit Millionen von Juden, über die Grenze nach Deutschland gekommen und hätten die jüdische Krankheit ins Land gebracht. Das deutsche Volk sei fast an dieser Krankheit gestorben, doch Adolf Hitler habe es in kürzester Zeit gerettet.[11]

Der letzte Satz war eine Anspielung auf den Heiler Hitler, ein weiteres im Kontext dieser biologistischen Allegorie gerne verwendetes Paradigma. Die 1940 publizierte Fibel präsentiert die Vision von der letztlichen Konvergenz dreier komplementärer Bilder: dem des Juden als Krankheit, dem des deutschen Volkes als Patient[12] und dem des Nationalsozialismus (qua Hitler) als Arzt zu einem Zeitpunkt, als Juden in Europa kurz vor der »Ausrottung« standen. In den verbleibenden Kriegsjahren wurde dieses dreifache Bild gefestigt. Während Dr. F. Reichert 1940 von der schädlichen Wirkung des parasitären Eindringens der Juden in den Körper ihres deutschen Wirtsvolkes sprach, verbreitete sich sein Kollege Joseph Ruppert ein Jahr später über die Epidemien, die im besiegten Polen von den krankheitsgeplagten Juden verursacht würden, und forderte die sofortige Isolation der Juden.[13] Dr. Rudolf Ramm, ein Amtsarzt in Contis Stab, schrieb 1942, die Juden hätten das deutsche Volk durch die Verbreitung seelenvergiftender Ideen und die Zerstörung werdenden Lebens in Gefahr gebracht. Heute aber könne das deutsche Volk endlich von der Entfernung der Juden aus allen wichtigen Positionen und Ämtern im deutschen Staat profitieren.[14] In einer Zeit, als Leonardo Conti die Juden öffentlich als Schmarotzer bezeichnete, die nur parasitär in anderen Völkern überleben könnten, belehrte der in Auschwitz mordende Arzt Dr. Fritz Klein eine Kollegin unter den Häftlingen, er sei wirklich Arzt, »weil er Leben erhalten« wolle. Es geschehe nämlich aus Achtung vor dem menschlichen Leben, daß er »einen vereiterten Blinddarm aus einem kranken Körper« entferne. »Und der Jude ist der vereiterte Blinddarm im Körper der Menschheit.«[15]

Von den rein medizinischen Bildern gab es Ableitungen, die in den moralischen oder kriminologischen Bereich hineinreichten. So hatte Sexualität eine medizinische wie auch eine (private und öffentliche) moralische Dimension. Die unterstellte Bastardisierung der »arischen« Rasse durch die Juden war durch den Eintritt von jüdischem Samen in den deutschen weiblichen Organismus ein biologisch-medizinisches Problem und aufgrund der Promiskuität ein moralisches Problem. Schon Mitte der zwanziger Jahre kombinierte Hitler beides, als er die Gefahr heraufbeschwor, die vom deutschen Volk beherbergten »Parasiten« könnten unschuldige, blonde, junge deutsche Mädchen schänden. Noch schlimmere Assoziationen weckte seine Charakterisierung des archetypischen jüdischen Verführers, den er gleichermaßen biomedizinisch wie moralisch verdammte. Er stellte sich vor, wie dieser mit satanischem Vergnügen auf ahnungslose Mädchen lauerte, um sie mit seinem Blut zu beschmutzen und dadurch ihrem Volk zu stehlen.[16]

Auch hiermit trug Hitler zur Verbreitung eines teilweise medikalisierten Bildes der Juden bei, das aber nicht auf ihn zurückgeht, sondern schon einige Zeit populär war.[17] Vielleicht stützte sich Hitler dabei nicht nur darauf, was er in Wien und München aufgeschnappt hatte, sondern auch auf den damals beliebten Roman des Chemikers Dr. Artur Dinter, der ab Mitte der zwanziger Jahre als Gauleiter der NSDAP in Thüringen wirkte. Dinter hatte schon 1919 in einer Auflage von vielen tausend Exemplaren den Roman *Die Sünde wider das Blut* veröffentlicht. Das Buch war mit einem pseudowissenschaftlichen Anhang versehen, in dem Dinter nicht nur die sexuelle Verdorbenheit der Juden zu dokumentieren suchte, die sich in ihrem deutschen »Wirtsvolk einnisteten«, sondern auch deren hinterhältige Strategie, systematisch möglichst viele unschuldige »arische« Mädchen zu schwängern, um die deutsche Rasse zu ruinieren. Dinter berichtet von einem reichen Hamburger Juden namens Burghamer, der ursprünglich aus Galizien gestammt habe. Er sei mit einer wunderschönen blonden »Arierin« verheiratet gewesen und habe sich gleichzeitig im ganzen Reich Dutzende junger nordischer Geliebter von atemraubender Schönheit gehalten. Diese Geliebten habe er stets durch neue blonde Jungfrauen ersetzt, sobald sie mit seinem Bastard schwanger gewesen seien.[18]

Die nationalsozialistischen Ärzte beeilten sich, dieses pornographische Thema zu variieren. Die Produkte anhaltenden »arisch«-jüdischen Geschlechtsverkehrs, meinte Eugen Fischer 1933, könnten durchaus eine sehr respektable Kultur hervorbringen, niemals jedoch dieselbe, die auf rein deutschem Boden entstünde, also nie eine deutsche, sondern eine völlig andersartige halborientalische Kultur.[19] Dr. Walter Groß beklagte gleichfalls, daß reinrassige Deutsche zu ihrem unendlichen Schaden den Gesetzen fremden Blutes anheimgefallen seien.[20] Als 1935 alle sexuellen Kontakte und die Schließung von Ehen zwischen »Ariern« und Juden durch die Nürnberger Rassengesetze verboten wurden, gab es geradezu eine

Flut von Polemiken gegen den Einfluß fremden Blutes und die Bastardisierung des Volkes. Wieder tat sich Wagner als Autor besonders hervor, indem er den Geschlechtsverkehr zwischen Deutschen und Juden als genauso widernatürlich bezeichnete wie den zwischen verschiedenen Tierarten und ihn damit quasi zur viehischen Perversion erklärte.[21] Drei Jahre später, als die Approbationen der jüdischen Ärzten aufgehoben wurden, war es politisch opportun, die nicht-»arischen« Ärzte als besonders hinterlistige Vettern der normalen Rassenschänder zu betrachten. Ihnen wurde nun unterstellt, daß sie ihren Beruf mißbrauchten, um illegale Abtreibungen an biologisch wertvollen Frauen vorzunehmen.[22]

Ab 1939 bekamen diese Vorstellungen, in denen jede sexuelle Unmoral mit jüdischer Unmoral gleichgesetzt wurde, durch die Dynamik des Krieges weiteren Auftrieb.[23] Ramm schrieb 1942 in einer *Standeskunde* für den nationalsozialistischen Arzt, daß die etablierte Reichsgesetzgebung für alle Zeiten jede weitere Vermischung deutschblütiger Personen mit der minderwertigen jüdischen Rasse verhindern werde.[24] Ein grausamer Auswuchs dieser sexualisierten Furcht vor »Vermischung« war die Sorgfalt, mit der SS-Ärzte wie Clauberg und Schumann in Auschwitz jüdische Frauen sterilisierten, damit diese sich nie wieder fortpflanzen konnten; auch daß es in dem Todeslager Treblinka, das anfangs von dem Arzt Irmfried Eberl geleitet wurde, Hunde gab, die darauf abgerichtet waren, jüdischen Männern die Genitalien abzubeißen, ist vielleicht letztlich auf diese Furcht zurückzuführen.[25]

Außerdem unterstellten die Naziärzte den Juden, sie seien sozial und körperlich kränker als »Arier«. Auch hier hatte Hitler das Stichwort geliefert. Eines seiner Lieblingsbilder in *Mein Kampf* ist der Jude als Verbrecher, der, häufig in der Rolle des Mädchenhändlers, alles tut, um deutsche Frauen zur Prostitution zu zwingen, was natürlich die deutsche Volksgesundheit bedroht.[26] Später gab sich Gerhard Wagner große Mühe, spezifisch jüdische Verbrechen zu definieren, wobei er natürlich auf Zuhältertum, aber auch auf Drogenhandel und Taschendiebstahl verfiel. 1935 äußerte der Reichsärzteführer die Vermutung, daß Juden aufgrund ihrer rassischen Prädisposition besonders zu Schwerverbrechen neigten, und

1938, als kein Jude mehr als Arzt praktizieren durfte, bezeichnete er seine früheren Kollegen als Verbrecher.[27]

Auch laut dem Kölner Professor Reiner Müller waren Juden öfter krank als »Arier«, eine Eigenschaft, die er auf ihre angeblich mangelnde Hygiene zurückführte. Hitler schrieb 1925, die Juden würden, wenn sie auf dieser Welt allein wären, in Schmutz und Abfall ersticken. Und er fügte hinzu, daß die dreckigen Wiener Juden, die er gekannt habe, die Quelle für alle Arten von Krankheiten gewesen seien.[28] In der Folge meinten Wagner und seine Helfer bei den Juden eine extreme Häufigkeit von erblichen Geisteskrankheiten und eine im Vergleich zu »Ariern« stärkere Neigung zur Homosexualität feststellen zu können.[29] Nach Eroberung der Ostgebiete vertrat der SS-Arzt Ruppert die Ansicht, daß unter den Juden, die 1940/41 im Schmutz der Ghettos leben mußten, exotische Epidemien grassierten, Krankheiten, mit denen man im Reich kaum mehr vertraut sei. Und Conti ergänzte Ende 1941, Fleckfieber sei bei den Juden im besetzten Polen viermal häufiger als bei den »Volksdeutschen«, die dort lebten. Conti hielt die Gefahr einer Ansteckung nach Entfernung der jüdischen Infektionsträger für praktisch gebannt.[30] Doch er irrte sich. Im Frühsommer 1942 schrieb der an der Universität Posen lehrende Anatom Professor Hermann Voss, ein fanatischer Judenhasser, in seinem Tagebuch, daß sein Assistent, ein baltischer Adliger, an Fleckfieber gestorben sei. Der Assistent hatte sich an einer der jüdischen Leichen im anatomischen Institut infiziert. Sie waren mit Läusen verseucht, die die Krankheit übertrugen.[31]

Der »Arier« als Heiler, also als Naziarzt hatte die Aufgabe, die Juden vom Ort der Krankheit im weitesten Sinne zu entfernen, gleichgültig, ob sie als die Ursache, der Träger oder das Wesen der Krankheit betrachtet wurden. Das »Töten im Namen des Heilens«, das Lifton als die selbstgestellte Aufgabe der SS-Ärzte in Auschwitz bezeichnete,[32] war das ultimative Ziel des langwierigen und immer wieder stockenden Programms zum Herausschneiden der jüdischen »Krebsgeschwüre« aus dem nationalsozialistischen »Volkskörper«, aber auch aus dem ärztlichen Berufsstand selbst. Dem deutschen Arzt wurde eine »höhere Bestimmung« beigemessen, als lediglich kranke Personen zu heilen. Wie Dr. Groß 1936 schrieb, hatte der deutsche Arzt auch die hohe Aufgabe eines Wächters der Rassereinheit. Er sollte sich auf dem Gebiet der natürlichen Selektion, der Zucht und der Ausmerze, also kurz gesagt bei der Erhaltung der deutschen Rasse, als Problemlöser betätigen.[33] Ein Jahr später schrieb Dr. Amende, wer Arzt sein wolle, müsse Nationalsozialist werden. Die nationalsozialistische Weltanschauung und die ärztliche Existenz bedingten und ergänzten einander. Er selbst habe von Anfang an nach Verbindungsgliedern zwischen der »Rassenkunde« und dem angewandten Rassismus gesucht, die die Grundlage des Nationalsozialismus bildeten und deren Pflege insbesondere dem Arzt anvertraut sei.[34] Wagner war sich 1938 sicher, daß eine stetig wachsende Zahl deutscher Ärzte an vorderster Front dafür kämpfen würden, das Blut des deutschen Volkes zu erhalten, das er als dessen kostbarsten Besitz definierte, als den einzigen Besitz, der bei einem Verlust nicht zurückgewonnen werden könne.[35] Nach der gleichen Logik erhob Dr. Meier den deutschen Arzt zum »Volksführer«, und während des Krieges betonten sowohl Conti als auch Ramm die Doppelrolle des Arztes als Bevölkerungsplaner und Wächter der Rassereinheit.[36]

Die nationalsozialistische »Lösung der Judenfrage« war von Anfang bis Ende eine medizinische, bei der die deutschen Ärzte eine Schlüsselrolle spielten. Dem großen internationalen Prozeß des Massenmords, in dem ganze Bevölkerungen vernichtet wurden, lief auf einer niedrigeren nationalen Ebene ein sozialer Prozeß voraus und parallel, durch den die jüdischen Ärzte aus dem deutschen Ärztestand exkommuniziert und vertrieben wurden. Dies geschah nicht zuletzt deshalb, weil die jüdischen Ärzte jüdisches Leben verlängern konnten, also das Leben eben jener Männer, Frauen und Kinder, die das Regime mit seiner Rassenpolitik letztlich vernichten wollte.

Die Schlüsselfiguren bei der Verknüpfung von beidem – der Vernichtung der europäischen Juden und der Ächtung der deutsch-jüdischen Ärzte – waren Dr. Wagner und Dr. Conti, die für beide Prozesse eine wichtige Rolle spielten. Als Hitler am schicksalsträchtigen 5. April 1933 Wagner und Alfons Stauder empfing, befahl er ihnen, sich künftig mit aller Kraft der »Rassenfrage« zu widmen.[37] Von da an halfen Wagner und später Conti zusammen mit den Medizinern in ihrem Stab, Groß, Gütt, Blome und Bartels, nicht nur bei der Entwicklung und Einführung der Nürnberger Rassengesetze, sondern waren auch mitverantwortlich für die Härte, mit der die deutschen Juden von den verschiedenen Gesetzen getroffen wurden, und für deren mörderische Weiterentwicklung. Wenn Wagner, der die Gesetze von 1935 größtenteils entwarf, seinen Willen bekommen hätte, hätten die Bestimmungen, die ab September 1935 die »Volljuden« trafen, auch für alle »Halb«-, »Viertel«- und »Achteljuden« gegolten.[38] Wagner betrachtete die Nürnberger Gesetze als den Höhepunkt seiner systematischen Anstrengungen, den deutschen »Volkskörper« im Lauf der Jahre von seinen Krankheiten zu heilen: von den soziopolitischen Krankheiten, die durch das Beamtengesetz vom April 1933, und von den Erbfehlern, die im Juli 1933 durch das Gesetz zur Verhinderung erbkranken Nachwuchses bekämpft werden sollten.[39] In dem Apparat, dem Wagner zunächst als Generalbevollmächtigter der Partei für das Gesundheitswesen und später als Reichsärzteführer vorstand, wurden zwei spezielle Ämter eingerichtet, um den Stammbaum jedes einzelnen Deutschen zu überprüfen und Juden aufzustöbern: das Amt für Sippenforschung und das Reichssippenamt.[40] Für Wagner war die Rassenpolitik, auf der die Nürnberger Gesetze beruhten, das Herzstück der Gesundheitspolitik, und bei seinem Begräbnis am 27. März 1939 hieß es entsprechend, sein ganzes Leben sei eine unaufhörliche Schlacht gewesen, die Deutschen gesundheitlich und rassisch in das beste Volk der Welt zu verwandeln.[41]

Allgemeine Gesundheitspolitik und rassische Planung blieben auch nach dem Frühjahr 1939 bis zum Ende des Dritten Reichs eng miteinander verknüpft. Unter Reichsgesundheitsführer Conti wurde mit den »Euthanasie«-Morden begonnen. Als die ersten Selektionen stattfanden, waren alle geistig behinderten Juden automatisch zum Sterben verurteilt, während »arische« Patienten noch verschont werden konnten.[42] Auschwitz war die logische Erweiterung von Sterilisierung und »Euthanasie«. Es wurde die Rassenklinik par excellence, denn es war das exklusive Vorrecht der Ärzte, die Auswahl für die Gaskammer zu treffen und zu entscheiden, wer von den jüdischen Gefangenen körperlich fit genug zum Weiterleben oder krank genug zum Sterben war.[43] Auf diese Tatsache spielte Dr. Ramm bewußt an, als er schrieb, je schneller und gründlicher die radikale Lösung der »Judenfrage« durchgeführt werde, desto früher und besser werde die Gestaltung des europäischen Kontinents auf rassischer Basis stattfinden.[44] Eine der letzten rassenpolitischen »Gesundheitsmaßnahmen«, die – im August 1944 – in Contis Amt erwogen wurden, war die Abtreibung »vierteljüdischer« Föten.[45] Es ist jedoch unwahrscheinlich, daß die Nazis je die Mittel zur Verwirklichung dieses Plans besaßen, da sie noch nicht einmal die Geburt von »Halbjuden« verhindern konnten. Trotzdem zeigt der bizarre Vorschlag Contis, zu welcher Radikalisierung Hitlers Ärzte hinsichtlich des doppelten Ziels der Rassen- und Gesundheitsplanung imstande waren.

2. Rechtsunsicherheit bis September 1935

Die Verfolgung der deutschen Juden beruhte im Dritten Reich sowohl auf der Planung der Regimes als auch auf Aktionen des Mobs, die von den Behörden allerdings immer überwacht und gebilligt wurden.[1] Diese Doppelgleisigkeit zeigte sich schon in der Frühzeit des Regimes, als ranghohe Funktionäre des NS-Ärztebunds, dieser antisemitischen Avantgarde der späten Weimarer Jahre, in ihren Äußerungen sowohl ihre politischen Erwartungen an das Regime als auch ihre privaten Ansichten zum Ausdruck brachten, die von den meisten völkischen Ärzten geteilt wurden.

So schrieb etwa Dr. Kurt Klare, einer der Mitbegründer des Ärztebunds, eine Woche nach Hitlers Machtübernahme drohend, Juden und Philosemiten müßten sich der Tatsache bewußt werden, daß die Deutschen wieder Herr im eigenen Haus seien und über ihr Schicksal selbst bestimmten.[2] Ungefähr drei Wochen später schrieb Dr. Conti, ein anderer Mitbegründer des Bundes, die Juden hätten keinem Berufsstand mehr geschadet als dem ärztlichen und niemand solle überrascht sein, wenn die Ärzte den fremden Einfluß nun abschüttelten.[3] Dieselbe Ansicht vertrat am 23. März Gerhard Wagner in der nationalsozialistischen Tageszeitung *Völkischer Beobachter* in einem von ihm selbst verfaßten programmatischen Artikel.[4] Als nächstes forderte Dr. Hans Deuschl, ein früherer stellvertretender Leiter des NSÄB, die Entlassung aller bei Privatfirmen oder im Krankenversicherungssystem tätigen jüdischen Vertrauensärzte.[5] Ähnliche Drohungen wurden in *Ziel und Weg*, dem Informationsblatt der Naziärzte, auch von anderen Mitgliedern der NSÄB-Führung wie Gütt, Kötschau, Reiter und Groß geäußert. Groß log natürlich, als er bestritt, daß die nationalsozialistischen Angriffe durch Judenhaß oder wirtschaftlichen Neid motiviert seien.[6]

Die Ausschaltung der jüdischen Ärzte begann ernsthaft im März, als Wagner unter Mithilfe von Carl Haedenkamp und Alfons Stauder den Ausschluß der Juden aus den nationalen Ärzteverbänden und deren Regional- und Ortsgruppen initiierte. Noch bevor Wagner am 24. März zum Kommissar der ärztlichen Spitzenverbände Hartmannbund und Deutscher Ärztevereinsbund gemacht wurde, bestellte Mitte Februar Alfons Stauder, der damals noch den Vorsitz in beiden Spitzenverbänden hatte, den Sekretär der Kassenärztlichen Vereinigung in Nürnberg, Sanitätsrat Dr. Ludwig Steinheimer, zu sich ins Büro. Er befahl Steinheimer, unbefristeten Urlaub zu nehmen, und zwang ihn dadurch, sein Amt aufzugeben.[7] Schließlich übernahm der mit dem Goldenen Parteiabzeichen des »alten Kämpfers« ausgezeichnete Neurologe Dr. Wilhelm Stöcker als von den Nazis eingesetzter regionaler Gesundheitskommissar in Nürnberg die Kontrolle.[8] In Mannheim wurde der jüdische Funktionär des lokalen Ärzteverbands Dr. Eduard Oppenheimer fristlos entlassen.[9] Und in der Reichshauptstadt mußten alle Juden bis zum 29. März ihren Sitz in der Berliner Ärztekammer aufgeben.[10] Bei der ersten gemeinsamen Konferenz des Hartmannbunds, des Deutschen Ärztevereinsbunds und des NS-Ärztebunds am 2. April verkündete Stauder, sekundiert von Wagner, alle Funktionäre der drei Verbände hätten sich als erste Maßnahme darauf geeinigt, alle jüdischen Beamten im Reich zur Räumung ihrer Schreibtische zu veranlassen. Wagners nationalsozialistisches Führungsprinzip schlug bereits Wurzeln.[11]

All dies war wohlkalkulierte staatliche Politik. Auf der Ebene der öffentlichen Meinung und spontaner Übergriffe begann, wenn auch auf eine viel weniger organisierte Weise, nun ebenfalls die Hatz auf jüdische Ärzte. Diese Aktivitäten standen im Zusammenhang mit dem berüchtigten Boykott, der von Joseph Goebbels und dem Nürnberger Gauleiter Streicher für den 1. April 1933 organisiert wurde. Zu vielen antisemitischen Schandtaten kam es jedoch, bevor diese beiden Männer die Stimmung anheizten und so eine haßerfüllte Atmosphäre schufen, die Goebbels und Streicher zur Umsetzung ihres Planes ermutigte.[12]

Die Betreiber des Boykotts forderten alle Deutschen auf, nach dem 31. März nicht mehr in jüdischen Geschäften einzukaufen und auf die Dienste jüdischer Ärzte und Rechtsanwälte zu verzichten. Lokale Zeitungen publizierten Listen mit jüdischen Unternehmern und Freiberuflern, woraufhin vor deren Geschäften, Büros und Praxen SA-Männer und fanatische Parteimitglieder aufmarschierten. In Halle wurden zum Beispiel 92 Geschäfte, 12 Anwaltskanzleien und 11 Arztpraxen auf diese Weise gebrandmarkt.[13] In München befahl Bürgermeister Karl Fiehler verschiedenen Gliederungen der NSDAP, ihre Mitglieder auf den Boykott hinzuweisen; organisierten nationalsozialistischen Frauen wurde befohlen, keine jüdischen Ärzte mehr aufzusuchen.[14] In Nordbayern heftete die SA mit gelben Kreisen versehene schwarze Pappschilder an die Firmenschilder von Juden.[15] In Nürnberg, der Hochburg des Antisemitismus, verkündete ein hochrangiger Nazi öffentlich und unter flagranter Verletzung der bestehenden Rechtslage, daß die städtischen Sozialämter künftig keine von jüdischen Ärzten ausgestellten Gutscheine für soziale Leistungen mehr einlösen würden. Und in Berlin waren Wandschmierereien wie »Saujude« an den Praxen jüdischer Ärzte weit verbreitet.[16] Ebenfalls in Berlin wurden mehrere jüdische Ärzte festgenommen, zum Ausstellungsgelände am Lehrter Bahnhof verschleppt und dort bei einem von nationalsozialistischen Ärzten improvisierten Appell in die Beine geschossen.[17]

Wie viele von diesen Aktivitäten spontan waren, ist schwer einzuschätzen, sicher ist jedoch, daß Personen, die bei solchen Quälereien gewinnen konnten, begeistert mitmachten oder andere dazu anstachelten. Bei den Ärzten waren in der Regel Jungärzte, die auf der Suche nach einer Stelle oder einer Kassenpraxis waren, besonders aktiv, aber auch hartgesottene alte Antisemiten wie Kurt Klare. Entsprechende Berichte existieren für Breslau, wo sich ein Arzt beschwerte, daß er in einer lokalen Klinik keine Stelle bekommen hatte, und aus München, wo persönliche Denunziationen sehr häufig waren.[18] Bezeichnenderweise erhielt das Redaktionsbüro der NSÄB-Wochenschrift *Ziel und Weg* anonyme Briefe von unzufriedenen deutschen Ärzten, die ihren jüdischen Kollegen Böses wünschten, weil sie sich von Juden übers Ohr gehauen fühlten.[19]

Viele »arische« Ärzte hegten starke Ressentiments gegen ihre jüdischen Kollegen, und im Gefolge des Boykotts wurde viel materieller und psychischer Schaden angerichtet. In Berlin entfernte ein jüdischer Chirurg assistiert von deutschen Kollegen einem Zwölfjährigen den Blinddarm; der Junge, narkotisiert, fing plötzlich an, furchtbar auf die Juden zu schimpfen, während die »arischen« Ärzte sprachlos dabeistanden.[20] Wie bei dem Ereignis am Lehrter Bahnhof in Berlin nahmen SA oder Gestapo auch in anderen Städten im ganzen Reich bestimmte Juden fest und hielten sie einige Zeit in Haft. Dies geschah beispielsweise mit dem Münchener Arzt Ludwig Gluskinos, einem orthodoxen Juden, der im Ersten Weltkrieg in einem bayerischen Regiment gekämpft hatte. Er war von einem christlichen Kollegen denunziert worden und wurde unter dem falschen Vorwurf, gegen das Abtreibungsgesetz verstoßen zu haben, ins Gefängnis geworfen, aber nach einer Woche wieder freigelassen.[21] Andere hatten weniger Glück. Der Berliner Wohlfahrtsarzt Dr. Georg Benjamin, ein bekannter Kommunist, wurde am 12. April festgenommen und bis Weihnachten gefangengehalten. Als er freikam, war seine Stelle gestrichen. Dr. Theodor Katz aus Nürnberg, ebenfalls ein dekorierter Frontoffizier, wurde in den Wochen nach dem Boykott in das Konzentrationslager Dachau verschleppt, wo er seinen Mithäftlingen als Lagerarzt diente. Mehreren Berichten zufolge wurde er von der SS getötet, weil er Zeuge von zu vielen Mißhandlungen geworden war. Seine Frau hatte ein Visum für Palästina besorgt und erhielt, als sie ihn aus dem Lager abholen wollte, die Auskunft, er habe Selbstmord begangen.[22]

Im Vorgriff auf die geplanten antijüdischen Gesetze, die nach dem Geist der formell immer noch gültigen Reichsverfassung illegal waren, begannen mehrere Gemeinden und regionale Regierungen jüdische Ärzte mit fragwürdigen Mitteln von bezahlten Stellen auszuschließen. Julius Lippert in Berlin und Karl Fiehler in München brachen als leitende Kommunalbeamte gültige Verträge, indem sie alle jüdischen Amts- und Wohlfahrtsärzte entließen.[23] Wie zu erwarten, wurden auch in Streichers Nürnberg ähnliche Maßnahmen ergriffen.[24] Das Land Bayern entließ alle jüdischen Ärzte, die für das öffentliche Schulsystem arbeiteten. In Fürth wurde es verboten, daß jüdische und »arische« Ärzte einander vertraten. In München durften die jüdischen Ärzte in den Krankenhäusern nur noch jüdische Patienten behandeln, und in Köln wurden den städtischen Mitarbeitern die an jüdische Ärzte gezahlten Honorare nicht mehr ersetzt.[25] Unter dem extrem antisemitischen Gesundheitskommissar Eugen Stähle wurden in Württemberg alle jüdischen Gesundheitsbeamten entlassen, und in Baden versuchte man die Zahl der jüdischen Kassenärzte auf den prozentualen Anteil der Juden an der Gesamtbevölkerung zu beschränken.[26] Gleichzeitig arbeiteten Experten im Reichsarbeitsministerium, angestachelt von Dr. Wagner, fieberhaft an einer Reihe von Gesetzen, die der deutsch-jüdischen Ärzteschaft den ersten offiziellen Schlag verpassen sollten.[27]

Deren Verkündung erfolgte am 22. April, nachdem Wagner in Gegenwart aller hochrangigen Ärztefunktionäre des neuen Regimes am 2. April in Leipzig öffentlich erklärt hatte, daß in Zukunft keine jüdischen Kassenärzte mehr zugelassen werden würden.[28] Technisch waren die neuen Gesetze eine Erweiterung des am 7. April 1933 erlassenen Gesetzes zum Schutz des Berufsbeamtentums, das die Entlassung aller jüdischen Amtsärzte vorschrieb.[29] Die Verordnung vom 22. April bestimmte, daß sämtliche existierenden Verträge zwischen den Krankenkassen und jüdischen oder teilweise jüdischen Ärzten bis zum 1. Juli aufzulösen seien. (Sie enthielt auch die schon in Kapitel 2 behandelte gegen »kommunistische« Ärzte gerichtete Klausel.) Wie im Fall der Amtsärzte wurden auch bei den Kassenärzte in den folgenden Wochen die sogenannten Hindenburg-Ausnahmen bekanntgegeben. Sie galten für Ärzte, die ihre Praxis schon vor dem 1. August 1914 eröffnet hatten, im Ersten Weltkrieg an der Front gekämpft hatten, im Krieg den Vater oder einen Sohn verloren oder beim Dienst in einem Seuchenlazarett ihr Leben riskiert hatten.[30]

Nach dem 22. April erhielten alle Kassenärzte in Deutschland einen Brief, in dem sie nach Stammbaum, Religionszugehörigkeit und Kriegsdienst gefragt wurden. Wenn ein Arzt nicht »arisch« war, wurde er von Dr. Wagners Stab informiert, daß seine Dienste nicht mehr gebraucht würden. Auch Frauen waren betroffen, und bei ihnen wurden weniger Ausnahmen gemacht.[31] Noch im selben Jahr kamen ergänzende Vorschriften heraus, die eine Zusammenarbeit zwischen »arischen« und »nichtarischen« Ärzten verboten und Verträge zwischen jüdischen Ärzten und Privatkrankenkassen für nichtig erklärten.[32] Anfangs wurde der Frontkämpferstatus von männlichen Ärzten oft nicht berücksichtigt, und sie wurden auf ihr Beschwerderecht beim Reichsarbeitsministerium verwiesen. Wie aus einem 1934 erschienenen Schwarzbuch jüdischer Emigranten in Paris hervorgeht, konnte eine Wiederzulassung nach erfolgreicher Beschwerde für den Betroffenen jedoch zu spät kommen, wenn seine Patienten inzwischen einen neuen Arzt gefunden hatten.[33] Manchmal half auch die Frontkämpferklausel nichts. So wurde etwa Dr. Max Markus aus Gottesberg in Unterschlesien, obwohl er im Weltkrieg gedient hatte und verwundet worden war, von seinen vertraglichen Verpflichtungen als Knappschaftsarzt eines Bergbauunternehmens entbunden. Er beschwerte sich in Berlin, und der Vertrag wurde wieder für gültig erklärt, doch Markus wurde wegen grundloser Beschuldigungen trotzdem nicht mehr in das neu aufgebaute Krankenkassensystem aufgenommen. Der letzte unwiderlegliche Vorwurf, mit dem die KVD sich schließlich gegen ihn durchsetzte, lautete auf kontinuierliches berufsschädigendes Verhalten.[34]

Es ist bezeichnend, daß die KVD in dem Verfahren gegen Markus mit allen Mitteln siegen wollte; ein Sieg des jüdischen Arztes wäre ein Präzedenzfall für zahlreiche andere Fälle gewesen, in denen die KVD ausnahmslos im Unrecht war. Ein wichtiges Motiv dabei war, daß die KVD an die jüdischen Opfer riesige Entschädigungssummen hätte bezahlen müssen, Geld, das letztlich aus den Taschen der »arischen« Ärzte gekommen wäre.[35]

Dieses Problem war der Kern der fundamentalen Meinungsverschiedenheit zwischen Wagners Funktionären und den Beamten von Franz Seldtes Reichsarbeitsministerium über den Umgang mit den jüdischen Ärzten. Es war typisch für die Regierungsbürokratie in der Frühzeit des Regimes,[36] daß die konservativen Beamten in den Ministerien eine sehr viel gemäßigtere Haltung einnahmen als der Parteigenosse Wagner und seine Kumpane. Der Mann, der den Konflikt mit Wagner und Conti austrug, war Dr. Oskar Karstedt, der von Seldte bevollmächtigt war, die jüdischen Protestbriefe zu sichten und in umstrittenen Fällen ein Urteil zu fällen. Karstedt befand sich zunächst im Nachteil, denn die Zentrale der KVD konnte seit August 1933 die jüdischen Kassenärzte nach eigenem Ermessen sofort ausschließen, wenn sie deren Fragebögen erhalten hatte. In der Folge schloß sie viel mehr Ärzte aus, als Karstedt für richtig gehalten hätte. Als die Aktion im Frühjahr 1934 beendet war, hatte Karstedt aber dennoch einer viel größeren Zahl jüdischer Ärzte die Kassenzulassung gelassen, als Wagner und seine Leute für richtig gehalten hätten.[37]

Insgesamt hatten Anfang 1934, einschließlich einer sehr kleinen Minderheit von Kommunisten, 2600 Ärzte im Reich ihre Kassenzulassung verloren. Dies bedeutet, daß der Anteil der »nichtarischen« Kassenärzte merklich von 16,5 auf 11,4 Prozent gesunken war. Die freien Zulassungen wurden sofort an »arische« Jungärzte vergeben.[38]

Wagner, in dessen Auftrag die Aktion in Berlin von den Naziärzten Erwin Villain und Martin Claus und auf Reichsebene von dem KVD-Direktor Dr. Heinrich Grote durchgeführt wurde, war jedenfalls überaus empört über die vorsichtige Interpretation, die das Gesetz durch Karstedt und dessen Minister Seldte erfuhr. Er betonte schon im Juli 1933, daß die nationalsozialistische Revolution auf diesem Weg nicht verwirklicht werden könne und letztlich nur das Wohlergehen des deutschen Volkes oberstes Gesetz sein könne.[39] Leonardo Conti, damals der Berliner Vertreter des NSÄB, war über die Unentschlossenheit der Staatsdiener ähnlich entsetzt; er klagte über die große Zahl von wiederzugelassenen jüdischen Ärzten und wollte Karstedt angeblich bis zum Herbst in ein Konzentrationslager schicken.[40]

Zweifellos um sich mittels Einschüchterungstaktiken gegen Karstedt durchzusetzen, veranlaßten die Berliner Naziärzte Anfang Juli, daß eine Gruppe von vier Dutzend Ärzten willkürlich festgenommen wurde, die größtenteils aus Juden, aber auch aus einigen »arischen« SPD- oder KPD-Mitgliedern bestand. Die Festnahmen wurden am frühen Morgen des 7. Juli unter Leitung von Dr. Villain und Dr. Claus durchgeführt. Diese hielten die Männer unter vagen Vorwürfen der Subversion bis zum 10. Juli in verschiedenen Berliner Gefängnissen fest, wobei einige, etwa der Neurologe Dr. Kauffmann, der Internist Dr. Cohn-Hülse und der Allgemeinmediziner Dr. Birnbaum ohne erfindlichen Grund geschlagen wurden. Am 11. Juli erschien der Gestapochef Rudolf Diels bei den Gefangenen, ein Mann, der sich nach dem Krieg in seinen Memoiren als unschuldiger Vorgänger Reinhard Heydrichs zu verkaufen versuchte. Er ließ die Ärzte mit der zynischen Erklärung frei, daß sie sich in »Schutzhaft« befunden hätten und, wenn sie sich je wieder bedroht fühlten, gerne freiwillig wieder zurückkehren könnten. In der Zwischenzeit hatte sich die mit einem der verschleppten Ärzte verheiratete Zahnärztin Dr. Ruth Aron an Karstedt gewandt. Nach Aussage von mindestens einem der Betroffenen hatte jedoch nicht Karstedt, sondern die immer noch mächtige Jüdische Gemeinde von Berlin die Freilassung bewirkt.[41]

Wegen der ungewöhnlich starken Präsenz von Juden in Berlin war die Stadt natürlich Dreh- und Angelpunkt der antijüdischen Repressionsmaßnahmen. Hier war der neu ernannte Gesundheitskommissar Dr. Wilhelm Klein zusammen mit Dr. Conti für die brutale Vertreibung der jüdischen Ärzte aus den Krankenhäusern zuständig.[42] Und ebenfalls in Berlin terrorisierten SA, SS und Gestapo, unterstützt von Naziärzten, einzelne jüdische Ärzte, gleichgültig, ob diese bereits zwangspensioniert waren oder noch eine Gnadenfrist hatten. Willkürliche Festnahmen und Folter führten zum gewaltsamen Tod von Dr. Phillipsthal, der sich vor 1933 über die Nazis lustig gemacht hatte, und von Dr. Leopold, den man fälschlich beschuldigt hatte, ein ungültiges Rezept ausgestellt zu haben.[43] Dr. Landsberg beging angeblich im Gefängnis Selbstmord – ein deutliches Indiz für seine Ermordung. Dabei hatte es sich vermutlich um einen persönlichen Racheakt von Dr. Walter Ruppin gehandelt, einem fanatischen Judenhasser, der Landsberg als Beamter der Kassenärztlichen Vereinigung in Brandenburg abgelöst hatte. Ruppin, Parteimitglied seit 1928, Arzt bei der SA und Reichstagsabgeordneter, hatte Landsberg einer Unterschlagung beschuldigt, die er selbst begangen hatte.[44] Dr. Ludwig Tietz beging im Alter von 40 Jahren Selbstmord, und mehrere jüdische Ärzte starben an Schock oder aus Kummer über die erduldeten Demütigungen.[45]

Überall im Land wurden jüdische Ärzte terrorisiert, insbesondere jedoch in der Provinz, wo sie weniger zahlreich und deshalb um so augenfälliger waren. In Coburg wurde der fünfundsechzigjährige Dr. Masur festgenommen und unter Bewachung eines Schullehrers, den der bayerische Kultusminister Hans Schemm schon bald zu seinem Staatssekretär ernennen sollte, zwei Tage lang stündlich geschlagen. Der Lehrer hatte sich einst von einer ärztlichen Kommission unter Leitung von Dr. Masur ungerecht behandelt gefühlt.[46] In Reichenhall übernahm ein lokaler Naziarzt die Praxis eines Dr. Stern, der sich in Meran von einem Schlaganfall erholte – ein völlig illegaler Akt, der der Partei noch große Schwierigkeiten machen sollte.[47] Diese überstürzte Aktion ist nur eine weitere Manifestation der Gier, mit der »arische« Ärzte ihre jüdischen Kollegen verfolgten, um sich deren Besitz anzueignen.[48] Eine Tragödie ereignete sich in Württemberg, wo Gesundheitskommissar Stähle mit eiserner Hand die Unterdrückungsmaßnahmen leitete. Einer der lokalen SS-Ärzte war von »arischen« Pflegeeltern aufgezogen worden, nun jedoch stellte sich heraus, daß sein leiblicher Vater Jude war. Dieser Dr. M. fiel seiner eigenen irregeleiteten Ideologie zum Opfer. Er fand sein Leben nicht mehr lebenswert, als er aus der SS ausgeschlossen wurde, und erschoß sich. Stähle reagierte mit dem makabren Kommentar, daß M.s nordische Erbmasse letztlich den Sieg davongetragen habe.[49]

Trotz alledem war die deutsch-jüdische Gemeinde insgesamt noch nicht von Verzweiflung und Hoffnungslosigkeit ergriffen. Die

Maßnahmen im Gefolge des 22. April hatten die jüdische Ärzteschaft vor allem wegen der (auf Hindenburgs Wunsch beschlossenen) Ausnahmen noch nicht völlig vernichtet. Denn die Mehrheit der jüdischen Ärzte hatte entweder vor 1914 ihre Praxis eröffnet oder im Ersten Weltkrieg gekämpft. Im November setzte Karstedt noch eine weitere Bestimmung zugunsten der Arztwitwen von Frontkämpfern durch.[50] In München und Stuttgart waren relativ wenige jüdische Ärzte betroffen, und in der Reichshauptstadt waren noch bis 1935 über die Hälfte der Kassenärzte Juden – was von Juden wie Nichtjuden eingeräumt wurde.[51] Die Juden, die weiter als Kassenärzte arbeiten durften, verloren keineswegs über Nacht ihre deutschen Patienten. Sie genossen nämlich ganz im Gegensatz zur Propaganda der Naziärzte allgemein großes Ansehen, und noch wurde kein Druck auf ihre Patienten ausgeübt, sie zu boykottieren.[52] Außerdem wurden die vom Berufsverbot betroffenen Ärzten so gut es ging von jüdischen Hilfsorganisationen unterstützt, die das Gemeinschaftsgefühl und die Solidarität der reicheren Juden mobilisierten.[53]

Bis zur Verabschiedung der Nürnberger Rassengesetze im September 1935 gab es nur wenige zusätzliche Vorschriften, die das Leben der verbliebenen jüdischen Kassenärzte weiter erschwerten. Und für die Ärzte, die nach dem Entzug ihrer Kassenzulassung privat weiterpraktizierten, gab es überhaupt keine einschränkenden Vorschriften. Ein Erlaß vom 17. Mai 1934 wiederholte die Verfügung des vorhergegangenen Jahres, daß nur »Arier« eine Kassenzulassung bekommen durften; diesmal wurden erstmals auch »arische« Ärzte mit jüdischen Ehefrauen ausdrücklich erwähnt. Sie liefen Gefahr, ihre Kassenzulassung zu verlieren, wenn sie nach dem 1. Juli 1933 geheiratet hatten.[54] Ab dem 13. Februar 1935 wurde auch nichtjüdischen Ärzten, die vor diesem Stichtag eine Jüdin geheiratet hatten, die Kassenzulassung entzogen.[55] Die Verordnungen wirkten sich oft erst nach einiger Zeit auf die betroffenen Ärzte aus. So mußte etwa der Böblinger Gynäkologe Bernhard Heyde, der seine jüdische Frau als Assistentin beschäftigte, seine Praxis erst 1937 aufgeben.[56] Andere erlagen der NS-Propaganda und ließen sich von ihren jüdischen Frauen scheiden, aber dies war auch schon vor 1935 in einigen Fällen geschehen.[57] In der Regel wurden »Mischehen« für beide Ehepartner zu einer Belastung. Es kam zu privaten Tragödien. In Berlin nahm sich im Frühjahr 1935 der jüdische Facharzt Dr. Arthur Beer das Leben, um die Lage für seine christliche Frau zu erleichtern.[58]

Wenn sich die Verfolgung der jüdischen Ärzte auf halb-privatem Niveau fortsetzte, dann weil die Regierung 1933 aus der Sicht der Judenhasser nur halbherzige Maßnahmen zur Ausschaltung der jüdischen Kassenärzte ergriffen hatte. Nach deren Ansicht hatten noch immer viel zu viele »arische« Patienten die Möglichkeit, weiterhin den jüdischen Arzt ihres Vertrauens aufzusuchen und sich die Kosten von der Krankenkasse erstatten zu lassen. Bevor sie die Juden selbst schikanierten, setzten von der Partei beherrschte Institutionen wie die KVD, aber auch deutsche Ärzte deshalb zunächst die Patienten unter Druck, zu »arischen« Ärzten zu wechseln.

Zwar waren in den Krankenhäusern der großen Städte so viele jüdische Ärzte entlassen worden waren, daß »arische« Ärzte aufgerufen wurden, ihre Positionen einzunehmen, die wie der bekannte Dichter und Arzt Gottfried Benn eine solche Tätigkeit unter normalen Umständen nie in Erwägung gezogen hätten.[59] Zugleich fehlte es jedoch vielen nichtjüdischen Ärzten offensichtlich immer noch an Patienten, was sie auf die Existenz blühender jüdischer Arztpraxen zurückführten. Manche von ihnen priesen sich deshalb auf ihren Praxisschildern als »deutscher Arzt« an.[60] Andere beschwerten sich bei den Behörden, die Deutsche aller Schichten ermahnten, die jüdischen Ärzte ihren jüdischen Patienten zu überlassen.[61] Doch das half nicht viel, denn viele Nichtjuden zogen ihre jüdischen Ärzte aus fachlichen Gründen vor, und einige konsultierten sie auch aus politischer Opposition.[62] Im September 1934 stellte die Ortsgruppe Wiesbaden des NSÄB erbittert fest, daß in den vergangenen drei Monaten 8,5 Prozent aller Arztbesuche von Kassenpatienten auf die 24 jüdischen Ärzte entfallen waren, die in Wiesbaden noch eine Kassenzulassung besaßen.[63] Kein Wunder, daß die radikale Parteipresse im Juli des folgenden Jahres für alle jüdischen Ärzte einschließlich der privat praktizierenden, die es noch immer wagten, nichtjüdische Patienten zu behandeln, die Todesstrafe verlangte.[64]

Aber das Regime hatte noch ein viel größeres Problem, denn auch Beamten und sogar Mitglieder der Parteiorganisationen wollten die jüdischen Ärzte ihres Vertrauens nicht wechseln. Um die Landesbeamten zu disziplinieren, verabschiedete die badische NSDAP im Juni 1935 eine Erklärung, die allen Beamten, die weiterhin ihren jüdischen Arzt (oder Rechtsanwalt) aufsuchten, mit dem Ausschluß aus dem Reichsbund der Deutschen Beamten drohte. Und in Ulm, wo die Partei in den Besitz der Patientenlisten zweier jüdischer Kassenärzte gelangt war, waren die Behörden entsetzt darüber, wie viele Beamten sich noch immer von diesen Ärzten behandeln ließen.[65]

Der Zorn der Nazis kannte keine Grenzen, als sie herausfanden, wie viele auch aus ihren eigenen Reihen immer noch jüdische Ärzte aufsuchten – diese Leute wurden als Verräter an der Rassenideologie der Partei betrachtet. Fälle gab es im Überfluß. In Berlin wurde ein »alter Kämpfer« mit einem kranken Bein in eine jüdische Privatklinik eingeliefert. Die Chirurgen wollten für die unvermeidliche Operation Dr. Sauerbruch rufen. Doch der Nazi bestand auf einem jüdischen Chirurgen. Sein Wunsch wurde erfüllt, doch er bekam eine postoperative Infektion, die ihn das Leben kostete.[66] Wie der emigrierte jüdische Arzt Martin Gumpert in seinen Memoiren berichtet, konsultierten viele Nazis auch aus eher psychologischen Gründen jüdische Ärzte, weil sie bei ihnen ohne Angst vor Denunziation über das Regime schimpfen konnten.[67] Laut John Toland wurde Hitlers Geliebte Eva Braun nach ihrem Selbstmordversuch Ende Mai 1935 in München von dem jüdischen Arzt Dr. Martin Marx behandelt, bei dem ihre Schwester Ilse als Sprechstundenhilfe arbeitete. Angeblich akzeptierte Hitler die Diagnose des Arztes, daß »Erschöpfung« der Grund für die Überdosis Betäubungsmittel gewesen sei, obwohl er vermutlich wußte, daß der wahre Grund Einsamkeit gewesen war.[68]

Die Parteiorganisationen wurden wieder aktiv. Im Raum Wiesbaden, wo 1934/35 offiziell 274 jüdische und nichtjüdische Ärzte registriert waren, brachte der NS-Ärztebund Ende August 1934 eine Erklärung heraus, die alle nichtjüdischen Patienten ermahnte, nur die 161 »arischen« Ärzte zu konsultieren, die in einem von der

Partei eigens herausgebrachten Verzeichnis vermerkt waren. In dieser Liste waren 60 Prozent der Ärzte als Mitglieder des NS-Ärztebunds gekennzeichnet, und es wurde sehr empfohlen, ihnen den Vorzug zu geben. Für alle Mitglieder der NSDAP und ihrer Gliederungen wurde die Beachtung der Liste verbindlich vorgeschrieben.[69] Außerdem beschwerte sich Dr. Curt Staeckert, ein Funktionär von NSÄB und KVD im thüringischen Erfurt, in einem Rundbrief über die wachsende Beliebtheit der 16 jüdischen Kassenärzte der Stadt. Er behauptete, diese Ärzte hätten ihre Einnahmen mindestens verdoppelt (was er als Leiter der lokalen KVD wissen konnte) und die Einnahmen einiger »arischer« Ärzte seien entsprechend zurückgegangen. Dann prangerte er die nationalsozialistischen Patienten als die wahren Schuldigen an. Er könne ja verstehen, wenn ein Kommunist oder ein Reaktionär zum Juden renne, doch wenn ein Parteimitglied oder ein Mann, der die Uniform der SA trage, einen jüdischen Arzt konsultiere, sei dies ein Treuebruch gegenüber dem Führer. Staeckert verkündete, daß er die Patienten in Zukunft kontrollieren und für den sofortigen Ausschluß widerspenstiger Partei- oder SA-Mitglieder sorgen werde. Auch Beamten und sogar Privatangestellten drohte er Bestrafung an.[70]

Insgesamt waren die Jahre 1934 und 1935 für die jüdischen Ärzte eine durchaus beunruhigende Zeit, tatsächlich aber waren sie die Ruhe vor dem Sturm. Immer wieder gab es erkennbare Anzeichen für die bevorstehende Tragödie, wenn man nicht völlig blind für die Realität war. Viele jüdische Ärzte wurden von ihren »arischen« Kollegen sozial geächtet,[71] und aufgrund der Rechtsunsicherheit, die damals das Leben aller Juden im Reich beherrschte, wurden auch immer wieder einzelne »nichtarische« Ärzte jüdischen oder christlichen Glaubens Opfer privater, halbstaatlicher oder staatlicher Racheakte.[72] Jeder jüdische Arzt konnte das Opfer tatsächlicher oder selbsternannter Vertreter des Regimes werden. So wurde beispielsweise der siebenundfünfzigjährige Berliner Gynäkologe Max Hirsch in der Nacht zu einem reichen Patienten bestellt. Er wurde in einen Wagen gesetzt, nach Grunewald gefahren und böse zusammengeschlagen. Dann sagte man ihm, er solle nach Palästina verschwinden.[73] In den Tagen des »Röhmputsches« nahm die

Gesetzlosigkeit selbst für Hitlerdeutschland ungewöhnliche Ausmaße an. Klar, daß Juden darunter besonders zu leiden hatten; auch Ärzte wurden grundlos mißhandelt oder gar erschossen.[74] Dem Berliner Chefarzt Paul Lazarus, der im privaten Berliner St.-Antonius-Krankenhaus einen Flügel leitete, wo den lungenkranken Patienten zum Nachtisch Pudding mit einem Hakenkreuzrelief serviert wurde – ein tapferer, aber unkluger Versuch, die Nazis zu verspotten –, sollte im November 1934 von der Partei die Schlinge um den Hals fester zugezogen werden, bevor man ihn endgültig an die frische Luft setzte.[75] Immer wieder wurden jüdische Ärzte bei sich zu Hause oder auf der Straße festgenommen und in Lager oder Gefängnisse verschleppt, aus denen sie manchmal nie wiederkehrten.[76]

Auch die grundsätzliche Meinungsverschiedenheit zwischen dem Reichsarbeitsministerium und der nationalsozialistisch beherrschten KVD hatte weiterhin ihre Auswirkungen auf die jüdischen Ärzten, die den Maßnahmen der KVD ursprünglich zum Opfer gefallen waren. Die KVD kam ständig in Verlegenheit, weil die letztinstanzlichen Entscheidungen des Arbeitsministeriums jüdischen Ärzten, die von KVD-Funktionären vorschnell entlassen worden waren, als rechtliche Grundlage für eine Klage auf finanzielle Entschädigung dienten.[77] Aus Erbitterung darüber und in der Gewißheit, daß sie von den meisten »arischen« Ärzten im Reich unterstützt wurden, taten die rachsüchtigen KVD-Funktionäre auch weiterhin ihr möglichstes, um die bestehenden Gesetze zu umgehen oder zu brechen. In einem Fall sollte ein jüdischer Arzt aus einem Krankenhaus in Belgard in Pommern vertrieben werden, obwohl er unter die Hindenburg-Ausnahmen fiel und sich nichts hatte zuschulden kommen lassen. Die lokale KVD übte zunächst Druck auf die regionale Verwaltung und dann auf das Reichsinnenministerium aus, um die Entlassung des Mannes zu erzwingen, aber letztlich ohne Erfolg.[78] Als zweites Beispiel sei genannt, daß Dr. Staeckert aus Erfurt nicht nur seine Parteigenossen rügte, sondern auch versuchte, die 16 jüdischen Kassenärzte so zu diffamieren, daß sie ihren Lebensunterhalt nicht mehr als Ärzte verdienen konnten. Er versuchte sogar, den privat praktizierenden Juden zu schaden.

Zusammen mit Dr. Carl-Oscar Klipp, seinem Vorgesetzten in der regionalen KVD, braute er eine Verschwörungsanklage zusammen, um die Ärzte und ihre jüdischen Anwälte ins Zuchthaus zu bringen. Schließlich erkannte man sogar in der Berliner Zentrale der KVD, daß man in der Angelegenheit zu weit gegangen war, und ordnete an, die Sache ruhen zu lassen.[79] Am 29. Juni 1935 machte der KVD-Direktor Dr. Grote auf einer öffentlichen Versammlung von NSÄB-Mitgliedern in Hannover die unheilverkündende Äußerung, daß der deutsche Ärztestand noch nicht von seinen jüdischen Elementen gesäubert sei und dieses Ziel noch erreicht werden müsse.[80]

Grote wußte genau, wovon er sprach. Er war in die Pläne eingeweiht, die Wagner, Groß und andere mit den zweieinhalb Monate später verkündeten Rassengesetzen hatten. Aufgrund dieser Gesetze wurden Juden in nie gekanntem Ausmaß sexueller Vergehen beschuldigt, und viele Vorwürfe wurden gezielt gegen Ärzte erhoben. Auch diese Entwicklung war bereits zu ahnen. Schon zu Beginn der Verfolgung waren jüdische Ärzte zu Unrecht beschuldigt worden, sich ihren Patientinnen (oder Sprechstundenhilfen) unzüchtig zu nähern – ein Vorwurf, der natürlich nicht nur dem allgemeinen Vorurteil vom lüsternen Juden entsprach, sondern auch der medikalisierten Vorstellung von der fortschreitenden rassischen Verunreinigung, bei der der jüdische Arzt als Meister und Manipulator fungierte. Unter diesem stark pornographischen Szenario der Schikane hatten Gynäkologen und Geburtshelfer natürlich am meisten zu leiden.[81]

Das Thema war 1934 und 1935 stets präsent und führte zu den rassenpolitischen Erklärungen auf dem Nürnberger Parteitag vom September 1935. Alle Juden im Reich wurden aufgrund sexueller Beschuldigungen drangsaliert, doch insbesondere im Frühjahr und Sommer 1935 wurden die sexuellen Vorwürfe gegen Ärzte noch verstärkt.[82] Immer mehr wurden festgenommen und verschleppt, angeblich hätten sie illegale Abtreibungen an »arischen« Frauen vorgenommen, Patientinnen sexuell mißbraucht oder sie zu festen Geliebten gemacht.[83] Damals wurde das Bild vom jüdischen Rassenschänder durch Streichers *Stürmer* weiter popularisiert. Das Hetzblatt brachte die Geschichte von der blonden Schönheit Inge, die arglos den fetten jüdischen Arzt mit den dicken Lippen und der fleischigen Hakennase aufsucht, der sich ihr unzüchtig nähert, als sie ängstlich zur Untersuchung auf seiner Couch liegt. Die primitiven Illustrationen beseitigten beim Leser jeden Zweifel an der heimtückischen und zerstörerischen Macht der Juden.[84]

3. Fortschreitende Entrechtung: Von den Nürnberger Rassengesetzen im September 1935 bis zum Entzug der Approbationen im September 1938

Wie von Gerhard Wagner gewünscht, verkündete Hitler in einer öffentlichen Rede am 15. September 1935 auf dem Höhepunkt des Nürnberger Reichsparteitags die Nürnberger Rassengesetze.[1] Dieses umfassende und komplexe Gesetzeswerk definierte nach der Religionszugehörigkeit der Großeltern, wer Jude war, aber zunächst waren nur »Volljuden«, das heißt Personen, deren beide Großeltern jüdisch waren, sofort und automatisch von den Bestimmungen des Gesetzes betroffen – eine Beschränkung, gegen die Wagner ursprünglich Widerspruch erhoben hatte. »Volljuden« verloren schon bald ihre Staatsangehörigkeit (und wurden danach verächtlich nur noch als »Einwohner« Deutschlands klassifiziert), doch »Mischlinge« mit überwiegend »arischem Blut« blieben automatisch Staatsangehörige, und »Halb«- oder »Dreivierteljuden« konnten immer noch beim Reichsinnenministerium die Staatsbürgerschaft beantragen. Da nur Staatsangehörige ein öffentliches Amt bekleiden durften, wurden alle noch im Dienst befindlichen jüdischen Beamten bis zum 31. Dezember entlassen. Ehen zwischen deutschen Staatsangehörigen und Juden wurden verboten, und jeder außereheliche Geschlechtsverkehr zwischen ihnen zu einer Straftat erklärt. Kein Jude und keine Jüdin durfte mehr weibliche »arische« Staatsangehörige unter 45 Jahren beschäftigen.[2]

Diese Bestimmungen versetzten dem deutschen Judentum den bis dahin verheerendsten Schlag.[3] Und sie hatten ernste Folgen für die jüdischen Mediziner. Die offensichtlichste war, daß alle jüdischen Beamten, für die die Hindenburg-Ausnahmeregelung gegolten hatte, nun zwangspensioniert wurden, wenn auch mit einem – später kürzbaren – Pensionsanspruch. Alle noch verbliebenen jüdischen Medizinprofessoren, Amtsärzte und anderen noch vom Staat beschäftigten jüdischen Mediziner wurden nun ebenfalls entlassen. Und die Nazis nahmen sich die Freiheit, unter diese Rubrik auch Chefärzte zu fassen, die einen privaten Vertrag mit einem staatlichen Krankenhaus hatten.[4] Da der Begriff »Mischling« nun enger gefaßt war, so daß manche teilweise jüdische Personen zur jüdischen Minderheit gezählt wurden (etwa »Halbjuden« mosaischen Glaubens oder mit »Volljüdinnen« verheiratete »Halbjuden«), vergrößerte sich die Gruppe der »jüdischen« Ärzte, für die keine Ausnahmeregelung galt.[5] In der Reichsärzteordnung vom 13. Dezember 1935 heißt es eindeutig, daß keine jüdischen Kandidaten (auch »Halb«- und »Vierteljuden«) künftig mehr als Ärzte im Dritten Reich zugelassen würden, solange der Anteil der Juden an der Gesamtheit der im Reich tätigen Ärzte ihren Anteil an der Gesamtbevölkerung übersteige. Selbst »Mischlinge«, die ihre Staatsangehörigkeit behielten, und mit Jüdinnen verheiratete Nichtjuden wurden aus dem Beruf ferngehalten, indem man ihnen die Approbation und nach der Bestimmung vom 17. Mai 1934 die Kassenzulassung verweigerte, wenn sie nicht über eine spezielle Ausnahmegenehmigung des Innenministeriums verfügten.[6] Juden, für die nach den Bestimmungen von 1933 eine Ausnahmeregelung galt, durften wenigstens theoretisch[7] Kassenärzte bleiben und blieben auch unbehelligt, wenn sie außerhalb des Kassensystems praktizierten, was jedoch wirtschaftlich immer schwieriger wurde.

Das umfassende Gesetzeswerk sollte die Zahl der jüdischen Ärzte im Reich weiter vermindern, und es erfüllte seinen Zweck. Für diejenigen jüdischen Ärzte, die nach dem Herbst 1935 noch praktizieren durften und auch den Mut dazu hatten, enthielt es ein oder zwei weniger auffällige Klauseln, die sich mit der Zeit als besonders lästig erwiesen. Daß die Juden ihre Staatsangehörigkeit verloren hatten, erschwerte beispielsweise privat praktizierenden Fachärzten zu reisen, um internationale Fachkonferenzen zu besuchen oder Gastvorlesungen zu halten, nicht nur weil sie nur schwer einen Paß bekamen, sondern auch weil sie Beschränkungen beim Umtausch der notwendigen Devisen unterlagen.[8] Zudem bedeutete die Vorschrift, nichtjüdische weibliche Hilfskräfte unter fünfundvierzig zu entlassen, häufig nicht nur, daß die jüdischen Ärzte vertraute Sprechstundenhilfen und in den Privatkliniken hochqualifizierte Krankenschwestern verloren, sondern sie mußten häufig auch dringend benötigte Hausangestellte entlassen, alles Personen, die sich nicht leicht durch qualifizierte Juden ersetzen ließen.[9]

Bis im Herbst 1938 die Approbation aller jüdischen Ärzte vollends aufgehoben wurde, versuchten die Naziärzte langsam, aber unaufhörlich, ihre noch berufstätigen jüdischen Kollegen loszuwerden. Im März 1936 beschloß Dr. Wagners Behörde, jüdischen Radiologen die Kassenzulassung zu entziehen. Die Legalität dieser Verordnung blieb lange zweifelhaft, bis das oberste Reichsgericht schließlich die Position der KVD bestätigte.[10] Im August 1936 verbreitete sich in Berliner linksoppositionellen Kreisen die Nachricht, daß die KVD jüdische Kassenärzte, die »arische« Patienten operierten, nicht mehr bezahlte.[11] Einige Monate später wurde in einem sächsischen Kurort drei jüdischen Ärzten, die bis dahin viele jüdische Erholungsbedürftige betreut hatten, ohne Angabe von Gründen die Kassenzulassung entzogen.[12] In Augsburg wurde Ende des Jahres der Vertrag zwischen den vier verbliebenen jüdischen Kassenärzten und dem städtischen Sozialamt zur Kündigung vorgesehen.[13] Im Mai 1937 nahm die Reichsärztekammer allen jüdischen Ärzten ihr satzungsgemäßes Recht, an Disziplinarverfahren etwa wegen Verstößen gegen die medizinische Ethik mitzuwirken.[14] Schließlich, am 1. Januar 1938, wurden alle jüdischen Ärzte von der Mitgliedschaft in den häufig lukrativen (privaten) Ersatzkrankenkassen ausgeschlossen, bei denen vor allem besserverdienende Geschäftsleute versichert waren. Einige mutige Juden, die gegen die KVD vor Gericht gingen und argumentierten, daß diese Kassen den allgemeinen Krankenkassen gleichgestellt seien und für ihre Ärzte dieselben Zulassungsbedingungen (Hindenburg-Ausnahmen) gelten müßten, wurden von den Richtern belehrt, daß die KVD als ein Instrument des nationalsozialistischen Staates über dem Gesetz stehe. Diese Maßnahme entzog auf einen Schlag 3000 jüdischen Ärzten den Lebensunterhalt, davon beinahe 1000 in der Reichshauptstadt.[15]

Da die »arischen« Patienten, darunter auch Beamte und Parteigenossen, noch immer nicht auf ihre jüdischen Ärzte und insbesondere auf die Kassenärzte verzichten wollten, mußten sich die medizinischen Behörden der Nazis neue Kniffe ausdenken, um sie zum Besuch »arischer« Ärzte zu zwingen.[16] Dies war ein Problem, denn es gab noch immer keine Rechtsgrundlage für solche Maßnahmen. In München konnte der übereifrige Bürgermeister Fiehler Ende 1935 nichts anderes tun, als städtischen Beamten und Angestellten mit künftigen disziplinarischen Maßnahmen zu drohen, die er offensichtlich ab 1937 ergriff.[17] Im Raum Hamburg wurde ein pensionierter Beamter und SA-Mann von den Braunhemden ausgeschlossen, außerdem wurde ihm die Streichung seiner Pension angedroht, wenn er weiterhin seinen jüdischen Hausarzt besuchte, der nach der Hindenburg-Regelung als Kassenarzt praktizierte. Auch einem Polizeibeamten aus dem Hamburger Raum wurde mit Entlassung gedroht, weil er sein schwerkrankes Kind von demselben Arzt behandeln ließ und sich weigerte, es zu einem »arischen« Arzt zu schicken. Als die Vorgesetzten den Vater des Kindes informierten, daß die Beamtenkasse auf keinen Fall die Rechnungen eines Juden bezahlen würde, behandelte der jüdische Arzt das Kind umsonst.[18] Im Oktober 1936 verbot ein Erlaß des Reichsinnenministers es schließlich Beamten, jüdische Ärzte aufzusuchen, auch wenn diese der Ausnahmeregelung unterlagen. Um den Ernst der Lage klar zu machen, wurden die Namen der Beamten, die schon lange Patienten jüdischer Ärzte waren, in der Tagespresse veröffentlicht.[19]

Noch ließen sich die normalen Bürger vom Besuch jüdischer Ärzte nicht abhalten, zumal diese Ärzte ja völlig legal praktizieren durften. Das Regime konnte sich lediglich der für totalitäre Systeme typischen Mittel der Propaganda und Einschüchterung bedienen. Die von der Partei geführten Verbände verstärkten den Druck auf ihre Mitgliedschaft; so weigerte sich beispielsweise die Deutsche Arbeitsfront in Hamburg ab Juli 1936, die Kosten für die medizinische Behandlung durch jüdische Ärzte zu erstatten.[20] Einen Monat später setzte die örtliche Krankenkasse von Dresden ihre Patienten unter Druck, nur zu nichtjüdischen Ärzten zu gehen, obwohl bei der Kasse auch jüdische Ärzte zugelassen waren.[21] In der Nähe von

Hamburg marschierten im Herbst 1937 Parteimitglieder vor den Praxen jüdischer Ärzte auf und registrierten jeden Deutschen, der sie betrat.[22] Jenseits aller pseudopatriotischen Rhetorik[23] war die letzte und zweifelhafteste Waffe der rassistischen Ärzte die öffentliche Bloßstellung; bis 1938 hatten blinde Fanatiker wie Streicher und deren Gesinnungsgenossen die Namen und Arbeitsstellen sogenannter Judenfreunde veröffentlicht, die noch ihre alten jüdischen Ärzte konsultiert hatten.[24]

Eine ganze Reihe von Bedingungen und Entwicklungen wirkte im Lauf der Jahre so zusammen, daß die jüdischen Ärzte, ehemals ehrenhafte Mitglieder eines angesehenen Berufstands, immer mehr entrechtet wurden. Zum Beispiel die bösartige Eifersucht »arischer« Ärzte, die größtenteils von Berlin ausgehende offizielle Gesetzgebung, die illegalen Machenschaften von Wagners Verbänden, insbesondere der KVD, deren Duldung oder aktive Unterstützung durch die Gerichte, die widerwärtigen Denunziationen durch normale Bürger und das perfide Verhalten von Parteikadern jeglicher Couleur. All dies hatte unvermeidlich zur Folge, daß das Einkommen der jüdischen Ärzte sank, auch wenn sie ihren Beruf mit großem Fleiß ausübten. Für die privat praktizierenden Ärzte, die von den Kassen keine Erstattung erhielten, wurde es immer schwieriger, wohlhabende Patienten zu finden, die es sich leisten konnten, auf eine Krankenversicherung zu verzichten. Denn angesichts der Diskriminierung der jüdischen Kassenärzte wuchs die Zahl der privaten Ärzte, auch wenn die Zahl der potentiellen Patienten konstant blieb oder abnahm. Selbständige Einrichtungen – einstmals florierende Praxen oder Privatkliniken – mußten schließen.[25] Es läßt sich nur vermuten, daß die jüdischen Privatärzte fast nichts mehr verdienten, bevor sie aufgaben. Im Fall der jüdischen Kassenärzte verfügen wir über die Unterlagen der KVD von 1936–1938. Bis Ende 1935 schien die Lage der jüdischen Kassenärzte gerade noch erträglich zu sein. Nach dem Beispiel von drei Allgemeinmedizinern im oberschlesischen Neisse zu urteilen, sank ihr Einkommen jedoch in der Zeit danach katastrophal. Wie die KVD-Funktionäre selbst berichten, hatte das jährliche Einkommen der drei Ärzte insgesamt nicht über 800 Mark betragen, plus der Honorare, die sie vielleicht von Privatpatienten erhalten hatten: Dies sind weniger als 300 Mark pro Person, während »arische« Ärzte durchschnittlich über 13 000 Mark brutto im Jahr verdienten.[26] Sofern die jüdischen Ärzte überhaupt noch »arische« Patienten hatten, bezahlten diese sie höchstwahrscheinlich privat in Monatsraten, denn die Kassen versuchten, die Zahlung für alle nichtjüdischen Versicherten zu verweigern.[27]

Die Frage ist berechtigt, wie die deutsch-jüdischen Ärzte es fertigbrachten, in einer derart finsteren Zeit weiterzumachen. Die Bedingungen verschlechterten sich praktisch mit jeder Woche. Aufgrund der wesentlich sexuellen Natur der Nürnberger Rassengesetze, die jüdische Männer für immer daran hindern sollten, »arische« Frauen zu schwängern, war die berufliche Beziehung zwischen jüdischen Ärzten und ihren deutschen Patientinnen nun mehr gefährdet als je zuvor. In wachsender Zahl wurden jüdische Ärzte nun der »Rassenschande« angeklagt, wenn junge Patientinnen den Behörden meldeten, der Arzt hätte versucht, sie zu küssen oder sich auf andere Art lüstern verhalten. Diese Beschuldigungen waren nicht nur fast immer falsch, sondern es ist auch bekannt, daß jüdischen Ärzten von ihren nationalsozialistischen Feinden falsche »Patientinnen« in die Praxis geschickt wurden. Diese brachten den Arzt in eine kompromittierende Situation, und auf ein Stichwort stürzten Nazispitzel in den Raum und »ertappten« den Arzt in flagranti.[28] Ein besonders schändlicher Vorfall ereignete sich im September 1937, als Dr. Otto Schwabe, der in Hanau bei Frankfurt eine einstmals florierende Praxis betrieb, vom Mann einer Patientin der sexuellen Gewalt gegenüber seiner Frau beschuldigt wurde, obwohl er dem Paar jahrelang beim Aufbau seines Dachdeckergeschäfts geholfen hatte. Der Arzt wurde ins Polizeihauptquartier gebracht, als er und seine Familie gerade die Auswanderungspapiere erhalten hatten. Dort nahm er sich durch einen Sprung aus dem Fenster das Leben.[29]

Es entsprach ganz dem Geist der Nürnberger Rassengesetze, daß Anklagen wegen sexueller Vergehen und wegen Abtreibung nun häufig kombiniert wurden.[30] Juden wurden für Verstöße gegen den Paragraph 218 zum Schutz des ungeborenen Lebens schwer bestraft.

So erhielt der Hamburger Arzt Dr. Martin Jakobowitz Ende 1935 sechs Jahre Zuchthaus, und natürlich wurde ihm die ärztliche Zulassung entzogen.[31] Dr. Ernst Seckendorf kam in Nürnberg wegen sexueller Vergehen *und* Abtreibung vor Gericht und erhielt eine zehnjährige Haftstrafe.[32] Urteile nur wegen Rassenschande waren anscheinend weniger drastisch,[33] doch das machte kaum einen Unterschied, denn man muß annehmen, daß die unglücklichen Ärzte nach Verbüßung ihrer Strafe am Gefängnistor von der SS erwartet und in ein Konzentrationslager gebracht wurden. Dort wurden jüdische »Rassenschänder« besonderen Foltern unterworfen, und kaum einer überlebte.[34] Vermutlich in Erwartung dieses Schicksals war die Selbstmordrate unter den fälschlich beschuldigten Ärzten alarmierend hoch.[35] Für jüdische Patienten und Ärzte hatten die Rassengesetze noch eine weitere demütigende Folge: Jüdische Patienten mußten, wenn sie überhaupt noch in ein Krankenhaus aufgenommen wurden (was etwa in Hamburg und Düsseldorf nicht mehr der Fall war), ab 1937 angeblich zur Verhinderung von »Rassenschande« von den »arischen« Patienten getrennt werden.[36]

Auch das Problem der »Mischlingsärzte« und der in »Mischehen« lebenden Ärzte verschärfte sich weiter. Bis September 1935 hatte sich die Situation für einige Ärzte, die nach der Nazilogik teilweise Juden waren, verschlimmert und für andere verbessert. Da jedoch die Definition in den Septembergesetzen in einigen zentralen Punkten unklar war (für die Zukunft war eine endgültige Regelung geplant), blieb die Rechtsunsicherheit für eine dritte Gruppe bestehen, die nicht wußte, ob sie letztlich der jüdischen Minderheit oder der »arischen« Mehrheit zugerechnet würde.

Die Ärzte dieser letzten Gruppe versuchten sich sofort nach dem Inkrafttreten der Nürnberger Gesetze zu behaupten. Denn es wurde immer deutlicher, daß Wagner, die KVD und die Parteiorganisationen genau wie bei Wagners früherer Fehde mit dem Reichsarbeitsministerium auf einer scharfen Interpretation des Begriffs »Mischling« bestehen würden, möglicherweise im Gegensatz zum Reichsinnenminister, dessen Ministerium die zuständige Entscheidungsinstanz war. Folgerichtig bewarben sich im Dezember 1935 sieben Mannheimer Ärzte, die entweder »Halb«- oder »Vierteljuden«

waren, aber trotzdem von den Parteiorganisationen offen boykottiert wurden, bei Minister Frick um die Anerkennung als Nichtjuden. Frick unterrichtete offensichtlich Wagner von dem Vorgang und ließ diesem keine andere Wahl, als die Namen der betreffenden Ärzte von den illegal kursierenden schwarzen Listen der Partei zu streichen.[37]

In den Jahren 1936 und 1937 war die Lage der »teiljüdischen« Deutschen noch unklar, und der Eugenikprofessor Otmar Freiherr von Verschuer von der Universität Frankfurt und sein Assistent Dr. Josef Mengele erstellten in Streitfällen profitable Gutachten über die Eltern der Betroffenen, die in der Regel zum Nachteil der »Teiljuden« ausfielen.[38] Es überrascht nicht, daß unter den Ärzten, die wegen sexueller Vergehen vor Gericht gestellt wurden, einige »Mischlinge« waren, die noch als Ärzte praktizieren durften.[39] Nach Wagners fester Überzeugung war es eines der wichtigeren Ziele der Nürnberger Rassengesetze, die politisch und biologisch unerwünschte »Mischrasse« so bald wie möglich zum Verschwinden zu bringen, denn ein »Mischling« konnte Wagners Ansicht nach nie ein Patriot sein.[40] Vermutlich, um die unsichere Lage bezüglich der »Mischlingsärzte« besser in den Griff zu bekommen und den in den Nürnberger Gesetzen vorgesehenen Beschwerden beim Reichsinnenministerium vorzubeugen, beschloß Wagner am 8. September 1937, basierend auf seiner eigenen Analyse des Problems, selbst ein Kontingent von »teiljüdischen« Kassenärzten zuzulassen.[41] Eine neuere Untersuchung, die, gestützt auf die Akten der Reichsärztekammer, ermittelte, mit welchen Eigenschaften ein Arzt Wagners Test bestehen konnte, ergab, daß er strenge Kriterien für die Kassenzulassung angelegt hatte. »Mischlinge ersten Grades«, also »Halbjuden«, mußten demnach getauft und männliche Kriegsveteranen sein,[42] dagegen gab es für »Mischlinge zweiten Grades« (»Vierteljuden«) keine derartigen Hürden.

Auch Ärzte in Mischehen waren weiterhin gefährdet. »Arische« Ärzte mit jüdischen Ehepartnern fielen zunächst unter die Nürnberger Gesetze und dann unter Wagners Verordnung vom September 1937; ihnen wurde häufig die Kassenzulassung entzogen, wenn sie sich nicht scheiden ließen.[43] Der alte Frontkämpfer Dr. Keller aus Hindenburg in Oberschlesien verlor seine Kassenzulassung schon im Frühjahr 1937, weil er sich weigerte, seine jüdische Frau zu verlassen; in der Folge nahm sich seine Frau das Leben.[44] Andere erlitten ein ähnliches Schicksal.[45] Deutsche Ärzte mit »halbjüdischen« Frauen hatten anscheinend keine Probleme,[46] aber jüdischen Ärzten mit »arischen« Frauen erging es manchmal noch schlechter als solchen mit jüdischen Frauen, da sie nach dem nationalsozialistischen Verständnis von Krankheit und Rasse permanente »Rassenschänder« waren.[47] 1937 praktizierten im Reich anscheinend noch immer 350 »Mischlinge« als Ärzte, »Halb«- und »Vierteljuden«, die vermutlich größtenteils keinerlei Kassenleistungen mehr abrechnen konnten. Außerdem gab es noch 250 Ärzte in »Mischehen«, von denen fast 40 in Berlin wohnten. Sie hatten eine Selbsthilfegruppe gegründet.[48]

Die jüdische Selbsthilfe wurde immer wichtiger für das Überleben der jüdischen Ärzte in jener schweren Zeit. In Berlin war es jüdischen Ärzten und ihrem Hilfspersonal im Rahmen der selbstbeschränkten Autonomie und kulturellen Selbstverwirklichung, die die SS den deutschen Juden im Vorfeld von Abtransport und Vernichtung zugestand, möglich, unter Leitung des bekannten Bakteriologieprofessors Erich Seligmann weiterhin Ärzte aus- und fortzubilden.[49] Auch die finanzielle Unterstützung durch Wohlhabende wurde fortgesetzt, und es gab immer noch Einnahmen aus dem jährlichen Ärzteball in der Hauptstadt, aber sie gingen stark zurück.[50]

Die Seminare fanden in den wenigen noch verbliebenen jüdischen Kliniken statt, bei weitem den wertvollsten Einrichtungen im damaligen Selbsthilfenetz der deutschen Juden. 1931 hatte es in Deutschland 35 israelitische Krankenhäuser mit mehr als 2500 Betten für Patienten beider Religionen gegeben.[51] Der Ruf dieser Kliniken war so gut, daß beispielsweise die israelitischen Krankenhäuser von Hannover und Breslau noch 1933 mehr christliche als jüdische Patienten hatten.[52] Nun jedoch widmeten sich hervorragende jüdische Ärzte wie Siegfried Ostrowski, Siegmund Hadda und Paul Rosenstein in den noch nicht von der Gestapo geschlossenen Kliniken ausschließlich jüdischen Patienten, auch wenn ihre Arbeit wegen Geldmangels und des Weggangs qualifizierter Krankenschwestern und Krankenpfleger unglaublich erschwert war.[53] Es gab auch kleinere jüdische Gesundheitseinrichtungen wie etwa ein Kindererholungsheim und ein Kurhotel in Bad Kissingen, auch sie wurden schon bald weit über ihre Leistungsfähigkeit hinaus in Anspruch genommen.[54]

Insgesamt brachte die Phase der zunehmenden Entrechtung für die jüdischen Ärzte eine Vielzahl weiterer Leiden und Beschwernisse, bis ihre Zulassungen im Herbst 1938 endgültig aufgehoben wurden. Wenn in dieser Zeit trotzdem einige jüdische Ärzte aus dem Exil zurückkehrten, dann aufgrund falscher Hoffnungen, die sie sich wegen untypischer Ausnahmen machten. Nach Aussage eines informierten Beobachters war »der Antisemitismus am stärksten unter den Intellektuellen, und zwar besonders unter den Ärzten«.[55] Trotzdem gab es natürlich noch immer deutsche Ärzte, denen nicht nur mißfiel, was ihren jüdischen Kollegen angetan wurde, sondern die ihnen auch wirklich zu helfen versuchten.[56] Zudem begannen Ärzte in ganz Deutschland knapp zu werden, und in Regionen mit akutem Ärztemangel wurden die noch verbliebenen jüdischen Mediziner etwas besser behandelt.[57]

Ebenfalls ermutigend wirkte es, daß noch nicht korrumpierte Richter zugunsten verfolgter jüdischer Ärzte und gegen Gerhard Wagners KVD entschieden.[58] Als die Meinungsverschiedenheiten zwischen KVD und Reichsarbeitsministerium häufig zu Klagen führten, die nach Ansicht der jüdischen Anwälte gute Erfolgsaussichten hatten, leistete die KVD grundsätzlich nur dann Entschädigungszahlungen, wenn sie die höchste Berufungsinstanz dazu verurteilte.[59] Wie aus der erhaltenen Korrespondenz hervorgeht, schäumten die Funktionäre vor Wut, wann immer sie verloren und einem »jüdischen Halunken« eine jährliche Pension bezahlen mußten.[60]

Insgesamt jedoch setzte sich die willkürliche und systematische Verfolgung ungehemmt fort. Ende Oktober 1935 wurde Dr. Hans Serelmann aus dem sächsischen Niederlunkwitz von seinen »arischen« Kollegen bei der Gestapo wegen einer Transfusion von jüdischem Blut auf einen nichtjüdischen Patienten denunziert. Serelman kam sieben Monate ins Konzentrationslager. Nach seiner Freilassung gelang es ihm, aus Deutschland zu fliehen.[61] »Arische« Ärzte wie die Nazis, die Serelmann denunziert hatten, verkündeten ihren reinrassigen Status inzwischen fast alle in leuchtend roten Buchstaben auf ihren Praxisschildern.[62] Und sie sorgten dafür, daß die Gebäude, in denen ihre jüdischen Kollegen praktizierten, mit beleidigenden Schmierereien versehen wurden, daß diese nicht mehr mit dem Taxi ins Krankenhaus fahren durften und ihre Hypotheken illegal zwangsvollstreckt wurden, was ihren wirtschaftlichen Ruin noch mehr beschleunigte.[63] Es ist klar, daß die fortgesetzten Verhaftungen und Verurteilungen jüdischer Ärzte in erheblichem Ausmaß der Übereinstimmung und offenen Zusammenarbeit deutscher Ärzte mit den Behörden des NS-Regimes zu verdanken waren.[64]

Mit dem »Anschluß« Österreichs an das »Altreich« im Frühjahr 1938 erreichte das Leiden der jüdischen Ärzte ihr letztes Stadium, bevor das Regime sie im Herbst desselben Jahres endgültig aus dem Beruf verdrängte. Es ist gut dokumentiert und lebhaft geschildert, wie die nationalsozialistischen Truppen mit einer Mischung aus Gemeinheit und Schadenfreude insbesondere in Wien Juden aufspürten und mißhandelten.[65] Von nun an teilten die Juden in Österreich das Schicksal der Juden im »Altreich«, aber sie wurden tendenziell noch unbarmherziger behandelt, weil die Nazis unter ihnen zu Recht einen größeren Anteil der verhaßten Ostjuden vermuteten, etwa aus dem polnischen Galizien, das einst zu Österreich-Ungarn gehört hatte. Im Verlauf der Waldheim-Affäre kam ans Licht, mit welcher Begeisterung die österreichischen Nazis den deutschen Antisemiten halfen, aufgrund eines Rassismus, der in Österreich-Ungarn mehr Tradition hatte und tiefer verwurzelt war als im Deutschen Reich.[66] Bezeichnenderweise stammen Hitlers antisemitische Ideen fast ausschließlich aus dem Wien der Jahrhundertwende, dem damaligen Mittelpunkt des zerfallenden Habsburger Monarchie.[67]

Während des nun folgenden Terrors gegen die österreichischen Juden wurden die angeseheneren Mitglieder der Gesellschaft, etwa die Akademiker, besonderen Quälereien unterworfen.[68] Zu dieser Schicht gehörten auch die jüdischen Ärzte. Nach Aussage der Nazis stellten die Juden über 50 Prozent der österreichischen Ärzte und waren damit noch viel stärker überrepräsentiert als in Deutschland. Allein in Wien betrug ihr Anteil an der Ärzteschaft angeblich über 65 Prozent.[69] Bei den Razzien nach dem »Anschluß« waren die jüdischen Ärzte vermutlich am stärksten unter den Opfern vertreten, obwohl auch den Rechtsanwälten sehr übel mitgespielt wurde.[70] In Wien wurden die jüdischen Ärzte sofort nach dem Einmarsch entlassen oder aus ihren Praxen und Wohnungen gejagt. Sie mußten demütigende Arbeiten verrichten, während ihre »arischen« Angestellten dabeisaßen und gemütlich zusahen.[71] Es kam zu tragischen Selbstmorden.[72] Die jüdischen Ärzte, die man nicht zusammengeschlagen und aus ihren Praxen getrieben, verhaftet oder gar ermordet hatte, konnten versuchen, privat weiterzupraktizieren. Offiziell hörte dies erst im September auf, als auch gegen die Ärzte im »Altreich« der letzte Schlag geführt wurde.[73] Bis zum Frühjahr 1939 hatten annähernd 2000 jüdische Ärzte in Österreich ihren Beruf aufgeben müssen.[74]

4. Das Ende der jüdischen Ärzte

Die völlige Ausschaltung der jüdischen Ärzte im Dritten Reich begann mit dem am 6. April 1937 von Heydrichs SD herausgegebenen Befehl, in Deutschland sämtliche in medizinischen Berufen tätige Juden systematisch zu erfassen.[1] Am 14. Juni hatte der extreme Antisemit Wagner eine Audienz bei Hitler und überzeugte diesen von der Notwendigkeit, allen noch im Reich praktizierenden jüdischen Ärzten Berufsverbot zu erteilen, gleichgültig, ob sie noch eine Kassenzulassung hatten oder nicht.[2]

Dies war das Vorspiel zu Hitlers Verordnung vom 25. Juli 1938, die von Reichsinnenminister Frick und dem Stellvertreter des Führers Hess mitunterzeichnet war und auf den Nürnberger Rassengesetzen basierte. Die Verordnung erklärte die Approbation aller jüdischen Ärzte mit dem 30. September für erloschen. Frick wurde ermächtigt, einigen Ärzten für die Behandlung von Juden und ihre eigenen Ehepartner und Kinder Ausnahmegenehmigungen zu erteilen. Wie schon in früheren Verordnungen festgelegt, durften keine

Juden mehr approbiert werden. Die Mietverträge für jüdische Arztpraxen konnten von beiden Seiten zum 31. Dezember gekündigt werden.[3] Wie in späteren Kommentaren dargelegt, wurden die Juden, die weiterpraktizieren durften, nicht mehr als »Ärzte« bezeichnet und aus sämtlichen Berufsverbänden ausgeschlossen. Toleriert wurden sie nur an Orten mit einem hohen jüdischen Bevölkerungsanteil, etwa in Berlin oder Wien (weil »arische« Ärzte keine Juden behandeln sollten), und ihre vorübergehenden »Privilegien« konnten jederzeit widerrufen werden. Außerdem wurden die »arischen« Vermieter bei der Kündigung der Praxen einseitig begünstigt: Wenn der Arzt kündigen wollte, gab es eine Schutzklausel für den Vermieter, nicht jedoch umgekehrt.[4]

Ende September verschwanden also die jüdischen Ärzte aus dem deutschen Gesundheitswesen. Aus den Zahlen über den Entzug der Approbationen in Schlesien lassen sich Schlüsse auf die anderen Reichsteile ziehen. Im Herbst 1938 gab es in Schlesien noch 312 praktizierende jüdische Ärzte, darunter 191 Kassenärzte. Nach dem 30. September waren es nur noch 15 jüdische Ärzte, die die Breslauer Juden mit den Möglichkeiten des israelitischen Krankenhauses behandelten.[5] In Württemberg erhielten 55 jüdische Ärzte Berufsverbot, darunter 30 Kassenärzte. Zwanzig jüdische Mediziner durften in Stuttgart weiterpraktizieren, dagegen waren es im beträchtlich größeren München Anfang 1939 nur noch zehn. Zu diesem Zeitpunkt behandelten nur noch 285 jüdische Ärzte die Juden im gesamten Reich. Sie wurden offiziell nun verächtlich als »Krankenbehandler« bezeichnet und streng durch die Gesundheitsämter überwacht.[6] Die Nazis reagierten mit Hohn und Spott auf die Ausschaltung der jüdischen Ärzte und gaben diesmal offen zu, daß »arische« Ärzte von der Aktion wirtschaftlich profitierten.[7]

In den Monaten zwischen dem September 1938 und dem Beginn des Krieges kam eine Flut von antijüdischen Erlassen heraus. Viele standen im Kontext der allgemeinen antisemitischen Gesetzgebung, die alle Juden betraf, und alle waren geeignet, den jüdischen »Krankenbehandlern« das Leben noch schwerer zu machen. Wie zu erwarten war, verweigerte die Reichsärztekammer sofort möglichst vielen ehemaligen jüdischen Ärzten die Pension, sofern diese in einen Pensionsfonds eingezahlt hatten.[8] Anfang Oktober hieß es, daß die verbliebenen zu »Krankenbehandlern« degradierten Ärzte auf Kassenbasis arbeiten könnten, wenn ihre jüdischen Patienten versichert seien. Die Regelung war jedoch nur vorläufig im Hinblick auf spätere Entscheidungen.[9] Noch im selben Monat mußten alle Juden ihre Pässe abgeben, was ihre Möglichkeiten, ins Ausland zu reisen, noch weiter beschnitt.[10] Im Oktober verbot Himmler in seiner Eigenschaft als Chef des deutschen Polizeiwesens den deutschen Juden, Auto zu fahren, und ließ ihre Führerscheine einziehen,[11] eine Maßnahme, die die Ärzte bei ihren Krankenbesuchen schwer behinderte. Nur zwei »Krankenbehandler« wurden Anfang 1939 in Danzig zugelassen, und in dem seit Ende Mai desselben Jahres bestehenden »Protektorat« Böhmen und Mähren verloren alle jüdischen Ärzte ihre Approbation.[12] Ein für jüdische Ärzte und Patienten gleichermaßen demütigender Erlaß wurde im Juni verkündet, als alle Kurorte für Juden gesperrt wurden, wenn sie nicht über eine Bescheinigung vom zuständigen Gesundheitsamt verfügten, diejenige ihres Arztes reichte nicht. Auch dann wurden sie jedoch nur aufgenommen, wenn sie am Kurort von den »arischen« Gästen getrennt werden konnten.[13]

Inzwischen hatten sich die Schwierigkeiten der jüdischen Ärzte im Reich durch die »Reichskristallnacht« vom 9. auf den 10. November in zwei wichtigen Aspekten weiter verschärft.[14] Jüdische Ärzte wurden Opfer der Pogrome, die damals in allen deutschen Städten stattfanden, wobei sie in aller Regel besonders brutal behandelt wurden, weil sie jüdisches Leben bewahren konnten, während die »arische« medizinische Gegenkultur den Juden den Tod wünschte. Aus diesem Grund gewann ihr Beruf eine neue, wichtige Bedeutung. Ihr hippokratisches Verhalten richtete sich gegen den Völkermord – bis zum furchtbaren Höhepunkt in der Geschichte des Holocaust.

Die NS-Schergen waren sich dieser zentralen Rolle der Ärzte in der jüdischen Gemeinschaft bewußt und verhafteten folgerichtig in Berlin massenhaft Ärzte, um, wie Ostrowski richtig bemerkte, möglichst viele jüdische Kranke medizinischer Hilfe zu berauben.[15] In Berlin tolerierte der nationalsozialistische Chirurg Kurt Strauß nur sehr widerwillig Opfer antisemitischer Gewalt in seinem Krankenhaus, nachdem sie von einem barmherzigeren »arischen« Arzt aufgenommen worden waren.[16]

Da die jüdischen Ärzte den Nazis am meisten verhaßt waren, war es in den Tagen nach dem 10. November selbst für diejenigen, die legal arbeiteten, extrem gefährlich, sich bei der Ausübung ihres Berufes erwischen zu lassen. Wer nicht vorübergehend untertauchte, wurde sofort verhaftet und in ein Konzentrationslager verschleppt, wie es beispielsweise Ostrowski fast passiert wäre.[17]

Die Ärzte des israelitischen Krankenhauses in Leipzig wurden abgeholt und abtransportiert. Viele Ärzte kamen nach Buchenwald, Dachau oder Oranienburg-Sachsenhausen bei Berlin, das KZ, in dem die meisten Opfer der Novemberpogrome landeten. In den Lagern halfen sie ihren jüdischen Mithäftlingen unter primitivsten Bedingungen. Oft waren sie jedoch zu schwach dazu, wie etwa Dr. Fackenheim aus Wiesbaden, der in Buchenwald schwer an Durchfall erkrankte.[18] Andere jüdische Ärzte verzweifelten und begingen Selbstmord. Dagegen wurden in Burgdamm bei Bremen der siebenundachtzigjährige Dr. Adolf Goldberg und seine Frau Martha ohne jede Provokation ihrerseits von marodierenden SA-Männern erschossen.[19]

Wer von den jüdischen Ärzten in den israelitischen Krankenhäusern der großen Städte behandelt wurde, war entweder von Nazischlägern angegriffen worden oder hatte einen Selbstmordversuch unternommen. Die Arbeit der Ärzte wurde von Schwarz- oder Braunhemden und von Gestapobeamten erschwert, die die Krankenhäuser durchsuchten und die Patienten und das Personal gleichermaßen drangsalierten. In Fürth etwa zwang die SS die jüdischen Pfleger und viele jüdische Patienten des Krankenhauses, von denen manche unmittelbar vor einer Notoperation standen, eine ganze Stunde lang strammzustehen.[20] Auch vor mutwilliger Zerstörung waren die Kliniken nicht sicher. So wurden etwa in Berlin die Inneneinrichtung und die Spezialausrüstung des israelitischen Krankenhauses von Nazis demoliert.[21] »Ein Volk muß, wenn es seine eigene Art nur irgendwie bewahren will, solch fremdes Rassengut ablehnen, und wenn es eingedrungen ist, wieder verdrängen und ausmerzen«, sagte Professor Fischer nach den Pogromen in einer mit medizinisch-biologischen Metaphern vollgestopften Rede vor Vertretern der Schwerindustrie. »Der Jude ist also andersartig und deswegen, wenn er eindringen will, abzuwehren. Es ist Notwehr.«[22]

Die Qualen der Reichspogromnacht dauerten für die meisten jüdischen Ärzte einige Wochen und für manche bis Anfang 1939. Als sich die Lage beruhigt hatte, widmeten sie sich wieder der täglichen Aufgabe, für die Gesundheit der jüdischen Bevölkerung zu sorgen. Dies geschah in den wenigen noch verbliebenen Privatpraxen, vor allem jedoch in den israelitischen Krankenhäusern. Das in Berlin war das wichtigste, und es blieb neben dem in Hamburg am längsten, nämlich bis zum Ende des Regimes, bestehen. Weil immer mehr Juden aus Deutschland emigrierten oder ab Oktober 1941 in den Osten verschleppt wurden, gab es in den israelitischen Krankenhäusern immer weniger Patienten. In diesem Zusammenhang wurden die jüdischen Kliniken immer wieder verlegt, das erste von zwei unübersehbaren Zeichen für den Niedergang des jüdischen Gesundheitsversorgungssystems in jenen Jahren. Die israelitischen Krankenhäuser hatten, immer unter feindseliger Duldung der SS, zunächst auf dem ursprünglichen großzügig bebauten Grund der Jüdischen Gemeinden gelegen, waren dann in bescheidenere Gebäude gekommen und wurden am Ende in die denkbar ärmlichsten Behausungen verlegt. Das zweite Zeichen für den Niedergang war die Schließung von Kliniken. Mit Ausnahme der beiden genannten wurden die israelitischen Krankenhäuser nach 1939 von den Behörden eines nach dem anderen geschlossen: das Leipziger im Frühjahr 1940, das Mannheimer im Herbst 1942 und das Breslauer im Juni 1943.[23]

Die mutigen Ärzte in diesen Kliniken und in den Privatpraxen bemühten sich trotz aller Widerstände, ihren Patienten alles zu sein, denn sie wurden nicht nur wegen körperlicher Krankheiten aufgesucht. Viele der dahinschwindenden Jüdischen Gemeinden hatten bereits ihren Rabbi verloren, und die Ärzte mußten auch emotionalen und spirituellen Beistand leisten. Die jüdischen Patienten waren in ihrer Mehrheit Opfer willkürlicher Angriffe der Nazis oder gebrochene Männer und Frauen, die gerade aus einem Konzentrationslager entlassen worden waren. Die Arbeit der jüdischen Ärzte war deshalb fast heroisch zu nennen, wenn sie versuchten, ohne das übliche medizinische Material, unter permanenter Ausgangssperre und trotz vielfältiger Beschränkungen durch Gestapo und SS ihre Aufgaben zu erfüllen. Bei dieser Arbeit, die häufig an Katastrophenhilfe grenzte, war das Wertesystem der Ärzte stets in Gefahr, aus dem Gleichgewicht zu geraten, denn Leben und Tod hatten gewissermaßen eine neue Bedeutung gewonnen. War es zum Beispiel richtig, einen Menschen nach einem Selbstmordversuch wieder ins Leben zurückzuholen, obwohl er vielleicht ermordet würde, kaum daß man ihn wieder gesund gepflegt hatte? Die Ärzte selbst hielten die ungeheure Anspannung manchmal nicht aus und nahmen sich ebenfalls das Leben.[24]

Außerdem wurden sie außerhalb der Mauern ihrer Krankenhäuser von perversen Gesetzen und uniformierten Schergen gnadenlos verfolgt. Noch immer wurden gegen Ärzte harte Urteile wegen »Rassenschande« verhängt. In einem Fall wurde ein Arzt schwerer bestraft, weil er nach Ansicht des Gerichts aufgrund seines medizinischen Wissens besser als andere in der Lage gewesen wäre, die Nürnberger Rassengesetze zu achten.[25] Ärzte wie er wurden in Konzentrationslager wie Dachau gebracht, wo sie in ihrem Beruf unerschütterlich weiterhin ihren Mithäftlingen dienten.[26] Ein äußerst trauriges Schicksal erlitt auf dem Höhepunkt des Krieges Dr. Georg Benjamin. Er wurde im Sommer 1942, nach seiner Entlassung aus einem Brandenburger Zuchthaus, in ein Arbeitslager verlegt, dann in das berüchtigte KZ Mauthausen gebracht und einige Wochen später brutal ermordet.[27]

Es ist unbestreitbar, daß sich die nationalsozialistischen Ärzte mit der völligen Ausschaltung der jüdischen Konkurrenz am Ziel ihrer Wünsche sahen. Dies wurde in verschiedenen öffentlichen Äußerungen führender Mitglieder des NS-Ärztebunds deutlich, insbesondere bei Conti, nachdem dessen Rivale Wagner gestorben war. Auf dem Höhepunkt des Krieges besuchte der Reichsgesundheitsführer zwar mit großem Pomp und viel geheuchelter Bewunderung für die jüdische Selbstverwaltung das israelitische Krankenhaus in

Berlin, doch er verriet seine wahre Gesinnung, wenn er sich öffentlich an die verheerende Wirkung des Judentums auf den medizinischen Berufsstand und den beklagenswerten Einfluß der jüdischen Ärzte auf das deutsche Hebammenwesen erinnerte – Dinge, die, wie er meinte, nun ja wohl allesamt der Vergangenheit angehörten.[28] Auch das wirtschaftliche Motiv wurde wieder einmal deutlich, als Conti seine früheren jüdischen Kollegen als Leute beschimpfte, die Medizin und Geschäft stets vermischt und sich trotzdem als große Retter der Menschheit aufgespielt hätten.[29] Solche Verleumdungen fanden im gesamten nationalsozialistischen medizinischen Establishment großen Widerhall.[30]

Trotzdem waren selbst zu diesem Zeitpunkt die Trennlinien zwischen dem jüdischen und dem »arischen« Bereich in der Gesundheitsversorgung noch nicht klar gezogen, vor allem aufgrund der Anforderungen des Krieges. Auf einem Treffen hoher NS-Funktionäre am 12. November 1938, nach dem Gewaltausbruch der »Kristallnacht«, hatte sich SD-Chef Heydrich für die Trennung von »arischen« und jüdischen Patienten in öffentlichen Krankenhäusern ausgesprochen. Ein Erlaß dieses Inhalts war zwar bereits 1937 ergangen, aber nie konsequent befolgt worden, da die jüdischen Kliniken ungleich verteilt und oft außer Reichweite waren.[31] Viele nichtjüdische Ärzte fühlten sich trotz allem immer noch verpflichtet, jüdische Patienten zu behandeln, wenn deren Ärzte nicht verfügbar waren, und einige von ihnen behandelten sie nicht nur, sondern überwiesen sie auch an öffentliche Krankenhäuser, deren Direktoren dies nicht ausdrücklich verboten hatten. Dies geschah – trotz Heydrichs Protest – auch noch Anfang 1939, wobei jüdische Patienten in mehreren öffentlichen Krankenhäusern mit nichtjüdischen zusammengelegt wurden. Ob und in welchem Ausmaß es dagegen Proteste von »Ariern« gab, ist in der Regel nicht bekannt. Doch im württembergischen Laupheim gab es Widerstand, als ein jüdischer Mann in die Frauenabteilung gelegt wurde, und in Bremen protestierte ein SA-Mann, weil ein Jude in seinem Krankenzimmer lag.[32] Trotzdem entschied die Dortmunder Gestapo noch im April 1939, daß jüdische Patienten aufgrund des Mangels an geeigneten jüdischen Einrichtungen in normalen Krankenhäusern unterzubringen seien, wenn auch möglichst in einem separaten Flügel. Auch Anfang 1940 galt für Hamburg noch die Regel, daß nichtjüdische Ärzte die Behandlung von Juden nicht verweigern durften, falls keine »Krankenbehandler« zur Verfügung standen.[33] Ob es auch in Wien nicht genügend »Krankenbehandler« gab, ist nicht sicher, aber die Stadt war einer der Orte im Reich, wo selbst 20 Monate später noch Juden von »Ariern« behandelt wurden.[34] Bis mindestens zum Sommer 1942 durften Juden unter den genannten besonderen Umständen immer noch die Praxen von »arischen« Ärzten betreten, besonders wenn sie durch die Behandlung für die Kriegsanstrengungen tauglich gehalten wurden.[35] Auch die Unterbringung in normalen Krankenhäusern war noch möglich, wenn die Juden von den »Ariern« getrennt wurden.[36]

Diese Inkonsequenzen zeigen deutlich, daß sich die NS-Führer in dem sich hinziehenden Krieg gezwungen sahen, ihre Politik der absoluten »Ausrottung« der jüdischen »Rasse« wegen logistischer Anforderungen und des Bedarfs an Arbeitskräften zu modifizieren, ein Kurs, der beispielsweise auch im Konzentrationslager Auschwitz verfolgt wurde, wo der systematische Massenmord und die Zwangsarbeit, etwa im Buna-Lager, parallel liefen. Aus dieser sozusagen korrumpierten Philosophie, die ein fanatischer Purist wie Gerhard Wagner möglicherweise als schockierend empfunden hätte, erklärt sich vielleicht, warum die Nazis angesichts der wegen des Frontbedarfs angespannten medizinischen Versorgungslage so lange »Mischlinge« im staatlichen Gesundheitswesen duldeten.

Ganz im Sinne der Nürnberger Rassengesetze von 1935 galten jüdische »Mischlingsärzte« ersten Grades in den Gesetzen von 1938 als »Volljuden« und wurden von den Bestimmungen der Gesetze mit voller Härte getroffen. Dies bedeutete, daß sie bis zur Verabschiedung weiterer Gesetze nur als »Krankenbehandler« arbeiten durften. Neue Verordnungen zur gesamten »Mischlingsfrage«, wie sie 1941 von Dr. Groß und von Contis Stellvertreter Dr. Blome, einem alten Freund Wagners, angeregt wurden, kamen zweifellos deshalb nicht zustande, weil man erkannt hatte, daß die »Mischlinge« ein kriegswichtiges Arbeitskräftepotential darstellten. Ähnliche Erwägungen auf der Wannseekonferenz vom Januar 1942 bezüglich der »Mischlinge« zweiten Grades führten ebenfalls zu keinem konkreten Ergebnis, und auch im März und Oktober jenes Jahres und im Frühjahr 1943 kam es zu keinen neuen Beschlüssen, weil über Definitionen und Verfahren große Uneinigkeit bestand.[37] »Mischlingsärzte« ersten Grades galten, wenn sie getauft waren, auf dem Höhepunkt des Krieges bei der Reichgesundheitsführung wegen des Arbeitskräftemangels im medizinischen Bereich als unverzichtbar und wurden nach Bedarf im Reich eingesetzt, wie natürlich auch die »Mischlingsärzte« zweiten Grades (die teilweise auch zur Wehrmacht eingezogen werden konnten).[38]

Sogar »halbjüdische« Ärzte mosaischen Glaubens, die – wenn auch vielleicht nur aus Versehen –, in absehbarer Zukunft nicht zur Vernichtung vorgesehen waren, wurden möglicherweise von der Reichsgesundheitsverwaltung gebeten, sich an den Kriegsanstrengungen zu beteiligen, besonders seit der pragmatischere Dr. Brandt ab Sommer 1942 größeren Einfluß gewann.[39] Dies läßt sich aus einem im Dezember 1943 verkündeten Erlaß schließen, der die Verwendung von jüdischen »Mischlingsärzten« vermutlich für den zivilen Bereich regelte. Einem solchen »Mischling«, dem Arzt Dr. A. W. aus Wien, wurde befohlen, sich zum Katastropheneinsatz in der österreichischen Hauptstadt zu melden.[40] Einige christliche Ärzte mit jüdischen Ehefrauen wurden ebenfalls auf diese Weise beschäftigt.[41] Soweit bekannt, gelang es jedoch nur einem einzigen mit einer »Arierin« verheirateten jüdischen Arzt, beruflich zu überleben. Dieser Dr. Walter Lustig, ein früherer Amtsarzt, war der medizinische Verbindungsmann zwischen dem jüdischen Ghetto in Berlin und der Gestapo. Er spielte dabei eine sehr unrühmliche Rolle und wurde 1945 von den einmarschierenden Russen standrechtlich erschossen.[42]

Es ist ein Gemeinplatz zu sagen, daß Deutschlands jüdische Ärzte ein tragisches Ende gefunden haben. Wenn sie nicht emigrierten, wurden sie in der Regel zusammen mit ihren Patienten in die Ghettos und Lager im Osten verfrachtet oder einzeln bei einer der in Deutschland seit Herbst 1941 periodisch stattfindenden Razzien aufgegriffen.[43] Einige kamen nicht unmittelbar in ein Konzentrations- oder Vernichtungslager, weil sie in der Kriegs- und

Besatzungswirtschaft gebraucht wurden.[44] Beispielsweise arbeiteten deutsch-jüdische Ärzte in den Ghettos im »Warthegau« und in den jüdischen Arbeitslagern im österreichischen Burgenland an der ungarischen Grenze.[45] Einige jüdische Ärzte hatten relatives Glück, weil sie in das »Vorführlager« Theresienstadt kamen, wo die Überlebenschancen etwas besser waren, wenn man nicht einer Krankheit erlag oder nach Auschwitz verfrachtet wurde.[46] Zu einem bestimmten Zeitpunkt waren 1000 Ärzte unter den 65 000 Lagerhäftlingen; viele davon waren Deutsche, und viele übten immer noch ihren Beruf aus.[47]

Die meisten »Krankenbehandler«, die zusammen mit den anderen Juden festgenommen und deportiert wurden, sorgten vom Sammelpunkt bis zur Ankunft im Lager weiter für die Kranken.[48] Auch an diesen entsetzlichen Orten setzten sie ihre Arbeit fort und wurden so zum moralischen Gegenpol der SS-Ärzte, die ihren hippokratischen Eid verraten hatten. Nur ein jüdischer deutscher Arzt, der Kölner Gynäkologe Maximilian Samuel, brach ebenfalls den Eid, als er in Auschwitz mit dem Feind zusammenarbeitete. In einem normalen Leben hätte er dies wohl nie getan. Er hoffte, durch seine Verzweiflungstat das Leben seiner neunzehnjährigen Tochter zu retten, die mit ihm zusammen deportiert worden war. Samuel wurde am Ende, wie zuvor bereits seine Frau, getötet.[49] Das Schicksal seiner Tochter ist uns nicht überliefert.

5. Chronik des Exils und eine Schätzung der Emigrationszahlen

Es ist eine berechtigte Frage, warum nicht mehr jüdische Ärzte aus Deutschland emigrierten und von welchen Umständen die Emigration derjenigen geprägt war, die die Flucht wagten. Ein Teil der ersten Frage läßt sich unschwer mit dem Verweis auf die Statistik über die jüdische Emigration beantworten, die zum Schluß dieses Abschnitts behandelt wird. Aus ihr geht hervor, daß es der großen Mehrheit der jüdischen Ärzte gelang, Deutschland vor dem Holocaust zu verlassen, vermutlich weil Ärzte im allgemeinen wohlhabend waren und deshalb die erste und wichtigste Hürde überwinden konnten, die finanzielle. Warum eine Minderheit eines gewaltsamen Todes sterben mußte, hängt mit einem ganzen Komplex von Faktoren zusammen, einer Kombination von wirtschaftlichen und psychologischen Variablen, die heute schwer einzuschätzen sind. Einige jüdische Ärzte waren vielleicht tatsächlich zu arm für die Emigration. Und andere, die über die nötigen Mittel verfügten, fanden es vielleicht schwer, sich von ihrem Besitz zu trennen, und zögerten gerade deshalb, ihr Geburts- oder Gastland zu verlassen. Sie machten das durch, was Hertha Nathorff den »ewigen Konflikt« genannt hat, und hofften so lange auf eine Wende zum Besseren, bis es zu spät war.[1] Dr. Martin Gumpert berichtet, daß er, als er sich 1935 entschlossen hatte, das Land zu verlassen, sich beeilte, all seine irdischen Habseligkeiten los zu werden, damit ihn nicht materielle Erwägungen davon abhielten, die Schiffsreise in die Vereinigten Staaten anzutreten.[2]

Es besteht kein Zweifel, daß sogar jüdische Ärzte, die sich über die Verhältnisse in Deutschland keinerlei Illusionen mehr machten, mit machtvollen Widerständen zu kämpfen hatten und die Emigration oft verschoben und manchmal sogar ganz aufgaben. Dies galt nicht nur für Ärzte; sie teilten das Schicksal anderer Freiberufler, etwa der Rechtsanwälte und Zahnärzte, die ähnlich wie sie zunehmend »ausgeschaltet« wurden, oder der relativ wenigen wirklich reichen Personen. Nach dem Schock von Hitlers Machtübernahme und den ersten antisemitischen Maßnahmen, im Fall der Ärzte dem Entzug der Kassenzulassungen, setzte eine große Emigrationswelle ein. Zu diesem Zeitpunkt waren die Einwanderungsbestimmungen der ausländischen Regierungen noch einigermaßen großzügig, und die Emigranten konnten damit rechnen, erfolgreich Fuß zu fassen.[3] Kurz darauf jedoch hieß es in Berichten aus dem Ausland, die von den jüdischen Organisationen im Reich sorgfältig registriert, analysiert und verbreitet wurden, daß an die Einwanderer in ihren Gastländern schwierige Anforderungen gestellt würden und sie psychische Anpassungsprobleme hätten. Auch wenn an bestimmten Orten, wie etwa in den ländlichen Gebieten der USA, Ärzte gebraucht wurden, fielen sie im allgemeinen nicht unter die Rubrik der bevorzugten Berufe wie beispielsweise Facharbeiter oder Farmer, Berufe, die bei Juden nicht beliebt waren. Berichte über den gewaltigen Kulturschock aufgrund der fremden Sprache, der manchmal sogar zu Selbstmord führte, waren ebenfalls entmutigend; der Kulturschock war eines der bekanntesten Symptome für eine mißlungene Integration. Auch wurde schnell bekannt, daß die Chancen eines Arztes, zugelassen zu werden und wieder mit wirtschaftlichem Erfolg zu praktizieren, um so schlechter waren, je älter er war. Wie sich herausstellte, waren annähernd zwei Drittel der Ärzte, die Deutschland verließen, unter fünfundvierzig; über sechzigjährige Ärzte blieben dagegen meist zurück, wenn sie nicht von ihren zur Emigration entschlossenen Kindern mitgenommen wurden.[4]

Ärzte, die ihre Auswanderung in den vier Jahren nach 1933 immer wieder verschoben, fanden stets neue Gründe, um ihre Entscheidung zu rationalisieren. 1934 hatten viele Juden aus allen Schichten die Illusion, daß sich Hitlers Radikalismus aufgebraucht hätte, ein Eindruck, der sich bei einigen durch Hitlers entschiedenes Vorgehen während der Röhm-Krise im Sommer 1934 noch verstärkte. Sie fühlten sich insbesondere 1935 bestätigt, als die Auswanderungszahlen sehr niedrig waren. Viele Juden kehrten sogar nach Deutschland zurück (unter großem persönlichem Risiko, denn sie wurden in der Regel in ein Konzentrationslager gesteckt, ein Schicksal, dessen Bedeutung anderen Juden nur langsam klar wurde). Obwohl es für die jüdischen Ärzte, die noch arbeiten durften, in der Regel immer weniger Arbeit gab, hatte eine kleine Minderheit extrem viel zu tun und betrachtete ihre Situation irrtümlich als besondere Chance. Ein Arzt hatte so viel Arbeit, daß er sich ein neues Auto kaufte, wenige Wochen, bevor er es wegen der Rassengesetze nicht mehr benutzen durfte. Außerdem kamen in jenen Jahren sehr viele jüdische Ärzte nach Berlin, nicht nur weil die jüdischen Selbsthilfeorganisationen dort ihr Zentrum hatten und wegen der bekannten Anonymität in Deutschlands größter Stadt, sondern auch weil die Arbeitsmöglichkeiten dort in manchen Vierteln immer noch überraschend gut waren. Die Zuwanderer kamen meistens aus der Provinz, aber es waren auch zurückgekehrte Emigranten unter ihnen. Viele gewannen angesichts dieser Umstände den falschen Eindruck, daß die harten Zeiten fast vorbei wären, eine Hoffnung, die sich durch die Nürnberger Rassengesetze brutal zerschlug, aber bei einigen schnell wieder keimte. Ein Teil des Schadens, den die neuen Gesetze anrichteten, wurde nämlich, zumindest in der Wahrnehmung einiger, durch die relative Ruhe noch einmal ausgeglichen, die 1936 während der Olympischen Spiele herrschte. In diesem zwiespältigen Umfeld warnten die jüdischen Organisationen Freiberufler und insbesondere Ärzte vor den immer restriktiver werdenden Quoten und den schlechteren Arbeitsbedingungen, die im Ausland in ihren Spezialgebieten herrschten, was eine Reihe von Ärzten dazu verführte, länger zu bleiben, als gut für sie war.[5]

Den im Land gebliebenen Ärzten wurde erst nach dem Entzug der Approbationen und dem Pogrom im November 1938 wirklich bewußt, daß die Emigration unvermeidlich war. Dies ist der Grund, warum sich die (geschätzte) Gesamtzahl der jüdischen Flüchtlinge von 23000 im Jahr 1937 auf 40000 im Jahr 1938 erhöhte und 1939 mit 78000 den höchsten Wert erreichte.[6] Die Auswanderung der Ärzte verlief parallel zu diesem Trend. Wie ein deutscher Experte in jüngerer Zeit feststellte, wurden jedoch die anfänglich recht geringen Beschränkungen der Berufstätigkeit im Ausland um so schärfer, je dringender die jüdischen Mediziner aus Deutschland auswandern mußten.[7] Das heißt, daß 1939, ein Jahr nach dem katastrophalen Ende der internationalen Konferenz von Évian-les-Bains,[8] die Notwendigkeit auszuwandern größer war als je zuvor, während die Chancen, sich in einem neuen Land niederzulassen, für jüdische Ärzte zugleich so gering wie nie zuvor waren.

Die mit der Emigration verbundenen Strapazen und Schwierigkeiten waren enorm; Geschichten darüber kursierten in allen Jüdischen Gemeinden und erschreckten viele, die gerne emigrieren wollten. Ein ausländisches Visum konnte man in der Regel nur bekommen, wenn man eine oder alle drei der folgenden Bedingungen erfüllte: Man mußte einen bevorzugten Beruf haben; man mußte einen Verwandten oder sonst einen geeigneten, finanziell abgesicherten Bürgen vorweisen können; oder man mußte genügend transferierbares Vermögen besitzen, um seinen Lebensunterhalt ohne berufliches Einkommen und ohne staatliche Unterstützung bestreiten zu können. Wenn man diese Kriterien nicht erfüllte, wurde man in vielen Ländern auf eine Liste mit langen Wartezeiten gesetzt. Es trifft zu, daß Ärzte in der Regel genügend Vermögen besaßen, in diesem Fall jedoch waren sie von den extrem harten Devisengesetzen betroffen, die im Reichsfluchtsteuergesetz vom Mai 1934 kulminierten. Die wichtigste Bestimmung dieses schändlichen Gesetzes, das die Juden für die »Flucht« aus dem Reich bestrafte, lautete, daß Personen, die nach 1931 über ein Jahreseinkommen von über 20000 Reichsmark oder ein steuerpflichtiges Vermögen von über 50000 Reichsmark verfügten, ein Viertel ihres Vermögens an das Finanzamt abtreten mußten. Die Nazis erfanden noch zahlreiche andere Methoden, um emigrierende Juden ihrer Habseligkeiten zu berauben, so etwa – für Ärzte – die Vorschrift, daß sie ihre Bibliothek oder wertvolle Spezialgeräte zurücklassen mußten. Um 1938/39, als es einen großen Ansturm auf die ausländischen Konsulate gab, konnte der Staat vor der Abreise bereits bis zu 96 Prozent der Vermögen beanspruchen. Die Reichsmark galt damals als eine weiche Währung, so daß die Emigranten dafür insbesondere in den USA vergleichsweise wenig Gegenwert erhielten. Das NS-Regime nahm bis einschließlich 1940 Reichsfluchtsteuern in Höhe von 900 Millionen Mark ein.[9] Der berühmte Arzt Dr. Paul Rosenstein machte die schlimme Erfahrung, daß er selbst noch die deutschen Grenzwächter mit einem hohen Scheck bestechen mußte, damit sie ihn nach Holland ausreisen ließen.[10]

Jüdische Ärzte und andere wohlhabende Juden wurden behindert, wenn sie ihren Besitz oder ein Unternehmen wie etwa eine Privatklinik verkaufen oder zur treuhänderischen Verwaltung an »arische« Verwandte oder Freunde überschreiben wollten.[11] Und wie nicht anders zu erwarten, versuchte sich die KVD um ihre gesetzliche Pflicht zu drücken, Pensionszahlungen an die neuen Auslandsadressen der jüdischen Emigranten zu schicken; in einem vollständig dokumentierten Fall konnten sich Gerhard Wagners Bürokraten mit ihrer mehr als zweifelhaften Argumentation in zweiter Instanz durchsetzen.[12]

Letztlich konnten daher nur wenige jüdische Ärzte allein aufgrund ihres Vermögens ein Visum bekommen. Eine beträchtliche Zahl von ihnen hatte jedoch wie etwa Hertha Nathorff Verwandte, insbesondere in den Vereinigten Staaten, oder sie konnten wie Martin Gumpert von der Großzügigkeit eines wohlhabenden Geldgebers profitieren.[13] Es gab jedoch noch weitere Schikanen der Nazis, wie den Entzug der Pässe oder die Zurückhaltung notwendiger Übersiedlungsdokumente.[14] Darüber hinaus wurde das Unrecht durch zahlreiche Demütigungen ergänzt. Die junge Frau eines Arztes, der nach der »Kristallnacht« Ende 1938 in Dachau interniert worden war, entschloß sich, unmittelbar nach seiner Freilassung aus dem Konzentrationslager mit der ganzen Familie zu emigrieren. Sie arrangierte ein privates Abendessen mit dem französischen Konsul in Stuttgart, bereit, ihre Tugend für ein Visum zu opfern, und stellte fest, daß der Konsul ein Mann von zweifelhafter Großzügigkeit war.[15] Häufig ließen Ärzte ihre Kinder oder ihre Frau zurück und mußten später ein Lösegeld für sie bezahlen.[16] Mehrere Ärzte emigrierten, nachdem sie im Konzentrationslager gewesen waren – zutiefst gedemütigt, aber aus Furcht vor Repressalien unfähig, sich über das erlittene Unrecht zu äußern.[17] Die früher bei der Stadt Berlin beschäftigte marxistische Ärztin Käte Frankenthal trug wochenlang Zyankali mit sich herum, weil sie fürchtete, daß ihre Flucht aus Deutschland scheitern und sie der Gestapo in die Hände fallen könnte.[18]

Zu diesen Ängsten kam noch die Furcht um die eigene Sicherheit in dem fremden Land hinzu. Schon vor dem »Anschluß« Österreichs deuteten viele Anzeichen auf den bevorstehenden Krieg, denn Hitlers imperialistische Gier wurde mit jedem Jahr klarer. Wann würde er die Tschechoslowakei, Belgien, die Niederlande überrennen? Schon 1933 ging der bekannte Berliner Internist Johannes Plesch deshalb nicht ins benachbarte Holland, was ihm am liebsten gewesen wäre, sondern nach England, wo er sich sicherer fühlte. Der Österreicher Dr. Hans Brauchbar floh später als Plesch in die serbische Stadt Šabac, doch im Frühjahr 1941 überrannten Hitlers Soldaten Jugoslawien. Ende Oktober wurde Brauchbar zusammen mit anderen ehemaligen Einwohnern Österreichs im Zuge der Partisanenbekämpfung erschossen.[19]

Von den jüdischen Ärzten, denen die Flucht aus Nazideutschland gelang, befand sich nach Ende des Zweiten Weltkriegs die Mehrheit in den Vereinigten Staaten, obwohl sie das unter britischem Mandat stehende Palästina vorgezogen hatten, bis dort 1935 restriktive Gesetze erlassen wurden. Einer konservativen Schätzung zufolge nahmen die USA zwischen 1933 und 1945 knapp 5000 geflohene Ärzte aus Europa auf, von denen die Mehrheit jüdisch war.[20] Dies bedeutet beispielsweise, daß sich 1945 dreiunddreißig beziehungsweise 44,6 Prozent der Ärzte aus dem Raum Stuttgart in den Vereinigten Staaten aufhielten, während nur 10,8 Prozent (die zweithöchste Zahl) nach Palästina gegangen waren.[21] Neben den Vereinigten Staaten war das britische Mandatsgebiet im Nahen Osten vor allem aus ideologischen und emotionalen Gründen sehr populär, doch die sozioökonomische Konstellation in Palästina und die britische Politik waren Hindernisse für einen massiven Zustrom von Juden.[22] Es war entmutigend, daß die Vereinigten Staaten auch noch 1935/36, als die Briten die Zugangsbedingungen zu ihrem Mandatsgebiet verschärften, an ihrer restriktiven Flüchtlingspolitik festhielten. Beide Verhaltensweisen hatten direkte und teilweise sehr tragische Folgen für die Ärzte.

Die zurückhaltende Toleranz, manchmal sogar Feindseligkeit, mit der die Amerikaner die jüdischen Ärzte empfingen, kann nur vor dem Hintergrund der Tradition der amerikanischen Immigration verstanden werden, die in dem Jahrzehnt vor Hitler einen beträchtlichen Wandel erfahren hatte. Amerika war für Einwanderer aus praktisch allen Teilen Europas im 19. und Anfang des 20. Jahrhunderts immer das klassische Land der Freiheit gewesen. Doch der Isolationismus nach dem Ersten Weltkrieg hatte eine stärker selbstzentrierte Beschäftigung mit der eigenen nationalen Identität zur Folge, die der Tendenz Vorschub leistete, weitere Immigranten abzulehnen. Dies galt besonders dann, wenn sie aus Regionen kamen, die keine wichtige historische Beziehung zu den ursprünglichen westeuropäischen Staatsgründern hatten. Im Mai 1921 wurden Gesetze zum Nachteil von Einwanderern aus Ost- und Südeuropa erlassen, doch sie erwiesen sich als so unwirksam, daß der Kongreß 1924 ein Quotensystem für die europäischen Länder einführte. Es benachteiligte den Süden und den Osten und wurde durch Präsident Calvin Coolidges Unterschrift Gesetz. Wie J. M. Tincher, ein Kongreßabgeordneter aus Kansas, damals sagte, bestand der Zweck des Gesetzes darin, keine »bolschewistischen Spaghettifresser, Iberer, Itzigs und Polacken« ins Land zu lassen.[23]

Von da an gehörten die »Kikes« oder Juden zu den weniger beliebten Gruppen, die Einlaß in ein Land begehrten, das von 1930 bis 1937 unter der Großen Depression und den Problemen eines schwierigen wirtschaftlichen Aufschwungs zu leiden hatte. Obwohl bis 1937 mehr Menschen die USA verließen als einwanderten und motivierte Einwanderer der Wirtschaft durchaus gutgetan hätten, ereiferten sich rechtsgerichtete Politiker nach wie vor über den Zustrom unerwünschter Elemente. Dazu rechneten sie auch die Juden, die sie zum Teil nach dem Vorbild der Nazis mit Bolschewisten gleichsetzten. Deutsche Juden fielen unter die Quote für Einwanderer deutscher Nationalität, die auf knapp 25 000 Immigranten pro Jahr festgesetzt war, doch diese Grenze wurde bis 1939 nie erreicht. Die Gründe waren vielfältig. Informelle Beschränkungen der Gewerkschaften und der Industrie und willkürliche Gesetze in einzelnen Staaten beschnitten den Einwanderern in vielen Gebieten die Möglichkeit einer wirtschaftlichen Betätigung. Für viele Juden war auch das Sprachproblem unüberwindlicher, als sie zunächst gedacht hatten. Zudem waren die amerikanischen Konsuln im Ausland extrem streng, manchmal auch unnötig grausam in der Auslegung einer Direktive, durch die Präsident Herbert Hoover 1930 die Ablehnung finanziell nicht unabhängiger Antragsteller verfügt hatte.[24]

1937 wurde Hoovers Direktive gelockert, und wesentlich mehr Juden durften einreisen. Trotzdem füllten sich die Wartelisten der Konsuln so schnell mit den Namen deutscher und österreichischer Juden, daß für viele eine jahrelange Wartezeit unvermeidlich war.[25] Entsetzt über den Naziterror nach dem »Anschluß« Österreichs im März 1938 initiierte Präsident Franklin D. Roosevelt für den Sommer die Konferenz von Évian. Doch sie scheiterte. Nicht nur die anderen Länder, sondern auch Roosevelts Vereinigte Staaten rangen sich nicht zu wirksamen Maßnahmen zur Unterstützung der Juden durch.[26] Erst nach den Schrecken der Reichspogromnacht noch im selben Jahr konnten die Juden in den USA endlich die volle Quote für deutsche Immigranten in Anspruch nehmen, und sie machten 1939 und 1940 stark davon Gebrauch.[27] Danach jedoch wirkten der Kriegseintritt der USA, die Unterdrückungsmaßnahmen des Dritten Reichs (Himmler verbot im Oktober 1941 die jüdische Emigration) und die fortgesetzten fremdenfeindlichen Ausbrüche in den USA – in der Politik wie auch im Alltag – so unheilvoll zusammen, daß die Tür für weitere jüdische Flüchtlinge verschlossen blieb und auch eine schnelle Integration der bereits im Land befindlichen Einwanderer erschwert wurde.[28]

Vor diesem Hintergrund sollen nun die Chancen der jüdischen Ärzte in den USA und die Fortschritte, die sie dort machten, kurz skizziert werden. Quantitativ stellten diese Ärzte 1945 etwa 2,3 Prozent der insgesamt 132 000 Juden, die seit 1933 aus Deutschland und Österreich in die USA eingewandert waren.[29] Wer von den 3000 jüdischen Ärzten vor dem Herbst 1936 in die Vereinigten Staaten einwanderte, hatte die wenigsten Schwierigkeiten, denn er konnte in den fünf als liberal geltenden Staaten an der amerikanischen Ostküste, New York, Massachusetts, New Jersey, Connecticut und Maryland sowie in Illinois im Mittelwesten praktizieren.[30] In New York entsprachen die Verhältnisse am ehesten einem aufgeklärten Staatswesen; dort wurde lediglich eine Sprachprüfung für die Gründung einer Privatpraxis verlangt. Dagegen stellten die restlichen Staaten so viele Vorbedingungen, daß sich die meisten Ärzte von einer Niederlassung abschrecken ließen. Man mußte eingebürgert sein (was erst nach fünf Jahren permanentem Wohnsitz im betreffenden Staat möglich war), man benötigte Einwohnermeldepapiere als Voraussetzung für die spätere Einbürgerung (sogenannte Erstpapiere), man brauchte eine bundesstaatliche oder einzelstaatliche Zulassungsurkunde, und man mußte als Medizinalassistent in einem amerikanischen Krankenhaus gearbeitet haben.[31] Ab Oktober 1936 wurden die Rechte der Einwanderer aus zwei Gründen beschnitten. Erstens führte der Staat New York unter dem Druck reaktionärer, fremdenfeindlicher Ärzte die Regelung ein, daß ausländische Ärzte außer dem Sprachtest auch noch eine medizinische Prüfung durch ein ordentliches Zulassungsgremium bestehen mußten, und zweitens führte ein fast bei allen US-amerikanischen Ärzten vorherrschender konservativer und restriktiver Trend zu beinahe unüberwindlichen Barrieren gegen eingewanderte Kollegen, die schlimmste war, daß man die amerikanische Staatsbürgerschaft brauchte, bevor man den staatlich vorgeschriebenen Zulassungstest ablegen durfte.[32]

Es ist eine tragische Ironie der Geschichte, daß die Vereinigten Staaten damals unter Ärztemangel litten, weil die amerikanischen Universitäten im Verhältnis zur Bevölkerung jahrzehntelang nicht genügend Mediziner ausgebildet hatten – ein Fehler, der sich im Zweiten Weltkrieg sehr negativ bemerkbar machte. Wie in Deutschland und anderen europäischen Ländern fehlte es auch in den ländlichen Gebieten der USA an Ärzten.[33] Dennoch hatten gerade viele mittelwestliche und südliche Staaten mit ländlicher Infrastruktur wegen der Intoleranz ihrer Einwohner die schärfsten Einwanderungsvorschriften eingeführt; Georgia, Alabama, Mississippi und Idaho fielen unter diese Kategorie.[34] Sie sollten bis 1945 für andere Staaten, zu denen leider auch New York gehörte, Vorbilder an praktizierter Fremdenfeindlichkeit werden.

Trotz der Appelle aufgeklärter Gesundheitsbeamter, insbesondere an der Ostküste, Großzügigkeit walten zu lassen, und obwohl sie betonten, daß man die geflüchteten Ärzte nicht dazu ermutigen wolle, in medizinisch überversorgten (städtischen) Gebieten Arbeit zu suchen, wurden die Mitglieder der einzelstaatlichen Zulassungsgremien im Lauf der Zeit nicht weniger rigide, sondern bestanden eher noch stärker auf ihren strengen Zulassungsvoraussetzungen.[35] »Die amerikanischen Ärzte haben Mitgefühl mit ihren diskriminierten europäischen Kollegen«, lautete ihre spießbürgerliche Argumentation. »Aber sie sind trotzdem der Ansicht, daß die traditionelle amerikanische Großzügigkeit nicht bis zu einem Punkt strapaziert werden darf, an dem man diesen Kollegen seine eigene wirtschaftliche Sicherheit opfert.«[36] Bis 1943 war den Immigranten jede Möglichkeit genommen worden, die ärztliche Zusatzprüfung abzulegen, außer in New York und Massachusetts.[37] Dies bedeutete, daß die meisten jüdischen Ärzte, falls sie sich nicht vor Oktober 1936 im Staat New York oder einem der anderen liberalen Staaten an der Ostküste niedergelassen hatten, jahrelang keine ordentliche Praxis eröffnen konnten und unangenehme Arbeiten wie Hausieren oder Hilfsarbeiten im Krankenhaus verrichten mußten, bis sie endlich ihre Einbürgerungsurkunde erhielten und die verschiedenen medizinischen Prüfungen ablegen konnten.[38] Es gab wenige Ausnahmen wie etwa Kalifornien, aber durchaus nicht aus moralischen Gründen. Vielmehr hatte der am Pazifik gelegene Staat orientalische Einwohner und mußte Orientalen als Ärzte zulassen, da Weiße sich weigerten, Chinesen zu behandeln. Aufgrund einer perversen rassistischen Logik konnte deshalb auch Juden die Zulassung nicht verweigert werden; aber sie mußten in einer unfreundlichen Umgebung arbeiten.[39]

Insgesamt weigerten sich 21 der 48 US-amerikanischen Bundesstaaten kategorisch, Ausländer innerhalb ihrer Grenzen eine Praxis eröffnen zu lassen.[40] Und wenn behauptet wird, spätestens Ende der vierziger Jahre sei es doch den meisten jüdischen Ärzten in den USA gutgegangen und einige seien sogar extrem erfolgreich gewesen und von ihren neuen Heimatgemeinden voll respektiert worden,[41] dann stimmt dies nur, weil sie zuvor gewaltige materielle Opfer gebracht und unermeßliches persönliches Leid durchgestanden hatten.

Unsere Geschichte wäre sehr viel inhaltsreicher, wenn wir von bestimmten Ärzten mehr wüßten, als daß sie in die Vereinigten Staaten gingen und dort blieben. Dr. Nathan aus Nürnberg, Dr. Oskar Nußbaum aus Bremen und Dr. Simon Gideon aus Stuttgart sind Beispiele für solche Ärzte. Nußbaum ist als der letzte Arzt registriert, der am 26. August 1939 aus der Hansestadt entkam, und Gideon starb 1959 in Chicago, wo er eine gynäkologische Praxis eröffnet hatte.[42] Der Pathologe Dr. Heinz Jacques Ahronheim, der 1925 als Fünfundzwanzigjähriger sein Studium in Berlin mit magna cum laude abgeschlossen hatte, war einer der sehr wenigen Glücklichen, die eine enge Verwandte in den USA hatten. Seine Mutter lebte in Chicago, wohin er Anfang 1936 entkommen konnte. Er fand anscheinend sofort Arbeit im W. A. Foote Memorial Hospital in Jackson, Michigan.[43] Dr. Fritz Aron emigrierte 1938 aus Berlin und starb 1962 als hochangesehener Arzt in den USA.[44]

Dr. Cäsar Hirsch dagegen nahm sich in den USA das Leben.[45] Und obwohl die Gründe für seinen Selbstmord nicht bekannt sind, kann man annehmen, daß fehlgeschlagene Integration und wirtschaftliches Elend, unter denen damals so viele frisch eingewanderte Mediziner litten, den Arzt in den Tod getrieben haben. Über die schwierige Integration haben sich mehrere Ärzte in ihren Memoiren beklagt. Doch keiner hat die damit verbundenen Gefühle besser beschrieben als das Kind eines deutsch-jüdischen Arztes: »Die New Yorker unterschieden in den frühen vierziger Jahren nicht zwischen eingewanderten Juden und Nichtjuden, und für viele war ich ein Deutscher und vielleicht sogar ein Nazi, jedenfalls aber ein Feind.«[46]

Wenn es den jüdischen Ärzten im Staat New York, und insbesondere in der Melting-pot-Metropole selbst, besser erging als irgendwo sonst, dann sind die Berichte über die Schwierigkeiten, die sie damals selbst in diesem Raum hatten, heute ein guter Indikator für die Härte des Existenzkampfs, den die Einwanderer in anderen Teilen der USA führen mußten. Wie Hanns Schwarz berichtet, herrschte unter den New Yorker Ärzten eine mörderische Konkurrenz, und Eindringlingen wurde kein Pardon gegeben.[47] Selbst die fähigsten Fachärzte aus Deutschland hatten, als die lähmenden Vorschriften vom Oktober 1936 noch nicht galten und wenn sie die Sprachprüfung bestanden hatten, immense Schwierigkeiten, eine selbständige Praxis zu eröffnen, häufig mußten sie miserabel bezahlte, zweit- oder drittrangige Stellen im medizinischen Bereich annehmen.

Dr. Ludwig Teleky, ehemals leitender Gesundheitsbeamter in Düsseldorf, kam 1939 im Alter von über sechzig Jahren in New York an. Er erhielt eine kleine, bescheiden honorierte Stelle bei der Rockefeller-Stiftung. Später verlor er seine Frau. Anfang der fünfziger Jahre hatte er sich völlig aus der Welt zurückgezogen und arbeitete täglich von morgens bis abends in irgendeiner Bibliothek.[48] Dr. Paul Rosenstein kam so spät nach New York, daß er die 1936 eingeführte Zulassungsprüfung vor dem New York State Licensing Board hätte bestehen müssen, um selbständig praktizieren zu können. Er bestand selbst den Sprachtest nur mit Mühe und bekam ebenfalls eine untergeordnete Stelle mit minimaler Bezahlung angeboten. Er erfuhr, daß das Memorial Hospital for Cancer Research einen berühmten Chirurgen wie ihn durchaus hätte brauchen können, aber einen streng antisemitischen Kurs verfolgte. Also lehrte er schließlich am First Institute for Podiatry topographische Anatomie. Die Arbeit war unbezahlt und nicht mit dem Recht verbunden, eine eigene Praxis zu eröffnen. Ohne finanzielle Mittel, unfähig, die staatliche Prüfung abzulegen, und schwer enttäuscht über die mangelnde kollegiale Zusammenarbeit in New York ging Rosenstein schließlich nach Brasilien.[49]

Die ebenfalls aus Berlin stammende Dr. Käte Frankenthal blieb dagegen und mußte unaussprechliche Demütigungen erdulden. Sie erhielt noch vor dem Herbst 1936 eine ärztliche Zulassung für New York, fand jedoch weder Arbeit noch die zur Eröffnung einer eigenen Praxis nötige Unterstützung. Nach einiger Zeit als Ärztin und Dozentin in Connecticut kam sie im Winter 1938/39 wieder nach New York City, wo sie für zehn Dollar die Woche ein kleines Forschungsprojekt übernahm. Im Sommer 1939 mußte die fünfzigjährige Frau Eis auf der Straße verkaufen. Danach ging sie mit Damenstrumpfwaren und Weihnachtskarten hausieren. 1940 konnte sie stundenweise die Praxisräume eines befreundeten Emigranten mieten, damit sie sich einen eigenen kleinen Patientenstamm aufbauen konnte. Erst Ende der vierziger Jahre war sie wieder voll in ihrem Beruf etabliert.[50] Die Verfasser ihrer Biographie sind der Ansicht, daß sie sich in den Vereinigten Staaten nie richtig assimilierte. Ihr Schicksal ist sicher nicht außergewöhnlich.[51]

In Palästina wurden die deutsch-jüdischen Ärzte mit anderen Herausforderungen konfrontiert. Großbritannien war seit den frühen zwanziger Jahren durch den Völkerbund verpflichtet, »die jüdische Einwanderung in sein Mandatsgebiet unter geeigneten Bedingungen zu erleichtern«.[52] Deshalb wurden Einwanderer in Palästina prinzipiell willkommen geheißen und aus historischen Gründen von der zionistischen Bewegung unterstützt. Unter dem Eindruck von Hitlers Machtübernahme und der vorauszuahnenden Pression auf die jüdischen Bürger Deutschlands wurden die Immigrationsbestimmungen von der britischen Mandatsregierung nach den bereits 1920 festgelegten Kriterien wirtschaftliche Lage, Beruf und Alter genauer definiert. Mit der Umsetzung dieser Politik wurde die Jüdische Vertretung für Palästina in Jerusalem betraut. Insgesamt schafften es etwa 55 000 deutsche Juden, nach Palästina zu kommen.[53]

Am herzlichsten wurden in Palästina anfangs deutsche Neuankömmlinge willkommen geheißen, die gemäß den Bestimmungen bereits Erfahrung in einem handwerklichen Beruf hatten und bereit waren, beim Aufbau des Landes körperliche Arbeit zu verrichten. Darunter waren viele junge Männer und Frauen, die sich schon in Deutschland unter Anleitung der Pionierorganisation Hechaluz auf die *Aliyah,* die Reise nach Israel vorbereitet hatten. Ein paar Jahre lang waren die nationalsozialistischen Behörden, weil sie so viele Juden wie möglich aus dem Land haben wollten, bei dieser Art der Emigration behilflich und schlossen sogar halboffizielle Abkommen mit den jüdisch-palästinensischen Vertretern ab. Deutsche Stellen wurden von der SS angewiesen, die Auswanderung zu fördern, und es wurde sogar eine Praxis des Geldtransfers entwickelt, die sowohl dem deutschen Export nach Palästina als auch den auswandernden Juden nutzte. In der Folge wurde Palästina das wichtigste Ziel für deutsch-jüdische Emigranten – bis sich 1936 die politischen Rahmenbedingungen änderten.[54]

In Palästina lebten nicht nur Juden, sondern auch Araber, und so gab es ständig Streit über Zuständigkeiten und über die Aufteilung von Land und Ressourcen, ganz zu schweigen von den kulturellen Differenzen. Diese Auseinandersetzungen kulminierten Anfang 1936 in einem Generalstreik der Araber, in dessen Verlauf der Mufti von Jerusalem Amin al-Hussaini als Führer der Araber einen absoluten Stopp der jüdischen Einwanderung forderte. Die Briten gründeten daraufhin eine Untersuchungskommission unter Lord Peel, und diese empfahl im Juli 1937, zwei getrennte Staaten für Juden und Araber zu schaffen. Das Zusammenleben beider Völker galt als gescheitert. Für eine Übergangsperiode zum Aufbau der beiden Staaten sollte die jüdische Immigration gestoppt werden. Die Araber waren auch damit nicht zufrieden und rebellierten weiter, bis die Briten den Aufstand 1939 mit Gewalt niederschlugen.[55]

Schließlich, im Mai 1939, verfaßte London ein White Paper, dessen Inhalt »eine radikale Abwendung von der Balfour-Deklaration bedeutete«, die 1917 zur Schaffung einer nationalen Heimstätte für das jüdische Volk aufgefordert hatte.[56] Die Idee einer Teilung wurde nun verworfen, und das Zusammenleben von Arabern und Juden wieder zu einem vorrangigen politischen Ziel erklärt. Nach dem Scheitern der Évian-Konferenz und den Pogromen der »Kristallnacht« im Jahr 1938 und als der Krieg Tag für Tag wahrscheinlicher wurde, gestatteten die Briten eine weitere jüdische Einwanderung für fünf Jahre. In dieser Zeit sollten annähernd 75 000 Juden einreisen dürfen.[57] Die zionistischen Untergrundorganisationen, die in ganz Europa ihre Agenten hatten, fanden diese Quote zu niedrig und organisierten eine umfangreiche illegale Einwanderung, so daß 1939 von 27 561 einreisenden Juden 11 156 illegale Einwanderer waren.[58]

Das Schicksal der einwanderungswilligen deutsch-jüdischen Ärzte hing von den wechselnden Bestimmungen und Vorschriften ab, aber auch von dem Bedarf, der an Medizinern bestand. Ärzte gehörten ursprünglich nicht zum bevorzugten Typ C der Immigranten, die handwerkliche Fertigkeiten für die Besiedlung des Landes besitzen sollten, und sie galten als Akademiker auch als ungeeignet für eine berufliche Anpassung oder Umschulung. Sie hatten jedoch gute Chancen als Typ A beziehungsweise wirtschaftlich unabhängig klassifiziert zu werden, wenn sie mindestens 12 000 Reichsmark in die palästinensische Wirtschaft einbringen konnten.[59] Daher kamen in den ersten zwei Jahren der Hitlerherrschaft wahrscheinlich etwa 600 Ärzte legal nach Palästina, etwa ein Drittel aller damals geflohenen deutsch-jüdischen Ärzte. Bezeichnenderweise konnten jedoch wegen der großen Zahl der bereits in Palästina lebenden Ärzte nur 200 der neuen Immigranten eigene Praxen eröffnen, ohne sich einem aufwendigen Neuzulassungsverfahren zu unterziehen;[60] weitere 200 erhielten Stellen im medizinischen Bereich, und der Rest mußte völlig andere Arbeiten annehmen. Bis zu der Wende von 1935/36 gingen deutsch-jüdische Hilfsorganisationen wie etwa der in Berlin ansässige Central-Verein davon aus, daß der beträchtliche Zustrom von Immigranten nach Palästina anhalten werde und man für diese Menschen auch eine entsprechend große Zahl von Ärzten brauchen würde.[61]

Dies war jedoch eine Fehlkalkulation, denn 1935 befanden sich auch etwa 600 nichtimmigrierte jüdische und etwa 200 arabische Ärzte im Mandatsgebiet, und Palästina hatte mit einem Arzt pro 174 Einwohnern eine der höchsten Arzt-Dichten der Welt.[62] Im Zuge der antijüdischen Agitation der Araber, die 1937 zum Peel-Report führte, gelang es den arabischen Ärzten, obwohl die Juden beim britischen Hochkommissar protestierten, eine drastische Verminderung der Einwanderungsquote für deutsch-jüdische Ärzte zu erwirken.[63] In einem Entwurf des Kronanwalts von Palästina, General H. H. Trusted, vom 18. Juli 1935 wurde vorgeschlagen, die bis dahin gültige Medical Practitioners Ordinance von 1928 so zu ergänzen, daß nur noch Bürger Palästinas und Personen, die vor dem 1. Dezember 1935 einen festen Wohnsitz in Palästina hatten, eine ärztliche Zulassung bekämen.[64] Die Jüdische Vertretung für Palästina protestierte mit der Begründung, daß »die Einwanderung ausgezeichneter jüdischer Ärzte und Chirurgen insbesondere aus Deutschland in den letzten Jahren jetzt schon stark dazu beigetragen hat, die Qualität der Ärzteschaft zu heben und Palästina allmählich zu einem medizinischen Zentrum für die Nachbarländer zu machen – eine Entwicklung, die für das ganze Land von beträchtlichem Nutzen ist und durch die vorgeschlagenen Restriktionen zwangsläufig zum Stillstand gebracht würde.«[65] Doch der Protest blieb erfolglos. Die neue Verordnung wurde am 30. Oktober verkündet, und der 1. Dezember 1935 wurde zum letzten Termin für die Erlangung des palästinensischen Bürgerrechts, das für die ärztliche Berufsausübung in Palästina Voraussetzung war. Als kleiner Trost war eine unbestimmte Quote von Neuzulassungen vorgesehen, die dem wachsenden Bedarf an Ärzten entsprechen sollte, wie er vom Hochkommissar eingeschätzt würde.[66]

Die Verordnung war ein schwerer Dämpfer für die Hoffnungen der einwanderungswilligen jüdischen Ärzte, insbesondere jedoch für diejenigen, die nach dem Inkrafttreten der Nürnberger Rassengesetze eine illegale Immigration in Erwägung zogen, und sie verstärkte den Trend, in die USA auszuwandern. Bis zu 500 jüdische

Ärzte, die meisten davon aus Deutschland, immigrierten vor dem Stichtag nach Palästina. Leider ist nicht genau bekannt, wie viele deutsch-jüdische Ärzte danach in das Gebiet kamen und wie viele als Arzt praktizieren durften, doch es können nicht mehr als 300 gewesen sein.[67] Einige Informationen über die liberale Phase vor dem Dezember 1935 und die schwierige Zeit danach lassen sich aus den persönlichen Lebensgeschichten gewinnen, die in der entsprechenden Literatur und einigen Archiven zu finden sind.

Deutsche Ärzte mit zionistischer Weltanschauung, die vor dem 1. Dezember 1935 nach Palästina kamen, hatten bei weitem die besten Erfolgschancen, da sie in der Regel bereit waren, wenn nötig auf einen anderen Beruf umzuschulen.[68] Es ist so gut wie sicher, daß die Zionisten Dr. Adolf Würzburger aus Heilbronn und Dr. Max Cramer aus Stuttgart, die sich des Überangebots in ihrem Beruf sehr wohl bewußt waren und Deutschland 1934 verließen, in Palästina trotzdem gefragte und angesehene Ärzte wurden. Der Ophtalmologe Cramer war außerdem ein begeisterter Siedler und behandelte bereitwillig die Augenleiden der einheimischen arabischen Bevölkerung.[69] Die Stuttgarter Eheleute Dr. Edgar und Dr. Anna Heilbronner trafen 1933 beziehungsweise 1934 in Palästina ein und wurden schließlich Direktoren der Alyn-Klinik.[70] Dr. Aron Sandler und Dr. Felix A. Theilhaber, beide angesehene Mitglieder der Jüdischen Gemeinde in Berlin, erreichten Palästina 1935 und wurden vermutlich problemlos wieder zugelassen.[71]

Zu den Pechvögeln gehörte vermutlich der Chirurg Rosenstein, der Israel 1936 besuchte. Er war sich der Vorschriften vom Herbst 1935 zweifellos bewußt, erwähnt sie jedoch nicht in seinem Buch, sondern schreibt, er habe erwogen, Direktor des Bikur-Cholim-Krankenhauses zu werden. Schließlich habe er den Posten jedoch abgelehnt wegen der gewaltsamen Auseinandersetzungen zwischen Arabern und Juden und wegen der abschreckend hohen Summe, die ihn eine Übersiedlung mit seiner Familie gekostet hätte.[72] Im historischen Rückblick ist der erste Grund plausibel, doch der zweite macht keinen Sinn bei einem Mann, der es in Berlin im Lauf der Jahre zu einem großen Vermögen gebracht hatte. Ist es möglich, daß Rosenstein den Direktorenposten aufgrund der Verordnung von

1935 nicht bekam und es ihm peinlich war, dies in seinen Memoiren zuzugeben? Rosenstein fand schließlich Zuflucht in Brasilien.

Georg Peysack und Max Sadger kamen 1936 und 1937 aus Deutschland nach Tel Aviv; ihr weiteres Schicksal ist unbekannt. Peysack war ein dreiunddreißigjähriger frischgraduierter Arzt, dem das berufliche Klima in Palästina vielleicht zu rauh war, auch wenn er unter eine günstige Quote fiel. Sadger dagegen war ein Augenspezialist und hätte wie Cramer eine wichtige Aufgabe erfüllen können.[73] Siegfried Ostrowski kam 1939, nur wenige Tage vor Kriegsbeginn, aus Berlin nach Palästina. Er fiel vermutlich unter die legale Einwandererquote und war wegen seiner offiziellen Arbeit im Berliner Israelitischen Krankenhaus möglicherweise mit Hilfe oder Duldung von NS-Behörden ausgewandert. Er soll seine medizinische Arbeit in Israel fortgesetzt haben.[74]

Es gibt traurige Berichte über mindestens zwei Ärzte, die in Palästina ein neues Leben anfangen wollten, aber an den Umständen scheiterten. Dr. Henriette Rotzinger wanderte 1934 im Alter von 36 Jahren nach Italien aus. Nach eine Stippvisite im rumänischen Siebenbürgen fand sie sich 1942 auf einem der berüchtigten Flüchtlingsschiffe wieder, die versuchten, die Briten auszutricksen und an der Küste Palästinas zu landen.[75] Sie erlitt Schiffbruch und wurde nach Zypern gebracht. Erst 1944 schaffte sie es, nach Palästina zu kommen, und zwar vermutlich legal, denn sie wurde dort als Ärztin beschäftigt.[76] Ihr Kollege Dr. Leo Groß wurde fast sicher ein Opfer seiner Rückkehr ins Dritte Reich. Er war im November 1935 nach Palästina gekommen und hatte trotz der Oktoberverordnung noch eine ärztliche Zulassung bekommen. Doch er gehörte zu den unglücklichen Emigranten, die sich zwischen 1935 und 1937 zu einer Rückkehr nach Deutschland entschlossen. Es scheint, daß er in seine Heimatstadt Kolberg zurückkehrte, weil er glaubte, daß ihm sein Aufenthaltsrecht in Palästina im Notfall genügend Schutz bieten würde. Das letzte, was die palästinensischen Behörden von ihm hörten, war, daß er in ein Konzentrationslager verschleppt worden war. Bei der Überprüfung seines Falles im Jahr 1940 wurde er für tot erklärt. Seine ärztliche Zulassung verfiel, weil er weniger als vier Wochen im Land gewesen war und seine Papiere nie abgeholt hatte.[77]

England lag auf der Rangliste der Einwanderungsländer für deutsch-jüdische Ärzte schon 1934 hinter Palästina und Frankreich, obwohl es anscheinend bis zum Kriegsbeginn etwa 50 000 deutsche und österreichische Juden aus allen Schichten aufnahm.[78] Vielleicht hing es mit der wachsenden Zustimmung für die Appeasement-Politik zusammen, daß die Briten zumindest bis 1938 nur widerstrebend Juden aufnahmen.[79] Laut Bernard Wasserstein, dem kundigsten Experten auf diesem Gebiet, entwickelte sich jedoch in Großbritannien, auch wenn es letztlich mehr Juden pro Kopf aufnahm als Palästina, ein interner Widerstand gegen die bereits eingewanderten Juden, und zwar wegen der jahrelangen verheerenden Wirtschaftskrise und der hohen Arbeitslosigkeit. Dieser Antisemitismus nahm nicht ab, sondern wuchs zu Beginn des Krieges und eskalierte in den späteren Kriegsjahren noch weiter.[80]

Großbritannien hatte viel strengere Bestimmungen als die Vereinigten Staaten oder Palästina. Kein deutsch-jüdischer Arzt, der nach England floh, durfte dort praktizieren, ohne erneut jahrelang an einer der Universitäten des Landes zu studieren und ein zweites medizinisches Examen abzulegen. In den ersten zwei Jahren des Hitlerregimes wurden annähernd 200 deutsch-jüdische Ärzte in das britische Reintegrationsverfahren für Freiberufler aufgenommen, mit dem Ziel, sie letztlich praktizieren zu lassen. Doch ein eifersüchtig über die Standesinteressen wachender Ärzteverband machte diesem vergleichsweise toleranten Verfahren im Bund mit dem Royal College of Surgeons bis 1938 ein Ende.[81] Dann kam bald der Krieg. Allerdings ließen die Briten mit ihrer Schwäche für exzellente wissenschaftliche Leistungen anscheinend den wirklich herausragenden deutsch-jüdischen Ärzten vom Kaliber etwa eines Johannes Plesch eine Vorzugsbehandlung zuteil werden. Plesch zeichnet in seinen Memoiren ein insgesamt positives, nur von milder Kritik getrübtes Bild von den Briten.[82] Der britischen Vorliebe für die Elite zum Trotz hatten auch mehrere »normale« jüdische Ärzte in Großbritannien letztlich Erfolg: Dr. Siegmund Weil aus Stuttgart, Dr. Ilse Lehmann vom jüdischen Jugendlager bei Großbreesen, Dr. Paul Hes aus Bremen, Dr. Ilse Friedheim aus Hamburg (auf dem Umweg über Indien) und Dr. Rudolf Friedländer aus Dideburg.[83]

Ein schlimmes Eigentor schossen die Briten, als sie 1941 wegen des Krieges unter einem schweren Mangel an medizinischem Personal litten, aber auch auf die Dummheit der US-Amerikaner warfen die damaligen Ereignisse ein böses Licht. Die britische Regierung benötigte »etwa 1000 Ärzte für zivile und militärische Bedürfnisse«, und sie hätte auf die in die USA eingewanderten Ärzte zurückgreifen können, die sich freiwillig für die Stellen meldeten. London wies sie jedoch letztlich ab, und zwar ironischerweise, weil sie keine amerikanischen Staatsbürger waren. Doch auch Washington wollte diese ausgebildeten Mediziner nicht zum Dienst beim Roten Kreuz rekrutieren.[84] Wieder einmal hatte in den beiden aufgeklärtesten westlichen Demokratien der Chauvinismus triumphiert.

Wenn man von den USA und Palästina einmal absieht, muß man jedoch einräumen, daß England sich trotz seines konservativen Nationalismus im Vergleich zum Rest der Welt immer noch human verhielt. Außer England ließen nämlich nur sehr wenige europäische Länder jüdische Einwanderer überhaupt als Ärzte praktizieren und auch dies nur mit Einschränkungen. Das faschistische Italien hatte bis September 1938 praktisch keine Einwanderungsbeschränkungen, und bis 1935 waren annähernd 1000 deutsche Juden dorthin ausgewandert, einschließlich mehrerer Ärzte.[85] Unter ihnen waren auch Dr. Werner Sandelowski und Dr. Dorothea Futter, beide aus Berlin. Sandelowski ging an die Riviera und Dorothea Futter nach Rom.[86] Bis Mitte 1935 hatten etwa hundert deutsche Ärzte ihr Examen in Italien wiederholt und hofften, sich als niedergelassene Ärzte registrieren lassen zu können. [87] Dr. Futter wollte in Mailand eine Praxis als Kinderärztin eröffnen.[88] Doch die medizinischen Fakultäten hatten auf die Verabschiedung eines neuen Gesetzes hingewirkt, das die Wiederzulassung ausländischer Ärzte verbot.[89] Am 7. September 1938 traten neue italienische Rassengesetze in Kraft, und ein paar Monate später drohte die italienische Regierung in einen scharfen Erklärung, daß »die ausländischen jüdischen Ärzte in Italien doppelt fremd ... und Feinde des Faschismus« seien und die Behörden ihre Anwesenheit nicht länger guthießen.[90] Schätzungen zufolge hatten bis September 1939 etwa 10000 deutsche und österreichische Juden ihre Odyssee wiederaufgenommen und Italien auf der Suche nach einem gastfreundlicheren Land verlassen. Natürlich waren darunter auch Ärzte, wie etwa Dr. Sandelowski, der kurz vor Ausbruch des Krieges in Bolivien war, oder Dr. Rotzinger, der sich zeitweise in Rumänien niederließ.[91]

Ein potentiell vielversprechendes Gastland für jüdische Flüchtlinge in Europa hätte theoretisch die Sowjetunion sein müssen, und zwar aus zwei Gründen: Sie litt erstens unter chronischem Ärztemangel und hätte zweitens Feinde des Faschismus eigentlich willkommen heißen müssen, insbesondere wenn diese marxistisch orientiert waren.[92] Das kommunistische Rußland ist jedoch nicht gerade als rettender Hafen für jüdische Ärzte bekannt geworden. Nur einige wenige deutsche Mediziner flohen in die Sowjetunion und damit in eine unsichere Zukunft, denn sie blieben von Stalins Säuberungen nicht verschont. Bis 1939 hatte Moskau verlautet, daß deutsch-jüdische Ärzte in der Sowjetunion nicht willkommen seien, und man fragt sich, was letztlich wohl mit Dr. Alfred Stern passierte, der 1937 im Alter von 37 Jahren in die Sowjetunion geflohen war.[93]

Auch alle anderen europäischen Länder waren nicht gerade gastfreundlich. Das aufgrund seiner Größe und Bedeutung wichtigste potentielle Asylland war Frankreich. Doch der westliche Nachbar Deutschlands bedeutete für jüdische Ärzte eine doppelte Gefahr, die aus seiner eigenen antisemitischen Tradition und deren Überlagerung durch neue antijüdische Impulse entstand, die nach 1939 durch die deutsche Besetzung im Norden und das von Franzosen geführte faschistische Vichy-Regime im Süden gespeist wurden. Trotz seiner bekannten Fremdenfeindlichkeit wurde Frankreich, vielleicht wegen des dort vermuteten Lebensstils, schon 1933, als über 8000 dort Zuflucht suchten, ein bevorzugtes Asylland für deutsche Juden – darunter ein Zehntel aller in dieser frühen Phase emigrierten jüdischen Ärzte.[94] 1938/39 kamen weitere Juden nach Frankreich, darunter viele aus Österreich und dem Sudetenland, so daß sich, einschließlich mehrerer Tausend illegaler Einwanderer, unmittelbar vor dem Krieg ungefähr 25 000 Juden in Frankreich befanden.[95]

Bis zum Krieg ließ die französische Regierung unter dem Druck chauvinistischer Medizinstudenten und selbstsüchtiger Ärzte, wie etwa denen im kolonialen Tunis, keinen einzigen der geflohenen Ärzte praktizieren oder, wie es etwa in Großbritannien möglich war, eine neue Zulassung erwerben. Die meisten jüdischen Freiberufler hatten in Frankreich nur eine befristete Aufenthaltsgenehmigung. Dies bedeutete, daß Ärzten die Abschiebung nach Deutschland drohte, wenn sie bei der Ausübung ihres Berufs erwischt wurden. Trotzdem taten einige Ärzte genau dieses, beispielsweise als Assistenten etablierter französischer Ärzte unter skandalösen Arbeitsbedingungen und mit geringer oder gar keiner Bezahlung. Im allgemeinen erkannten die nach Frankreich geflohenen jüdischen Ärzte jedoch die Aussichtslosigkeit ihrer Lage und versuchten, in ein anderes Land umzusiedeln, so etwa Käte Frankenthal (zunächst in die Schweiz, dann in die Tschechoslowakei und schließlich in die Vereinigten Staaten) oder der Stuttgarter Homöopath Dr. Friedrich Wolf (nach Mexiko).[96]

Die Lage der jüdischen Ärzte in Frankreich wurde nach Kriegsbeginn noch schlimmer, als die Vichy-Regierung scharfe antisemitische Bestimmungen erließ, von denen einige speziell gegen Ärzte gerichtet waren, und als die Behörden des Regimes im Süden und die deutschen Besatzungstruppen im Norden schließlich begannen, alle Juden für den Transport nach Osten zusammenzutreiben. Bei zwei deutsch-jüdischen Ärzten, von denen bekannt war, daß sie sich, vermutlich ohne zu praktizieren, nach der formellen Kapitulation Frankreichs noch im Raum Paris aufgehalten hatten, behaupteten die nationalsozialistischen Besatzungsbehörden 1942 und 1943, nichts über ihren Aufenthaltsort zu wissen. Kurt Schachtel, der Sohn eines Berliner Schneiders, hatte sich 1935 in Palästina als Einwohner gemeldet und danach in Paris. Im Sommer 1942 erklärte die deutsche Botschaft in Paris, daß man seinen Aufenthaltsort nicht kenne. Dies kann bedeuten, daß er Paris heimlich verließ, ohne seinen deutschen Paß zu erneuern, oder daß er deportiert und in einem Todeslager ermordet wurde. Dasselbe gilt auch für Dr. Bruno Meyerowitz, den Sohn eines Königsberger Rechtsanwalts, bei dem die Auskunft der Botschaft im Januar 1943 ebenso negativ war.[97]

Nur wenige andere Länder in Europa und anderswo waren sonst noch wichtig für auswanderungswillige jüdische Ärzte. Die Einwanderungs- und Aufenthaltspolitik der Schweiz war von konsequenter Herzlosigkeit, die es kaum einem jüdischen Freiberufler erlaubte, dort zu bleiben, geschweige denn, seinen Beruf auszuüben. Käte Frankenthal trotzte diesen fremdenfeindlichen Bestimmungen mit einem Geschick, das ebenso ungewöhnlich wie bewundernswert war. Sie arbeitete heimlich als Ärztin, bis sie es nervlich nicht mehr verkraftete und in die benachbarte Tschechoslowakei übersiedelte.[98]

Ansonsten gab es in ganz Europa und sogar in der gesamten westlichen Hemisphäre kaum noch ein Land, in dem jüdische Ärzte Schutz suchen konnten. Belgien, Holland und die skandinavischen Staaten lagen alle gefährlich nahe an der deutschen Grenze, und auch wenn sie vielleicht widerstrebend Asyl boten, durfte kein ausländischer Mediziner dort legal und gegen Bezahlung seinen Beruf ausüben.[99] Die Tschechoslowakei nahm offiziell Flüchtlinge auf, bis der »Anschluß« Österreichs im März 1938 seinen bedrohlichen Schatten nach Nordosten warf, aber auch dort durfte kein geflüchteter Arzt praktizieren.[100] Die britischen Dominions Kanada und Australien hatten nicht nur eine restriktive Einwanderungsgesetzgebung, sondern verboten es jüdischen Medizinern auch ausdrücklich, eine Praxis zu eröffnen; Australien mit dem bestechenden Argument, über einen höheren medizinischen Standard als Deutschland oder Österreich zu verfügen.[101] Lateinamerikanische Länder wie Argentinien, Brasilien, Mexiko und Chile brauchten Landarbeiter, und sie ließen aufgrund eines bösartigen Antisemitismus nur relativ wenige Juden über ihre Grenzen, wobei Brasilien anscheinend offener für jüdische Ärzte war als alle anderen genannten Länder.[102] Ironischerweise war für verzweifelte jüdische Ärzte und andere Juden, die noch das Geld für eine Schiffsreise hatten, die letzte Zuflucht Schanghai auf dem chinesischen Festland. Schanghai war kein richtiger Staat, sondern eine international verwaltete Freie Zone, für die kein Visum erforderlich war. Mehrere jüdische Ärzte ließen sich dort nieder und konnten manchmal sogar jahrelang legal praktizieren, bevor ihnen die

Flucht in ein anderes Land gelang. Wer blieb, geriet unter Besatzungsherrschaft, als die Japaner Schanghai 1937 im Krieg gegen China besetzten, doch man weiß von niemandem, daß er umgekommen ist.[103]

Wie sieht die Statistik dieses grausigen Exodus aus? Um ihre Taten vor der Welt zu rechtfertigen, übertrieben die führenden Nazis immer den Anteil der jüdischen Ärzte (und anderer jüdischer Akademiker) an der Gesamtbevölkerung. So erklärte etwa Reichsinnenminister Frick im Januar 1938 vor dem diplomatischen Korps, bis zur nationalsozialistischen »Machtergreifung« im Januar 1933 seien 38 Prozent der Ärzte im Reich Juden gewesen.[104] In Wirklichkeit war ihr Anteil viel geringer, auch wenn es heute schwierig ist, die genauen Prozentsätze zu bestimmen. Diese Schwierigkeit rührt einerseits daher, daß es für die im Reich lebenden Juden nichtmosaischen Glaubens (getaufte oder anderweitig religiös orientierte Juden) keine Zensuszahlen gibt, und andererseits daher, daß die Zahlen über die Emigration und Deportation der Juden nicht verläßlich sind. Man ist daher auf Schätzungen angewiesen.

Obwohl die meisten Historiker die Zahl der jüdischen Ärzte mosaischen Glaubens für die Zeit von Januar bis April 1933 glaubwürdig mit annähernd 6500 beziffern, haben einige Wissenschaftler das überzeugende Argument vorgebracht, daß diese Zahl auf 9000 steigt, wenn man alle »Nichtarier« (Christen, andere Religionen und »Mischlinge«) mitrechnet. Demzufolge hätten jüdische Männer und Frauen zwischen 15 und 17 Prozent der Ärzte in Deutschland gestellt.[105] Es besteht ein ungefährer Konsens unter Fachleuten, daß sich zwischen 400 bis 500 jüdische Ärzte zur Emigration entschlossen, als 1933 die erste Verordnung gegen sie verhängt wurde, und daß diese Zahl bis Januar 1935 auf 1500 bis 1700 stieg.[106] Zu diesem Zeitpunkt sollen insgesamt bereits 50000 Juden Deutschland verlassen haben.[107] Für die folgenden Jahre wurden verschiedene Schätzungen über die Zahl der noch verbliebenen jüdischen Ärzte vorgelegt. Grob geschätzt befanden sich 1936 noch 5000 praktizierende jüdische Ärzte im Reich und im Juni 1937 noch knapp 4000. Die letztgenannte Zahl bedeutet noch immer einen Anteil von 10 Prozent aller zugelassenen Ärzte. Allein in Berlin waren bis zu 30 Prozent aller Kassenärzte nach den Definitionen der Nürnberger Rassengesetze von 1935 immer noch »nichtarisch«.[108] Nach dem Entzug der Approbationen im Herbst 1938 praktizierten nur noch 708 jüdische »Krankenheiler« im Reich, und bis zum Jahresende war ihre Zahl auf 285 geschrumpft.[109]

Die abschließende Bilanz der Vertreibung und Vernichtung der deutsch-jüdischen Ärzte ist ein schlimmes Zeugnis für die Inhumanität jener »arischen« Ärzte, die die Rassengesetzgebung Stück für Stück verschärften, ihre unerwünschten Kollegen vertrieben und die Selektionen an der Rampe einführten. Von 1933 bis 1945 wurden zwischen 4500 und 6000 jüdische Ärzte aus Deutschland vertrieben; das sind etwa zwei Drittel der »nichtarischen« Ärzte.[110] Einer verläßlichen Zählung zufolge nahmen sich ab Januar 1933 vermutlich bis zu fünf Prozent der deutsch-jüdischen Ärzte, also mehrere Hundert, das Leben.[111] Ein unbestimmter Prozentsatz starb vermutlich auch eines natürlichen Todes, wobei der Tod in diesen Fällen zweifellos häufig durch traumatische Erlebnisse und Leiden beschleunigt oder verursacht wurde. Wie dem auch sei, selbst wenn man so konservativ wie möglich rechnet, gelangt man zwangsläufig zu dem Schluß, daß mindestens ein Viertel von Deutschlands jüdischen Ärzten, also über 2000, im Holocaust der Nazis ums Leben kamen.

Schluß

Die Krise der Ärzte und der Medizin unter Hitler

Am Ende einer komplexen Geschichte können wir nicht umhin zu fragen: Was war der historische Ort des deutschen Arztes im Dritten Reich? Das läuft letztlich darauf hinaus, seinen beruflichen Sittenkodex in einem universalen Kontext zu bewerten. Unter den deutschen Ärzten der Naziära sind zwei leicht identifizierbare Extremtypen an beiden Enden des Spektrums auszumachen: der Arzt, der für seinen Beruf sein Leben opferte, und der, der im Namen seines Berufes tötete. Dazwischen stand der normale niedergelassene Arzt, der für seine Patienten sorgte, wie er es vor 1933 getan hatte und nach 1945 wieder tun würde.

In bezug auf das hippokratische Ideal war diese Normalität zwischen den Extremen 1942 jedoch nicht mehr dieselbe wie 1932, und von den Maßstäben, die um die Jahrhundertwende gegolten hatten, war sie sogar noch weiter entfernt. Wie die schweizerische Medizinhistorikerin Esther Fischer-Homberger richtig schreibt, hatten sich die Normen so verändert, daß Verbrechen gegen die Menschlichkeit – das Extrem, zu dem deutsche Ärzte fähig waren – weniger böse erschienen, weil diese Verbrechen nicht mehr ungewöhnlich, sonder eher alltäglich geworden waren.[1]

Natürlich bedeutet dies nicht, daß sich alle Ärzte im Dritten Reich routinemäßig an diesen Verbrechen beteiligt, ja nicht einmal, daß sie davon gewußt hätten. Es bedeutet jedoch, daß sie ihre normale berufliche Tätigkeit im Schatten dieser Verbrechen ausübten und daß es eine beträchtliche Wechselwirkung zwischen diesen Greueltaten und der täglichen medizinischen Praxis gab, die das Berufsethos aller deutschen Ärzte vielleicht unmerklich, aber entscheidend veränderte.

Es trifft zu, daß nur eine kleine Zahl deutscher Ärzte Verbrechen gegen die Menschlichkeit beging. Zu Beginn der Nürnberger Ärzteprozesse in den späten vierziger Jahren schätzte der von der Anklage als Sachverständiger benannte Chicagoer Professor Andrew C. Ivy die Zahl auf etwa 70, doch sie wurde bald auf 350 bis 400 korrigiert.[2] Für heutige Medizinhistoriker sind jedoch nicht die Zahlen als solche das Problem, denn im Prinzip ist es irrelevant, ob 50 oder 500 Ärzte in Konzentrationslagern und »Euthanasie«-Stationen Verbrechen begingen. Das Problem besteht vielmehr darin, daß die große Mehrheit der deutschen Ärzte nach 1945 diese Zahlen manipulierte, um sich zu entlasten. Die Verteidiger des deutschen Medizin-Establishments meinen bis heute, nach der Verhaftung und Verurteilung der hauptschuldigen Ärzte seien doch alle eventuell noch bestehenden unangenehmen Fragen beantwortet und man könne endlich wieder zur Tagesordnung übergehen. Diese Argumentation impliziert, daß die deutsche Medizin nach ihrem Höhepunkt in den zwanziger Jahren die Naziära mit ein paar unglücklichen Beulen, aber im Grunde intakt genug überstanden habe, um wieder an ihrem früheren Höchststand anzuknüpfen. Die medizinischen Übeltäter wurden als fremde Eindringlinge betrachtet, nicht als Teil der großen deutschen medizinischen Tradition, und sie wurden deshalb auch nicht als typisch angesehen.

Die Ärzte, die heute solche Auffassungen vortragen, sind meistens ältere Freiberufler, und sie haben viel Gewicht. Ironischer- oder vielleicht bezeichnenderweise gehörten sie in ihrer Jugend in irgendeiner Weise dem medizinischen Establishment der Zeit vor 1945 an, oder sie wuchsen in der nationalsozialistisch geprägten Gesellschaft auf. Diese Leute fühlen sich heute dazu berufen oder werden dazu aufgefordert, sich über die medizinische Vergangenheit Deutschlands zu äußern. So etwa Dr. Karsten Vilmar, der ehemalige Präsident der Bundesärztekammer, Professor Hans Schadewaldt, Medizinhistoriker an der Universität Düsseldorf, und Dr. Günter Huwer, der frühere Chefgynäkologe am West-Berliner Wenckebach-Krankenhaus.

Karsten Vilmar wurde 1930 als Sohn eines Arztes in Bremen geboren und studierte Chirurgie. Er erklärte in seiner offiziellen

Eigenschaft als ranghöchster Ärztefunktionär der Bundesrepublik, die er ab 1978 innehatte, nur eine Minderheit der deutschen Ärzte – die man mit Recht als einen grausigen Orden bezeichnen könne – habe den Ruf des deutschen Ärztestands ruiniert und ihre breit publizierten Verbrechen seien diabolische Perversionen gewesen.[3] Schadewaldt, halboffizieller Hofberichterstatter der organisierten deutschen Ärzte und 1988 Präsident der Internationalen Gesellschaft für Medizingeschichte, wurde 1923 geboren und studierte im Dritten Reich Medizin. Er erlebte das Kriegsende bei der Wehrmacht und kam danach drei Jahre in Kriegsgefangenschaft. Im Jahr 1949 schloß er seine medizinische Ausbildung ab, blieb an der Universität und erhielt 1965 einen ordentlichen Lehrstuhl für Medizingeschichte. Auch er vertritt die Ansicht, daß die verbrecherischen deutschen Ärzte eine bedauerliche Ausnahme gewesen seien, und schätzt deren Zahl trotz ausführlicher Dokumente auf unter hundert.[4] Dr. Huwer war ein dreiunddreißigjähriger Assistenzarzt für Gynäkologie an der Universität Jena, als er im Frühjahr 1933 der NSDAP beitrat, dies jedoch, wie er 1987 betonte, nicht um persönlicher Vorteile willen, sondern weil es alle in seiner Abteilung getan hätten und in Anerkennung von Hitlers früherem Erfolg. (Aber vielleicht doch auch in Erwartung künftiger Vorteile, denn laut Huwer war es Hitler gelungen, in der Jugend Mut für die Zukunft zu wecken, sie mit Selbstvertrauen und Idealismus zu erfüllen.) Nach seiner Habilitation im Jahr 1935 reiste der Gynäkologe nach China und begann dort eine Universitätskarriere, wobei er seine NSDAP-Mitgliedschaft in der für deutsche Bürger im Ausland üblichen Form beibehielt. Er ließ den Kontakt zum Reich nie abreißen und wurde schließlich von der Universität Jena zum außerordentlichen Professor auf Urlaub berufen. Nach dem Krieg und der darauf folgenden chinesischen Revolution wechselte er nach Südkorea, wo ihm der rechtsgerichtete Diktator Syngman Rhee eine nationale Auszeichnung verlieh. Als Huwer 1960 nach West-Berlin zurückkehrte, erhielt er mit dem Bundesverdienstkreuz die höchste Auszeichnung der Bundesrepublik. Er ging 1966 in Pension. Huwer behauptete, er habe von den medizinischen Verbrechen im Dritten Reich erst nach 1945 erfahren. Bei einem Deutschlandbesuch im

Jahr 1938 sei es noch nicht voraussehbar gewesen, daß Hitler und seine Anhänger zu Verbrechern werden würden. Huwers apologetische Anstrengungen kulmimierten in der Versicherung, daß die deutschen Ärzte genausowenig über die medizinischen Verbrechen gewußt hätten wie das deutsche Volk selbst. Heute wisse man, daß ein Teil der Ärzteschaft schuldig geworden sei, doch habe es in allen Berufen schon immer Personen gegeben, die ihrem Beruf Schande gemacht hätten.[5]

Der zentrale Punkt, den Huwer außer acht läßt und der die Beurteilung stark erschwert, besteht darin, daß Mediziner und Medizinerinnen wie er, die nominell, vielleicht aber auch keineswegs nur nominell, der NSDAP angehörten, nach 1945 nicht angemessen »entnazifiziert« wurden. Sie wurden damals zu sehr gebraucht, um die Krankheiten der notleidenden Zivilbevölkerung zu behandeln oder den Ausbruch weiterer Krankheiten zu verhindern.[6] Dies bedeutete auch, daß alte Nazis ihre alten Lehrstühle an den Universitäten wieder besetzten oder neu berufen wurden und daß die medizinische Bürokratie stark mit erfahrenem, aber politisch kompromittiertem Personal infiltriert war.[7] Von 1945 bis in die frühen sechziger Jahre hatten sogar Mörder oder deren Assistenten wie Dr. Herta Oberheuser, Professor Werner Heyde oder Professor Anton Kiesselbach völlige Freiheit, zu praktizieren oder zu lehren, und in zahllosen Fällen nahmen ehemalige Mitglieder von NSDAP, SA oder SS wieder ihre reguläre Arbeit auf.[8] Beide Phänomene hatten ein Weiterleben politischer Einstellungen zur Folge, die in der neuen Demokratie selbst in diesem frühen Stadium und aus rein formalen Gründen hätten verdächtig sein müssen. Schlimmer noch, diese unkritische Übernahme läßt auch den Fortbestand einer medizinischen Mentalität vermuten, die auf dem Hintergrund der Verbrechen entstanden war, und zwar unabhängig davon, ob sich Männer wie Vilmar, Schadewaldt oder Huwer persönlich von ihnen distanzieren.[9]

Man muß wissen, daß die medizinische Alltagspraxis in Deutschland nach 1933 in großem Ausmaß die akademische Medizin indirekt widerspiegelte, mit all ihren Verzerrungen, die aus der Kombination einer überzogenen Naturwissenschaftlichkeit mit ideologischer

Naturgläubigkeit und Rassismus entstehen mußten. Verzerrungen, weil der eine Faktor progressiv war und für eine Rationalität stand, die ohne klare ethische Maßstäbe zu zweifelhaften Extremen geführt hätte, während der andere regressiv war, ein Produkt irrationaler romantischer Schwärmerei im Dienste der »Volksgemeinschaft«.

Beide Entwicklungen können bis ins letzte Drittel des 19. Jahrhunderts zurückverfolgt werden. Nach der nationalen Vereinigung von 1871 wurde auch die deutsche Medizin von einer mächtigen Tendenz zur »Großwissenschaft« erfaßt, was zum Aufbau mächtiger Industriekomplexe führte, die auf raschen Entwicklungen in den Naturwissenschaften beruhten und von einem unerschütterlichen Vertrauen in die Grenzenlosigkeit des materiellen Fortschritts getragen waren. Die Hauptbeteiligten an diesem Prozeß waren der Staat, der die neuen Entwicklungen zu seinem eigenen Vorteil förderte, und die Universitäten, an denen die neuen Technologien Fuß fassen konnten.[10] Die Medizin profitierte von diesen Entwicklungen; die exakt-naturwissenschaftliche Einstellung wurde einer der Marksteine ihrer Professionalisierung. Sowohl an den Universitäten als auch an den halbstaatlichen Forschungseinrichtungen wie der neuen Kaiser-Wilhelm-Gesellschaft traten Männer wie Robert Koch, Wilhelm His und Paul Ehrlich als weltbekannte Pioniere einer wissenschaftlich orientierten Medizin hervor.[11]

Dieser Trend setzte sich während der gesamten Weimarer Republik fort, auch wenn die Mittel für Forschung und Entwicklung nun schwerer aufzutreiben waren.[12] Der Erste Weltkrieg war zerstörerisch gewesen, aber er hatte auch den Fortschritt beschleunigt, denn Knappheit, Not und Engpässe regten die Kreativität an und führten zu neuen Erfindungen, zum Beispiel auf dem Gebiet der synthetischen Ersatzstoffe in der Chemie oder der Prothesen (etwa dem »Sauerbruch-Arm«) in der Medizin.[13]

Die Medizin machte in dieser positivistischen, ultrarationalistischen Atmosphäre eine rasante Entwicklung durch, wobei sie oft von parallelen Fortschritten in Naturwissenschaften wie Chemie und Physik profitierte. Ihre Ziele wurden immer kühner: Es ging nicht mehr ausschließlich um die Verhinderung und Ausrottung menschlicher Krankheiten, sondern auch um die Verbesserung der menschlichen Spezies durch die genetische Wissenschaft der Biophysik. Deutsche Ärzte waren in Biophysik seit Jahrzehnten weltweit führend und nahmen auch in den zwanziger Jahren noch eine herausragende, wenn auch keineswegs mehr einzigartige Stellung ein. Auch in den Vereinigten Staaten, Skandinavien, England und der Sowjetunion forschten inzwischen Genetiker. In Deutschland war ein praktisches Ergebnis der genetischen Forschung der Plan, erbkranke Patienten zu sterilisieren – er stand 1932 auf der Liste der angemeldeten Gesetzesvorlagen des preußischen Landtags.[14]

Eine der Grundbedingungen, die bei dieser exakt-wissenschaftlichen Haltung zu einer Art Fetisch wurde, war das Experiment – auch dies ein Kind des rationalistischen Trends aus dem 19. Jahrhundert. An den Universitäten mußten die Theorien durch Experimente bestätigt werden. Niemand bezweifelte, daß Fortschritte in der Medizin (wie auch in den Naturwissenschaften) nur durch die induktive Methode der Formulierung einer Hypothese und ihrer Überprüfung zu erreichen waren. Das heißt, die Hypothese mußte durch eine kontrollierte Serie empirischer Beobachtungen falsifiziert oder verifiziert werden.[15] Während der ganzen zwanziger Jahre und weit ins Dritte Reich hinein herrschte unter medizinischen Wissenschaftlern der Konsens, daß Experimente mit Menschen zwar forschungspraktisch erstrebenswert seien, aber aus ethischen Gründen Tiere als Objekte der empirischen Versuche genügen müßten.[16] 1902 hatte der Berliner Neurologe Albert Moll einen umfassenden Katalog von Tabus veröffentlicht, nach dem medizinische Experimente an Patienten verboten waren, weil der Arzt nicht von ihren Leiden profitieren dürfte. Moll wäre damals nicht im Traum eingefallen, daß man gesunde Menschen künstlich krank machen könnte, um medizinisches Wissen zu erlangen, wie es später (z.B. durch Heißmeyer) unter Hitler geschah.[17] Ab 1931 waren Versuche am Menschen in Deutschland zwar gesetzlich erlaubt, aber nur als Ergänzung von Tierversuchen und auf absolut freiwilliger Basis.[18] Im großen und ganzen war die übliche Form des Menschenexperiments bis unmittelbar vor dem Zweiten Weltkrieg der Selbstversuch des Arztes, etwa die Lumbalinjektion, die der

Chirurg August Bier 1899 zur Verbesserung der Anästhesie an sich selbst vornahm, und dreißig Jahre später der Selbstversuch von Werner Forßmann, als er einen Katheter durch eine Vene in sein Herz führte.[19]

Nach 1933 wurde die Medizin als Wissenschaft kompliziert. Einerseits behielt sie ihre positivistische Aura mit Forschern, die sie tendenziell als Selbstzweck betrieben und ohne jeden ethisch bindenden Rahmen naturwissenschaftlich arbeiten wollten – eine Gefahr, die Sauerbruch erkannt hatte, als er 1937 die einseitig rationalistische mechanistische Form der Medizin beklagte.[20] Andererseits war die exakt-naturwissenschaftliche Medizin, gerade weil sie als eine positivistische Disziplin angeblich wertfrei betrieben werden konnte, anfällig für die Usurpation durch ein gewissenloses politisches Regime, das sie in seinen Dienst stellen wollte. Das NS-System begann die Medizin nicht mehr nur als angewandte Wissenschaft zu sehen, sondern machte sie zu einer untergeordneten »Zweckwissenschaft« und schrieb ihr ein eigens entwickeltes Ethos vor, das von den Prioritäten der NS-Herrschaft diktiert war und die Medizin politisierte.[21]

Unter der Ägide der Nazis fühlte sich die Medizin insbesondere nach Beginn des Zweiten Weltkriegs frei, ihr unbegrenztes Streben nach Wissen fortzusetzen und zugleich dem Staat zu dienen. Da Tierversuche nur als ein kläglicher Ersatz für Menschenexperimente galten, weil sie nur Analogieschlüsse zuließen,[22] war der Übergang zum Menschenversuch während des Krieges eine logische Folge früherer, begrenzter Praktiken. Die entfesselte wissenschaftliche Medizin bekam eine deterministische Färbung und hörte, um der Vivisektion willen, erst beim terminalen Experiment auf. So war etwa 1935 bei Unterdruckkammerversuchen (bei denen Piloten den lebensbedrohlichen Bedingungen in großen Flughöhen ausgesetzt wurden) spekuliert worden, daß die Lunge eines Menschen in Höhen über 6000 Metern vermutlich mehr Luft aufnehmen könnte.[23] Diese Theorie war die Grundlage für die Unterdruckkammerversuche von Ärzten der Luftwaffe, die Walter Kreienberg mit Freiwilligen zu Beginn des Krieges in simulierten Höhen von bis zu 8000 Metern vornahm, und später auch für Raschers Dachauer

Experimente. Rascher jedoch machte seine Versuche auf dem Höhepunkt des Krieges und nachdem man herausgefunden hatte, daß Affen ab Höhen von 12 000 Metern als Versuchstiere nicht mehr brauchbar waren. Er hatte Höhen von 18 000 Metern simuliert, wenn er bei seinen hilflosen Opfern Vivisektionen vornahm. Das Ziel dieser Menschenversuche war, die überlegenen britischen Flugzeuge verwundbarer zu machen.[24]

Charakteristischerweise wurden alle Anträge auf Menschenversuche etwa in der SS von nun an dadurch rationalisiert, daß die Forscher im Tierversuch nicht weit genug vorangekommen waren und sich bessere Ergebnisse erst durch Experimente an Menschen versprachen – wie in den Anträgen von Brandt und Gebhardt (Phosphorverbrennungen), Rose und Conti (Typhus) und Clauberg (Sterilisierung) argumentiert wurde.[25] In dieser Atmosphäre der Zufriedenheit, über die scheinbar unwiderleglichen Erkenntnisse aufgrund von Menschenversuchen war es kein Wunder, daß medizinische Wissenschaftler, dazu gehörte auch Sauerbruch, Kenntnis von einigen der Exzesse erlangten oder sogar von ihren Ergebnissen profitierten, obwohl sie unter normalen Umständen niemals gewagt hätten, tierisches durch menschliches »Material« zu ersetzen.[26]

Zusätzlich verschärft wurden die Schwierigkeiten durch eine weitere Falle. Weil jede Ethik unterdrückt war und der Staat nunmehr das letzte Wort hatte, war es auch möglich, daß die exaktnaturwissenschaftliche Methodologie in ihrer Ausführung verfälscht wurde, so daß, was einst als objektive Wissenschaft begonnen hatte, nun zu deren Karikatur wurde. Dies konnte insbesondere dann der Fall sein, wenn die induktive Methode, die ständige, sorgfältige Überprüfung der Hypothesen, korrumpiert war. Dies war beispielsweise der Fall, wenn eine erst zu beweisende Folgerung als gegeben betrachtet und wie ein Axiom behandelt wurde, obwohl das wissenschaftliche Verfahren der Form nach eingehalten wurde. Die nationalsozialistischen Mediziner gingen bei ihren genetischen (eugenischen) Forschungen in diesem Sinne pseudowissenschaftlich vor, als sie die Dominanz von Erbfaktoren über Umweltfaktoren zu »beweisen« versuchten – pseudowissenschaftlich, weil die Ergebnisse durch das nationalsozialistische Dogma festgelegt waren, noch bevor die Experimente überhaupt begonnen hatten.[27] Die NS-Wissenschaftler versuchten durch Statistiken über Zwillingspaare zu beweisen, daß die Träger von (angeblich) negativen Erbeigenschaften, wie etwa einer Disposition zum Gewaltverbrechen, nicht resozialisiert werden könnten und deshalb unschädlich gemacht werden müßten, was ihre physische Vernichtung bedeuten konnte.[28] (Derartige »Forschungsergebnisse« dienten nicht nur zur Rechtfertigung radikaler Lösungen, die in Sterilisierung, Kastration und »Euthanasie« kulminierten, sondern auch als Begründung für ein schärferes Strafrecht etwa bei der Verfolgung »unverbesserlicher« Homosexueller und rebellischer Jugendkrimineller in der Kriegszeit.)[29] Die Statistiken waren jedoch ausnahmslos unbrauchbar. Sie basierten auf ungenügenden oder falsch ausgewählten Stichproben, und ihre Auswertung war unfundiert, verwechselte Ursache und Wirkung, nahm das Symptom für die Quelle des Übels, kurz gesagt, sie zäumte das Pferd beim Schwanz auf und brachte falsche Ergebnisse.[30]

In Gegensatz zu den rationalistischen Medizinern waren einige Ärzte im Dritten Reich auch Anhänger der antiwissenschaftlichen ganzheitlichen Heilkunst, die von dem Danziger Chirurgen Erwin Liek vertreten wurde und im wesentlichen irrational war. Die geistigen Wurzeln dieser Anschauung waren der Kulturpessimismus von Lagarde, Langbehn und Nietzsche, mit Bezügen zu Denkern des 20. Jahrhunderts wie Moeller van den Bruck und Spengler.[31] Liek war ein Rassist, der Schwarze in seiner rassistischen Hierarchie ganz unten ansiedelte, er hätte in der »Kampfzeit« Hitlers Generalbevollmächtigter für das Gesundheitswesen werden und damit Gerhard Wagner zuvorkommen können, wenn sein schlechter Gesundheitszustand es erlaubt hätte.[32] Wie aus den vorhergehenden Kapiteln sicher noch erinnerlich, waren Lieks Anhänger im Dritten Reich von einer übertriebenen Naturgläubigkeit und einem extremen Antirationalismus geprägt, was sich zum Beispiel in ihrer undifferenzierten Ablehnung von Expertentum, Stadt, Universität, Pharmaka und einer emotionalen Abscheu vor dem Krankenhaus ausdrückte. Lieks Schüler waren Anhänger der von

Samuel Hahnemann Anfang des 19. Jahrhunderts entwickelten und von Lieks Landsmann Hans Much in den 1920er Jahren verfeinerten Homöopathie. In seiner Regressivität erinnerte das Bild der Liekianer von einem physiologischen Gleichgewicht, dem durch die Macht von »Dr. Natur« nachgeholfen wird, an die alte Humoralpathologie von den vier Körperflüssigkeiten, die Rudolf Virchow in den 1850er Jahren endgültig ad acta gelegt hatte.[33]

Zwei Elemente hatten weitreichende Auswirkungen auf die Entwicklung dieser naturgläubigen Seite der Nazimedizin und müssen hier deshalb ausführlicher behandelt werden: die spezifische Interpretation des Schmerzes und die Abneigung gegen das wissenschaftliche Experiment. Die Ärzte der Liek-Schule meinten, daß Schmerz ein notwendiges Nebenprodukt des Krankheitszustands und des Heilungsprozesses sei und deshalb nicht unterdrückt werden dürfe. Für sie war der Schmerz nicht nur Symptom eines physiologischen Ungleichgewichts, das dem Diagnostiker den Weg weisen konnte,[34] sondern das Aushalten von Schmerz galt ihnen auch als Zeichen von Charakterstärke. Er bekam damit eine moralische Dimension. Die Fähigkeit eines Patienten, Schmerz auszuhalten, wurde zum Maßstab seiner persönlichen Tapferkeit und, wichtiger noch, zum Indikator seiner Rasse. Der von der NS-Ideologie bevorzugte heroische Typus sollte Schmerz gut ertragen können – eine Idee, die sich teilweise an der unbekümmerten Tollkühnheit der Stoßtruppen und Freikorps im Ersten Weltkrieg orientierte und literarisch noch 1934 von dem kriegs- und todesbegeisterten Ernst Jünger verherrlicht wurde.[35] Der Jude ertrug nach dieser Ideologie weniger Schmerz als der »Arier« und neigte daher nicht zum Heroismus. Der heroische nationalsozialistische Mensch und der biologisch perfekte Typus seien ein und dasselbe, schrieb Karl Kötschau 1935, in Lieks Todesjahr.[36] Eine solche Überzeugung hatte das Potential für eine tödliche Umkehrung, denn Schmerz konnte danach auch absichtlich eingesetzt werden, um den Heroismus oder gar die rassische Qualität einer beliebigen Person zu messen.

Das zweite Element in Lieks Katechismus stand in diametralem Gegensatz zur Experimentierfreudigkeit der wissenschaftlich orientierten Mediziner. Liek und seine Epigonen verwarfen die »mechanistische« Medizin an den Universitäten und verdammten ihre *raison d'être,* das empirisch fundierte Experiment an Tieren und natürlich auch an Menschen. Es ist wichtig, diese Haltung richtig zu verstehen. Sie beruhte nicht auf humanitären Motiven, nicht auf Liebe zur Menschheit oder wie bei einigen übereifrigen Kreuzzüglern für das Tierrecht auf der Liebe zum Tier. (Die häufig vertretene These, daß die Nazis das Tier, und insbesondere das Haustier, dem Menschen vorgezogen hätten, hat keine reale Grundlage – auch in ansonsten unverdächtigen Gesellschaften werden Haustiere geliebt.) Die Abneigung der Liekianer gegen das Experiment beruhte vielmehr auf ihrem Glauben, daß der Mensch nicht auf Dauer verändern könne, was die Natur geschaffen habe – eine Überzeugung, die gut zu ihrem Konservatismus und ihrer rückwärtsgerichteten Romantik paßte.[37] Dies führte zu einer Art Fatalismus, einer unhinterfragten Akzeptanz von natürlichen oder biologischen Ungleichheiten, die sie für unveränderlich hielten. Logisch folgte daraus, daß Kranke, die nicht von selbst, aufgrund von Naturkräften gesundeten, am Ende dem Untergang geweiht waren. Krank sein war letztlich unmoralisch.[38] Oder, wie einer der überlebenden Ärzte des Dritten Reiches vernichtend urteilte: Die Nazis wollten die Krankheiten abschaffen, indem sie die Kranken umbrachten.[39]

Unter dem Liek-Bewunderer Gerhard Wagner hatten die Liekianer in der NS-Gesundheitsbürokratie bis etwa Mitte 1939 eine relativ starke Stellung. Walter Schultze, Kurt Klare, Karl Kötschau, Ernst Günther Schenck und Joachim Mrugowsky waren Anhänger Lieks, und sie wiederholten gern das Wort ihres Meisters, daß die »mechanistische« Ausbildung medizinische Techniker, jedoch keine wirklichen Ärzte hervorbringe.[40] Mit Ausnahme von Mrugowsky, der sich bereits in Kreisen der SS bewegte, übten sie alle irgendeine Tätigkeit in Wagners Apparat aus. Der Dermatologe Professor Franz Wirz, der Wagner bei der Infiltrierung der medizinischen Hochschulen helfen sollte, war ebenfalls ein leidenschaftlicher Bewunderer Lieks.[41] Zu seinen Sympathisanten in den oberen Rängen der Partei gehörten Hess, Streicher und in gewissem Umfang auch Himmler, obwohl ihn klügere Männer immer wieder aus dem Reich der Phantasie auf den Boden der Realität zurückholten.[42] Lieks größter Triumph war die postume Institutionalisierung seiner Lehren im Rahmen von Wagners System der Neuen Deutschen Heilkunde. Und Liek trägt eine gewisse geistige Verantwortung für die Meinung seiner Jünger, daß die Juden das gesunde Gleichgewicht der »Volksgemeinschaft« gefährdeten, eine Vorstellung, die mit zur Entstehung von Auschwitz beitrug.

Man könnte sagen, daß die Ära Liek offiziell mit Wagners Tod endete, da dieser zufällig die zweite, kriegsgeprägte Phase des öffentlichen Gesundheitswesens einleitete, in der es der Rationalität bedurfte und nicht mehr des Mystizismus. Der Liekschen Tradition war jedoch kein rasches Ende beschieden, sondern sie verschmolz mit dem rationalistischen Ansatz. Conti hatte immer eine gewisse Neigung zu Lieks Ideen, und sie kam während des Krieges klar zum Ausdruck, als er in öffentlichen Reden Lieks gedachte und in seinem eigenen Fachgebiet und bei den von seiner Mutter geführten Hebammen darauf bestand, daß die Geburt natürlich zu erfolgen habe und die damit unvermeidlich verbundenen Schmerzen zu ertragen seien.[43] Dank Contis Sinn für das Leiden konnten naturgläubige Publikationen der Liek-Jünger wie etwa die Zeitschrift *Hippokrates* auch weiterhin erscheinen; alte Vertreter der Neuen Deutschen Heilkunde wie Kötschau durften noch 1944 im alten liekianischen Jargon publizieren; und Conti beschäftigte auch weiterhin echte Liekianer wie Schenck und Dr. Hans-Dietrich Röhrs in seinem Verwaltungapparat.[44]

Auch wenn die Vertreter der herrschenden exakt-wissenschaftlichen Schule ihre Meinungsunterschiede zu Liek manchmal gern betonten, wie etwa die respekteinflößende Agnes Bluhm im Jahr 1936 oder eine Koryphäe wie der Heidelberger Johann Achelis, der sich über die Physiologie des Schmerzes ausließ, ohne den Danziger Chirurgen eines Wortes zu würdigen,[45] war Lieks Philosophie doch ein zähes Überleben beschieden. So war sein Konzept von der natürlichen Geburt bei den erzkonservativen Gynäkologen auch auf dem Höhepunkt des Krieges noch vorherrschend.[46] Und der inzwischen zur Homöopathie neigende Chirurg August Bier war hochangesehen und erhielt 1937 zusammen mit Sauerbruch den Nationalpreis, die höchste Auszeichnung des Regimes.[47] Selbst der rationale Sauerbruch hatte seine liekianische Seite.[48] Und der klinisch ausgebildete SS-Offizier Wilhelm Pfannenstiel tönte begeistert vom Gleichgewicht extremer Kraftquellen und der Krankheit als einem Versuch der Selbstheilung.[49]

Die Spätfolgen von Lieks Lehre waren tückisch. Der Heidelberger Viktor Freiherr von Weizsäcker verurteilte nach dem Krieg die medizinischen Verbrechen der Nazis, hatte sich aber 1944 zu der Neuen Heilkunde bekannt.[50] Ein deutscher Kritiker der Naziärzte hat dem scheinbar untadeligen Weizsäcker vorgeworfen, er habe in seinem therapeutischen Konzept nie zwischen Therapie und Zerstörung differenzieren können, sondern nur zwischen berechtigter und unberechtigter Zerstörung.[51] Ist das als Angriff auf Weizsäckers Glauben an Erwin Lieks Fatalismus zu verstehen, als Kritik an dem stillschweigenden Einverständnis mit der Triage von Mutter Natur? Als Psychiater war Weizsäcker laut Peter Gay ein Bewunderer von Sigmund Freud – eine bei Deutschen eher seltene Einstellung. Doch schrieb er dem großen Wiener, so Gay weiter, eher asiatische Weisheit zu als universale Intelligenz.[52] Ist dies nicht ein weiteres Indiz dafür, daß Weizsäcker Lieks Axiom von den unüberwindbaren natürlichen Unterschieden internalisiert hatte, und zwar in diesem Fall, was die »Rassen« betraf?

»Rassenkunde«, wie sie in Kapitel 4 beschrieben wird, war immer ein spezifisch nationalsozialistisches Phänomen. Sie bestand im wesentlichen aus einer naturwissenschaftlichen Komponente, abgeleitet aus der herkömmlichen Anthropologie und der positivistischen Medizin, und aus einer ideologischen Komponente, die im Konzept einer unveränderlichen Hierarchie des Blutes gipfelte. Auch wenn dieser letztere Anteil nicht in jeder Hinsicht Liek zuzusprechen ist, entspricht er doch der auch von dem Danziger Chirurgen vertretenen neoromantischen Weltanschauung. Die historische Entwicklung der »Rassenkunde« von Ploetz bis Koller ist bereits skizziert worden. Innerhalb dieser Entwicklung kann ein schmalerer Pfad identifiziert werden, der aus den experimentellen Laboratorien des 19. Jahrhunderts direkt in die Gaskammern von Auschwitz führte. Vier Männer beschritten diesen Weg, alle vier waren Ärzte, und alle begannen als echte Jünger der Wissenschaft und wandten sich erst im Lauf der Zeit einem Irrationalismus zu, der schließlich sogar über den Zweiten Weltkrieg hinaus seinen Schatten warf. Diese Männer waren Theodor James Mollison, Eugen Fischer, Otmar Freiherr von Verschuer und Josef Mengele.

Der Älteste in dieser Gruppe ist Theodor Mollison. Er wurde 1874 geboren und wuchs in der imperialistisch und naturwissenschaftlich geprägten wilhelminischen Ära auf. Nach dem Medizinstudium in Freiburg erhielt er 1898 seine ärztliche Zulassung und praktizierte drei Jahre in Frankfurt. Danach studierte er mehrere Semester naturwissenschaftliche Fächer in Würzburg, bevor er 1904 eine mehrmonatige Studienreise in die Kolonie Deutsch-Ostafrika unternahm. Nach seiner Rückkehr im Jahr 1905 ging er nach Zürich, wo nur wenige Jahre zuvor auch Agnes Bluhm und Ernst Rüdin geweilt hatten, schrieb sich in Anthropologie ein und habilitierte sich. Er erhielt 1916 eine außerordentliche Professur in Heidelberg und wurde zehn Jahre später als ordentlicher Professor für Anthropologie nach München berufen.[53]

Im gegebenen Kontext sind zwei Aspekte von Mollisons Karriere bezeichnend: seine reguläre exakt-naturwissenschaftliche Ausbildung in Medizin und Anthropologie und seine Konditionierung durch den abgrundtiefen Rassismus der deutschen Kolonialherren und insbesondere der ultranationalistischen Ärzte in der damaligen afrikanischen Kolonialverwaltung.[54] Philatethes Kuhn, ein anderer Vertreter der nationalsozialistischen »Rassenkunde«, hatte ein ähnliches Schlüsselerlebnis, als er 1904 bei dem Ausrottungskrieg gegen die Hereros in Deutsch-Südwestafrika die zukunftsweisende Idee von der deutschen Herrenrasse kennenlernte.[55] Tatsächlich ist derselbe Rassismus – trotz der unbestreitbar wissenschaftlichen Grundlage – auch in Mollisons Vorkriegsschriften über die Maori in Deutsch-Polynesien zu erkennen. Es war Mollisons Ziel, die prähistorischen und zeitgenössischen anatomischen Merkmale der polynesischen Eingeborenen zu messen, um die seiner Ansicht nach bestehenden Unterschiede zwischen verschiedenen Rassen wissenschaftlich zu beweisen.[56] Und tatsächlich entwickelte Mollison in einer Publikation von 1923 eine Rangordnung der niedrigeren Rassen, in der er Schwarze unmittelbar über den Neandertalern und die australischen Ureinwohner unmittelbar unter diesen ansiedelte.[57]

Den Artikel von 1923 hatte er zusammen mit dem um vier Monate jüngeren Eugen Fischer geschrieben. Auch Fischer hatte 1898 in Freiburg sein Medizinstudium abgeschlossen, wo er sicherlich Mollison kennenlernte. Danach wurde er Anatom mit einem starken Interesse an Anthropologie und 1904 außerordentlicher Professor in Freiburg. 1908 fuhr er wie sein Freund Theodor Mollison zu anthropologischen Forschungen nach Afrika. Das Ergebnis war seine Studie über die »Rehobother Bastarde« (1913), eine isolierte Gruppe von holländisch-hottentottischen Mischlingen in Deutsch-Südwestafrika, die für weiße Rassisten auf der ganzen Welt zum Klassiker wurde.[58] Das Buch las sich in vieler Hinsicht wie ein Handbuch für die Kolonialherrschaft des weißen Mannes über eingeborene Stämme: Sie sollten gut, gerecht und streng behandelt und nicht verwöhnt werden, denn obwohl die Rehobother Mischlinge in Fischers Augen beträchtlich höher als die ursprünglichen Eingeborenen standen, konnten sie, gemessen an den Indikatoren Intelligenz, Moralität und Vitalität, der weißen Rasse nicht das Wasser reichen.[59] 1923 verbreitete sich Fischer auch über »den Neger« und meinte verächtlich, dieser sei nicht besonders intelligent im eigentlichen Sinne des Wortes und verfüge vor allem über keinerlei geistige Kreativität oder Vorstellungskraft, aber er sei gelehrig und schlau. Voraussicht und geistige Unabhängigkeit seien bei ihm nur wenig entwickelt, aber dank seiner fröhlichen Veranlagung genieße er tagaus, tagein seine sorgenfreie Existenz.[60]

Es überrascht nicht, daß der weniger aggressive Mollison später keine weltweite Anerkennung fand, während sein Koautor Fischer als Deutschlands wichtigster Interpret der »Rassenkunde« berühmt wurde. 1927 wurde Fischer Direktor des neugegründeten Berliner Kaiser-Wilhelm-Instituts für Anthropologie und Eugenik, ein Posten, der mit einer ordentlichen Professor für Anthropologie an der Universität verknüpft war.[61] Trotzdem blieb Mollison, der sich im Dritten Reich, als der Begriff populär geworden war, offen zu seinem Expertentum in Sachen »Rassenkunde« bekannte, in engem Kontakt mit Fischer, wie sich 1936 zeigte, als er für die

Behandlung primordialer Skelette 2000 Mark von einer Stiftung haben wollte und sein berühmter Freund der Bewilligung zustimmen mußte.[62]

Es ist unbestreitbar, daß das ursprünglich exakt-naturwissenschaftliche Fundament Eugen Fischers im Lauf der Zeit von den irrationalen Ideen überwuchert wurde, die bereits seine frühen rassistischen Ergüsse inspiriert hatten. Gleichgültig, ob Fischer schon vor 1933 als Antisemit in Erscheinung trat oder nicht,[63] in seinem rassistischen Schubladendenken gab es jedenfalls einen Platz für die Juden, wie er nach Hitlers Aufstieg häufig bewies. Er bewunderte den antisemitischen »Führer« vorbehaltlos, und sei es nur, weil dieser seiner Ansicht nach eine qualitativ orientierte Bevölkerungspolitik verfolgte.[64] 1933 sprach sich der berühmte Genetiker öffentlich gegen den internationalen Intellektualismus und für den Rassegedanken und die nordische Idealrasse als bewußtem Wunsch seiner germanischen Vorfahren aus, der nichts anderes bedeutete, als alles »Fremdrassige« rücksichtslos »auszurotten«. Entsprechend wandte er sich gegen den fremden Geist des Unvölkischen und verurteilte die Einwanderung der Ostjuden nach Deutschland.[65] Auf dem Höhepunkt des Krieges half der Arzt und Anthropologe dann antisemitischen Theologen, die Juden als Eindringlinge in die ägyptische Zivilisation zu identifizieren. Er klassifizierte die Juden völlig willkürlich, indem er einen »frechen« jüdischen Gesichtsausdruck postulierte, der nicht meßbar, aber für den intellektuellen Juden typisch sei.[66] Natürlich unterstützte der Rassenkundler Fischer die auf Zwillingsstudien basierende empirische Arbeit der Biophysiker.[67] Und er beteiligte sich an der Begutachtung der »Rheinlandbastarde«, der nach dem Ersten Weltkrieg gezeugten, unglücklichen Nachkommen von deutschen Müttern und französischen Kolonialsoldaten, die kurz darauf zwangssterilisiert wurden. Ebenso beteiligte er sich an Planungen, alle europäischen Juden in polnische Zwangsarbeitslager zu deportieren.[68]

Otmar Freiherr von Verschuer war Fischer als Forscher und Wissenschaftler ebenbürtig. Sein Werk ist von Bezügen auf den Meister durchdrungen, und die beiden schlossen, als Verschuer Fischer 1942 auf dessen Berliner Lehrstuhl nachfolgte, eine lebenslange

Freundschaft.[69] Otmar Freiherr von Verschuer wurde 1896 als Sproß einer adligen hessischen Familie geboren. Er gehörte damit zu einer Generation von Freikorpsmitgliedern, die für die Niederlage im Ersten Weltkrieg Marxisten, Pazifisten und Juden verantwortlich machten. Der 1918 als Oberleutnant demobilisierte Verschuer engagierte sich in der rassistischen, präfaschistischen Subkultur jener Zeit doppelt: als Mitglied des Vereins Deutscher Studenten, lange Zeit die extremste antisemitische Studentenverbindung Deutschlands, und als Mitglied in dem berüchtigten Freikorps Marburger Studenten, das 1920 bei Mechterstedt 15 angebliche Kommunisten kaltblütig erschoß.[70] Der damalige Befehlshaber des Freikorps und ehemalige kaiserliche Fregattenkommandant Freiherr Bogislav von Selchow war ein unverbesserlicher Antisemit. Er wurde zu einem begeisterten Nazi und äußerte sich in seinem Memoiren von 1936 sehr positiv über den viel jüngeren Verschuer, der während des Massakers sein Adjutant gewesen war.[71]

Verschuer wurde für das Studium beurlaubt und studierte im Hauptfach Medizin. Er graduierte 1923 als Allgemeinmediziner und machte bis 1927 seinen Facharzt als Internist. Noch im selben Jahr habilitierte er sich mit dem Spezialgebiet Genetik, und sein Aufstieg zu zweifelhaftem Ruhm begann. Nach einer aufsehenerregenden Inaugurationsrede in Tübingen wurde er zum Direktor der anthropologischen Abteilung in Fischers Berliner Institut berufen.[72] Dort führte er, geleitet vom wissenschaftlichen Optimismus jener Tage, zahlreiche biophysikalische Experimente durch und publizierte reichlich.[73]

Er setzte diese Arbeit auch im Dritten Reich fort und wurde zu einem der Hauptvertreter der vergleichenden Zwillingsforschung und einer aktiven Bevölkerungspolitik, die sämtliche damals existierenden Möglichkeiten der genetischen Einflußnahme nutzte.[74] Da es an dieser Thematik nicht nur in Deutschland Interesse gab, machte der Freiherr zahlreiche Auslandsreisen und wurde in der internationalen Fachliteratur häufig zitiert.[75] Seine Vorgesetzten und das neue Regime sahen dies mit Wohlgefallen, und er stellte sich 1935 der neuen Herausforderung einer ordentlichen Professur und der Leitung eines neuen Instituts für Erbbiologie und Rassenhygiene an der Universität Frankfurt.[76] Natürlich war er bis Juli 1940 auch in die Partei eingetreten.[77]

Auch Verschuer wurde immer anfälliger für irrationale Strömungen, und charakteristischerweise war es sein eigener bereits vorgebildeter Rassismus, der ihn schließlich ins Lager der ideologischen Fanatiker katapultierte. Als die Arisierung der deutschen Gesellschaft voranschritt, mochte Verschuer nicht darauf verzichten, »wissenschaftliche« Gutachten über die rassischen Stammbäume potentieller Arisierungsopfer zu erstellen.[78] Im Januar 1939 sprach der Freiherr in einer öffentlichen Vorlesung in Berlin allen Ernstes über die unterschiedlichen rassischen Eigenschaften von Deutschen und Juden.[79] Auch wirkte sein Institut, wie er selbst berichtet hat, unter der Schirmherrschaft und nach den Richtlinien der SS an der Ausbildung künftiger Ärzte mit.[80] Seine genetischen Erkenntnisse wurden umgesetzt durch eine kriminelle Medizin, deren Praxis in Zwangssterilisierung und »Gnadentod« kulminierte.[81] Und sein widerwärtiger Rassismus radikalisierte sich sogar noch, als er 1944 meinte, daß Deutschland einen »Rassenkrieg« gegen das »Weltjudentum« führe, und er als politische Priorität der Gegenwart eine neue, totale Lösung der »Judenfrage« forderte.[82]

Heinrich Wilhelm Kranz wurde 1942 Verschuers Nachfolger in Frankfurt. Der Freiherr kannte ihn gut, denn sie waren bei dem Massaker von Mechterstedt Waffenbrüder gewesen.[83] Kranz war nur ein Jahr jünger als Verschuer, sie gehörten genau wie Mollison und Fischer einer Generation an.[84] Über die Schandtaten des ehemaligen Ophtalmologen Kranz wurde bereits ausführlich berichtet.[85] An dieser Stelle soll nur darauf hingewiesen werden, daß es sowohl zwischen Kranz und Verschuer als auch zwischen Kranz und Fischer – trotz des Generationsunterschieds – Kontakte gab – ein sich selbst tragendes Netzwerk weniger Insider, das auf ständiger gegenseitiger Befruchtung beruhte.[86] Zusätzlich sei noch einmal Kranz' abgrundtiefer Rassismus betont und sein Antisemitismus von erkennbar liekianischer Prägung.[87]

Zweifellos inspiriert von Eugen Fischer, stellte sich Kranz in seinem Gießener Institut die Aufgabe, »Mischlinge« zwischen »Ariern« und Juden und »Ariern« und Sinti und Roma zu untersuchen, um festzustellen, welcher Anteil bei ihnen stärker war.[88] Als Professor Kranz dieses Forschungsziel veröffentlichte, war ein junger Wissenschaftler aus dem schwäbischen Günzburg, der etwa 50 Kilometer weiter südlich in Frankfurt mit Verschuer zusammenarbeitete, bereits tief beeindruckt von der rassekundlichen Arbeit seines Lehrers. Er wußte vermutlich, daß Verschuer und Fischer 1928 eine Forschungsexpedition nach Rumänien unternommen und die deutsche Minderheit in Siebenbürgen anthropologisch untersucht hatten, um deren rassische Eigenschaften festzustellen.[89]

Von mehreren Assistenten, die Verschuer 1939 beschäftigte, war ihm Dr. Josef Mengele der liebste.[90] Mengele hatte seine akademische Laufbahn in München begonnen und dort 1935 mit 24 Jahren bei Professor Mollison in Anthropologie promoviert, der damals sehr besorgt über den Einfluß der jüdischen Mentalität auf rassisch Entwurzelte war.[91] Mengele hatte seine Doktorarbeit über die Kiefer von vier Altvölkern geschrieben. Dabei hatte er die Melanesier als das rassisch niedrigste Volk eingestuft und es in der Folge als Maßstab benutzt, um die anderen drei Völker zu bewerten und nach den empirisch festgestellten Unterschieden hierarchisch zu ordnen. Formell erfüllte Mengeles Arbeit die Kriterien der »exakten Naturwissenschaftlichkeit«, in der sein Lehrer Mollison geschult worden war, aber sie enthielt zwei sehr subjektive Elemente, die schon damals die Arbeit des aufstrebenden Wissenschaftlers beeinträchtigten. Das eine war die Sicherheit, daß »Rassen« sich voneinander unterschieden (eine Ansicht, die mit den Doktrinen Mollisons und Fischers übereinstimmte) und unterschiedliche »Rassen« folglich von unterschiedlichen Werturteilen geleitet seien.[92] Das zweite subjektive Element war, daß bei der Wahl des Themas private Gründe eine Rolle gespielt hatten; denn wie kürzlich durch Mengeles Autopsie in Brasilien bestätigt, hatte der spätere KZ-Arzt eine Lücke zwischen den oberen mittleren Schneidezähnen und, wie aus seiner Zahnkarte bei der SS ersichtlich, fehlten ihm auf beiden Seiten die oberen Prämolaren.[93] Ist es für einen objektiven Wissenschaftler legitim, ein Problem zum Thema zu wählen, das mit seinem persönlichen Krankheitsbild zu tun hat?

Auch nachdem er zu Verschuer nach Frankfurt gekommen war, wo er bis 1938 seinen zweiten Doktor in Medizin machte, fuhr Mengele fort, das Rationale mit dem Irrationalen zu vermischen. Wieder untersuchte er Mißbildungen im Zahn- und Gaumenbereich, diesmal von Kindern, die zwischen 1925 und 1935 in der chirurgischen Abteilung der Universitätsklinik unter Professor Victor Schmieden operiert worden waren. Mengele erweiterte dieses »Material« um die Daten von Personen, die Verschuer bereits in den Akten seines Instituts registriert hatte. Insgesamt untersuchte er 1222 Menschen, Eltern und ihre Nachkommen, und kam zu dem Schluß, daß die Mißbildungen mit höchster Wahrscheinlichkeit erblich waren. Außerdem entdeckte er eine positive Korrelation zwischen diesen Mißbildungen und anderen erblichen Krankheiten wie Idiotie, Neigung zur Kleinwüchsigkeit und Hydrozephalus.[94] Die Annahme, daß ihn diese Korrelation persönlich beunruhigte, ist berechtigt.

Bevor Mengele im Frühjahr 1943 nach Auschwitz ging und seine Forschungen im Hinblick auf seine Habilitation fortsetzte,[95] besuchte er seinen Lehrer Verschuer am anthropologischen Institut in Berlin. Dort arbeitete er mit Daten über Sinti- und Romazwillinge, die Georg Wagner, ein Student Verschuers, bereits gesammelt hatte.[96] Bezeichnend für die Experimente, die Mengele in der Folgezeit in seiner Eigenschaft als Verschuers Berliner Assistent in Auschwitz vornahm, ist die Mischung von objektiver Wissenschaft, wie sie sich in der exakten Anthropometrie und in den Sektionen ausdrückt, die von dem klassisch ausgebildeten ungarischen Pathologen Miklos Nyiszli vorgenommen wurden, und persönlich geprägtem Humbug, wie daß Mengele in dunkle Augäpfel blaue Farbe injizierte.[97] Bei Mengeles Arbeit in Auschwitz, deren Förderer letztlich Verschuer war, mischte sich Rationales und Irrationales, was die Ergebnisse am Ende wertlos machte, denn exakte Wissenschaft verträgt nicht die geringste Spur von Irrationalität.[98] Die neuen grenzenlosen Möglichkeiten für Menschenexperimente waren eines der Ideale dieser neuen Art von Naturwissenschaftlern, die sich keine ethischen Grenzen mehr setzte: Für Mengele war eine Utopie Wirklichkeit geworden. Zudem ging seine Verwendung von

Zwillingen als Forschungsmaterial weit über den bereits überzogenen wissenschaftlichen Positivismus des ursprünglich ernsthaften und tiefreligiösen Internisten Verschuer hinaus. Verschuer hatte schon 1927 bei seiner spektakulären Tübinger Vorlesung eine Lanze für die Zwillingsforschung gebrochen und sie dann in Frankfurt praktiziert – ohne dabei zum Mörder zu werden.[99] Daß die in Auschwitz getöteten Zwillinge allesamt Juden und Sinti und Roma waren, verwies eine ohnehin fragwürdige Methodologie vollends ins Reich der Unwissenschaftlichkeit und des Irrationalen, denn die (irrationalerweise angenommene) rassische Minderwertigkeit, die an den Zwillingen bewiesen werden sollte, war bereits vorherbestimmt (ein methodischer Fehler).[100]

Es gibt andere Aspekte von Mengeles Forschungen in Auschwitz, die noch unmittelbarer mit Lieks mystischem Denken zusammenhängen. Wie Überlebende berichteten, zeigte der zweifache Doktor entweder eine bemerkenswerte Gleichgültigkeit gegenüber den körperlichen Schmerzen, die er seinen Opfern zufügte, oder er war von ihnen fasziniert.[101] Orientierte sich Mengele in diesen Fällen an dem Diktum der Naturgläubigen, daß die Fähigkeit, Schmerz zu ertragen, ein Merkmal des (Rassen-)Charakters sei? Mengeles größte Irrationalität beruhte vermutlich auf einen Befürchtungen bezüglich seines eigenen Platzes in der rassischen Hackordnung. Weckten die beidseitig fehlenden Prämolaren und die Lücke zwischen seinen oberen Schneidezähnen bei ihm die Furcht, daß er selbst eugenisch wertlos sein könne, sowie sein Interesse für erbliche Mißbildungen und seinen starken Hang zur Selbstzerstörung? Aus Lieks Krankheitslehre leitete sich die Unveränderlichkeit, die Unheilbarkeit von Mißbildungen ab, die »Dr. Natur« nicht reparieren konnte – trotz all der Erfolge positivistischer Mediziner wie Fischer und Verschuer. Fütterte Mengele die Öfen von Auschwitz so eifrig, weil er eine innere Stimme zum Schweigen bringen wollte, die ihm selbst das Lebensrecht absprach? War dies der Grund, warum er unter Tränen schrie, daß kein Jude am Leben bleiben solle, als er erfuhr, daß die Amerikaner sein Elternhaus bombardiert hatten?[102]

Bei der Person Josef Mengeles, des furchtbarsten aller Ärzte unter Hitler, haben wir es nicht nur mit einem sadistischen Mörder zu tun, dessen Forschungen wissenschaftlich wertlos waren.[103] Mengele war, wie Lifton geschrieben hat, trotz seiner pathologischen Neigung zur Grausamkeit ein im medizinischen Zeitgeist ausgebildeter Arzt, »dessen Glaube an die biomedizinische Vision der Nazis ihn stets auf der Grenze zwischen Wissenschaft und ideologisch korrumpierter Pseudowissenschaft operieren ließ«, das Produkt einer Verbindung von Rationalem und Unsinn.[104]

Zweifellos hatten Leute vom Schlage Mengeles in Deutschland zwischen 1933 und 1945 Einfluß auf die Alltagsmedizin. Sie war auf der einen Seite durch eine der Humanität entfremdete Wissenschaft und auf der anderen durch Scharlatanerie infiltriert. Unter diesen Bedingungen wurden im Dritten Reich junge Mediziner ausgebildet und auf ihren Beruf vorbereitet, den viele von ihnen nach 1945 entsprechend ausübten. Sie griffen in ihrem Berufsleben auf Mengele-Zitate in der seriösen Fachliteratur zurück – die allerdings nie im Kontext zu Auschwitz standen –, und sie fanden solche Zitate auch noch in der Nachkriegszeit. Das galt noch stärker für das Werk von Mengeles Mentor Verschuer, der 1951 wieder ein angesehener, von der internationalen Akademikerschaft gefeierter Universitätsprofessor wurde.[105]

Es kann gar nicht genug betont werden, in welchem Ausmaß angehende Ärzte in den Seminarräumen der Universitäten den Rassendoktrinen der Nazis ausgesetzt waren, Doktrinen, die in ihr praktisches Wissen Eingang fanden, selbst wenn sie privat darüber spotteten.[106] Beispielsweise waren 1942 die jüngeren Ärzte zu einem beträchtlichen Teil, wenn nicht gar mehrheitlich mit der »Euthanasie« einverstanden, und zwar so, wie die Nazis sie propagierten und wie sie zweifellos an den medizinischen Hochschulen diskutiert wurde, während die älteren Ärzte dem »Gnadentod« wesentlich reservierter gegenüberstanden.[107]

Verschuers Seminare in Frankfurt sind ein weiterer Beweis. Der Freiherr war dafür zuständig, die Medizinstudenten in »Rassenpflege« auszubilden und sie mit den gültigen Gesetzen des Regimes in diesem Bereich vertraut zu machen. Techniken zur Untersuchung potentieller Ehepartner auf ihre Ehetauglichkeit (»Erbpathologie«)

standen ebenso auf dem Frankfurter Lehrplan wie »Erbdiagnose«, »Erbprognose« und die Anfertigung von Sterilisierungsgutachten. In »Rassenkunde« wurden die Unterschiede zwischen den menschlichen »Rassen« und die »Rassenvermischung« etwa zwischen »Ariern« und Juden behandelt. Die »Bevölkerungspolitik« – immer das höchste Ziel des NS-Staats – bildete den allgemeineren Hintergrund für all diese Lehrgegenstände.[108]

Verschuer stand in dieser Beziehung nicht allein. Der bekannte Psychiater Carl Schneider beeinflußte schon 1934 als Professor in Heidelberg heimlich Medizinstudenten zugunsten einer inhumanen Behandlung der in der Anstalt Bethel untergebrachten Erbkranken. Dies war etwa fünf Jahre, bevor die »Euthanasie«-Morde ihre Opfer forderten, wobei möglicherweise einige von Schneiders Studenten zu den Tätern gehörten.[109] Bei einem Ausbildungslager in freier Natur sagte Dr. Walter Groß 1936 zu einer Gruppe von Medizinstudentinnen, daß es bei ihrer ganzen künftigen Arbeit nur um die Erhaltung der Rasse gehen werde, also um Selektion, Zucht und »Ausmerze«. In der medizinischen Praxis müsse die »Rasse« absolute Priorität haben. Für die Durchsetzung dieses Konzepts zu arbeiten sei die Pflicht eines jeden, der seine Bedeutung begriffen habe, gleichgültig, ob Mann oder Frau, und insbesondere die Pflicht derjenigen, die als Ärzte und Ärztinnen täglich mit Menschen in Kontakt kämen.[110] Viele junge Mediziner und Medizinerinnen qualifizierten sich damals mit Forschungsprojekten, die unsinnig waren, etwa mit Doktorarbeiten über Erblichkeit und Rasse, aber formell galten diese Abschlüsse bis lange nach 1945.[111]

Die Brutalisierung der Medizin war schon in der Frühzeit des Regimes voll im Gange, und zwar nicht nur in den Seminarräumen. Zunächst vollzog sie sich unter dem Einfluß der naturgläubigen Schule Lieks, gegen den die Fakultäten nie ganz immun waren, wie die Lehrbücher von Georg B. Gruber und Reiner Müller zeigen.[112] Das von Liek und seinen Aposteln so nachhaltig verkündete Verbot der »Verweiblichung« stimmte gut mit dem seit Jahrzehnten überlieferten maskulinen Selbstbild der medizinischen Hochschullehrer überein.[113] Der Krieg verschärfte diese Tendenzen; bei einigen Professoren wurde der kriegerische Geist wieder aufgefrischt, und auch die Jungärzte, die zu Studienzwecken Fronturlaub erhielten, waren davon erfüllt. Außerdem ließen sich mehrere Professoren von ihrer Lehrtätigkeit beurlauben, um an medizinischen Verbrechen teilzunehmen, deren Unmenschlichkeit sich danach in den Seminarräumen ausbreitete. Gebhardt, Clauberg, Kremer und Hirt, um nur die schlimmsten zu nennen, hatten als bewunderte Universitätslehrer die Gelegenheit, ihren Studenten ein höchst fragwürdiges Ethos einzuimpfen.[114] Professor Hirt von der Universität Straßburg, der neben anderen Verbrechen an Häftlingen des Konzentrationslagers Natzweiler Versuche mit Senfgas durchführte, hatte einen Assistenten namens Dr. Anton Kiesselbach, der sowohl im Lager als auch in den Seminaren mit ihm zusammenarbeitete.[115] Und so wurde, was in der Friedenszeit noch ungewöhnlich gewesen war, schnell zur Regel. In einem viel größeren Ausmaß, als gut für sie war, wurden die künftigen Ärzte an Grausamkeiten gewöhnt. So stellte ein britischer Beobachter nach 1945 entsetzt fest, daß Studenten in der Berliner Charité noch immer die abgetrennten Köpfe von Hitlers politischen Opfern zum Sezieren benutzen. Im Keller der Charité gab es so viele Köpfe, daß man sie in großen, mit Salzwasser gefüllten Wannen aufbewahrte.[116]

Studenten, die in den Seminarräumen brutalisiert worden waren, begannen das Gelernte nach dem Examen im Dienst an der Front und in den Konzentrationslagern anzuwenden. Schon 1935 beschwerten sich Patienten im Reich, daß die Versicherungsärzte übermäßig strenge Maßstäbe anlegten, und ein Jahr später wurde beobachtet, daß Ärzte ihre Patienten in völlig unangemessener Hast und im militärischen Befehlston behandelten.[117] Während des Krieges vervielfachten sich, nicht zuletzt wegen des allgemeinen Zeitmangels und psychischen Drucks, die Fälle, in denen niedergelassene Ärzte sich gegenüber zivilen Patienten inhuman verhielten; eine Tatsache, die den zahlreichen dokumentierten Fällen kleiner ärztlicher Heldentaten keinen Abbruch tut.[118]

Ich habe die Umstände bereits angedeutet, unter denen Militärärzte in Frontnähe gezwungen waren, die normale Beziehung zwischen Arzt und Patient aufzugeben, die in Friedenszeiten gegolten hatte. Viele Ärzte strapazierten jedoch die Leidensfähigkeit der verwundeten Soldaten weit über die ethischen und sogar praktisch sinnvollen Grenzen hinaus, vor allem indem sie Schmerzen zufügten, die zu ertragen im Krieg als ein Kriterium der Männlichkeit galt – vor allem natürlich in dem vom nationalsozialistischen Deutschland geführten Krieg.[119] Nach dem Mai 1943 wurden Soldaten, die unter Magen- und Ohrenbeschwerden litten, in speziellen Bataillonen zusammengefaßt und wieder ins Gefecht geschickt. Alle Arten von kranken Soldaten wurden wieder in den aktiven Dienst einbezogen, um die Reserven aufzufrischen.[120] In den Konzentrationslagern war das brutale Verhalten von Ärzten gegenüber inhaftierten Patienten ebenfalls ein Zeichen für die zunehmende Entmenschlichung der Ärzte.[121]

Eine der häufigsten und zugleich verwerflichsten Arten, auf die Mediziner sich unter Hitler kompromittieren mußten, war die Durchführung der gesetzlich vorgeschriebenen Sterilisierungen. Schätzungen zufolge wurden 400 000 Personen sterilisiert, die meisten gegen ihren Willen.[122] Wie viele von ihnen nach einem gewöhnlichen Arztbesuch von ihrem Hausarzt denunziert wurden, ist noch nicht festgestellt, während die Zahl der von Ärzten im Staatsdienst gemeldeten Fälle bekannt ist.[123] Bekannt ist auch, daß die Strafe, die dem Arzt bei einem Verstoß gegen die Denunziationspflicht drohte, schwer genug war, um das Vertrauensverhältnis zwischen ihm und seinen Patienten nachhaltig zu stören. Patienten die, wie häufig berichtet, vor Arztbesuchen zurückscheuten, weil sie fürchteten, als »Sterilisierungsfall« gemeldet zu werden, wurden der umfassenden Gesundheitsfürsorge beraubt, die ihnen eigentlich zustand.[124] Ein Gesundheitssystem jedoch, das Patienten aus welchen Gründen auch immer Leistungen vorenthält, ist unangemessen selektiv. Dies allein schon zeigt, wie stark das nationalsozialistische Regime den gesamten Ärztestand korrumpierte.

Diese Korruption beeinflußte letztlich auch die Professionalisierung der Ärzte unter Hitler: Die Entwicklung war insgesamt negativ. 1974 stellte der westdeutsche Medizinhistoriker Paul Ulrich Unschuld eine Liste mit neun formellen Kriterien für die Professionalisierung in der modernen Medizin zusammen, die sich zumindest oberflächlich auf die Leistungen des Ärztestands unter Hitler anwenden lassen. Die Kriterien lauten in der Reihenfolge ihrer Nennung: 1. Vergütung; 2. berufsspezifische Fachsprache; berufliche Symbole und Berufskleidung (Uniformen); 4. formale Ausbildung; 5. Berufsethos, das sich nicht auf das Ergebnis der beruflichen Arbeit, sondern auf die Mittel bezieht, mit denen dieses Ziel erreicht werden soll; 6. Monopol als Fachkräfte und bei der Zulassung; 7. Unabhängigkeit des Berufsstands; 8. Grad der Internationalisierung und 9. Sozialstatus.[125]

Wenn man die gesamte Geschichte der Ärzte unter Hitler betrachtet, wie sie in den vorhergehenden Kapiteln geschildert wurde, kann man nur zu dem Schluß kommen, daß es in Punkt 1 einen echten Fortschritt gab, daß die Entwicklung in den Punkten 2, 3, 6 und 9 gemischt war und daß es in den Punkten 4, 5, 7 und 8 zu einem bemerkenswerten Rückschritt kam.

Es läßt sich nicht bestreiten, daß die Ärzte im Dritten Reich – insbesondere nach 1937 und auch im Vergleich zu ähnlichen Gruppen wie Rechtsanwälten oder Zahnärzten – besser bezahlt wurden als je zuvor, selbst wenn sie diesen Einkommenszuwachs während des Krieges zum Teil wieder verloren. Nach 1945 kam es zwar zu schweren Einkommensverlusten, doch die Ärzte hatten bald wieder ein sehr hohes Einkommensniveau erreicht, das unmittelbar unter dem von leitenden Angestellten der Industrie lag.[126] Bezüglich der Fachsprache fanden kaum Veränderungen statt; soweit es sie gab, waren sie jedoch negativ, weil sich eine der Medizin fremde Terminologie einschlich, etwa in Gestalt offen rassistischer Begriffe wie »Rassenkunde«. Dasselbe gilt für die Symbole und eine funktionelle Berufskleidung. Auch wenn der altbewährte weiße Kittel noch immer ein häufiger Anblick war, kam es keineswegs selten vor, daß Ärzte in ihrer Praxis SA- oder SS-Uniform trugen, und auch auf dem weißen Kittel prangte oft unübersehbar das Parteiabzeichen als Symbol der Regimetreue.[127] Der ärztliche Sozialstatus verbesserte sich nach rein materiellen Kriterien. Doch die allgemeine Beliebtheit des Ärztestands hatte 1932 einen Tiefpunkt erreicht, und daß sie wieder zunahm, hing nach 1933 mit den teilweisen Fortschritten zusammen, die unter Punkt sechs genauer beschrieben werden.[128] Als sich die nationalsozialistische Gesellschaft konsolidierte, wurde dem Mediziner ein fester Platz als Volksgesundheitstechniker zugewiesen, mit der Aufgabe, das Reservoir an Arbeitskräften und Soldaten zu erhalten.[129] Da das Regime jedoch auf vielerlei Weise eingreifen konnte – etwa indem es Ärzten die Zulassung entzog oder sie sogar kriminalisierte, wenn sie gegen die »Bevölkerungspolitik« des Regimes verstießen –, stand der unvorsichtige Arzt immer mit einem Fuß im Gefängnis.[130] Dies machte alle Mediziner zu potentiellen Parias und beeinträchtigte ihren Sozialstatus als Gruppe. Eine Beurteilung des Fortschritts, was das Monopol als Fachkräfte und bei der Zulassung betrifft, ist wegen der engen Verbindung zwischen der Vertretung der Mediziner und dem Regime einerseits und formellen Fortschritten bei der Gesetzgebung andererseits schwieriger. Obwohl das exklusive Recht auf Kassenzulassung, die Regeln für Qualifikation und Ehrengericht und die in der langersehnten Reichsärzteordnung (Dezember 1935) und dem Berufsgesetz (November 1937) enthaltenen rechtlichen Definitionen verabschiedet wurden, schafften es die Ärzte letztlich dennoch nicht, die Quacksalber in Schach zu halten.[131]

Außerdem kann man die Frage stellen, ob zum Beispiel die Monopolisierung der Zulassung, die von den Vertretern des Regimes diktiert wurde, tatsächlich ein echter Fortschritt war, den alle deutschen Ärzte gutheißen konnten. Hier kommt es darauf an, ob der Historiker Wagner und Conti als Vertreter der staatlichen Politik oder als Vertreter ihrer freiberuflichen Kollegen betrachtet; eine Frage, die auch das Problem der Schuld an der Kooperation zwischen Medizinern und NS-Regime tangiert. Vermutlich läßt sich sagen, daß Wagner und Conti in doppelter Eigenschaft, ja vielleicht sogar schizophren handelten – eine gespaltene Loyalität, die auch all ihre Lakaien in der medizinischen Hierarchie kennzeichnete. Dieser Zustand machte eine Mehrheit der NS-Ärzte zu Handlangern eines verbrecherischen Regimes, obwohl sie zugleich Heiler blieben, denen der kollektive Fortschritt ihres Berufsstands ein echtes Anliegen war.

Dies führt uns zum ersten offensichtlichen Fehlschlag, dem Bereich der beruflichen Unabhängigkeit (7). Unschuld beschreibt diese Unabhängigkeit vor allem als Fähigkeit der Standesvertretung, jeden Kandidaten auf der Grundlage berufsspezifischer Qualifikationen ohne äußere Einmischung aufzunehmen oder auszuschließen. Er bezieht außerdem die »Unabhängigkeit« in die Definition der beruflichen Tätigkeit mit ein – eine Bedingung, die Punkt 6, das berufliche Monopol, berührt.[132] Als Einmischung von außen kann jedes Eingreifen des Staates verstanden werden, das Hippokrates noch nicht kannte. Und diese Eingriffe gab es natürlich in Form von Erlassen, die Juden und Marxisten vom Arztberuf ausschlossen, wobei die Details der Ausschlüsse den Funktionären selbst überlassen wurden. Man könnte auch die ungleiche Behandlung der Ärztinnen unter der Rubrik »Einmischung« fassen, beispielsweise die brutale Ausschaltung ihres Bundes und die Benachteiligung verheirateter Kassenärztinnen. Noch offensichtlicher kompromittierend waren die Vorschriften des Regimes, was Medizin zu sein hatte: Die Einführung der »Rassenkunde« und die Verpflichtung von Ärzten zu Sterilisierung, »Euthanasie« und medizinischem Mord. Eines der schlimmsten Verbrechen in diesem Bereich war die zunehmende Zerstörung des Vertrauensverhältnisses zwischen Arzt und Patient – zugunsten des Staates.

In bezug auf die »Internationalisierung« (Punkt 8) ist das Urteil eindeutig negativ. Die deutsche Medizin durfte nicht länger international sein, und das zu ihrem Schaden. Ähnlich ist der Ärztestand rückblickend auch bei der formellen Ausbildung seiner neuen Mitglieder (Punkt 4) im Dritten Reich fast völlig gescheitert. Zu einem bestimmten Zeitpunkt während des Krieges zogen die medizinischen Ausbilder sogar die Abschaffung der Promotion in Erwägung, was die Ärzteschaft in Punkt 6 schwer zurückgeworfen hätte.[133] Das unter Punkt 4 gefaßte Kriterium überschneidet sich auch stark mit Punkt 5, dem medizinischen Ethos. Von allen Qualifikationen ist das Ethos vielleicht am engsten mit dem ursprünglichen Gehalt des hippokratischen Eids verknüpft, und es ist auch der Punkt, der von den Ärzten unter Hitler am schlimmsten verletzt wurde.[134]

Ich meine, daß diese Verstöße gegen die Ethik schon genügten, um jeden nominellen Fortschritt aufzuheben, der vielleicht von dem Berufsstand gemacht wurde; denn die Ethik ist höher zu bewerten als alle anderen Erwägungen. In der zwischenmenschlichen Beziehung von Arzt und Patient korrumpierte sich die deutsche Medizin zwischen 1933 und 1945 immer mehr, und zwar so stark, daß dies eine Änderung in der Berufspraxis selbst zur Folge hatte. Wie schon gezeigt, verstieß der Mißbrauch der Medizin durch die Nazis gegen das wichtigste Prinzip des hippokratischen Eids, das im folgenden Satz enthalten ist: »Meine Verordnungen werde ich treffen zu Nutz und Frommen der Kranken, nach bestem Vermögen und Urteil, sie schützen vor allem, was ihnen Schaden und Unrecht zufügen könnte.«[135] Die eigentliche Krise der Medizin unter den Nazis bestand darin, daß diese Verpflichtung ihrer universalen Gültigkeit beraubt wurde. Denn trotz einer großen Zahl gutwilliger Ärzte und trotz der eindrucksvollen wissenschaftlichen Leistungen der Vergangenheit wurde dieses Prinzip mit Füßen getreten, und zwar nicht zufällig oder versehentlich, sondern systematisch, mit den vielleicht schwerwiegendsten Folgen für die künftige Medizin.

Anhang

Tabelle 1.1 Prozentanteile bestimmter Berufsgruppen an den verschiedenen Einkommensgruppen (gestaffelt nach dem Bruttoeinkommen in RM 1000), 1934 und 1937

Beruf	Einkommensgruppe									
	A 0–1,5	B 1,5–3	C 3–5	D 5–8	E 8–12	F 12–16	G 16–25	H 25–50	I 50+	J total
Ärzte[a]	2,0	6,6	12,6	23,0	26,3	14,2	11,3	3,7	0,3	100
Zahnärzte[a]	5,8	15,2	23,9	28,7	17,3	5,8	2,9	0,4	0	100
Anwälte[a]	5,8	14,5	17,7	20,7	16,7	9,7	8,8	4,8	1,3	100
Alle Selbständigen[b]	19,2	33,7	20,5	11,5	7,0	2,9	2,6	1,7	0,9	100

[a] Berechnungsgrundlage waren die Zahlen für das Steuerjahr 1934 in: *Deutsches Ärzteblatt* 67 (1937), S. 992 (nicht enthalten sind die lohnsteuerpflichtigen angestellten Ärzte, Zahnärzte und Anwälte, die weniger als 8400 Reichsmark verdienten).
[b] Berechnungsgrundlage waren die Zahlen für das Steuerjahr 1937 in Tabelle 23, *Statistisches Handbuch*, S. 564.

Tabelle 2.1 Prozentanteile ausgewählter Neuzugänge der NSDAP nach sozialer Schicht, beruflicher Untergruppe und Rekrutierungszeitraum 1933–1945

Beruf/ gesellschaftliche Gruppe/ Schicht	Rekrutierungszeitraum								
	A 1933	B 1934–36	C 1937	D 1938	E 1939	F 1940–41	G 1942–45	H 1933–45	I 1933–45 (*N*)
Ärzte[a]	32,9	2,6	43,4	2,6	3,9	11,8	2,6	100	76
Akademische Berufe[b]	37,1	5,2	34,1	2,2	6,0	12,4	3,0	100	267
Soziale Elite[b]	39,5	4,0	30,9	2,1	6,2	13,4	4,0	100	1021
Alle Neuzugänge[c]	22,0	2,8	27,2	2,0	7,7	20,6	17,7	100	15916

[a] Ärzte ohne Zahn- und Tierärzte.
[b–c] Prozentwerte berechnet auf Grundlage der Informationen in Kater, »Quantifizierung«; derselbe, *Nazi Party,* passim.
[c] Einschließlich 2759 sozial nicht klassifizierbarer Neuzugänge.

Tabelle 2.2 Prozentanteile ausgewählter Neuzugänge der NSDAP nach sozialer Schicht, beruflicher Untergruppe (in Prozent der Gesamtgruppe) und Rekrutierungszeitraum 1930–1945

	Rekrutierungszeitraum															
Beruf/ gesellschaftliche Gruppe/ Schicht	A 1930–32 % der Gesamtgr.	(*N*)	B 1933 % der Gesamtgr.	(*N*)	C 1934–36 % der Gesamtgr.	(*N*)	D 1937 % der Gesamtgr.	(*N*)	E 1938 % der Gesamtgr.	(*N*)	F 1939 % der Gesamtgr.	(*N*)	G 1940–41 % der Gesamtgr.	(*N*)	H 1942–45 % der Gesamtgr.	(*N*)
Soziale Elite[a],	9,2	180	12,2	403	9,7	41	8,0	315	9,0	21	6,3	63	5,0	137	2,7	41
davon akademische Berufe[a]	2,5	49	3,0	99	3,3	14	2,3	91	2,6	6	1,6	16	1,2	33	0,5	8
davon Ärzte[b]	0,3	6	0,8	25	0,5	2	0,8	33	0,9	2	0,3	3	0,3	9	0,1	2

[a, b] Prozentwerte berechnet auf Grundlage der Informationen in: Kater, »Quantifizierung«; derselbe, *Nazi Party,* passim.

[b] Ärzte ohne Zahn- und Tierärzte.

Tabelle 2.3 Prozentanteile der Ärzte nach Religion, NS-Organisation und Geschlecht, 1936–1945

Religion	A NSDAP-Mitglieder (männlich und weiblich)	B NSÄB-Mitglieder (männlich und weiblich)	C NSDAP-Mitglieder (nur männlich)	D NSÄB-Mitglieder (nur männlich)
protestantisch	49,1	33,1	54,7	37,8
katholisch	35,1	25,2	39,8	29,4

Die Prozentwerte basieren auf den absoluten Werten im Kater-Sample (BDC, RÄK), 4177 *N* (siehe Anm. 11, Kapitel 2.1). Die Prozentwerte in dieser Tabelle wurden nach Überprüfung der statistischen Signifikanz (X^2) aus Kreuztabellen übernommen. Alle Prozentwerte sind signifikant ($P = 0{,}05$ oder kleiner).

Tabelle 2.4 Prozentanteile der Ärzte nach NS-Organisation und Zeitraum der ärztlichen Zulassung 1878–1945

	Zeitraum der ärztlichen Zulassung						
NS-Organisation	A 1878–1918 *N* = 100%	B 1919–24 *N* = 100%	C 1925–32 *N* = 100%	D 1919–32 *N* = 100%	E 1933–38 *N* = 100%	F 1939–45 *N* = 100%	G 1878–1945 *N* = 100%
NSDAP	39,1[a]	48,7[c]	53,1[e]	50,8[g]	43,2[i]	44,1[k]	44,8[m]
NSÄB	33,4[a]	45,6[c]	47,0[e]	46,2[g]	32,0[i]	7,4[k]	31,0[m]
NSDAP und NSÄB	30,8[a]	40,9[c]	44,1[e]	42,4[g]	27,7[i]	6,8[k]	27,9[m]
SA	15,6[b]	26,5[d]	30,6[f]	28,4[h]	36,6[j]	21,8[l]	26,0[n]
NSDAP und SA	9,9[b]	18,2[d]	20,4[f]	19,2[h]	22,0[j]	15,7[l]	17,0[n]
SS	1,9[b]	5,8[d]	9,4[f]	7,4[h]	9,2[j]	11,0[l]	7,2[n]
NSDAP und SS	1,1[b]	4,6[d]	7,2[f]	5,8[h]	5,8[j]	8,7[l]	5,2[n]
HJ	3,3[a]	4,5[c]	7,0[e]	5,7[g]	12,3[i]	16,2[k]	9,3[m]
NSDAP und HJ	2,8[a]	2,8[c]	3,4[e]	3,1[g]	5,5[i]	5,0[k]	4,1[m]

Die Prozentwerte basieren auf den absoluten Werten im Kater-Sample (BDC, RÄK), 4177 *N* (siehe Anm. 11, Kapitel 2.1). Die Prozentwerte in dieser Tabelle wurden nach Überprüfung der statistischen Signifikanz (X^2) aus Kreuztabellen übernommen. Alle Prozentwerte sind signifikant (*P* = 0,05 oder kleiner). Die Prozentwerte für SA und SS gelten nur für Männer.

[a] = 876; [b] = 842; [c] = 662; [d] = 598; [e] = 580; [f] = 500; [g] = 1242; [h] = 1098; [i] = 1105; [j] = 862; [k] = 954; [l] = 678; [m] = 4177; [n] = 3480.

Tabelle 2.5 Alter ausgewählter Neuzugänge der NSDAP nach sozialer Schicht, beruflicher Untergruppe und Rekrutierungszeitraum 1933–1945

Beruf/ gesellschaftliche Gruppe/ Schicht	Rekrutierungszeitraum A 1933 Alter	(*N*)	B 1934–36 Alter	(*N*)	C 1937 Alter	(*N*)	D 1938 Alter	(*N*)	E 1939 Alter	(*N*)	F 1940–41 Alter	(*N*)	G 1942–45 Alter	(*N*)
Ärzte[a]	42	25	36	2	41	33	27	2	35	3	40	9	37	2
höhere Beamte[b]	40	93	43	6	40	74	–	–	46	5	49	39	42	4
Akademische Berufe[b]	39	99	40	14	38	91	30	6	39	16	36	33	38	8
Soziale Elite[b]	39	403	38	41	39	315	30	21	40	63	44	137	34	41
Alle Neuzugänge[c]	36	3502	37	450	38	4330	26	314	35	1231	36	3271	22	2818

[a] Ärzte ohne Zahn- und Tierärzte.
[a–c] Alters- und Häufigkeitsangaben *(N)* auf Grundlage der Informationen in: Kater, »Quantifizierung«; derselbe, *Nazi Party,* passim.
[c] Einschließlich 2759 sozial nicht klassifizierbarer Neuzugänge.

Tabelle 2.6 Prozentanteile der deutschen Ärzte, der NSDAP-Beitritte von Ärzten, der Gesamtheit der NSDAP-Mitglieder und der NS-Kreisleiter nach Altersgruppen, 1934–1937

Altersgruppe	A Gesamtheit der deutschen Ärzte 1937[a]	B Neue Beitritte von Ärzten 1937[b]	C Bei der RÄK registrierte ärztliche NSDAP-Mitglieder 1937[c]	D Gesamtheit der NSDAP-Mitglieder 31. 12. 1934	E Kreisleiter 31. 12. 1934
30 und jünger	16,4	18,2	23,9	37,6	14,2
31–40	25,0	33,3	30,9	27,9	55,7
41–50	27,1	33,3	28,4	19,6	26,4
51–60	14,2	9,1	11,2	11,2	3,4
61 und älter	17,3	6,1	5,5	3,7	0,3
Prozent (ges.)	100	100	100	100	100
Häufigkeit (*N*).	55443	33	1343	2493890	776

[a] Prozentwerte berechnet auf Grundlage der Informationen in: Kater, »Altersaufbau, 1937«, S. 208;
[b] Prozentwerte berechnet auf Grundlage der Informationen in: Kater, »Quantifizierung«; derselbe, *Nazi Party,* passim (ohne Zahn- und Tierärzte).
[c] Prozentwerte berechnet auf Grundlage der absoluten Zahlen des Kater-Samples (BDC, RÄK), 4177 *N* (siehe Anm. 11, Kapitel 2.1).
[d] Übernommen aus Tabelle in: Kater, *Nazi Party,* S. 261.

Tabelle 3.1 Prozentuale Verteilung der Ärzteschaft nach Geschlecht und Zeitraum der Approbation, 1878–1945

	Zeitraum der Approbation				
Geschlecht	A 1878–1918	B 1919–24	C 1925–32	D 1933–38	E 1939–45
männlich	95,2	90,0	84,2	73,6	72,7
weiblich	4,8	10,0	15,8	26,4	27,3
Prozent insges.	100	100	100	100	100
Häufigkeit (*N*)	378	249	273	440	447

Berechnungsgrundlage waren die absoluten Zahlen im Jarausch-Sample (BDC, RÄK), 1808 *N* (siehe Anm. 6, Kapitel 3.1). Die Prozentwerte in dieser Tabelle wurden nach Überprüfung ihrer statistischen Signifikanz (X^2) aus Kreuztabellen übernommen. Alle Prozentwerte sind signifikant ($P = 0{,}05$ oder kleiner).

Tabelle 3.2 Prozentuale Anteile der männlichen und weiblichen Kassenärzte an der zwischen 1878 und 1945 approbierten Ärzteschaft

	Zeitraum der Approbation					
Geschlecht	A 1878–1918	B 1919–24	C 1925–32	D 1933–38	E 1939–45	F Häufigkeit (*N*)
männlich	70,6	79,6	68,7	22,5	0,6	1462
weiblich	66,7	44,0	41,9	12,9	1,6	324
Verhältnis- zahl	1,05	1,81	1,63	1,74	0,37	–

Berechnungsgrundlage waren die absoluten Zahlen im Jarausch-Sample (BDC, RÄK), 1808 *N* (siehe Anm. 6, Kapitel 3.1). Die Prozentwerte in dieser Tabelle wurden nach Überprüfung ihrer statistischen Signifikanz (X^2) aus Kreuztabellen übernommen. Alle Prozentwerte sind signifikant ($P = 0{,}05$ oder kleiner).

Tabelle 3.3 Prozentuale Anteile der männlichen und weiblichen Fachärzte an der zwischen 1878 und 1945 approbierten Ärzteschaft

Geschlecht	Zeitraum der Approbation A 1878–1918	B 1919–24	C 1925–32	D 1933–38	E 1939–45
männlich	95,0	91,1	86,6	80,6	50,0
weiblich	5,0	8,9	13,4	19,4	50,0
Prozent insges.	100	100	100	100	100
Häufigkeit (*N*)	141	90	127	62	4

Berechnungsgrundlage waren die absoluten Zahlen im Jarausch-Sample (BDC, RÄK), 1808 *N* (siehe Anm. 6, Kapitel 3.1). Die Prozentwerte in dieser Tabelle wurden nach Überprüfung ihrer statistischen Signifikanz (X^2) aus Kreuztabellen übernommen. Alle Prozentwerte sind signifikant ($P = 0{,}05$ oder kleiner).

Tabelle 3.4 Prozentuale Anteile der männlichen und weiblichen Allgemeinmediziner an der zwischen 1878 und 1945 approbierten Ärzteschaft

Geschlecht	Zeitraum der Approbation A 1878–1918	B 1919–24	C 1925–32	D 1933–38	E 1939–45
männlich	95,4	89,3	82,2	72,5	72,9
weiblich	4,6	10,7	17,8	27,5	27,1
Prozent insges.	100	100	100	100	100
Häufigkeit (*N*)	237	159	146	378	443

Berechnungsgrundlage waren die absoluten Zahlen im Jarausch-Sample (BDC, RÄK), 1808 *N* (siehe Anm. 6, Kapitel 3.1). Die Prozentwerte in dieser Tabelle wurden nach Überprüfung ihrer statistischen Signifikanz (X^2) aus Kreuztabellen übernommen. Alle Prozentwerte sind signifikant ($P = 0{,}05$ oder kleiner).

Tabelle 3.5 Prozentuale Verteilung der Studentenschaft nach sozialer Herkunft, Geschlecht und akademischer Disziplin, 1932–1935

Soziale Herkunft	Medizin A Sommer-Semester 1932	Medizin B Winter-Semester 1934/35	Zahnmedizin C Sommer-Semester 1932	Zahnmedizin D Winter-Semester 1934/35	Jura E Sommer-Semester 1932	Jura F Winter-Semester 1934/35	Alle Disziplinen G Sommer-Semester 1932	Alle Disziplinen H Winter-Semester 1934/35
männlich								
Unterschicht	3,0	3,5	4,4	4,5	4,1	4,4	6,0	6,2
Untere Mittelschicht	54,2	56,2	72,2	73,2	53,0	56,1	60,1	61,2
Oberschicht	42,8	40,3	23,4	22,3	42,9	39,5	33,9	32,5
Prozent insg.	100	100	100	100	100	100	100	100
Häufigkeit (*N*)	18783	16724	4996	3765	16691	9501	100017	68651
weiblich								
Unterschicht	1,2	1,3	1,8	1,8	1,7	1,0	2,8	2,6
Untere Mittelschicht	43,1	45,6	58,0	62,3	33,9	35,3	49,9	49,8
Oberschicht	55,7	53,1	40,2	35,9	64,4	63,7	47,2	47,6
Prozent insg.	100	100	100	100	100	100	100	100
Häufigkeit (*N*)	4714	3945	1244	839	1101	306	18984	11217
männl. + weibl.								
Unterschicht	2,6	3,1	3,9	4,0	3,9	4,3	5,5	5,7
Untere Mittelschicht	52,0	54,2	69,4	71,2	51,8	55,5	58,5	59,6
Oberschicht	45,4	42,7	26,8	24,7	44,3	40,2	36,1	34,6
Prozent insg.	100	100	100	100	100	100	100	100
Häufigkeit (*N*)	23497	20669	6240	4604	17792	9807	119001	79868

Die Prozentwerte und Häufigkeiten basieren auf Daten in Lorenz, *Zehnjahres-Statistik*, 1, S. 356–371. Ihre Kategorien »diverse Tätigkeiten« und »ohne Berufsangabe« für die Väter der Studierenden wurden in dieser Tabelle nicht berücksichtigt.

Tabelle 3.6 Prozentuale Verteilung der Studentenschaft nach Geschlecht und politischem Engagement in NS-Organisationen, 1933–1945

Geschlecht	A Politisch nicht organisierte Studenten aller Disziplinen 1933–42[a]	B Politisch nicht organisierte Medizinstudenten 1933–45[b]	C In mind. einer NS-Organisation aktive Medizinstud. 1933–45[b]	D In mind. einer NS-Organisationen aktive Medizinstud. 1933–45[b]	E In mind. drei NS-Organisationen aktive Medizinstud. 1933–45[b]
männlich	18,0	11,3	88,7	44,3	14,9
weiblich	24,4	33,7	66,3	31,1	7,0

[a] Berechnungsgrundlage waren die Daten aus Tabelle 7 in Arminger, »Involvement«, S. 20: $N = 557$; $X^2 = 27{,}13$; $df = 5$; $P = 0{,}01$; $C = 0{,}323$.

[b] Berechnungsgrundlage waren die absoluten Zahlen im Darlehensnehmer-Sample (BA), 3693 N (siehe Anm. 33 und 42, Kapitel 5.2). Die Prozentwerte in dieser Tabelle wurden nach Überprüfung ihrer statistischen Signifikanz (X^2) aus Kreuztabellen übernommen. Alle Prozentwerte sind signifikant ($P < 0{,}0001$).

Tabelle 3.7 Prozentuale Verteilung der Medizinstudierenden nach Geschlecht und bevorzugter NS-Organisation, 1933–1945

Geschlecht	A Frauen-Organisationen %	A (N)	B Hitler-Jugend (HJ, BDM) %	B (N)	C NSDStB/ANSt %	C (N)	D Andere %	D (N)	E NSDAP %	E (N)	F SA %	F (N)	G SS %	G (N)	H NSKK %	H (N)	I Häufigkeit (N)
männlich	–	–	10,4	162	9,5	148	2,2	34	32,6	506	35,6	552	6,6	102	3,1	48	1552 (1749 mit den pol. nicht Aktiven)
weiblich	20,1	36	29,1	52	32,4	58	0,6	1	17,9	32	–	–	–	–	–	–	179 (270 mit den pol. nicht Aktiven)
Häufigkeit (N)	–	36	–	214	–	206	–	35	–	538	–	552	–	102	–	48	1731 (2019 mit den pol. nicht Aktiven)

Berechnungsgrundlage waren die absoluten Zahlen im Darlehensnehmer-Sample (BA), 3693 *N* (siehe Anm. 33 und 42, Kapitel 5.2). Die Prozentwerte in dieser Tabelle wurden nach Überprüfung ihrer statistischen Signifikanz (X^2) aus Kreuztabellen übernommen. Alle Prozentwerte sind signifikant ($P < 0{,}0001$).

Tabelle 3.8 Prozentuale Verteilung der Ärzteschaft nach Geschlecht und politischem Engagement, 1933–1945

	Ausgewählte NS-Kader						
	A	B	C	D	E	F	G
Geschlecht	NSDAP	NSÄB	HJ/BDM	NSDStB	NSV	NS-Frauen-Organisationen	Mitglied in irgendeinem NS-Kader
männlich	49,9	35,3	7,0	1,8	1,8	–	72,6
weiblich	19,7	9,9	21,1	3,9	1,0	18,7	52,4
Häufigkeit (*N*)	1873	1296	392	88	70	130	2891

Berechnungsgrundlage waren die absoluten Zahlen im Kater-Sample (BDC, RÄK), 4177 *N* (siehe Anm. 11, Kapitel 2.1). Die Prozentwerte in dieser Tabelle wurden nach Überprüfung ihrer statistischen Signifikanz (X^2) aus Kreuztabellen übernommen. Alle Prozentwerte bis auf die in Spalte E (in der $P = 0{,}177$ ist) sind signifikant ($P < 0{,}001$).

Tabelle 3.9 Prozentuale Verteilung der zwischen 1878 und 1945 approbierten Ärzteschaft nach Geschlecht und politischem Engagement

	Approbationszeitraum					
	A	B	C	D	E	F
Geschlecht	1878–1918	1919–24	1925–32	1933–38	1939–45	Häufigkeit (*N*)
männlich	46,9	72,3	72,6	83,6	80,0	1029
weiblich	50,0	40,0	53,5	53,4	60,7	178
Verhältniszahl	0,93	1,80	1,35	1,56	1,31	–

Berechnungsgrundlage waren die absoluten Zahlen im Kater-Sample (BDC, RÄK), 4177 *N* (siehe Anm. 11, Kapitel 2.1). Die Prozentwerte in dieser Tabelle wurden nach Überprüfung ihrer statistischen Signifikanz (X^2) aus Kreuztabellen übernommen. Alle Prozentwerte sind signifikant ($P = 0{,}05$ oder kleiner).

Tabelle 5.1 Entwicklung der Studentenzahlen an den Universitäten und Technischen Hochschulen vom Wintersemester 1932/33 bis zum Wintersemester 1943/44 (speziell in den Fächern Medizin, Zahnmedizin und Jura)

	A Winter-Sem. 1932/33[a]	B Winter-Sem. 1933/34[a]	C Winter-Sem. 1934/35[a]	D Winter-Sem. 1935/36[a]	E Winter-Sem. 1936/37[a]	F Winter-Sem. 1937/38[a]	G Winter-Sem. 1938/39[a]	H Herbst-Trim. 1939[a]	I Zweites Trim. 1940[a]	J Winter-Trim. 1941[a]	K Winter-Sem. 1943/44[b]
Medizin (*N*)	24298	23899	21649	20556	18034	16604	15905	16565	14304	18742	39028
Anteil an allen Univ.-Fächern in %	26,2	29,2	31,8	34,2	37,0	38,3	38,6	57,7	47,1	50,5	71,9
Zahnmedizin (*N*)	6522	5864	4847	4100	2861	2058	1612	742	681	755	1363
Anteil an allen Univ.-Fächern in %	7,0	7,2	7,1	6,8	5,9	4,7	3,9	2,6	2,2	2,0	2,5
Jura (*N*)	16175	13443	10130	8026	5740	4891	4930	2826	2978	2981	3625
Anteil an allen Univ.-Fächern in %	17,5	16,4	14,9	13,3	11,8	11,3	12,0	9,8	9,8	8,0	6,7
Alle Univ.-Fächer (*N*)	92601	81968	68148	60148	48688	43388	41227	28696	30351	37093	54252
Alle TH-Fächer (*N*)	20431	17104	13099	11794	10776	9466	11029	6184	7112	6955	8516

[a] Die Zahlen wurden aus Lorenz, ***Zehnjahres-Statistik***, 1, S. 152–159 übernommen (sie schließen die ausländischen Studenten ein).
[b] Die Zahlen wurden aus dem Statistischen Handbuch, S. 622 f. übernommen.

Tabelle 5.2 Engagement der Medizin-, Zahnmedizin (ZM)- und Jurastudenten in Prozentwerten in den von ihnen bevorzugten NS-Organisationen, Beitrittszeitraum 1925–1945

	Beitrittszeitraum																	
	1925–32			1933			1934			1935–37			1938			1939–45		
bevorzugte	A	B	C	D	E	F	G	H	I	J	K	L	M	N	O	P	Q	R
NS-Organisation	Med.	ZM	Jura	Med.	ZM	Jura	Med.	ZM	Jura	Med.	ZM	Jura	Med.	ZM	Jura	Med.	ZM	Jura
NSDAP[a]	34,9	43,2	42,0	32,5	40,9	37,5	4,2	–	0,9	14,5	11,4	10,7	8,4	4,5	4,5	5,4	–	4,5
SA[b]	5,7	7,5	9,6	75,7	84,4	76,2	9,9	5,4	5,8	4,1	2,7	4,8	3,9	–	1,9	0,6	–	1,6
SS[b]	6,7	3,7	7,3	52,2	74,1	50,9	7,8	11,1	5,5	11,1	7,4	18,2	12,2	–	10,9	10,0	3,7	7,3
Andere[a]	16,1	15,5	35,9	25,2	33,8	27,6	13,6	14,1	9,7	30,0	26,8	11,5	7,3	1,4	5,5	7,7	8,5	9,7
Alle Organisationen[a]	13,6	14,5	22,9	49,5	64,4	52,8	10,3	7,3	6,2	15,5	10,4	8,9	6,4	1,0	4,2	4,6	2,4	5,0

[a] Männliche und weibliche Studenten.

[b] Nur männliche Studenten.

[a,b] Die Prozentwerte basieren auf den absoluten Zahlen im Darlehensnehmer-Sample (BA), 3693 *N* (siehe Anm. 33 und 42, Kapitel 5.2). Sie wurden nach Überprüfung ihrer statistischen Signifikanz (X^2) aus Kreuztabellen übernommen. Alle Prozentwerte sind signifikant ($P = 0{,}05$ oder kleiner).

Tabelle 5.3 Prozentuale Anteile der männlichen und weiblichen Studierenden der Universitäten und Technischen Hochschulen, die keiner NS-Organisation angehörten, 1933–1945

Geschlecht	A Medizin 1933–45[a]	B Zahnmedizin 1933–45[a]	C Jura 1933–45[a]	D Alle Fächer (Unis und THs) 1933–42[b]
männlich	11,3	13,4	11,3	18,0
weiblich	33,7	55,1	48,3	24,4
männlich + weiblich	14,3	19,6	12,2	18,5

[a] Die Prozentwerte basieren auf den absoluten Zahlen im Darlehensnehmer-Sample (BA), 3693 *N* (siehe Anm. 33 und 42, Kapitel 5.2).

[b] Die Prozentwerte basieren auf Zahlen aus Tabelle 7 in Arminger, »Involvement«, S. 20 ($N = 557$).

[a,b] Die Prozentwerte wurden nach Überprüfung ihrer statistischen Signifikanz (X^2) aus Kreuztabellen übernommen. Alle Prozentwerte sind signifikant ($P = 0{,}01$ oder kleiner).

Tabelle 5.4 Soziale Schichtung der männlichen Studenten der Universitäten und Technischen Hochschulen, 1933–1945

Soziale Schicht	Medizin		Zahnmedizin		Jura		Alle Fächer (Unis und THs)	
	A Winter-Semester 1934/35[a]	B Alle Semester 1933–45[b]	C Winter-Semester 1934/35[a]	D Alle Semester 1933–45[b]	E Winter-Semester 1934/35[a]	F Alle Semester 1933–45[b]	G Winter-Semester 1934/35[a]	H Alle Semester 1933–42[c]
Unterschicht	3,5	10,3	4,5	10,2	4,4	11,5	6,2	8,8
Untere Mittelschicht	56,2	71,2	73,2	78,9	56,1	72,4	61,2	63,9
Oberschicht	40,3	18,5	22,3	10,9	39,5	16,1	32,5	27,3
Prozent insgesamt	100	100	100	100	100	100	100	100
Häufigkeit (*N*)	16724	1711	3765	393	9501	1152	68651	498

[a] Die Prozentwerte basieren auf Daten in Lorenz, ***Zehnjahres-Statistik***, 1, S. 356–371.
[b] Die Prozentwerte basieren auf den absoluten Zahlen im Darlehensnehmer-Sample (BA), 3693 *N* (siehe Anm. 33 und 42, Kapitel 5.2).
[c] Die Prozentwerte basieren auf Zahlen aus Tabelle 11 in Arminger, »Involvement«, S. 23 ($N = 498$).
[b,c] Diese Prozentwerte wurden nach Überprüfung ihrer statistischen Signifikanz (X^2) aus Kreuztabellen übernommen. Alle Prozentwerte sind signifikant ($P = 0{,}05$ oder kleiner).

Tabelle 5.5 Prozentuale Verteilung der männlichen Studenten der Universitäten und Technischen Hochschulen nach bevorzugter NS-Organisation, 1933–1945

Bevorzugte NS-Organisation	A Medizin 1933–45[a]	B Zahnmedizin 1933–45[a]	C Jura 1933–45[a]	D Alle Fächer (Unis und THs) 1933–42[b]
NSDAP	28,6	23,4	26,6	14,5
SA	32,0	42,2	33,9	38,4
SS	5,8	8,1	5,3	12,4
Andere	22,6	12,7	22,9	16,8
Keine	10,9	13,5	11,3	17,9
Prozent insgesamt	100	100	100	100
Häufigkeit (*N*)	1711	393	1152	498

[a] Die Prozentwerte basieren auf den absoluten Zahlen im Darlehensnehmer-Sample (BA), 3693 *N* (siehe Anm. 33 und 42, Kapitel 5.2). Sie sind statistisch signifikant: $N = 3256$; $X^2 = 35{,}383$; $df = 8$; $P < 0{,}0001$; $C = 0{,}01$.

[b] Die Prozentwerte basieren auf Zahlen aus Tabelle 11 in Arminger, »Involvement«, S. 23 ($N = 498$). Sie sind statistisch signifikant ($P = 0{,}05$).

Tabelle 5.6 Prozentuale Verteilung der männlichen Studenten der Universitäten und Technischen Hochschulen nach sozialer Herkunft und bevorzugter NS-Organisation, 1933–1945

	Medizin 1933–45					Zahnmedizin (ZM) 1933–45				
	A	B	C	D	E	F	G	H	I	J
Soziale Schicht	NSDAP[a]	SA[a]	SS[a]	Andere[a]	Alle Med. Stud.[b]	NSDAP[c]	SA[c]	SS[c]	Andere[c]	Alle ZM-Stud.[b]
Unterschicht	9,4	10,2	9,1	11,9	10,3	14,1	10,2	9,4	6,0	10,2
Untere Mittelschicht	72,7	71,7	71,7	70,5	71,2	72,8	82,2	68,8	86,0	78,9
Oberschicht	18,0	18,1	19,2	17,6	18,5	13,0	7,8	21,9	8,0	10,9
Prozent insg.	100	100	100	100	100	100	100	100	100	100
Häufigkeit (*N*)	490	548	99	387	1711	92	166	32	50	393

[a-d] Die Prozentwerte basieren auf den absoluten Zahlen im Darlehensnehmer-Sample (BA), 3693 *N* (siehe Anm. 33 und 42, Kapitel 5.2).

Jura 1933–45					Alle Fächer (Unis und THs) 1933–42				
K	L	M	N	O	P	Q	R	S	T
NSDAP[d]	SA[d]	SS[d]	Andere[d]	Alle Jura-Stud.[b]	NSDAP[e]	SA[e]	SS[e]	Andere[e]	Alle Stud. (Unis + THs)[f]
10,7	12,6	6,6	11,0	11,5	12,5	8,9	6,5	8,3	8,8
72,6	73,8	63,9	72,0	72,4	68,1	66,0	58,1	63,1	63,9
16,6	13,6	29,5	17,0	16,1	19,4	25,1	35,5	28,6	27,3
100	100	100	100	100	100	100	100	100	100
307	390	61	264	1152	72	191	62	84	498

[a,c,d,e] Die Prozentwerte sind nur bei $P > 0{,}05$ statistisch signifikant.
[e,f] Die Prozentwerte basieren auf Zahlen aus Tabelle 11 in Arminger, »Involvement«, S. 23 (498 *N*).

Abbildung 1. Bruttoeinkommen der Ärzteschaft, 1929–1937

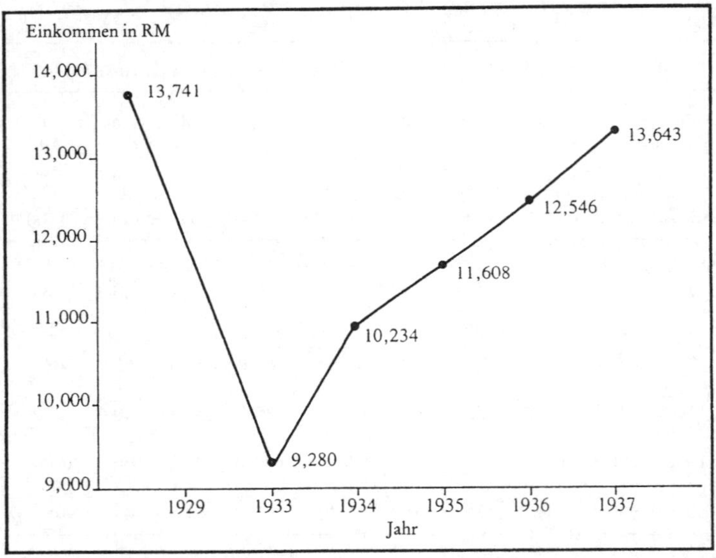

Quelle: Wuttke, Herrschaft, S. 200, Anm. 140.

Abbildung 2. Entwicklung des politischen Engagements von Medizin-, Zahnmedizin- und Jurastudenten in NS-Formationen

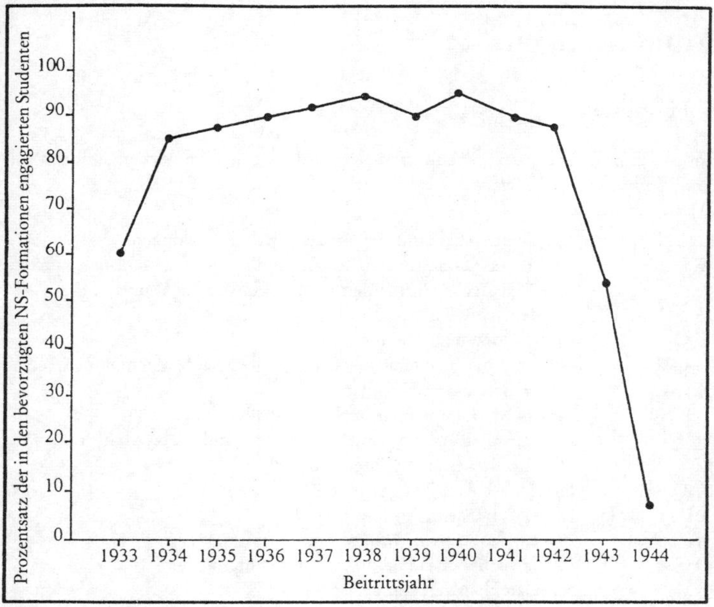

Quelle: Darlehensnehmer-Sample (BA), 3693 N (siehe Anm. 33 und 42, Kapitel 5.2).
Die grafisch dargestellten Prozentwerte sind statistisch signifikant:
N = 3693; x^2 = 413,37; df = 11; P< 0,0001; C = 0,335.

Anmerkungen

Abkürzungen

Außer den im Text benutzten Abkürzungen werden in den Anmerkungen noch folgende Abkürzungen verwendet:

AAWG	Archiv der Akademie der Wissenschaften Göttingen
ARW	Archiv der Reichsstudentenführung und des Nationalsozialistischen Deutschen Studentenbundes, Universität Würzburg
BA	Bundesarchiv Koblenz
BDC	Berlin Document Center
DAÖW	Dokumentationsarchiv des Österreichischen Widerstandes Wien
GLAK	Generallandesarchiv Karlsruhe
HHSAW	Hessisches Hauptstaatsarchiv Wiesbaden
HIS	Hoover Institution on War, Revolution, and Peace, Stanford
IfZ	Institut für Zeitgeschichte München
ISA	Israel State Archives, Jerusalem
LBINY	Leo Baeck Institute, New York
NA	National Archives, Washington
NHSA	Niedersächsisches Hauptstaatsarchiv Hannover
SAM	Staatsarchiv München
SAMs	Staatsarchiv Münster
UK	Unterlagen der Kassenärztlichen Vereinigung Deutschlands (KVD) und der Reichsärztekammer (RÄK), Berlin (Fotokopien in den York University Archives)
UNANY	United Nations Archives, New York

Einleitung

1. *B.Z.*, 27. Oktober 1955, 12; Luther und Thaler, *Das hippokratische Ethos*, S. 129; Lifton, *Ärzte im Dritten Reich*, S. 309–319; Anm. 114 im Schlußkapitel dieses Buchs.
2. *Der Spiegel*, 16. Januar 1984, 86f. *Wer ist Wer?* (1970); *Frankfurter Allgemeine Zeitung*, 27./28. Mai 1988. Der am 15. September 1916 geborene Bernbeck schloß sich im August 1938 einem NSFK-Hilfstrupp und im April 1942 der NSDAP an (BDC, PK Bernbeck).
3. Kater, »Medizin und Mediziner«, S. 325, Anm. 88. Szagunn scheint kein Parteimitglied gewesen zu sein, doch sie war eine Antisemitin. Sie befürwortete die

nationalsozialistische »Rassenkunde« und lobte ihre verstorbene Vorgängerin, die Ärztin Edith von Lölhöffel, in einem Nachruf für ihre bewußte Zurückweisung jüdischer Elemente und jüdischer Einflüsse, wodurch sie sich um Volk und Rasse verdient gemacht habe. Siehe Szagunn, »Vierte Wiener Medizinische Woche«, S. 404; Szagunn, »Edith von Lölhöffel zum Gedächtnis«, S. 96. Siehe auch Szagunn, »Sportärztliche Erfahrungen«; Szagunn, »Dritte Wiener Medizinische Woche«.

4. Szagunn, »Wandlungen im Krankheitsbegriff«, besonders S. 331. Siehe auch Kater, »Burden«, S. 45f.; Klee, *Was sie taten*, S. 25, 139–143, 284, 312f.
5. Kreienberg, »Auswirkungen«, besonders S. 3 und 5.
6. BDC, MF und RÄK Kreienberg.
7. Akte Kreienberg (1944), BDC, Forschungsmaterial Kreienberg. Siehe auch Text unter Anmerkung 24 des Schlußkapitels.
8. *Wer ist Wer?* (1986), 743.
9. Hanauske-Abel, »Unfähigkeit zu trauern«, S. 34.
10. *Who's Who in Germany*, S. 1408; Vita »Generalarzt Prof. Dr. Ernst Rodenwaldt«, Bad Nauheim, 26. Juli 1944, BDC, Forschungsmaterial Rodenwaldt. Nach BDC, MF Rodenwaldt, trat Rodenwaldt am 1. März 1932 in die NSDAP ein und am 25. Februar 1933 wieder aus. Siehe auch Rodenwaldts Memoiren *Tropenarzt*.
11. Siehe Rodenwaldt, »Rückwirkung der Rassenmischung«; Becker et al., »Einblicke in die Medizin«, S. 322f.
12. Vita (siehe Anm. 10); Rodenwaldt und Zeiss, *Einführung*, S. 15–40.
13. Becker et al., »Einblicke in die Medizin«, S. 323.
14. BDC, MF und RÄK Jungmann; Kater, *Politiker*, S. 169.
15. Kater, *Politiker*, S. 169f; *Wer ist Wer?* (1970), 582.
16. Jungmann, »Von der Fürsorge«. Zum nationalsozialistischen Verständnis von Vorsorge im Gegensatz zu Fürsorge siehe Kater, »Gesundheitsführung«. Zur Nazi-Karriere von Kötschau siehe Kapitel 2.1 und passim.
17. BDC, MF, PK, RÄK und SS-Akten Sewering.
18. Sewering, »Ärztliches Zeugnis« Babette Fröwis, 26. Oktober 1943, Privatarchiv Dr. Hans Halter, Berlin.
19. »Niederschrift über die Aufnahme der Babette Fröwis«, Eglfing, 1. November 1943; Totenschein Fröwis, Eglfing, 18. November 1943; Telegramm (Todesnachricht) Anstalt Eglfing an (die Mutter) Barbara Fröwis, 16. November 1943, Privatarchiv Dr. Hans Halter, Berlin; Schmidt, *Selektion*.
20. *Deutsches Ärzteblatt* 82 C (1985), 857.
21. Kater, *Politiker*, S. 325.
22. *Der Spiegel*, 8. November 1976, 21. März 1977, 19. Juni 1978, 14. Mai 1979; *Deutsches Ärzteblatt* 82 C (1985), 857.
23. Berger, »Sozialversicherungsreform«, S. 73f.
24. *Der Spiegel*, 22. September 1986, 120–127.
25. Klee, »Geldverschwendung«; *Der Tagesspiegel*, 27. Mai 1986.
26. *Süddeutsche Zeitung*, 25. Juni 1986.
27. Siehe Kater, »Hitler's Early Doctors«, S. 42; Einträge unter dem 28./29. Dezember 1941 und dem 15. Januar 1942 in *Adolf Hitler*, S. 157, 199f. Die beiden besten Werke über Hitlers Krankheiten und seine Beziehung zu seinen Stabsärzten sind:

Heston und Heston, *Medical Casebook* sowie Bromberg und Volz Small, *Hitler's Psychopathology.*

28. Amende, »Arzt«, S. 56. Zu Amendes Werdegang bis 1933 siehe Kudlien, »Ärzte als Anhänger«, S. 25; Kater, »Hitler's Early Doctors«, S. 32.
29. Conti zitiert in *Deutsches Ärzteblatt* 73 (1943), 33.
30. Reiter, »Ärzte«, S. 1016.
31. Falstein, *Martyrdom*, S. 267.
32. Lifton, *Ärzte im Dritten Reich*, S. 25+44.
33. Alexander, »Science«, S. 44f. Siehe auch *taz*, 14. November 1985, in der der Fall des holländischen Arztes Hans Keilson geschildert wird.
34. Siehe Kovács, »Luttes professionnelles«; »Politics«, S. 32f, 41, 52.
35. *Globe and Mail* (Toronto), 10. November 1987; *Torture Report*, S. 10; Sheldon H. Harris, »Japanese Biological Warfare Experiments and Other Atrocities in Manchuria, 1932–1945: A Preliminary Statement«, Vortrag auf der Konferenz »Medizin ohne Mitleid – Vergangenheit und Gegenwart« im Institut für Genetik der Universität Köln, 29. September 1988.
36. Siehe Müller, *Furchtbare Juristen*, S. 67–75; Brief des einflußreichen NS-Anwalts Dr. Falk Ruttke an Hinkel, Berlin, 26. Juli 1935, BA, R 561/89.
37. Siehe Kapitel 2.1, Anm. 25.
38. Siehe Geuter, *Professionalisierung*, S. 34.
39. Der Nürnberger Kodex und die »Principles for Those in Research and Experimentation« sind abgedruckt in Etziony, *Physician's Creed*, S. 82–86. Siehe auch Moe, »Should the Nazi Research«, S. 5; Baader, »Medizinische Menschenversuche«, S. 41. Eine kritische Auseinandersetzung mit den »Erkenntnissen« aus dem Nürnberger Ärzteprozeß findet sich in *Hastings Center Report*, Sonderbeilage (August 1976), 1–19.
40. *Torture Report*, S. 3.
41. Ebenda, S. 30ff.
42. Ebenda, S. 6–10, 13; Goldstein und Breslin, »Technicians of Torture«; *Der Spiegel*, 7. Januar 1984, 103; Geuter, »Psychiatrisch-psychologische Folter«. Siehe den Fall des Häftlings Napoleon Ortigoza Gomez (Asunción) in *Globe and Mail* (Toronto), 21. Dezember 1987.
43. All das wurde während eines zweitägigen Kongresses im Dezember 1985 in Santiago erreicht (an dem ich teilnahm), der von Pinochets Agenten überwacht wurde. Mitte 1986 hatte das Colegio gegen fünfzehn chilenische Ärzte Untersuchungen eingeleitet. Siehe Christian, »In South America«.
44. *Globe and Mail* (Toronto), 23. April und 14. Oktober 1985, 14. Dezember 1987; *Torture Report*, S. 6–10, 12ff.; Wren, »Salvaging Lives«. Zu Israel siehe *Der Spiegel*, 29. Februar 1988, 134.
45. Novikov, *Politische Psychiatrie; Torture Report*, S. 11f.
46. *Torture Report*, S. 14–17.
47. *Globe and Mail* (Toronto), 1. März 1988. Hintergrundsinformationen in *Der Spiegel*, 29. Februar 1988, 161–166.
48. *Globe and Mail* (Toronto), 24. Oktober und 13. Dezember 1986. Zum Thema Sterilisation siehe *Sterilization.*
49. Gillmore, *I Swear by Apollo;* Lifton, *Ärzte im Dritten Reich*, S. xii. Ein detail-

lierter Bericht über den Fall des Opfers Linda MacDonald wurde in *Globe and Mail* vom 23. Dezember 1987 veröffentlicht.

50. Es existieren drei Versionen dieses Buchs: *Diktat* (1947), *Wissenschaft* (1949) und *Medizin ohne Menschlichkeit* (1962).
51. Platen-Hallermund, *Tötung.*
52. Ternon und Helman, *Les médecins allemands.*
53. Wuttke-Groneberg, *Medizin.* Siehe meine Rezension in *Archiv für Sozialgeschichte* 22 (1982), 672ff.
54. Klee, *»Euthanasie«.*
55. Schmuhl, *Rassenhygiene.*
56. Kudlien, *Ärzte.* Siehe die Kritik von Rainer Appell in der *Frankfurter Allgemeinen Zeitung* vom 6. September 1985 und William Coleman, »Physician in Nazi Germany«.
57. Cocks, *Psychotherapie.* Siehe meine Rezension in *Journal of the History of Medicine* 41 (1986), 371f.
58. Zur ersten Gruppe gehören u.a. Thomann, »Otmar Freiherr von Verschuer« und Weindling, »Preußische Medizinalverwaltung«, zur zweiten z.B. Bartel, »Zur Entlarvung«.
59. Müller-Hill, *Tödliche Wissenschaft.*
60. Lifton, *Ärzte im Dritten Reich.* Siehe meine Rezension in *Bulletin of the History of Medicine* 61 (1987), 491ff. und die zu Recht positiven Kritiken von Harald Bräutigam in *Die Zeit* vom 11. September 1987, S. 41 und von Neal Ascherson im *New York Review of Books* vom 28. Mai 1987, S. 29–33. Siehe auch Arendt, *Eichmann in Jerusalem.*
61. Mielke starb 1959. Mitscherlich und Mielke, *Medizin ohne Menschlichkeit*, S. 13–17; Mitscherlich, *Leben*, S. 144–161, 188–192, 317. Kater, »Burden«, S. 37f.; Hanauske-Abel, »Unfähigkeit zu trauern«, S. 34ff.
62. Kater, »Burden«, S. 39f.
63. Meyer, »Deathly Science«, S. 6.
64. Hanauske-Abel, »From Nazi Holocaust«.
65. Vita Hanauske-Abel, Mai 1987 (Manuskript beim Autor); Stock, »Deutsche Ärzte«.
66. *Deutsches Ärzteblatt* 84 B (1987), 847–859.
67. Hanauske-Abel, »Unfähigkeit zu trauern«, besonders S. 42f.; Becker an die Staatsanwaltschaft beim Landgericht Köln, Marburg, 17. August 1987, Privatarchiv Hanauske-Abel (Kopie beim Autor).
68. Siehe Stock, »Deutsche Ärzte«; Johanna Bleker et al., »Sich der Wahrheit stellen. Medizinhistoriker kritisieren Vilmar«, *Die Zeit*, 6. November 1987, S. 47. Siehe auch die kritischen Briefe der Doktoren Faustmann, Fischer, Dörffer und Schmidt in *Deutsches Ärzteblatt* 84 B (1987), 1451f. und Vilmars erwartungsgemäß trotzige Erwiderung, S. 1455f.; den Brief des Medizinstudenten G. Jette Limberg an Vilmar sowie dessen Antwort in *Rundbrief. Ärzte warnen vor dem Atomkrieg*, Nr. 23 (Oktober 1987), S. 16; Renate Jäckle, »Ist die Vergangenheit wirklich bewältigt? Der Historikerstreit macht auch vor der Medizin nicht halt«, *Süddeutsche Zeitung*, 5. November 1987, S. 48.
69. Siehe Kater, »Burden«, S. 40.

Kapitel 1

1. Angebot und Bedarf an Ärzten, Beschäftigungssituation

1. Kater, »Physicians in Crisis«, S. 49–59.
2. *Statistisches Jahrbuch 1932*, S. 404; ebenda *1934*, S. 510; ebenda *1935*, S. 496; ebenda *1937*, S. 542.
3. *Deutsches Ärzteblatt* 67 (1937), S. 903; *Ziel und Weg* 9 (1939), S. 88 (Sofern möglich, wurden Zahlenangaben dieser Art Statistiken der Gesundheitsbehörden entnommen. Die vom Statistischen Reichsamt zusammengestellten und in den *Statistischen Jahrbüchern* veröffentlichten Daten weichen von denen der Gesundheitsbehörden ab und sind nur von begrenztem Wert, da sie zu stark zusammengefaßt und uneinheitlich sind; zum Beispiel wurden bei den Medizinstudenten die Zahnmedizinstudenten manchmal mitgerechnet und manchmal nicht); Tennstedt, »Sozialgeschichte«, S. 409.
4. Kann, »Die Zahl der Ärzte 1942«, S. 301.
5. Konzept Brief Stadler an Conti, München, 4. Mai 1944, BA, R 18/3806.
6. *Ziel und Weg* 5 (1935), S. 232; ebenda 8 (1938), S. 573; Kollath, *Grundlagen*, S. 377; Bernhard an Oberpräsident Münster, Berlin, 30. Juli 1943, BA, R 18/3791; Holm, »Gedanken zur ärztlichen Planwirtschaft«, Berlin, 12. Oktober 1943, BA, R 18/3809; Grunberger, *Reich*, S. 242 und 252.
7. Kater, »Physicians in Crisis,« S. 52f.
8. Diepgen, *Heilkunde*, S. 269ff; Ramm, *Standeskunde*, S. 82f. und 123f.; *Soziale Medizin. Zentralblatt für Reichsversicherung und Reichsversorgung*, Nr. 10 (1933), S. 155; »Erläuterungen zur Bestallungsordnung für Ärzte«, (1939), BA, R 18/3764; »Fünfte Verordnung zur Durchführung und Ergänzung der Reichsärzteordnung«, 17. Juli 1939, *Reichsgesetzblatt* (1939), I, S. 1287f.; Mersmann, »Ausbildung«, S. 134; Klinger, *Wege*, S. 74f.
9. *Ziel und Weg* 7 (1937), S. 97 und 225; Neumeister, »Lage«, S. 1265f; Ramm, *Standeskunde*, S. 86 und 122; Protokoll der Anhörung zum Kassenzulassungsantrag von Dr. Ernst Bergmann (Thüringen), 4. Juni 1937; Protokoll der Anhörung zum Kassenzulassungsantrag von Dr. Hans Jordan (Breslau), 18. Januar 1938, UK, 130/118.02/4; Klinger, *Wege*, S. 72.
10. Verordnung Wagner, Berlin, 22. Februar 1937, in: *Deutsches Ärzteblatt* 67 (1937), S. 221; ebenda, S. 98.
11. »Notdienstverordnung«, 15. Oktober 1938, in: *Reichsgesetzblatt* (1938), I, S. 1441f.
12. Ermittlung des Durchschnittsalters bei Erteilung der Approbation auf der Grundlage der repräsentativen Daten von 4177 Mitgliedern der Reichsärztekammer; ausgewertet wurden insgesamt ungefähr 79000 Karteikarten im BDC, RÄK, für den Berechnungszeitraum 1936–1945. Siehe auch Neumeister, »Lage«, S. 1265f; Ellersdorfer, »Auswirkungen«, S. 51f.; Anzeige in: *Ziel und Weg* 3 (1933), S. 274; zu den Arbeitsverträgen der Assistenzärzte siehe zum Beispiel: »Satzung über die Dienstverhältnisse der Assistenzärzte bei den städtischen Krankenanstalten [Mannheims]« (gültig ab 1. Januar 1933), Mannheim, 16. November 1932, UK, 190; *Journal of the American Medical Association* 100

(1933), S. 830. Siehe auch die typischen Fallgeschichten in: Forßmann, *Selbstversuch,* S. 150, 162 und 191; Bamm, *Eines Menschen Zeit,* S. 159.

13. Stadler, »Arzt«; Bauer, »Arbeiter«; Schmidt, »Assistenzarzt«; Neumaier, »Krisis«; Oettingen, »Assistenzärzte«; Maassen, »Lebensverhältnisse« und Julius Hadrichs Äußerungen in: *Deutsches Ärzteblatt* 67 (1937), S. 374f.
14. Siehe zum Beispiel die Anzeigen in: *Ziel und Weg* 3 (1933), S. 138, 174, 206, 273 und 544f. Siehe auch Mäding, »Ergebnisse« und Mäding, »Nachwuchspflege«.
15. Briefwechsel zwischen dem Reichsverband Angestellter Ärzte e.V. und Conti, Februar/März 1933, UK, 190; *Ziel und Weg* 3 (1933), S. 26; Ellersdorfer, »Auswirkungen«, S. 56ff.
16. Ellersdorfer, »Auswirkungen«, S. 55.
17. Ebenda, S. 51ff.; *Ziel und Weg* 8 (1938), S. 571. Siehe auch Groh an Reichsinnenminister, Berlin, 9. Juni 1938, BA, R 21/485.
18. Siehe die Beispiele in: *Ziel und Weg* 3 (1933), S. 101, 205 und 311.
19. Beispiele in: Forßmann, *Selbstversuch,* S. 172–176; Bamm, *Eines Menschen Zeit,* S. 146f.; *Ziel und Weg* 7 (1937), S. 97; Ellersdorfer, »Auswirkungen«, S. 58f.
20. Siehe »Entwurf eines Werbeschreibens«, Anlage zum Rundschreiben des Reichsstudentenwerks 50/39, Berlin-Charlottenburg, 10. Juli 1939, ARW, II, 280. Siehe auch Anm. 24 unten.
21. Klein, *Amtsarzt,* 3, S. 20; *Ziel und Weg* 3 (1933), S. 543, ebenda 7 (1937), S. 273; Tennstedt, »Sozialgeschichte«, S. 408.
22. *Ziel und Weg* 7 (1937), S. 476f.; ebenda 8 (1938), S. 77; Klein, *Amtsarzt,* 3, S. 21; Klinger, *Wege,* S. 83; Seidler, *Prostitution,* S. 12–17; Grunberger, *Reich,* S. 241.
23. »Prüfungsordnung für Kreisärzte« (gültig ab 1. April 1934), Berlin, 13. Februar 1934, BA, R 18/3122; siehe auch die Anzeigen in: *Ziel und Weg* 3 (1933), S. 102 und 354.
24. Siehe die aufschlußreiche Notiz in: *Ziel und Weg* 5 (1935), S. 337; Gütt, *Gesundheitsdienst,* S. 102f.; Ramm, *Standeskunde,* S. 67, sowie Wagner, »Stellung und Aufgaben«, S. 779. Der stellvertretende Leiter des Hauptamtes für Volksgesundheit Dr. Kurt Blome schrieb in seinem 1942 erschienenen Werk *Arzt im Kampf,* S. 285, daß bis Mai 1935 zwanzigtausend zusätzliche Ärzte gebraucht wurden. Diese Zahl erscheint viel zu hoch.
25. Gütt, *Gesundheitsdienst,* S. 104f.; Regierungspräsident an Reichsinnenminister, Minden, 12. Mai 1939, BA, R 18/3122.
26. Laut Statistisches Reichsamt, VI, »Gesundheitswesen Männer und Frauen«, ohne Jahr, BA, R 18/3715 zog die Wehrmacht bis 31. Mai 1940 33,9 Prozent der zivilen Ärzte, aber nur 20,1 Prozent der Medizinalbeamten ein. Siehe auch Conti an Göring, Berlin, 1. August 1940, BA, R 18/2956.
27. Cropp an OKH, Berlin, 19. März und 23. April 1942; Cropp an Reichsverteidigungskommissar Pommern, Berlin, 8. April 1943, BA, R 18/2958.
28. Conti an Länderregierungen et al., Berlin, 25. September 1939; Krahn an Cropp, Berlin, 11. Dezember 1941; Krahn an Regierungspräsident Koblenz, Berlin, 6. März 1942; Ernst an Regierungspräsident Wiesbaden, Berlin, 11. August 1944, BA, R 18/3122; Denkschrift Josten, [Berlin], 24. Oktober 1942;

Cropp an Regierungspräsident Merseburg, Berlin, 24. Dezember 1943, BA, R 18/2956.

29. Kauffmann an Conti, [Berlin], 3. Mai 1944, BA, R 18/3810. Siehe auch Conti, »Jahre«, S. 2.
30. Conti, »Jahre«, S. 2; Conti an Göring, Berlin, 1. August 1940, BA, R 18/2956; unsignierte Denkschrift, »Staatliche Gesundheitsämter«, [Berlin, Juli 1941], BA, R 18/3715; Ernst an Reichsstatthalter Sachsen, Berlin, 27. April 1944, BA, R 18/2958.
31. Siehe Petzina, *Autarkiepolitik;* Auerbach, »Volksmeinung«, S. 277–286; und Text bei Anm. 61 in Teil 4 dieses Kapitels.
32. Wie in Anm. 11 oben. Diese Notdienstverordnung wurde ergänzt durch die nachfolgenden Verordnungen vom 8. Juli und vom 15. September 1939 in: *Reichsgesetzblatt* (1939), I, S. 1204 und 1775f.
33. Siehe Fallgeschichten in: Büchner, *Pläne,* S. 89; Neubert, *Arztleben,* S. 94; Hermann Radetzkys Aussage in: Albrecht und Hartwig, *Ärzte,* S. 220; Hoff, *Erlebnis,* S. 346; Schönberg, »Geschichte«, S. 122 und 124; Bamm, *Eines Menschen Zeit,* S. 163; Niedermeyer, *Wahn,* S. 454. Die Zahlen stammen aus Statistisches Reichsamt, VI, »Gesundheitswesen Männer und Frauen«, ohne Jahr, BA, R 18/3715; sie waren möglicherweise zu niedrig: siehe Eintrag vom 15. Dezember 1939 in: *Meldungen aus dem Reich,* 3, S. 577. Natürlich gab es regionale Unterschiede: Von den Ärzten aus Hamm dienten im Juli 1940 ungefähr 60 Prozent in der Wehrmacht (Dok. 133 [19. Juli 1940] in: Gersdorff, *Frauen,* S. 318); von den Ärzten aus Zittau waren es Anfang 1941 50 Prozent (Eintrag vom 25. März 1941 in: *Meldungen aus dem Reich,* 6, S. 2144).
34. SD-Bericht 18, 20. November 1939, BA, R 58/145; *Bericht über das Bayerische Gesundheitswesen,* S. 9; Conti an RÄK, Berlin, 14. September 1939; Cropp an RÄK, Berlin, 20. Mai 1940, BA, R 18/3764; Lorenz, *Zehnjahres-Statistik,* 2, S. 38; Berger, *Kulturspiegel,* S. 137; Informationsdienst 41, München, 21. September 1944, SAM, NSDAP/31.
35. Siehe Äußerungen zu diesem Problem in Dok. 1 (Oktober 1939) in: Boberach, *Meldungen,* S. 6; Informationsdienst 41, München, 21. September 1944, SAM, NSDAP/31.
36. Grote, »Tätigkeit«, S. 56; KVD, Rundschreiben 15/40, Berlin, 25. Juni 1940, BA, R 18/3785; Deneke und Sperber, *Jahre,* S. 95.
37. Siehe Fall des Augenarztes Dr. Ernst Jäger (Traunstein) (September – Dezember 1940), BDC, PÄ Jäger.
38. Grote, »Tätigkeit«, S. 56; *Deutsches Ärzteblatt* 70 (1940), S. 251. Siehe Fall des Hilfskassenarztes Dr. Bernhard Heyde, der mit der jüdischen Schauspielerin Ida Ehre verheiratet war, in: Klinger, *Wege,* S. 99; Witter, »Es hat doch auch«.
39. Scholtz-Klink, NSF-Bericht, Januar–März 1941, BA, NS 22/860; KVD an Reichsverband der Betriebskrankenkassen, Berlin, 15. April 1942, BA, R 18/3785; Informationsdienst 41, München, 21. September 1944, SAM, NSDAP/31.
40. Verordnung IV 6052/40 II des Reichsinnenministers, Berlin, 2. Januar 1941, BA, R 21/484.
41. Ebenda. Zur uk-Stellung siehe z.B. Akte Dr. Paul Eduard Kyrle (Universitätsklinik Wien) (Februar 1941), DAÖW, 4100. Siehe auch Cropp an Vorsitzenden

der Ausschüsse für ärztliche Prüfung in Preußen, Berlin, 11. Februar 1942; Cropp an Regierungen der Hochschulländer et al., Berlin, 29. Oktober 1941, BA, R 18/3764; [Conti], »Begründung«, [Berlin, 1942], BA, R 18/5576.

42. [Conti], »Begründung«, [Berlin, 1942], BA, R 18/5576; Cropp an Oberbürgermeister et al., Berlin, 2. Mai 1942, BA, R 18/3764.
43. Göring, Frick, Lammers, »Verordnung zur Sicherstellung der ärztlichen Versorgung der Zivilbevölkerung«, 27. Mai 1942, in: *Deutsches Ärzteblatt* 72 (1942), S. 241.
44. Denkschrift Cropp, Berlin, 10. Dezember 1942, BA, R 18/2958; Denkschrift Ehle nach Rücksprache mit Korpsarzt XI am 24. November 1942; Sievers an Bruns, Hannover, 4. Dezember 1942, NHSA, Hann. 122a, XII, 32m.
45. Conti an Reichsstatthalter et al., Berlin, 11. Januar 1943, BA, R 21/484; Holm, »Gedanken zur ärztlichen Planwirtschaft,« Berlin, 12. Oktober 1943, BA, R 18/3809.
46. Siehe den Fall von Dr. Karl Loeprecht (Monheim), in: RÄK Bayern an Conti, München, 16. April 1943, BA, R 18/3810.
47. Informationsdienst 41, München, 21. September 1944, SAM, NSDAP/31; Reichsgesundheitsführer, Rundschreiben 2/43, Berlin, 20. Dezember 1943, BA, R 18/ 3766a.
48. Conti an Pfundtner, Berlin, 16. Juni 1943, BA, R 18/5576; Conti an Reichsverteidigungskommissare, Berlin, 5. Juli 1943, BA, R 18/3791.
49. »Erlaß des Führers über das Sanitäts- und Gesundheitswesen«, Führerhauptquartier, 28. Juli 1942, in: *Reichsgesetzblatt* (1942), 1, 515. Hintergrundinformationen in: Kater, »Doctor Leonardo Conti«, S. 314.
50. Kater, »Doctor Leonardo Conti«, S. 318f.
51. Ebenda, S. 319ff. Zum Einsatz von Hilfskassenärzten siehe z.B. Akte Dr. Müller (Einswarden), Briefwechsel Juni 1943, BA, R 18/3810.
52. Contis Rede vom 19. März 1940, in: *Deutsches Ärzteblatt* 70 (1940), S. 147; ebenda 72 (1942), S. 3.
53. Reichsgesundheitsführer, Information 3/44, Berlin, 20. Januar 1944, BA, R 18/3766a; Himmler an Reichsverteidigungskommissare und Gesundheitsämter, Berlin, 3. April 1944, BA, R 18/3764.
54. Reichsgesundheitsführer, Information 5/44, Berlin, 20. März 1944; Reichsgesundheitsführer, Information 6/44, Berlin, 25. April 1944; Reichsgesundheitsführer, Information 16/1944, Berlin, 20. Januar 1945, BA, R 18/3766a.
55. Denkschrift, Berlin, 20. Juni 1944, BA, R 21/484.
56. Eintrag vom 23. März 1945 in: *Die Tagebücher von Joseph Goebbels.*
57. Reichsgesundheitsführer, Information 16/44, Berlin, 25. April 1944; Reichsgesundheitsführer, Information 15/1944, Berlin, 13. Dezember 1944, BA, R 18/3766a; Informationsdienst 41, München, 21. September 1944, SAM, NSDAP/31. Siehe auch Anm. 11 und 32 oben.
58. [Conti], »Begründung,« [Berlin, 1942], BA, R 18/5576; Krüger an Reichsstatthalter und Oberpräsidenten, Berlin, 4. November 1942, BA, R 18/3764; Brandt an Pleiger, Berlin, 24. Mai 1943, BA, R 18/3809.
59. Holm, »Gedanken zur ärztlichen Planwirtschaft«, Berlin, 12. Oktober 1943, BA, R 18/3809. Was Hitler davon hielt, ist nicht bekannt.

60. Reichsgesundheitsführer, Information 2/43, Berlin, 20. Dezember 1943; Reichsgesundheitsführer, Information 5/44, Berlin, 20. März 1944 BA R 18/3766a; Liste der in der Region Brunswick eingesetzten, ausländischen Ärzte in: KVD, »Saldenauszug aus dem Ärztekontokorrent«, 31. Dezember 1943, UK, 106. Siehe auch Liebling, *Republic of Silence,* S. 216; BDC, RÄK Danilo Valentini (Italien), Panagiotis Nassuphis (Griechenland), Franz Piaseczynski (Polen), Dscheng Huang (China), Assen Philippoff (Bulgarien), Manuel Picardo Castellon (Spanien).
61. Reichsgesundheitsführer, Information 12/44, Berlin, 20. September 1944; Reichsgesundheitsführer, Information 15/1944, Berlin, 13. Dezember 1944, BA, R 18/3766a.
62. Wanjek an NSDAP-Amt für Volkswohlfahrt, Ibbenbüren, 29. März 1944; Sprakel an NSDAP-Amt für Volkswohlfahrt, Gau Westfalen-Nord, Münster, 22. April 1944, SAMs, Polit. Polizei, 3. Reich, 109.
63. Dieses Programm Brandts wurde das Jäger-Programm genannt. Conti an Speer, Berlin, 6. Mai 1944, BA, R 18/3122; Handloser an OKH et al., Berlin, 20. Oktober 1944, BA, R 18/3764; Seidler, *Prostitution,* S. 54; Anm. 5 oben.

2. Die nationalsozialistische Umgestaltung der Ärzteorganisationen

1. Den Prozeß der *Gleichschaltung* schilderten u.a. Bracher et al., *Machtergreifung,* S. 186–193.
2. Informationen über den Gründer des NS-Ärztebunds, Sanitätsrat Dr. Ludwig Liebl aus Ingolstadt, in: Pridham, *Rise,* S. 110–113. Siehe auch Kater, »Nazi Physicians' League«; Kater, »Physicians in Crisis«, S. 67f. Kurzbiographien von Wagner in: *Völkischer Beobachter,* 18. August 1938, *Ziel und Weg* 8 (1938), S. 421.
3. Grote, »Entwicklung«, S. 338; Diepgen, *Heilkunde,* S. 281; *Nationalsozialistisches Jahrbuch* 18 (1944), S. 208.
4. Zu Wagners Strategie siehe Wagner an Hartz, München, 20. Juli 1933, UK, 196/1.
5. Siehe Lammers' Telegramm vom 29. März 1933, abgedruckt in: *Deutsches Ärzteblatt* 62 (1933), S. 141. Lebenslauf Stauder in: Fischer, *Lexikon,* 2, S. 1496.
6. *Deutsches Ärzteblatt* 62 (1933), S. 141ff.; Haedenkamp, »Die Gesamtvorstände«, S. 309; Pfundtner an Wagner, [Berlin], 29. April 1933, in: *Ärztliche Mitteilungen* 34 (1933), S. 415.
7. Ackermann, »Nachwuchs«, S. 126f.; Zapp, »Untersuchungen«, S. 90–93. Die Ziele des Deutschen Ärztevereinsbunds umreißt Modersohn in »Führerprinzip«, S. 49.
8. Siehe *Deutsches Ärzteblatt* 62 (1933), S. 142. Siehe auch Haedenkamp, »Gesamtvorstände«.
9. Ramm, *Standeskunde,* S. 45; *Ziel und Weg* 3 (1933), S. 78 und 115; Parlow, »Zum Faschisierungsprozeß«, S. 169; Zapp, »Untersuchungen«, S. 95f.
10. Par. 87, »Reichsärzteordnung«, 13. Dezember 1935, BA, R 18/5574; *Deutsches Ärzteblatt* 66 (1936), S. 517f.; Ramm, *Standeskunde,* S. 45f.; Parlow, »Zum Faschisierungsprozeß«, S. 169ff; Zapp, »Untersuchungen«, S. 97ff.
11. Den ersten Ansatz vertraten u.a. Langbein in: »Die Entstehung«, S. 89f., Scha-

dewaldt in: *Hartmannbund,* S. 133–142, und später Dr. Karsten Vilmar, der Präsident der Bundesärztekammer, in: *Deutsches Ärzteblatt* 84 B (1987), S. 856. Den zweiten vertrat z.B. Parlow in: »Zur Integration«, S. 78ff. und in: »Zum Faschisierungsprozeß«, S. 168–171.

12. Schadewaldt bemühte sich sehr, Stauder und insbesondere Haedenkamp zu entlasten. Siehe seine wenig überzeugende Darstellung in *Hartmannbund,* S. 134ff. Bei seinem Versuch, die »offizielle Geschichte des Hartmannbundes« zu schreiben, übersah Schadewaldt offenbar Wagners Brief an Hartz, München, 20. Juli 1933, UK, 196/1, in dem Wagner Haedenkamp als einen loyalen Nationalsozialisten lobte. Haedenkamps spätere Aktivitäten und Schriften rechtfertigten Wagners Vertrauen in ihn. Siehe Haedenkamp, *Neuordnung,* S. 12 und »Gesamtvorstände«; *Deutsches Ärzteblatt* 63 (1933), S. 556ff.; *Journal of the American Medical Association* 100 (1933), S. 1706. Eine Kurzbiographie von Haedenkamp findet sich in Knüpling, »Untersuchungen«, S. 49. Siehe auch die kritische Darstellung in: Wuttke-Groneberg, *Medizin,* S. 337 und die Dokumente 220,2–220,5, S. 377–384; Labisch und Tennstedt, *Weg,* 1:234f.; Kater, »Burden«, S. 35f.
13. Lebenslauf Grote in: *Ziel und Weg* 8 (1938), S. 139; Lebenslauf Bewer in: Knüpling, »Untersuchungen«, S. 48. Zum Konzept der Nazi-Führer siehe Zapp, »Untersuchungen«, S. 103.
14. Siehe die typische Darstellung in: Grote, »Entwicklung«, S. 339, und in: *Deutsches Ärzteblatt* 73 (1943), S. 178.
15. *Deutsches Ärzteblatt* 66 (1936), S. 517f. Nach Par. 17(2) der Satzung des Hartmannbundes sollten die Vermögenswerte des Hartmannbundes im Falle von dessen Auflösung dem Ärztevereinsbund zufallen. Siehe »Geschäftsführung«, 19. September 1929, Anlage zur »Satzung des Verbandes der Ärzte Deutschlands (Hartmannbund)«, 16. und 17. Juni 1931, UK, 190. Das Vermögen des Ärztevereinsbunds ging an die Reichsärztekammer. Siehe *Deutsches Ärzteblatt* 66 (1936), S. 517f. und Text nach Anm. 21 unten.
16. Tennstedt, »Sozialgeschichte«, S. 401; Schadewaldt, *Hartmannbund,* S. 123–127.
17. Siehe Text in Teil 1 dieses Kapitels bei Anm. 7. Siehe auch: [revidierte] »Satzung der Kassenärztlichen Vereinigung Deutschlands«, Berlin, 27. Januar 1941, in: Ramm, *Standeskunde,* S. 267–270, und ebenda, S. 47ff., 126; »Zulassungsordnung«, Berlin, 17. Mai 1934, in: *Deutsches Ärzteblatt* 64 (1934), S. 547–555; Grote, »Entwicklung«, S. 338; *Ziel und Weg* 7 (1937), S. 370 und 374; Wagner, »Stellung«, S. 397; Haedenkamp, *Neuordnung,* S. 11; Parlow, »Zum Faschisierungsprozeß«, S. 171.
18. Par. 4 der (revidierten) »Satzung der Kassenärztlichen Vereinigung Deutschlands«, Berlin, 27. Januar 1941, in: Ramm, *Standeskunde,* S. 267–270; Par. 48 der (revidierten) »Zulassungsordnung«, 8. September 1937, ebenda, S. 292f.; Klein, *Amtsarzt,* 3, S. 13; Wagner, »Reichsärzteordnung«, S. 3; Zapp, »Untersuchungen«, S. 100.
19. Par. 2 (8) der (revidierten) »Satzung der Kassenärztlichen Vereinigung Deutschlands«, Berlin, 27. Januar 1941, in: Ramm, *Standeskunde,* S. 267–270; ebenda, S. 48f.; Grote, »Entwicklung«, S. 339.
20. Zur Zuständigkeit des Reichsarbeitsministeriums für Angelegenheiten, die die

KVD betrafen (in diesem Fall ihre Satzung), siehe Syrups Erklärung vom 15. Februar 1941, in: Ramm, *Standeskunde,* S. 270. Siehe auch Wagner, »Reichsärzteordnung«, S. 3, und »Stellung«, S. 397; *Deutsches Ärzteblatt* 73 (1943), S. 179. Daß zwischen Wagner und führenden Beamten des Arbeitsministeriums bereits im Frühjahr 1933 Differenzen bestanden, belegen Tennstedt und Leibfried in: »Sozialpolitik«, S. 219.

21. *Deutsches Ärzteblatt* 64 (1934), S. 254f.; ebenda 66 (1936), S. 334; Ramm, *Standeskunde,* S. 71f.; Kater, »Gesundheitsführung«, S. 353; Labisch und Tennstedt, *Weg,* 1:231f.
22. Grote, »Entwicklung«, S. 338; Diepgen, *Heilkunde,* S. 280; Ramm, *Standeskunde,* S. 42 und 52; *Ärztliches Vereinsblatt* 58 (1929), S. 48. Siehe auch die eher kritischen, nachträglichen Einschätzungen in: Fromm, »Berufsvertretung«, S. 268; Atzbach, »Grundfragen«, S. 13f.; Knüpling, »Untersuchungen«, S. 43ff.; Lüth, »Subkultur«, S. 368f.; Zapp, »Untersuchung,« S. 101.
23. »Reichsärzteordnung«, 13. Dezember 1935, BA, R 18/5574; *Deutsches Ärzteblatt* 66 (1936), S. 517.
24. »Reichsärzteordnung«, 13. Dezember 1935, BA, R 18/5574; »Zugehörigkeit zur Reichsärztekammer«, 27. März 1936, in: Ramm, *Standeskunde,* S. 228f., ebenda, S. 56ff.; »Zweite Verordnung zur Durchführung und Ergänzung der Reichsärzteordnung«, 8. Mai 1937, in: *Reichsgesetzblatt* (1937), 1, S. 585ff.; »Berufsordnung für die deutschen Ärzte«, 5. November 1937, in: *Deutsches Ärzteblatt* 67 (1937), S. 1031–1037; ebenda, S. 1038–1041; Wagner, »Reichsärzteordnung«, S. 4; *Ziel und Weg* 7 (1937), S. 357; Klein, *Amtsarzt,* 3, S. 23f.
25. »Reichsärzteordnung«, 13. Dezember 1935, BA, R 18/5574; »Berufsordnung für die deutschen Ärzte«, 5. November 1937, in: *Deutsches Ärzteblatt* 67 (1937), S. 1031–1037; ebenda, S. 1038–1041; Wagner, »Reichsärzteordnung«, S. 2, 4; Ramm, *Standeskunde,* S. 52; Schadewaldt, *Hartmannbund,* S. 141. Zur Theorie und Praxis der nationalsozialistischen »Gesundheitsführung« siehe Kater, »Gesundheitsführung«.
26. *Deutsches Ärzteblatt* 62 (1933), S. 142; Wagner, »Reichsärzteordnung«, S. 3; Ramm, *Standeskunde,* S. 53; Klein, *Amtsarzt,* 3, S. 23; Atzbach, »Grundfragen«, S. 16. Lüth unterschätzt in »Subkultur«, S. 369, Wagners Einfluß innerhalb seines Zuständigkeitsbereichs. Zum Einfluß des Reichsinnenministers siehe Grote, »Entwicklung«, S. 338; *Deutsches Ärzteblatt* 66 (1936), S. 501. Zu Wagners Rolle in der Rassengesetzgebung siehe Kapitel 6.
27. Nachruf in: *Ziel und Weg* 9 (1939), S. 206. Siehe auch Röhrs, *Hitlers Krankheit,* S. 126.
28. Hintergrundinformationen in: Kater, »Doctor Leonardo Conti«, S. 304–308.
29. Zu Gütts Vorgeschichte und seinen Aktivitäten im Dritten Reich siehe Stockhorst, *Köpfe,* S. 168, und Stürzbecher, »Konzeption«, S. 1075; Labisch und Tennstedt, *Weg,* 1, S. 236–278; 2, S. 281–344. Die Medizinalverwaltung der Weimarer Zeit wurde ab 1933 von den Nationalsozialisten kontinuierlich umstrukturiert. Siehe *Ziel und Weg* 3 (1933), S. 79; Gütt, »Aufbau«; »Gesetz über die Vereinheitlichung des Gesundheitswesens«, 3. Juli 1934, in: Boschan, *Familiengesetzgebung,* S. 261–273; Fricks Äußerungen in: *Der Öffentliche Gesundheitsdienst* 3 B (1937), S. 206f.; Labisch und Tennstedt, Bd. 1 und 2, passim.

Gütts Ambitionen verdeutlicht sein Schreiben an Minister Frick, Berlin, 5. April 1939, BA, R 18/5583. Gütt, ein erbitterter Feind Wagners, war seit 1924 zuversichtlich, daß die Nationalsozialisten ein autonomes Reichsgesundheitsministerium einrichten und ihn zum Gesundheitsminister ernennen würden. Siehe Stürzbecher, S. 1076; Labisch und Tennstedt, 2, S. 344ff.; Röhrs, *Hitlers Krankheit*, S. 126f.

30. Siehe Reiter, *Ziele*, besonders S. 104–110.
31. Kater, »Doctor Leonardo Conti«, S. 309–312; Prinz, *Vom neuen Mittelstand*, S. 298–302.
32. Kater, »Doctor Leonardo Conti«, S. 311–321; Conti, »Gesundheitsführung – Volksschicksal: Rede des Reichsgesundheitsführers Dr. Conti auf der Kriegstagung des Hauptamtes für Volksgesundheit der NSDAP«, München, 28. März 1942, BDC, OPG Emil Ketterer (S. 10f.).
33. Siehe Text in Teil 1 dieses Kapitels bei Anm. 49.
34. Kater, »Doctor Leonardo Conti«, S. 319f.

3. Medizinische Spezialisierung und Einkommen

1. Siehe Hadrich, »Zahl der Allgemeinpraktiker, 1929« und »Zahl der Allgemeinpraktiker, 1930«.
2. Dieses Ideal wird in Krannhals, *Weltbild*, gut erklärt. Dieses zweibändige Werk war seit seiner Erstveröffentlichung im Jahre 1928 einer der Eckpfeiler der nationalsozialistischen Weltanschauung, vor allem für die Gebildeten. Siehe *Mitteilungen des Kampfbundes für deutsche Kultur* 1 (1929), S. 22–25.
3. Siehe dazu Kater, *Nazi Party*, S. 184–189.
4. Par. 33 der »Berufsordnung für die deutschen Ärzte,« 5. November 1937, in: *Deutsches Ärzteblatt* 67 (1937), S. 1036; Kötschau, »Vorsorge,« S. 245; Knoll, »Arzt«, S. 436f.; Grote, »KVD«, S. 12; Hadrich, »Zahl und Verteilung, 1936,« S. 1059; Bartels, »Gesundheit und Wirtschaft,« S. 530; Wagner, »Gesundes Leben«, S. 553; Berger, *Kulturspiegel*, S. 108f.; *Nationalsozialistisches Jahrbuch* 18 (1944), S. 209; Tennstedt, *Selbstverwaltung*, S. 221. Zur Funktion der Allgemeinmediziner als Informanten der Nazis siehe *Deutsches Ärzteblatt* 64 (1934), S. 30. Zu den Funktionen politischer Blockleiter siehe Kater, *Nazi Party*, S. 192f., 208, 222 und 227.
5. Wagner, »Ziele«, S. 492.
6. Günther, *Bauerntum;* Scheda, *Deutsches Bauerntum*. Zum besseren Verständnis dieser nationalsozialistischen Vorstellungen siehe auch Bergmann, *Agrarromantik*.
7. Siehe Text in Teil 1 dieses Kapitels bei Anm. 9; *Ziel und Weg* 7 (1937), S. 368–374 und 416–420; Berger, *Kulturspiegel*, S. 35ff.
8. *Ziel und Weg* 5 (1935), S. 100.
9. Siehe Text in Teil 1 dieses Kapitels bei Anm. 9; siehe auch: Hadrich, »Zahl und Verteilung, 1936«; *Deutsches Ärzteblatt* 67 (1937), S. 98; *Ziel und Weg* 9 (1939), S. 50; Berger, *Kulturspiegel*, S. 110.
10. *Ziel und Weg* 7 (1937), S. 368.
11. Nanna Conti, »Die Mitarbeit« und »Hebammenwesen«; *Die Ärztin* 17 (1941),

S. 154; *Ziel und Weg* 5 (1935), S. 100. Siehe auch Leonardo Conti an Oberpräsidenten et al., Berlin, 16. Dezember 1939, BA, R 18/3766; *Deutsches Ärzteblatt* 70 (1940), S. 174. Stoeckel hat in *Erinnerungen,* S. 242f. den Einfluß von Nanna Conti auf ihren Sohn wahrscheinlich überschätzt.

12. Conti an Oberpräsidenten et al., Berlin, 16. Dezember 1939, BA, R 18/3766; Dok. 133 (19. Juli 1940) in: Gersdorff, *Frauen,* S. 318; Scholtz-Klink, NSF-Bericht, Januar–März 1941, BA, NS 22/860; Conti, »Hebammenwesen«; »Jahreslagebericht 1938« in: *Meldungen aus dem Reich,* 2, S. 113; Grunberger, *Reich,* S. 252f.; Kater, *Nazi Party,* S. 122f.
13. Eintrag vom 10. April 1940 in: *Meldungen aus dem Reich,* 4, S. 988; Denkschrift Florian, [Düsseldorf], Januar–Februar 1940, BA, R 18/3781; Conti, »Gesundheitsführung – Volksschicksal: Rede des Reichsgesundheitsführers Dr. Conti auf der Kreistagung des Hauptamtes für Volksgesundheit der NSDAP«, München, 28. März 1942, BDC, OPG Emil Ketterer (S. 13).
14. Graf von Baudissin an Führerinnen der DRK-Bereitschaften, Züllichau, 17. August 1942, BA, R 18/3781; Cropp an Reichsstatthalter et al., Berlin, 24. September 1942 und 6. Januar 1943, BA, R 18/3766.
15. Anonymer Bericht, Köln [1942/43], BA, R 18/3781. Siehe auch Denkschrift Florian, [Düsseldorf], Januar–Februar 1940, ebenda.
16. Denkschrift Florian, [Düsseldorf], Januar–Februar 1940, BA, R 18/3781; Denkschrift Hansen, Lübeck, 23. Februar 1943, BA, R 18/3781.
17. Kreisamtsleiter an Gauamt für Volksgesundheit Münster, Ahlen, 9. März 1943, BA, R 18/3781. Siehe auch *Der alltägliche Faschismus,* S. 188f.
18. Grote, »KVD«, S. 12f.; Neumaier, »Krisis«, S. 17f.
19. Hadrich, »Zahl und Verteilung, 1936«, S. 1058; *Deutsches Ärzteblatt* 67 (1937), S. 904f.; ebenda 70 (1940), S. 449 und 478; Kann, »Zahl, 1942«, S. 301f. Die gegenteilige Behauptung in Grunberger, *Reich,* S. 241, ist nicht belegt. Zur »Ausschaltung« der Juden siehe Kapitel 6.
20. Zahlen für 1937 aus *Deutsches Ärzteblatt* 67 (1937), S. 905. 1942 änderte sich das Verhältnis zwischen Berlin und Schleswig-Holstein leicht zugunsten der Provinz (zweifellos durch die »Ausschaltung« einer großen Zahl jüdischer Spezialisten in Berlin), während sich im Fall von Hamburg und Ostpreußen das Verhältnis zugunsten der Großstadt verschob. Siehe Zahlen in: Kann, »Zahl, 1942«, S. 302, und *Deutsches Ärzteblatt* 70 (1940), S. 449f. Daß die Nazi-Funktionäre auf dem Höhepunkt des Krieges das Vorurteil hegten, daß Ärzte aus der Stadt sich nicht für den Einsatz auf dem Land eigneten, belegt die Mitteilung 4/44 des Reichsgesundheitsführers, Berlin, 20. Februar 1944, BA, R 18/3766a.
21. Par. 29–34 der »Berufsordnung für die deutschen Ärzte«, 5. November 1937, in: *Deutsches Ärzteblatt* 67 (1937), S. 1035f. Siehe auch Kommentare, ebenda, S. 1040; und Ramm, *Standeskunde,* S. 83ff.
22. Zur Sonderstellung des Chirurgen in der deutschen Gesellschaft vor 1933 und nach 1945 siehe Kater, »Professionalization«, S. 685; Geyer-Kordesch, »Diskriminierung«, S. 228.
23. Dr. Wilhelm Josenhans in: *Ziel und Weg* 3 (1933), S. 156; Seifert, »Ausbildung«, S. 372. Siehe auch Contis Rede vom 19. März 1940 in: *Deutsches Ärzteblatt* 70 (1940), S. 149; Hadrich, »Fachärzte«, S. 802f.; Professor K. H. Bauers Lobrede

auf Martin Kirschner, 16. Januar 1943, in: *Der Chirurg* 15 (1943), S. 129; Hoff, *Erlebnis,* S. 212; Forßmann, *Selbstversuch,* S. 179.

24. Par. 30 der »Berufsordnung für die deutschen Ärzte«, 5. November 1937, in: *Deutsches Ärzteblatt* 67 (1937), S. 1035; Klein, *Amtsarzt,* 3, S. 15.
25. Berechnungen basieren auf den Zahlen in: *Deutsches Ärzteblatt* 67 (1937), S. 905; ebenda 70 (1940), S. 450 und 478. In diesem Fall ist ein Vergleich mit Zahlen aus der Zeit vor 1933 leider nicht möglich, da letztere teilweise auch die Gynäkologen einschließen. Siehe das Beispiel in: Hadrich, »Zahl der Allgemeinpraktiker, 1930«, S. 386.
26. Einzelheiten und Zahlen in: *Deutsches Ärzteblatt* 67 (1937), S. 904f.; ebenda 70 (1940), S. 450 und 478; Hadrich, »Zahl und Verteilung, 1936«, S. 1059.
27. Siehe His, *Front der Ärzte;* Fischer, *Lexikon,* 1, S. 637.
28. Einzelheiten und Zahlen in: *Deutsches Ärzteblatt* 67 (1937), S. 905; ebenda 70 (1940), S. 450 und 478; Hadrich, »Zahl und Verteilung, 1936«, S. 1059.
29. Siehe Jess, »Chirurgogynäkologen«; *Ziel und Weg* 5 (1935), S. 227f.; von Mikulicz-Radecki an Stadler, Königsberg, 22. Februar 1941, BA, R 18/3781.
30. Einzelheiten und Zahlen in: *Deutsches Ärzteblatt* 67 (1937), S. 905; ebenda 70 (1940), S. 450 und 478. Siehe auch Kater, »Gesundheitsführung«, S. 355–362 und 372f. Zur eugenischen Bedeutung der Kinderheilkunde für die Nazis siehe »Erläuterungen zur Bestallungsordnung für Ärzte«, [Sommer 1939], BA, R 18/3764; Gruber, *Einführung,* S. 209f. Zur Funktion des Kinderarztes Prof. Josef Becker als beratender Facharzt für den Lebensborn siehe Lilienthal, *»Lebensborn e. V«,* S. 55 und passim. Zur Bereitschaft der Ärzte, Dienst in der HJ zu leisten, siehe Text in Kapitel 2.2, bei Anm. 82.
31. Wie in Anm. 24 oben.
32. Wie in Anm. 24 und 28 oben. Siehe auch Kater, »Physicians in Crisis«, S. 66f; Gumpert, *Hunger,* S. 43f.; Mitscherlich, *Ein Leben,* S. 104–107, 124f.; Cocks, *Psychotherapy,* besonders S. 15f. und 87–93; Bastian, *Von der Eugenik,* S. 69ff. Zur typischen Haltung der Deutschen gegenüber Freud vor 1933 siehe Liek, *Arzt,* S. 144–147; Ringer, *Decline,* S. 383; Decker, *Freud in Germany*; Whalen, *Bitter Wounds,* S. 62; Quinn, *Life,* S. 138–142.
33. Stabsarzt Dr. Hans Zielke in: *Deutsches Ärzteblatt* 72 (1942), S. 350.
34. *Ziel und Weg* 7 (1937), S. 476f.
35. Seidler, *Prostitution,* S. 48–52. Zu den beratenden Ärzten (für Pathologie, Psychiatrie, Chirurgie, Hygiene und innere Medizin) siehe: Büchner, *Pläne,* S. 79; Hoff, *Erlebnis,* S. 356; Forßmann, *Selbstversuch,* S. 255f.
36. Denkschrift Schmidt, Berlin, 7. Februar 1941, BA, R 21/484; Stähle an Conti, Stuttgart, 14. Mai 1943, BA, R 18/3810; Fischer, *Erfahrungsberichte,* besonders S. 1–15 und 23–55; Klinger, *Wege,* S. 95; Text bei Anm. 105 in Teil 4 dieses Kapitels.
37. Siehe die beiden erstgenannten Dokumente unter Anm. 36 oben, und anonyme Denkschrift, 24. Februar 1941, BA, R 21/484; Forßmann, *Selbstversuch,* S. 219.
38. Feuchter, *Luftkrieg,* S. 146–284; Golücke, *Schweinfurt,* S. 99–224.
39. Geschäftsführender Präsident, Deutsches Rotes Kreuz, an Landesführer, Potsdam-Babelsberg, 2. Juli 1943; Reichsgesundheitsführer an Reichsverteidigungskommissare, Berlin, 5. Juli 1943; »Der Arzt im Luftkrieg«, [Berlin], 2. Septem-

ber 1943, BA, R 18/3791; Cropp an Oberbürgermeister et al., Berlin, 2. Mai 1942, BA, R 18/3764; *Die Ärztin* 20 (1944), S. 59.

40. Amt für Volksgesundheit Köln an Krahn, Köln, 15. Mai 1941, BA, R 18/2956; Conti an Reichsstatthalter et al., Berlin, 11. Januar 1943, BA, R 18/2958; Reichsgesundheitsführer, Mitteilung 9/44, Berlin, 25. Juli 1944, BA, R 18/3766a; Handloser an OKH et al., Berlin, 20. Oktober 1944, BA, R 18/3764.
41. Siehe Text in Teil 1 dieses Kapitels bei Anm. 12.
42. Siehe Kluge, »Lage,« S. 1206; Neumeister, »Lage«, S. 1265f.; Diepgen, *Heilkunde,* S. 10f.; siehe auch den Brief des Regime-Gegners Dr. Neumann (1935), abgedruckt in: Schadewaldt, *Hartmannbund,* S. 143f.; sowie die unkritische Darstellung in: Deneke und Sperber, *Jahre,* S. 89.
43. Einzelheiten in: Kater, »Physicians in Crisis,« S. 52f. und 68.
44. An dieser Stelle kann und soll nicht die ganze Geschichte des Krankenkassenwesens im Dritten Reich geschildert werden, doch einige wichtige Einzelheiten sind erwähnenswert: Die Nazifunktionäre wußten, daß das Krankenkassenwesen sehr reformbedürftig war, doch sie waren klug genug, keine drastischen Veränderungen einzuführen. Die SPD-Funktionäre der Krankenkassen wurden größtenteils entfernt (teilweise sogar verfolgt) und durch Nazis ersetzt, zunächst oft durch korrupte und inkompetente Männer. Außerdem wurden die Ambulatorien der Krankenkassen aufgelöst. Doch diese Maßnahmen wurden von vielen konservativen Ärzte und manchen Patienten sogar begrüßt. Teilweise als Konsequenz des Gesetzes über die Vereinheitlichung des Gesundheitswesens vom 5. Juli 1934 wurde die Zahl der Krankenkassen zwischen 1933 und 1939 von 6427 auf 4436 reduziert. Trotz ernsthafter Bemühungen, die Ausgaben für das Gesundheitswesen zu senken, bestanden die vielen verschiedenen Krankenkassen jedoch bis zum Ende des Dritten Reiches weiter, und die Versuche des pseudo-sozialistischen DAF-Chefs Ley, das ganze Krankenkassenwesen nach den Vorstellungen der Arbeitsfrontfunktionäre radikal umzuorganisieren, wurden von eher konservativ eingestellten NS-Führern abgeblockt. Siehe Haedenkamp, *Neuordnung,* S. 16–25, 54–63 und 70f.; Scherler, *Querschnitt,* S. 14–52; Seifert, »Krankenversicherung«; Ramm, *Standeskunde,* S. 120ff.; Klein, *Amtsarzt,* 2, S. 68–77; sowie die Unterlagen über die Zwangspensionierung von Ärzten, die in den Ambulatorien der Krankenkassen gearbeitet hatten (1934-35), UK, 207; und die Pläne für eine Reform des Krankenkassenwesens während des Krieges (1943–45), BA, R 18/3783; R 18/3809; R 18/3813. Aufschlußreich sind in diesem Zusammenhang die *Deutschland-Berichte* (1935), 2, S. 101f. und (1936), 3, S. 631–639; siehe auch Peschke, *Geschichte,* S. 405–408; Tennstedt, *Selbstverwaltung,* S. 181–216; Tennstedt, »Sozialgeschichte«, S. 405–410; Tennstedt und Leibfried, »Sozialpolitik«, S. 135, 138 und 151; Hansen et al., *Jahrhundert,* S. 299–410 und 460–499.
45. Siehe auch Wuttke, »Herrschaft«, S. 195 und 200, Anm. 140. Eine ähnliche Verdienstkurve wie die in Abbildung 1 ergeben die Einkommensangaben für den Eutiner Gynäkologen Dr. Wolfgang Saalfeldt in: Stokes, *Kleinstadt,* S. 792, Anm. 16. Neumeister setzt in »Lage«, S. 1265f., das Bruttoeinkommen der Ärzte im Jahre 1935 bewußt niedrig an und berücksichtigt zudem nur die (in der Regel schlechter verdienenden) Kassenärzte.

46. Wuttke, »Herrschaft«, S. 195.
47. »1941 – DAF-Amt Gesundheit u. Volksschutz«, BA, R 18/3797, P 210.
48. Die Berechnungen basieren auf Zahlen aus dem von der KVD Augsburg, Ausweichstelle Burgheim, erstellten »Saldenauszug aus dem Ärztekontokorrent«, Stand 31. Dezember 1943, UK, 106. Nach Hagen, *Auftrag,* S. 141, betrug der Anteil der Privathonorare am Einkommen der Kassenärzte rund ein Drittel.
49. Die Berechnungen basieren auf Zahlen aus dem von der KVD Braunschweig erstellten »Saldenauszug aus dem Ärztekontokorrent«, Stand 31. Dezember 1943, UK, 106.
50. Wie in Anm. 49.
51. Wie in Anm. 49. Diese Zahlen können wegen der hohen Anzahl der erfaßten Ärzte als repräsentativ betrachtet werden. Die Liste enthält einige Spitzenwerte: Drei Lungenspezialisten erzielten jeweils ein Durchschnittseinkommen von 365 000 Reichsmark (bei einem sank es im letzten Quartal 1943 allerdings auf 19 156,10 Reichsmark), und ein Radiologe kam im letzten Quartal desselben Jahres auf 21 051,23 Reichsmark; wahrscheinlich schlugen in diesen Fällen teure Röntgenuntersuchungen oder hohe Sanatoriumskosten zu Buche. Einzelne Angaben zu den Einkommen von zwei Magenspezialisten und einem Orthopäden erschienen fragwürdig.
52. Einzelheiten zum komplizierten und mehrfach geänderten System, nach dem die KVD Frontärzte aller Fachrichtungen (mit Ausnahme der bei der Wehrmacht und der SS angestellten Vollzeitkräfte) nach dem August 1939 entlohnte, sowie Angaben zu Einkommensverlusten finden sich in: Petersilie, »Honorarverteilung«; siehe auch Contis Rede vom 19. März 1940, in: *Deutsches Ärzteblatt* 70 (1940), S. 145–153; Grotes Erklärung, Berlin, 1. April 1940; ebenda, S. 157; ebenda, S. 197ff.; Grote, »Kriegsbesoldung«; Grote, »Tätigkeit«, S. 58; Schütt, »Mitteilungen der Wissenschaftlichen Gesellschaft der deutschen Ärzte des öffentlichen Gesundheitsdienstes« [Dezember 1939], BA, R 18/3122. Zum Fall eines oberbayrischen Augenarztes, der in den ersten drei Monaten des Krieges 3000 Reichsmark einbüßte, siehe Jäger an Landratsamt Traunstein und Ärztekammer München, Traunstein, 15. September 1940, BDC, PÄ Jäger.
53. Die Informationen in Kluge, »Lage« sind trotz gewisser, bewußter Übertreibungen im wesentlichen korrekt. Siehe auch Petersilie, »Honorarverteilung«, S. 27.
54. Tabelle 23 in: *Statistisches Handbuch*, S. 564.
55. Grote, »Entwicklung«, S. 339; *Ziel und Weg* 7 (1937), S. 201; ebenda 8 (1938), S. 502.
56. Grote, »Anordnung über das Fürsorgewesen der Reichsärztekammer«, Berlin, 20. Februar 1937, in: *Deutsches Ärzteblatt* 67 (1937), S. 221f.; *Ziel und Weg* 8 (1938), S. 20 und 502.
57. Klinger, *Wege,* S. 77.
58. Beispiel in: Berger, *Kulturspiegel,* S. 117. Die vor 1933 in der *Preugo* und der *Adgo* festgelegten Sätze für Privathonorare wurden von der nationalsozialistischen Medizinalverwaltung beibehalten. Siehe Bewer, »Befugnisse«, S. 222f.; Ramm, *Standeskunde,* S. 112.

59. KVD Augsburg, Ausweichstelle Burgheim, »Saldenauszug aus dem Ärztekontokorrent«, Stand 31. Dezember 1943, UK, 106.
60. Wuttke, »Herrschaft«, S. 200, Anm. 140. Die hier genannten Zahlen sind Bruttobeträge vor Abzug der Einkommensteuer. Sie werden bestätigt in: Berger, *Kulturspiegel,* S. 114. Vergleiche Ostler, *Rechtsanwälte,* S. 275.
61. Berechnung der Wachstumsrate auf der Grundlage der Zahlen in Wuttke, »Herrschaft«, S. 200, Anm. 140, nach der Formel in Floud, *Introduction,* S. 91f.
62. *Deutsches Ärzteblatt* 67 (1937), S. 993.
63. Statistiken aus ebenda, S. 992.
64. Ebenda, S. 993, Tabelle 1.1.
65. Berger, *Kulturspiegel,* S. 114.
66. *Deutsches Ärzteblatt* 67 (1937), S. 993.
67. Das zu versteuernde Durchschnittseinkommen der Zahnärzte betrug 1936 RM 7300. Siehe Wuttke, »Herrschaft«, S. 200, Anm. 140; Berger, *Kulturspiegel,* S. 114.
68. Steuerberechnung auf der Grundlage der Zahlen in Tabelle 23, *Statistisches Handbuch,* S. 564.
69. Sauerbruch, *Leben,* S. 291, 372 und 385; Nissen, *Blätter,* S. 120.
70. Siehe das Beispiel des Hamburger Arztes Dr. Heinz Klinger in: Klinger, *Wege,* S. 78 und 81; siehe auch die Reisebeschreibung einer von der *Deutschen Gesellschaft für ärztliche Studienreisen* angebotenen Rundreise durch Griechenland in: *Die Ärztin* 12 (1936), S. 229, sowie die Anzeigen von Reiseveranstaltern in: *Die Ärztin* 13 (1937), S. 54 und 334.
71. Siehe Forßmann, *Selbstversuch,* S. 201; Maassen, »Lebensverhältnisse«, S. 295.
72. Sauerbruch, *Leben,* S. 331; Forßmann, *Selbstversuch,* S. 165. Der Psychiater Hans Bürger-Prinz bevorzugte elegante, sportliche BMWs *(Psychiater,* S. 274f.).
73. »Glückliche Reisen!«, in: *Ziel und Weg* 6 (1936), S. vi. Siehe in diesem Zusammenhang auch die aufschlußreiche Anekdote über die Unerschwinglichkeit eines gebrauchten, importierten Chrysler, Baujahr 1931, für den jungen Hamburger Allgemeinmediziner Dr. Klinger in: Klinger, *Wege,* S. 80f.
74. Hagen, *Auftrag,* S. 143.
75. Grote, »Tätigkeit«, S. 57f.; *Deutschland-Berichte* (1940), 6, S. 236; RÄK, Ärztekammer Berlin und KVD. Landesstelle Berlin, Rundschreiben 3/1943, Berlin, 1. Juli 1943, BA, R 18/3781.

4. Der Alltag der Ärzte im Dritten Reich

1. Par. 8 (2) der [revidierten] »Satzung der Kassenärztlichen Vereinigung Deutschlands«, Berlin, 27. Januar 1941, in: Ramm, *Standeskunde,* S. 269; Par. 51–79 in: »Reichsärzteordnung«, 13. Dezember 1935, BA, R 18/5574; zu den Sanktionsmöglichkeiten, die alle neununddreißig Paragraphen der »Berufsordnung für die deutschen Ärzte« vom 5. November 1937 enthielten, siehe *Deutsches Ärzteblatt* 67 (1937), S. 1031–1037; ebenda 73 (1943), S. 194; Bewer, »Pflicht«; Ramm, *Standeskunde,* pp. 56ff. Siehe auch Aussage eines Opfers in: Buchinger, *Marinearzt,* S. 169f.

2. Ramm, *Standeskunde*, S. 91.
3. »Meldeordnung der Reichsärztekammer«, Berlin, 27. März 1936, in: Ramm, *Standeskunde*, S. 229f.; *Deutsches Ärzteblatt* 70 (1940), S. 232ff.; Bunz, *Arzt*, S. 18; Klein, *Amtsarzt*, 3, S. 14.
4. Dok. VIII/15A (6. Oktober 1934) in: Stokes, *Kleinstadt*, S. 853ff.; *Ziel und Weg* 6 (1936), S. 133f.; Bunz, *Arzt*, S. 9f. und 29; »Betr. Todesfall an Bauchfellentzündung«, Sommer 1939, BA, R 18/3781; *Deutsches Ärzteblatt* 70 (1940), S. 232ff.; Ramm, *Standeskunde*, S. 104f. Siehe insbesondere Dörner, »Nationalsozialismus«, S. 138; Weitbrecht, *Psychiatrie*, S. 13f. Solche Bestimmungen ergänzten entsprechende Paragraphen des Gesetzes zur Verhütung erbkranken Nachwuchses (vom 14. Juli 1933), siehe Gütt et al., *Gesetz*, S. 138f.
5. Die beiden Fälle sind dokumentiert in: *Ziel und Weg* 5 (1935), S. 518; Stokes, *Kleinstadt*, passim. Siehe auch Par. 3 der »Berufsordnung für die deutschen Ärzte« vom 5. November 1937 in: *Deutsches Ärzteblatt* 67 (1937), S. 1032 und 1038; Bunz, *Arzt*, S. 48f.; Bewer, »Pflicht«, S. 171; Klein, *Amtsarzt*, 3, S. 10f.
6. Par. 46 (1), 4 der »Reichsärzteordnung« vom 13. Dezember 1935, BA, R 18/5574; Par. 3 der »Berufsordnung für die deutschen Ärzte« vom 5. November 1937 in: *Deutsches Ärzteblatt* 67 (1937), S. 1032.
7. Grote, »KVD«, S. 12f.; *Ziel und Weg* 6 (1936), S. 290; Ramm, *Standeskunde*, S. 106.
8. Blome, *Arzt*, S. 275–279, und »Fortbildungswesen«; *Ziel und Weg* 5 (1935), S. 445; ebenda 6 (1936), S. 289f.; Grote, »KVD«, S. 12f.
9. Blome, »Fortbildungswesen« und »Neuordnung«, S. 7; *Ziel und Weg* 7 (1937), S. 74; ebenda 6 (1936), S. 290; Ramm, *Standeskunde*, S. 106ff.; Buchinger, *Marinearzt*, S. 164.
10. Professor Karl Eimer in: *Deutsches Ärzteblatt* 67 (1937), S. 49. Siehe auch ebenda 66 (1936), S. 13, und Blome, *Arzt*, S. 278.
11. »Reichsärzteordnung«, 13. Dezember 1935, BA, R 18/5574.
12. Siehe »Begründung zu dem Gesetz über die berufsmäßige Ausübung der Heilkunde ohne Bestallung«, [1939], BA, R 18/5575; Wagner, »Volksgesundheit«, S. 138f.; Gersbach, *Bürgermeister*, S. 22; Klein, *Amtsarzt*, 3, S. 81; *Journal of the American Medical Association* 100 (1933), S. 351 und 1355.
13. Daß auch Ärzte, die überzeugte Nationalsozialisten waren, etwas gegen »Quacksalber« hatten, verdeutlicht ein Brief von Dr. Kurt Klare an Frau H. Scheidegg, 10. November 1933 in: Klare, *Briefe*, S. 147ff.
14. Siehe Berger, *Kulturspiegel*, S. 17; Gruber, *Einführung*, S. 218ff; Wuttke-Groneberg, »Leistung«, S. 49.
15. »Dritte Durchführungsverordnung zum Gesetz über die Vereinheitlichung des Gesundheitswesens«, 30. März 1935, in: Goetze und Meeske, *Reichsgesundheitswesen*, S. 15; *Ziel und Weg* 6 (1936), S. 341.
16. Wagner, »Reichsärzteordnung«, S. 2.
17. *Ziel und Weg* 6 (1936), S. 341.
18. Siehe *Deutsches Ärzteblatt* 67 (1937), S. 1038f.
19. »Gesetz über die berufsmäßige Ausübung der Heilkunde ohne Bestallung (Heilpraktikergesetz)«, 17. Februar 1939, in: *Reichsgesetzblatt* (1939), I, S. 251f.; Gersbach, *Bürgermeister*, S. 22–30; Wagner, »Volksgesundheit«, S. 139; Ramm, *Stan-*

deskunde, S. 60f.; »Begründung zu dem Gesetz über die berufsmäßige Ausübung der Heilkunde ohne Bestallung« [1939], BA, R 18/5575; Gumpert, *Hunger,* S. 96; »1. Vierteljahreslagebericht 1939« in: *Meldungen aus dem Reich,* 2, S. 272.

20. Contis Äußerungen in: *Ziel und Weg* 9 (1939), S. 336; Ramm, *Standeskunde,* S. 92.
21. Pychlau an KVD-Bezirksstellenleiter, Kolmar, 15. April 1942, BA, R 18/3785. Siehe auch Falkenberg, »Mißstände«, S. 38f.; Klein, *Amtsarzt,* 3, S. 81–84.
22. Par. 13 (1) der »Reichsärzteordnung« vom 13. Dezember 1935, BA, R 18/5574; Par. 2 der »Berufsordnung für die deutschen Ärzte« in: *Deutsches Ärzteblatt* 67 (1937), S. 1031. Kommentar in: Syroth, »Berufsgeheimnis«; Ramm, *Standeskunde,* S. 100f. und 172.
23. Syroth, »Berufsgeheimnis«, S. 1470f.; Klein, *Amtsarzt,* 3, S. 9.
24. *Deutsches Ärzteblatt* 70 (1940), S. 124.
25. Siehe Par. 13 (3) der »Reichsärzteordnung« vom 13. Dezember 1935, BA, R 18/5574. Dieselbe Klausel enthält Par. 2 der »Berufsordnung für die deutschen Ärzte« in: *Deutsches Ärzteblatt* 67 (1937), S. 1031. Siehe auch Syroth, »Berufsgeheimnis«, S. 1472.
26. Syroth, »Berufsgeheimnis«, S. 1472; Ramm, *Standeskunde,* S. 101; Text bei Anm. 4 oben.
27. Conti, »Gesundheitsführung – Volksschicksal: Rede des Reichsgesundheitsführers Dr. Conti auf der Kreistagung des Hauptamtes für Volksgesundheit der NSDAP«; München, 28. März 1942, BDC, OPG Emil Ketterer (S. 11). Siehe auch Kater, »Gesundheitsführung«, S. 357f.
28. Cropp an Oberpräsidenten et al., Berlin, 14. Januar 1943, BA, R 18/3764; Zitat nach Vescovi, »Bedeutung«, S. 228. Zur heutigen ethischen Bedeutung der ärztlichen Schweigepflicht siehe Davidson, »Professional Secrecy«.
29. Schadewaldt rechtfertigt die Haltung der Ärzte während der Weimarer Republik in *Hartmannbund,* passim. Siehe auch Kater, »Nazi Physicians' League«, S. 160–71.
30. Siehe zum Beispiel Wagner, »Reichsärzteordnung«, S. 3.
31. Kater, »Gesundheitsführung«, S. 372f.; Wagner, »Ziele«, S. 492.
32. *Deutsches Ärzteblatt* 70 (1940), S. 49 und 95; ebenda 72 (1942), S. 1; Berger, *Kulturspiegel,* S. 138f.
33. Siehe Hartmann an Conti, Leipzig, 28. November 1940; Ley an Conti, Berlin, 14. Januar 1942, BA, R 18/3814; Conti an Gauamtsleiter, München, 13. Februar und 31. März 1942, BA, R 18/3785; Denkschrift [Kauffmann], [Sommer 1943], BA, R 18/3809; Kater, »Doctor Leonardo Conti«, S. 309–313; Text in Teil 2 dieses Kapitels bei Anm. 31.
34. *Deutsches Ärzteblatt* 72 (1942), S. 1ff.; Möschler an KVD-Reichsführung, Weimar, 21. September 1943, UK, 130/118.02/3.
35. Dok. 373 (5. April 1943) in: Boberach, *Meldungen,* S. 381; Dok. 345 (8. August 1944) in: Heiber, *Reichsführer,* S. 283; Denkschrift Kauffmann, Berlin, 24. August 1944, BA, R 18/3783.
36. Was den Vergleich zwischen Deutschland und dem Ausland betrifft, so stützt sich meine Einschätzung auf Grunberger, *Reich,* S. 248–254. Die Entwicklung in Deutschland verdeutlicht die steigende Zahl der Krankenhauspatien-

ten: 1932 waren es 388 492, 1935 dann 425 058 und 1938 bereits 470 988. Siehe Tabelle 3, *Statistisches Handbuch,* S. 609, und Wuttke-Groneberg, »Leistung«, S. 22ff.

37. Seifert, »Krankenversicherung«, S. 80; »Grundsätze für die Gestaltung der Leistungen der Krankenhilfe«, 14. Mai 1942, BA, R 18/3785; *Bericht über das Bayerische Gesundheitswesen,* S. 11 und 17; Diepgen, *Heilkunde,* S. 11.
38. *Ziel und Weg* 8 (1938), S. 281 und 633; *Deutsches Ärzteblatt* 70 (1940), S. 174; Conti, »Leistung«, S. 22–25; Conti, »Stand der Volksgesundheit im 5. Kriegsjahr«, [Januar 1944], BA, R 18/3805 (S. 8f.); Kelting, »Tuberkuloseproblem«, S. 65; Kater, »Gesundheitsführung«, S. 363f.
39. *Bericht über das Bayerische Gesundheitswesen,* S. 7; *Deutsches Ärzteblatt* 70 (1940), S. 174; Conti, »Leistung«, S. 17 und 25; Conti, »Stand der Volksgesundheit im 5. Kriegsjahr«, [Januar 1944], BA, R 18/3805 (S. 11f.); Grunberger, *Reich,* S. 253; Kater, »Gesundheitsführung«, S. 355f.
40. *Bericht über das Bayerische Gesundheitswesen,* S. 16f.; »Luftterror und Seuchenverhütung«, [1944], BA, R 18/3686; Grunberger, *Reich,* S. 249f. Berechnung für Herne nach Zahlen in: Meyerhoff, *Herne,* S. 57.
41. Zu dieser ideologisch verbrämten Politik siehe Kater, »Gesundheitsführung«, S. 351f.
42. Ebenda, S. 366ff. In den Kohlegruben von Mansfeld stieg die Zahl der schweren Unfälle zwischen 1933 und 1939 um durchschnittlich 1,6 Prozent pro Jahr – dieser Wert wurde auf der Grundlage der Zahlen in Jonas, *Leben,* S. 410, nach der Formel in Floud, *Introduction,* S. 91f. errechnet. Zur Unfallrate im gesamten Reich zwischen 1935 und 1937 siehe Grunberger, *Reich,* S. 248.
43. Siehe zum Beispiel »Luftterror und Seuchenverhütung«, [1944], BA, R 18/3686.
44. Meinberg, »Gesundheitsbetreuung«, S. 527; *Bericht über das Bayerische Gesundheitswesen,* S. 19. Contis Äußerungen sind im *Völkischen Beobachter* vom 25. April 1940 abgedruckt; siehe auch *Deutsches Ärzteblatt* 70 (1940), S. 174.
45. *Bericht über das Bayerische Gesundheitswesen,* S. 16; Koller, »Der Gesundheitszustand des deutschen Volkes im 3. Vierteljahr 1942«, Berlin, 13. November 1942, BA, R 18/3809; Meier, »Erkrankungen an übertragbaren Krankheiten im Deutschen Reich in den Jahren 1939–1942«, BA, R 18/3789 (S. 13); Conti, »Stand der Volksgesundheit im 5. Kriegsjahr«, [Januar 1944], BA, R 18/3805 (S. 4f.); Grunberger, *Reich,* S. 249.
46. Koller, »Der Gesundheitszustand des deutschen Volkes im 3. Vierteljahr 1942«, Berlin, 13. November 1942, BA, R 18/3809; »Luftterror und Seuchenverhütung«, [1944], BA, R 18/3638; Meier, »Erkrankungen an übertragbaren Krankheiten im Deutschen Reich in den Jahren 1939–1942«, BA, R 18/3789 (S. 11f.); Conti, »Leistung«, S. 21f.; Conti, »Stand der Volksgesundheit im 5. Kriegsjahr«, [Januar 1944], BA, R 18/3805 (S. 3ff.); Grunberger, *Reich,* S. 249 und 251; Gatz, *Hospitäler,* S. 67.
47. *Bericht über das Bayerische Gesundheitswesen,* S. 18; Conti in: *Völkischer Beobachter,* 25. April 1940; Schütz an Ziegler, [Berlin], 3. März 1942, und an Geronne, [Berlin], 4. März 1942, BDC, OPG Emil Ketterer; Gutterer an Zschintzsch, Berlin, 2. November 1942, BA, R 21/475; Meier, »Erkrankungen an übertragbaren Krankheiten im Deutschen Reich in den Jahren 1939–1942«,

BA, R 18/3789 (S. 14); Conti, »Stand der Volksgesundheit im 5. Kriegsjahr«, [Januar 1944], BA, R 18/3805 (S. 17); Grunberger, *Reich,* S. 249.

48. Obwohl inzwischen auch den arbeitenden Müttern immer mehr zugemutet wurde, besonders auf dem Land, hielten sich die Fehlgeburten und die Fälle, in denen Mütter bei der Geburt starben, in Grenzen. Siehe *Bericht über das Bayerische Gesundheitswesen,* S. 11; Innenminister an außerpreußische Landesregierungen et al., Berlin, 30. Oktober 1939, R 18/5582; SD-Bericht 28, 13. Dezember 1939, BA, R 58/146; Conti, »Gesundheitsführung –Volksschicksal: Rede des Reichsgesundheitsführers Dr. Conti auf der Kriegstagung des Hauptamtes für Volksgesundheit der NSDAP«, München, 28. März 1942, BDC, OPG Emil Ketterer (S. 11f.); Koller, »Der Gesundheitszustand des deutschen Volkes im 3. Vierteljahr 1942«, Berlin, 13. November 1942, BA, R 18/3809; Kreisamtsleiter an Gauamt für Volksgesundheit Münster, Ahlen, 9. März 1943, BA, R 18/3781; Meier, »Erkrankungen an übertragbaren Krankheiten im Deutschen Reich in den Jahren 1939–1942«, BA, R 18/3789 (S. 1f. und 15f.); »Die Volksgesundheit im Jahre 1943«, Berlin, 15. Dezember 1935, BA, R 18/3810; »Luftterror und Seuchenverhütung«, [1944], BA, R 18/3686; Conti, »Stand der Volksgesundheit im 5. Kriegsjahr«, [Januar 1944], BA, R 18/3805 (S. 10ff.); Eintrag vom 3. Februar 1941 in: *Meldungen aus dem Reich,* 6, S. 1970f.
49. Meier, »Erkrankungen an übertragbaren Krankheiten im Deutschen Reich in den Jahren 1939–1942«, BA, R 18/3789 (S. 4ff.); Die Berechnung für Herne basiert auf Zahlen in: Meyerhoff, *Herne,* S. 57 (durchschnittliche jährliche Wachstumsrate nach der Formel in: Floud, *Introduction,* S. 91f.). Siehe auch *Bericht über das Bayerische Gesundheitswesen,* S. 15; Seuchenreferat an Cropp, Berlin, Juni 1943, BA, R 18/3686.
50. Koller, »Der Gesundheitszustand des deutschen Volkes im 3. Vierteljahr 1942«, Berlin, 13. November 1942, BA, R 18/3809. Zur Situation im Jahr 1943 siehe Eintrag vom 27. September 1943 in: *Meldungen aus dem Reich,* XV, S. 5813f.
51. Siehe Bericht Conti, Berlin, 22. November 1943, BA, R 18/1504; Conti, »Leistung«, S. 22f.; Conti, »Stand der Volksgesundheit im 5. Kriegsjahr«, [Januar 1944], BA, R 18/3805 (S. 7f.); Kelting, »Tuberkuloseproblem«, insbesondere S. 64–69; Eintrag vom 1. Dezember 1941 in: *Meldungen aus dem Reich,* 8, S. 3049ff.; Kater, »Gesundheitsführung«, S. 364f.
52. Siehe Zahlen in: Jonas, *Leben,* S. 410; Tenfelde, »Provinz«, S. 361.
53. Zum Problem der Berufskrankheiten und des Krankenstandes im allgemeinen siehe *Deutschland-Berichte* 7 (1940), S. 122; Grote, KVD-Rundschreiben 16/40, Berlin, 26. Juni 1940; Focke an Conti, Rostock, 3. Januar 1942; Conti an Leiter der Gauämter für Volksgesundheit, München, 31. März 1942, BA, R 18/3785; [Denkschrift Conti], »Maßnahmen zur Senkung des Krankenstandes« [Berlin, März 1943], BA, R 18/3809; Prinz, *Vom neuen Mittelstand,* S. 268f. Zur Situation bei den Frauen siehe »Aus dem Bericht ... über die Zunahme des Krankenstandes«, [Frühjahr 1942]; Engelhardt an Wirz, Karlsruhe, 11. Mai 1942; »Grundsätze für die Gestaltung der Leistungen der Krankenhilfe«, 14. Mai 1942, BA, R 18/3785; Dokumente (9. Juni 1942 und Mai 1944) in: Eiber, »Frauen«, S. 618 und 630; Eintrag vom 27. September 1943 in: *Meldungen aus dem Reich,* 15, S. 5811f.

54. Conti, »Gesundheitsführung – Volksschicksal: Rede des Reichsgesundheitsführers Dr. Conti auf der Kriegstagung des Hauptamtes für Volksgesundheit der NSDAP«, München, 28. März 1942, BDC, OPG Emil Ketterer; Conti, »Leistung«; Conti, »Stand der Volksgesundheit im 5. Kriegsjahr«, [Januar 1944], BA, R 18/3805.
55. Gemeint sind hier Krankenhäuser, die der Definition von Coermann und Wagner in *Ärzterecht,* S. 141, entsprechen.
56. Siehe Text in Teil 3 dieses Kapitels bei Anm. 3–9.
57. Berechnungen auf der Grundlage der Zahlen aus Tabelle 3 in *Statistisches Handbuch,* S. 609. Berechnung der durchschnittlichen jährlichen Wachstumsrate nach der Formel in Floud, *Introduction,* S. 91f. Zum Krankenhausbau im Jahrzehnt vor 1933 siehe *Journal of the American Medical Association* 100 (1933), S. 754.
58. Zahlen für das Städtische Krankenhaus Süd in Lübeck laut Denkschrift Hansen, Lübeck, 23. Februar 1943, BA, R 18/3781. Siehe auch die Zahlen für die Universitätsklinik in Düsseldorf in: Schönberg, »Geschichte«, S. 167.
59. Siehe Denkschrift Hansen, Lübeck, 23. Februar 1943, BA, R 18/3781; Mayer, *Jahre,* S. 36.
60. Berechnungsgrundlage sind die Zahlen in: »Krankenhausstatistik«, 24. April 1943, BA, R 18/3809.
61. »Übersicht über die wesentlichsten Runderlasse über das Krankenhauswesen«, [1943], BA, R 18/3809.
62. Ebenda; Denkschrift Conti vom März 1943: »Krankenhausversorgung«; »Krankenhausstatistik«, 24. April 1943, BA, R 18/3809.
63. Wie unter Anm. 27 in Teil 1 dieses Kapitels; *Bericht über das Bayerische Gesundheitswesen,* S. 5f.; Professor P. Eschs Äußerungen in: *25 Jahre,* S. 31; Gatz, *Hospitäler,* S. 26.
64. Siehe Conti, »Gesundheitsführung – Volksschicksal: Rede des Reichsgesundheitsführers Dr. Conti auf der Kriegstagung des Hauptamtes für Volksgesundheit der NSDAP«, München, 28. März 1942, BDC, OPG Emil Ketterer (S. 12); Buchinger, *Marinearzt,* S. 175, 177 und 182f.; Schönberg, »Geschichte«, S. 41.
65. Siehe Pfundtner an Landesregierungen et al., Berlin, 27. September 1938, BA, R 18/2958.
66. Eintrag vom 18. März 1941 in: *Tagebücher,* S. 542.
67. Stoeckel, *Erinnerungen,* S. 246. Zur Zunahme der Bombenangriffe siehe *Der zivile Luftschutz,* S. 118ff.
68. Below, *Adjutant,* S. 311f. Zu den Luftangriffen siehe *Der zivile Luftschutz,* S. 121–124.
69. Berechnungsgrundlage sind die Zahlen in: »Betrifft: Krankenanstalten«, 1. Oktober 1942, BA, R 18/3809.
70. Siehe Text in Teil 1 dieses Kapitels unter Anm. 49; Speer und Brandt an Conti und Baubevollmächtigte, Berlin, 8. Oktober 1942; »Übersicht der wesentlichsten Runderlasse über das Krankenhauswesen«, [1943], BA, R 18/1309; de Crinis an Conti, Berlin, 13. Oktober 1942, BA, R 21/476. Eine Anordnung Görings vom Dezember 1938, fern der Stadtzentren und möglichen Angriffsziele neue Krankenhäuser zu bauen (*Der zivile Luftschutz,* S. 277), scheint keine praktischen Konsequenzen gehabt zu haben. Der Münchner Universitäts-

psychiater Oswald Bumke schrieb später (1946) in seinen *Erinnerungen,* S. 126, daß Luftschutzmaßnahmen für Krankenhäuser nicht genehmigt, die für den Gauleiter dagegen ständig verstärkt worden seien.

71. »Krankenhausstatistik«, 24. April 1943, BA, R 18/3809; Golücke, *Schweinfurt,* S. 59–71. Zu den verstärkten Luftangriffen siehe *Der zivile Luftschutz,* S. 124–127.
72. Below, *Adjutant,* S. 331; Stoeckel, *Erinnerungen,* S. 259. Zur Befestigung siehe Sauerbruchs Kritik in der Denkschrift an von Rottenburg, Berlin, 9. Juli 1943, BA, R 21/476. Zu einem Angriff auf ein niederrheinisches Krankenhaus siehe Gatz, *Hospitäler,* S. 67.
73. Von Oktober 1942 bis Mai 1943 war die Zahl der Krankenhauspatienten im Reich von 407 514 auf 512 992 angestiegen. Siehe Denkschrift »Betrifft Krankenanstalten«, 1. Oktober 1942, und Denkschrift Bernhard an Cropp, Berlin, 4. Mai 1943, BA, R 18/3809. Siehe auch die anderen diesbezüglichen Dokumente (März–April 1943) in dieser Akte, sowie Ideler an Conti, Berlin-Grunewald, 14. April 1943, BA, R 18/3810.
74. Wolzogen, »Übersicht über die Krankenhaus-Sonderanlagen (Organisation Todt)«, 15. Juni 1943; Anlage I.; Brandt an Lammers, Berlin, 22. Juni 1943; Ofterdinger an Conti, Hamburg, 30. August 1943, BA, R 18/3809; Bürger-Prinz, *Psychiater,* S. 113. Zu den von den Bombenangriffen auf Hamburg im Juli/August 1943 verursachten Schäden, auch an den Krankenhäusern, siehe Middlebrook, *Battle,* S. 142–161, 252–280 und 322–337, sowie – aus der Perspektive eines Arztes – Ponsold, *Strom,* S. 174ff. Nach Giles, *Students,* S. 297f., wurde keiner der insgesamt 1800 Patienten der Universitätskliniken verletzt, da es dort Luftschutzräume gab. Zu den Auswirkungen eines Luftangriffs Ende Juni 1943 auf Krankenhäuser in Mülheim-Ruhr siehe Amtsarzt an Regierungspräsident Düsseldorf, Mülheim, 11. Juli 1943, BA, R 18/3791.
75. Protokoll, Berlin, 29. Juni 1943, BA, R 18/3791; Bericht Conti, Berlin, 22. November 1943, BA, R 18/1504.
76. Siehe Holm, »Gedanken zur ärztlichen Planwirtschaft«, Berlin, 12. Oktober 1943, BA, R 18/3809; Denkschrift [Cropp], Berlin, 30. September 1943; Gatz, *Hospitäler,* S. 26 und 86.
77. De Crinis' Schreiben an Conti vom 27. August und vom 22. Dezember 1943 sowie vom 30. Dezember 1944 [aus Berlin], BA, R 21/476; *250 Jahre Charité,* S. 45; Jaeckel, *Charité,* S. 401f.; Sauerbruch, *Leben,* S. 398; Stoeckel, *Erinnerungen,* S. 259f.; Bergmann, *Rückschau,* S. 286–290.
78. Catel, *Leben,* S. 42ff.; Schönberg, »Geschichte«, S. 41; zu Professor P. Eschs Äußerungen siehe: *25 Jahre,* S. 31f; Dokumente h (Juli 1944) und i (Oktober 1944) in: Bardua, *Stuttgart,* S. 208f. und 232f.
79. Siehe Gatz, *Hospitäler,* S. 106 und 111f.
80. Siehe Kapitel 4 und 5.
81. Siehe Pfundtner an Landesregierungen et al., Berlin, 27. September 1938, BA, R 18/2958; »Übersicht der wesentlichsten Runderlasse über das Krankenhauswesen«, [1943], BA, R 18/3809; Birnbaum, *Zeuge meiner Zeit,* S. 231.
82. Siehe *Deutschland-Berichte* (1935), 2, S. 538; ebenda (1937), 4, S. 657f.
83. Scherler, *Querschnitt,* S. 37; *Ziel und Weg* 8 (1938), S. 108; Dok. 156 (Frühjahr

1939) in: Mason, *Arbeiterklasse,* S. 952; Kater, »Gesundheitsführung«, S. 368f.

84. SD-Bericht 27, 11. Dezember 1939, BA, R 58/146; *Deutsches Ärzteblatt* 70 (1940), S. 428f.
85. Einträge vom 18. Dezember 1941 in: *Meldungen aus dem Reich,* 9, S. 3110; und vom 25. Juni 1942, ebenda, 10, S. 3878; sowie vom 21. September 1942, ebenda, 11, S. 4225f.; *Deutsches Ärzteblatt* 70 (1940), S. 39f. Siehe auch Dokumente 102-128 in: Wuttke-Groneberg, *Medizin,* S. 187–229.
86. »Maßnahmen zur Behebung der Versorgungsschwierigkeiten auf dem Glasgebiet«, [30. April 1943], BA, R 18/3809; Reck-Malleczewen, *Diary,* S. 168.
87. Siehe die von Ärzten aufgegebenen Stellenangebote in: *Deutsches Ärzteblatt* 71 (1941), S. ixf.; Cropp an Kommissar der Freiwilligen Krankenpflege et al., Berlin, 30. Mai 1942, BA, R 18/5576.
88. Blome, »Keine Ausstellung privatärztlicher Zeugnisse über Arbeitsfähigkeit«, München, 15. Dezember 1939, in: *Deutsches Ärzteblatt* 70 (1940), S. 3; Pohlkötter an Speer, Berlin, 13. April 1942; »Aus dem Bericht über die Zunahme des Krankenstandes«, [Frühjahr 1942], BA, R 18/3785; Hürmayr, Rundschreiben 68/42, Münster, 22. Juni 1942, SAMs, Gauleitung Westfalen-Nord, Gauamt für Volkswohlfahrt, 7; Winkler, *Frauenarbeit,* S. 95; Klinger, *Wege,* S. 100; Kater, »Gesundheitsführung«, S. 369.
89. Siehe Äußerungen Scholtz-Klink im NSF-Bericht Januar–März 1942, BA, NS 22/860. Siehe auch Dok. 133 (19. Juli 1940) in: Gersdorff, *Frauen,* S. 317f.; Russ an Reichsärzteführer, Krems, 29. November 1940, BA, R 18/3122; Conti, »Rückschau«, S. 1; Blome an Conti, München, 26. Juli 1941, BA, R 18/3806; Conti, »Begründung«, [1942], BA, R 18/5576; de Crinis an Conti, Berlin, 13. Oktober 1942, BA, R 21/ 476; Holm, »Gedanken zur ärztlichen Planwirtschaft«, Berlin, 12. Oktober 1943, BA, R 18/3809; Eintrag vom 24. Mai 1943 in: *Meldungen aus dem Reich,* 13, S. 5279f.
90. Conti an Speer, Berlin, 6. Mai 1944, BA, R 18/3122; Einträge vom 17. Dezember 1942 und vom 15. Februar 1943 in: *Meldungen aus dem Reich,* 12, S. 4579f. und 4809ff.; »Mitteilungen an die Ärzte Südhannover-Braunschweigs«, Hannover, 1. September 1944 (S. 1), und 1. Januar 1945 (S. 1), NHSA, Hann. 122a, XII, 126; Schenck, *Berlin,* S. 46f.
91. Hafemann an Oberbürgermeister, Berlin, 21. April 1943; Conti an Hermann, Berlin, 7. April 1943; RÄK. Ärztekammer Berlin und KVD. Landesstelle Berlin, Rundschreiben 3/1943, Berlin, 1. Juli 1943, BA, R 18/3781; Cropp an Reichsverteidigungskommissare, Berlin, 21. September und 9. November 1943, BA, R 18/ 3764; Fall der Krankenschwester Maria Kiermayer in der Korrespondenz Jäger (Dezember 1943), BDC, PÄ Jäger.
92. Conti, »Gesundheitsführung – Volksschicksal: Rede des Reichsgesundheitsführers Dr. Conti auf der Kriegstagung des Hauptamtes für Volksgesundheit der NSDAP«, München, 28. März 1942, BDC, OPG Emil Ketterer (S. 14); RÄK. Ärztekammer Berlin und KVD. Landesstelle Berlin, Rundschreiben 3/1943, Berlin, 1. Juli 1943, BA, R 18/3781; Cropp an Reichsstatthalter et al., Berlin, 15. November 1943, BA, R 18/3715; Dok. 48–49 (März 1944) in: Wuttke-Groneberg, *Medizin,* S. 88; Kögler an Speer, Schönlinde, 5. April 1944, BA, R 18/3122.

93. Conti an Speer, Berlin, 29. Juni 1943; Geschäftsführender Präsident, Deutsches Rotes Kreuz an Landesführer, Potsdam-Babelsberg, 2. Juli 1943, BA, R 18/3791; BDC, RÄK Edmund Schöbel; *Die Ärztin* 19 (1943), S. 184; Brugschs Aussage in: Albrecht und Hartwig, *Ärzte,* S. 189; Niedermeyer, *Wahn,* S. 457–460; Dokumente h (August 1944) und i (Oktober 1944) in: Bardua, *Stuttgart,* S. 209 und 234.
94. Eintrag vom 30. April 1942 in: *Meldungen aus dem Reich,* 10, S. 3694; Weinrich an Brandt, Kassel, 3. Mai 1943, BA, R 18/3810; Protokoll, Berlin, 29. Juni, BA, R 18/3791; Holm, »Gedanken zur ärztlichen Planwirtschaft«, Berlin, 12. Oktober 1943, BA, R 18/3809; Kreishauptamtsleiter an NSDAP, Amt für Volkswohlfahrt, Bad Driburg, 11. April 1944, SAMs, Polit. Polizei, 3. Reich, 109; Informationsdienst 41, München, 21. September 1944, SAM, NSDAP/31; Bressler an Korpsarzt, [München], 27. September 1944, BDC, PA Obermaier; BDC, RÄK Wilhelm Bollmeyer, Karl Miesemer, Emil Ryska.
95. Diese Informationen sind sehr zuverlässig, da sie vom SS-Nachrichtendienst zusammengestellt wurden. Siehe Anlage zum Brief des SS-Standartenführers Schmitz an Conti, Berlin, 25. September 1943, BA, R 18/3809.
96. Forßmann, *Selbstversuch,* S. 261f.
97. Catel, *Leben,* S. 42ff.
98. Eintrag vom 26. März 1945 in: Hoemberg, *People,* S. 196–199.
99. Hoffmann, *Ringen,* S. 250f.
100. Wolff-Mönckeberg, *Briefe,* S. 118–123. Siehe den Fall einer verzweifelten Ärztin aus Thüringen, die Selbstmord beging, in: *Der alltägliche Faschismus,* S. 187.
101. Stoeckel, *Erinnerungen,* S. 236 und 264.
102. Dok. 1 (November 1944) in: Berghahn, »Meinungsforschung«, S. 97.
103. Ohlendorf an Klopfer, Berlin, [Herbst 1942], Ohlendorf an Thierack, Berlin, 22. Februar 1944, BA, R 22/4203; Fall Dr. Heiler in: Beer an RÄK, München, 27. August 1943, BDC, PÄ Heiler; Fall Dr. Guttmann (1944) in: BDC, PÄ Guttmann; SD-Bericht, 2. März 1944, BA, R 58/193 (S. 86ff.); Eintrag vom 25. März 1941 in: *Meldungen aus dem Reich,* 6, S. 2144, und vom 2. Oktober 1941, ebenda 8, S. 2832; BDC, RÄK Margarete Naske. Beispiele aus der Vorkriegszeit sind der Fall des Internisten Dr. Donath aus Gera (Frühjahr 1935), UK, 213, und der Fall des Lübecker Augenarztes Dr. Walter Kreuzfeld (Sommer 1937), UK, 130/118.02. Zur Zeit vor 1933 siehe *Kriminalität der Ärzteschaft.*
104. Beispiele in RÄK. Ärztekammer Berlin und KVD. Landesstelle Berlin, Rundschreiben 3/1943, Berlin, 1. Juli 1943, BA, R 18/3781; Bürger-Prinz, *Psychiater,* S. 114; Hoffmann, *Ringen,* S. 271.
105. Ring, *Geschichte,* S. 293 und 307.
106. Hoff, *Erlebnis,* S. 350ff.; Forßmann, *Selbstversuch,* S. 245.
107. Militärärzte in besetzten Gebieten wie Frankreich lebten nicht schlecht, manchmal sogar im Überfluß. Siehe Klinger, *Wege,* S. 92–96 und 106–108; Aussage Dr. Wertheim in: Hagen, *Leader,* S. 51ff.
108. Hoff, *Erlebnis,* S. 350; Berger, *Kulturspiegel,* S. 140; Ring, *Geschichte,* S. 306; Klinger, *Wege,* S. 111; Fischer, *Erfahrungsberichte,* S. 14; Forßmann, *Selbstversuch,* S. 215, 237 und 265.
109. Bamm [Pseudonym von Dr. Curt Emmrich], *Flagge,* S. 175. Siehe auch ebenda

S. 29 und 138; »Das Hohelied des Arztes«, [1941–1942], HIS, 13/258; Forßmann, *Selbstversuch,* S. 237f., 245 und 265; Georg Pietruschkas Aussage in: Albrecht und Hartwig, *Ärzte,* S. 149.

110. Einträge vom 22. Januar, 5. Februar und 6. März 1942, in: *Die Tagebücher von Joseph Goebbels*; Seidler, *Prostitution,* S. 46f.; Ring, *Geschichte,* S. 293; Fischer, *Erfahrungsberichte,* S. 31; Forßmann, *Selbstversuch,* S. 252; Dr. Wertheims Aussage in: Hagen, *Leader,* S. 54.
111. Seidler, *Prostitution,* S. 233 und 236f.; Bamm, *Flagge,* S. 248ff.; Forßmann, *Selbstversuch,* S. 218f. Siehe auch Ponsold, *Strom,* S. 193ff.; Klinger, *Wege,* S. 111.
112. Forßmann, *Selbstversuch,* S. 237f.; Bamm, *Flagge,* S. 113ff.
113. Ring, *Geschichte,* S. 298; Georg Pietruschkas Aussage in: Albrecht und Hartwig, *Ärzte,* S. 157; Sauerbruch, *Leben,* S. 376.
114. Bamm, *Flagge,* S. 139–145.
115. Georg Pietruschkas Aussage in: Albrecht und Hartwig, *Ärzte,* S. 171.
116. Brief vom 6. Oktober 1943 in: Bahr und Bahr, *Kriegsbriefe,* S. 281.
117. Sauerbruch, *Leben,* S. 376.
118. Ebenda, S. 377; Ring, *Geschichte,* S. 294 und 318f.; Fischer, *Erfahrungsberichte,* S. 2, 9, 23, 25 und 28.
119. Ring, *Geschichte,* S. 294f.; Forßmann, *Selbstversuch,* S. 264; Fischer, *Erfahrungsberichte,* S. 1–5 und 11; Buchbender und Sterz, *Gesicht,* S. 17.
120. Ring, *Geschichte,* S. 317; Fischer, *Erfahrungsberichte,* S. 3; Text in Kapitel 4, Teil 3 bei Anm. 89.
121. Bamm, *Flagge,* S. 201 und 334; Forßmann, *Selbstversuch,* S. 215. Zu den Ausnahmen siehe Hans Schadewaldt in: *Deutsches Ärzteblatt* 83 B (1986), S. 1187. Siehe auch Kapitel 4, Teil 3 nach Anm. 83; Kapitel 5.
122. Die Klinik wurde von Professor Viktor von Weizsäcker gegründet. *Deutsche medizinische Wochenschrift* 82 (1957), S. 926. Siehe auch Fischer, *Erfahrungsberichte,* S. 38–41 und 47.
123. Der britische Journalist Grunberger spricht in *Reich,* S. 253, von der Vorliebe der Sanitätstruppe der Wehrmacht für Amputationen. Der ostdeutsche Medizinhistoriker Ring erhebt in *Geschichte,* S. 308, gegenteilige Vorwürfe.
124. Grunberger, *Reich,* S. 253.

Kapitel 2

1. Ärzte in der NSDAP

1. Bamm, *Eines Menschen Zeit,* S. 159. Hamburgs Ruf als besonders regimekritische Stadt hielt sich bis nach dem Zweiten Weltkrieg (siehe Giles, *Students,* S. 13), war jedoch nicht berechtigt. Unter den 32 nationalsozialistischen Gauen des Reiches stand Hamburg im Hinblick auf den Anteil an NSDAP-Mitgliedern bezogen auf die Gesamtbevölkerung im Dezember 1934 an 15. Stelle. Siehe *Parteistatistik,* S. 35.
2. Buchinger, *Marinearzt,* S. 147.

3. Laut Schallwig, »Paracelsus' Bedeutung«, S. 10.
4. Siehe die Zahlen in Tabelle 2.1, die allerdings mit Vorsicht zu genießen sind. Konfidentintervalltests mit dem sozialwissenschaftlich akzeptablen Wahrscheinlichkeitsfaktor *(P)* von 0,05 lassen in einigen Fällen wegen kleinem *N* beträchtliche Schwankungen der Prozentwerte vermuten. Siehe auch Kater, »Quantifizierung«, S. 478–481; Kershaw, *Popular Opinion,* passim.
5. Siehe auch Kater, *Nazi Party,* S. 1–16.
6. Tabelle 2.1. Hintergrund in: Kater, *Nazi Party,* S. 72–115.
7. Tabelle 2.1. Die Werte 43,4 und 27,2 Prozent in Spalte C stellen gegenüber den entsprechenden Prozentwerten in Spalte A eine Steigerung von 24,2 bzw. 19,1 Prozent dar, und die Werte 34,1 und 30,9 Prozent in Spalte C bedeuten eine Abnahme von 8,1 bzw. 21,8 Prozent.
8. Details in Kapitel 6.
9. Für die Werte in Tabelle 2.2 gelten dieselben Erwägungen, die im ersten Teil von Anm. 4 bezüglich Tabelle 2.1 gemacht wurden.
10. In meinem Sample von NSDAP-Mitgliedern zählte ich von 1933–1945 insgesamt 76 Ärzte (nicht mitgerechnet selbstverständlich Tierärzte, Zahnärzte und vielleicht auch, weil auf den Mitgliedskarten nicht erkennbar, Medizinprofessoren) unter insgesamt 13157 neuen Parteimitgliedern, die in 14 Berufe klassifizierbar waren (sie sind in Tabelle 1 meines Buches *Nazi Party,* S. 241 aufgeführt. Vgl. auch S. 252f.) Das Verfahren zur Auswahl meiner Zufallsstichprobe und die Bedeutung der größeren Ausgangsstichprobe im Berlin Document Center (1925–1945) sind in meinem Artikel »Quantifizierung« erklärt. Die Ärzte in der Gesamtbevölkerung des Reiches wurden nach den in *Berufszählung, 16. Juni 1933,* S. 48–51, genannten Kriterien gezählt. Zum Verfahren der Erfassung von 27047899 sozial klassifizierbaren Personen siehe Kater, *Nazi Party,* S. 6–12.
11. Letzteres wurde dokumentiert in: Kershaw, *Popular Opinion,* S. 156–233; Falter, »Wähler«, S. 52f.; Falter et al., *Wahlen und Abstimmungen,* S. 200; Childers, *Nazi Voter,* S. 188ff., 258–266; und bezüglich der SA-Führer in: Jamin, *Zwischen den Klassen,* S. 89-92. Das Sample von 4177 Ärzten, auf dem Tabelle 2.3 basiert, entstammt einer Gesamtzahl von 79000 Personen, die zwischen 1936 und 1945 Mitglieder der RÄK waren und auf Karteikarten im Berlin Document Center registriert sind. (Kater-Sample. Meine Schätzung ist höher als die vom Berlin Document Center geschätzten 72000. Siehe *Der Spiegel,* 22. Februar 1988, S. 29.) Die Werte in Tabelle 2.3 deuten darauf hin, daß 49,1 Prozent aller protestantischen und 35,2 Prozent aller katholischen Ärzte der NSDAP beitraten.
12. Bei einer Gesamtheit von *N* = 4177 ergibt ein Konfidentintervalltest (siehe oben, Anm. 4, erster Teil), daß der Prozentwert von 44,8 (Spalte G in Tabelle 2.4) zwischen maximal 46,3 und minimal 43,3 Prozent gelegen sein kann.
13. Die beruflichen Schwierigkeiten der von 1919–1932 zugelassenen Gruppe werden beschrieben in: Kater, »Physicians in Crisis«. Konfidentintervalltests (siehe oben, Anm. 4, erster Teil) zeigen, daß die Prozentwerte in den Spalten C und D in Tabelle 2.4 auch dann größer waren als die Werte in den Spalten A, E, F und G, wenn man mögliche Schwankungen nach plus oder minus berücksichtigt.
14. Dieses Urteil, zu dem ich erst in jüngerer Zeit aufgrund neuer Forschungen ge-

langt bin, revidiert meine frühere Überzeugung ein wenig, daß die Begeisterung der Ärzte für das Regime mit Ausbruch des Krieges abgenommen hätte und bis zu seinem Ende weiter gesunken wäre. Die Prozentwerte von 43,2 und 44,1 in den Spalten E und F von Tabelle 2.4 weisen nach dem oben in Anm. 4 erwähnten Test keine statistisch signifikanten Differenzen auf, was eine Einheitlichkeit der Werte vermuten läßt. Zu der relativ hohen Zahl neuer NSDAP-Mitglieder in den Jahren 1940/41 siehe auch den Wert von 11,8 Prozent in Spalte F von Tabelle 2.1; ihr relativ reifes Alter ist durch den Durchschnittswert 40 in Spalte F von Tabelle 2.5 ausgewiesen.

15. Spalten A und C in Tabelle 2.6. Der Wert von 28,4 Prozent in Spalte C darf weder als höher noch als niedriger als der Wert von 27,1 Prozent in Spalte A gewertet werden, da von beträchtlichen Konfidenzintervallschwankungen ausgegangen werden muß (siehe die Bemerkungen in der ersten Hälfte von Anm. 4).
16. Die statistische Unzuverlässigkeit beruht auf dem niedrigen Wert *N* der in Spalte B von Tabelle 2.6 untersuchten Gruppe (siehe Anm. 4, Teil 1).
17. Kater, *Nazi Party,* S. 201 und 215.
18. Spalten A, C, D und E in Tabelle 2.6.
19. Laut der Zeugenaussage in: Padover, *Experiment,* S. 97.
20. Domeinski, »Zur Entnazifizierung«, S. 251.
21. Liste der Ärzte für die Kreise Laufen und Berchtesgaden [Februar 1935], SAM, NSDAP/371.
22. So in: Wuttke-Groneberg, »Leistung«, S. 14.
23. Ebenda. Ende 1934 stand Baden bezüglich des Anteils von NSDAP-Mitgliedern an seiner Gesamtbevölkerung unter den 32 NS-Gauen auf dem 28. Platz. Siehe *Partei-Statistik,* S. 35. Siehe auch Chroust, »Social Situation«, S. 60, Anm. 78.
24. Berechnet nach den Zahlen in *Ziel und Weg* 7 (1937), S. 225. Zu diesem Zeitpunkt existierten angeblich 6319 Ärzte in Berlin, von denen noch immer zwischen 23,3 und 29,5 Prozent Juden waren. Ende 1934 stand der Gau Berlin bezüglich des Anteils von NSDAP-Mitgliedern an seiner Gesamtbevölkerung auf dem 27. Platz (vgl. oben, Anm. 23).
25. Professor Konrad H. Jarausch, University of North Carolina at Chapel Hill, am 25. Mai 1987 in Bielefeld gegenüber dem Autor. Jarauschs aktuelles Forschungsprojekt über die Berufsgruppen in der Weimarer Republik und im Dritten Reich wird vermutlich mehr Licht in die Sache bringen. Bis jetzt sind erschienen die hervorragenden Pilotstudien: »The Crisis of German Professions« und »The Perils of Professionalism«. Es ist offensichtlich, daß Güstrows Eindruck resp. Urteil in *Strafverteidiger,* S. 12, in Berlin habe es vor dem Krieg höchstens sechs nationalsozialistische Rechtsanwälte gegeben, eine grobe Fehleinschätzung ist. Siehe auch Kater, *Nazi Party,* S. 112; und Stokes, »Professionals and National Socialism«, S. 454f.; sowie das bisher noch unbefriedigende Buch von Müller, *Furchtbare Juristen.*
26. Details in: Kater, »Hitlerjugend«, S. 606–612; derselbe, *Nazi Party,* S. 91–94, 106–109; 123–126 und 131f.
27. Die internationale Forschung hinkt auf diesem Gebiet hinterher. Siehe bis jetzt:

Ludwig, *Technik*, insbesondere S. 106ff.; derselbe, »VDI«; Speer, *Erinnerungen*, passim; und Herf, *Reactionary Modernism* (meine Kritik dieses anregenden Buches findet sich in: *Archiv für Sozialgeschichte* 27 [1987], S. 795ff). Rauschning schrieb 1942 (wiederveröffentlicht 1971): Es sei seltsam, wie viele Techniker Hitler in seinen ausgewählen Kreis gezogen habe (*Men of Chaos*, S. 230). Ferner siehe Kater, *Nazi Party*, S. 111f. Jarausch hat versprochen, seine Studie auch auf die technischen Berufe, einschließlich der Architekten, auszudehnen. Siehe seine beiden in Anm. 25 erwähnten Artikel.

28. Siehe dazu den eher tastenden als erschöpfenden Artikel von Schröder, »Pharmazie«, insbesondere S. 184, Anm. 17.
29. Die Ausnahme war ein Arzt, der vor 1933 eine Rolle spielte: Dr. med. Gustav Schmischke, ein 1883 geborener Allgemeinmediziner aus Anhalt wirkte von Juli 1925 bis September 1926 als Gauleiter in Anhalt (Tyrell, *Führer*, S. 375).
30. In alphabetischer Reihenfolge: Bartels, Friedrich; Benn, Gottfried; Conti, Leonardo; Deuschl, Hans; Frey, Gottfried; Gütt, Arthur; Hamann, Erhardt; Haselmayer, Heinrich; Klein, Wilhelm; Klipp, Karl-Oscar; Luther, Hans; Otto, Helmut; Pauly, Erasmus; Peschke, Karl; Schlegel, August; Schottenheim, Otto; Schuster, Johann; Spanuth, Robert; Stähle, Eugen; Strauß, Kurt; Tomalla, Kurt; Vonnegut, Franz; Wagner, Gerhard. Zahnärzte und Vererinärmediziner wurden natürlich nicht mitgezählt. Siehe *Das Deutsche Führerlexikon*, passim. Einige der in dem Buch aufgelisteten Medizinprofessoren werden in Kapitel 4 und im Schlußkapitel behandelt.
31. »Jahreslagebericht 1938«, in: *Meldungen aus dem Reich* Bd. 2, S. 111. Die Situation in der Bundesrepublik Deutschland wird diskutiert in: Naschold, *Kassenärzte*, S. 111–114.
32. Ein Soziogramm der »alten Kämpfer« der NSDAP von vor 1933 findet sich in: Kater, *Nazi Party*, S. 169–189.
33. Biographische Details über diese Männer siehe Kater, »Dr. Leonardo Conti«, S. 301–304; Stockhorst, *Köpfe*, S. 62f.; *Das Deutsche Führerlexikon*, S. 41f., 86f. und 512; zu Bartels Leben: Bartels, »Antrag auf OPG-Verfahren«, München-Harlaching, 18. August 1939, BDC, OPG Bartels; *Völkischer Beobachter*, 23. April 1939. Siehe auch Kater, »Hitler's Early Doctors«.
34. *Das Deutsche Führerlexikon*, S. 469; Stähle, *Geschichte*, S. 4–17.
35. *Das Deutsche Führerlexikon*, S. 350f.
36. Nachruf in *Deutsches Ärzteblatt* 70 (1940), S. 365.
37. *Deutsches Ärzteblatt* 68 (1938), S. 144; *Ziel und Weg* 8 (1938), S. 139; und Text bei Anm. 13, Kapitel 1.2, in diesem Buch.
38. In einem Fragebogen vom 17. April 1941, BDC, PK Klare, verwendete Klare den Begriff »nordisch-fälisch« als Bezeichnung für seine »Rasse«. Siehe auch Klare an Hinkel, Scheidegg, 18. März 1939, BDC, PK Klare; *Wer ist's?*, S. 819f.
39. Porträts der Ortsgruppenleiter in: Kater, *Nazi Party*, S. 169f., 172, 190–193, 209, 211 und 221ff.
40. Zu Mennecke siehe »Lebenslauf« Mennecke, Eichberg, 13. Juni 1937, BDC, SS Mennecke; Platen-Hallermund, *Tötung*, S. 92; Chroust, »Friedrich Mennekke«; zu Saalfeldt siehe Stokes, *Kleinstadt*, S. 395 und 406f.; zu Krauss siehe Fröhlich, *Herausforderung*, S. 158.

41. Die Details über Kötschau wurden seinen persönlichen Papieren in BDC, SS-Akte, TF, RÄK und PK Kötschau entnommen. Siehe auch Anm. 55 zu Kapitel 4.1 dieses Buches.
42. Berger, *Kulturspiegel*, S. 97; Frei, *Provinzpresse*, S. 224f. und 227–230.
43. *Das Deutsche Führerlexikon*, S. 344f.
44. Grill, *Nazi Party in Baden*, S. 428f.
45. *Das Deutsche Führerlexikon*, S. 348f.
46. Ebenda, S. 173f.
47. Es waren die Doktoren Gerhard Wagner, Walter Groß, Paul Hocheisen, Karl Peschke, Josef Ständer und Walter Ruppin. Siehe *Deutsches Ärzteblatt* 66 (1936), S. 501. Reichstagsmandate konnten nach dem Rotationsprinzip vergeben werden. So war zwischen März und Dezember 1933 Eugen Stähle Abgeordneter gewesen (Stähle, *Geschichte*, S. 11; *Das Deutsche Führerlexikon*, S. 469). Zu den Einkünften der Reichstagsabgeordneten siehe Kater, *Nazi Party*, S. 210.
48. *Das Deutsche Führerlexikon*, S. 169.
49. So etwa die Doktoren Helmut Otto, Wilhelm Schenk, Otto Schottenheim und Wolfgang Saalfeldt laut *Das Deutsche Führerlexikon*, S. 344f. und 435; *Ziel und Weg* 7 (1937), S. 58; Stokes, *Kleinstadt*, S. 395.
50. Etwa der Fall Dr. Kurt Uhlenbrock in: Kaul, *Ärzte*, S. 86; der Fall Dr. Hans-Jochen Boye in: persönliche Akten (1940–1943), BDC, PÄ Boye; siehe auch *Deutsches Ärzteblatt* 70 (1940), S. 85f.; und den Text nach Anm. 53 in Teil 2 dieses Kapitels.

2. Der Nationalsozialistische Deutsche Ärztebund und andere der Partei angeschlossene Verbände

1. Lokale Ausnahmen waren natürlich möglich. So waren in den oberbayerischen Kreisen Laufen und Berchtesgaden beispielsweise 16 von 32 dort praktizierenden Ärzten in der NSDAP, aber 30 im NS-Ärztebund. Siehe Anm. 21 zu Teil 1.
2. Die Prozentwerte 33,4 und 46,2 in den Spalten A und D in Tabelle 2.4.
3. Tabelle 2.4, Spalten E und F. Im Vergleich der Zahlen von Tabelle 2.4 ergibt der Konfidenzintervalltest (wie in der ersten Häfte von Anm. 4, Teil 1, beschrieben) echte numerische Differenzen – mit einer Ausnahme, der Juxtaposition der Werte 33,4 Prozent (Spalte A) und 32,0 Prozent (Spalte E).
4. Siehe *Ziel und Weg* 8 (1938), S. 420; Zapp, »Untersuchungen«, S. 50; Tennstedt, »Sozialgeschichte«, S. 406.
5. *Deutsches Ärzteblatt* 64 (1934), S. 27; *Ziel und Weg* 4 (1934), S. 37; Ramm, *Standeskunde*, S. 73. Siehe Spalte G in Tabelle 2.4.
6. Althen an NS-Ärztebund Hessen-Nassau [Wiesbaden], 20. August 1934; Althen an Mitglieder des NS-Ärztebunds in Wiesbaden, Wiesbaden, 20. August 1934; Schffer [sic] an NS-Ärztebund Hessen-Nassau, Wiesbaden-Bierstadt, 15. September 1934; Althen an Kreisleitung Rheingau, Rüdesheim, 5. Oktober 1934, HHSAW, 483/3159; Liste von Bewerbern um die NSDAP-Mitgliedschaft im Kreis Berchtesgaden-Laufen aus NS-Organisationen (einschließlich des NS-Ärztebunds), 10. Oktober 1935, Sam, NSDAP/122; Orlow, *History*, S. 56; Ka-

ter, »Sozialer Wandel«, S. 43. Generell konnten Deutsche keiner Nazi-Organisation einschließlich der Partei selbst beitreten, wenn sie am 30. Januar 1933 einer Freimaurerloge angehört hatten. Wagners »Amnestie« galt offensichtlich Medizinern, die zwischen diesem Datum und der endgültigen Auflösung der Freimaurerlogen im Juli 1937, aus ihrer Loge ausgetreten waren. Siehe Wagner, »Amnestie des Leiters des NSD.-Ärztebunds für die Ehrengerichtsbarkeit des NSD.-Ärztebunds«, Abs. 3, München, 17. Mai 1938 in: *Ziel und Weg* 8 (1938), S. 292; Kater, *Nazi Party*, S. 161f.; Dok. VIII/40 in Stokes, *Kleinstadt*, S. 945ff.

7. Siehe Kater, »NS-Studentenbund«; Bölling, *Volksschullehrer*, S. 125; Volz, *Daten*, S. 25ff.
8. Kater, »Sozialer Wandel«, S. 28f.; derselbe, *Nazi Party*, S. 44–49.
9. Satzung Nationalsozialistischer Deutscher Ärztebund e.V. [1929–1930], BA, Schumacher/213.
10. Liebl, »Satzungen des Nationalsozialistischen Deutschen Ärztebundes«, Ingolstadt, [1930], BA, Schumacher/213; Conti, »Der Nationalsozialistische Deutsche Ärztebund«, in: *Mitteilungsblatt der Arbeitsgemeinschaft Groß-Berlin des Nationalsozialistischen Deutschen Ärztebundes* 1, Nr. 1 (Berlin, Januar 1931), BA, NSDAP, 53/2; Klein, *Amtsarzt*, Bd. 2, S. 54f.
11. Siehe Kater, »Physicians in Crisis«; derselbe, »Nazi Physicians' League«.
12. Conti, »Der Nationalsozialistische Deutsche Ärztebund«, wie in Anm. 10 oben.
13. Die etablierten Ärzte Liebl, Klare und Wagner waren 1874, 1895 und 1888 geboren. Da für Dr. Theo Lang (München) und Dr. Kratz (Köln) im BDC keine Mitgliedskarten der RÄK vorhanden sind, darf angenommen werden, daß sie spätestens 1936 das Pensionsalter erreicht hatten.
14. Lejeune führte mit der Reichsnotgemeinschaft deutscher Ärzte den Interessenverband der Jungärzte zunächst in scharfer Opposition zum Hartmannbund, später jedoch in enger Zusammenarbeit mit diesem. Seine NSDAP-Mitgliedsnummer aus dem Jahr 1925 lautet 3964. Vor und nach 1933 war er Universitätsdozent für Medizingeschichte (in Köln und Wien), genoß jedoch nur geringes Ansehen bei herausragenderen Kollegen seines Fachs. Typischerweise wurde ihm und seinem Interessenverband aus der Zeit vor der Machtübernahme im Jahr 1940 eine nationalsozialistische Dissertation gewidmet. Siehe Lejeune an Stumpf, Köln, 15. März 1938; Beurteilung Diepgen, Berlin, 24. Mai 1944, BDC, PK Lejeune; *Ärztliches Vereinsblatt* 58 (1929), S. 486; *Münchener Medizinische Wochenzeitschrift* 77 (1930), S. 1218; Ackermann, »Nachwuchs«; *Wer ist's?*, S. 953; und Fischer, *Lexikon*, Bd. 2, S. 868.
15. Korrespondenz zum Ehrengerichtsverfahren Conti-Deuschl, September 1932, BDC, PK Conti; *Ziel und Weg* 2, Nr. 5 (1932), S. 2 (der fast vollzogene Ausschluß wird erwähnt in Reichsleitung NSÄB, »Disziplinarhof-Entscheid«, unterz. Holzmann, Schulze, Ketterer, Brunswick, 17. September 1932); Blome, *Arzt*, S. 263. Zum Problem des Generationskonflikts in der Weimarer Republik siehe Kater, »Generationskonflikt«, S. 217–229.
16. Korrespondenz Ärztlicher Kreisverband Oberpfalz [Hartmannbund]-Strasser (September 1930) BA, Schumacher/213.
17. Text bei Anm. 1–28 in Kapitel 1.2; Tabelle 2.4.

18. Siehe *Ziel und Weg* 3 (1933), S. 134 und 671; ebenda, 6 (1936), S. 20; ebenda, 7 (1937), S. 5; ebenda 9 (1939), S. 22; Diepgen, *Heilkunde,* S. 281.
19. Der offizielle Status des NS-Ärztebunds war der eines angeschlossenen Verbands der NSDAP, und nicht wie etwa bei SA, SS und HJ der einer Parteigliederung. Siehe Huber, *Rechtsgestalt,* S. 336f. In dieser Eigenschaft wurde der NS-Ärztebund nach Schaffung des Hauptamts für Volksgesundheit der NSDAP im Frühjahr 1934 eine der Abteilungen dieses Amtes. Siehe Text in Kapitel 1.2 bei Anm. 21; und Ramm, *Standeskunde,* S. 73. Das Recht des NSÄB auf eigene disziplinarische Maßnahmen wird deutlich in: *Ziel und Weg* 3 (1933), S. 29f.; ebenda, 5, (1935), S. 52ff. und 288–295. Siehe auch Zapp, »Untersuchungen«, S. 48.
20. Althen an die Mitglieder der Wiesbadener Ortsgruppe des NS-Ärztebunds, 1. Oktober, 1934, HHSAW, 483/3159.
21. Althen an Quästur der Universität Heidelberg, [Wiesbaden], 29. September 1934; Althen an Berufskollegen, [Wiesbaden], 9. Oktober 1934; Althen, »Veranstaltungen«, [Oktober 1934], HHSAW, 483/3159.
22. *Deutsches Ärzteblatt* 65 (1935), S. 144. Siehe auch *Die Ärztin* 12 (1936), S. 52.
23. Eintrag für Mai 1935 in: *Deutschland-Berichte* (1935), Bd. 2, S. 538. Zu Lepsius siehe Stockhorst, *Köpfe,* S. 268.
24. Althen an Mitglieder der Wiesbadener Ortsgruppe, 11. und 30. August 1934; Althen an HJ, Bann 80, [Wiesbaden], 5. Oktober 1934, HHSAW, 483/3159.
25. Althen an Mitglied der Wiesbadener Ortsgruppe, NS-Ärztebund, Wiesbaden, 11. und 30. August 1934, HHSAW, 483/3159; Michaelis et al., *Kultur,* S. 267.
26. *Ziel und Weg* 3 (1933), S. 489; ebenda, 6, S. 450; Althen an HJ, Bann 80, [Wiesbaden], 9. Oktober 1934, HHSAW, 483/3159.
27. Zur Errichtung des Lagers wurde von den medizinischen Führern der Nazis 1934 das Hauff-Gelände gekauft. Für den Kauf wurden enteignete Mittel des Hartmannbunds verwendet, die einstige Notkasse des Bundes, die deutsche Ärzte in der Wirtschaftskrise vor 1933 mit ihren Beiträgen angelegt hatten. Siehe dazu Waldheim an Landgericht Leipzig, Leipzig, 7. Dezember 1931, UK, 112; *Ziel und Weg* 5 (1935), S. 231; Grote, »Entwicklung«, S. 339; Dr. Neumanns Brief von 1935, abgedruckt in Schadewaldt, *Hartmannbund,* S. 144. Siehe auch Blome, *Arzt,* S. 283; Diepken, *Heilkunde,* S. 282.
28. So in: Ramm, Standeskunde, S. 75. Siehe auch *Deutsches Ärzteblatt* 65 (1935), S. 567f.; *Ziel und Weg* 5 (1935), S. 265.
29. *Ziel und Weg* 5 (1935), S. 265; Blome, »Neuordnung«, S. 8.
30. Zum verkrampften Humor im Bericht eines Teilnehmers siehe *Deutsches Ärzteblatt* 65 (1935), S. 569f.; und den Vorwurf in Neumanns Brief von 1935 in: Schadewaldt, *Hartmannbund,* S. 144. Die naturalistischen und ganzheitlichen Ideale werden kurz betont in: Diepken, *Heilkunde,* S. 282. Antiintellektuelle Polemik in: Blome, »Rückblick«, S. 10ff. Wenn Fischer, (in: »Arzt«, S. 10, Anm. 3) schreibt, *alle* deutschen Ärzte seien zur Schulung in Alt-Rehse verpflichtet worden, verwechselt er offensichtlich die Ausbildung der Elite mit den ständigen Fortbildungsprogrammen, die in Kapitel 1, 4 bei Anm. 6 erwähnt werden. Offensichtlich war der Besuch von Alt-Rehse nur für Mitglieder des NS-Ärztebunds Pflicht.

31. Blome, »Neuordnung«, S. 8; derselbe, »Rückblick«, S. 1–12; derselbe, *Arzt*, S. 288ff.; Grote, »Entwicklung«, S. 339.
32. *Deutsches Ärzteblatt* 71 (1941), S. 114f.; vgl. Modersohn, »Führerprinzip«, S. 36.
33. Amtsleiter NS-Ärztebund, Gau Hessen-Nassau, an Althen, Frankfurt am Main, 2. August 1934; Althen an Behrens, [Wiesbaden], 9. Oktober 1934; Althen an Deutsche Volks- und Berufsgenossen, [Wiesbaden], 9. Oktober 1934, HHSAW, 483/3159.
34. Fall von Dr. Scholten in: *Ziel und Weg* 8 (1938), S. 430; Fall von Dr. Bach in »Aufzeichnung«, beiliegend Brief von Wagner an Wacker, München, 24. November 1937, BDC, PK Bach.
35. Stähle, *Geschichte*, S. 18f.; Schadewaldt, *Hartmannbund*, S. 138; Contis Rede vom 24. April 1942, abgedruckt in: *Deutsches Ärzteblatt* 72 (1942): 200; Zapp, »Untersuchungen«, S. 55.
36. *Nationalsozialistisches Jahrbuch* 17 (1943), S. 206; ebenda, 18 (1944), S. 189f. Siehe die nationalsozialistischen Ansprachen zusammengefaßt oder teilabgedruckt in: *Deutsches Ärzteblatt* 70 (1940), S. 96 und 123f.; ebenda 72 (1942), S. 200f. Siehe auch den Bericht vom 6. November in: *Meldungen aus dem Reich*, Bd. 2, S. 424. Zu Contis vergeblichem Versuch, die Aufgaben des NS-Ärztebunds als ein Instrument der Bevölkerungsplanung neu zu definieren siehe Lilienthal, *»Lebensborn e. V«*. S. 141f.
37. Zapp, »Untersuchungen«, S. 55; Röhrs, »Betrifft: Hauptamtliche Ärzte für die NSDAP«, beiliegend Brief von Röhrs an Schrepfer, München, 25. November 1943, BA, R 18/3810. Zu den Folgen des »Totalen Krieges« siehe Teppe, »Der Reichsverteidigungskommissar«, S. 297f. Zum Schicksal des NS-Lehrerbunds siehe Kater, »Hitlerjugend«, S. 615–618; Feiten, *Lehrerbund*, S. 197ff.
38. Laut Tabelle 2 in: Kater, »Hitlerjugend«, S. 609.
39. In Verletzung dieser Regel nutzten einige männliche Bewerber um die NSDAP-Mitgliedschaft ihre SA-Mitgliedschaft als Sprungbrett, um in Zeiten der Aufnahmestops nach 1933 reguläre Parteimitglieder zu werden. Siehe Kater, »Sozialer Wandel«, S. 43; derselbe, »Quantifizierung«, S. 478f.; Orlow, *History*, S. 56; und das Beispiel Dr. Uhlenbroock in: Kaul, *Ärzte*, S. 36.
40. Nach Anwendung des Konfidenzintervalltests, wie erklärt in der ersten Häfte von Anm. 4, Teil 1, auf die Werte in Tabelle 2.4, Spalte D. Die Werte für die SA-Mitglieder in dieser Tabelle beziehen sich natürlich nur auf männliche Ärzte.
41. Zwar besteht Fischer, *Stormtroopers*, S. 25–81, auf seiner Ansicht, daß die Mitgliedschaft der SA eher proletarisch war. Trotzdem ist es bis heute wissenschaftlicher Konsens, daß die Mitglieder der SA in ihrer überwältigenden Mehrheit, wenn auch keineswegs ausschließlich, dem unteren Mittelstand entstammten. Siehe Kater, »Ansätze«, S. 800–807; Bessel, *Violence*, S. 33–45.
42. Werner, »SA und NSDAP«, S. 407f., 505, 509 und 514; *Der SA-Mann*, München, 29. Oktober 1932; Jamin, *Zwischen den Klassen*, S. 57. Zum Ärztemangel siehe Blome, *Arzt*, S. 237.
43. *Das Deutsche Führerlexikon*, S. 86 und 345; *Völkischer Beobachter*, 23. April 1939; Blome, *Arzt*, S. 245 und 265; Dok. I/34A (20. März 1932) in: Stokes, *Kleinstadt*, S. 288.

44. Paraphrase einer Erinnerung von Dr. S. in: Lifton, *Nazi Doctors,* S. 129.
45. Beispiele von Ärzten, die sich der SA 1933 anschlossen, finden sich in: Althen an NS-Ärztebund Hessen-Nassau, [Wiesbaden], 20. August 1934, HHSAW, 483/3159; Kötschau, »Fragebogen zu Erlangung der Verlobungsgenehmigung«, ohne Jahr, BDC, SS Kötschau; Kaul, *Ärzte,* S. 86; Dicks, *Mass Murder,* S. 144.
46. Siehe Blome, *Arzt,* S. 265f.
47. Siehe Grote, »SA-Lagerärzte und Krankenkassen«, Berlin, 14. Mai 1934, in: *Deutsches Ärzteblatt* 64 (1934), S. 524; Althen an die Wiesbadener Mitglieder des NS-Ärztebunds, Wiesbaden, 1. Oktober 1934, HHSAW, 483/3159.
48. Coermann und Wagner, *Ärzterecht,* S. 67f.
49. Siehe Hocheisen an SA-Scharführer, München, 28. Juli 1933, SAM, NSDAP, 27 (SA); Klinger, *Wege,* S. 45; Michaelis et al., *Kultur,* S. 267.
50. Kater, »Ansätze«, S. 807f.; Denkschrift Schwitzgebel, Neustadt/Haardt, 19. April 1934, GLAK, 465 Dr./1419.
51. Siehe die Beispiele von Schlegel, Standartenarzt 1934 (*Das Deutsche Führerlexikon,* S. 416); Schenk, Gruppenarzt und SA Oberführer 1937 (*Ziel und Weg* 7 [1937], S. 58; Bartels SA-Brigadeführer 1938 (BDC, PK Bartels).
52. Einige, wie etwa Kötschau, vollzogen den Wechsel bereits in der unruhigen Zeit vor der Säuberung, deren Herannahen für Insider schon Monate vorher offensichtlich war. Kötschau verließ die SA im März 1934 und schloß sich im April der SS an (Fragebogen, wie in Anm. 45 oben). Andere traten erst kurz nach der Säuberung zur SS über. So etwa Ernst Fromm, BDC, RÄK und SS Fromm. Siehe auch Dicks, *Mass Murder,* S. 144. Zum Fall des Wiesbadener Mitglieds des NS-Ärztebunds Dr. Carmsen, der sich nach der »Röhmputsch« genannten Säuberung verächtlich über die SA äußerte, siehe Ruckes an SA-Standarte 80, Wiesbaden, 6. August 1934, HHSAW, 483/3159.
53 Siehe Klinger, *Wege,* S. 45.
54. Aufgrund der in der ersten Hälfte von Anm. 4 (Teil 1) erläuterten Konfidenzintervallschwankungen läßt sich nicht sicher sagen, ob die 11 Prozent in Tabelle 2.4, Spalte F, gegenüber den 9,2 Prozent in Spalte E eine Steigerung darstellen.
55. Siehe Tabelle 2 in: Kater, »Hitlerjugend«, S. 609.
56. Nicht zu den SS-Organisationen zählten die Kandidaten, der Sicherheitsdienst (SD), die Verfügungstruppe und die Totenkopfverbände. Berechnungen auf Basis der Werte in: *Berufszählung, 16. Juni 1933,* S. 48–51; *Statistisches Jahrbuch der Schutzstaffel der NSDAP 1938,* IfZ, Dc. 01.06 (S. 103ff). Siehe auch Kater, »Hitlerjugend«, S. 609f. Veterinäre konnten aus meinen Berechnungen nicht herausgehalten werden, weil sie bei der SS-Zählung mit enthalten sind.
57. Berechnung wie im ersten Teil von Anm. 56. Zu den Juristen in der SS siehe auch Boehnert, »Sociography«, S. 164, 168, 172–188; und derselbe, »Jurists«.
58. Kater, »Verhältnis«.
59. Zur Erhellung einiger dieser Aspekte siehe Müller, *Furchtbare Juristen;* Preuß, »Perversion«, Johe, *Justiz;* Gruchmann, *Justiz;* Staff, *Justiz,* insbesondere S. 146–159; Ostler, *Rechtsanwälte,* S. 239–280; Güstrow, *Strafverteidiger.* Vgl. Anm. 25, Teil 1; Jarausch, »Perils of Professionalism«, S. 129.
60. Lifton, »Medicalized Killing in Auschwitz«, S. 286; außerdem derselbe, *Nazi Doctors,* S. 447–451.

61. »Lebenslauf« Ebner, Kirchseeon, 6. März 1937, BDC, SS Ebner; Lilienthal, »*Lebensborn e. V.*«, S. 45.
62. Siehe Höhne, *Orden;* Stein, *Waffen-SS;* Wegner, *Soldaten.*
63. Persönliche Papiere Treite, BDC, PK Treite; Stoeckel, *Erinnerungen,* S. 254. Lebenslauf Stoeckels in: Fischer, *Lexikon,* Bd. 2, S. 1518.
64. Siehe Stoeckels reichlich naiven Bericht, *Erinnerungen,* S. 254. Vom Standpunkt der SS war Treites Einberufung logisch und vorhersehbar. Siehe Wegner, *Soldaten,* insbesondere S. 124f. und 275.
65. Lebenslauf Treite, Ravensbrück, 29. März 1944, BDC, PK Treite; Stoeckel, *Erinnerungen,* S. 254. Einige von Treites Verbrechen werden genau beschrieben in: IfZ, NO-864; Buchmann, *Frauen im Konzentrationslager,* S. 19, 27ff., 73, 78f., 111 und 114ff.; Zörner et al., *Ravensbrück,* S. 118ff., 135f., 139 und 160.
66. Brief von J. P. Adams, Lord Chancellor's Department, London, England, an den Autor, 21. September 1982.
67. Koehl, *Black Korps,* S. 109.
68. *Deutsches Ärzteblatt* 69 (1939), S. 422.
69. Details siehe Gelwick, »Waffen-SS«, S. 110–113; 268 und 386–391; Seidler, *Prostitution,* S. 19–22.
70. Himmler, »Befehl für die Organisation des SS-Sanitätswesens der SS und Polizei«, Feld-Kommandostelle, 31. August 1943, BDC, SS Karl Gebhardt. Siehe auch Klein, *Amtsarzt,* Bd. 3, S. 22; Gelwick, »Waffen-SS«, S. 110, 113 und 129; Seidler, *Prostitution,* S. 22.
71. Stockhorst, *Köpfe,* S. 199.
72. Gelwick, »Waffen-SS«, S. 329 und 387f.; *Der Freiwillige,* Nr. 5 (1967), S. 9f.
73. Zur allgemeinen Situation siehe Gelwick, »Waffen-SS«, S. 387–391.
74. BDC, PÄ Boye.
75. BDC, PÄ Fischer. So in: Leitender Polizeiarzt, »Beurteilung des Herrn J. Fischer«, München, 10. Januar 1938, ebenda.
76. BDC, PÄ Wenzel.
77. BDC, SS Entress. So in der Beurteilung von Entress durch das RuSHA, Unna, 16. April 1940, ebenda. Siehe auch Kaul, *Ärzte,* S. 88f.; Lifton, *Nazi Doctors,* S. 261ff.
78. BDC, SS Mengele. So in: Dr. Rudolf Schwarz, »Fragebogen!«, Greiz, 23. November 1938; SS-Standortarzt Auschwitz, »Beurteilung des SS-Hauptsturmführers (R) Dr. Josef Mengele«, Auschwitz, 19. August 1944, ebenda. Siehe auch Kaul, *Ärzte,* S. 9.; Zofka, »KZ-Arzt Josef Mengele«.
79. Siehe Brandenburg, *Geschichte,* S. 127–185; Kater, »Jugendbewegung«, S. 155–172.
80. Vgl. die Werte in den Spalten E und F von Tabelle 2.4 mit denen in den Spalten A–D. Zu dem 1903 geborenen Kondeyne, siehe *Das Deutsche Führerlexikon,* S. 251f., und Stachura, *Nazi Youth,* S. 231.
81. Coermann und Wagner, *Ärzterecht,* S. 69.
82. Althen an HJ, Bann 80, [Wiesbaden], 5. Oktober 1934, HHSAW, 483/3159.
83. Siehe Kater, »›Gesundheitsführung‹«, S. 373; und die folgenden Dokumente: *Deutsches Ärzteblatt* 65 (1935), S. 143f.; Marxer und Lutze, »Dienstleistung von SA-Ärzten in der Hitlerjugend«, München, 13. November 1935, in: ebenda,

S. 1200; *Bremer Nachrichten,* 22. Januar 1936. Wie Jutta Rüdiger, die einst ranghöchste weibliche HJ-Führerin, in ihrem ansonsten absolut tendenziösen und die Wahrheit verdunkelnden Werk plausibel schreibt, war die Zahl der HJ-Ärzte bis 1939 wieder auf 5000 gesunken (vielleicht nicht zuletzt aufgrund des unpopulären Erlasses, daß die HJ-Ärzte das Rauchen aufgeben sollten), *Hitler-Jugend,* S. 191–213, insbesondere S. 195 und 201. Zu den Lehrern, die in der HJ dienten (7,5 Prozent des Berufstands am 1. Mai 1936), siehe Kater, »Hitlerjugend«, S. 602–606.

84. Laut den in Teil 1, Anm. 11 genannten Unterlagen der RÄK im BDC gehörten 9,8 Prozent aller im Dritten Reich bei der RÄK registrierten männlichen Ärzte vor und nach 1933 zum NSKK. Zum NSKK siehe Krenzlin, »NSKK«, und Seidler, »Kraftfahrkorps«.
85. Prozentsatz laut den in Teil 1, Anm. 11 genannten Unterlagen der RÄK im BDC. Zur NSV siehe Althaus, »Nationalsozialistische Volkswohlfahrt«. Die organisatorische Verbindung der NSV mit der Gesundheitsverwaltung des Reiches wird angesprochen in: Kater, »Gesundheitsführung«, S. 353, 355, 362f. und 369.
86. Die exakte Rate ist 2891 von 4177, was 69,2 Prozent entspricht. Laut den in Teil 1, Anm. 11 genannten Unterlagen der RÄK im BDC. Zur Aufschlüsselung nach Geschlechtern siehe Tabelle 3.8.

3. Formen des Widerstands

1. Bittner, »Widerstand«, S. 1531f.; Schadewaldt, *Hartmannbund,* S. 131–144. Engelhardt und Schipperges, *Verbindungen,* S. 85, haben die Verbrechen der NS-Mediziner durch die unbewiesene Behauptung bagatellisiert, daß dem vielfältigen Spektrum nationalsozialistischen Engagements [deutscher Ärzte] ein ähnlich ausgeprägtes Spektrum der Bewahrung und des Widerstands gegenübergestanden hätte. Siehe auch Kater, »Burden«, S. 31–40.
2. Meine Bemerkungen sind gegen neuere Bestrebungen in der Geschichtsschreibung gerichtet, das Phänomen des »Widerstands« im Dritten Reich zu qualifizieren, indem man zwischen verschiedenen Graden der Wirksamkeit »geplanter« Aktionen unterscheidet und dies mit einer Untersuchung der ursprünglichen Absichten der »Widerstand Leistenden« kombiniert. Soweit ich erkennen kann, wurde weder der eine noch der andere Teil dieser Analyse systematisch vorgenommen, und das Problem einer synchronen Verbindung zwischen Motivation und Handlung wurde nicht gelöst. Insbesondere Timothy W. Mason und Martin Broszat haben verschiedene kollektive oder individuelle Handlungen im Dritten Reich, die durch die eine oder andere Form der Unzufriedenheit gekennzeichnet waren, mit unterschiedlichen deskriptiven Begriffen belegt und mit den jeweils gewählten Bezeichnungen »Widerstand«, »Opposition«, oder »Protest« bzw. den entsprechenden englischen Begriffen eher für semantische Verwirrung gesorgt, als eine Matrix zur logischen Differenzierung entwickelt. Siehe Mason, »Arbeiteropposition«; Broszat, »Resistenz und Widerstand«; und meine ausführlichere Kritik in: *Archiv für Sozialgeschichte* 23 (1983), S. 692 und 696f..

3. So in: *Ziel und Weg* 7 (1937), S. 357. Siehe auch Grote, »Entwicklung«, S. 340; Klein, *Amtsarzt,* Bd. 3, S. 13; und Text in Kapitel 1 und 2, bei den Anm. 18f. und 24.
4. KVD-Amtsleiter Plauen an Rechtsabteilung, KVD Berlin, Plauen, 16. Mai 1935, UK, 200.
5. Baerwolf an Reichsarbeitsminister, Gotha, 21. Juli 1934, UK, 100. Gesamte Akte von Baerwolfs Fall: ebenda.
6. Den Fall von Sch. (1943) siehe in: BA, R 18/1504. Siehe insbesondere Denkschrift Krause, Lüneburg, 10. Mai 1943.
7. Akte Herlitschka (1943/44), DAÖW, 3996.
8. Siehe Schumann und Werner, *Menschenrecht,* insbesondere S. 56, 66f., 141, 193f. und 428ff.; Tabelle 7, Spalte J, in: Kater, *Nazi Party,* S. 252f. Professor Lawrence D. Stokes von der Dalhousie University im kanadischen Halifax war so freundlich, mich mit Detailinformationen über Dr. Wittern und seine Mithäftlinge zu versorgen. Siehe auch Stokes Artikel »Schutzhaftlager«. Die Berechnung der Verhältniszahlen geschah nach der in Teil 1, Anm. 10 beschriebenen Technik und basiert auf den Werten in: *Berufszählung, 16. Juni 1933,* S. 48–51.
9. Zur Lage der Amtsärzte siehe Hagen, *Auftrag,* S. 130–134.
10. *Ziel und Weg* 3 (1933), S. 79; Karstedt, »Durchführung«.
11. Grote an Reichsarbeitsministerium, Berlin, 15. Oktober 1934, und andere Dokumente (1934–1935) in UK, 200.
12. Karstedt, »Durchführung«, S. 179.
13. Dieser Mangel an Differenzierung charakterisiert die Geschichtsschreibung der meist jüngeren Angehörigen des linksorientierten Lagers der deutschen Historikerzunft über die Medizin im Dritten Reich, ungeachtet der anderen Verdienste ihrer Arbeiten. Siehe dazu meine Bemerkungen in: »Burden«, S. 55f. Der Fall eines offensichtlich nicht jüdischen sozialistischen Opfers der Säuberungen wird korrekt behandelt in: Leibfried, »Stationen der Abwehr«, S. 169.
14. So in: *Ziel und Weg* 3 (1933), S. 133. Siehe auch Mausbach und Mausbach-Bromberger, »Anmerkungen«, S. 220–221; Kudlien, »Widerstand«, S. 213; Parlow, »Über einige Aspekte«, S. 52; Kater, »Ärzte und Politik«, S. 36f.
15. Siehe die Fälle von Dr. Laber und Dr. Fritz Benesch (1934/1935) in UK, 207; und auch Anm. 44 in Kapitel 1.3.
16. Ebenfalls zu dieser Gruppe gehörte der Dozent für Medizin an der Universität Berlin Georg Groscurth, der im Text von Kapitel 4.3, bei Anm. 50 behandelt wird.
17. Steude, »Gelbke«, S. 194f. Details über die Ausschaltung der KPD im Frühjahr 1933 in: Repgen, »KPD-Verbot«. Zur Position der KPD in Gesundheitsfragen während der Weimarer Republik siehe Hahn, »Positionen«.
18. Pechel, *Widerstand,* S. 87; Pauls Aussage in Albrecht und Hartwig, *Ärzte,* S. 138f. Die Aktivitäten der Roten Kapelle sind in der westlichen und insbesondere der westdeutschen Geschichtsschreibung notorisch vernachlässigt worden, da die Organisation nicht zu den »legitimen« Widerstandsgruppen gezählt wurde. Zur Roten Kapelle und anderen illegalen kommunistischen Aktivitäten in Deutschland siehe Mehringer, »KPD in Bayern«, S. 67–286; Mammach,

»Kampf«, S. 338–354; Biernat und Kraushaar, *Die Schulze-Boysen/Harnack-Organisation,* S. 116–118; Trepper, *Wahrheit,* S. 87–276.

19. Elfriede Pauls Aussage in: Albrecht und Hartwig, *Ärzte,* S. 138 und 140–143. Zu Paul und Küchenmeister, siehe Biernat und Kraushaar, *Die Schulze-Boysen/Harnack-Organisation,* S. 116ff. Pauls Geschichte nach dem Krieg ist der Erwähnung wert. Paul spielte nach 1945 eine führende Rolle im ostdeutschen Gesundheitswesen und wurde 1958 Professorin für Medizin an der medizinischen Akademie in Magdeburg. In dieser Eigenschaft war sie an der Verfolgung von vier Medizinstudenten beteiligt, die versucht hatten, den Revolutionären im Ungarnaufstand zu helfen, indem sie eine falsche Anklage gegen die Studenten unterstützte. Im Rückblick scheint es, als hätte Elfriede Paul nichts aus ihren eigenen traurigen Erfahrungen mit dem Totalitarismus gelernt. Siehe ihre Aussage im Prozeß gegen den damaligen Düsseldorfer Medizinstudenten Hans-Berthold Neumann, einen der Angeklagten in Magdeburg, in: *Ärztliche Mitteilungen* 46 (1961), S. 2025.
20. Kühn, »Mediziner«, S. 214–217. Werles Bericht, »Formen«, S. 53–58, beruht auf Kühns unveröffentlichter Ostberliner Dissertation (1966).
21. Kühn, »Mediziner«, S. 227–232; Werle, »Formen«, S. 35–39.
22. Kühn, »Mediziner«, S. 239–248; Neubert, *Arztleben,* S. 113f.; Werle, »Formen«, S. 58–62.
23. Kühn, »Mediziner«, S. 237f.
24. Schumann und Werner, *Menschenrecht,* S. 66f.; Mausbach und Mausbach-Bromberger, »Anmerkungen«, S. 223.
25. Brugsch, *Arzt,* S. 338f.
26. Mausbach und Mausbach-Bromberger, »Anmerkungen«, S. 223. Siehe auch Amann, »Der Antifaschistische Kampf«.
27. Hochmuth und Meyer, *Streiflichter,* S. 202.
28. Grossmann, »Milieubedingungen«, S. 468; Hetzer, »Augsburg«, S. 182.
29. Bezüglich der gesellschaftlichen Elite Deutschlands, insbesondere im Zweiten Weltkrieg, habe ich mich zu diesem allgemeinen Thema in meinem Buch, *Nazi Party,* S. 160–165, ausführlich geäußert. Sie auch Kershaw, *»Hitler Myth«,* S. 76, 85, 103, 161–166.
30. Siehe Klee, *»Euthanasie«;* Platen-Hallermund, *Tötung;* Schmuhl, *Rassenhygiene.*
31. Platen-Hallermund, *Tötung,* S. 64, 121ff.; Herrmann, »Agitation«, S. 239. Ebenfalls bemerkenswert das Beispiel von Dr. Victor Mathes in: Klee, *»Euthanasie«,* S. 25; und von Dr. Gerstering in: Schmidt, *Selektion,* S. 51ff.
32. Beispiele in: Platen-Hallermund, *Tötung,* S. 100 und 122. Siehe auch Klee, *»Euthanasie«,* S. 274.
33. Herrmann, »Agitation«, S. 239.
34. Hölzel an Direktor [der Anstalt Eglfing-Haar], Schwarzsee, 28. August, 1940, veröffentlicht in: *Die Wandlung* 2 (1947), S. 267. Teilweise nachgedruckt in: Platen-Hallermund, *Tötung,* S. 127f.; siehe jedoch die nachdenkliche Interpretation in ebenda.
35. Ein aussagekräftiges Beispiel dafür findet sich in: Zorn, *Stadt,* S. 68.
36. Geboren in der Zeit nach dem Ersten Weltkrieg, als Frankreich bei der Besetzung des Rheinlands und des Ruhrgebiets Kolonialtruppen einsetzte, was zur

Zeugung der »Rheinlandbastarde« führte. Siehe Marks, »Black Watch«; Pommerin, *Sterilisierung*. Das Fallbeispiel stammt aus Pommerin, S. 59.

37. Hagen an Hitler, Warschau, 7. Dezember 1942; Conti an Brandt, Berlin, 31. März, 1943, BDC, PK Hagen. Siehe auch Hagen, *Auftrag*, S. 197–207.
38. Dok. (26. Oktober 1943) in: Broszat et al., *Bayern*, S. 654.
39. Behrend-Rosenfeld, *Allein*, S. 56; Müller, *Geschichte*, S. 215; Stern, *Pillar of Fire*, S. 145f.
40. Eintrag für September 1935 in: *Deutschland-Berichte* (1935), Bd. 2, S. 1037; Brugsch, *Arzt*, S. 294f.; Werle, »Formen«, S. 97; Ophir und Wiesemann, *Gemeinden*, S. 483. Bis zum Herbst 1935 war es ausdrücklich verboten, daß Nazi-Ärzte deutschen Juden die ärztliche Behandlung verweigerten. Siehe Althen an Mitglieder der Ortsgruppe Wiesbaden des NS-Ärztebunds, Wiesbaden, 11. August 1934, HHSAW, 483/3159.
41. Siehe Eintrag vom 10. April 1936 in: Stresau, *Jahr*, S. 125; Behrend-Rosenfeld, *Allein*, S. 33f., 43f.; Herrmann, »Agitation«, S. 240; Hadda, »Als Arzt«, S. 232f.; Leuner, *Compassion*, S. 86; Aussage Brugsch in: Albrecht und Hartwig, *Ärzte*, S. 185; Ophir und Wiesemann, *Gemeinden*, S. 298; Weisenborn, *Aufstand*, S. 105f.
42. Stern, *Pillar of Fire*, S. 129ff.; Lifton, *Nazi Doctors*, S. 231; *Globe and Mail* (Toronto), 5. Februar 1985.
43. Gebhard, *Strom*, S. 57; *Der Alltägliche Faschismus*, S. 79.
44. Eintrag für Juli/August 1934 in *Deutschland-Berichte* (1934), Bd. 1, S. 292; Ruckes an SA-Standarte 80, Wiesbaden, 6. August 1934, HHSAW, 483/3159.
45. *Der Alltägliche Faschismus*, S. 104 und 107. Zur relativen Häufigkeit von Jazz im Dritten Reich siehe Schäfer, *Bewußtsein*, S. 129 und 132–139. Zum Jazz als Form des sozialen Protests gegen das NS-Regime (ein Phänomen, das Schäfer nicht erkennt) siehe Peukert, *Volksgenossen*, S. 197–201 und 236–240.
46. Leber, *Gewissen*, S. 28.
47. Mann, *School*, S. 12 und 18.
48. Über den Vorfall wird in dem Eintrag vom 2. August 1941 berichtet in: Hassell, *Deutschland*, S. 193.
49. Dok. 10 (4. Oktober 1934) in: Schadt, *Verfolgung*, S. 109f.
50. Einen freundlichen Bericht über die Geschichte enthält das Kapitel über Dr. Carlo Pietz in: Güstrow, *Strafverteidiger*, S. 145–166. In einem privaten Gespräch, das ich im Herbst 1960 in Toronto mit Dr. Carlo Pietz und seiner Frau führte, beharrten beide auf der Version vom »Widerstandsakt« und behaupteten, Frau Pietz habe als Putzfrau verkleidet die Gerichtsakten gestohlen. Siehe auch BDC, MF und RÄK Pietz.
51. Herrmann, »Agitation«, S. 240.
52. Buchinger »Marinearzt«, S. 148, 164–168, 171f., 174f., 178–181 und 184.
53. Niedermeyer, *Wahn*, S. 276, 283f., 407–437 und 445ff.
54. In dieser Beziehung ist Bittners Argumentation in »Widerstand«, S. 1530, grundsätzlich zutreffend. Doch er überzieht, wenn er behauptet, die deutschen Ärzte seien an der Front gewesen, und vor allem deshalb hätte sich keiner von ihnen an der Verschwörung des 20. Juli 1944 beteiligt (ebenda.). Wie in Kapitel 1

gezeigt, gab es noch immer genügend Ärzte im Reich, die sich hätten beteiligen können.

55. Siehe Text in Kapitel 1.4, bei Anm. 111.
56. Siehe die Beispiele in: *Der Alltägliche Faschismus,* S. 114f. und sehr viel weniger glaubhaft in: Senger, *Kaiserhofstrasse,* S. 197 und 200–204.
57. Büchner, *Pläne,* S. 73.
58. Aussage Ahlson, Oslo, 13. Mai 1965, und andere relevante Dokumente in DAÖW, 3136.
59. Aussage Graf Soltikow, 16. Mai 1975, in: Blank, *Augenzeugenberichte,* S. 14.

4. Ein zweiter Blick auf das Problem der Motive

1. Dies wurde im Hinblick auf den großen Chirurgen Ferdinand Sauerbruch gesagt, der in der frühen Nachkriegsliteratur als regimekritisch gilt, was heute jedoch angesichts neuerer Analysen sehr zweifelhaft ist. Siehe Eintrag vom 6. November 1943 in: Kardorff, *Aufzeichnungen,* S. 75; und Kapitel 4.2, bei Anm. 93.
2. Die Lage der Lehrer wird umrissen in: Kater, »Hitlerjugend«; und derselbe, »Elternschaft«.
3. Über den Protest wird als Tatsache berichtet in: Kühn, »Mediziner«, S. 232. Dagegen wird er nur als Möglichkeit angedeutet in: Werle, »Formen«, S. 37.
4. Klare an Dr. B., Scheidegg, 31. März 1933, in: Klare, *Briefe,* S. 71; »Der Leser hat das Wort«, in: *Ziel und Weg* 3 (1933), S. 546.
5. So in: Gütt, »Arzt«, S. 81. Ähnlich auch: *Ziel und Weg* 5 (1935), S. 139; Blome, »Neuordnung«, S. 3; Wagner, »Reichsärzteordnung«, S. 3; Amende, »Arzt«, S. 56f.; Hellmann, »Landpraxis«, S. 369f.; und Otto Dittmanns Bemerkungen in: *Ziel und Weg* 8 (1938), S. 108f.
6. Diese letzte Vorschrift wird erwähnt in: Ackermann, »Nachwuchs«, S. 135.
7. Althen an Wortmann, [Wiesbaden], 9. November 1934, HHSAW, 483/3159.
8. Dr. Ideler und Dr. Sonnenberg, »In der Streitsache der praktischen Ärztin Dr. med. Hanna Donnerberg«, [Berlin, 30. September 1938], UK, 130.118.02/4. Zu diesem allgemeinen Grundsatz siehe Rebentisch, »Beurteilung«, insbesondere S. 114.
9. Siehe die typischen Anzeigen in: *Ziel und Weg* 3 (1933), S. 101, 173 und 273.
10. Beispiele in: ebenda, S. 205, 274 und 311f. Manchmal wurde die Zugehörigkeit zur nationalsozialistischen Bewegung durch die Verwendung des Begriffs »nationale Einstellung« umschrieben wie in einer Berliner Anzeige vom 19. August 1933, von der ein Faksimile abgedruckt ist in: Frankenthal, *Fluch,* S. 195.
11. *Ziel und Weg* 3 (1933), S. 28, 101, 173f., 205, 273, 311 und 353.
12. »Willi« an »Hans«, Ruhrort, 10. November 1936, BA, R 561/83.
13. NSDAP-Gauleitung München-Oberbayern an Steinbrecher, München, 26. Juni und 13. August 1942, BDC, PK Sewering; Text in der Einleitung bei Anm. 17. Siehe auch das positive Urteil der Partei über Dr. H. O. (Starnberg) in: Ortsgruppenleiter München an NSDAP Kreisleitung, München, 18. Januar 1937, SAM, NSDAP/28 (SA). Zur Haltung der Regierung siehe den Fall Dr. B.

(1936–1941) in: Denkschrift des Reichsinnenministers Berlin, Dezember 1941, BA, R 18/2958.

14. Siehe meine Bemerkungen in: *Nazi Party,* S. 207–212 und 223–228; sowie Anm. 29 in Teil 3.
15. Dr. A. E. an Wust, Murnau, 7. Juli 1933, SAM, NSDAP/84.
16. Fälle der Ärzte Hu., Hü., N. und R. (1935–1943) in BA, R 18/5576. Als Himmler Innenminister wurde, isolierte er Pfundtner ab November 1943 auf seinem Posten (Stockhorst, *Köpfe,* S. 323).
17. Zur allgemeinen Schwierigkeit, die vielfältigen Motive des innerparteilichen Verhaltens abzuschätzen siehe Kater, *Nazi Party,* S. 157ff.
18. Groß, »Revolution«, S. 822. Und derselbe, »Flamme«, S. 115. Weniger schneidend, aber ebenso ernst ist der Tadel, den Wilhelm Josenhans an den Schönwetternazis unter seinen Kollegen übte, in: *Ziel und Weg* 3 (1933), S. 157.
19. Dem Stolberger Arzt Dr. Theodor Kerten zugeschriebene Behauptung, so in: Padover, *Experiment,* S. 97. Ferner siehe Althen an HJ, Bann 80, [Wiesbaden], 5. Oktober 1934, HHSAW, 483/3159; *Ziel und Weg* 5 (1935), S. 337.
20. So in: Platen-Hallermund, *Tötung,* S. 100; sie auch Brugsch, *Arzt,* S. 292f.
21. Hermann Radetzkys Aussage findet sich in: Albrecht und Hartwig, *Ärzte,* S. 219; der Fall von Dr. Adolf Sotier in: Friedrichs an Hauptamt Ordnungspolizei, Berlin, 22. Juli 1940, BDC, PÄ Sotier. Siehe auch den Fall von Dr. Wilhelm Hagen in: Hagen, *Auftrag,* S. 146. Er behauptet, er habe sich der Partei angeschlossen, um sich als ehemals engagierter Sozialdemokrat zu schützen.
22. Bamm, *Menschen Zeit,* S. 149; Berger, »Einzelheiten«, S. 82.
23. Zum Fall Sievers siehe Kater, *»Ahnenerbe«,* S. 313–338; zum Fall Gerstein siehe Friedländer, *Gerstein.*
24. Neuberts Aussage dieses Inhalts hat einen hohlen Klang: *Arztleben,* S. 87. Er war ein Bilderbuchopportunist: Bei der SPD in der Weimarer Republik, nomineller Nazi im Dritten Reich und nach 1945 kommunistischer Mitläufer in der DDR.
25. Laut Platen-Hallermund, *Tötung,* S. 122, und Klee, *»Euthanasie«,* S. 273, wurde dies nach dem Zweiten Weltkrieg von mehreren am »Euthanasie«-Programm beteiligten Ärzten behauptet.
26. Siehe Lifton, *Nazi Doctors,* S. 384–414.
27. Senger, *Kaiserhofstrasse,* S. 113–117. Das Wesentliche der Episode wurde wiederholt in: Kudlien, »Widerstand«, S. 215 und Kudlien, »Ärzte als Helfer«, S. 221f.
28. Senger, *Kaiserhofstrasse,* S. 117f.
29. Die RÄK-Mitgliedskarte von Hanf-Dressler und damit verbundene Dokumente im BDC beweisen nur, daß er »Anwärter« für die Mitgliedschaft im NS-Ärztebund war. Selbst wenn der Arzt in den Bund aufgenommen worden wäre, hätte er keine SA- oder irgendeine andere Naziuniform getragen. Zweifellos konnte Senger diese sensationelle Geschichte für sein 1980 erschienenes Buch nur deshalb erfinden, weil der 1971 verstorbene Hanf-Dressler (Senger, *Kaiserhofstrasse,* S. 118) nicht mehr dagegen protestieren konnte.
30. Focke an Conti, Rostock, 8. Juli 1943, BA, R 18/3810; und andere Dok. bezüglich Dr. L., ebenda.
31. Hoff, *Erlebnis,* S. 342; Dok. VIII/13C (6. Oktober 1945), in: Stokes, *Kleinstadt,* S. 848f.

32. Gauger war in der Partei, Thomalla arbeitete für die SS. Siehe Klinger, *Wege*, S. 46; Gebhard, *Strom*, S. 55; *Das Deutsche Führerlexikon*, S. 490f.; Stockhorst, *Köpfe*, S. 422. Gaugers Parteikarriere wird detailliert geschildert in: Cocks, *Psychotherapy*, passim.
33. Klee, *»Euthanasie«*, S. 216ff.
34. Aretin, *Krone*, S. 295f.
35. Klein, »SA-Terror«, S. 52.
36. Klee, *»Euthanasie«*, S. 86f.
37. Siegert, »Flossenbürg«, S. 470f.
38. Lifton, *Nazi Doctors*, S. 303–336. Zu Münch siehe Neumann, *Auschwitz*, S. 120f.; *Nazi Medicine*, Bd. 1, S. 243.
39. Thévoz et al., *Darstellung*, S. 188.

Kapitel 3

1. Demographische Trends und Tendenzen

1. Zu den deutschen Medizinstudentinnen vor 1918 siehe Schönfeld, »Einstellung«; Jarausch, *Students*, S. 110ff. und 146; sowie Albisetti, »Fight«.
2. 1908/09 legten nur 23 Medizinerinnen das Staatsexamen ab und wurden approbiert; 1913/14 waren es bereits 148. Siehe Huerkamp und Spree, »Arbeitsmarktstrategien«, S. 109. Die Prozentzahlen für 1907 und 1925 entsprechen den Zahlen in: Bridenthal und Koonz, »Beyond *Kinder, Küche, Kirche«*, S. 64, Anm. 107. Zur Frauenfeindlichkeit und den Zulassungsbeschränkungen siehe Kater, »Krisis des Frauenstudiums«, S. 217f.; ders., »Professionalization«, S. 686ff. Siehe auch Eckelmann und Hoesch, »Ärztinnen«, S. 158–165.
3. Siehe Kann, »Zahl, 1940«, S. 285; ders., »Zahl, 1942«, S. 303.
4. Diese Schätzung liegt zwischen dem Wert von Kater (16,7 Prozent) und dem von Jarausch (18,5 Prozent) – siehe Anm. 6.
5. Kuhlo, »Zum Jahre 1944«, S. 1.
6. Dieser Prozentsatz ergab sich aus einem RÄK-Sample von 1808 *N*, das Konrad R. Jarausch im BDC nach dem Stichprobenverfahren auswählte und mir liebenswürdigerweise für statistische Berechnungen zur Verfügung stellte (N = 1.807, X^2 = 86,39, df = 1, P = 0,0001, C = 0,214). In der Listen der RÄK tauchen so gut wie keine »Volljuden« und -jüdinnen auf (von denen immer mehr arbeitslos wurden).
7. Spalte E von Tabelle 3.1. Zur Zahl der zwischen 1922 und 1932 zugelassenen männlichen und weiblichen Medizinstudenten siehe Hadrich, »Das Voraussichtliche Angebot«, S. 568.
8. *Die Ärztin* 15 (1939), S. 128.
9. Das besagt die Verhältniszahl von 1,74 (annähernd 2) in Spalte D von Tabelle 3.2. Die Werte für 1939–1945 sind wegen der geringen *N*-Daten statistisch nicht zuverlässig: die kumulierte Häufigkeit für Männer und Frauen in Spalte E beträgt 4.

10. Dr. Grote und Dr. Sonnenberg, »In der Streitsache der praktischen Ärztin Dr. med. Margot Gressler...«, [Berlin, 5. September 1940], UK, 130/118.02/4.
11. Berechnungsgrundlage sind die Zahlen in: Hadrich, »Zahl der Ärzte, 1935«, S. 700; Kann, »Zahl, 1942«, S. 303.
12. Nach Kann, »Zahl, 1942«, S. 303.
13. Siehe Text bei Anm. 35 in Teil 4.
14. Cropp an Regierungspräsidenten et al., Berlin, 5. September 1941, BA, R 18/3764.
15. Wie in Tabelle 3.2 sind die Werte für 1939–1945 in Tabelle 3.3, Spalte E, wegen der geringen kumulierten Häufigkeit von 4 statistisch nicht zuverlässig.
16. Die Prozentangaben für praktische Ärzte und Ärztinnen in Tabelle 3.4, Spalte E (72,9 beziehungsweise 27,1), sind wegen einer hohen kumulierten Häufigkeit von 443 *N* statistisch zuverlässig.
17. *Ziel und Weg* 9 (1939), S. 88; Glöcker, »Bestand und Entwicklung«, S. 45. 1938 waren insgesamt 8,4 Prozent der Spezialisten, die eine eigene Praxis eröffneten, Frauen *(Deutsches Ärzteblatt* 70 [1940], S. 478).
18. *Deutsches Ärzteblatt* 67 (1937), S. 906; Hadrich, »Zahl, 1935«, S. 700; *Die Ärztin* 15 (1939), S. 128; Kann, »Zahl, 1942«, S. 303. Siehe Text bei Anm. 19 in Kapitel 1.3.
19. Siehe Wilhelm Josenhans in: *Ziel und Weg* 3 (1933), S. 157; »Die Medizinerin«, Reichsstudentenwerk, Mitteilungsblatt Nr. 2/39, Berlin-Charlottenburg, Januar 1939, ARW, II, 280. Zur Weiterverbreitung des Klischees von der Kinderheilkunde als einem »weiblichen« Fachgebiet der Medizin in der Nachkriegszeit siehe Rodnick, *Postwar Germans,* S. 46ff.; Paul und Stirn, »Versorgung«, S. 196.
20. Zahlen nach Hadrich, »Zahl, 1935«, S. 700; *Deutsches Ärzteblatt* 67 (1937), S. 906; ebenda 70 (1940), S. 478.
21. Hadrich, »Zahl, 1935«, S. 700; *Deutsches Ärzteblatt 67* (1937), S. 906.
22. Thimm, »Agnes Bluhm«; Just, »Agnes Bluhm und ihr Lebenswerk«; Bluhm, »Zur Frage«; Bluhm, *Aufgaben,* besonders S. 72–98. Siehe auch Romann, »Sondertagung«, S. 306. Zur Haltung der Frauen gegenüber der Eugenik siehe Bock, *Zwangssterilisation,* besonders S. 116–139.
23. Zahlen wie in Anm. 21 angegeben. Die Urologie wurde als ein männliches Fachgebiet betrachtet, da sie sich hauptsächlich mit dem Harntrakt und den Fortpflanzungsorganen der Männer beschäftigte. 1937 betrug der Anteil weiblicher Urologen 0,3 Prozent (1971 immerhin 1 Prozent). Siehe *Deutsches Ärzteblatt* 67 (1937), S. 906; Paul und Stirn, »Versorgung«, S. 196.
24. Siehe die Fallgeschichten von Edith Heischkel (Medizingeschichte), BDC, Forschungsmaterial Heischkel; Hildegard Schönberg (Pathologie), BDC, PK Schönberg; Nachruf auf Schönberg in: *Die Ärztin* 15 (1939), S. 201; Elisabeth Nau (Gerichtsmedizin), BDC, RÄK Nau; *Die Ärztin* 17 (1941), S. 271.
25. Wie in Anm. 21.
26. Siehe Text bei Anm. 22, Kapitel 1.3.
27. Ungern-Sternberg, »Wert«, S. 45; Protokoll Ruppin vom Lager Rittmarshausen, 1. April 1936, ARW, I, 80 g 581/2.
28. Kelchner, *Frau,* S. 20f.; Geilen, »Ärztinnen-Fortbildungslehrgang«. Zu Kelchner, siehe Teil 2, Anm. 25 unten.

29. Siehe zum Beispiel den Fall der 1903 geborenen, plastischen Chirurgin Dr. Elfriede Scheel, die ihre Fachausbildung in Paris erhielt (»Lebenslauf« und »R.u.S.-Fragebogen« Scheel, BDC, SS Paul Körner).
30. BDC, RÄK Essig und Geisler.
31. BDC, RÄK Bergk, Wermter, Daniel.

2. Heirat, Mutterschaft und emanzipatorischer Kampfgeist

1. Rissom, *Fritz Lenz,* S. 58ff.; Kater, »Frauen in der NS-Bewegung«, S. 202f.; Winkler, *Frauenarbeit,* S. 28–37 und 42–54; Klinksiek, *Frau im NS-Staat;* Pauwels, *Women,* S. 11–48.
2. Anzeigen in: *Ziel und Weg* 3 (1933), S. 138, 312, 353 und 545.
3. Hadrich, »Zahl, 1935«, S. 700; *Deutsches Ärzteblatt* 67 (1937), S. 905f.; Kann, »Zahl, 1940«, S. 284ff.; Kann, »Zahl, 1942«, S. 302f..
4. Hadrich, »Zahl, 1935«, S. 700; Kann, »Altersaufbau«, S. 211; *Deutsches Ärzteblatt* 67 (1937), S. 905f.
5. Kann, »Zahl, 1940«, S. 286.
6. Dr. Ideler und Dr. Sonnenberg, »In der Streitsache der praktischen Ärztin Dr. med. Hanna Donnerberg [geboren 1895]«, [30. September 1938], UK, 130/118.02/4. Im August 1937 hieß es im NSÄB-Organ *Ziel und Weg* immer noch, daß sich anläßlich des damals in Deutschland abgehaltenen Internationalen Kongresses für das ärztliche Fortbildungswesen »alle Männer« versammelten, obwohl auf dem daneben abgedruckten Foto der deutschen Delegation mindestens eine Frau zu erkennen ist *(Ziel und Weg* 7 [1937], S. 435).
7. Lölhöffel, »Ärztin in der Front«, S. 267; Berger, *Kulturspiegel,* S. 137; Winkler, *Frauenarbeit,* S. 124.
8. Kann, »Zahl, 1942«, S. 303.
9. Kelchner, *Frau,* S. 42; Ackermann, »Nachwuchs«, S. 134; Klein, *Amtsarzt,* 3, S. 13f.; Kirkpatrick, *Nazi Germany,* S. 246f.; Pauwels, *Women,* S. 24.
10. Kirkpatrick, *Nazi Germany,* S. 247ff.; »Die Medizinerin«, Reichsstudentenwerk, Mitteilungsblatt Nr. 2/39, Berlin-Charlottenburg, Januar 1939, ARW, II, 280. Siehe auch Klein, *Amtsarzt,* 3, S. 13f. Ich konnte keinen Beweis für Claudia Koonzs nicht belegte Behauptung finden, daß verheiratete Ärztinnen nicht mehr praktizieren durften und daß Ärztinnen 1935 die Kassenzulassung verloren *(Mothers,* S. 145. Siehe auch S. 186).
11. Bartels, »Berufstätige Frau«, S. 16. Zu Bartels' Hintergrund und Typologie siehe Quellen in Kapitel 2.1, Anm. 33.
12. Haedenkamp, »Grundlagen«, S. 561. Zu Haedenkamps Hintergrund siehe Kater, »Burden«, S. 35f.
13. *Ärzteblatt für Norddeutschland* 2 (1939), S. 588; Berger, *Kulturspiegel,* S. 112f.; Bach an Huber, Berlin, 18. November 1939, BA, R 21/484. Zu Bach siehe auch Kapitel 4.2 bei Anm. 6.
14. Als Berechnungsgrundlage dienten mir die Zahlen in: Graetz-Menzel, »Über die rassenbiologische Wirkung«, Tabelle 10, S. 143.
15. Hadrich, »Lage«, S. 160.
16. Nach *Ziel und Weg* 7 (1937), S. 427.

17. Nach McIntyre [Stephenson], »Women«, S. 200. Siehe auch ihr Buch Stephenson, *Women in Nazi Society,* S. 166. Albisettis gegenteilige Behauptung (daß Ärztinnen relativ unfruchtbar waren) in »Women Students«, S. 35, stützt sich offenbar nicht auf entsprechende Statistiken.
18. Beispiele in: *Die Ärztin* 17 (1941), S. 32, 81, 271, 412 und 466; ebenda 20 (1944), S. 22 und 51.
19. Zu dieser offiziellen Auffassung siehe Wolff, »Politische Erziehung«.
20. Orlopp-Pleick, »Organisation«, S. 32. Siehe auch BDC, RÄK Orlopp-Pleick.
21. Röpke, »Ärztin im Reichsmütterdienst«, S. 44.
22. Romann, »Ärztin«, S. 8. Siehe auch idem, »Sondertagung«, S. 306. Romann wurde 1914 geboren. Sie trat 1937 in die Partei ein und erhielt ihre Zulassung im Jahr 1939, in dem sie auch heiratete (BDC, MF und RÄK Romann).
23. *Die Ärztin* 15 (1939), S. 124. Lölhöffel wurde 1896 geboren. Sie erhielt ihre Zulassung im Jahr 1923, in dem sie auch heiratete, und starb 1941 (Szagunn, »Edith von Lölhöffel«).
24. Siehe Deicke-Busch, »BDM.-Ärztin und Elternhaus«, S. 217; Kuhlo, »Zum Jahre 1944«, S. 2.
25. Kelchner, *Frau,* insbesondere S. 20f., 30f., 36, 40, 42, 44 und 46f. Siehe BDC, MF Kelchner.
26. Siehe Eichhoff, »Nationalsozialistische Stimmen«, S. 1246f.; zu Dr. Lotte Kürzels Ansichten siehe Berger, *Kulturspiegel,* S. 86.
27. Kelchner, »Ärztliche Berufstätigkeit«.
28. Bluhm, *Aufgaben,* S. 72–98; *Ziel und Weg* 6 (1936), S. 291.
29. Siehe Kater, »Frauen in der NS-Bewegung«, S. 233f.
30. Beispiele, wie dieses Argument von Akademikern der Weimarer Republik gegen die weibliche Konkurrenz, insbesondere gegen Ärztinnen und Medizinstudentinnen, eingesetzt wurde, in: Kater, »Krisis des Frauenstudiums«, S. 219–230 und ders., »Professionalization«, S. 686ff.
31. Hoffa, »Frauenstudium«, S. 204f.
32. Kirkpatrick, *Nazi Germany,* S. 247.
33. »Aufgaben der Ärztin«, [Rittmarshausen, 1936], ARW, I, 80 g 581/1. Siehe auch Heidepriem, »Ärztinnenlehrgang«, S. 1057.
34. Siehe Kapitel 1.1 bei Anm. 36.
35. Repräsentativ ist der Fall von Dr. Herta Russin Krems. Siehe Russ an Reichsärzteführer, Krems, 29. November 1940, BA, R 18/3122.
36. Conti, »Rückschau und Ausblick«, S. 1.
37. Eintrag vom 13. Mai 1941 in: *Tagebücher,* S. 637. Hintergrundinformationen siehe Winkler, *Frauenarbeit,* S. 102–121.
38. [Conti], »Begründung«, [Berlin 1942], BA, R 18/5576.
39. BDC, RÄK Schwang und Wohlfeil.
40. Denkschrift Unterabteilung IV B, Berlin, 6. November 1942, BA, R 18/2956 (siehe auch Russ an Reichsärzteführer, Krems, 29. November 1940, BA, R 18/3122; *Die Ärztin* 15 [1939], S. 129; »Merkblatt«, [1938/39], BA, R 18/2956; Gütt, *Gesundheitsdienst,* S. 159); Fall Dr. Annemarie Lachmann-Sossinka (1937–1942), BDC, PÄ Sossinka.
41. Reichsgesundheitsführer, Mitteilung 2/43, Berlin, 20. Dezember 1943, BA, R

18/3766a. Siehe Auszug aus einem Dokument vom 25. März 1943 in: Rebentisch, »Beurteilung«, S. 120.

42. Reichsgesundheitsführer, Mitteilung 6/44, Berlin, 25. April 1944; Mitteilung 8/44, Berlin, 23. Juni 1944, BA, R 18/3766a.
43. Kapitel 1.4 bei Anm. 100; Notizen vom 25. Juli und 7. August 1944 in: Wolff-Mönckeberg, *Briefe*, S. 121ff. und 126; BDC, RÄK Jolles-Hahn.
44. Siehe die Fälle von cand. med. R. G. und cand. med. E. H. in: Reichsgesundheitsführer, Mitteilung 12/44, Berlin, 20. September 1944, BA, R 18/3766a; Zitat Bäuml, Mitteilung 41, München, 21. September 1944, SAM, NSDAP/31.
45. Reichsgesundheitsführer, Mitteilung 15/1944, Berlin, 13. Dezember 1944, R1 8/3766a.

3. Universitätsstudentinnen

1. Tabelle 1 in Kater, »Krisis des Frauenstudiums«, S. 208; Hadrich, »Das voraussichtliche Angebot«, S. 568; Pauwels, *Women*, S. 33 und 41f. Sowohl Pauwels als auch Albisetti betonen zu Recht, daß bereits in der Weimarer Zeit an den Universitäten eine frauenfeindliche Stimmung herrschte (siehe Albisetti, »Women Students«). Zum Beispiel schrieb der Göttinger Pathologe Georg Gruber, daß er sich in seinen Vorlesungen nur an die männlichen Studenten wandte (*Einführung*, S. 33, 203, 219, 226, 244 und 252f.).
2. Tabelle 9 in Pauwels, *Women*, S. 150; »Tätigkeitsbericht der Fachschaft Kliniker für das Sommer-Semester 1937«, Würzburg, 17. Juni 1937, ARW, IV, 1–31/10. In Würzburg hatte der Frauenanteil im Wintersemester 1936/37 noch 18,2 Prozent betragen. Berechnungsgrundlage war die Namensliste der »Fachschaft: Kliniker [Würzburg] Wintersemester 1936/37«, ebenda. Zum unterschiedlichen Ausmaß der nationalsozialistischen Kontrollen an den verschiedenen Fakultäten siehe Kater, »Nationalsozialistische Machtergreifung«, S. 70–74. So klagte die politische Fachschaft, daß es in Berlin schwierig sei, die Studenten gleichzuschalten, da sie über das ganze Stadtgebiet verteilt seien (»Berichte der einzelnen Fachschaftsleiter über die bisher geleistete Arbeit«, [März 1936], ARW, I, 80 g 581/1). Zu ähnlichen Problemen in Düsseldorf siehe Haag, »Krankenträgerausbildung«, S. 415.
3. Siehe Text in Teil 2 bei Anm. 9.
4. Tabelle 9 in Pauwels, *Women*, S. 150.
5. *Reichsstudentenwerk: Kurzberichte, 1935*, S. [48]. Diese Auffassung stand im Gegensatz zu der in den Jahren davor propagierten restriktiven Politik: siehe Hoffmann (vom Studentenwerk München), »Richtlinien für die Stellungnahme«, Anlage zum Brief Hoffmanns an Stäbel, München, 22. Juli 1933, ARW, I, 6 p 154. Siehe auch Text in Teil 2 vor Anm. 7.
6. Kater, »Krisis des Frauenstudiums«, S. 213ff.; Pauwels, *Women*, S. 41 und 149 (Tabelle 8); *Reichsstudentenwerk: Kurzberichte*, 1938, S. 26; »Die Medizinerin«, Reichsstudentenwerk, Mitteilungsblatt Nr. 2/39, Berlin-Charlottenburg, Januar 1939, ARW, II, 280.
7. Berechnungsgrundlage sind die Zahlen aus dem *Statistischen Handbuch*, S. 622f. Siehe auch die Zahlen für Jurastudentinnen, 1932–1939, in: Pauwels, *Women*, S. 150, Tabelle 9.

8. *Reichsstudentenwerk: Bericht,* 1941, S. 29.
9. Ebenda; »Frauenstudium« im Anhang zu *Ich Studiere,* S. 2.
10. Siehe *Reichsstudentenwerk: Bericht,* 1941, S. 30–33; *Reichsstudentenwerk: Kurzberichte, 1939,* S. 15 und 28; Eintrag vom 1. Juli 1943 in: *Meldungen aus dem Reich,* 14, S. 5416f.; siehe auch Kater, »Frauen in der NS-Bewegung«, S. 236.
11. Siehe Huber an Bach, Berlin, 20. November 1939, BA, R 21/484; Blome in: *Deutsches Ärzteblatt* 70 (1940), S. 513; Conti, »Rückschau und Ausblick«, S. 1; Dammer, »Frauenstudium und Ausleseprinzip im Kriege«. Walter Stoeckels Behauptung, Conti habe während des Krieges versucht, Medizinstudentinnen die Studienberechtigung abzuerkennen, entspricht nicht den Tatsachen (*Erinnerungen,* S. 255).
12. Berechnungsgrundlage sind die Zahlen im *Statistischen Handbuch,* S. 622f. Siehe auch die repräsentativen Werte in: *Reichsstudentenwerk: Bericht,* 1941, S. 67. In absoluten Zahlen war der Ansturm weiblicher Abiturienten auf die medizinischen Fakultäten gegen Ende des Naziregimes trotzdem gewaltig. Von den insgesamt 180 Frauen, die sich im Sommersemester 1944 in Königsberg um einen Studienplatz bewarben, wurden nur 56 nach einer sorgfältigen Überprüfung zugelassen (»Dienstbesprechung der Dekane der Medizinischen Fakultäten in Halle am 28. Juli 1944«, BA, R 21/476).
13. Siehe Kapitel 5.
14. Siehe Klecker, »Frauenvorbildung und Frauenstudium«; Pauwels, *Women,* S. 96; diesen Trend verdeutlichen auch die Zahlen in: Lorenz, *Zehnjahres-Statistik,* 2, S. 37. Zum geforderten Latinum siehe Diepgen, *Heilkunde,* S. 31.
15. Diese Zahlen ergab eine Analyse der RÄK-Daten im Kater-Sample (*N* 1918–1945: insgesamt 4002).
16. Wie in Anm. 15.
17. Kater, »Medizinische Fakultäten«, S. 97.
18. Siehe die Beispiele von Examenskandidatinnen in: Reichsgesundheitsführer, Mitteilung 12/44, Berlin, 20. September 1944, BA, R 18/3766a. Siehe auch Text nach Anm. 43 in Teil 2.
19. Zu dieser Feststellung siehe Jarausch, *Students,* S. 114–134. Zur Weimarer Zeit siehe Kater, *Studentenschaft,* insbesondere S. 56–73 und Tabelle 2 auf S. 208. Die drei Gesellschaftsschichten werden hier und im folgenden ähnlich definiert wie in dieser Tabelle.
20. Spalten G und H. Siehe auch Pauwels, *Women,* S. 39; *Frankfurter Zeitung,* 1. Januar 1937.
21. Pauwels, *Women,* S. 45f.; Tabelle 2 in: Kater, *Studentenschaft,* S. 208; *Deutsche Hochschulstatistik,* S. XII; Tabelle 3.5, Spalten G und H; Lorenz, *Zehnjahres-Statistik,* 1, S. 372; Cron, »Studentin«, S. 249f.; Altstädter, »Sippe«, S. 242f. und 245. Zur Situation der Frauen während der Wirtschaftskrise siehe Hausen, »Unemployment Also Hits Women«.
22. Tabelle 3.5, Spalten A und B. Die im *Wirtschaftstaschenbuch für Ärzte,* S. 525, veröffentlichten Zahlen lassen sich zu Statistiken zusammenstellen, die zeigen, daß im Sommersemester 1925 33,1 Prozent aller Medizinstudentinnen, aber nur 31,0 Prozent der Medizinstudenten aus der oberen Mittelschicht stammten. Die

in Tornau, »Medizinstudium und Berufsüberfüllung«, *Deutsches Ärzteblatt* 64 (1934), S. 1097, veröffentlichten Zahlen für das Wintersemester 1933/34 lassen den Schluß zu, daß ungefähr 55 Prozent aller (weiblichen und männlichen) Medizinstudenten aus der unteren Mittelschicht und 42 Prozent aus der oberen Mittelschicht kamen. Wenn man diese Statistik als Maßstab benutzt, ergibt die sorgfältige Analyse der Ergebnisse einer Kreuztabellierung von Daten aus einem Sample von Studierenden (nur Darlehensnehmer), nach Geschlecht und Gesellschaftsschicht aufgeschlüsselt, im Zeitraum 1933–1945 (N = 1979; X^2 = 12.654; df = 2; P = 0.002; C = 0.08), daß nur 18,5 Prozent der Medizinstudenten, aber immerhin 25,7 Prozent der Medizinstudentinnen aus der oberen Mittelschicht kamen. Die entsprechenden Werte für die untere Mittelschicht beliefen sich auf 71,2 Prozent (Männer) beziehungsweise 69,0 Prozent (Frauen); aus der Unterschicht stammten 10,3 Prozent der männlichen und 5,2 Prozent der weiblichen Studenten. Natürlich war der Anteil der Oberschicht in beiden Fällen niedriger als in Tornaus Tabelle angegeben, da nur minderbemittelte Studenten Darlehen erhielten. Vergleiche Altstädter, »Sippe«, S. 248 und 250. Zu den Studentinnen siehe in diesem Zusammenhang *Reichsstudentenwerk: Kurzberichte, 1937,* S. 16f. Zum Sample der Darlehensnehmer siehe auch Kapitel 5.2 Anm. 33 und 42.

23. 14,9 Prozent der Eltern der weiblichen und 9,6 Prozent der Eltern der männlichen Medizinstudenten waren Büroangestellte; 7,5 Prozent der weiblichen und 4,1 Prozent der männlichen Medizinstudenten hatten Eltern mit nichtakademischen Berufen; der Anteil der Töchter und Söhne höherer Zivilbeamter betrug 11,2 Prozent beziehungsweise 8,1 Prozent; aus Bauernfamilien stammten 3,4 Prozent der weiblichen und 7,4 Prozent der männlichen Studierenden. Kreuztabulierung von Daten aus dem Sample von Darlehensnehmern, nach dem Geschlecht und dem Beruf der Eltern aufgeschlüsselt, Zeitraum 1933–1945 (N = 1979; X^2 = 35.712; df = 12; P = 0.0001; C = 0.134).
24. Siehe Text bei Anm. 36 von Kapitel 5.2. Speziell zu den Studentinnen siehe »Frauenstudium« im Anhang zu *Ich studiere,* S. 2.
25. Tabelle 3.6, Spalten A und B.
26. Ebenda, Spalten C, D und E.
27. Das ergab die Analyse eines Samples von insgesamt 1640 (1470 männlichen und 170 weiblichen) Medizinstudenten (Darlehensnehmer), die in eine nationalsozialistische Organisation eintraten, Zeitraum 1933–1945 (BA, Sample Darlehensnehmer).
28. Tabelle 3.7 (Spalte C); und die Zahlen aus Tabelle 7 in: Arminger, »Involvement«, S. 20. Der Prozentsatz von 32,4 (58 N) in Tabelle 3.7 (Spalte C) entspricht 21,5 Prozent aller Medizinstudentinnen, die politisch nicht organisierten eingeschlossen. Diese Zahl erscheint realistisch und ist ein weiteres Kriterium für die Zuverlässigkeit des »Darlehensnehmer-Modells«, denn in Würzburg hatten sich im Sommer 1937 25,6 Prozent aller Medizinstudentinnen der ANSt angeschlossen. Siehe »Tätigkeitsbericht der Fachschaft Kliniker für das Sommer-Semester 1937«, Würzburg, 17. Juni 1937, ARW, IV, 1-31/10.
29. Tabelle 3.7, Spalte E; Tabelle 7 in: Arminger, »Involvement«, S. 20.
30. Tabelle 3.7, Spalten A und B.

31. Hauptamtsleiterin VI, Hauptamt für Studentinnen, Studentenschaft Marburg an Wolff, Marburg, 30. Juni 1935, ARW, I, 11 g 218/3; Pauwels, *Women,* S. 75 und 89. Siehe Text nach Anm. 34 unten.
32. Romann, »Sondertagung«, S. 309; Pauwels, *Women,* S. 75f. und 109.
33. »Fünfte Verordnung zur Durchführung und Ergänzung der Reichsärzteordnung (Bestallungsordnung für Ärzte)«, Par. 5 (3), 17. Juli 1939, *Reichsgesetzblatt* (1939), I, 1274; Denkschrift Mentzel, Berlin, 25. März 1943; Rust, »Medizinische Studienordnung«, Berlin, 1. August 1944, BA, R 21/484.
34. Wolff, »Bericht über das III. Reichslager«; Romann, »Sondertagung«, S. 311; Braun, »Tätigkeitsbericht der Sachbearbeiterin Studentinnen der Fachgruppe Medizin WS 37/38«, Würzburg, 17. Februar 1938, ARW, IV, 1-31/10.
35. Giles, *Students,* S. 75f. und 189.
36. Siehe den Bericht einer Medizinstudentin in: *Ziel und Weg* 5 (1935), S. 276; siehe auch »Semesterbericht der Fachschaft Vorkliniker [Würzburg], Sommer-Semester 1937«, ARW, IV, 1-31/10; Pauwels, *Women,* S. 75.
37. »Berichte der einzelnen Fachschaftsleiter über die bisher geleistete Arbeit«, [unpaginiert, März 1936], ARW, I, 80 g 581/1; »Tätigkeitsbericht der Fachschaft Kliniker für das Sommer-Semester 1937«, Würzburg, 17. Juni 1937, ARW, IV, 1-31/10. Siehe auch DFW, Abteilungsleiterin Berlin, Rundschreiben F. W., April 1936, ARW, I, 80 g 581/1.
38. Romann, »Zweites Medizinerinnenlager in Kiel«; ders., »Die Sondertagung«.
39. Rothe an Frick, [Berlin], 26. November 1935; »Medizinerinnenausbildung«, [1936], ARW, I, g 581/1; Denkschrift Zschintzsch, Berlin, 31. Oktober 1936, BA, R 21/485.
40. Reichsfachgruppe Medizin an Vowinkel, [Berlin], 4. Oktober 1935, ARW, 1, 80 g 581/2; Simon an Klein, Freiburg, 18. Juni 1934, ARW, I, 33 g 178/4; Hauptamt für Wissenschaft, Referentin für Medizinstudentinnen an Ruppert, Berlin, 31. Juli 1936, ARW, I, 11 g 218/2; »Tätigkeitsbericht der Fachschaft Kliniker für das Sommer-Semester 1937«, Würzburg, 17. Juni 1937; »Tätigkeitsbericht der Sachbearbeiterin Studentinnen der Fachgruppe Medizin W.S. 37/38«, Würzburg, 17. Februar 1938, ARW, IV, 1-31/10.
41. Cand. med. und NSDAP-Mitglied (seit Mai 1932) Elisabeth Vowinkel profitierte offenbar beruflich von ihrem Engagement in der *Fachschaft.* Siehe Reichsfachgruppe Medizin an Vowinkel, [Berlin], 4. Oktober 1935, ARW, I, 80 g 581/2; »Personalfragebogen«, Berlin, 11. März 1936, BDC, PK Vowinkel. Zum freiwilligen Charakter der Fachschaftsarbeit siehe Manthey, »Aus der Medizinischen Fachgruppenarbeit«, S. 52.
42. Wie in Anm. 39; Wolff, »Bericht über das III. Reichslager«, S. 163.
43. »Semesterbericht der Fachschaft Vorkliniker [Würzburg], Sommer-Semester 1937«, ARW, IV, 1-31/10; Pauwels, *Women,* S. 75.
44. Manthey, »Aus der Medizinischen Fachgruppenarbeit«, S. 52; Wolff, »Bericht über das III. Reichslager«, S. 164; Eintrag vom 24. November 1939, in: *Meldungen aus dem Reich,* III, 494.
45. Kortum an Isi, Bonn, 1. Oktober 1936, ARW, I, 11 g 218/1; »Aufgaben der Ärztin«, [1936], ARW, I, 80 g 581/1; »Tätigkeitsbericht der Sachbearbeiterin Studentinnen der Fachgruppe Medizin W.S. 37/38«, Würzburg, 17. Februar 1938,

ARW, IV, 1-31/10; Wolff, »Bericht über das III. Reichslager«, S. 163; Romann, »Sondertagung«, S. 306f.

46. Kortum an Isi, Bonn, 1. Oktober 1936, ARW, I, 11 g 218/1; »Tätigkeitsbericht der Sachbearbeiterin Studentinnen der Fachgruppe Medizin W.S. 37/38«, Würzburg, 17. Februar 1938, ARW, IV, 1-31/10; Kubach, *Studenten bauen auf,* S. 55 und 71; Romann, *Die Ärztin,* S. 9. Siehe auch Beispiele für Wettbewerbsbeiträge in: ARW, III, B; sowie, zum Reichsberufswettkampf allgemein, Kater, »Reich Vocational Contest«.
47. »Runderlaß des Reichsministeriums des Innern«, Berlin, 1. Januar 1940, BA, R 18/3764.
48. Klingelhöfer an Unterrichtsverwaltungen der Länder et al., Berlin, 10. Mai 1941, BA, R 21/484. Diese Bedingung wurde im Laufe des Krieges etwas entschärft. Siehe »Runderlaß des Reichsministeriums des Innern«, Berlin, 25. März 1943, BA, R 18/3764.
49. Luther, »Landdienst – Gesundheitsdienst«; Miedzinski, »Kriegseinsatz«; *Deutsches Ärzteblatt* 70 (1940), S. 43.
50. Korrespondenz zwischen Stöckmann und Klingelhöfer, Januar/Februar 1942, BA, R 21/485.
51. Pauwels, *Women,* S. 115f.; Kalb, »Facheinsatz Ost 1940«; Siebert, »Studentinnen«.

4. Medica Politica

1. *Die Ärztin* 12 (1936), S. 4; Baecker-Vowinkel, »8. Schulungslehrgang«, S. 261.
2. Finkenrath, *Organisation,* S. 46.
3. *Die Ärztin* 12 (1936), S. 4. Hintergrundinformationen in: Hauer, *Paragraph 218;* Bridenthal und Koonz, »Beyond *Kinder, Küche, Kirche«,* S. 40–44; Frankenthal, *Der dreifache Fluch,* S. 117ff.; Grossmann, »Abortion and Economic Crisis«, S. 67–72. Grossmann weist in »Berliner Ärztinnen«, S. 186f. und 207ff., auch darauf hin, daß 1930 die Mehrheit der Berliner BDÄ-Mitglieder für die Abtreibung war, bei medizinischer, sozialer oder wirtschaftlicher Indikation.
4. »Liste der dem Deutschen Frauenwerk angeschlossenen Verbände, Stand vom 10.8.34«, BA, Schumacher/230; Stephenson, *Nazi Organisation of Women,* S. 120; Kater, »Frauen in der NS-Bewegung«, S. 218f.
5. Baecker-Vowinkel, »8. Schulungslehrgang«, S. 261; BDC, MF Thimm. Diese »Nazifizierung« schloß auch die »Säuberung« des BDÄ von jüdischen Mitgliedern ein. Zu diesem Prozeß in Berlin siehe Eintrag vom 16. April 1933 in: *Tagebuch Nathorff,* S. 40; Grossmann, »Berliner Ärztinnen«, S. 211f. Siehe auch Koonz, *Mothers,* S. 144.
6. Orlopp-Pleick, »Organisation«, S. 30f.; BDC, RÄK Orlopp-Pleick.
7. *Die Ärztin* 12 (1936), S. 27f.
8. Siehe Text in Teil 2 bei den Anm. 9, 10 und 32.
9. Haedenkamp, »Grundlagen«, S. 561; Stephenson, *Women in Nazi Society,* S. 165f.
10. *Die Ärztin* 12 (1936), S. 112; BDC, RÄK Sauer und Hoffmann.
11. BDC, RSK von Lölhöffel; Szagunn, »Edith von Lölhöffel«.

12. *Die Ärztin* 12 (1936), S. 51; BDC, RÄK Schubert und Geilen.
13. Kater, »Frauen in der NS-Bewegung«, S. 233f.
14. Siehe insbesondere die Paragraphen 46 und 87 (3) der »Reichsärzteordnung«, 13. Dezember 1935, BA, R 18/5574.
15. Thimm, »Alt-Rehse«, S. 187; *Die Ärztin* 12 (1936), S. 228.
16. Baecker-Vowinkel, »8. Schulungslehrgang«, S. 261.
17. Ebenda; *Ziel und Weg* 8 (1938), S. 630. Siehe BDC, MF und RÄK Kuhlo.
18. *Deutsches Ärzteblatt* 69 (1939), S. 407.
19. *Die Ärztin* 19 (1943), S. 3.
20. Siehe ebenda 17 (1941), S. 176 und 407; *Ärzteblatt für Norddeutschland* 2 (1939), S. 463; Kuhlo, »Zum Jahre 1944«.
21. Zu diesen Aktivitäten gehörten auch die demonstrativen Geburtsanzeigen von Ärztinnen (siehe Text in Teil 2 bei Anm. 18). Im Frühjahr 1941 drängte die Schriftführerin der *Ärztin* Edith von Lölhöffel ihre Kolleginnen, der Zeitung persönliche Geschichten zur Veröffentlichung zu schicken, um die Solidarität unter den Ärztinnen zu stärken und ihr Wissen über sich selbst zu vergrößern. (*Die Ärztin* 17 [1941], S. 130).
22. 69,2 Prozent der Ärzte und Ärztinnen gehörten nationalsozialistischen Organisationen an (siehe Anm. 86 von Kapitel 2.2).
23. Spalten D und E.
24. Zu diesem Phänomen siehe Kater, *Nazi Party,* S. 152f. und 235; ders., »Quantifizierung«, S. 480–484; ders., »Frauen in der NS-Bewegung«, S. 234ff.
25. *Die Ärztin* 12 (1936), S. 27; Orlopp-Pleick, »Organisation«, S. 32.
26. Tabelle 3.8, Spalte F.
27. Siehe Text in Kapitel 2.4 bei Anm. 6.
28. *Ziel und Weg* 3 (1933), S. 101 und 173; *Deutsches Ärzteblatt* 70 (13. Juli 1940), S. Xff.
29. Siehe Anm. 8 von Kapitel 2.4 und BDC, NSF Donnerberg.
30. Siehe Text in Teil 1 bei Anm. 10. In dem in Anmerkung 10 genannten Dokument ist von keiner Mitgliedschaft in irgendeiner nationalsozialistischen Organisation die Rede, und im BDC war keine Akte über Gressler zu finden. (Es kann daher mit achtzigprozentiger Wahrscheinlichkeit davon ausgegangen werden, daß sie politisch nicht organisiert war. Zu dieser Einschätzung siehe Kater, »Quantifizierung«, S. 454, Anm. 4.)
31. *Die Ärztin* 15 (1939), S. 201; BDC, MF und PK Schönberg. Siehe auch Text in Teil 1 bei Anm. 24.
32. Russ an Reichsärzteführer, Krems, 29. November 1940, BA, R 18/3122. Russ trat am 1. Mai 1938 in Korneuburg bei Wien in die NSDAP ein (BDC, MF Russ). Es ist nicht bekannt, ob Conti ihrem Ersuchen stattgab.
33. Kreisleiter Bad Soden an Amt für Volksgesundheit, Bad Soden, 27. Juni 1942, HHSAW, 483/191; BDC, RÄK Tries.
34. Zu diesem Aspekt siehe »Die Medizinerin«, Reichsstudentenwerk, Mitteilungsblatt Nr. 2/39, Berlin-Charlottenburg, Januar 1939, ARW, II, 280.
35. Siehe Pauwels, *Women,* S. 139. Zu den Schulärztinnen siehe Drexel, »Über schulärztliche Arbeit«; zu den Reichsarbeitsdienstärztinnen siehe Crome, »Gesundheitsdienst«; Mayr-Weber, »Aufgabe«; zu den Sportärztinnen siehe Löl-

höffel, »Frauensport und Frauentum«; Hoffmann, »Das Sportärztliche Arbeitsgebiet«; Szagunn, »Sportärztliche Erfahrungen«; *Die Ärztin* 12 (1936), S. 219ff., ebenda 15 (1939), S. 128; zu den Betriebsärztinnen/Werksärztinnen siehe Stalherm, »Betriebsärztin«; Dohrmann, »Aus dem Arbeitsgebiet«; *Die Ärztin* 15 (1939), S. 130; Winkler, *Frauenarbeit,* S. 112; Golücke, *Schweinfurt,* S. 328.

36. Rüdiger, *Hitler-Jugend,* S. 191; Kohte, »Als Obergauärztin«. Beispiele für (a) nebenamtlich und (b) hauptamtlich im BDM aktive Ärztinnen: (a) Dr. Bertha Essig (geboren 1894), Dr. Erika Geisler (geboren 1914), Dr. Lore Heidepriem (geboren 1896), Dr. Elisabeth Schindler (geboren 1907) und (b) Dr. Ursula Kuhlo (geboren 1909), Dr. Hertha Ryll (geboren 1913); siehe BDC, RÄK Essig, Geisler, Heidepriem, Schindler, Kuhlo, Ryll.
37. Rüdiger, *Hitler-Jugend,* S. 195; Kuhlo, »Gesundheitsdienst«, S. 199.
38. Heidepriem, »Ärztinnenlehrgang«; *Die Ärztin* 12 (1936), S. 218; Bambach, »Wie wir Alt-Rehse erlebten«; Blome, *Arzt,* S. 304.
39. Deicke-Busch, »BDM.-Ärztin und Elternhaus«; dies., »Soforteinsatz von Feldscheren«; Geisler, »Ziel und Wege«; Kuhlo, »Gesundheitsdienst«; Bilz, »BDM.-Ärztin«.
40. Panhuizen, »Wie mache ich«. Siehe den Fall der in der HJ aktiven Schulärztin Dr. Elsbeth Nathow (geboren 1905), BDC, RÄK Nathow.
41. Kater, »Gesundheitsführung«, insbesondere S. 351, 353 und 355ff.
42. Siehe Orlopp-Pleick, »Organisation«, S. 32; Röpke, »Mitarbeit«.
43. Hellpap, »NSV.«; idem, »Erholungspflege«; Röpke, »Ärztin im Reichsmütterdienst«. Beispiele für Ärztinnen, die mit der NSV zusammenarbeiteten, sind Dr. Gertraud Bolle (geboren 1908) und Dr. Grete Schöffl (geboren 1911), BDC, RÄK Bolle und Schöffl.
44. Bluhm, *Aufgaben,* S. 89–92; Soeken, »Rassenpolitische Erziehung«.
45. Leiter, »Über bisherige Tätigkeit«, S. 223. Siehe auch Nau, »Tätigkeit«.
46. Barbara Königs Aussagen in: Reich-Ranicki, *Schulzeit,* S. 133f. Das vom Autor erwähnte Amt für »Rasse und Volksgesundheit« war höchstwahrscheinlich das Rassenpolitische Amt. Siehe Johanny und Redelberger, *Volk, Partei, Reich,* S. 94.
47. Lilienthal, »*Lebensborn e. V.*«, insbesondere S. 187.
48. BDC, MF Oberheuser; Buchmann, *Frauen von Ravensbrück,* S. 75–79; *Über menschliches Maß,* S. 19; Zörner et al., *Ravensbrück,* S. 116; Gebhardt an Grawitz, Hohenlychen, 29. August 1942, BDC, Forschungsmaterial Gebhardt; Aussagen der Überlebenden Inga Madlung-Shelton im aufgezeichneten Interview des Autors vom 9. Mai 1988 in London. Nach dem Krieg wurde Oberheuser von einem westdeutschen Gericht zu einer zwanzigjährigen Haftstrafe verurteilt, von der sie jedoch nur sieben Jahre abbüßen mußte. Siehe Kater, »Burden«, S. 44.

Kapitel 4

1. Die Indoktrination der medizinischen Wissenschaft durch die NS-Ideologie

1. McClelland, *State,* S. 162–321; Jarausch, *Students,* S. 144ff.; Keller, »Dozenten der Medizin«, S. 695. Prozentuale Berechnungen nach den Zahlen in: Modersohn, »Führerprinzip«, S. 25. Siehe auch Ferber, *Entwicklung,* S. 59, 61f., 67 und 69; Bracher et al., *Machtergreifung, S.*566. Zur Zunahme speziell für die Universität Gießen von 1940–1944 siehe Chroust, »Social Situation«, S. 41. Zur gestärkten Position der Rektoren im Dritten Reich siehe Seier, »Rektor als Führer«; Dok. 95 vom 21. August 1933 in: Schneeberger, *Nachlese,* S. 113ff. Zu den Einflußmöglichkeiten der Partei siehe Kelly, »National Socialism«.
2. Dies ist offensichtlich, nicht zuletzt wegen des Vorschlags einiger nationalsozialistischer Wissenschaftler, neue Lehrstühle in »Rassenkunde« einzurichten, und zwar zuerst an den medizinischen Fakultäten und dann an den natur- und geisteswissenschaftlichen (Kranz, »Entwicklung«, S. 287).
3. Zu diesem wichtigen Zusammenhang siehe die maßgeblichen Werke von Mosse, insbesondere *Crisis of German Ideology* und *Toward the Final Solution,* S. 150–237; und Pulzer, *Rise of Political Anti-Semitism.*
4. Mosse wie in Anm. 3; Lifton, *Nazi Doctors.* Siehe auch Lifton, »Medicalized Killing in Auschwitz«; und Kater, »Professionalization«.
5. Als instruktive und kritische Hintergrundlektüre zum Thema »Rassenkunde« oder »Rassenhygiene« im Dritten Reich siehe Saller, *Rassenlehre;* Lilienthal, »Zum Anteil«. Zur wilhelminischen Periode empfiehlt sich Weiss, *Race Hygiene.*
6. Siehe Mosse, *Germans and Jews,* insbesondere S. 3–76; Rürup, *Emanzipation,* S. 74–114; Mann, »Sozialbiologie«, S. 24–31; Gasman, *Scientific Origins,* insbesondere S. 157ff.; Bock, *Zwangssterilisation,* S. 28f.; Lifton, *Nazi Doctors,* S. 441f.; Fischer, *Lexikon,* Bd. 1, S. 561f.
7. *Wer ist's?,* S. 1222; *Ziel und Weg* 6 (1936), S. 125; Mann, »Sozialbiologie«, S. 31; Bock, *Zwangssterilisation,* S. 29ff.; Labisch and Tennstedt, *Weg,* Bd. 1, S. 153f. Zum Thema Sozialdarwinismus siehe Conrad-Martius, *Utopien,* S. 124–193; und Zmarzlik, »Sozialdarwinismus«.
8. Ploetz, *Tüchtigkeit,* insbesondere S. 130–142. Siehe Weingart, »Eugenik«, S. 322.
9. Mosse, *Crisis of German Ideology,* S. 99. Siehe auch Conrad-Martius, *Utopien,* S. 124–141.
10. Wie Anm. 7 und Grober, »Lehrstühle für Rassenhygiene«, S. 337; Mann, »Rassenhygiene«, S. 82; Mann, »Sozialbiologie«, S. 33; Weingart, »Eugenik«, S. 326; Text bei Anm. 22 in Kapitel 3.1, und in der zugehörigen Anm. 22. Siehe auch Ploetz, *Tüchtigkeit,* passim.
11. Fischer, *Lexikon,* Bd. 2, S. 836; *Wer ist's?,* S. 913; Jakobi et al., *Aeskulap,* S. 121; Kater, »Hitler's Early Doctors«, S. 40. Zu den stereotypen Ansichten der deutschen Kolonialmedizin über den afrikanischen »Neger« siehe Sadji, *Bild,* S. 154–173. Zum Rassismus von Ärzten in Südwestafrika siehe Parlow, »Über einige kolonialistische«, S. 540.

12. *Wer ist's?*, S. 913; Labisch und Tennstedt, *Weg*, Bd. 1, S. 166; Kater, »Hitler's Early Doctors«, S. 40f.
13. Fischer, *Lexikon*, Bd. 2, S. 1284; *Wer ist's?*, S. 1285; Kater, »Hitler's Early Doctors«, S. 34ff. und 41.
14. Fischer, *Lexikon*, Bd. 2, S. 890; *Wer ist's?*, S. 956; Krausnick, »Judenverfolgung«, S. 301; Kater, »Hitler's Early Doctors«, S. 38f.; Lifton, *Nazi Doctors*, S. 23f.
15. Grober, »Lehrstühle für Rassenhygiene«, S. 337; Müller, *Lehrbuch der Hygiene*, »Vorwort«; Rissom, *Fritz Lenz*, S. 72; Kater, »Hitler's Early Doctors«, S. 40, Anm. 51; Schmuhl, *Rassenhygiene*, S. 79f.
16. Aly und Roth, *Restlose Erfassung*, S. 97.
17. Kater, »Hitler's Early Doctors«, S. 43.
18. Ein Beispiel ist Hitlers Brief an Kuhn vom 6. Juni 1935 in: Jakobi et al., *Aeskulap*, S. 127f.
19. *Wer ist's?*, S. 956.
20. Kuhn, »Universität«, S. 10f.; Grober, »Lehrstühle für Rassenhygiene«. Siehe auch Rissom, *Fritz Lenz*, S. 72.
21. Etwa das von Dr. Walter Groß geleitete Aufklärungsamt für Bevölkerungspolitik und Rassenpflege (*Ziel und Weg* 3 [1933], S. 352); das von Dr. Achim Gercke vertretene Amt für Geneologische Rassenforschung, (ebenda); die Arbeitsgemeinschaft 2 für Rassenhygiene und Rassenpolitik, geleitet von Professor Ernst Rüdin (Maerz, »Quelle«, S. 90); das Rassenpolitische Amt der NSDAP, Zweigstelle Düsseldorf, geleitet von F. E. Haag (Jakobi et al., *Aeskulap*, S. 128).
22. Laut Platen-Hallermund, *Tötung*, S. 34f. Siehe Schultze, »Die Bedeutung der Rassenhygiene«.
23. Müller, *Lehrbuch der Hygiene*, S. 273f. Über Müller siehe Fischer, *Lexikon*, Bd. 2, S. 1086; *Wer ist's?*, S. 1111. Ähnlich Gruber in: *Einführung*, S. 167; und Professor Kürtens Artikel in: *Deutsches Ärzteblatt* 64 (1934), S. 990. Historisch hatte Müller recht, als er auf die größere Anfälligkeit der Juden für Diabetes hinwies (wegen der Verwandtschaftsverhältnisse unter den Bedingungen des Ghettos). Beleidigend war jedoch die Unterstellung, die Juden seien aufgrund eines chronischen Mangels an Hygiene anfälliger für Krankheiten, gepaart mit dem Pauschalurteil, daß die Deutschen gesünder seien. Müller hätte beispielsweise feststellen können, daß die Nordeuropäer besonders anfällig für zystische Fibrosen sind. Siehe Sigerist, *Man and Medicine*, S. 154; *Harrison's Principles*, S. 314f. Siehe auch Text in Kapitel 6.1, bei Anm. 28.
24. Böttcher, »Wer ist Jude?«, S. 98.
25. Lilienthal, »Rassenhygiene«, S. 124; Adam, *Hochschule*, S. 172. Zu Hoffmann siehe Fischer, *Lexikon*, Bd. 1, S. 648.
26. *Wer ist's?*, S. 1613; Jakobi et al., *Aeskulap*, S. 134; Maerz, »Quelle«, S. 49; Bumke, *Erinnerungen*, S. 144; Ostrowski, »Schicksal«, S. 330; Mersmann, »Ausbildung«, S. 78. Eine ausländische Reaktion: Bauer, »Gefährliche Schlagworte«, S. 635.
27. Der 1874 geborene Professor Dr. med. Fischer war Direktor des Kaiser-Wilhelm-Instituts für Anthropologie in Berlin, hatte aber auch einen Lehrstuhl an der Universität. Weitere Einzelheiten über Fischer finden sich im Schlußkapitel

bei Anm. 58. Siehe auch die Aussage des Medizinstudenten Georg Wildführ in: Albrecht und Hartwig, *Ärzte,* S. 337. Siehe ferner Benno Müller-Hills entlarvendes Interview mit Fischers Tochter in: *Tödliche Wissenschaft,* S. 119–127.

28. Ebner, »Bestallungsordnung«, S. 502; Lilienthal, »Rassenhygiene«, S. 124; Jakobi et al., *Aeskulap,* S. 142. Siehe auch Georg Wildführs Aussage in: Albrecht und Hartwig, *Ärzte,* S. 338; und Kapitel 5.3, bei Anm. 40.
29. Einen guten Überblick bietet: Jakobi et al., *Aeskulap,* S. 32–39.
30. Reiter, »Vorschläge zur Neugestaltung«, S. 17; Linden an Rust, Berlin, 14. Februar 1938, BA, R 21/485.
31. Eintrag für das erste Quartal 1939 in: *Meldungen aus dem Reich,* Bd. 2, S. 269 und 271.
32. Denkschrift de Crinis, [Berlin], ohne Jahr, BA, R 21/485; de Crinis' Kommentar vom 28. Juli 1944 in: »Dienstbesprechung der Dekane der Medizinischen Fakultäten in Halle am 28. Juli 1944«, BA, R 21/476.
33. Ein Beispiel für die Praxis des »Rassenkunde«unterrichts, allerdings aus der Sicht eines Lehrers und nicht eines Arztes bietet: Richarz, *Leben,* S. 236. Lehrer nahmen an speziellen Schulungen in »Rassenkunde« teil, die auch für praktizierende Ärzte angeboten wurden. Siehe Jakobi et al., *Aeskulap,* S. 126; *Ziel und Weg* 3 (1933), S. 352.
34. Klee, *»Euthanasie«,* S. 44.
35. Verschuer an Conti, Frankfurt am Main, 19. Juni 1942; Fischer an Conti, Berlin-Dahlem, 24. Juni 1942; Lenz an Conti, Berlin-Zehlendorf, 27. Juni 1942, BA, R 18/3792. Über Conti siehe Mitscherlich und Mielke, *Medizin ohne Menschlichkeit,* S. 191f. und 203–211; Klee, *»Euthanasie«,* S. 83, 87f., 109f., 163, 303f. und 352.
36. Diesen Typus habe ich in meinem Artikel »Hitler's Early Doctors« beschrieben.
37. *Wer ist's?,* S. 877f.
38. Bleuel und Klinnert, *Deutsche Studenten,* S. 72–78; Selchow, *Hundert Tage,* S. 323–38 (zu Kranz siehe S. 330); Jakobi et al., *Aeskulap,* S. 130f.; »Aktenmässige Darstellung des Ergebnisses der vom 15.–19. Juni 1920 vor dem Kriegsgericht der 22. Inf. Division stattgehabten Verhandlung gegen Angehörige des Marburger Studentenkorps«, ohne Jahr, NA, T-253/23, 1474115-24.
39. *Wer ist's?,* S. 878; Jakobi et al., *Aeskulap,* S. 131.
40. *Wer ist's?,* S. 878; Jakobi et al., *Aeskulap,* S. 131.
41. *Wer ist's?,* S. 878; Jakobi et al., *Aeskulap,* S. 131–137.
42. Jakobi et al., *Aeskulap,* S. 132f. Zu Jaschkes eigenen »Leistungen« in Rassenhygiene siehe ebenda, S. 20f. Siehe auch Fischer, *Lexikon,* Bd. 1, S. 704; *Das Deutsche Führerlexikon,* S. 213.
43. Jakobi et al., *Aeskulap,* S. 140; *Ziel und Weg* 7 (1937), S. 161.
44. Jakobi et al., *Aeskulap,* S. 142ff. und 156; Kranz, »Entwicklung«.
45. Die Selbstmordversion steht in: Müller-Hill, *Tödliche Wissenschaft,* S. 183. Jakobi et al., *Aeskulap,* S. 156, berichten nur, daß er als Flüchtling gestorben sei. Kranzs Kriegsverbrecher-Status ist dokumentiert in: UNANY, CROWCASS Central Registry File No. 40465.
46. Kranz, »Entwicklung«, S. 287.
47. Ebenda, S. 288f.; Jakobi et al., *Aeskulap,* S. 144f. Siehe insbesondere die von

dem Metzgersohn Rolf Ludwig Martin 1937 verfaßte medizinische Dissertation über die Beziehung zwischen Rasse und Verbrechen. Martin kam für das Land Hessen zu dem etwas unsicheren Schluß, daß der nordische Typus am wenigsten zum Verbrechen neige *(Rasse und Verbrechen,* insbesondere S. 36f.).

48. *Deutsches Ärzteblatt* 69 (1939), S. 246f.; Jakobi et al., *Aeskulap,* S. 146–149; Höss, *Kommandant in Auschwitz,* S. 107–111; *Nazi Medicine,* Bd. 3, S. 1–45; Müller-Hill, *Tödliche Wissenschaft,* S. 59–65; Döring, *Zigeuner;* Zülch, *Auschwitz;* Hohmann, *Zigeuner.*
49. Aly und Roth, *Restlose Erfassung,* S. 98ff.
50. Ebenda, S. 105–109; Jakobi et al., *»Aeskulap,* S. 150–156; Kranz, *»Die Gemeinschaftsunfähigen«;* Kranz und Koller, *»Die Gemeinschaftsunfähigen«.*
51. Platen-Hallermund, *Tötung,* S. 12 und 31f.
52. Zur Kritik des völkischen Lagers siehe Kater, »Hitler's Early Doctors«, S. 47f. Zum Hintergrund der Krise, der bis zum Ersten Weltkrieg zurückreicht, siehe derselbe, »Physicians in Crisis«.
53. Siehe Text bei Anm. 2 in Kapitel 1.3.
54. Liek wurde 1878 geboren. Siehe Fischer, *Lexikon,* Bd. 2, S. 915; Liek, *Arzt;* derselbe, *Gedanken eines Arztes.* Siehe auch den nationalsozialistischen Nachruf auf Liek in: *Ziel und Weg* 5 (1935), S. 61.
55. Siehe Text in Kapitel 1.3, nach Anm. 1. Siehe auch Reiter, »Revolution«, S. 426; Kranz, »›Einkehr‹ und ›Umkehr‹«, S. 38; Wagner, »Heilkunde«, S. 420; Wagner, »Gesundes Leben«, S. 549. Der schärfste Vertreter der holistischen Sicht der Nazis sogar noch nach dem Krieg war Karl Kötschau. Siehe seinen Artikel »Nationalsozialistische Revolution«, S. 293; und sein Buch *Umbruch,* insbesondere S. 40, sowie den Aufsatz »Sinnforschung«. Siehe auch die Einfühung zu diesem Buch bei Anm. 16.
56. Reiter, »Ärzte«, S. 1016; Wagner, »Heilkunde«, S. 420; Kötschau, »Nationalsozialistische Revolution«, S. 293f.; Kötschau, *Umbruch,* etwa S. 40; Klare, *Medizin,* S. 15f.
57. Feickert, *Studenten,* S. 34; Kötschau, *Umbruch,* S. 40; Blome, »Neue Deutsche Heilkunde«, S. 250; Reiter, »Ärzte«, S. 1016.
58. Reiter, »Revolution«, S. 424; derselbe, »Ärzte«, S. 1015; Klare an Chefarzt Dr. B., Scheidegg, 31. März 1933, und an Chefarzt Dr. K., Scheidegg, 22. April 1933, in: Klare, *Briefe,* S. 73f. und 117f.; *Ziel und Weg* 5 (1935), S. 15; Kranz, »›Einkehr‹ und ›Umkehr‹«, S. 38f.; Groß, »Revolution«, S. 820f.; Knoll, »Arzt«, S. 439; Kötschau, *Umbruch,* S. 68.
59. Siehe Text bei Anm. 2 in Teil 2 dieses Kapitels.
60. In der Neuen Deutschen Heilkunde (NDH) waren alle Ziele der neuen organizistischen Medizin zusammengefaßt. Sie sollte im April 1936 unter teilweiser Führung von Karl Kötschau »offiziell« eingeführt werden. Siehe *Ziel und Weg* 6 (1936), S. 230; Stellungnahme des Marburger Professors Schwenkenbecher, ebenda, S. 231–237; Kötschau, »Vorsorge«. Zum schließlichen Schicksal der NDH und Kötschaus siehe Haugs nicht ganz überzeugenden Artikel »Lehrstuhl«.
61. Die Mischung aus Aggression und Kompromißbereitschaft ist erkennbar in der Rhetorik Wagners und seines Beraters Dr. Kurt Blome in: Wagner, »Heilkun-

de«, S. 420f.; derselbe, »Gesundes Leben«, S. 549 und 553; und Wagner zitiert in: *Ziel und Weg* 8 (1938), S. 425f. Siehe auch Gumpert, *Hunger,* S. 93; und eine frühe Äußerung (1933) von Wagners Förderer Rudolf Hess zu Wagners Unterstützung: Dok. 85, 2, in Wuttke-Groneberg, *Medizin,* S. 160, sowie Maerz, »Quelle«, S. 66f.; Blome, »Neue Deutsche Heilkunde«, S. 250; Blome, »Neuordnung«, S. 3f., 10; Blome, »Freiheit«, S. 242.

62. Maerz, »Quelle«, S. 42–47 und 55f.
63. Blome, »Neuordnung«, S. 10; Wagner, »Heilkunde«, S. 420f.; *Ziel und Weg* 6 (1936), S. 338. Siehe auch Haug, »Rudolf-Hess-Krankenhaus«.
64. Blome, »Neuordnung«, S. 8f., *Ziel und Weg* 5 (1935), S. 256.
65. *Ziel und Weg* 8 (1938), S. 125.
66. *Deutsches Ärzteblatt* 64 (1934), S. 989.
67. *Ziel und Weg* 5 (1935), S. 256.
68. *Ziel und Weg* 7 (1937), S. 75; ebenda 8 (1938), S. 21.
69. Vezina, *Heidelberg,* S. 167.
70. Seifert, »Ausbildung«. Siehe auch Fischer, *Lexikon,* Bd. 2, S. 1435; und *Wer ist's?,* S. 1486.
71. Borst, »Forschung und Fortbildung«. Siehe Fischer, *Lexikon,* Bd. 1, S. 151.
72. Diepgen, *Heilkunde,* S. 22. Lebenslauf in: Fischer, *Lexikon,* Bd. 1, S. 315. Weitere Informationen über Diepgens nationalsozialistische Einstellung in: Nabielek, »Anmerkungen«; Kater, »Burden«, S. 46f.
73. Wie paraphrasiert in: Haedenkamp, »Gesamtvorstände«, S. 311.
74. Hoff, *Erlebnis,* S. 328; Aussage von Georg Wildführ in: Albrecht und Hartwig, *Ärzte,* S. 336. Siehe auch Kater, »Medizinische Fakultäten«, S. 92.
75. Büchner, *Pläne,* S. 51–54 und auch S. 61. Siehe Fischer, *Lexikon,* Bd. 1, S. 193.
76. Aschoff, »93. Naturforscher-Versammlung«, S. 1371. Siehe Fischer, *Lexikon,* Bd. 1, S. 44.
77. Karlson, »Versammlungen«, S. 63; Ackerknecht, *Short History,* S. 232 und 242.
78. Brugsch, *Ganzheitsproblematik.* Siehe insbesondere das »Vorwort«, S. v–vi. Lebenslauf in: Fischer, *Lexikon,* Bd. 1, S. 185.
79. Krehl, *Arzt.* Lebenslauf in: Fischer, *Lexikon,* Bd. 2, S. 818f.
80. Hartmann, »Mut«, S. 170. Zu Emil Karl Frey siehe Fischer, *Lexikon,* Bd. 1, S. 448; zu Erwin Payr: ebenda, Bd. 2, S. 1184f.
81. Hoff, *Erlebnis,* S. 386f. Zu Bergmann siehe Fischer, *Lexikon,* Bd. 1, S. 101f.
82. Diese Liste von Möchtegern-Professoren sollte nicht von solchen SS-Typen wie Waldemar Hoven in Buchenwald ablenken, die sich die medizinische Doktorarbeit von inhaftierten Ärzten schreiben ließen. Siehe Anonymus an Hoffmann, ohne Ort, ohne Jahr, DAÖW, 957; und Kater, *»Ahnenerbe«,* S. 238.
83. »SS-Stammkarte«, BDC, SS Schenck.
84. »Ausführliches Gesamturteil«, München, 6. November 1942, BDC, PK Schenck; BDC, MF Schenck.
85. Korrespondenz Schenck, BDC, PK Schenck.
86. Siehe Schenck, »Gesundheitshaus der Deutschen Ärzteschaft in Kempfenhausen«, München, 21. Mai 1939; Schenck an Conti, Berlin, 9. Januar 1941 (einschließlich des beigefügten Dokuments), BA, R 18/3786. Siehe auch Contis Einführung in: Schenck, *Grundlagen und Vorschriften,* S. 4.

87. Wie oben in Anm. 83.
88. Pohl an Himmler, Berlin, 9. September 1942, BDC, SS Pohl. Siehe Schenck, *Grundlagen und Vorschriften.*
89. Himmler an Pohl, Feld-Kommandostelle, 11. März 1943; Pohl an Himmler, Berlin, 22. Dezember 1943, BDC, Forschungsmaterial HO 2070.
90. Pohl an Himmler, Berlin, 16. August 1943, BDC, Forschungsmaterial HO 2099. Maršalek, »Teuflische ›Initiative‹«, S. 50f.; Wuttke-Groneberg, »Leistung«, S. 53. Diese Autoren verteten die Ansicht, daß viele der Überlebenden in Mauthausen vergast wurden.
91. Im Jahr 1965 schrieb »Prof. Dr. med. habil., Dr. phil. nat.« Schenck ein Buch, in dem er seine eigene Rolle im Unterdrückungssystem der Nazis verschweigt und heuchlerisch – denn nirgends ist dokumentiert, daß er sich vom Saulus zum Paulus gewandelt hätte – die Millionen und Abermillionen unschuldiger und gerechter Menschen beklagt, die dem letzten Feuersturm in der menschlichen Geschichte zum Opfer gefallen seien (Schenck, *Das Menschliche Elend,* »Einführung«).
92. Potsdam, RÄK-Karte Heißmeyer, BDC, RÄK Heißmeyer; Prokop und Stelzer, »Menschenexperimente«, S. 76; Schwarberg, *SS-Arzt,* S. 10ff., 122.
93. Schwarberg, *SS-Arzt,* S. 10.
94. »Auszug Urteil ... In der Strafsache gegen ... Kurt Heißmeyer«, 1. Strafsenat, Bezirksgericht Magdeburg, 30. Juni 1966, DAÖW, 4799.
95. Schwarberg, *SS-Arzt,* S. 30.
96. Ebenda, S. 30–55; Staatsanwalt Münzberg an Schwarz, Hamburg, 24. August 1967; »Gutachten des Sachverständigen Prof. Dr. Karl Kampfert«, ohne Jahr, DAÖW, 4748. Heißmeyer wurde 1966 in Magdeburg vor Gericht gestellt, erhielt lebenslang und starb im August 1967 an Herzversagen (Schwarberg, *SS-Arzt,* S. 123f.).
97. »SS-Stammkarte«; »Lebenslauf« Kremer, Münster, 19. April 1939, BDC, SS Kremer; »Dokument der Schande«, S. 71.
98. Einträge für 3., 10. und 15. Oktober 1942, in Kremers Tagebuch, abgedruckt in: Langbein, *Wir haben es getan,* S. 84, 86. Siehe auch Ebenda, S. 85.
99. Kremers Tagebuch wie teilweise abgedruckt in: Langbein, *Wir haben es getan,* und Langbeins eigener Kommentar, S. 94–100. Nach dem Mai 1945 wurde Kremer nach Polen ausgeliefert und vor Gericht gestellt. Dort war er von 1947 bis 1958 in Haft. Bei seiner Rückkehr nach Münster wurde er erneut vor Gericht gestellt, doch das Verfahren endete nur mit der Aberkennung seiner akademischen Titel (ebenda, S. 104). Er starb im Juni 1965 (»Dokument der Schande«, S. 71).
100. Rascher hatte zwei männliche Babys entführt, die er Himmler als seine Söhne präsentieren wollte. Raschers Frau konnte keine Kinder bekommen, und der Arzt wußte, daß er bei der SS nur mit männlichem Nachwuchs Karriere machen konnte. Siehe Kater, *»Ahnenerbe«,* S. 101f. und 231–243; Mitscherlich und Mielke, *Medizin ohne Menschlichkeit,* S. 20–71; Pueschel, *Seenotverbände,* S. 104–110. Siehe auch Text in Teil 2 bei Anm. 37.
101. »Sachbetreff« von Verschuer, September 1943, Kaiser-Wilhelm-Institut für Anthropologie, Akte Nr. Ver 1/05, BDC, Forschungsmaterial Verschuer; Zofka, »Der KZ-Arzt Josef Mengele«, S. 250–255; Gilbert, *Holocaust,* S. 756, 687f.;

Nyiszli, *Auschwitz,* insbesondere S. 54; Müller-Hill, *Tödliche Wissenschaft,* S. 23 und 71–75; Lifton, *Nazi Doctors,* S. 337–383.

102. Lifton, Nazi Doctors, S. 358 und 378.

2. Das Wesen und der Mechanismus der Politisierung der Fakultäten

1. Zu Wirz siehe Fischer, *Lexikon,* Bd. 2, S. 1697.
2. Denkschrift Conti, Berlin, 6. März 1934, BDC, OPG Emil Ketterer; »Vollmacht« Hess, München, 13. Februar 1935, BDC, OPG Heinz Lohmann; *Deutsches Ärzteblatt* 64 (1934), S. 254f. und 1194f.; Kelly, »National Socialism«, S. 194–202; Giles, *Students,* S. 157f.; Kater, *»Ahnenerbe«,* S. 135f.; Ellersdorfer, »Auswirkungen«, S. 22. Wirz' Einfluß ist dokumentiert in: Wirz an Gau-Gericht, München, 21. Januar 1936, BDC, OPG Heinz Lohmann; Luther, »Durchsetzung«, S. 120f. und 128f.
3. *Wer ist's?,* S. 1457; »Lebenslauf« Schultze, 29. April 1935, BDC, SS Schultze; Giles, *Students,* S. 157f.; Maerz, »Quelle«, S. 61f.
4. Die Leiter des Amtes Wissenschaft (Amt W) waren in dieser Reihenfolge der Mathematiker Professor Theodor Vahlen (1934–1937), der badische Landsminister Dr. Otto Wacker (1937 bis Mai 1939) und der Chemiker Professor Rudolf Mentzel (nach dem Mai 1939). Siehe Kater, *»Ahnenerbe«,* S. 136; *Wer ist's?,* S. 1057, 1639 und 1665.
5. Kunisch an Wacker, [Berlin], 21. Dezember 1937, BDC, Forschungsmaterial Bach; *Wer ist's?,* S. 752f.; Heiber, *Walter Frank,* S. 808; vgl. auch das Buch des Jansen-Bewunderers Kötschau, *Umbruch,* S. 45. Eine freundliche, wenn auch subjektive Beurteilung von Janssen [sic] findet sich in: Büchner, *Pläne,* S. 59f.
6. Schultze an Rust, München, 3. Juli 1937; Wacker an Rust, Berlin, 6. Juli 1937; »Personalkarte« Bach; Mezger an Rust, München, 19. Februar 1938; »Vorschlag zur Ernennung« Bach, Berlin, 15. März 1938, BDC, Forschungsmaterial Bach; BDC, RÄK Bach; »Lebenslauf« Bach, ohne Jahr, BDC, PK Bach; *Deutsches Ärzteblatt 64* (1934), S. 989f. Jansen starb 1937 offensichtlich an Krebs (Büchner, *Pläne,* S. 61).
7. Wagner an Wacker, München, 24. November 1937, BDC, PK Bach.
8. Bach an Reichinger, Berlin, 2. Mai 1938, BDC, PK Bach.
9. Zu Bachs Qualifikation: Anonyme Denkschrift [Herbst 1937], BDC, Forschungsmaterial Bach. Siehe auch Schultze an Wacker, München, 14. Dezember 1937, ebenda; und Korrespondenz von Bach, 1937/1938, ebenda.
10. Zschintzsch an Bach, Berlin, 7. September 1939, BDC, Forschungsmaterial Bach. Siehe auch Korrespondenz von Bach, ebenda.
11. Teilprotokoll [Wacker] über die Diskussion vom 13. November 1937, BDC, Forschungsmaterial Bach.
12. Siehe Stockhorst, *Köpfe,* S. 401; Kelly, »National Socialism«, S. 237f.
13. Wagner, »Volksgesundheit«, S. 139; Par. 2 (2) des »Gesetzes über die berufsmäßige Ausübung der Heilkunde ohne Bestallung« (Heilpraktikergesetz) vom 17. Februar 1939 in: *Deutsches Ärzteblatt* 69 (1939), S. 151; ebenda S. 70 (1940),

S. 15; »Erläuterungen zur Bestallungsordnung für Ärzte«, [Sommer 1939], BA, R 18/3764. Siehe auch Text in Kapitel 1.4, nahe Anm. 19.

14. Die Unterschiede werden detailliert erklärt in: Kater, »Doctor Leonardo Conti«.
15. Schultze wechselte erst 1936 von der SA zur SS. Er war vor allem mit Himmlers Protegé Professor Walther Wüst verfeindet. Dieser war zuerst Dekan und dann Rektor an der Universität München, die Schultze als sein Revier betrachtete. Siehe »Stellungsnahme«, Berlin, 24. April 1937; »Tätigkeitsliste« Schultze, München, 4. März 1940, BDC, SS Schultze; Kater, *»Ahnenerbe«*, S. 280. Schultze mußte den SD der SS Anfang 1943 verlassen, da Himmler befand, seine Mitgliedschaft im SD sei schon lange nur noch nominell gewesen (Himmler an Schultze, Feld-Kommandostelle, 19. Dezember 1942, BDC, SS Schultze).
16. Allgemein siehe Kater, *»Ahnenerbe«*, S. 130–139 und 273–90.
17. De Crinis' Ernennung trat am 1. Januar 1940 in Kraft. Da jedoch Rusts Ministerium damals einen Juristen, d.h. einen ausgebildeten Verwaltungsbeamten als formellen Leiter der Abteilung Medizin unter dem Amtschef W haben wollte, fungierte der *Ministerialrat* Paul Klingelhöfer (in Stellvertretung eines eingezogenen Vorgesetzten) als nomineller Chef der Abteilung, obwohl de Crinis schon bald alle Arbeit machte. Siehe Mentzel an Amtschef Z, Berlin, 13. Dezember 1939; und Rust an de Crinis, Berlin, 27. Dezember 1939, BDC, Forschungsmaterial de Crinis. Es versteht sich von selbst, daß de Crinis als Wissenschaftler die Anschauungen der Nazis vertrat. Siehe Güse und Schmacke, *Psychiatrie,* S. 316–319.
18. »Lebenslauf« de Crinis, ohne Jahr, BDC, SS de Crinis; BDC, RÄK de Crinis; Fischer, *Lexikon,* Bd. 1, S. 276; Cocks, *Psychotherapy,* S. 172f.
19. Siehe Hoff, *Erlebnis,* S. 359f; Forßmann, *Selbstversuch,* S. 259f.
20. »Bestätigung« Rauter, München, 9. Oktober 1934, BDC, SS de Crinis; siehe auch de Crinis bösen Angriff gegen Freud in einem Brief an Kummer, Berlin, 17. April 1942, BDC, PK de Crinis. Sowie Cocks, *Psychotherapy,* S. 172f.
21. »SS-Stammkarte« de Crinis, BDC, SS de Crinis. Die Verbindung mit Schellenberg, führte de Crinis im Herbst 1939 nach Holland, wo er die Entführung der Briten Major Stevens und Captain Best, den sogenannten »Venlo Incident«, mit vorbereitete. Siehe dazu: Schellenberg, *Memoiren,* S. 82ff.
22. Entsprechende Bemerkungen finden sich in zwei verschiedenen SS-Dokumenten: »Personal-Bericht« de Crinis, [1940]; und Denkschrift Reichssicherheitshauptamt, Berlin, 13. September 1943, BDC, SS de Crinis. Zu de Crinis, Schellenberg und Himmler siehe auch Höhne, *Orden,* S. 528; und Cocks, *Psychotherapy,* S. 214.
23. Denkschrift Reichssicherheitshauptamt, Berlin, 13. September 1943, BDC, SS de Crinis. Siehe auch Bethge, *Bonhoeffer,* S. 728.
24. Siehe de Crinis' charakteristische Äußerung über Professor Schorre (Greifswald) in seiner mit Berlin, 18. Januar 1944, datierten Denkschrift, BDC, Forschungsmaterial Rostock; und die Entschlossenheit, mit der er sich für den Wechsel Professor Max Claras von Leipzig nach München (1942) und den Professor Werner Catels von Leipzig nach Wien (1944/45) einsetzte. Siehe Korrespondenz Clara, BDC, PK de Crinis; Korrespondenz Catel, BDC, Forschungsmaterial Catel.

25. Siehe de Crinis' charakteristischen Brief in der Angelegenheit Professor Hoff an Magnus, Berlin, 17. Februar 1942, BDC, PK Hoff.
26. De Crinis ausführliche Korrespondenz in der Kriegszeit mit Bach befindet sich im BDC, Forschungsmaterial Bach.
27. De Crinis' nationalsozialistische Parteilichkeit ist besonders deutlich im Fall des zwielichtigen Chirurgen Kurt Strauß, für dessen Beförderung er sich einsetzte (de Crinis an Bach, Berlin, 21. Januar 1942, BDC, Forschungsmaterial Bach; siehe auch Text unten bei Anm. 56). Siehe ferner de Crinis' Brief bezüglich Professor Wilhelm Trendelenburgs an Rostock, Berlin, 10. Juli 1942, BDC, Forschungsmaterial Rostock. Es ist bezeichnend, daß sich de Crinis an den Verbrechen des »Euthanasie«-Programms beteiligte (Klee, *»Euthanasie«,* S. 227) und im Mai 1945 als mutmaßlicher Kriegsverbrecher Selbstmord beging (Müller-Hill, *Tödliche Wissenschaft,* S. 82).
28. Forßmann, *Selbstversuch,* S. 200. Auch Forßmanns Datierung ist falsch. Er schreibt 1938, doch Conti wurde erst 1939 zum Reichsgesundheitsführer ernannt.
29. Siehe Kater, »Doctor Leonardo Conti«, S. 308–325; Conti an Mentzel, Berlin, 19. Dezember 1942; de Crinis an Conti, Berlin, 12. Januar 1943; Denkschrift de Crinis, Berlin, 12. Januar und 6. Februar 1943, BDC, OPG Emil Ketterer; »Tagesordnung für die Besprechung der Dekane der medizinischen Fakultäten Großdeutschlands am 13. und 14. April 1943«, BA, R 21/476; siehe auch *Deutsches Ärzteblatt* 70 (1940), S. 96; Contis öffentliche Äußerungen vom 24. April 1942 finden sich in: *Deutsches Ärzteblatt* 72 (1942), S. 206. Conti, der schon 1937 an der Berliner medizinischen Fakultät ein Seminar Volksgesundheit gab (*Ziel und Weg* 7 [1937]: 75), versuchte im Oktober 1943 den Orthopädieprofessor Lothar Kreuz von der Charité zu seinem Vertreter in Angelegenheiten der medizinischen Fakultäten zu machen und dadurch vermutlich de Crinis' Einfluß entgegenzuwirken. Kreuz jedoch verwies Conti schlauerweise zurück an de Crinis (Kreuz an Conti, Berlin, 1. Oktober 1943, BA, R 18/3810). Daher blieb Contis Einfluß wie zuvor auf den Unter- und Mittelbau an den Universitätsinstituten und Kliniken beschränkt. Siehe Conti, Information 10/44, Berlin, 3. August 1944, BA, R 18/3766a.
30. Wie der Briefwechsel zwischen den beiden Männern beweist (1942–1945), aufbewahrt im BDC, Forschungsmaterial Rostock. Siehe auch Denkschrift Conti, [Berlin], 26. September 1944, BA, R 18/3809. Zu persönlichen Details über Rostock siehe BDC, RÄK Rostock.
31. Kater, *»Ahnenerbe«,* S. 99f.
32. Denkschrift Oberregierungsrat, Berlin, 7. Dezember 1937; Denkschrift Kunisch, Berlin, 9. Dezember 1937, BDC, Forschungsmaterial Bach.
33. Fischer, *Lexikon,* Bd. 2, S. 1389; »SS-Stammkarte« Schittenhelm (geboren 1874); Brandt an Georgi, Berlin, 12. Dezember 1934, BDC, SS Schittenhelm; Maerz, »Quelle«, S. 96; Kater, »Medizinische Fakultäten«, S. 87.
34. Fischer, *Lexikon,* Bd. 2, S. 1203f.; »SS-Stammkarte« Pfannenstiel; Erbprinz zu Waldeck an Grawitz, Arolsen, 16. Dezember 1936, BDC, SS Pfannenstiel.
35. Frank an Persönlicher Stab RFSS et al., München, 2. Juni 1939, BDC, SS Pfannenstiel.

36. »SS-Stammkarte« Pfannenstiel, BDC, SS Pfannenstiel; Rothfels, »Augenzeugenbericht«; Friedländer, *Gerstein.*
37. Sievers an Brandt, Berlin, 27. März 1941, NA, T-580, 154/248; Kater, *»Ahnenerbe«*, S. 238.
38. Greiser an Greifelt, Posen, 2. Juni 1942, BDC, SS Holfelder; Kater, »›Gesundheitsführung‹«, S. 363. Lebenslauf Holfelder in Fischer, *Lexikon,* Bd. 1, S. 652.
39. »SS-Stammkarte« Freerksen; »SS-Personalveränderungsblatt«, Berlin, 21. Juni 1944, BDC, SS Freerksen; »Teilnehmerliste der Dozentenführer an der Besprechung am 30. und 31. 10. 43 in München«, BDC, PK Freerksen. Siehe auch den Fall des 1895 geborenen Hygieneprofessors Walter Blumenberg, Gauobmann des NS-Dozentenbunds in Breslau seit 1935 und SS-Untersturmführer seit 1937: »SS-Stammkarte« Blumenberg; »Fragebogen« Blumenberg, Breslau, 18. August 1937, BDC, SS Blumenberg. Siehe auch Kelly, »National Socialism«, S. 330f., 338f. und 379. Ein drastisches Beispiel für den Einfluß, den regionale Führer des NS-Dozentenbunds auf Berufungen im Fach Medizin nehmen konnten, ist: Schwietzke an den Rektor der Berliner Universität, Berlin, 21. Januar, 1941, BDC, Forschungsmaterial Hartmann.
40. Gebhardt an Himmler, Berlin, 13. Januar 1945; Himmlers Briefe an Karl [Wolff], Lammers und Bormann, Feld-Kommandostelle, 8. Januar 1945, BDC, Forschungsmaterial Rostock.
41. Fischer, *Lexikon,* Bd. 1, S. 531; Voswinckel, *50 Jahre,* S. 14f., 22 und 101.
42. Himmler an Grawitz, [Berlin], 3. Februar 1941, BDC, SS Fahrenkamp; Himmler an Grawitz, [Berlin], 18. März 1942, Dok. 99b in Heiber, *Reichsführer,* S. 106f. In seinem Brief an Grawitz, [Berlin] vom 30. September 1942, Dok. 141b in Heiber, S. 145f., schreibt Himmler sarkastisch, Grawitz werde, da er nun den Professorentitel habe, sicher darauf brennen, diesen zu nutzen, um bei den (Menschen-)Experimenten einen wissenschaftlichen Beitrag zu leisten, der seinen Titel nachträglich rechtfertigen werde. Siehe auch Göring an NSDAP-Reichsleitung, Berlin, 20. August 1932; »Lebenslauf« Grawitz, Berlin, 17. Juni 1941; Rusts Ernennungsschreiben, Berlin, 22. Dezember 1941; und »SS-Stammkarte« Grawitz, BDC, SS Grawitz.
43. Brugsch, *Arzt,* S. 296; Kater, »Hitler's Early Doctors«, S. 33f. und 46.
44. Mrugowsky wurde 1905 geboren; er trat 1931 in die SS ein. Siehe »SS-Stammkarte« Mrugowsky; »Lebenslauf« Mrugowsky; Genzken an Chef Personalamt Waffen-SS, Berlin, 1. März 1941; Grawitz, »Beförderungen in der Waffen-SS«, Berlin, 24. März 1944; Mrugowsky an SS-Personalhauptamt, Berlin-Zehlendorf, 14. Oktober 1944, BDC, SS Mrugowsky.
45. Mrugowsky war jedoch darauf erpicht, Forschungsergebnisse von in Auschwitz gefangenen Ärzten unter seinem eigenen Namen zu publizieren (Lifton, *Nazi Doctors,* S. 305).
46. Denkschrift Brandt, Führerhauptquartier, Juli 1942; Gebhardt an Grawitz, Hohenlychen, 29. August 1942, BDC, Forschungsmaterial Gebhardt; Forßmann, *Selbstversuch,* S. 206; *Übermenschliches Maß,* S. 37f.; Zörner et al., *Ravensbrück,* S. 127f.
47. »SS-Stammkarte« Gebhardt; »Lebenslauf« Gebhardt, 8. Februar 1937; Geb-

hardt an Schmidt, Königswinter, 22. Juli 1937; »Fragebogen« Gebhardt, Hohenlychen, 27. Oktober 1937; Schmidt an Gebhardt, Berlin, 26. Oktober 1939; Denkschrift für Mentzel, 29. Juni 1943; von Herff an Gebhardt, Berlin, 14. September 1943, BDC, SS Gebhardt. Beckenbauers weitgehend apologetischer Artikel über Gebhardt, »Der Arzt Dr. Karl Gebhardt« ist unwissenschaftlich und deshalb keine gute Informationsquelle.

48. »Bestätigung« Rauter, München, 7. Mai 1934; »Lebenslauf« Hartmann, [1941], BDC, PK Hartmann.
49. Siehe Sauerbruchs günstige Bewertung von Hartmanns Habilitationsarbeit, nicht datiert, im BDC, Forschungsmaterial Hartmann. Siehe auch Sauerbruchs Ansicht, wie sie in einem Brief des Dekans an den Rektor wiedergegeben wird, Berlin, 7. August 1936, ebenda; REM an Hartmann, Berlin, 3. September 1936, ebenda; und die unten in Anm. 99 erwähnten Dokumente.
50. »Lebenslauf« Hartmann, [1941], BDC, PK Hartmann. Beurteilung Binder 1934–1935, BDC, SS Hartmann; Rektor der Universität Göttingen, »Leistungszeugnis«, Göttingen, 8. November 1935, BDC, Forschungsmaterial Hartmann.
51. Professor Rudolf Stich schrieb vorsichtig, daß er seinem eigenen Assistenten zweifellos geraten hätte, seine akademische Eignung noch mit ein paar zusätzlichen Studien zu prüfen. Was Sauerbruch veranlaßt habe, Hartmanns Berufung trotz dessen quantitativ sehr bescheidener wissenschaftlicher Produktion jetzt schon vorzuschlagen, sei ihm ein Rätsel. (Stich an Scheer, Göttingen, 1. März 1941, BDC, Forschungsmaterial Hartmann). Der Heidelberger Professor Martin Kirschner fand Hartmanns Arbeiten ganz ordentlich, teilte jedoch Stichs Skeptizismus (Kirschner an Scheer, Heidelberg, 10. März 1941, ebenda). Siehe auch Dekan an Rektor, Berlin, 16. Januar 1941; REM an Hartmann, Berlin, 20. Juli 1941, ebenda.
52. Siehe Holm an Rostock, Berlin, 13. September 1944, BDC, PK Hartmann.
53. »Lebenslauf« Madlener, [1941], BDC, PK Madlener; »SS-Stammkarte« Madlener, BDC, SS Madlener.
54. Neben anderen Diensten, die der 1901 geborene Freikorpsveteran Strauß der NSDAP leistete, half er Conti bei der Gründung des NSÄB in Berlin, die schon vor 1933 erfolgte. Siehe Kater, »Nazi Physicians' League«, S. 159 und 161.
55. Forßmann, *Selbstversuch*, S. 202–208 und 211f.; Pross in Pross und Winau, *Nicht mißhandeln*, S. 206f. Die Freundschaften sind außerdem dokumentiert in: Ley an Goebbels, Berlin, 12. Oktober 1944, BDC, Forschungsmaterial Strauß. Während Forßmann meint, Strauß habe sich 1933 bei Professor Wilhelm Baetzner habilitiert, meint Ley, es sei 1935 bei Sauerbruch gewesen. *Wer ist's?*, S. 1571, scheint Ley zu bestätigen.
56. Forßmann, *Selbstversuch*, S. 232; de Crinis an Bach, 21. Januar 1942; Bach an de Crinis, 28. Januar 1942, BDC, Forschungsmaterial Bach; de Crinis an Krüger, [Berlin], 30. Oktober 1942; Schellong an de Crinis, Münster, 27. April 1942; Ley an Goebbels, Berlin, 12. Oktober 1944, BDC, Forschungsmaterial Strauß.
57. Marrenbach an Norddeutsche Holz-Berufsgenossenschaft, 8. November 1944, BDC, Forschungsmaterial Strauß; »SS-Stammkarte« Strauß, BDC, SS Strauß.
58. Unter anderem Dr. Otto Buchinger (Entlassung als Dozent an der Kolonialschule Witzenhausen), Dr. Georg Rost (Entlassung als ordentlicher Professor

für Dermatologie an der Universität Freiburg), Dr. Georg Blessing (Beurlaubung und Entlassung als ordentlicher Professor für Oralmedizin an der Universität Heidelberg). Siehe Buchinger, *Marinearzt,* S. 146; Hoffmann, *Ringen,* S. 21; *Wer ist's?,* S. 1330; Vezina, *Heidelberg,* S. 52f.

59. Bumke, »Nichtordinarienproblem«, S. 255.
60. Dr. Elfriede Pauls Aussage in: Albrecht und Hartwig, *Ärzte,* S. 137; Klinger, *Wege,* S. 71; Hoff, *Erlebnis,* S. 317; Nissen, *Blätter,* S. 182f; Zondek, *Auf festem Fuße,* S. 162; Büchner, *Pläne,* S. 48. Zu Weimar siehe Kater, »Nazi Physicians' League«, S. 169.
61. Siehe Pascher, »Universitäten«, S. 54; Jakobi et al., *Aeskulap,* S. 54f. und 63.
62. Adam, *Hochschule,* S. 38; Hoff, *Erlebnis,* S. 328; Büchner, *Pläne,* S. 55; Hoffmann, *Ringen,* S. 27–30; Catel, *Leben,* S. 63. Zu Bickenbach siehe Simon an Klein, Freiburg, 18. Juni 1934, ARW, 1:33 g 178/4; Mitscherlich und Mielke, *Medizin ohne Menschlichkeit,* S. 169–173; und den apologetischen Artikel Denekes (NSDAP-Mitglied ab September 1939), »Deutsche Wissenschaftler«. Zu Hoffmann siehe Fischer, *Lexikon,* Bd. 1, S. 647.
63. Schadewaldt spricht von der medizinischen Fakultät in Düsseldorf, die sich im Dritten Reich in keiner Weise von anderen deutschen medizinischen Fakultäten unterschied *(Universität Düsseldorf,* S. 69).
64. Text in Teil 1 bei Anm. 36.
65. *Wer ist's?,* S. 911; *Ziel und Weg* 3 (1933), S. 352; Piechocki und Kaiser, »Gelehrtenschicksale«, S. 383. Laut dem verläßlichen *Wer ist's?* wurde Kürten nicht in Halle Professor, bevor er 1934 nach München ging, wie es Piechocki und Kaiser berichteten und ich es in meinem eigenen Artikel »Medizinische Fakultäten«, S. 83, unkritisch wiederholte.
66. BDC, RÄK Willy Usadel; *Wer ist's?,* S. 1638; *Der Führer,* 6. November 1932; Adam, *Hochschule,* S. 128f. Zu Georg Usadel, geboren 1900, siehe *Wer ist's?,* S. 1638; und Kater, *Nazi Party,* S. 187.
67. Jaspers, »Erinnerungen«, S. 9; *Wer ist's?,* S. 1542; Vezina, *Heidelberg,* S. 62; Drüll, *Gelehrtenlexikon,* S. 150 und 260; Dr. Hermann Weisert, Universitätsarchiv Heidelberg, an den Autor, Heidelberg, 9. Februar 1987; »Gedächtnis-Feier für Ludolf Krehl am 18. Juni 1973«; und ein unidentifizierter Heidelberger Zeitungsausschnitt, 19. Juni 1937, Universitätsarchiv Heidelberg. Stein trat im Mai 1933 in die SS ein und im Mai 1937 in die NSDAP (BDC, MF und SS Stein).
68. Adam, *Hochschule,* S. 79f.
69. *Die medizinische Welt,* 7. Oktober 1933, S. 1448; *Wer ist's?,* S. 715; Kater, »Nazi Physicians' League«, S. 159.
70. BDC, PK Klare; Kater, »Nazi Physicians' League«, S. 157 und 163; Text in Kapitel 2.1, bei Anm. 38.
71. *Ziel und Weg* 5 (1935), S. 27; ebenda 7 (1937), S. 181; BDC, RÄK Boehm; *Wer ist's?,* S. 149; »Liste der Herren, die zur Abgabe von Voten besonders geeignet sind (Medizin)«, ohne Jahr, BA, R 21/477; »Liste für Straßburg«, Berlin, 19. Juli 1940, BA, R 21/476.
72. Feststellung des SD vom 8. März 1944 in: Steinert, *Krieg,* S. 441. Zahlen über die NSDAP-Mitgliedschaft der Mitglieder der medizinischen Fakultäten im Reich von 1933–1945 gibt es nicht. Für Gießen ist bekannt, daß in der genann-

ten Zeitspanne 42 Prozent der Medizinprofessoren aller Ränge, ausschließlich der entlassenen Opfer des Regimes, NSDAP-Mitglieder waren. In Hamburg (und Tübingen) scheint dieser Anteil jedoch viel höher gewesen zu sein. Siehe Jakobi et al., *Aeskulap,* S. 62; Giles, *Students,* S. 161; Adam, *Hochschule,* S. 153.

73. Siehe Kapitel 2 unten; Kater, *Nazi Party,* S. 153–165.
74. *Geheimrat* Professor Oswald Bumke wurde 1877 geboren. Er war seit 1914 ordentlicher Professor. Siehe Fischer, *Lexikon,* Bd. 1, S. 199; *Wer ist's?,* S. 228; Bumke, *Erinnerungen,* S. 143; sowie Bumkes Einleitung wie veröffentlicht in: *Deutsche Zeitschrift für Nervenheilkunde* 135 (1935), 187f.
75. *Wer ist's?,* S. 1283; »Antrittsrede des Rektors am 4. November 1933«, in: Reinmöller, *Ins Dritte Reich,* S. 3ff.
76. Bumke, »Der Staat und die Geisteskranken«. Eine Bewertung findet sich in: Lifton, *Nazi Doctors,* S. 26. Siehe auch das sehr informative Buch von Cocks, *Psychotherapy,* passim; und Kater, »Burden«, S. 46.
77. Güse und Schmacke, *Psychiatrie,* S. 356–363.
78. Siehe oben: Text bei Anm. 62; Hoffmann, *Ringen.*
79. Siehe beispielsweise: Hoffmann, *Ringen,* S. 13f. und 24.
80. Ebenda, S. 14; *Völkischer Beobachter,* 4. März 1933. Zu dieser Hitlerfreundlichen Erklärung von Professoren siehe Faust, »Professoren für die NSDAP« S. 41f.
81. BDC, MF Forßmann; Forßmann, *Selbstversuch,* S. 134f., 156f., 164, und 212; vgl. Forßmann, *Experiments on Myself,* S. 125f., 151, 157–161 und 197.
82. BDC, RÄK Forßmann.
83. Bürger-Prinz, *Psychiater;* derselbe, »Die Frühdiagnose der Erbpsychosen« (1935), nachgedruckt als Dok. 176 in Wuttke-Groneberg, *Medizin,* S. 301.
84. Bürger-Prinz, *Psychiater,* S. 99–102; BDC, MF und RÄK Bürger-Prinz.
85. Siehe die Korrespondenz (1941–1943) in BA, R 22/1193, insbesondere Sieverts an Kümmerlein, Hamburg, 29. Dezember 1941. Siehe auch »Jugendliche Cliquen und Banden«, Beilage von Reichsjustizminister an Oberlandesgerichtspräsidenten, Berlin, 10. Juni 1944, BA, R 22/1177; Schmuhl, *Rassenhygiene,* S. 229 und 441 (Anm. 30); Roth und Aly, »Die Diskussion«, S. 59, Anm. 1. Mehr über Heinze in: Klee, *»Euthanasie«,* S. 379ff.
86. Bürger-Prinz an Rostock, Hamburg, 16. November 1943, BDC, PK Degkwitz; Bürger-Prinz an Rostock, Hamburg, 11. Januar 1944, BDC, Forschungsmaterial Degkwitz. Zum Fall Degkwitz siehe Text in Teil 3 bei Anm. 59.
87. Beurteilung von Professor Ewald Stier vom 10. Juli 1944 in: »Personalnotizen«, Hamburg, Juli 1944, BDC, PK Bürger-Prinz. Bürger-Prinz war seit 1930 habilitiert. Siehe seinen »Lebenslauf«, ebenda.
88. Hoff, *Erlebnis,* S. 331f., 355, 359ff., 378–382 und 395f.
89. Korrespondenz in BDC, PK Hoff.
90. Hoff, *Erlebnis,* S. 328f. und 336.
91. »Lebenslauf« Hoff, ohne Jahr; Kreisgeschäftsführer an NSDAP Amt für Volksgesundheit, ohne Ort, 15. Januar 1937; Ortsgruppenleiter Würzburg-Ost an Kreisleitung Würzburg, Würzburg, 14. Juni 1940; Ortsgruppenleiter Würzburg-Ost, politische Berurteilung Hoff, Würzburg, 12. Januar 1937, BDC, PK Hoff; BDC, TF und RÄK Hoff. Außerdem Zink, Bericht über die Aktivitäten

der Fachschaft der Kliniker im Sommersemester 1937, Würzburg, 17. Juni 1937, ARW, IV 1–31/10 (zum Stellenwert dieses Berichts siehe Text in Kapitel 5.2, bei Anm. 6).

92. Ortsgruppenleiter Würzburg-Ost, politische Beurteilung Hoff, Würzburg, 12. Januar 1937, BDC, PK Hoff. Ein NSDAP-Beitritt ohne eine ausführliche und persönlich unterzeichnete Bewerbung war nicht möglich; soweit heute bekannt, gab es keine Ausnahmen. Siehe Kater, *Nazi Party,* S. 365, Anm. 96.
93. All dies wird von Sauerbruch selbst eingeräumt in seinen (allgemein unzuverlässigen) Memoiren: *Leben,* S. 331, 366, 369 und 374–393. Zu Sauerbruchs Taten im Zweiten Weltkrieg siehe auch Forßmann, *Selbstversuch,* S. 266. Über Bier und den Nationalsozialismus siehe Vogeler, *Bier,* S. 56. Wichtige Viten von Bier und Sauerbruch finden sich in: Fischer, *Lexikon,* Bd. 1, S. 116, und Bd. 2, S. 1365f.
94. Siehe Sauerbruchs leere RÄK-Mitgliedskarte, BDC, RÄK Sauerbruch; Nissen, *Blätter,* S. 182; Sauerbruchs Rede auf der 94. Konferenz der Gesellschaft Deutscher Naturforscher und Ärzte in Dresden, abgedruckt in: *Mitteilungen der Gesellschaft Deutscher Naturforscher und Ärzte* 94 (1937), S. VI und XI; Groß, »Versammlung«, S. 540ff.
95. Eines von vielen Beispielen ist Georg Wildführs Aussage in Albrecht und Hartwig, *Ärzte,* S. 359.
96. Sauerbruchs eigene Darstellung in *Leben,* S. 380–385, wird in diesem Fall glaubwürdig bestätigt in: Stoeckel, *Erinnerungen,* S. 193. Über Sauerbruchs Streit mit dem nationalsozialistischen Kunsthistoriker Wilhelm Pinder berichtet Hassell, Eintrag für 29. Mai 1941, in: *Deutschland,* S. 185.
97. Siehe unter anderem Sauerbruchs Äußerungen in: *Mitteilungen der Gesellschaft Deutscher Naturforscher und Ärzte* 94 (1937), S. VI–XI; und in: *Ziel und Weg* 9 (1939), S. 213–217; Zondek, *Auf festem Fuße,* S. 166ff.
98. Siehe Sauerbruchs leidenschaftliche Appelle, »Kameraden! Kollegen! Volksgenossen!« in: *Bekenntnis,* S. 21 (auch auf französisch und englisch veröffentlicht); und »An die Ärzteschaft der Welt! Ein offener Brief Prof. Dr. E. F. Sauerbruchs«, in: *Die medizinische Welt,* 7. Oktober 1933, S. 1447. Ein Beispiel für den Mißbrauch von Sauerbruchs Prestige durch die Nazis ist: Rühle, *Das Dritte Reich,* (1933), S. 157. Siehe auch *Die Ärztin* 13 (1937), S. 165.
99. Sauerbruch an NS-Dozentenschaft, Berlin, 21. Juni 1935; Sauerbruch an Magnus, Berlin, 23. Dezember 1935, BDC, Forschungsmaterial Hartmann.
100. Hoffmanns ansonsten zuverlässiger Bericht suggeriert zu stark die praktische Komplizenschaft Sauerbruchs mit der Verschwörung des 20. Juli 1944. Er stützt sich hier hauptsächlich auf Sauerbruchs eigene Erinnerungen und auf das Buch von Kramarz, der jedoch tendentiell vorsichtiger ist. Da Sauerbruch immer übertrieb, darf man es ernst nehmen, wenn er sich nach 1945 bezüglich der Verschwörung des 20. Juli absolute Unschuld bescheinigt (Sauerbruch, *Leben,* S. 391). Siehe auch ebenda, S. 372ff. und 385–390; Hoffmann, *Widerstand,* S. 377f., 442, 445 und 780, Anm. 75; und Kramarz, *Stauffenberg,* S. 132.
101. Kudlien und Andree, »Sauerbruch«, S. 221.

3. Antisemitismus, Widerstand und die Zukunft der medizinischen akademischen Welt

1. Siehe Hartshorne, *German Universities,* S. 98ff.; Tabelle 22 in Ferber, *Entwicklung,* S. 145f.; Text in Kapitel 6.5, nahe Anm. 105. Zur Physik siehe Beyerchen, *Scientists under Hitler.*
2. *Völkischer Beobachter,* 23. März 1933; Wagner, »Rasse und Volksgesundheit«, S. 152. Siehe auch Böttcher, »Wer ist Jude?«, S. 98.
3. Siehe *Ziel und Weg* 3 (1933), S. 79f.; Rühle, *Das Dritte Reich* (1933), S. 112f.; Hartshorne, *German Universities,* S. 175f.
4. Hartshorne, *German Universities,* S. 30f.; Ostrowski, »Schicksal«, S. 330f. Kurt Klare setzte dieses Gesetz für Dr. Wagner bezüglich der medizinischen Zeitschriften durch. Siehe *Wer ist's?,* S. 819f.; Klare an Hinkel, Scheidegg, 10. März 1939, BDC, PK Klare; Deneke und Sperber, *Jahre,* S. 82.
5. Siehe beispielsweise den Erlaß für Baden vom 8. April 1933, Dok. 51 in: Walk, *Sonderrecht,* S. 13. Siehe auch Carmon, »Impact«, S. 148f.
6. Zondek, *Auf festem Fuße,* S. 163ff.; *250 Jahre Charité,* S. 95; *List,* S. 71.
7. Krebs, »Wie ich«, S. 366 und 368.
8. Jakobi et al., *Aeskulap,* S. 48f.; *List,* S. 65.
9. Siehe dazu: Kater, »Everyday Anti-Semitism«.
10. Nückel an Conti, Berlin, 9. März 1933, BA, R 561/100. Lebenslauf Liepmann in: Fischer, *Lexikon,* Bd. 2, S. 915f.
11. Nissen, *Blätter,* S. 141. Lebenslauf für die Zeit vor 1933 in: Fischer, *Lexikon,* Bd. 2, S. 1121f.
12. Fall des Bonner Anatomieprofessors Johannes Sobotta laut: Hoffmann, *Ringen,* S. 18; Fall des Internisten Theodor Brugsch in Berlin laut: Piechocki und Kaiser, »Gelehrtenschicksale«, S. 385.
13. Lubarsch, *Gelehrtenleben;* Jaeckel, *Charité,* S. 342 und 348; Forßmann, *Selbstversuch,* S. 47; *Ziel und Weg* 5 (1935), S. 26. Siehe den Nachruf in: *Journal of the American Medical Association* 100 (1933), S. 1554. Siehe auch Fischer, *Lexikon,* Bd. 2, S. 945f.
14. Hartshorne, *German Universities,* S. 175ff.
15. *Meldungen aus dem Reich,* Bd. 2, S. 110.
16. Klein, *Amtsarzt,* Bd. 3, S. 16.
17. *List,* S. 74; Vezina, *Heidelberg,* S. 117f.; Bürger-Prinz, *Psychiater,* S. 67f.; Stern, *Pillar of Fire,* S. 158; Macrakis, »Wissenschaftsförderung«, S. 373. Zu Rüdin siehe *Das Deutsche Führerlexikon,* S. 397; Seidelman, »Mengele Medicus«, S. 222ff. und 233. Zu Mayer-Groß siehe Fischer, *Lexikon,* Bd. 2, S. 1011.
18. Fischer, *Lexikon,* Bd. 1, S. 588; *Wer ist's?,* S. 611; Piechocki und Kaiser, »Gelehrtenschicksale«, S. 386.
19. Stoeckel, *Erinnerungen,* S. 225; Hoffmann, *Ringen,* S. 19, 57; *Wer ist's?,* S. 659; *250 Jahre Charité,* S. 93; Fischer, *Lexikon,* Bd. 1, S. 211, Bd. 2, S. 1036.
20. Siehe *Journal of the American Medical Association* 100 (1933), S. 1783; Hoffmann, *Ringen,* S. 19; Julius Bauers Angriff »Gefährliche Schlagworte« und die wütende Reaktion der Nazis in: *Ziel und Weg* 5 (1935), S. 379 und 453. Siehe auch ebenda 3 (1933), 351f.

21. So eröffnete zum Beispiel Dr. Julius Citron, ehemals außerordentlicher Professor für innere Medizin an der Universität Berlin, 1934 eine Privatpraxis in Tel Aviv. Siehe Fischer, *Lexikon,* Bd. 1, S. 250f.; *List,* S. 67; *250 Jahre Charité,* S. 90.
22. Engelmann, *Deutschland,* S. 76; Krebs, »Wie ich«, S. 376f.; *List,* S. 61.
23. Drüll, *Gelehrtenlexikon,* S. 174f.; Bürger-Prinz, *Psychiater,* S. 68; *List,* S. 74.
24. Krebs, »Wie ich«, S. 376; Nissen, *Blätter,* S. 303.
25. Siehe unten in Kapitel 6.
26. Nissen, *Blätter,* S. 249 und 254f.; Schönberg, »Geschichte«, S. 75; Fischer, *Lexikon,* Bd. 2, S. 1559; Drüll, *Gelehrtenlexikon,* S. 267; *List,* S. 71.
27. Fischer, *Lexikon,* Bd. 1, S. 641; *Wer ist's?,* S. 691; Hartshorne, *German Universities,* S. 55f.; *List,* S. 81.
28. Fischer, *Lexikon,* Bd. 2, S. 1038; Drüll, *Gelehrtenlexikon,* S. 180; Engelmann, *Deutschland,* S. 78; Krebs, »Wie ich«, S. 358f.
29. Stoeckel, *Erinnerungen,* S. 225. Stoeckel schreibt sich, zu Recht oder zu Unrecht, das Verdienst zu, Meyers Übersiedlung in die USA erleichtert zu haben. Siehe Lebenslauf Meyer in: Fischer, *Lexikon,* Bd. 2, S. 1036.
30. Nissen, *Blätter,* S. 256–309; Neumark, *Zuflucht am Bosporus,* insbesondere S. 101, 105; *Wer ist's?* S. 737; *List,* S. 65, 75 und 84; Fischer, *Lexikon,* Bd. 1, S. 222.
31. Beispiele sind Alfred Storch (von Gießen in die Schweiz): S. Jakobi et al., *Aeskulap,* S. 51f.; und *List,* S. 74; Ferdinand Blumenthal (von Berlin nach Jugoslawien): *List,* S. 66; *250 Jahre Charité,* S. 90; und Brugsch, *Arzt,* S. 122 – Brugsch schreibt fälschlich »Bulgarien«.
32. BDC, RÄK Löning. Siehe Fischer, *Lexikon,* Bd. 2, S. 932.
33. Der Reichskommissar für die Wiedervereinigung Österreichs mit dem Deutschen Reich an den Reichsminister des Innern, Wien, 24. Januar 1940, DAÖW, 4101.
34. *250 Jahre Charité,* S. 90 und 95; Rosenstein, *Narben,* S. 206; Büchner, *Pläne,* S. 62. Siehe Fischer, *Lexikon,* Bd. 1, S. 205f.; Bd. 2, S. 1214 und 1527f.
35. Hoffmann, *Ringen,* S. 57 und 178; Jakobi et al., *Aeskulap,* S. 49.
36. Diese Zahl ist in Prozent der Fakultätsmitglieder von 1931 für 1938 bestätigt. Siehe Ferber, *Entwicklung,* S. 145. Siehe auch Kümmel, »Ausschaltung«, S. 77; Kater, »Medizinische Fakultäten«, S. 83.
37. Schneider, »Widerstand«, S. 243f. Siehe Fischer, *Lexikon,* Bd. 1, S. 445f.
38. »Stellungnahme der Medizinischen Fakultät der Universität Heidelberg vom 5. April 1933«, Dok. 97 in Sauer, *Dokumente,* Bd. 1, S. 118. Siehe auch Fischer, *Lexikon,* Bd. 2, S. 1452; Vezina, *Heidelberg,* S. 28f. und 78.
39. Schadewaldt, *Universität Düsseldorf,* S. 68.
40. Weitbrecht, *Psychiatrie,* S. 21ff.; Fischer, *Lexikon,* Bd. 1, S. 545; Drüll, *Gelehrtenlexikon,* S. 93f. Zu Pohlisch siehe auch *Wer ist's?,* S. 1226f. Er kam nach dem Krieg vor Gericht, wurde aber freigesprochen (Mitscherlich und Mielke, *Medizin ohne Menschlichkeit,* S. 289).
41. Bumke, *Erinnerungen,* S. 149.
42. Ebenda.
43. Catel, *Leben,* S. 63ff. Catels Version ist zweifelhaft, da er bis zum Schluß eine

hervorragende Beziehung zu de Crinis und seinem Ministerium hatte. Siehe BDC, Forschungsmaterial Catel; sowie: Kater, »Burden«, S. 45f.

44. Kretschmer, *Gestalten,* S. 150–159; derselbe, »Konstitutionslehre und Rassenhygiene«, S. 184f.; Fischer, *Lexikon,* Bd. 2, S. 820; *Wer ist's?,* S. 887; Cocks, *Psychotherapy,* insbesondere S. 105 und 108f.
45. Schultz, *Lebensbilderbuch,* S. 138f.; Cocks, *Psychotherapy,* S. 115f. und 164f. (Cocks vermutet, daß Schultz sich vielleicht der Partei anschließen wollte, weil seine erste Frau jüdisch gewesen war; Fischer, *Lexikon,* Bd. 2, S. 1418; *Wer ist's?,* S. 1455.
46. Faksimile der von Krause bei seinem Selbstmord hinterlassenen Notiz datiert mit Münster, den 7. Mai 1934 in: Luther, »Durchsetzung«, S. 114. Siehe auch ebenda, S. 113; Fischer, *Lexikon*, Bd. 2, S. 817.
47. Luther, »Durchsetzung«, S. 113–131. Siehe die einseitige Charakterisierung in: Hoffmann, *Ringen,* S. 31.
48. Siehe oben Anm. 20: und Bauer, *Irrwege,* S. 46. siehe Fischer, *Lexikon,* Bd. 1, S. 80.
49. Siehe die aufschlußreichen Beispiele in: Weizsäcker, *Arzt,* S. 209; Gruber, *Einführung,* S. 201f.; Krehl, *Arzt,* S. 44; Hoff, *Erlebnis,* S. 317f.
50. Schumann und Werner, *Menschenrecht,* S. 193f.; Werle, »Formen«, S. 31–35; Kühn, »Mediziner«, S. 218–224. Es war typisch für die Bigotterie ostdeutscher Historiker wie Kühn, daß sie den Namen Dr. Robert Havemann im Zusammenhang mit Groscurths Geschichte unterschlugen, da Havemann inzwischen in der DDR als Dissident verfolgt wurde. Siehe dagegen Pross in: Pross und Winau, *Nicht mißhandeln,* S. 227–241.
51. Schumann und Werner, *Menschenrecht,* S. 428ff.; Biernat und Kraushaar, *Die Schulze-Boysen/Harnack-Organisation,* S. 132ff.; Werle, »Formen«, S. 39ff.; Cocks, *Psychotherapy,* S. 65–68 und 165–168. Siehe auch Rittmeisters Artikel »Der augenblickliche Stand«.
52. Nissen, *Blätter,* S. 68.
53. So die westdeutsche Medizinhistorikerin Johanna Bleker et al. in: *Die Zeit,* 6. November 1987, S. 47.
54. Siehe Büchner, *Pläne,* S. 80ff., sowie S. 55, 70–73; Platen-Hallermund, *Tötung,* S. 126; Pueschel, *Seenotverbände,* S. 106ff. Raschers Äußerungen sind in dem (nur für den internen Gebrauch) veröffentlichten Protokoll der Besprechung nicht enthalten, doch Büchner erklärt, daß sie aus offensichtlichen Gründen formell nicht zur Tagesordnung gehörten. Siehe *Bericht über eine wissenschaftliche Besprechung.* Mitscherlichs und Mielkes ursprünglicher Vorwurf, Büchner habe nie Protest erhoben *(Diktat,* S. 42), war juristisch unhaltbar und mußte dahingehend revidiert werden, daß auf der Besprechung selbst kein Protest laut geworden war (siehe Mitscherlich und Mielke, *Wissenschaft,* S. 49–52, 280, 282f., 285, 287ff., 291 und 294; und Büchner, *Größe,* S. 150ff.). Shirer befand sich daher auf unsicherem Boden, als er in den sechziger Jahren bezüglich der Besprechung behauptete: »Es wurden keine Fragen zu der Sache gestellt und also auch kein Protest erhoben« *(Rise and Fall,* S. 987, siehe auch S. 979). In meinem eigenen Buch, *»Ahnenerbe«,* habe ich Shirers zweifelhaftes Urteil ungeprüft übernommen (S. 262).

55. Heubner an geschäftsführenden Sekretär, Berlin, 12. Dezember 1938, AAWG, Pers. 65/49. Ich verdanke meine Kenntnis dieses Dokuments Professor H.-G. Herrlitz, Göttingen. Siehe auch Fischer, *Lexikon,* Bd. 1, S. 625; *Wer ist's?,* S. 668f., und zu dem 1872 geborenen Willstätter S. 1735; Fischer, *Lexikon,* Bd. 2, S. 1689. Willstätters weiteres Schicksal unter den Nationalsozialisten ist unbekannt.
56. Kühn, »Mediziner«, S. 218.
57. Klinger, *Wege,* S. 36; Fischer, *Lexikon,* Bd. 2, S. 1415.
58. Fischer, *Lexikon,* Bd. 2, S. 828; *Wer ist's?,* S. 896; Forßmann, *Selbstversuch,* S. 133; Ostrowski, »Schicksal«, S. 337.
59. BDC, PK Degkwitz (1943); Oberreichsanwalt, »Anklageschrift«, Berlin, [September 1943], BDC, Forschungsmaterial Degkwitz; Hochmuth und Meyer, *Menschenrecht,* S. 294–301; Giles, »University Government«, S. 215; Werle, »Formen«, S. 42–52. Siehe auch Kater, »Hitler's Early Doctors«, S. 25; Fischer, *Lexikon,* Bd. 1, S. 299.
60. Platen-Hallermund, *Tötung,* S. 126; Blasius, *Umgang mit Unheilbarem,* S. 112.
61. *Der Erbarzt,* Nr. 3 (1935), S. 41; Blasius, *Umgang mit Unheilbarem,* S. 111f.; Bock, *Zwangssterilisation,* S. 56, 192f. und 292; Bonhoeffer, »Rückblick«. Vgl. Lifton, *Nazi Doctors,* S. 26, 81f. und 121. Siehe Fischer, *Lexikon,* Bd. 1, S. 145.
62. Fischer, *Lexikon,* Bd. 1, S. 772; *Wer ist's?,* S. 825; Platen-Hallermund, *Tötung,* S. 42; Klee, *»Euthanasie«,* S. 47; Cocks, *Psychotherapy,* S. 105f.; Lifton, *Nazi Doctors,* S. 39.
63. Büchner, *Größe,* S. 148f.; *Wer ist's?,* S. 104.
64. Lifton, *Nazi Doctors,* S. 82; Fischer, *Lexikon,* Bd. 1, S. 275.
65. Ewald wurde 1888 in Leipzig geboren, studierte in Erlangen und Heidelberg und war Assistenzarzt an verschiedenen Universitäten. Er habilitierte sich 1920 in Erlangen. 1923 wurde er planmäßiger außerordentlicher Professor in Greifswald. Ab 1934 war er ordentlicher Professor in Göttingen. Fischer, *Lexikon,* Bd. 1, S. 381; *Wer ist's?,* S. 379. Siehe auch Mitscherlich und Mielke, *Medizin ohne Menschlichkeit,* S. 204 und 287; Weitbrecht, *Psychiatrie,* S. 37; Dörner, »Nationalsozialismus«, S. 143.
66. *Wer ist's?,* S. 379; Lifton, *Nazi Doctors,* S. 82–87. Liftons Interpretation wird betätigt durch Personalakten im BDC, PK Ewald. Siehe auch die nüchterne Bewertung in: Klee, *»Euthanasie«,* S. 91, 223–226. Zu Straßburg siehe De Crinis an Ewald, Berlin, 10. November 1944, BDC, Forschungsmaterial Ewald.
67. Siehe Stoeckel, *Erinnerungen,* S. 247; *Wer ist's?,* S. 1448. Siehe auch Groh an Reichsinnenminister, Berlin, 9. Juni 1938, BA, R 21/485; Diepgen an Reichserziehungsminister, Berlin, 30. Juni 1938, BDC, Forschungsmaterial Heischkel; Eintrag für Oktober in *Deutschland-Berichte* (1936), Bd. 3, S. 1342; »Jahreslagebericht 1938« in: *Meldungen aus dem Reich,* Bd. 2, S. 110; Bumke, *Erinnerungen,* S. 151f.
68. Siehe Text in diesem Kapitel, Teil 1, bei Anm. 31; Denkschrift Groh, Berlin, 27. Januar 1939, BA, R 21/485.
69. Thomas an Reichserziehungsminister und der von Kleinschmidt unterzeichnete Anhang, Leipzig, 9. September 1939; Chudoba an Bach, Bonn, 21. November 1939; Seifert an Bach, Würzburg, 24. November 1939, BA, R 21/484.

70. Seifert an Bach, Würzburg, 24. November 1939, BA, R 21/484; Schönberg, »Geschichte«, S. 87 und 107; Büchner, *Pläne,* S. 79. So weit möglich wurden zuvor beispielsweise nach dem Gesetz vom 7. April 1933 entlassene, nichtjüdische Lehrende wieder eingestellt. Siehe das Beispiel von Otto Buchinger (Deutsche Kolonialschule Witzenhausen): Buchinger, *Marinearzt,* S. 147.
71. Siehe Kater, *»Ahnenerbe«,* S. 285f.; Eintrag für 24. November 1939 in: *Meldungen aus dem Reich,* Bd. 3, S. 493.
72. Denkschrift Klingelhöfer für Scheer und de Crinis, Berlin, 6. Februar 1941, einschließlich Anhang; Denkschrift für Schaller, Berlin, 18. Februar 1941, einschließlich Anhang; Anhang zu Brief von Scheer an Streit, [Berlin], 12. März 1941, BA, R 21/476. Siehe auch Aly, »Posener Tagebuch«.
73. Denkschrift für Schauer, Berlin, 18. Februar 1941, BA, R 21/476. Ferner die Korrespondenz bezüglich Straßburgs (1940/41), ebenda.
74. [Rostock] an Mentzel, Berlin, 12. Juni 1944, BDC, Forschungsmaterial Rostock.
75. Denkschrift, Berlin, 10. September 1940; Denkschrift für Breuer, Berlin, 20. Januar 1942; Denkschrift für Breuer, Berlin, 7. Juli 1942; Denkschrift Rostock für Breuer, Berlin, 30. Juli 1942; Klingelhöfer an Breuer, Berlin, 30. Juni 1942; Denkschrift, Berlin, 23. Juni 1944; Denkschrift Kuhnert, Berlin, 12. Juli 1944, BA, R 21/476. Zu den Schwierigkeiten mit der medizinischen Fakultät in Prag siehe [Dekan der medizinischen Fakultät in Prag] an Buntru, Prag, 7. April 1942, Denkschrift [de Crinis] für Kuhnert, Berlin, 7. Februar, 1944, BA, R 21/476.
76. Denkschrift Rostock für Breuer, Berlin, 30. Juli 1942, BA, R 21/476.
77. [Guertler], »Schweigen hieße Verrat«, Berlin, November 1939; Denkschrift Niedermayer, ohne Ort, 20. April 1940, BA, R 4311/940b. Siehe auch Seier, »Niveaukritik«; Kater, »Professoren und Studenten«, S. 474; Popitz an Lammers et al., Berlin, 1. Juni 1940, BA, R 21/484.
78. Siehe Schönberg, »Geschichte«, S. 112; Hoff, *Erlebnis,* S. 355; Als Beispiele für Verluste: Fall von Professor Heinrich Lottig in: *Deutsches Ärzteblatt* 71 (1941), S. 245; Fall von Dr. Paul Eduard Kyrle, Wien (Februar 1941), DAÖW, 4100; Fall von Dr. Karl von Chiari, Wien (März 1941), DAÖW, 4099. Stoeckel, *Erinnerungen,* S. 247ff.; Klee, *»Euthanasie«,* S. 397 (hinsichtlich der Psychiatrie).
79. Rostock an de Crinis, Berlin, 9. Juli 1942, BDC, Forschungsmaterial Rostock; Denkschrift [de Crinis], [Berlin], ohne Jahr [nach 1939], BA, R 21/485; Eintrag für 27. August 1942 in: *Meldungen aus dem Reich,* Bd. 11, S. 4141f.
80. »Schnellbrief« Südhof, Berlin, 18. September 1942; Reichserziehungsminister an die Rektoren et al., Berlin, 14. Dezember 1942, BA, R 21/484.
81. Rostock an de Crinis, [Berlin], 10. November 1942, BDC, Forschungsmaterial Rostock.
82. Eintrag für 14. Januar 1943 in: *Meldungen aus dem Reich,* Bd. 12, S. 4674; z.B. Schöne laut Hoff, *Erlebnis,* S. 379; Stoeckel, *Erinnerungen,* S. 253f.; z.B. Heilmeyer laut Schönberg, »Geschichte«, S. 24; z.B. beratende Fachärzte laut Seidler, *Prostitution,* S. 50f.
83. Diese Konsequenzen werden lebhaft geschildert in: Stoeckel, *Erinnerungen,* S. 249f. Siehe Denkschrift für Berger, Berlin, 5. November 1943, BA, R 21/476; Rostock an Rektor der Universität Münster, Berlin, 28. Dezember 1943; Denk-

schrift de Crinis für Kuhnert, Berlin, 22. Februar 1944, BDC, Forschungsmaterial Rostock.

84. De Crinis an Kuhnert, Berlin, 15. Februar 1944, BA, R 21/477; Rostock an Rektor der Universität Berlin, 19. Februar 1944, BDC, Forschungsmaterial Rostock. Lebenslauf Trendelenburg in Fischer, *Lexikon,* Bd. 2, S. 1581.
85. Bericht [de Crinis], Berlin, 11. April 1944, BDC, Forschungsmaterial Rostock. Vitae in: Fischer, *Lexikon,* Bd. 1, S. 697, Bd. 2, S. 1019.
86. Denkschrift [de Crinis] für Frey, Berlin, 12. Juni 1944, BDC, Forschungsmaterial Rostock. Siehe Fischer, *Lexikon,* Bd. 1, S. 369.
87. Rostocks Beobachtung in der »Dienstbesprechung der Dekane der Medizinischen Fakultäten in Halle am 28. Juli 1944«, BA, R 21/476.
88. Denkschrift [de Crinis], Berlin, 5. Februar 1943, BDC, Forschungsmaterial Bach; de Crinis an Spectabilität, [Berlin], 28. Februar 1944, BA, R 21/477; Bergmann, *Rückschau,* S. 282; Schönberg, »Geschichte«, S. 23, 79.
89. Rostock an de Crinis, Berlin, 13. September 1944, BDC, Forschungsmaterial Rostock.
90. Siehe Hastings, *Overlord,* S. 418f.; Abraham et al., »Historical Introduction«, S. 636f. und 657–661; Fleming, »Preface« in: Fleming, *Penicillin,* S. iv–v; Fleming, »History and Development«, S. 14f.; Chain, »Development«, S. 220–226; Macfarlane, *Howard Florey,* S. 280ff., 284f., 294f., 304ff., 308f., 327, 336 und 358f.
91. Die Penizillinforschung war 1942 bei Hoechst angelaufen; ab 1943 stellte Hoechst kleine Mengen her. Ab 1944 stand Penizillin für »eine begrenzte Anzahl von Patienten zur Verfügung«. Im März 1945 wurde das Werk von US-Truppen besetzt. Hobby, *Penicillin,* S. 208; und Bickel, *Rise up to Life,* S. 295–298. Auch *List,* S. 61; Engelmann, *Deutschland,* S. 75.

Kapitel 5

1. Die Entwicklung der medizinischen Disziplin in Friedens- und Kriegszeiten

1. Detaillierte Hintergrundinformationen in: Kater, »Krisis des Frauenstudiums«, Tabelle 3, S. 214; ders., *Studentenschaft,* S. 70f., Tabelle 4, S. 210f.; ders., »Physicians in Crisis«. Siehe auch Hadrich, »Voraussichtliches Angebot«, S. 568.
2. Tabelle 4 in Kater, *Studentenschaft,* S. 210–222; Tabelle 5.1 in diesem Buch.
3. Nach Lorenz, *Zehnjahres-Statistik,* 1, S. 152f., ging die Zahl der Medizinstudenten von 23028 im Sommersemester 1934 auf 19974 im Sommersemester 1935 zurück. Zu den anderen Zahlen siehe Tornau, »Medizinstudium und Berufsüberfüllung«, *Deutsches Ärzteblatt* 64 (1934), S. 1201; *Ziel und Weg* 6 (1936), S. 649.
4. Dekanat der Medizinischen Fakultät Marburg an Bach, Marburg, 16. Oktober 1939, BA, R 21/484; Rektor der Universität Greifswald an Rust, 2. Februar 1940, BA, R 21/439.

5. [De Crinis] an Huber, Berlin, 15. November 1939, BA, R 21/484. Der Sicherheitsdienst (SD) errechnete, daß an den neun damals noch geöffneten Universitäten insgesamt 35 Prozent mehr Medizinstudenten eingeschrieben waren als vor dem Krieg an allen dreißig medizinischen Fakultäten zusammen (Eintrag vom 8. November 1939 in: *Meldungen aus dem Reich,* 2, S. 431). Zur vorübergehenden Schließung von Universitäten siehe de Crinis an Amtschef W, Berlin, 15. September 1939, BA, R 21/484.
6. Eintrag vom 2. Februar 1940 in: *Meldungen aus dem Reich,* 3, S. 716f. Siehe auch Eintrag vom 5. Februar 1940, ebenda, S. 726f.; Eintrag vom 14. November 1940, ebenda 5, S. 1765; Rektor der Universität Erlangen an Bayerisches Erziehungsministerium, Erlangen, 16. Januar 1940; Rektor der Universität Jena an Rust, Jena, 8. Februar 1940; Rektor der Universität Marburg an Rust, Marburg, 12. Februar 1940; Rektor der Universität Kiel an Rust, Kiel, 14. Februar 1940; Denkschrift Huber, Berlin, 2. April 1940, BA, R 21/439.
7. Zu diesen Ergebnissen gelangte ein SS-Sturmbannführer in einem anonymen Bericht vom 10. Januar 1944, unpaginiert, BA, Schumacher/270, III. Siehe auch Eintrag vom 1. April 1940 in: *Meldungen aus dem Reich,* 4, S. 942; sowie Eintrag vom 25. März 1941 in: ebenda 6, S. 2140; »Denkschrift an RFSS. Erziehernachwuchs 1942. Abgeschlossen 15.3.42«, BA, NS 19 Neu/1531; Giles, *Students,* S. 283; Jakobi et al., *Aeskulap,* S. 68.
8. Wie in Anm. 7 (bis auf Giles und Jakobi et al.); siehe auch Text bei Anm. 21 unten.
9. Diesen Zusammenhang wird in den Memoiren von Güstrow mit dem Titel *Tödlicher Alltag* deutlich.
10. Eine revidierte Fassung des »Reichsarbeitsdienstgesetzes« vom 26. Juni 1935 ist abgedruckt in: Schönfelder, *Deutsche Reichsgesetze,* Abschnitt 18, S. 1–4a. Zum »Wehrgesetz« vom 21. Mai 1935 siehe ebenda, Abschnitt 17a, S. 1–8.
11. Winkler, »Frage«, S. 278; Kreuser, »Erneuerung«, S. 377; [Reichsinnenminister] an Rust, Berlin, 29. Januar 1936, BA, R 21/485; *Reichsstudentenwerk: Kurzberichte, 1938,* S. 16.
12. Tornau, »Schulzeitverkürzung«; *Ziel und Weg* 7 (1937), S. 125; Lottmann, »Ausbildungsdauer«, S. 420; *Reichsstudentenwerk: Kurzberichte,* 1938, S. 16; Zschintzsch an die Herren Vorsteher, Berlin, 21. Februar 1939, BA, R 21/485.
13. Bach an Schultze, [Berlin], 15. November 1939; Zschintzsch an die Herren Rektoren, Berlin, 25. Oktober 1940, BA, R 21/484; Einträge vom 22. und 29. November 1939 in: *Meldungen aus dem Reich,* 3, S. 483 und 507; Kater, »Medizinische Fakultäten«, S. 99.
14. Siehe die in Klee, *Was sie taten,* S. 114, erwähnten Beispiele; Lifton, *Nazi Doctors,* S. 103 und 108. Zur *Notapprobation* siehe auch [Cropp?] an Bach, Berlin, 2. November 1939, BA, R 21/484.
15. Eintrag vom 25. Oktober 1939 in: *Meldungen aus dem Reich,* 2, S. 391; Rudolphi an Reichsfachgruppe Volksgesundheit, Berlin, 23. Oktober 1939; Dekan der Medizinischen Fakultät Marburg an Bach, Marburg, 16. Oktober 1939; [Cropp?] an Bach, Berlin, 2. November 1939, Denkschrift Herrmann an Huber, Berlin, 22. November 1939, BA, R 21/484; Rektor der Universität Leipzig an Rust, Leipzig, 16. Februar 1940, BA, R 21/439.

16. Fall Heinz Bello in: Leber, *Gewissen,* S. 25f.; Franze, *Studentenschaft,* S. 370; Eintrag vom 4. Juni 1942 in: *Meldungen aus dem Reich,* 10, S. 3794.
17. Nach einem glaubwürdigen anonymen Brief eines Stabsarztes der Wehrmacht, Anlage zum Brief Meins an de Crinis, Berlin, 13. Mai 1942, BA, R 21/484.
18. Denkschrift [de Crinis], Berlin, [nach 1939], BA, R 21/485. Vgl. die Auffassung von Prof. Wachholder (Rostock) in: »Tagung der Dekane der Medizinischen Fakultäten im Reichserziehungsministerium am 6. Mai«, BDC, Forschungsmaterial Rudolf Mentzel. Zur Taktik des Studienfachwechsels siehe Eintrag vom 11. November 1939 in: *Meldungen aus dem Reich,* 2, S. 431f., sowie, insbesondere zu den Jurastudenten, den in Anm. 17 genannten anonymen Brief.
19. Dekan der Medizinischen Fakultät Marburg an Bach, Marburg, 16. Oktober 1939, BA, R 21/484.
20. [Cropp?] an Bach, Berlin, 2. November 1939; Denkschrift an Huber, Berlin, 15. November 1939, BA, R 21/484; Rektor der Universität Leipzig an Rust, Leipzig, 16. Februar 1940, BA, R 21/439.
21. Eintrag vom 12. Dezember 1939 in: Boelcke, *Kriegspropaganda,* S. 241.
22. Eintrag vom 5. Februar 1940 in: *Meldungen aus dem Reich,* 3, S. 726; Himmler an Heydrich, Berlin, 9. Dezember 1939, Dok. 55 in: Heiber, *Reichsführer,* S. 69.
23. Siehe Melior an Regierungen der Hochschulländer et al., Berlin, 27. September 1940, BA, R 18/3764; Eintrag vom 4. Juni 1942 in: *Meldungen aus dem Reich,* 10, S. 3794; Kurt Steudes Aussage in: Albrecht und Hartwig, *Ärzte,* S. 439.
24. Cropp an die Vorsitzenden der Ausschüsse für die ärztliche Prüfung, Berlin, 11. Februar 1942, BA, R 18/3764.
25. Cropp an die Vorsitzenden der Ausschüsse, Berlin, 2. Juli 1943, BA, R 18/3764. Siehe auch »Merkblatt« Diepgen, Berlin, 9. Juli 1943, BA, R 21/484.
26. [De Crinis], »Bericht über die Beratung zwecks Unterbringung der Charité und der Universitätskliniken«, Berlin, 27. August 1943, BA, R 21/476.
27. Siehe Schultzes Äußerungen in: »Dienstbesprechung der Dekane der Medizinischen Fakultäten in Halle am 28. Juli 1944«, BA, R 21/476.
28. Ebner, »Bestallungsordnung«, S. 502; Diepgen, *Heilkunde,* S. 269; Mersmann, »Ausbildung«, S. 86, 98 und 118f. Die vielen Änderungen der *Medizinischen Studienordnung* beschreibt Opitz in *Bestallungsordnung,* S. 1–7. Eine ausführlichere, kritische Darstellung aus heutiger Sicht enthält Claudia Huerkamps informatives Werk *Aufstieg der Ärzte.*
29. Ebner, »Bestallungsordnung«; Kreuser, »Erneuerung«; Lottmann, »Ausbildungsdauer«, S. 418 und 420; Text in Kapitel 1.2, bei Anm. 22, Teil 4 bei Anm. 1. Die Bestallungsordnung ist abgedruckt in: Opitz, *Bestallungsordnung,* S. 7–40. Nach ihr sollten in Zukunft diverse lateinische Begriffe durch deutsche ersetzt werden. So wurde zum Beispiel aus dem traditionellen *Physikum* die *ärztliche Vorprüfung* und aus der *Approbation* die *Bestallung.*
30. »Studien- und Bestallungsordnung für Ärzte«, gültig ab 1. April 1939, BA, R 18/3764. Siehe *Deutsches Ärzteblatt* 69 (1939), S. 78f.; »Fünfte Verordnung zur Durchführung und Ergänzung der Reichsärzteordnung«, 17. Juli 1939, *Reichsgesetzblatt* (1939), 1, S. 1273–1289; Bestvater, »Gedanken und Anregungen«.
31. »Erläuterungen zur Bestallungsordnung für Ärzte«, [Sommer 1939], BA, R 18/3764; Ramm, *Standeskunde,* S. 37; Klein, *Amtsarzt,* 9, S. 16.

32. Ramm, *Standeskunde,* S. 35; Text bei Anm. 23 oben.
33. Cropp an Regierungen der Hochschulländer et al., Berlin, 7. November 1940, BA, R 18/3764; Klingelhöfer an Unterrichtsverwaltungen der Länder et al., Berlin, 10. Mai 1941, BA, R21/484. Nach Mersmann, »Ausbildung«, S. 120, sollte im Sommersemester 1940 daher nur praktischer Unterricht erteilt werden.
34. »Ärztliche Vorprüfung«, 24. Mai 1943, BA, R 18/3764.
35. »Bestallungsordnung«, Berlin, 26. Januar 1944, BA, R 18/3764.
36. Conti an Reichsstatthalter der Reichsgaue et al., Berlin, 22. November 1944, BA, 18/3764.
37. Siehe Gruber, *Einführung,* S. 125f.; Wagners Äußerungen vom 24. Mai 1934 in: *Deutsches Ärzteblatt* 64 (1934), S. 587; Vahlen an Universitätskurator et al., Berlin, Dezember 1934, BA, R 21/485; Winkler, »Frage«; Ehner, »Bestallungsordnung«, S. 502; Haag, »Krankenträgerausbildung«, S. 416; Zschintzsch an die Herren Vorsteher et al., Berlin, 21. Februar 1939, BA, R 21/485; »Erläuterungen zur Bestallungsordnung für Ärzte«, [Sommer 1939], BA, R 18/3764.
38. Ebner, »Bestallungsordnung«, S. 502; *Deutsches Ärzteblatt* 69 (1939), S. 79; »Erläuterungen zur Bestallungsordnung für Ärzte« [Sommer 1939], BA, R 18/3764; Ramm, *Standeskunde,* S. 34f.; »Studien- und Bestallungsordnung für Ärzte«, gültig ab 1. April 1939, BA, R 18/3764; »Medizinische Studienordnung«, gültig ab 1. Oktober 1944, BA, R 21/484. Siehe auch Text in Teil 3 nach Anm. 39.
39. Zschintzsch an die Herren Vorsteher et al., Berlin, 21. Februar 1939, BA, R 21/485; »Studien- und Bestallungsordnung für Ärzte«, gültig ab 1. April 1939, BA, R 21/3764; Ramm, *Standeskunde,* S. 35; »Medizinische Studienordnung«, gültig ab 1. Oktober 1944, BA, R 21/484.
40. Mersmann, »Ausbildung«, S. 84.
41. Wagner, »Volksgesundheit«, S. 138; »Studien- und Bestallungsordnung für Ärzte«, gültig ab 1. April 1939, BA, R 18/3764; *Ärzteblatt für Norddeutschland* 2 (1939), S. 463f.; *Deutsches Ärzteblatt* 70 (1940), S. 43; »Praktische Ausbildung der Studierenden der Medizin im Krankenpflegedienst, Land- und Fabrikdienst und als Famulus«, 11. Januar 1940, BA, R 18/3764; Ramm, *Standeskunde,* S. 34; »Medizinische Studienordnung«, gültig ab 1. Oktober 1944, BA, R 21/484.
42. »Erläuterungen zur Bestallungsordnung für Ärzte«, [Sommer 1939], BA, R 18/3764.

2. Zusammenhänge zwischen politischem Engagement und sozialer Herkunft

1. Giles, *Students;* Kater, »Professoren und Studenten«.
2. Scheel, »Rede des Reichsstudentenführers«, insbesondere S. 14 und 16.
3. Zur Entstehung der bereits vor 1933 existierenden Fachschaften und ihrem organisatorischen Status im Dritten Reich siehe Giles, *Students,* S. 75 und 189f.
4. Diepgen, *Heilkunde,* S. 29. Über politische Zuverlässigkeit als ein offizielles Desiderium siehe Kreuser, »Erneuerung«, S. 375; Par. 16 (2), 2 in: »Fünfte Verordnung zur Durchführung und Ergänzung der Reichsärzteordnung (Bestallungsordnung für Ärzte)«, 17. Juli 1939, Reichsgesetzblatt (1939), 1, 1276; Klein, Amtsarzt, 3, S. 3.

5. »Allgemeiner Bericht«, unpaginiert, [1933–1934], ARW, 1, 03 p 356; Bericht Lindgens, Fachschaft Medizin Würzburg, Sommersemester 1934; Schenk, »Anordnung der Studentenschaft«, Würzburg, 25. Juni 1934; »Fachschaftsbericht für die Vorklinikerschaft im WS. 1936/37«, Würzburg, 16. Dezember 1936, ARW, IV, 1-31/10.
6. Bericht Keller, Würzburg, 22. Januar 1934; Keller, »Zusammenfassender Bericht über das W.-S. 1933/34«, Würzburg, 26. Februar 1934, ARW, IV, 1-31/10.
7. Zink, Tätigkeitsbericht für die Fachschaft Kliniker für das Sommer-Semester 1937, Würzburg, 17. Juni 1937, ARW, IV, 1-3 1/10; Bericht der Medizinischen Fachschaft Heidelberg, Wintersemester 1935/36, ARW, 1, 80 g 581/2. Zu Hirt siehe Kater, *»Ahnenerbe«*, S. 245–255.
8. Siehe »Fachschaftsmitteilungen der Klinikerschaft für das Sommer-Semester 1936 [Würzburg]«; Zink, Tätigkeitsbericht für die Fachschaft Kliniker für das Sommer-Semester 1937, Würzburg, 17. Juni 1937, ARW IV, 1-31/10.
9. Hauptamtsleiter an Lindgens, [Würzburg], 23. November 1933, ARW, IV, 1-31/10; Wolff, »Bericht über das III. Reichslager«, S. 164.
10. *Ziel und Weg* 5 (1935), S. 276f.; Prägert, »Krankenpflegerausbildung«; Lemberger, »Unsere praktischen Erfahrungen«.
11. Bericht der Medizinischen Fachschaft Heidelberg, Wintersemester 1935/36, ARW, 1, 80 g 581/2; Medizinerschaft Würzburg an Schriftleitung, Würzburg, 4. Februar 1937, ARW, IV; 1-31/10.
12. »Berichte der einzelnen Fachschaftsleiter über die bisher geleistete Arbeit«, unpaginiert, [März 1936], ARW, 1, 80 g 581/1; Peterson an Senat der Universität [Würzburg], 10. Oktober 1933; Medizinische Fachschaft Würzburg an Studentenschaft Freiburg, 4. April 1936; »Fachschaftsmitteilungen der Klinikerschaft [Würzburg] für das Sommer-Semester 1936«, ARW, IV, 1-31/10; Vowinkel an Liess, Krefeld, 23. Oktober 1935; Bericht der Medizinischen Fachschaft Heidelberg, Wintersemester 1935/36; Bericht der Medizinischen Fachschaft Hamburg, Berlin, 17. April 1936, ARW, 1, 80 g 581/2.
13. Zink, Tätigkeitsbericht für die Fachschaft Kliniker für das Sommersemester 1937, Würzburg, 17. Juni 1937, ARW, IV, 1-31/10.
14 Siehe Gauwerky, »Tätigkeitsbericht«, S. 1079; Bericht Seifert, Berlin, 17. April 1934, ARW, 1, 80 g 581/2.
15. Medizinische Fachschaft München an Medizinische Fachschaft Würzburg, München, 15. November 1935; Klinikerschaft Würzburg an Rieth, Würzburg, 24. Juni 1936; »Bestätigung«, [Würzburg], 4. November 1936 und 17. Februar 1937; Fachschaftsleiter an Stahl, Würzburg, 1. Februar 1937; »Dienstleistungszeugnis«, Würzburg, 17. Februar 1937; Zink, Tätigkeitsbericht für die Fachschaft Kliniker für das Sommersemester 1937, Würzburg, 17. Juni 1937, ARW, IV, 1-31/10.
16. Vereinbarung zwischen Wagner und Stäbel, München, 26. Januar 1934, ARW, 1, 11 p 71; Text in Kapitel 4.2, vor Anm. 2.
17. *Ziel und Weg* 6 (1936), S. 160.
18. Hoos an Reichsstudentenführung und an Führerschule AIt-Rehse, Würzburg, 30. Januar und 20. Februar 1937, ARW, IV, 1-31/10; Gauwerky, »Reichsfachgruppe Medizin«; Wolff, »Bericht über das III. Reichslager«, S. 164.

19. Gauwerky, »Tätigkeitsbericht«, S. 1079.
20. Ebenda, S. 1078f.
21. Rund zwei Dutzend medizinische Themen für diesen Wettbewerb sind aufgelistet in: ARW, III. Siehe auch Gauwerky, »Reichsfachgruppe Medizin«, S. 376.
22. *Ziel und Weg* 8 (1938), S. 231 und 413; Gauwerky, »Tätigkeitsbericht«; Kater, »Gesundheitsführung«.
23. Siehe *Ziel und Weg* 7 (1937), S. 508; Röder, »Lehrgang«, S. 518.
24. Röder, »Lehrgang«, S. 522; Kittel, »Einsatz von Medizinstudenten im Rassenpolitischen Amt der NSDAP«; 27. November 1937, ARW, 1, 20 g 670.
25. Zur infamen Rolle der *Fachschaft* während der Intrigen gegen Professor Krause in Münster siehe Luther, »Durchsetzung« (siehe auch Text in Kapitel 4.3 bei Anm. 47).
26. Korrespondenz von Vollmann-Simon-Klein (Frühjahr/Sommer 1934), ARW, 1, 33 g 178/4, insbesondere Klein an Simon, [Berlin], 28. Juni 1934.
27. Die Kameradschaften wurden, ähnlich wie die Fachschaften, der nationalsozialistischen Reichsstudentenführung unterstellt, doch auf sie scheint die Reichsärzteführung/Reichsgesundheitsführung keinen so großen Einfluß gehabt zu haben. Der Prototyp einer medizinischen Kameradschaft entstand im November 1934 in Heidelberg unter der Ägide von Gustav Adolf Scheel, der damals der Hochschulgruppenführer des NSDStB in Heidelberg war. Siehe *Deutsches Ärzteblatt* 66 (1936), S. 1259; *Münchener Medizinische Wochenschrift* 83 (1936), S. 1950.
28. »Entwurf zu einem Artikel über ›Das Studium der Medizin während des Krieges‹,« [November 1939], BA, R 21/484; Eintrag vom 5. Februar 1940 in: *Meldungen aus dem Reich*, 3, S. 727; *Reichsstudentenwerk: Bericht,* 1941, S. 90–93; Ramm, *Standeskunde,* S. 80; »Verfügungsdurchschrift«, Leitender Oberstaatsanwalt beim Landgericht Hamburg an Arbeitsgemeinschaft Neuengamme, Hamburg, 24. August 1967, DAÖW, 4748; Klee, *»Euthanasie«,* S. 254; Lifton, *Nazi Doctors,* S. 67.
29. Kater, *Studentenschaft,* S. 56–73; ders., »Professionalization«, S. 679f.; Huerkamp, *Aufstieg der Ärzte,* S. 61–78.
30. Kater, *Studentenschaft,* S. 56–73; *Deutsches Ärzteblatt* 65 (1935), S. 1212. Vgl. Jarausch, *Studenten,* S. 129–140.
31. Die Daten in Lorenz, *Zehnjahres-Statistik,* 1, S. 356–371 für das Wintertrimester 1941 scheinen diesen Trend zu bestätigen; allerdings sind sie unvollständig und daher nicht absolut zuverlässig. Doch Jarauschs Argumentation in *Studenten,* S. 182f., ist überzeugend. Ein Anstieg des Anteils der Studierenden aus der oberen Mittelschicht, insbesondere im Fach Medizin, ist angesichts der hohen (und ständig steigenden) Zahl der Medizinstudentinnen wahrscheinlich, denn in der Regel kamen mehr weibliche als männliche Medizinstudenten aus den oberen Schichten.
32. Diese Einschätzung stützt sich auf die Überlegungen in Anm. 31.
33. Die Sammlung des Reichsstudentenwerks (RSW), eine umfangreiche Kartei mit zwei Sätzen von Karteikarten, die alphabetisch geordnet sind, ist im BA zugänglich, jedoch nicht Bestandteil des unter R 149 rubrizierten Archivmaterials über Studenten. Siehe Granier et al., *Das Bundesarchiv und seine Bestände,*

S. 458. Es ist Konrad H. Jarausch zu verdanken, daß diese Kartei nicht vernichtet wurde. Armingers nützliche Pilotstudie »Involvement« enthält eine erste Analyse der Kartei.

34. Vgl. *Reichsstudentenwerk: Kurzberichte, 1935*, S. [16]; ebenda, *1936*, S. [27].
35. Die Prozentwerte für weibliche Medizinstudierende sind:

	A WS 1934/35	B SS 1938	C W-Trimester 1941	D WS 1943/44
1. Frauenanteil in Medizin (laut *Statistisches Handbuch*)	19,1	16,6	26,5	35,2
2. Frauenanteil in Medizin (im Kater-Sample)	12,9	9,6	17,0	37,3

Die Zahlen unter 2. ergaben sich aus dem Darlehensnehmer-Sample von Kater; Berechnungsgrundlage waren die Zahlen in: Lorenz, *Zehnjahres-Statistik*, 1, S. 364; Die Zahlen unter 1. wurden dem *Statistischen Handbuch*, S. 623, entnommen. In Armingers Sample (1933–1945) betrug der Anteil der weiblichen Studierenden nur 8,1 Prozent (siehe Tabelle 7 auf S. 20 seiner Pilotstudie »Involvement«).

36. Siehe *Frankfurter Zeitung*, 1. Januar 1937; *Reichsstudentenwerk: Bericht, 1941*, S. 47f.
37. Siehe *Reichsstudentenwerk: Bericht, 1941*, S. 40 und 48f.
38. Nach allen Darlehensnehmer-Daten (3693 *N*) wurden in den drei Fächern Medizin, Zahnmedizin und Jura zwischen 1933 und 1940 (einschließlich) insgesamt durchschnittlich 424 Studenten pro Jahr finanziell unterstützt. Dieser jährliche Durchschnittswert sank im Vierjahreszeitraum 1941 bis 1944 auf 76 *N*. Leider wird dieser Rückgang in Arminger, »Involvement«, nicht deutlich, da das von ihm ausgewertete Sample alle akademischen Disziplinen umfaßt.
39. Ein Semester Medizin kostete über 900 Reichsmark. Diese Schätzung beruht auf den Zahlen in: *Deutsches Ärzteblatt* 69 (1939), S. 186f., und *Reichsstudentenwerk: Bericht, 1941,* S. 42. Siehe auch »Richtlinien für das Verfahren bei den ärztlichen Vorprüfungen und Prüfungen sowie bei der Behandlung als Arzt« [1942], BA, R 18/3764.
40. Siehe Kater, »Quantifizierung«, S. 479f.
41. Abbildung 1, Kater, *Nazi Party*, S. 263.
42. *Reichsstudentenführung: Kurzberichte, 1936*, S. [37f.]. Nach meiner statistischen Analyse der Daten der 2019 Medizinstudenten, 1210 Jurastudenten und 464 Zahnmedizinstudenten im Darlehensnehmer-Sample erhielt ein Medizinstudent zwischen 1933 und 1945 durchschnittlich 729,61 Reichsmark, ein Jurastudent 626,09 Reichsmark und ein Zahnmedizinstudent 590,47 Reichsmark. Bis 1937, und wahrscheinlich auch danach, betrug die durchschnittliche Höhe eines

Einzeldarlehens ungefähr 545 Reichsmark (siehe *Reichsstudentenwerk: Kurzberichte, 1937,* S. 68). Kaum ein Student erhielt insgesamt mehr als 1200 Reichsmark. Siehe *Reichsstudentenwerk: Kurzberichte, 1937,* S. 7 und 68; *Reichsstudentenwerk: Bericht, 1941,* S. 47.

43. Bericht Lindgens, Fachschaft Medizin Würzburg, Sommersemester 1934, ARW, IV, 1-31/10; Bulitta an Führer der Studentenschaft Würzburg, 2. Dezember 1933 und 12. Januar 1934; Denkschrift Remer, [Würzburg], 5. Dezember 1933, ARW, IV, 1-31/9.
44. 1933 wurde errechnet, daß 28 Prozent der gesamten Studentenschaft, aber nur 21 Prozent der Darlehensnehmer Medizinstudenten waren. Bei den Jurastudenten betrug das Verhältnis 21 zu 20 Prozent (»Umschau in der Arbeit der studentischen Selbsthilfe«, Dresden, 9. Oktober 1933, ARW, 1, 6 p 359). Im Sommersemester 1935 betrug das Verhältnis im Fach Medizin dann 34 zu 31 Prozent und im Fach Jura 18 zu 17 Prozent *(Reichsstudentenwerk: Kurzberichte, 1936,* S. [37]. Siehe auch S. [38]).
45. Tabelle 5.4, Spalten A und E verglichen mit Spalte G: 40,3 Prozent und 39,5 Prozent versus 32,5 Prozent; 3,5 Prozent und 4,4 Prozent versus 6,2 Prozent; Spalten B und F verglichen mit Spalte H: 18,5 Prozent und 16,1 Prozent versus 27,3 Prozent; 10,3 Prozent und 11,5 Prozent versus 8,8 Prozent.
46. Tabelle 5.4 (Spalten C und D verglichen mit den Spalten G und H): 22,3 Prozent < 32,5 Prozent; 10,9 Prozent < 27,3 Prozent; 73,2 Prozent > 61,2 Prozent; 78,9 Prozent > 63,9 Prozent; 4,5 Prozent < 6,2 Prozent; 10,2 Prozent > 8,8 Prozent.
47. Der Korrelationskoeffizient (Pearsons r) für die Prozentwerte in den Spalten A und C der Tabelle 5.5 beträgt 0,99, für die Spalten A und B allerdings nur 0,82 und für die Spalten B und C 0,86. Doch da es sich nicht um Intervalldaten handelt, hat dieser Test nur illustrativen Wert.
48. Giles, *Students,* S. 139–142; Franze, *Studentenschaft,* S. 219; Faust, *Studentenbund,* 2, S. 128. Zur Unbeliebtheit des SA-Hochschulamts siehe »Allgemeiner Bericht«, unpaginiert [1933–1934]; Bericht Göller, München, 3. Juli 1934, ARW, 1, 03 p 356.
49. Text in Kapitel 3.3 nach Anm. 27; Tabelle 3.7.
50. Personalakten in SA Fleischmann, BDC; Reiche, »SA Terror in Nuremberg«, S. 257f.; Reiche, *Development,* S. 184.
51. Kater, »Professoren und Studenten«, S. 477–486; ders., *Nazi Party,* S. 97–100 und 127f. (der auf S. 128 genannte Wert von 40 Prozent studentischer NSDAP-Mitglieder in 1944/45 muß nun nach unten korrigiert werden). Siehe Jarausch, *Studenten,* S. 165–211. Unlängst (1985) belegte Giles, daß in Hamburg noch bis 1942 relativ viele Studenten in die NSDAP eintraten, doch dann sank die Zahl der neuen Parteimitglieder plötzlich. Leider läßt sich aus seinen Daten über Hamburg kein Trend für das ganze Reich ableiten *(Students,* S. 246f.).
52. Bericht der Medizinischen Fachschaft Rostock für das Wintersemester 1935/36, ARW, I, 80 g 581/2; Kuntzmüller, Tätigkeitsbericht der Fachschaft Vorkliniker, [Würzburg], Wintersemester 1936/37; Zink, Tätigkeitsbericht für die Fachschaft Kliniker für das Sommersemester 1937, Würzburg, 17. Juni 1937, ARW, IV, 1-31/10; »Jahreslagebericht 1938«, in: *Meldungen aus dem Reich,* 2, S. 110.

53. »Berichte der einzelnen Fachschaftsleiter über die bisher geleistete Arbeit«, unpaginiert [März 1936], ARW, 1, 80 g 581/1.
54. Tätigkeitsberich Vorkliniker [Würzburg] für das Wintersemester 1936/37; Zink, Tätigkeitsbericht für die Fachschaft Kliniker für das Sommersemester 1937, Würzburg, 17. Juni 1937; Sommersemester 1937, Bericht der Fachschaft Vorkliniker [Würzburg]; Bartels, Semesterbericht der Fachgruppe Medizin, Würzburg, 29. Juni 1937, ARW, IV, 1-31/10.
55. Simon an Klein, Freiburg, 18. Juni 1934, ARW, 1, 33 g 178/4.
56. Bericht über die Arbeit der Medizinischen Fachschaft Rostock für das Wintersemester 1935/36, ARW, 1, 80 g 581/2.
57. Spender, *European Witness,* S. 20f.
58. Eintrag vom 9. Oktober 1939 in: *Meldungen aus dem Reich,* 2, S. 332f.; Eintrag vom 24. November 1939, ebenda 3, S. 494; Eintrag vom 12. Dezember 1939 in: Boelcke, *Kriegspropaganda,* S. 241.
59. Mutschmann an Rust, Dresden, 18. Dezember 1943, Anlage zum Brief von Kock an Groh et al., Berlin, 1. Januar 1944, BA, R 21/476. Siehe auch Eintrag vom 4. Juni 1942 in: *Meldungen aus dem Reich,* 10, S. 3794 (Vgl. Eintrag vom 20. Dezember 1943, ebenda 15, S. 6176).
60. Hämel an Rust, Jena, 15. Juli 1943; Staatsrat an Rust, Jena, 12. August 1943, BA, R 21/439.
61. Güstrow, *Tödlicher Alltag,* S. 187–203.
62. Hoffmann, *Ringen,* S. 14.
63. Schneider, »Widerstand«, S. 230ff.
64. Kurt Steudes Aussage in: Albrecht und Hartwig, *Ärzte,* S. 434–438.
65. Mitscherlich, *Leben,* S. 96, 98–101, 104, 115 und 117.
66. Weisenborn, *Aufstand,* S. 94; Petry, *Studenten;* Hans Scholls Briefe, April 1939 – Februar 1943, insbesondere der an Rose Nägele vom 5. Januar 1943 (S. 113f.) in: Scholl und Scholl, *Briefe,* S. 23–116; Giles, *Students,* S. 299–305; Hochmuth und Meyer, *Streiflichter,* S. 387–421; Bittner, »Widerstand«, S. 1533f.
67. Büchner, *Pläne,* S. 72–76.
68. Akte Karl Groeger, DAÖW, 540.
69. Leber, *Gewissen,* S. 25f.

3. Die sogenannte Judenfrage und die Qualität der Medizinerausbildung

1. Düning, *SA-Student*; Feickert, Studenten; Faust, *Studentenbund,* 1, S. 89–92.
2. Kümmel, »Ausschaltung«, S. 72; Götz von Olenhusen, »›Nichtarischen‹ Studenten«, S. 176–182; Bracher et al., *Machtergreifung,* S. 318; Ellersdorfer, »Auswirkungen«, S. 25f.; Richarz, *Leben,* S. 14; Adam, *Judenpolitik,* S. 69f. Zum prozentualen Rückgang siehe Schulz, »Entwicklung«, S. 484. Die Nazis behaupteten, im Sommer 1934 habe der Anteil der jüdischen Studenten, einschließlich der konvertierten Juden und der »Mischlinge«, 1,44 Prozent betragen (*Ziel und Weg* 5 [1935], S. 467).
3. Greis, »Tätigkeitsbericht der Zahnärztlichen Fachschaft«, [Würzburg, Wintersemester 1933/34], ARW, IV, 1-31/2.

4. Tabelle 11 in: Kater, *Studentenschaft,* S. 218.
5. Siehe Richarz, *Leben,* S. 93f.; Faust, *Studentenbund,* 1, S. 93; Grill, *Nazi Party in Baden,* S. 30f.; Leonardo Conti, »Verraten und verkauft? Streiflichter aus dem Berliner Standesleben«, in: *Mitteilungsblatt der Arbeitsgemeinschaft Groß-Berlin des Nationalsozialistischen Deutschen Ärztebundes* 1 (September 1931), BA, NSD 53/2.
6. Schulze an DSt.-Vorstand, Hamburg, 31. März 1933, ARW, II, 288.
7. Beispiele für Düsseldorf (Mai 1933) und Würzburg (November 1933) in: Schadewaldt, *Universität Düsseldorf,* S. 68; Starrek, »Bericht der Würzburger Vorklinikerschaft über die bisherige Tätigkeit«, [Würzburg, November 1933], ARW, IV, 1-31/10.
8. *Das Schwarzbuch,* S. 254f.
9. Dok. 348 vom 2. Februar 1934 in: Walk, *Sonderrecht,* S. 72; Götz von Olenhusen, »›Nichtarische‹ Studenten«, S. 191.
10. Dok. 477 vom 13. November 1934 in: Walk, *Sonderrecht,* S. 97; Dok. 193 vom 13. November 1934 in: Sauer, *Dokumente,* 1, S. 238ff.
11. Götz von Olenhusen, »›Nichtarische‹ Studenten«, S. 192.
12. *Ziel und Weg* 5 (1935), S. 282; Götz von Olenhusen, »›Nichtarische‹ Studenten«, S. 190; Adam, *Judenpolitik,* S. 115. Diese Bedingung wurde in der Reichsärzteordnung vom 13. Dezember 1935, Par. 3 (5) festgeschrieben, BA, R 18/5574.
13. *Reichsstudentenwerk: Kurzberichte,* 1937, S. 23.
14. Ebenda.
15. Götz von Olenhusen, »›Nichtarische‹ Studenten«, S. 184. Siehe auch Zschintzsch an nachgeordnete Dienststelle der preußischen Hochschulverwaltung et al., Berlin, 18. Juni 1936, BA, R 21/485.
16. Winheim an [Studentenschaft Universität Würzburg], Würzburg, 20. August 1935, ARW, IV, 1-31/10.
17. Bericht über das Reichslager der Fachschaft Jena vom 23. bis 25. Juni 1935, ARW, 11, 531.
18. »Berichte der einzelnen Fachschaftsleiter über die bisher geleistete Arbeit«, unpaginiert [März 1936], ARW, 1, 80 g 581/1; Bericht der Medizinischen Fachschaft Hamburg, Berlin, 17. April 1936; Bericht der Medizinischen Fachschaft Jena, Jena, 17. April 1936; Bericht der Medizinischen Fachschaft Heidelberg, Wintersemester 1935/36, ARW, 1, 80 g 581/2.
19. Bericht der Medizinischen Fachschaft Rostock für das Wintersemester 1935/36, ARW, 1, 80 g 581/2.
20. Winheim an Bayerisches Erziehungsministerium, Würzburg, 1. Oktober 1935, ARW, IV, 1-31/10. Siehe auch Zink, Tätigkeitsbericht für die Fachschaft Kliniker für das Sommersemester 1937, Würzburg, 17. Juni 1937, ARW, IV, 1-31/10.
21. Zschintzsch an Frick, Berlin, 18. Februar 1938, BA, R 21/485. Der Rückgang des Anteils jüdischer Medizinstudenten läßt sich schwer in absoluten Zahlen ausdrücken, da nur Daten über mosaische Juden vorliegen (also keine über konvertierte Juden oder »Mischlinge«). Nach diesen gab es im Sommer 1932 noch 1893 jüdische Medizinstudenten; im Sommer 1933 waren es 916 und im Winter 1933/34 nur noch 366 (die Ausländer nicht mitgerechnet). Wenn man diese Zah-

len in prozentuale Anteile an der Gesamtheit der deutschen Medizinstudenten umrechnet, ergeben sich folgende Werte: 7,6 Prozent Juden in 1932, 3,8 Prozent Juden in 1933 und 1,6 Prozent Juden in 1933/34, nach Zahlen in: Tornau, »Medizinstudium und Berufsüberfüllung«, *Deutsches Ärzteblatt* 64 (1934), S. 1096.

22. Wagner, *Judengesetze; Deutsches Ärzteblatt* 65 (1935), S. 896–899; Schleunes, *Twisted Road,* S. 119f., 123f. und 127; Adam, *Judenpolitik,* S. 126, 129f. und 135–142. Siehe Kapitel 6.
23. Stab, Stellvertreter des Führers, an Rust, München, 4. August 1937, Anlage zum Brief Zschintzsch an Frick, Berlin, 18. Februar 1938, BA, R 21/485.
24. Zschintzsch an Frick, Berlin, 28. Februar 1938, R 21/485. Zu den *Mischlingen* siehe Dok. 362 vom 20. Oktober 1937 in: Walk, *Sonderrecht,* S. 202f.
25. Wagner an Reichsinnenminister, BA, R 21/485.
26. Verordnung vom 4. April 1939, BA, R 21/485; »Fünfte Verordnung zur Durchführung und Ergänzung der Reichsärzteordnung«, 17. Juli 1939, Par. 15 (3), *Reichsgesetzblatt* (1939), 1, 1275; »Bestallungsordnung für Ärzte, Runderlaß«, 17. August 1939, BA, R 18/3764; Klein, *Amtsarzt,* 3, S. 2.
27. Götz von Olenhusen, »›Nichtarische‹ Studenten«, S. 199ff.; Zschintzsch an Unterrichtsverwaltungen et al., Berlin, 22. Juni 1942, BA, R 22/1183. Conti war ein alter Freund von Bormann und bis zuletzt loyal. Siehe Kater, »Doctor Leonardo Conti«, S. 311ff. und 318ff.; Conti an Rust, Berlin, 23. Februar 1944, BA, R 21/484.
28. Wie Medizinstudenten aus Würzburg, Düsseldorf und Gießen sich an der Verfolgung von Lehrkräften beteiligten, beschreiben die »Berichte der einzelnen Fachschaftsleiter über die bisher geleistete Arbeit«, unpaginiert [März 1936], ARW, 1, 80 g 581/1; Schadewaldt, *Universität Düsseldorf,* S. 68; Jakobi et al., *Aeskulap,* S. 51.
29. Siehe die Äußerungen des Medizinstudenten Vollmann, [Bericht Freiburg, Frühjahr 1934], ARW, 1, 33 g 178/4.
30. Ein solches Freistellungsgesuch enthält zum Beispiel die Akte: Dekan der Medizinischen Fakultät Königsberg, Freistellung von Hans Porrmann, Königsberg, 17. Juli 1933, ARW, 1, 05 g 353/2. Siehe auch die Eingabe des Medizinstudenten Erhard Rathke an Reichsamt Ostland für Arbeitsdienst der Deutschen Studentenschaft, Danzig-Langfuhr, 3. August 1933, ebenda.
31. »Allgemeiner Bericht«, unpaginiert [1933/34], ARW, 1, 03 p 356; Bumke, *Erinnerungen,* p. 152.
32. Keller, »Zusammenfassender Bericht über das W.-S. 1933/34«, Würzburg, 26. Februar 1934, ARW, IV, 31/10.
33. Lindgens an Schenk [Würzburg], [Krankenhaus] Mülheim-Ruhr, 26. August 1934, ARW, IV, 31/10.
34. Bella Fromm hörte diese Äußerungen und hielt sie schriftlich fest. Siehe Eintrag vom 10. Februar 1935 in ihrem Buch *Blood and Banquets,* S. 187f.
35. Wagner, »Volksgesundheit«, S. 138; *Deutsches Ärzteblatt* 69 (1939), S. 78; »Erläuterungen zur Bestallungsordnung für Ärzte«, [Sommer 1939], BA, R 18/3764.
36. Zschintzsch an die Herren Rektoren et al., Berlin, 23. November 1939; Bach an Otto, [Berlin], 4. Dezember 1939; Mentzel an die Dekane der Medizinischen

Fakultäten, Berlin, 5. Dezember 1939; de Crinis an Ehlich, Berlin, 15. Mai 1942; »Auszug aus dem Protokoll über die Dekanbesprechung am 13. und 14.4.1943«; de Crinis an Kock, Berlin, 13. Juli 1943, BA, R 21/484; Eintrag vom 4. Dezember 1939 in: *Meldungen aus dem Reich,* 3, S. 525.

37. Denkschrift [de Crinis], Berlin, [nach 1939], BA, R 21/485; Denkschrift de Crinis, Berlin, 10. und 22. Dezember 1942, BA, R 21/484; »Dienstbesprechung der Dekane der Medizinischen Fakultäten in Halle am 28. Juli 1944«, BA, R 21/476.
38. Siehe den anonymen Bericht eines Stabsarztes, Anlage zum Brief Meins an de Crinis, Berlin, 13. Mai 1942, BA, R 21/484.
39. Stark an Stadler, Weiden, 17. Mai 1941, BA, R 18/3781; Dekan der Medizinischen Fakultät der Wiener Universität an Erziehungsministerium, Wien, 26. Juni 1942, BA, R 21/476; Denkschrift [de Crinis], [Berlin], 24. Februar 1941; Guleke an de Crinis, Jena, 29. Dezember 1942; Guleke an Rostock, Jena, 30. Dezember 1942, BA, R 21/484; »Tagung der Dekane der Medizinischen Fakultäten im Reichserziehungsministerium am 6. Mai 1941«, BDC, Forschungsmaterial Rudolf Mentzel; Fischer, *Erfahrungsberichte,* S. 6.
40. Siehe *Reichsstudentenwerk: Kurzberichte,* 1938, S. 40; Burgschweiger, »Humangenetische und anthropologische Arbeiten«, sowie Kapitel 4.1 bei Anm. 28. Siehe auch Fall Dr. med., Dr. med. dent. Richard Schöndorf, BDC, PA Schöndorf.
41. Blome, »Freiheit«, S. 248; Kater, »Reich Vocational Contest«, S. 256f.
42. Par. 68 (2) in »Fünfte Verordnung zur Durchführung und Ergänzung der Reichsärzteordnung (Bestallungsordnung für Ärzte)«, 22. Juli 1939, *Reichsgesetzblatt* (1939), 1, 1285; »Erläuterungen zur Bestallungsordnung für Ärzte«, [Sommer 1939], BA, R 18/3764.
43. Brief Conti an Rust, Berlin, 23. Februar 1944, und die ihm beigefügte Denkschrift de Crinis, Berlin, 6. März 1944; »Medizinische Studienordnung«, gültig ab 1. Oktober 1944, BA, R 21/484.
44. Adam, *Hochschule,* S. 158. Diese Zahlen müssen leicht korrigiert werden, da Adams Berechnung die Zahnmedizinstudenten miteinschließt.
45. Dekan der Medizinischen Fakultät München an Rektor, München, 6. Oktober 1939; »Auszug aus Bericht des Kurators der Universität Berlin vom 18.11.1940«, BA, R 21/484; Eintrag vom 16. Februar 1942 in: *Meldungen aus dem Reich,* 9, S. 3321.
46. Eintrag vom 11. Januar 1943 in: *Meldungen aus dem Reich,* 12, S. 4659; de Crinis an Amtschef W und Klingelhöfer, Berlin, 16. Juni 1943, BA, R 211484; »Forschung, Lehre und zivile Krankenversorgung im 4. Kriegsjahr«, [München 1943], BA, R 21/ 476.
47. Diepgen an die Herren Mitglieder des Ausschusses, Berlin, 5. Februar 1945, BA, R 21/484.
48. In Preußen betrug der Anteil der Medizinstudenten, die ihr Studium abbrachen (weil sie bei den Prüfungen wahrscheinlich durchgefallen wären), 1932/33 noch 16,8 Prozent; 1935/36 lag er bei 13,8 Prozent und 1938/39 bei 13,5 Prozent. Die entsprechenden Prozentwerte für Medizinstudenten, die ihr Examen mit der Note »sehr gut« bestanden, waren 7,7, 13,0 und 12,2. Ein Korrelationskoeffizient (Pearsons r) von – 0,975 zeigt eine fast perfekte negative Korrelation auf.

Meine Berechnungsgrundlage waren Zahlen aus Listen über vormedizinische und medizinische Prüfungen in Preußen 1932–1939, BA, R 18/3764. Zur Situation im gesamten Reich siehe Lorenz, *Zehnjahres-Statistik,* 2, S. 18. Zu den kritischen Kommentaren von Fakultätsmitgliedern siehe »1. Vierteljahreslagebericht 1939« in: *Meldungen aus dem Reich,* 2, S. 271.

49. Conti an Regierungen der Hochschulländer et al., Berlin, 29. November 1940, BA, R 18/3764.
50. Eintrag vom 16. Juli 1942 in: *Meldungen aus dem Reich,* 10, S. 3959.
51. Eintrag vom 5. Oktober 1942, ebenda, 11, S. 4283.
52. Guleke an de Crinis, Jena, 29. Dezember 1942; Guleke an Rostock, Jena, 30. Dezember 1942, BA, R 21/484. Zu Guleke siehe Fischer, *Lexikon,* 1, S. 552.
53. Siehe den anonymen Bericht eines Stabsarztes, Anlage zum Brief Meins an de Crinis, Berlin, 13. Mai 1942, BA, R 21/484.
54. Denkschrift de Crinis, Berlin, 22. Dezember 1942, BA, R 21/484.
55. De Crinis an Ehlich, Berlin, 15. Mai 1942; Denkschrift de Crinis an Klingelhöfer, 10. Dezember 1942; de Crinis an Amtschef W und Klingelhöfer, Berlin, 16. Juni 1943, BA, R 21/484.
56. Himmler an Brandt, Feld-Kommandostelle, 13. Juli 1944, BA, R 18/3810.

Kapitel 6

1. Die Medikalisierung der »Judenfrage«

1. Lifton, *Nazi Doctors,* S. 17.
2. Daim, *Mann;* Mosse, *Toward the Final Solution,* S. 99.
3. Kater, »Hitler's Early Doctors«, S. 42f.
4. Siehe Hitler, *Mein Kampf,* S. 53f., 224, 277, 286 und 512. Robert Lifton, dem ich neben George Mosse die Inspiration für diesen Ansatz verdanke, erwähnt dieselben oder ähnliche Beispiele aus einer anderen Ausgabe von *Mein Kampf* auf S. 16 von *Nazi Doctors.* Für 1941 siehe *Nach Hitler,* S. 199, Anm. 20.
5. Kater, »Hitler's Early Doctors«, S. 41.
6. Brief an Chefarzt Dr. B., Scheidegg, 31. März 1933, in: Klare, *Briefe,* S. 73.
7. *Deutsches Ärzteblatt* 65 (1935), S. 896.
8. Amende, »Arzt«, S. 60. Zu Amendes früher Nazikarriere siehe Kudlien, »Ärzte als Anhänger«, S. 25.
9. Wagner, »Ziele«, S. 488; derselbe, »Rasse und Volksgesundheit«, S. 515f.
10. Meier, »Ende des jüdischen Arzttums«, S. 112.
11. Hiemer, *Pudelmopsdackelpinscher,* S. 89f. Siehe Showalter, *Little Man, What Now?*
12. Siehe Hobohm, »Nationalsozialismus«, S. 43.
13. Reichert, »Juden und jüdische Mischlinge«, S. 322; Ruppert, »Seucheninsel«, S. 28.
14. Ramm, *Standeskunde,* S. 46.
15. Conti, »Leistung«, S. 18; Klein laut Lifton in: *Nazi Doctors,* S. 15f.

16. Hitler, *Mein Kampf,* S. 295 und 512.
17. Siehe Mosse, *Toward the Final Solution,* S. 101 und 111.
18. Dinter, *Sünde wider das Blut,* S. 265f. und 400. Siehe auch Mosse, *Toward the Final Solution,* S. 176f.; und, zu Dinters früher Nazikarriere, Tyrell, *Führer.* Hitler betrachtete den Geschlechtsverkehr zwischen jüdischen Männer und »arischen« Frauen nicht als die typische Methode der Rassenschändung. In *Mein Kampf,* S. 286, betont er, es käme häufiger vor, daß jüdische Frauen (häufig aristokratische) »arische« Männer heirateten.
19. Fischer, *Begriff,* S. 14.
20. Groß, »Arzt und Judenfrage«, S. 188.
21. Viehweg, »Grundgesetze«, S. 1117; Wagner, »Unser Reichsärzteführer spricht«, S. 434.
22. Dr. Nitzsche in: *Münchener Medizinische Wochenschrift* 85 (1938), S. 1943. Nitzsche bezog sich hier opportunistisch auf das Sudetenland, das gerade annektiert wurde.
23. Meier, »Ende des jüdischen Arzttums«, S. 112.
24. Ramm, *Standeskunde,* S. 131.
25. Lifton, *Nazi Doctors,* S. 123f., 271–277 und 280–283; Aussage des Zeugen Joseph Czarny im Prozeß gegen John Demjanjuk, Jerusalem, Israel, laut Bericht in: *Globe and Mail* (Toronto), 4. März 1987.
26. Siehe beispielsweise: *Mein Kampf,* S. 55 und 224f.
27. Wagner, »Unser Reichsärzteführer spricht«, S. 433f.; derselbe, »Rasse und Volksgesundheit«, S. 515. Zur angeblichen Kriminalität der Juden siehe auch Mosse, *Toward the Final Solution,* S. 219f.
28. *Mein Kampf,* S. 53f. und 274. Siehe auch Kapitel 4.1, bei Anm. 23.
29. Wagner, »Unser Reichsärzteführer spricht«, S. 432f.; Schulz, »Judentum und Degeneration«.
30. Conti, »Stand der Volksgesundheit im 5. Kriegsjahr« [Rede vom Januar 1944], BA, R 18/3805 (S. 4); Ruppert, »Seucheninsel«, S. 24 und 28. Siehe auch Browning, »Genocide and Public Health«.
31. Einträge für 19. Mai und 8. Juni 1942, in: Tagebuch Voss, teilweise abgedruckt in: Aly, »Posener Tagebuch«, S. 55.
32. Lifton, *Nazi Doctors,* S. 14.
33. Groß laut »Aufgaben der Ärztin«, [Rittmarshausen, 1936], ARW, 1, 80 g 581/1.
34. Amende, »Arzt«, S. 56.
35. Wagner laut Bericht in: *Ärzteblatt für Berlin und Kurmark* 43 (1938), S. 521, Faksimile in: Goldschmidt, *Meine Arbeit,* S. 68.
36. Meier, »Ende des jüdischen Arzttums«, S. 112; Contis Äußerungen auf auf einer Versammlung des NSÄB in Berlin am 24. April 1942 laut *Deutsches Ärzteblatt* 72 (1942), S. 200; Ramm, *Standeskunde,* S. 130ff.
37. *Ziel und Weg* 3 (1933), S. 78. Siehe Kapitel 1.2, bei Anm. 9.
38. Lösener, »Rassereferent«, S. 280, 284 und 296; Adam, *Judenpolitik,* S. 31–36, 99f., 105f., 126, 129f., 135–142 und 224; Schleunes, *Twisted Road,* S. 119f., 123f. und 127.
39. Wagner, *Judengesetze;* Gütt et al., *Gesetz.* Zusätzlich: Wagner, »Unser Reichsärzteführer spricht«, S. 434f.; Viehweg, »Grundgesetze«, S. 1118f.; Helmreich,

»Rassen- und Erbhygiene«; Ramm, *Standeskunde,* S. 130ff. Siehe auch Rühle, *Das Dritte Reich,* (1935), S. 277–292.

40. Kluge und Krüger, *Verfassung,* S. 135 und 240–243; Ramm, *Standeskunde,* S. 76f.
41. *Ziel und Weg* 7 (1937), S. 611; ebenda, 9 (1939), S. 209.
42. Schmidt, *Selektion,* S. 42f.; Schmuhl, *Rassenhygiene,* S. 197, 199 und 215f. Siehe auch Adler, *Mensch,* S. 235ff. und 240–248; Klee, *»Euthanasie«,* S. 258–263; Friedlander, »Jüdische Anstaltspatienten«.
43. Lifton hat diese These in *Nazi Doctors* überzeugend und eloquent vertreten.
44. Ramm, *Standeskunde,* S. 132.
45. Dr. C/Ka. [Kauffmann], nicht unterzeichnete Denkschrift [in Contis Büro], Berlin, 18. August 1944, BA, R 18/3806.

2. Rechtsunsicherheit bis September 1935

1. Siehe Kater, »Everyday Anti-Semitism«. Die bis jetzt letzte Äußerung zu dem Thema ist: Kershaw, »German Popular Opinion«.
2. Brief an Dr. D., Scheidegg, 8. Februar 1933, in: Klare, *Briefe,* S. 46.
3. *Völkischer Beobachter,* 28. Februar 1933. Siehe auch Adam, *Judenpolitik,* S. 49.
4. Der Artikel trägt den bezeichnenden Titel: »Den deutschen Ärzten ... Fegt die hinweg, welche die Zeichen der Zeit nicht erkennen!«
5. »Fort mit den jüdischen Vertrauensärzten!«, *Völkischer Beobachter,* 4. April 1933.
6. Gütt, »Arzt«, S. 81; Reiter, »Revolution«, S. 424f. Siehe außerdem Kötschau, *Umbruch,* S. 27f. Groß, »Arzt und Judenfrage«, S. 188.
7. Blum und Teutsch an Oberlandesgericht Nürnberg, Nürnberg, 7. Dezember 1937, UK, 130/123.02.
8. Müller, *Geschichte,* S. 212. Siehe Reiche, *Development,* S. 53. Stöcker wurde 1882 geboren, schloß sich 1930 der NSDAP an und war, wie es 1936 hieß, auch in der SA und dem NSÄB (BDC, »Fragebogen«, Nürnberg, 23. September 1936, PK Stöcker; BDC, RÄK Stöcker).
9. Akte von Dr. Eduard Oppenheimer (Mannheim, 1933–1935), UK, 217.
10. *Schwarzbuch,* S. 206.
11. *Deutsches Ärzteblatt* 62 (1933), S. 141f. Siehe auch *Schwarzbuch,* S. 201ff.; Michaelis et al., *Kultur,* S. 260f.; Zapp, »Untersuchungen«, S. 89f. und 94.
12. Streicher gab seine Urheberschaft in einer öffenlichen Rede am 25. Mai 1935 zu; abgedruckt als Dok. 82 in: Wuttke-Groneberg, *Medizin,* S. 151.
13. »Deutsche, kauft nicht beim Juden! Deutsche, lehnt es ab, Euer Geld zu jüdischen Rechtsanwälten und Ärzten zu tragen!«, ohne Jahr, Dok.197 ebenda, S. 343. Vgl. Kater, »Everyday Anti-Semitism«, S. 139ff.
14. »Informationsbericht der NSF (Deutscher Frauenorden)«, Nr. 11, München, 8. April 1933, HIS, 13/254.
15. Dok. vom 3. April 1933 in: Broszat et al., *Bayern,* S. 434. Zu einer ähnlichen Praxis in Berlin siehe Eintrag für 1. April 1933, in: *Tagebuch Nathorff,* S. 38.
16. Müller, *Geschichte,* S. 213; Gumpert, *Hölle,* S. 241.

17. Roth, »Auslese«, S. 155. Siehe auch: Eintrag für 14. April 1933, in: *Tagebuch Nathorff*, S. 39.
18. Gordon, *Hitler*, S. 168; Hanke, *Geschichte*, S. 84.
19. *Ziel und Weg* 3 (1933), S. 132.
20. Gumpert, *Hölle*, S. 251.
21. Aretin, *Krone*, S. 206f.
22. Winter, *Benjamin*, S. 22f.; Müller, *Geschichte*, S. 218; Ophir und Wiesemann, *Gemeinden*, S. 208f.; Gilbert, *Holocaust*, S. 40f. Aretins Behauptung in: *Krone*, S. 309, daß Katz noch im Gefängnis getötet worden sei, ist wahrscheinlich falsch.
23. *Schwarzbuch*, S. 197f. und 209; Adam, *Judenpolitik*, S. 49.
24. Müller, *Geschichte*, S. 214.
25. Dok. 24 vom 31. März 1933; Dok. 39 vom 4. April 1933; Dok. 53 vom 11. April 1933, in: Walk, *Sonderrecht*, S. 8, 10 und 13; Kümmel, »Ausschaltung«, S. 64ff.
26. Siehe Dok. 112 und 113 vom 30. März und 7. April 1933, in: Sauer, *Dokumente*, Bd. 1, S. 131f.; Fliedner, *Judenverfolgung*, S. 173; *Schwarzbuch*, S. 213f.
27. *Schwarzbuch*, S. 210ff.
28. Haedenkamp, »Gesamtvorstände«, S. 310.
29. Als eines von vielen Beispielen siehe die Akte von Professor Erich Seligmann (1880–1954), LBINY, Erich Seligmann Collection, AR-C. 1640, Box 1, Folder 3. Daß ich von dieser Akte weiß, habe ich Howard Margolian aus Toronto zu verdanken.
30. Seldte, »Verordnung über die Zulassung von Ärzten zur Tätigkeit bei den Krankenkassen«, 22. April 1933, *Ziel und Weg* 3 (1933), S. 79f. Siehe auch Kümmel, »Ausschaltung«, S. 67ff.
31. Der Formbrief vom April 1933 ist als Faksimile abgedruckt in: *Schwarzbuch*, S. 205; siehe auch Michaelis et al., *Kultur*, S. 261f. Faksimile eines Schreibens über die Aufhebung der Kassenzulassung 12. Juni 1933 in: Franke, *Geschichte*, S. 115. Siehe ferner *Tagebuch Nathorff*, passim.
32. Siehe Dok. 126, 152, 157, 162, 203, 207, 213 und 278, alle von 1933, in: Walk, *Sonderrecht*, S. 27, 32ff., 43–45 und 58.
33. *Schwarzbuch*, S. 235.
34. Korrespondenz zwischen Markus, dem Reichsarbeitsministerium und der KVD Waldenburg (1933–1935), UK, 235. Vorwurf des berufsschädigenden Verhaltens aus: Stellvertretender Amtsleiter KVD Waldenburg an KVD Provinzstelle Niederschlesien, Waldenburg, 5. September 1935.
35. Diese Befürchtung der KVD kommt in dem oben in Anm. 34 genannten Brief zum Ausdruck.
36. Siehe die aufschlußreichen Artikel in: Rebentisch und Teppe, *Verwaltung contra Menschenführung*.
37. Karstedt, »Durchführung«; siehe auch Tennstedt und Leibfried, »Sozialpolitik«, S. 217–223; Jaffé an Korach, Amsterdam, 21. Januar 1939, teilweise abgedruckt in: Leibfried, »Stationen der Abwehr«, S. 5.
38. Die Berechnungen der jüngsten Untersuchung zu diesem Thema erscheinen mir die verläßlichsten. Siehe Kümmel, »Ausschaltung«, S. 69ff. Laut Tennstedt und Leibfried waren es 2800 (»Sozialpolitik«, S. 217. Vgl. Leibfried, »Stationen der

Abwehr«, S. 12). Schleunes Zahl von etwa 1150 *(Twisted Road,* S. 109) scheint mir zu niedrig und Richarz' Zahl von 3000 *(Leben,* S. 42) zu hoch.

39. Wagner an Engel, München, 27. Juli 1933, wie zitiert in: Tennstedt und Leibfried, »Sozialpolitik«, S. 219. Zu Grotes Rolle siehe *Deutsches Ärzteblatt* 68 (1938), S. 144.
40. Nach Aussage von Dr. Fritz Goldschmidt in: Goldschmidt, *Meine Arbeit,* S. 45.
41. Aussagen von Dr. Ruth Aron, Dr. Jean Birnbaum und Dr. Fritz Goldschmidt in: ebenda, S. 22–34 und 38–43. Siehe *Schwarzbuch,* S. 225f. Diels Selbsteinschätzung kommt in seinem Buch *Lucifer ante Portas* zum Ausdruck. Siehe die realistische Beschreibung seine »finsteren Seite« in: Dodd, *Through Embassy Eyes,* S. 52–56 und 134–137.
42. *Schwarzbuch,* S. 197 und 222; *Das Deutsche Führerlexikon,* S. 235f.; Pross in: Pross und Winau, *Nicht mißhandeln,* S. 183–90; Ostrowski, »Schicksal«, S. 321 (Ostrowskis Behauptung, Klein habe ein jüdisches Großelternteil, ist fast sicher falsch).
43. Ostrowski, »Schicksal«, S. 323f.
44. Ruppin an Wagner, Neubabelsberg, 17. November 1934; Wagner an Kube, München, 3. Dezember 1934, BDC, OPG Ruppin; »Lebenslauf« Ruppin, Neubabelsberg, 14. Januar 1937, BDC, SS Ruppin; Ostrowski, »Schicksal«, S. 325; Michaelis et al., *Kultur,* S. 266; *Wer ist's?,* S. 1343.
45. Birnbaum, *Staat,* S. 225, Anm. 2; Aussage von Max Reiner in: Richarz, *Leben,* S. 116; Gumpert, *Hölle,* S. 251. Wichtig ist, daß sich in den Selbstmorden der Ärzte ab dem Boykott vom Frühjahr 1933 ein Muster erkennen läßt. Siehe Eintrag für 15. Mai 1933, in: *Tagebuch Nathorff,* S. 43.
46. Aretin, *Krone,* S. 213f.
47. Swoboda an Bapopo, München, 13. Oktober 1933, SAM/LRA 30656.
48. Siehe die Inserate, die sich auf jüdische Ärzte bezogen, die ausgeschaltet werden sollten, in: *Ziel und Weg* 3 (1933), S. 101 und 205; und einen Leserbrief aus Österreich, der die NS-Ärzte offen dieses Verhaltens bezichtigte (ebenda, S. 304).
49. Stähle, *Geschichte,* S. 15.
50. Dok. 294 vom 20. November 1933 in: Walk: *Sonderrecht,* S. 61.
51. Zelzer, *Weg,* S. 167; Ellersdorfer, »Auswirkungen«, S. 96f.; Ostrowski, »Schicksal«, S. 320; Huss an Arbeitsgericht Berlin, Berlin, 19. März 1935, UK, 207. Vgl. Leibfried, »Stationen der Abwehr«, S. 12.
52. Leserbrief Martha Krauses in: *Ziel und Weg* 3 (1933), S. 472; Krüger, *Haus,* S. 18; Aussage von Carl Schwabe in: Richarz, *Leben,* S. 162.
53. Richarz, *Leben,* S. 43; Aussage von Alexander Szanto, ebenda, S. 223; Aussage von Ernst Loewenberg, ebenda, S. 247; Ostrowski, »Schicksal«, S. 336.
54. Dok. 391 vom 17. Mai 1934 in: Walk, *Sonderrecht,* S. 80f. Das Gesetz wird stark überinterpretiert in: Kümmel, »Ausschaltung«, S. 73. Er schreibt, alle Hindenburg-Ausnahmen von 1933 seien aufgehoben worden. Dies hätte bedeutet, daß die Masse der jüdischen Ärzte sofort ihre Kassenzulassung verloren hätte. Dem war nicht so. Der Erlaß vom 17. Mai wiederholte lediglich den Inhalt von Artikel 1 (1) und Artikel 5 (2), wo es hieß, daß jüdische Ärzte mit

Fronkämpferstatus keine neuen Kasssenzulassungen mehr erhielten. Siehe Seldte, »Verordnung über die Zulassung von Ärzten zur Tätigkeit bei den Krankenkassen«, 22. April 1933, *Ziel und Weg* 3 (1933), S. 79f. Eine Verordnung vom 20. November 1933 hob für »arische« Ärzte mit jüdischen Ehefrauen in Städten mit über 100 000 Einwohnern die Kassenzulassung auf. Siehe Jentzsch an Kulemann, Berlin, 20. Januar 1934, UK, 199; und den Fall von Dr. Wilhelm Brandt, ebenda.

55. Adam, *Judenpolitik*, S. 116, Anm. 14.
56. Klinger, *Wege*, S. 99; Witter, »Es hat doch auch«.
57. Ein Beispiel für letzteres Verhalten siehe Dok. 9 vom 5. März 1934 in: Sauer, *Dokumente*, Bd. 1, S. 20f.
58. Hoffmann, *Ringen*, S. 55.
59. Benn an Oelze, [Berlin], 24. Juli 1934, in: Benn, *Briefe*, S. 36. Siehe Eintrag für 12. Juli 1933 in: *Tagebuch Nathorff*, S. 47.
60. Eintrag für Mai 1935 in: *Deutschland-Berichte* (1935), Bd. 2, S. 534.
61. Siehe Dok. 114 vom 13. August 1935 in: Sauer, *Dokumente*, Bd. 1, S. 132f.; Eintrag für August in: *Deutschland-Berichte* (1935), Bd. 2, S. 924; Kulka, »Nürnberger Rassengesetze«, S. 594f.
62. Eintrag für August in: *Deutschland-Berichte* (1935), Bd. 2, S. 928. Siehe Ostrowski, »Schicksal«, S. 320f.
63. Anonyme Denkschrift, [NSÄB-Büro], Wiesbaden, 20. September 1934, HHSAW, 483/3159.
64. Adam, *Judenpolitik*, S. 120.
65. Dok. 587 vom 20. Juni 1935 in: Walk, *Sonderrecht*, S. 118; Dok. 117 vom 14. September 1935 in: Sauer, *Dokumente*, Bd. 2, S. 135f.
66. Gumpert, *Hölle*, S. 251f. Die Darstellung in: Rosenstein, *Narben*, S. 274ff., weicht etwas ab und scheint chronologisch nicht zu stimmen. Zu den Erfahrungen des Kölner Arztes Bruno Kisch siehe sein Buch *Wanderungen*, S. 269f.
67. Gumpert, *Hölle*, 241f. Siehe auch Eintrag für Januar in: *Deutschland-Berichte* (1936), Bd. 3, S. 32; Rosenstein, *Narben*, S. 275.
68. Toland, *Hitler*, S. 517f.
69. Althen an Mitglieder des NSÄB Wiesbaden, Wiesbaden, 30. August 1934, HHSAW, 483/3159. Meine Berechnungen basieren auf »Auszug aus der Arzt-Liste des neuen Kurvereins, Wiesbaden«, einer Anlage zu dem Rundschreiben D 33/34, Wiesbaden, 18. September 1934, ebenda; und dem *Adressbuch der Stadt Wiesbaden*, S. 15ff.
70. [Rundschreiben] Staeckert, Erfurt, 20. Oktober 1934, UK, 215.
71. So wurde etwa dem dekorierten Weltkriegsveteranen Dr. X. aus Spandau trotz Frontkämpferstatus die Kassenzulassung entzogen, und seine »arischen« Kollegen sprachen nie wieder ein Wort mit ihm (Stresau, *Jahr*, S. 95f.). Ein Gegenbeispiel findet sich jedoch in: *Deutschland-Berichte* (1934), Bd. 1, S. 115.
72. Siehe Kater, »Everyday Anti-Semitism«, S. 147–155; Paucker, *Juden*.
73. Niedermeyer, *Wahn*, S. 285. Zu Hirsch siehe Fischer, *Lexikon*, Bd. 1, S. 633. Ein ähnlicher Fall ist aufgezeichnet in dem Eintrag für den 19. Mai 1934 in: *Tagebuch Nathorff*, S. 57.
74. Hanke, *Geschichte*, S. 115; Bessel, *Violence*, S. 136.

75. Ortsgruppenleiter an Bezirkswohlfahrtsamt, Berlin, 14. November 1934; Komm. Bezirksstadtrat an NSDAP-Gaugeschäftsstelle, Berlin-Lichtenberg, 23. November 1934, BA R 561/100. Der 1873 in Czernowitz geborene katholische Jude Lazarus war seit 1907 Professor (Fischer, *Lexikon,* Bd. 2, S. 875; *Wer ist's?,* S. 940).
76. Siehe Eintrag für 11. Oktober 1934 in: *Tagebuch Nathorff,* S. 62; Einträge für Juli und August in: *Deutschland-Berichte* (1935), Bd. 2, S. 801 und 931.
77. Siehe den entlarvenden Brief des Rechtsanwalts der KVD-Zentrale Clemens Bewer an Dr. Brandes von der KVD Vogtland, Berlin, 5. Januar 1935, UK, 200.
78. Adam, *Judenpolitik,* S. 117, Anm. 20.
79. Klipp an Gestapo Erfurt, Weimar, 10. November 1934; [nicht verschickter Brief] Bewer an Klipp, Berlin, 31. Mai 1935, UK, 215. Siehe auch Goldschmidt, *Meine Arbeit,* S. 70–73.
80. *Deutsches Ärzteblatt* 65 (1935), S. 681.
81. Zum Zerrbild vom jüdischen Arzt als berechnendem Rassenschänder siehe Kümmel, »Ausschaltung«, S. 60; Lifton, *Nazi Doctors,* S. 41. Zur Wechselwirkung von sexuellen und rassischen Vorwürfen gegen jüdische Ärzte im Jahr 1933 siehe *Schwarzbuch,* S. 196 und 207f.; Reiter, »Revolution«, S. 424f.; Stähle, *Geschichte,* S. 7; Ackermann, »Nachwuchs«, S. 125; Ostrowski, »Schicksal«, S. 322; Kümmel, »Ausschaltung«, S. 66.
82. Kater, »Everyday Anti-Semitism«, S. 148ff. und 157f.
83. *Ziel und Weg* 5 (1935), S. 314; Einträge für März, Juli, August in: *Deutschland-Berichte* (1935), Bd. 2, S. 358, 808ff. und 923; Eintrag für Januar in: ebenda (1936), Bd. 3, S. 32f.
84. »Das Raubtier«, *Der Stürmer* (1935), nachgedruckt als Dok. 210-211 in: Wuttke-Groneberg, *Medizin,* S. 353f.

3. Fortschreitende Entrechtung: Von den Nürnberger Rassengesetzen im September 1935 bis zum Entzug der Approbationen im September 1938

1. Rühle, *Das Dritte Reich,* (1935), S. 253–258.
2. Hitler und Frick, »Reichsbürgergesetz vom 15. September 1935« in: Wagner, *Judengesetze,* S. 20; »Erste Verordnung zum Reichsbürgergesetz«, Berlin, 14. November 1935, ebenda, S. 21f.; Hitler, Frick, Gürtner, Hess, »Gesetz zum Schutze des deutschen Blutes und der deutschen Ehre vom 15. September 1935«, ebenda, S. 23f.; »Erste Verordnung zur Ausführung des Gesetzes zum Schutze des deutschen Blutes und der deutschen Ehre«, ohne Jahr, ebenda, S. 24–31.
3. Was diese Gesetze für den Alltag der Juden bedeuteten, läßt sich vielleicht ermessen aus dem allgemeinen Kommentar in: Rühle, *Das Dritte Reich,* (1935), S. 277–292. In ihrem durch zahlreiche Fehler in der Recherche und haltlose Argumente stark beeinträchtigten Buch (etwa, daß der Antisemitismus unter Hitler sehr viel weniger populär gewesen sei, als bisher angenommen, oder daß Gerhart Hauptmann ein Jude gewesen sei und Goebbels eigentlich kein Antisemit. Siehe dazu die mit Recht kritische Rezension von Jill Stephenson in: *Hi-*

story 71 [1986], S. 338f.; und George Steiners Verriß in: *Times Literary Supplement,* 13. Juli 1984; Steiner stellt die Frage, ob die Autorin angesichts all ihrer Irrtümer überhaupt Deutsch kann) behauptet Sarah Gordon fälschlich, die deutschen Juden hätten die Nürnberger Gesetze begrüßt, da diese klare Verhältnis geschaffen hätten (*Hitler,* S. 122). Diese Ansicht stützt sich auf eine absolute Fehlinterpretation der Informationen in: Meier, *Kirche und Judentum,* S. 12f.

4. Dok. 87 vom 21. Dezember 1935 in: Walk, *Sonderrecht,* S. 148; Blau, *Ausnahmerecht,* S. 34; Adam, *Judenpolitik,* S. 149.
5. Verordnung Wagner, Berlin, 13. Februar 1936, *Deutsches Ärzteblatt* 66 (1936), S. 207f.
6. Ebenda; Par. 3 (5), »Reichsärzteordnung«, 13. Dezember 1935, BA, R 18/5574; Stuckart an Minister [Frick], Berlin, 3. Dezember 1935, BA, R 18/5574; Adam, *Judenpolitik,* S. 149.
7. Par. III und IV der Verordnung Wagner, Berlin, 13. Februar 1936, *Deutsches Ärzteblatt* 66 (1936), S. 208.
8. Siehe Brief Jaffé an Korach, Amsterdam, 21. Januar 1939, teilweise abgedruckt in: Leibfried, »Stationen der Abwehr«, S. 6; Eintrag für Februar in: *Deutschland-Berichte* (1938), Bd. 5, S. 194.
9. Siehe Brief Jaffé (wie in Anm. 8, oben); Eintrag für August in: *Deutschland-Berichte* (1936), Bd. 3, S. 977; Dok. 27 vom 5. Mai 1937, in: Sauer, *Dokumente,* Bd. 1, S. 40; Ostrowski, »Schicksal«, S. 326; Bielenberg, *Past,* S. 31.
10. Akte von Dr. Kurt Thomas (Berlin-Dahlem, 1936–1938), UK, 243.
11. Eintrag für August in: *Deutschland-Berichte* (1936), Bd. 3, S. 982.
12. Eintrag für Dezember, ebenda, S. 1659.
13. Broszat et al., *Bayern,* S. 454, Anm. 18.
14. Dok. 301 vom 8. Mai 1937 in: Walk, *Sonderrecht,* S. 190.
15. Dok. 396 vom 1. Januar 1938, ebenda, S. 209f.; *Ziel und Weg* 8 (1938), S. 50 und 98; Akte von Dr. Georg Bernhardt, insbesondere Groote an Landgericht Berlin, Berlin, 28. Juni 1938; und [Bewer] an Kulemann, Berlin, 20. August 1938, UK, 130/131.02; Akte von Dr. Levisohn (Gelsenkirchen-Dortmund, Juni-Juli 1938), UK, 130/131.02. Siehe auch Eintrag für Februar in: *Deutschland-Berichte* (1938), Bd. 5, S. 190f.
16. Die folgenden Quellen dokumentieren die fortdauernde Beliebtheit der jüdischen Ärzte und den dadurch hervorgerufenen Neid ihrer »arischen« Kollegen: Dok. vom 1. Oktober 1935 in: Broszat et al., *Bayern,* S. 454; Eintrag für Januar in: *Deutschland-Berichte* (1936), Bd. 3, S. 27; Einträge für 25. Juli und 1. August 1937 in: Stresau, *Jahr,* S. 140f.; Reichspropagandaministerium, Landesstelle Kurmark, an Spende »Künstlerdank«, Berlin, 5. Oktober 1937, BDC, RMK Fritz Goger-Sachs; Jaffé an Korach, Amsterdam, 21. Januar 1939, teilweise abgedruckt in: Leibfried, »Stationen der Abwehr«, S5; Hadda, »Als Arzt«, S. 219; Rebentisch, »Beurteilung«, S. 123.
17. Hanke, *Geschichte,* S. 146; Eintrag für November in: *Deutschland-Berichte* (1937), Bd. 4, S. 1566.
18. Eintrag für Januar in: *Deutschland-Berichte* (1936), Bd. 3, S. 35.
19. Adam, *Judenpolitik,* S. 152, Anm. 44; Schütze, »Beamtenpolitik im Dritten

Reich«, S. 60; Kümmel, »Ausschaltung«, S. 75; Eintrag für Dezember in: *Deutschland-Berichte* (1936), Bd. 3, S. 1655.

20. Eintrag für Juli in: *Deutschland-Berichte* (1936), Bd. 3, S. 870.
21. Eintrag für August in: ebenda, S. 984; zur Frage der Legalität siehe *Ziel und Weg* 7 (1937), S. 304. Siehe auch Eintrag für Juli in: *Deutschland-Berichte* (1937), Bd. 4, S. 933.
22. Eintrag für November in: *Deutschland-Berichte* (1937), Bd. 4, S. 1572.
23. Siehe P. E. Rings, »Du – und Dein Arzt« (1937), abgedruckt als Dok. 204–205 in: Wuttke-Groneberg, *Medizin*, S. 349.
24. Exzerpte aus *Der Stürmer*, »Sie gehen zu Judenärzten« und »Brief aus Köln« (1938) als Dok. 198, 1–2 nachgedruckt ebenda, S. 344.
25. Siehe die Beispiele in: Stern, *Warum*, S. 206; Bielenberg, *Past*, S. 31. Wie sich diese Dinge in der Praxis vollzogen, wird dargestellt in: Einträge für 1. März und 14. August 1935 sowie 28. Juni 1938 in: *Tagebuch Nathorff*, S. 69, 72 und 108f. Siehe aber auch den optimistischen Eintrag für 10. Oktober 1936, S. 88. Siehe ferner das Beispiel von Dr. Hanns Schwarz. Seine Aussage findet sich in: Albrecht und Hartwig, *Ärzte*, S. 70.
26. Dr. Löllke und Dr. Sonnenberg, »In der Streitsache des praktischen Arztes Dr. med. Walter Schubert«, [Berlin, 6. Juni 1939], UK, 130/118.02/4. Die Zahl von 13 643 Reichsmark für 1937 wird im Text von Kapitel 1.3, bei Anm. 45 genannt.
27. Siehe Eintrag für November in: *Deutschland-Berichte* (1937), Bd. 4, S. 1569; und auch Henry, *Victims und Neighbors*, S. 2.
28. Siehe Einträge für September, *Deutschland-Berichte* (1935), Bd. 2, S. 1037; August (1936), Bd. 3, S. 987; Februar (1938), Bd. 5, S. 185f. Siehe Eintrag für Silvester 1935 in: *Tagebuch Nathorff*, S. 77f.
29. Aussage von Carl Schwabe in: Richarz, *Leben*, S. 164f. Siehe auch Eintrag für 4. Januar 1937 in: *Tagebuch Nathorff*, S. 93.
30. Eintrag für Februar in: *Deutschland-Berichte* (1938), Bd. 5, S. 186.
31. *Ziel und Weg* 5 (1935), S. 519. Vgl. Einträge für 5. Juni und 6. September 1937 in: *Tagebuch Nathorff*, S. 95 und 97.
32. *Ziel und Weg* 8 (1938), S. 574.
33. Siehe Einträge für August in: *Deutschland-Berichte* (1936), Bd. 3, S. 987 und 989; Februar (1938), Bd. 5, S. 185.
34. Siehe die Fallbeispiele Dr. Boas und Dr. Fels, Einträge für August ebenda (1936), Bd. 3, S. 1022; Mai (1937), Bd. 4, S. 698 und 706.
35. Siehe Eintrag für November, ebenda (1937), Bd. 4, S. 1569.
36. Fliedner, *Judenverfolgung*, S. 63; Dok. 491 vom 22. Juni 1938 in: Walk, *Sonderrecht*, S. 230. Nach dem Januar 1936 wurden in Hamburger Krankenhäusern keine Juden mehr aufgenommen und nach dem Juni 1936 keine mehr in Düsseldorfer Krankenhäusern; sie wurden nur noch ambulant behandelt (Lindemann, *140 Jahre*, S. 64; Dok. 178 vom 29. Juni 1936 in: Walk, S. 166).
37. Dok. 116 und 117 vom 6. Dezember 1935 und 6. März 1936 in: Sauer, *Dokumente* Bd. 1, S. 133ff.; Fliedner, *Judenverfolgung*, S. 186.
38. Siehe Eintrag für November in: *Deutschland-Berichte* (1937), Bd. 4, S. 1571f.; Müller-Hill, *Tödliche Wissenschaft*, S. 39f.; Weingart, »Eugenik«, S. 334.
39. Fall von Dr. Crull in: *Ziel und Weg* 7 (1937), S. 333.

40. Wagner laut *Deutsches Ärzteblatt* 67 (1937), S. 906.
41. Dok. 349 vom 8. September 1937 in: Walk, *Sonderrecht*, S. 200; Haedenkamp, »Änderungen«, S. 410; »Zum Recht der jüdischen Mischlinge nach dem Stande vom Mai 1938«, 10. Juni 1938, BA, R 561/114.
42. Siehe beispielsweise BDC, RÄK Hans Oppenheimer (Berlin), Berthold Krevet (Stolpen), Otto Sonnenfeld (Magdeburg), Konrad Grein (Halle).
43. Wie in Anm. 41.
44. Eintrag für Juli in: *Deutschland-Berichte* (1937), Bd. 4, S. 947.
45. Zum Beispiel wurde der mit einer Jüdin verheiratete Dr. Hanns Schwarz (Berlin) zunächst für einen »Arier« und dann für einen Halbjuden gehalten und doch wieder zum »Arier« erklärt. Siehe seine Aussage zu diesem Punkt in: Albrecht und Hartwig, *Ärzte*, S. 70f.
46. Beispiel: BDC, RÄK Georg Bolte.
47. Zum Fall eines Arztes aus Ketsch siehe Eintrag für Januar in: *Deutschland-Berichte* (1936), Bd. 3, S. 31ff.
48. *Ziel und Weg* 7 (1937), S. 537; Hanns Schwarz' Aussage in: Albrecht und Hartwig, *Ärzte*, S. 68.
49. *Central-Verein-Zeitung* vom 21. Oktober 1937, wie zitiert in: *Ziel und Weg* 7 (1937), S. 558; Ostrowski, »Schicksal«, S. 332; Rosenstein, *Narben*, S. 267. Zu Seligmann, siehe Anm. 29 von Teil 2; Fischer, *Lexikon*, Bd. 2, S. 1438.
50. Aussage von Alexander Szanto in: Richarz, *Leben*, S. 223.
51. Taute et al., *Entwicklung*, S. 32.
52. Lindemann, *140 Jahre*, S. 61f.
53. Lindemann erwähnt die jüdischen Krankenhäuser von Berlin, Breslau, Frankfurt, Hannover, Leipzig, Hamburg und Köln (ebenda, S. 61–66), doch es gab noch andere, etwa in Würzburg und München. Siehe die Erinnerungen von Ostrowski, »Schicksal«; Hadda, »Als Arzt«; Rosenstein, *Narben*.
54. Ophir und Wiesemann, *Gemeinden*, S. 264.
55. Eintrag für Juli in: *Deutschland-Berichte* (1937), Bd. 4, S. 942.
56. Solche Beispiele sind aufgeführt für Dezember, ebenda (1936), Bd. 3, S. 1658f.; Juli und November (1937), Bd. 4, S. 944 und 1573; und in: Brugsch, *Arzt*, S. 294f.; Ostrowski, »Schicksal«, S. 333. Siehe auch Text in Kapitel 2.3, bei Anm. 39.
57. Einträge für Juli und November in: *Deutschland-Berichte* (1937), Bd. 4, S. 932f. und 1564.
58. Ein solcher Fall war der beim Hartmannbund in Nürnberg angestellte Dr. Ludwig Steinheimer (siehe Text in Teil 2 bei Anm. 7). Er gewann im Januar 1938 ein Gerichtsverfahren um eine Pension, die ihm die KVD wegen seiner rechtswidrigen Entlassung (1933) durch den Hartmannbund schuldete (Dr. Klipp, KVD Landesstelle Bayern, an KVD Nürnberg, München, 3. Juni 1938; »Fragebogen wegen der laufenden Pensionen«, Nürnberg, 28. Oktober 1938, UK, 130/123.02).
59. Behrendt (KVD) an Schulz, Berlin, 10. Februar 1938, gegengezeichnet vom Rechtsanwalt der KVD Clemens Bewer, 11. Februar 1938, UK, 243.
60. Dr. Pychlau, KVD Landesstelle Baden, an Hauptamt für Volksgesundheit, Mannheim, 29. Dezember 1937, UK, 234.
61. Deuel, *Compassion*, S. 212f.; Gilbert, *Holocaust*, S. 50.

62. Eintrag für Januar in: *Deutschland-Berichte* (1936), Bd. 3, S. 29; Aussage von Hanns Schwarz in: Albrecht und Hartwig, *Ärzte,* S. 70.
63. Eintrag für Januar in: *Deutschland-Berichte* (1936), Bd. 3, S. 35; Dok. vom 8. Februar 1936 in: Broszat et al., *Bayern,* S. 459; Frei, *Provinzpresse,* S. 217.
64. Ophir und Wiesemann, *Gemeinden,* S. 254; Winter, *Benjamin,* S. 23.
65. Botz, *Wien,* S. 93–105 und 243–259; derselbe, *Wohnungspolitik;* Moser, *Judenverfolgung,* S. 5–8; Gilbert, *Holocaust,* S. 58–62; Eintrag für Juli in: *Deutschland-Berichte* (1938), Bd. 5, S. 732–739.
66. Siehe Carsten, *Rise of Fascism,* S. 32–41; derselbe, *Fascist Movements,* S. 9–39; Pulzer, *Rise of Political Anti-Semitism,* S. 128–270; Johnston, *Austrian Mind,* S. 27ff. und 65f. Zu Ungarn vor 1914 siehe Deaks exzellente Aufsätze, »Could the Hungarian Jews«, S. 24; und »Convert«, S. 41.
67. Hitler, *Mein Kampf,* S. 47–115.
68. Eintrag für Juli in: *Deutschland-Berichte* (1938), Bd. 5, S. 736; Gilbert, *Holocaust,* S. 59; Botz, *Wien,* S. 103.
69. *Ziel und Weg* 7 (1937), S. 391; 8 (1938), S. 631. Berechnung der Prozentwerte nach den Zahlen in: ebenda 9 (1939), S. 21. Dies wird bestätigt in: Kann, »Zahl, 1942«, S. 300. Siehe auch Ternon und Helman, *Les médecins allemands,* S. 92. Ramms Zahl von 67 Prozent für Wien ist übertrieben *(Standeskunde,* S. 46) und Tennstedts von 80 Prozent noch mehr *(Selbstverwaltung,* S. 213).
70. Siehe Tabelle 3 in: Botz, *Wien,* S. 102 und S. 103.
71. Gilbert, *Holocaust,* S. 59.
72. Ebenda; Botz, *Wien,* S. 105.
73. Botz, *Wien,* S. 243.
74. *Journal of the American Medical Association* 112 (1939), S. 2546.

4. Das Ende der jüdischen Ärzte

1. Adam, *Judenpolitik,* S. 157, Anm. 72. Der regionale SD-Befehl für Württemberg-Hohenzollern ist abgedruckt in: Sauer, *Dokumente,* 1:137.
2. Adam, *Judenpolitik,* S. 168.
3. »Vierte Verordnung zum Reichsbürgergesetz«, 25. Juli 1938, unterzeichnet von Hitler, Frick, Hess, Gürtner, *Reichsgesetzblatt* (1938), Bd. 1, S. 969f.
4. »Die Bestallungen jüdischer Ärzte erlöschen mit dem 30. September«, *Frankfurter Zeitung,* 4. August 1938, nachgedruckt in: Goldschmidt, *Meine Arbeit,* S. 62; *Journal of the American Medical Association* 111 (1938), S. 1674f.; und insbesondere die Kritik (der linken Opposition im Untergrund) in: *Deutschland-Berichte* (1938), Bd. 5, S. 742f.
5. *Ziel und Weg* 8 (1938), S. 572.
6. Dok. 120 vom 11. Oktober 1938 in: Sauer, *Dokumente,* Bd. 1, S. 138f.; Dok. vom 11. Oktober 1938 in: Franke, *Geschichte,* S. 280; Zelzer, *Weg,* S. 189f.; Ophir und Wiesemann, *Gemeinden,* S. 58; Tennstedt und Leibfried, »Sozialpolitik«, S. 225. Siehe auch den kritisch kommentierenden Eintrag für November in: *Deutschland-Berichte* (1938), Bd. 5, S. 1283f. Zu Köln (etwa sechs Ärzte für 30000 Juden) siehe Kisch, *Wanderungen,* S. 277.
7. Wagner, »Sicherung«, S. 23; derselbe, »Gesundes Leben«, S. 554; *Völkischer*

Beobachter, 16. Oktober 1938; »Das Ende der jüdischen Aerzte« in: *Der Heilpraktiker* (1938), nachgedruckt als Dok. 200 in: Wuttke-Groneberg, *Medizin,* S. 346.

8. Siehe das Beispiel der preußischen Landschaft Pommern in: Zacke, »Bericht über die Prüfung bei der RÄK, Ärztekammer Pommern in Stettin«, Berlin, 24. August 1939, UK, 156/RÄK, Revisionsamt.
9. Dok. 560 vom 6. Oktober 1938 in: Walk, *Sonderrecht,* S. 245.
10. Hadda, »Als Arzt«, S. 220.
11. Eintrag für Dezember in: *Deutschland-Berichte* (1938), Bd. 5, S. 1330.
12. Ebenda, S. 1344; *Deutsches Ärzteblatt* 69 (1939), S. 401. Für das Sudetenland siehe *Ziel und Weg* 9 (1939), S. 392.
13. Dok. 241 vom 16. Juni 1939 in: Blau, *Ausnahmerecht,* S. 75; Adam, *Judenpolitik,* S. 221, Anm. 102.
14. Zu Einzelheiten, die nicht die jüdischen Ärzte betrafen, siehe Rühle, *Das Dritte Reich,* (1938), S. 394–404 (vom offiziellen Standpunkt der Nazis aus); Bracher, *German Dictatorship,* S. 366ff.; Graml, *9. November 1938;* Genschel, *Verdrängung der Juden,* S. 177–217; Schleunes, *Twisted Road,* S. 214–254; Adam, *Judenpolitik,* S. 204–216.
15. »Schicksal«, S. 340. Siehe auch die Einträge zwischen dem 10. November und dem 16. Dezember 1938 in: *Tagebuch Nathorff,* S. 121–140.
16. Dieser Arzt war Werner Forßmann. Siehe seine Memoiren: *Selbstversuch,* S. 211f.
17. Ostrowski, »Schicksal«, S. 340ff. Siehe auch das Breslauer Beispiel in: Hadda, »Als Arzt«, S. 220.
18. Aussage von Hans Berger in: Richarz, *Leben,* S. 332f.; Hadda, »Als Arzt«, S. 221; Einträge für November und Dezember in: *Deutschland-Berichte* (1938), Bd. 5, S. 1198 und 1348; Eintrag für Juli in: ebenda (1939), 6:921; Henry, *Victims und Neighbors,* S. 74; Boveri, *Verzweigungen,* S. 338.
19. Zum Selbstmord des Frankfurter Arztes Dr. Bernard Rosenthal siehe die Aussage von Hans Berger in: Richarz, *Leben,* S. 324. Fall von Goldberg in: Bruss, *Bremer Juden,* S. 186f. und 288; Stokes, *Kleinstadt,* S. 970, Anm. 4. Goldbergs Name erscheint auch auf einer Gestapoliste aller am 1. Mai 1936 in Bremen lebender Juden, der Anlage des Briefes Gestapo Bremen an NSDAP Bremen, Kreispersonalamt, Bremen, 3. Juni 1936, BA, Schumacher/241.
20. Ophir und Wiesemann, *Gemeinden,* S. 212; Eintrag für Juli in: *Deutschland-Berichte* (1939), Bd. 6, S. 920; Hadda, »Als Arzt«, S. 221; Deich, »Jüdische Mediziner«, S. 82; Ostrowski, »Schicksal«, S. 342.
21. Ostrowski, »Schicksal«, S. 342f.
22. Fischer laut Müller-Hill, *Tödliche Wissenschaft,* S. 40.
23. Richarz, *Leben,* S. 66; Aussage von Bruno Blau, ebenda, S. 459–473; Ostrowski, »Schicksal«, S. 343–351; Lindemann, *140 Jahre,* S. 67–70; Hadda, »Als Arzt«, S. 222–233; Fliedner, *Judenverfolgung,* S. 64; Eintrag für April in: *Deutschland-Berichte* (1940), Bd. 7, S. 260.
24. Aussage von Camilla Neumann in: Richarz, *Leben,* S. 418; Aussage von Hermann Pineas, ebenda, S. 432f.; Aussage von Bruno Blau, ebenda, S. 459–473; Hadda, »Als Arzt«, S. 226–230; Eintrag für Juli in: *Deutschland-Berichte*

(1939), Bd. 6, S. 923; Kwiet und Eschwege, *Selbstbehauptung,* S. 206f.; Ostrowski, »Schicksal«, S. 344–351; Ophir und Wiesemann, *Gemeinden,* S. 298.

25. Robinsohn, *Justiz,* S. 66. Siehe auch Adam, *Hochschule,* S. 187, Anm. 215; Eintrag für Juli in: *Deutschland-Berichte* (1939), Bd. 6, S. 905.
26. Siehe Einträge für Juli in: *Deutschland-Berichte* (1939), Bd. 6, S. 932 und 936.
27. Winter, *Benjamin,* S. 23. Zu Benjamins Fall gibt es eine Parallele. Sein SPD-Parteigenosse Julius Moses kam 1942 ebenfalls in einem Konzentrationslager ums Leben (Tennstedt, »Sozialgeschichte«, S. 407).
28. Ostrowski, »Schicksal«, S. 348; *Deutsches Ärzteblatt* 70 (1940), S. 513; Rede von Conti auf einer Versammlung im Hauptamt für Volksgesundheit in München, 28. März 1942, »Gesundheitsführung – Volksschicksal«, BDC, OPG Emil Ketterer (S. 13). In diesem Zusammenhang ist wichtig, daß Contis Mutter Nanna für die deutschen Hebammen zuständig war.
29. Contis Äußerungen auf einer Versammlung des NSÄB in Berlin am 24. April 1942 in: *Deutsches Ärzteblatt* 72 (1942), S. 201.
30. Siehe Dok. 143 vom 1943 in: Wuttke-Groneberg, *Medizin,* S. 250. Und Streichers bösartige Äußerungen (1939) in: Dok. 91, ebenda, S. 169.
31. Adam, *Judenpolitik,* S. 210; Text in Teil 3 nahe Anm. 36.
32. Dok. 337 und 338 vom 19. und 20. Dezember 1938, in: Sauer, *Dokumente,* Bd. 2, S. 79ff.; Bruss, *Bremer Juden,* S. 134. Siehe auch Knipping, *Geschichte,* S. 66f.; Dok. 14 und 15 vom 17. Januar und 23 und 18. März 1939, in: ebenda, S. 175ff.
33. Gestapo Dortmund an Herren Landräte et al., Dortmund, 19. April 1939, Dok. 16 in: Knipping, *Geschichte,* S. 178; Dr. Lochmanns Bekanntgabe in: *Ärzteblatt für Norddeutschland* 3 (1940), S. 51f.
34. Akte von Dr. Karl Ritter von Steyskal (September–November 1941), DAÖW, 4491.
35. Partei-Kanzlei an Reichsinnenminister, München, 6. Juli 1942, BA, R 18/3764.
36. Dok. 393 vom 14. Juli 1942, in: Walk, *Sonderrecht,* S. 381.
37. Lösener, »Rassereferent«, S. 286; Hilberg, *Destruction,* S. 268–274; Adam, *Judenpolitik,* S. 224f.; Müller-Hill, *Tödliche Wissenschaft,* S. 22. Siehe Goebbels' Verwirrung, wie sie in seinem Eintrag für 7. März 1942 zum Ausdruck kommt: *Goebbels Diaries,* S. 140; »Vermerk: Behandlung jüdischer Mischlinge«, 30. Oktober 1944, BA, R 22/1183.
38. Siehe BDC, RÄK Hans-Florian Hahn, Adolf Hahn, Johann Schöfer, Elisabeth Mietke, Martina Drucker, Johannes Malejka.
39. Kapitel 1.1, Text bei Anm. 49.
40. Reichsgesundheitsführer, Information 2/43, Berlin, 20. Dezember 1943, BA, R 18/3766a.
41. Klinger, *Wege,* S. 99; Witter, »Es hat doch auch«. Zum Problem der »Mischehen« nach 1938 aus nationalsozialistischer Perspektive siehe Hilberg, *Destruction,* S. 274–277.
42. Aussage von Hermann Pineas in: Richarz, *Leben,* S. 433 und 441f., Anm. 13.
43. Gilbert, *Holocaust,* S. 213. Siehe auch Krausnick, »Judenverfolgung«, S. 381–391; Hilberg, *Destruction,* S. 298f.
44. Vgl. Lösener, »Rassereferent«, S. 294.

45. Fall von Dr. Erwin Korte: Einträge für 7. Juli und 29. September 1941, in: Hohenstein, *Wartheländisches Tagebuch,* S. 145 f. und 179f.; Hagen, *Auftrag,* S. 221f.
46. Siehe Deich, »Mediziner«, S. 82f.; Ostrowski »Schicksal«, S. 345; Hadda, »Als Arzt«, S. 233–237; Aussage von Oskar Moos in: Franke, *Geschichte,* S. 238f.; und die Fälle in Stuttgart erwähnt in: Zelzer, *Weg,* S. 460ff.
47. Kümmel, »Ausschaltung«, S. 76. Siehe auch Adler, *Theresienstadt,* S. 191.
48. Siehe Groß, *Versteckt,* S. 254; Bruss, *Bremer Juden,* S. 231; Aussage von Herta Pineas in: Richarz, *Leben,* S. 430; Fliedner, *Judenverfolgung,* S. 186f.; Ophir und Wiesemann, *Gemeinden,* S. 186; Behrend-Rosenfeld, *Allein,* S. 90.
49. Lifton, *Nazi Doctors,* S. 250–253.

5. Chronik des Exils und eine Schätzung der Emigrationszahlen

1. Eintrag für 12. August 1936 in: *Tagebuch Nathorff,* S. 87 (Zitat) und passim. Dies war ein allgemeines Phänomen, nicht nur im speziellen Fall der Ärzte. Siehe Dawidowicz, *War,* S. 256.
2. Gumpert, *Hölle,* S. 266f. Siehe auch Richarz, *Leben,* S. 51; Eintrag für 12. März 1939 in: *Tagebuch Nathorff,* S. 151.
3. Dawidowicz, *War,* S. 254; Richarz, *Leben,* S. 53. Für sehr informative Einzelheiten bezüglich der jüdischen Emigration in einem weiteren Kontext und unter Berücksichtigung aller potentiellen Gastländer sei der Leser auf die hervorragenden Untersuchungen von Strauss verwiesen: »Jewish Emigration from Germany«, (I) und (II).
4. Siehe dazu: Hans Dornedden in: *Deutsches Ärzteblatt* 65 (1935), S. 515; *Journal of the American Medical Association* 102 (1934), S. 1241f.; Leibfried, »Stationen der Abwehr«, S. 17 und 20; Gumpert, *Hölle,* S. 263–268; Bielenberg, *Past,* S. 31f.; Eintrag für 5. September 1937 in: Stresau, *Jahr,* S. 150; Aussage von Hanns Schwarz in: Albrecht und Hartwig, *Ärzte,* S. 76; Sauer, *Schicksale,* S. 118; Zelzer, *Weg,* S. 158, 460; Richarz, *Leben,* S. 52; Eintrag für 4. Januar 1938, in: *Tagebuch Nathorff,* S. 102; Niederland, »Deutsche Ärzte-Emigration«, S. 157; und die zweite Tabelle in: Davie, *Refugees,* S. 260.
5. *Ziel und Weg* 5 (1935), S. 229, 383 und 498; Schulz, »Entwicklung«, S. 484; Wagner, »Unser Reichsärzteführer spricht«, S. 435; Aron, »Die nichtarischen Ärzte«; Eintrag für Juli in: *Deutschland-Berichte* (1938), Bd. 5, S. 749; Jaffé an Korach, Amsterdam, 21. Januar 1939, teilweise abgedruckt in: Leibfried, »Stationen der Abwehr«, S. 5; Fliedner, *Judenverfolgung,* S. 50f.; Ostrowski, »Schicksal«, S. 323; Leibfried, »Stationen der Abwehr«, S. 14; Richarz, *Leben,* S. 82; Dawidowicz, *War,* S. 254f.; Gilbert, *Holocaust,* S. 44f.
6. Richarz, *Leben,* S. 53.
7. Leibfried, »Stationen der Abwehr«, S. 20.
8. Friedman, *No Haven,* S. 56–65; Gilbert, *Holocaust,* S. 64; Strauss, »Jewish Emigration from Germany (II)«, S. 362.
9. Einträge für Februar, Juli, November, Dezember in: *Deutschland-Berichte* (1938), Bd. 5, S. 182, 749, 1195 und 1332; Sauer, *Schicksale,* S. 126; Richarz, *Leben,* S. 55; Frankenthal, *Der Dreifache Fluch,* S. 197 und 200; Strauss, »Je-

wish Emigration from Germany (I)«, S. 343f.; Wolfgang Benz in: *Tagebuch Nathorff,* S. 13.

10. Auch wurde Rosenstein vor 1938 wegen Verstößen gegen die Vorschriften zum Währungstransfer »erpreßt«, die er nie begangen hatte *(Narben,* S. 269ff. und 281f.). Lebensgeschichte in: Fischer, *Lexikon,* Bd. 2, S. 1325.
11. Einträge für Dezember in: *Deutschland-Berichte* (1936), Bd. 3, S. 1653; und für Februar, ebenda (1938), Bd. 5, 182f.; Bruss, *Bremer Juden,* S. 118f.
12. Der Fall KVD gegen Dr. Weill (Leipzig-Haifa; Januar bis April 1937) wurde von der KVD erst vor einem höheren Berufungsgericht gewonnen (UK, 248).
13. Eintrag für 20. August 1934 in: *Tagebuch Nathorff,* S. 60; Gumpert, *Hölle,* S. 263.
14. Eintrag für November in: *Deutschland-Berichte* (1937), Bd. 4, S. 1566f; Einträge für Februar und Juli 1938, ebenda (1938), Bd. 5, S. 183 und 749; Jaffé an Korach, Amsterdam, 21. Januar 1939, teilweise abgedruckt in: Leibfried, »Stationen der Abwehr«, S. 6; Rosenstein, *Narben,* S. 273f. Siehe auch Text in Teil 3 bei Anm. 8.
15. Henry, *Victims and Neighbors,* S. 74f.
16. Gumpert, *Hölle,* S. 258; Rosenstein, *Narben,* S. 110; Eintrag für 15. November 1938 in: Stresau, *Jahr,* S. 172.
17. Jaffé an Korach, Amsterdam, 21. Januar 1939, teilweise abgedruckt in: Leibfried, »Stationen der Abwehr«, S. 5; Boveri, *Verzweigungen,* S. 338.
18. Frankenthal, *Der Dreifache Fluch,* S. 198f.
19. Plesch, *János,* S. 291; Fischer, *Lexikon,* Bd. 2, S. 1226; *List,* S. 70; Aussage von Elisabeta Bihalji, Belgrad, 11. März 1962, DAÖW, 2962.
20. Davie, *Refugees,* S. xix.
21. Berechnungen gestützt auf die Liste in: Zelzer, *Weg,* S. 460ff.
22. Siehe Richarz, *Leben,* S. 53f.; Boveri, *Verzweigungen,* S. 331; Strauss, »Jewish Emigration from Germany (II)«, S. 345; Eintrag für Ostern 1934 in: *Tagebuch Nathorff,* S. 56.
23. Friedman, *No Haven,* S. 20f. (Zitat Tincher auf S. 21); Strauss, »Jewish Emigration from Germany (II)«, S. 358; Hempel, *» Wenn ich schon ein Fremder«,* S. 20f.
24. Strauss, »Jewish Emigration from Germany (II)«, S. 359ff.; Friedman, *No Haven,* S. 21–27. Siehe auch Edsall, »Emigré Physician«, S. 1069; Kisch, *Wanderungen,* S. 279ff.
25. Strauss, »Jewish Emigraton from Germany (II)«, Tabelle 4 auf S. 359 und S. 361. Speziell bezüglich der Ärzte siehe Edsall, »Program«, S. 1986.
26. Strauss, »Jewish Emigration from Germany (II)«, S. 361f.; Friedman, *No Haven,* S. 65f.
27. Strauss, »Jewish Emigration from Germany (II)«, Tabelle 4 auf S. 359 und S. 362.
28. Ebenda; Wyman, *Abandonment,* passim.
29. Meine Berechnung basiert auf den Zahlen für die Gesamtheit der Juden wie aufgeführt in: Strauss, »Jewish Emigration from Germany (II)«, S. 362, und auf der Zahl von knapp über 3000 in die USA emigrierten deutsch-jüdischen Ärzten, Ärzten aus dem Sudetenland und Ärzten aus Österreich, die von Professor Eric D. Kohler von der University of Wyoming in einem Brief an mich (Laramie,

3. Januar 1988) genannt wurde; Kohler ist gegenwärtig der führende Experte zum Thema deutsch-jüdische Ärzte in den Vereinigten Staaten. In einer älteren Äußerung zu dem Problem nennt Sauer (*Schicksale,* S. 218) die Zahl von 2500 in die Vereinigten Staaten geflohenen deutsch-jüdischen Ärzten (dies hätte den Prozentsatz auf 1,9 gesenkt).

30. Edsall, »Program«, S. 1986; derselbe, »Emigré Physician«, S. 1069.
31. Siehe vor allem Tabelle 2 in: Edsall, »Emigré Physician«, S. 1071 sowie S. 1069f. und 1072. Siehe auch Edsall und Putnam, »Emigré Physician«, S. 1885. Bezüglich New York siehe Pearle, »Ärzteemigration nach 1933«, S. 115f., und Aron, »Wie geht es«.
32. *Journal of the American Medical Association* 112 (1939), S. 735; *Medical Economics* 16, Nr. 5 (Februar 1939), S. 28; Edsall und Putnam, »Emigré Physician«, S. 1885f.; Pearle, »Ärzteemigration nach 1933«, S. 115–121 und 126ff.; Davie, *Refugees,* S. 267ff. Siehe jedoch die positive Interpretation in: Nissen, *Blätter,* S. 251f.
33. *Journal of the American Medical Association* 112 (1939), S. 735; Edsall, »Program«, S. 1986; Edsall und Putnam, »Emigré Physician«, S. 1882, 1884f. und 1888; Pearle, »Ärzteemigration nach 1933«, S. 113.
34. Vergleiche die Werte für jene Staaten in Tabelle 6 von Edsall und Putnam, »Emigré Physician«, S. 1884, mit den entsprechenden in Tabelle 2 von Edsall, »Emigré Physician«, S. 1071.
35. Edsall, »Program«, S. 1987; Edsall und Putnam, »Emigré Physician«, S. 1882; *Medical Economics* 16, Nr. 5 (Februar 1939), S. 96, 98, 100 und 102.
36. *Medical Economics* 16, Nr. 5 (Februar 1939), S. 25. Siehe auch Mclntyre, »Citizenship and Medical Licensure«.
37. Davie, *Refugees,* S. 167.
38. Siehe Pearle, »Ärzteemigration nach 1933«, S. 128ff.; siehe unten das Beispiel von Dr. Paul Rosenstein.
39. Eric D. Kohler, »Between Dr. Pinkhams Dilemma und Dr. Mumeys Jerusalem: German Jewish Physicians in California and Colorado«, Referat gehalten auf der Jahreskonferenz der German Studies Association, Albuquerque, New Mexico, September 1986.
40. Pearle, »Ärzteemigration nach 1933«, S. 115; Milch, »Expatriated Elite«, S. 15.
41. Sauer, *Schicksale,* S. 218; Edsall, »Emigré Physician«, S. 1069. Siehe jedoch die realistischere Einschätzung von Edsall und Putuam, in: »Emigré Physician«, S. 1883f. und Anm. 278.
42. Müller, *Geschichte,* S. 214; Bruss, *Bremer Juden,* S. 40; Zelzer, *Wege,* S. 460.
43. Karteikarte Ahronheim, RSW im BA (siehe Anm. 33, Kapitel 5.2).
44. Nachruf von 1962 auf Dr. Frederick Simon Aron nachgedruckt in: Goldschmidt, *Meine Arbeit,* S. 37.
45. Zelzer, *Wege,* S. 460. Siehe auch Eintrag für 3. Mai 1942, in: *Tagebuch Nathorff,* S. 197.
46. Henry, *Victims and Neighbors,* S. 2. Dr. Hertha Nathorff wurde als »lousy Nazispy« beschimpft (Eintrag für 7. März 1940, in: *Tagebuch Nathorff,* S. 171). Andere Aussagen dieser Art finden sich in: Albrecht und Hartwig, *Ärzte,* S. 72–76 (Hanns Schwarz); Gumpert, *Hölle,* S. 267.

47. Schwarz in: Albrecht und Hartwig, *Ärzte*, S. 76.
48. Hagen, *Auftrag*, S. 151, 247. Siehe Fischer, *Lexikon*, Bd. 2, S. 1554; *Wer ist's?*, S. 1593.
49. Rosenstein, *Narben*, S. 285–291.
50. Frankenthal, *Der Dreifache Fluch*, S. 238–245. Siehe auch Pearles und Leibfrieds Postskriptum, ebenda, S. 249–258; und die Parallelen in: *Tagebuch Nathorff*, S. 166–212.
51. Pearle und Leibfried in: Frankenthal, *Der Dreifache Fluch*, S. 258. Zum vergleichbaren Fall von Dr. Hertha Nathorff, siehe Wolfgang Benz in: *Tagebuch Nathorff*, S. 15. Zu allen deutschen Juden siehe Strauss, »Immigration«.
52. Offizieller Wortlaut wie zitiert in: Strauss, »Jewish Emigration from Germany (II)«, S. 344.
53. Ebenda, S. 344f. Wasserstein erläutert diese Zahl mit den Hinweis, daß etwa 53 000 deutsche und österreichische Juden bis 1939 nach Palästina gingen (*Britain*, S. 7).
54. Strauss, »Jewish Emigration from Germany (II)«, S. 345–355; Richarz, *Leben*, S. 44f., 51 und 53. Zur Jugend siehe auch Angress, *Generation*.
55. Wasserstein, *Britain*, S. 12–16; Strauss, »Jewish Emigration from Germany (II)«, S. 355f.
56. Zitat aus Wasserstein, *Britain*, S. 18.
57. Ebenda, S. 17–20.
58. Ebenda, S. 26.
59. Richarz, *Leben*, S. 54; Strauss, »Jewish Emigration from Germany (II)«, S. 345 und 349.
60. Um in Palästina als angestellter oder selbständiger Arzt praktizieren zu dürfen, mußte man akademische und persönliche Voraussetzungen erfüllen. Man benötigte eine Lizenz der palästinensischen Gesundheitbehörden, die nur erteilt wurde, wenn man mindestens fünf Jahre eines ordentlichen Studiums an einer anerkannten medizinischen Hochschule des Auslands nachweisen konnte und ein medizinisches Diplom oder einen medizinischen Doktortitel besaß. Persönliche Voraussetzungen waren ein Leumundszeugnis und eine Aufenthaltsgenehmigung für Palästina (Kalisch, »Regelung«; Dr. Siegfried Kanowitz [Tel Aviv], wie paraphrasiert in: *Ziel und Weg* 5 [1935], S. 228).
61. *Deutsches Ärzteblatt* 64 (1934) S. 180f.; Dr. Hans Dornedden, ebenda 5 (1935), S. 515; Dr. Siegfried Kanowitz [Tel Aviv], wie paraphrasiert in: *Ziel und Weg* 5 (1935), S. 228; Aron, »Wie geht es«.
62. Niederland, »Deutsche Ärzte-Emigration«, S. 155. Dr. Siegfried Kanowitz (Tel Aviv), wie paraphrasiert in: *Ziel und Weg* 5 (1935), S. 228, nennt ein Verhältnis von 1 zu 250 für das Jahr 1935.
63. Dr. Siegfried Kanowitz, wie paraphrasiert in: *Ziel und Weg* 5 (1935), S. 228; ebenda, S. 58.
64. Trusted, »Draft: An Ordinance to Amend the Medical Practitioners Ordinance, 1928«, [Jerusalem], 18. Juli 1935, *Palestine Gazette*, 25. Juli 1935, S. 637–640, ISA, Record Group M174/35. Siehe auch *Palestine Post*, 25. Juli 1935. Ich verdanke meine Kenntnis dieses Dokuments und der anderen aus Palästina (sie unten)

Professor William E. Seidelman, von der McMaster University, dessen Hilfe ich sehr zu schätzen weiß.

65. Shertok an Chief Secretary, Government Offices Jerusalem, Jerusalem, 15. August 1935, ISA, Record Group M174/35.
66. J. Hathorn Hall, »Medical Practitioners (Amendment) Ordinance, No. 44 von 1935«, [Jerusalem], 30. Oktober 1935, ISA, Record Group 2, M/74/35; Kalisch, »Die Regelung«; *Ziel und Weg* 6 (1936), S. 110.
67. Siehe Tabelle 1 in: Niederland, »Deutsche Ärzte-Emigration«, S. 156/57.
68. Zu diesem Prinzip siehe ebenda, S. 162.
69. Franke, *Geschichte,* S. 82f.; Zelzer, *Weg,* S. 158f. und 460. Siehe auch Sauer, *Schicksale,* S. 228f.
70. Zelzer, *Weg,* S. 460.
71. Birnbaum, *Staat,* S. 38, Anm. 92 und S. 189f., Anm. 163. Die Arbeit der deutsch-jüdischen Ärzte in Palästina als einer Gruppe wird detailliert beschrieben in: Niederland, »Deutsche Ärzte-Emigration«, S. 157–184.
72. Rosenstein, *Narben,* S. 251.
73. Karteikarten von Georg Peysack und Max Sadger, RSW collection, BA (siehe Anm. 33 von Kapitel 5.2).
74. Ostrowski, »Schicksal«, S. 351. Siehe seinen medizinischen Aufsatz »Progressive Infectious Skin-Necrosis«. Das Schicksal anderer jüdischer Ärzte aus Berlin in Palästina wird geschildert von Pross in: Pross und Winau, *Nicht mißhandeln,* S. 171f., 174ff.
75. Zu diesem tragischen und sich ständig wiederholenden Phänomen siehe unter anderem Wyman, *Abandonment,* beispielsweise S. 158.
76. Sauer, *Schicksale,* S. 369.
77. Director of Medical Services, Department of Health, an Chief Secretary, Government Offices, Jerusalem, 29. Oktober 1940; Commissioner for Migration and Statistics, Acting Director, Department of Immigration, an Chief Secretary, Jerusalem, 20. Dezember 1940, ISA, Record Group 2, M/7/40.
78. *Deutsches Ärzteblatt* 64 (1934) 180; Wasserstein, *Britain,* S. 7.
79. Siehe Friedman, *No Haven,* S. 71.
80. Wasserstein, *Britain,* S. 9–10, 82, 93. Siehe auch Cole, *Lord Haw-Haw,* S. 180; Strauss, »Jewish Emigration from Germany (II)«, S. 357; Richarz, *Leben,* S. 54. Mit der Arbeitslosigkeit und der schlechten Wirtschaftslage argumentierte Großbritannien auf internationaler Ebene 1934 und 1938 auf der Evian-Konferenz. Siehe *Journal of the American Medical Association* 102 (1934) 1861; Friedman, *No Haven,* S. 60.
81. *Journal of the American Medical Association* 100 (1933), S. 1784; ebenda 102 (1934), S. 1861; ebenda 107 (1936), S. 49; ebenda 111 (1938), S. 636f.; Aron, »Wie geht es«; *Medical Economics* 16, Nr. 5 (Februar 1939), S. 27. Siehe auch Berghahn, *Refugees,* S.83ff.; und die Aussage von Hadda, »Als Arzt«, S. 219f.
82. Plesch, *János,* S. 292–296. Siehe auch *Journal of the American Medical Association* 100 (1933), S. 2029f.; ebenda 107 (1936), S. 49.
83. Dokumentation in Reihenfolge der Nennung: Zelzer, *Weg,* S. 462; Angress, *Generation,* S. 81; Bruss, *Bremer Juden,* S. 40, Anm. 88; Klinger, *Wege,* S. 82;

Karteikarte von Rudolf Friedländer, RSW collection, BA (siehe Anm. 33 von Kapitel 5.2).

84. Edsall und Putnam, »Emigré Physician«, S. 1884.
85. Strauss, »Jewish Emigration from Germany (I)«, S. 354f.; Dornedden in: *Deutsches Ärzteblatt* 64 (1934), S. 180.
86. Karteikarten von Werner Sandelowski und Dorothea Futter, RSW collection, BA (siehe Anm. 33 von Kapitel 5.2).
87. Aron, »Wie geht es«; Voigt, »Refuge«, S. 14.
88. Karteikarte von Dorothea Futter, RSW collection, BA (siehe Anm. 33 von Kapitel 5.2).
89. Voigt, »Refuge«, S. 14f.
90. Zitiert nach *Medical Economics* 16, Nr. 5 (Februar 1939), S. 27. Siehe auch Strauss, »Jewish Emigration from Germany (I)«, S. 354. Allgemein zum Antisemitismus in Italien siehe Cassels, *Fascism,* S. 165f.
91. Wie in Anm. 88 und Strauss, »Jewish Emigration from Germany (I)«, S. 355; Sauer, *Schicksale,* S. 369.
92. Siehe Aron, »Wie geht es«.
93. Siehe Leibfried, »Stationen der Abwehr«, S. 18, 20; *Medical Economics* 16, Nr. 5 (Februar 1939), S. 27; Plesch, *János,* S. 251; Karteikarte von Alfred Stern, RSW collection, BA (siehe Anm. 33 von Kapitel 5.2).
94. Strauss, »Jewish Emigration from Germany (I)«, S. 354; Dornedden in: *Deutsches Ärzteblatt* 64 (1934), S. 180.
95. Strauss, »Jewish Emigration from Germany (I)«, S. 354. Wassersteins Schätzung, daß sich vor Beginn der Feindseligkeiten im Jahr 1939 etwa 40 000 jüdische Flüchtlinge aus Europa in Frankreich befunden hätten, scheint etwas hochgegriffen *(Britain,* S. 7).
96. Strauss, »Jewish Emigration from Germany (I)«, S. 353; *Ziel und Weg* 5 (1935), S. 79ff., 174; Aron, »Wie geht es«; Dornedden in: *Deutsches Ärzteblatt* 64 (1934), S. 180; Plesch, *János,* S. 291; *Medical Economics* 16, Nr. 5 (Februar 1939) S. 26; Zelzer, *Weg,* S. 462; Frankenthal, *Der Dreifache Fluch,* S. 209–217. Wolf wird genannt in: Fischer, *Lexikon,* Bd. 2, S. 1702.
97. Marnus und Paxton, *Vichy France,* S. 4, 48–51, 98f. und 124f.; Liebling, *Republic of Silence,* S. 218; Karteikarten von Kurt Schachtel und Bruno Meyerowitz, RSW collection, BA (siehe Anm. 33 von Kapitel 5.2).
98. Frankenthal, *Der Dreifache Fluch,* S. 217–226. Siehe auch Strauss, »Jewish Emigration from Germany (I)«, S. 355; Dornedden in: *Deutsches Ärzteblatt* 64 (1934), S. 180; Wasserstein, *Britain,* S. 7; Richarz, *Leben,* S. 54; Franke, *Geschichte,* S. 207. Zum allgemeinen Hintergrund siehe Pfanner, »Role«.
99. Siehe Wasserstein, *Britain,* S. 7; Friedman, *No Haven,* S. 68; Strauss, »Jewish Emigration from Germany (I)«, S. 354; Rosenstein, *Narben,* S. 283f.; Jaffés Aussagen in: Leibfried, »Stationen der Abwehr«, S. 6–9 und 38, Anm. 60. Siehe auch Anm. 60 auf S. 38 in: Leibfried; Franke, *Geschichte,* S. 238f.; Gebhard, *Strom,* S. 46f.; Haas, *Doctor,* S. 9f.
100. Strauss, »Jewish Emigration from Germany (I)«, S. 352 und 354; Frankenthal, *Der Dreifache Fluch,* S. 226–238; Karteikarte von Heinrich Löwenfeld, RSW collection, BA (siehe Anm. 33 von Kapitel 5.2).

101. Strauss, »Jewish Emigration from Germany (II)«, S. 384–389; Abella und Troper, *None Is Too Many,* insbesondere S. x–xi und 54; Friedman, *No Haven,* S. 59f.; Gilbert, *Holocaust,* S. 64; Blakeney, *Australia,* S. 188–192.
102. Strauss, »Jewish Emigration from Germany (II)«, S. 363–382; Gilbert, *Holocaust,* S. 64; Friedman, *No Haven,* S. 61ff. und 68; Richard Roeders Aussage in: Leibfried, »Stationen der Abwehr«, S. 7; Leibfried, ebenda, S. 20; Sauer, *Schicksale,* S. 238; Karteikarte von Hildegard Friedländer, RSW collection, BA (siehe Anm. 33 von Kapitel 5.2).
103. Siehe Boveri, *Verzweigungen,* S. 331; Strauss, »Jewish Emigration from Germany (II)«, S. 383f.; *Ziel und Weg* 5 (1935), S. 283 und 496; Sauer, *Schicksale,* S. 244–247; Zelzer, *Weg,* S. 460; Berg-Pan, »Shanghai Chronicle«.
104. Dok. 8 vom 16. Februar 1934 in: Sauer, *Dokumente,* Bd. 1, S. 19. Man beachte auch die gedankenlose Wiederholung in: Mass, *Jahr,* S. 24.
105. Hadrich, »Die nichtarischen Ärzte«, S. 1243; *Ziel und Weg* 8 (1938), S. 438; Grote wie zitiert in: *Journal of the American Medical Association* 111 (1938), S. 1118; Ramm, *Standeskunde,* S. 46; Ellersdorfer, »Auswirkungen«, S. 100. Vgl. Strauss, »Jewish Emigration from Germany (I)«, S. 340. Die qualifizierten Zahlen stammen aus: Tennstedt und Leibfried, »Sozialpolitik«, S. 224; Sauer, *Schicksale,* S. 81; und Kümmel, »Ausschaltung«, S. 76.
106. *Ziel und Weg,* 5 (1935), S. 172; Hadrich, »Die Nichtarischen Ärzte«, S. 1243; Kümmel, »Ausschaltung«, S. 76; Aron, »Die Nichtarischen Ärzte«. Die von Tennstedt und Leibfried (»Sozialpolitik«, S. 223f.) genannte Zahl von zwei- bis dreitausend bis Ende 1934 emigrierten jüdischen Ärzten scheint mir zu hoch.
107. Gilbert, *Holocaust,* S. 44.
108. *Ziel und Weg* 7 (1937), S. 225; ebenda 8 (1938), S. 438; Strauss, »Jewish Emigration from Germany (I)«, S. 340; Tennstedt und Leibfried, »Sozialpolitik«, S. 224.
109. Strauss, »Jewish Emigration from Germany (I)«, S. 340; Leibfried, »Stationen der Abwehr«, Tabelle 1 auf S. 11; Tennstedt und Leibfried, »Sozialpolitik«, S. 225; Sauer, *Schicksale,* S. 81; Kümmel, »Ausschaltung«, S. 76.
110. Schätzungen laut Kümmel, »Ausschaltung«, S. 78f.; Leibfried »Stationen der Abwehr«, S. 14.
111. Kümmel, »Ausschaltung«, S. 78.

Schluß

1. Fischer-Homberger, *Geschichte,* S. 119. Zu einer universelleren Erklärung dieser Normen siehe Konner, *Becoming a Doctor,* S. 365f.
2. Ivy, »Nazi War Crimes«, S. 268; Mitscherlich und Mielke, *Medizin ohne Menschlichkeit,* S. 13; Gunter Mann, »Medizin im Dritten Reich«, Referat im dem Frankfurter Rotary Club am 24. August 1987.
3. *Wer ist Wer?* (1986), S. 1371; Vilmar in einem Scheininterview mit einem Journalisten des von ihm kontrollierten *Deutschen Ärzteblatts* 84 B (1987), S. 849.
4. *Wer ist Wer?* (1986), S. 1126f.; *Deutsches Ärzteblatt* 83 B (1986), S. 1187; Schadewaldt, *Hartmannbund,* S. 143. Siehe auch den apologetischen Artikel von Bitt-

ner, »Widerstand«, geschrieben schon 1961, S. 1532; und *Deutsches Ärzteblatt* 82 B (1985) S. 1381.

5. Kater, *Politiker,* S. 164; BDC, ME und Forschungsmaterial Huwer; Huwers Leserbrief in: *Deutsches Ärzteblatt* 84 B (1987), S. 1453f.
6. Sons, »›Wurzeln‹«; Fall von Dr. Wagenfeld in: Schönberg, »Geschichte«, S. 103; Kater, »Burden«, S. 41. Siehe Stobrawa, *Die Ärztlichen Organisationen,* S. 32–36.
7. Kater, »Burden«, S. 41–52. Zum Hintergrund siehe derselbe, »Problems of Political Reeducation«. Siehe auch Rohland, »Zur Rolle«; Berger, »Sozialversicherungsreform«, S. 83; und das Geständnis des westdeutschen Ärztefunktionärs und früheren SS-Manns Ernst Fromm, in: »Berufsvertretung«, S. 268.
8. Kiesselbach (geboren 1907), Professor für Anatomie seit 1955 und Rektor der Universität Düsseldorf 1963/64, wurde genau in jener Zeit von der Polizei wegen Mordes verhört. Am Ende wurde gegen eine Anklage entschieden. Ausführliche Dokumentation über alle drei genannten Personen in: Kater, *»Ahnenerbe«,* S. 248, 255, 426 und 428; derselbe, »Burden«, S. 43f., 51f.; *Wer ist Wer?* (1970), S. 621. Siehe Text bei Anm. 115.
9. Johanna Bleker et al. unter der treffenden Überschrift »Sich der Wahrheit stellen: Medizinhistoriker kritisieren Vilmar«, in: *Die Zeit,* 6. November 1987, S. 47.
10. Henderson, *Rise,* S. 173–242; Stürmer, *Reich,* S. 89ff., 129–133; Jarausch, *Students,* S. 24, 76 und 180f.; Schieder, »Kultur«, insbesondere S. 27 und 30f.; Beyerchen, *Scientists under Hitler,* S. 3. Kritisch bezüglich Deutschlands Aufstieg zu einer hochkapitalistischen Industrienation ist Wehler, *Kaiserreich,* S. 41–59.
11. Huerkamp, *Aufstieg der Ärzte;* Jarausch, *Students,* S. 144ff.; Burchardt, »Wissenschaftsförderung«; Fischer, *Lexikon,* Bd. 1, S. 352ff., 637 und 784ff.; Guthrie, *History,* S. 286f., 365 und 384.
12. Schreiber, *Wissenschaftspolitik.*
13. Kocka, *Klassengesellschaft,* S. 21–33; Rürup, *Wissenschaft;* Fischer, *Lexikon,* Bd. 2, S. 1365; Sauerbruch, *Leben,* S. 159–185.
14. Taute et al., *Entwicklung,* S. 126ff.; Roth, »Schöner neuer Mensch«, passim. Siehe auch Nachtsheim, »Warum Eugenik«, S. 712; Klee, *»Euthanasie«,* S. 29–33.
15. Kisskalt, *Theorie,* S. 124–141; Just, »Agnes Bluhm«, S. 519f. und 523f. Siehe Jonas, »Philosophical Reflections«.
16. Professor Hans Nachtsheims Äußerungen sind abgedruckt in: *Die Ärztin* 19 (1943) S. 215; Gruber, *Einführung,* S. 61ff.; Bergmann, *Rückschau,* S. 53; Kisskalt, *Theorie,* S. 135; Domagk zitiert von Karlson in: »Versammlungen«, S. 63; Aschoff, »93. Naturforscher-Versammlung«, S. 1373. Siehe Oehme, »Das Medizinische Experiment«, S. 489f.; Läuppi, »Experimente am Menschen«.
17. Moll, *Ärztliche Ethik,* S. 553–579; Fischer, *Lexikon,* Bd. 2, S. 1059.
18. Baader, »Menschenexperimente«, S. 186.
19. Kisskalt, *Theorie,* S. 134f.; Fischer, *Lexikon,* Bd. 1, S. 116; Oehme, »Das Medizinische Experiment«, S. 490; Vogeler, *Bier,* S. 31f.; Fischer-Homberger, *Geschichte,* S. 117.
20. Sauerbruchs Rede auf der 49. Konferenz der Gesellschaft Deutscher Naturwis-

senschaftler und Ärzte, in: *Mitteilungen der Gesellschaft Deutscher Naturforscher und Ärzte* 94 (1937): VII. Siehe auch Baader, »Menschenexperimente«, S. 196.

21. Zu diesem allgemeinen Prinzip siehe Weingart, »Eugenik«, S. 315. Spezifischer in: Baader, »Menschenexperimente«, S. 189 (der Fall Rose).
22. Siehe Gruber, *Einführung*, S. 63.
23. Kürten, »Tagung«, S. 409.
24. Mitscherlich und Mielke, *Medizin ohne Menschlichkeit*, S. 39ff.; Kater, *»Ahnenerbe«*, S. 231ff.; Kreienberg und Winter, »Höhenfestigkeit«; Kreienberg und Schenkel, »Über die beschleunigte Blutgerinnung«. Siehe auch *Deutsches Ärzteblatt* 72 (1942), 158.
25. Grawitz an Himmler, Berlin, 30. September 1943, BDC, Forschungsmaterial RO 2097; Mitscherlich und Mielke, *Medizin ohne Menschlichkeit*, S. 93ff.; Baader, »Menschenexperimente«, S. 187; Clauberg an Himmler, Königshütte, 30. Mai 1942, BDC, Forschungsmaterial HO 52/53.
26. Professor Sauerbruch, Wolfgang Heubner und Friedrich Hermann Rein wußten, daß in Konzentrationslagern Experimente zur Trinkbarmachung von Seewasser durchgeführt wurden; der Chirurg Erwin Gohrbandt wußte von Raschers Unterkühlungsexperimenten und befürwortete sie; der Pathologe Julius Hallervorden erhielt und benutzte für seine Forschungen Hunderte von menschlichen Gehirnen aus den Tötungszentren des »Euthanasie«-Programms. Siehe Mitscherlich und Mielke, *Wissenschaft*, S. 279–297; Alexander, »Science«, S. 40; Nowak, *»Euthanasie«*, S. 86; Gohrbandt, »Auskühlung«; Mann, »Medizin im Dritten Reich« (wie in Anm. 2); und die Liste von nicht weniger als 95 hochspezialisierten Teilnehmern an einer geschlossenen Konferenz im Oktober 1943, die sich unter anderem mit den Ergebnissen von Raschers Unterkühlungsexperimenten beschäftigten *(Bericht über eine wissenschaftliche Besprechung*, S. 3f.). Siehe auch Freund, »Ethical Problems«, S. 692.
27. Zeitgenössische Beispiele in: Blome, *Arzt*, S. 87; Kühle, »Lehrgang«, S. 525. Kritisch ist Schmuhl, *Rassenhygiene*, S. 83f.
28. Stumpfl, »Untersuchungen«; derselbe, *Ursprünge*, insbesondere S. 9–23, 170f.; Müller, *Lehrbuch*, S. 278f.
29. Zu ersteren siehe Mueller, »Gegenwärtige Lage«, S. 20; Pfreimbter, »Knabenmordprozess«; *Münchener Medizinische Wochenschrift* 84 (1937), S. 919; Plant, *Pink Triangle*, S. 106–149. (Intellektuell vertieft in: Mosse, *Nationalism and Sexuality*, S. 133–180). Zum letzteren siehe Anm. 85 in Kapitel 4.2.
30. Siehe die durchweg wenig überzeugende Argumentation in: Stumpfl, »Untersuchungen«; Jakobi et al., *Aeskulap*, S. 32–39 und insbesondere 153. Allgemein siehe Schmuhl, *Rassenhygiene*, S. 86; Kater, »Medizin und Mediziner«, S. 348f.
31. Siehe Mosse, *Crisis of German Ideology;* derselbe, *Toward the Final Solution;* Stern, *Politics of Cultural Despair.*
32. Liek starb im Februar 1935. Siehe Liek, *Gedanken eines Arztes*, S. 121; Werner Zabels Nachschrift ebenda, S. 254; Liek, *Krebsverbreitung*, S. 219f.; und die rassistischen Themen in Lieks Bibliographie *Arzt*, S. 171.
33. Siehe Kapitel 1.3 bei Anm. 2; Kapitel 4.1 bei Anm. 53; Much, *Homöopathie;* Guthrie, *History*, S. 50, 61, 76, 110, 114, 169, 176, 219f. und 283; Ackerknecht,

Short History, S. 61f. und 143; Fischer-Homberger, *Geschichte,* S. 27 und 78.

34. Siehe Guthrie, *History,* S. 335; Sigerist, *Man and Medicine,* S. 93f..
35. Jünger, »Über den Schmerz«. Siehe auch Dahrendorf, *Gesellschaft,* S. 387. Dahrendorf beschreibt treffend die spezifisch deutsche Einstellung zum Schmerz, verfolgt das moderne Phänomen jedoch nicht auf Lieks naturgläubige Schule zurück.
36. Kötschau, »Zur nationalsozialistischen Revolution«; derselbe, *Umbruch,* S. 26, 40–44, 48 und 57; Hobohm, »Nationalsozialismus«, S. 42. Speziell über die Juden siehe Härtel, »Rasse und Chirurgie«, S. 248 und 250; und den Arzt Fritz Lenz in: Baur et al., *Menschliche Erblichkeitslehre,* S. 561.
37. Liek, *Welt,* S. 101–111; derselbe, *Gedanken eines Arztes,* S. 132; Kötschau, *Umbruch,* S. 36, 40f., 47, 57, 66 und 86; Knoll, »Arzt«, S. 438; Schenck, »Wie sollen wir«, S. 1093.
38. Siehe Kötschau, »Zur nationalsozialistischen Revolution«, S. 12; Kater, »›Gesundheitsführung‹«, S. 351.
39. Bumke, *Erinnerungen,* S. 145.
40. Wagner laut *Deutsches Ärzteblatt* 64 (1934), 587; Grote, »KVD«, S. 12; Mrugowsky, *Ethos,* S. 14. Siehe auch Klare an Dr. K., Scheidegg, 22. April 1933, in: Klare, *Briefe,* S. 119; *Deutsches Ärzteblatt* 64 (1934), S. 965; Wagners Nachschrift auf Liek, zitiert von Anna Liek in: Liek, *Bannkreis,* S. 10; Schenck, »Das Gesundheitshaus der Deutschen Ärzteschaft in Kempfenhausen«, München, 21. Mai 1939, BA, R 18/3786; Schenck, »Wie sollen wir«; Wuttke-Groneberg, »Leistung«, S. 38 und 52; und Kapitel 4.1, Anm. 55–60.
41. Wirz, »Hochschule und Fortbildung«, S. 48.
42. Zum letztgenannten Phänomen siehe Kater, *»Ahnenerbe«,* passim.
43. Siehe Text von Contis Rede am 24. April 1942 in: *Deutsches Ärzteblatt* 72 (1942), S. 201. Als 1941 zwei Geburtshelfer in Zeitschriftenartikeln für eine schmerzfreie Geburt eintraten, führte Conti den vehementen Protest der universitären Gynäkologen an. Details in Franken, »Schmerzbekämpfung«; Fuchs, »Erfahrungen«; Conti an Schröder, Berlin, 2. Mai 1941, BA, R 18/3781. Siehe auch Conti an Siebke, Berlin, 5. Mai 1941; und an Blome et al., Berlin, 25. Juli 1941, ebenda; *Ziel und Weg* 9 (1939), S. 336; Schenck, »Wie sollen wir«, S. 1093. Conti hatte vor 1933 eine gewisse Ausbildung als Kinderarzt genossen.
44. Schenck, »Die Mitwirkung des ›Reichsgesundheitsführers‹ bei der Verwirklichung des ›Deutschen Gesundheitswerkes‹«, Anlage zu Schenck an Conti, 9. Januar 1941, BA, R 18/3786; »Betrifft: Hauptamtliche Ärzte für die NSDAP«, Anlage zu Röhrs an Schrepfer, München, 25. November 1943, BA, R 18/3810; Dietrich, »Entwicklung«; Kisskalt, *Theorie,* S. 237; Kötschau, »Sinnforschung«.
45. Bluhm, *Aufgaben,* S. 25f.; Achelis, »Physiologie der Schmerzen«. Zu Achelis, siehe *Wer ist's?,* S. 4.
46. Stoeckel an Conti, Berlin, 6. März 1941, BA, R 18/3781. Ähnliche Briefe an Conti von Runge (Heidelberg, 21. Februar 1941), Mikulicz-Radecki (Königsberg, 22. Februar 1941), Schröder (Leipzig, 7. Mai 1941), Siebke (Bonn, 15. Mai 1941), ebenda. Eine komplette Liste von 14 befürwortenden Gynäkologen in: Stadler an Conti, München, 25. Juli 1941, BA, R 18/3806. In seinen Memoiren

betont Stoeckel verschiedene Differenzen zwischen ihm und Conti. Bezüglich Lieks Philosophie waren die beiden Männer jedoch gleicher Ansicht. Siehe Stoeckel, *Erinnerungen,* S. 242f. und 257f. Stoeckels ultrakonservative Einstellung zum Recht auf Leben ist dargestellt auf S. 285–292. Lieks Bewunderung für Stoeckel kommt zum Ausdruck in: *Gedanken eines Arztes,* S. 131.

47. Sauerbruch, *Leben,* S. 369.
48. Siehe Text in Kapitel 4.2, bei Anm. 97.
49. Pfannenstiel, »Gedanken«, S. 124.
50. Das Bekenntnis von 1944 ist wiederabgedruckt in: Weizsäcker, *Natur,* S. 202. Zu Liek siehe derselbe, »›Euthanasie‹«, S. 88. Lebenslauf Weizsäckers in: Fischer, *Lexikon,* Bd. 2, S. 1663.
51. Wuttke-Groneberg, »Von Heidelberg«, S. 122.
52. Gay, *Freud,* S. 92. Siehe Nachruf in: *Deutsche medizinische Wochenschrift,* 7. Juni 1957, S. 926.
53. Tabellarischer Lebenslauf Mollison, BDC, Forschungsmaterial Mollison; Drull, *Gelehrtenlexikon,* S. 183. Zu Bluhm in Zürich siehe Kapitel 3.1, bei Anm. 22; zu Rüdin siehe Fischer, *Lexikon,* Bd. 2, S. 1340. Zur Bedeutung des »Züricher Kreises« für die Entwicklung der deutschen »Rassenkunde« siehe Schmuhl, *Rassenhygiene,* S. 90.
54. Zum letzteren siehe Parlow, »Über einige kolonialistische«.
55. Kapitel 4.1, bei Anm. 11.
56. Mollison, »Körperproportionen«, S. 250. Siehe auch derselbe, »Beitrag«; und derselbe, »Maori«.
57. Fischer und Mollison in: Fischer et al., *Anthropologie,* S. 88.
58. *Wer ist's?,* S. 408; Fischer, *Lexikon,* Bd. 1, S. 410. Für das Jahr 1908 ist die persönliche Freundschaft zwischen Fischer und Mollison dokumentiert in: Mollison, »Beitrag«, S. 529.
59. Fischer, *Rehobother Bastards,* S. 304.
60. Derselbe in: Fischer et al., *Anthropologie,* S. 189f.
61. Wie in Anm. 58.
62. Tabellarischer Lebenslauf Mollison; Mollison an den Münchener Dekan, 16. Januar 1942; Forschungstagebuch Mollison, BDC, Forschungsmaterial Mollison.
63. Siehe Mosse, *Toward the Final Solution,* S. 76; Müller-Hill, *Tödliche Wissenschaft,* S. 124.
64. Fischer wie laut Koester, »Grundlagen«, S. 504.
65. Fischer, *Begriff,* S. 7; derselbe, »Fortschritte«, S. 1071.
66. Fischer laut Ericksen, *Theologians,* S. 65.
67. Siehe Fischer, *Begriff,* S. 11; Lemser, »Untersuchungsergebnisse«.
68. Müller-Hill, *Tödliche Wissenschaft,* S. 34f. und 48; Pommerin, *Sterilisierung,* S. 78f.
69. Deutlich wird die starke Verbindung zwischen den beiden in: Verschuer, »Aufgaben und Ziele«, S. 1000; derselbe, »Das ehemalige Kaiser-Wilhelm-Institut«. Siehe auch Scholz, »Otmar Frhr. von Verschuer«. Auch Fischer selbst zollte Verschuer häufig Anerkennung, etwa in: »Fortschritte«, S. 1069.
70. *Deutsches Führerlexikon,* S. 505; »Personalblatt« Verschuer, Berlin-Dahlem, 4. November 1942, BDC, PK Verschuer; Selchow, *Hundert Tage,* S. 326; Mosse,

Crisis of German Ideology, S. 194 und 198; Zmarzlik, »Sozialdarwinismus«, S. 265; Kater, *Studentenschaft,* S. 27 und 146.

71. *Deutsches Führerlexikon,* S. 454 und 505; Selchow, *Hundert Tage,* S. 309–356. Zu dem 1877 geborenen Preußen Bogislav Freiherr von Selchow siehe *Wer ist's?,* S. 1488. Daß er schon vor 1933 ein Nazi war, ist dokumentiert in: *Mitteilungen des Kampfbundes für deutsche Kultur* 1 (1929), S. 137, 143f. und 166. Nach 1933 wurde Selchow Mitglied der nationalsozialistischen Akademie für Deutsches Recht. Er wurde jedoch nie formell Parteimitglied (»Fragebogen«, Berlin, 16. April 1937, BDC, RSK Selchow).
72. BDC, RÄK Verschuer; *Deutsches Führerlexikon,* S. 505; Verschuer, »Aufgaben und Ziele«.
73. Beispielsweise Verschuer, »Soziale Umwelt und Vererbung«; derselbe, »Qualitätsproblem«.
74. Verschuer, *Erbpathologie;* Loeffler, »Auslesegedanke«, S. 674; Liebenam, »Zwillingsforschung«; *Die Ärztin* 17 (1941), S. 320.
75. *Journal of the American Medical Association* 106 (1936), S. 308f.; ebenda 110 (1938), S. 59f.; Roth, »Schöner neuer Mensch«, S. 12f.; Seidelman, »Mengele Medicus«, S. 224f.
76. *Wer ist's?,* S. 1643.
77. BDC, MF Verschuer. Paul Weindlings Beobachtung in seiner ansonsten scharfsinnigen Arbeit, »Race, Blood und Polities«, S. 13, daß Verschuer »der NSDAP erst im September 1941 beigetreten« sei, als die »›Endlösung‹ der Forschung neue Möglichkeiten zu eröffnen versprach«, entspricht nicht den Tatsachen, und die Verschuer damit unterstellte Beteiligung am Holocaust ist nicht dokumentiert.
78. Thomann, »Rassenhygiene«; Müller-Hill, *Tödliche Wissenschaft,* S. 39f.
79. Verschuers Vorlesung, »Die körperlichen Rassenmerkmale des Judentums«, wie paraphrasiert in: *Frankurter Zeitung,* 17. Januar 1939.
80. Verschuer, »Vier Jahre«, S. 63.
81. Siehe Lechler, »Erkennung«, S. 297; Kaupen-Haas, »Bevölkerungsplaner«, S. 116; Roth, »Schöner neuer Mensch«, S. 41; Seidelman, »Mengele Medicus«, S. 225.
82. Verschuer, »Bevölkerungs- und Rassenfragen«, S. 11. Im selben Artikel ist pejorativ von »Zigeunern« und der (schwarzen) französischen Kolonialbevölkerung die Rede.
83. Siehe Kapitel 4.1, bei Anm. 38.
84. *Wer ist's?,* S. 877.
85. Kapitel 4.
86. Siehe Kranz und Koller, *»Die Gemeinschaftsunfähigen«,* S. 40 und 46; Verschuer, »Das ehemalige Kaiser-Wilhelm-Institut«, S. 134, 141, 150f. und 168.
87. Kranz, »›Einkehr‹ und ›Umkehr‹«.
88. Derselbe, »Entwicklung«, S. 289. Zu Fischer siehe Verschuer in: »Das ehemalige Kaiser-Wilhelm-Institut«, S. 129f.
89. Verschuer, »Das ehemalige Kaiser-Wilhelm-Institut«, S. 133.
90. Wie Hans Grebe, Verschuers früherer Assistent, Müller-Hill mitteilte: *Tödliche Wissenschaft,* S. 158. Siehe auch Verschuer, »Vier Jahre«.

91. »Stammkarte« Mengele; »Lebenslauf« Mengele, 1. Januar 1939, BDC, SS Mengele; Mollison, »Rassenkunde und Rassenhygiene«, S. 47.
92. Mengele, »Rassenmorphologische Untersuchungen«, insbesondere S. 111.
93. Teixeira, »Mengele Report«; »Ärztlicher Untersuchungsbogen« Mengele, unterz. Dr. med. Schwarzweller, Frankfurt-Niederrad, 26. Februar 1938, BDC, SS Mengele. Siehe auch Roth, »Schöner neuer Mensch«, S. 40 und S. 62, Anm. 92. Laut dem Kieferspezialisten Dr. Mark Richardson aus Oakville in Kanada ist es am wahrscheinlichsten, daß Mengele ohne die Prämolaren geboren wurde und als Folge beim Heranwachsen eine Lücke zwischen den mittleren oberen Schneidezähnen entstand (persönliche Mitteilung, 8. Dezember 1987).
94. Mengele, »Sippenuntersuchungen«; »Lebenslauf« Mengele, 1. Januar 1939, BDC, SS Mengele. Siehe auch Verschuers positive Reaktion auf Mengeles Doktorarbeit in: »Vier Jahre«, S. 59f. Der 1874 geborene Schmieden war seit 1919 in Frankfurt gewesen (Fischer, *Lexikon,* Bd. 2, S. 1398f.).
95. Siehe Kapitel 2.2, bei Anm. 78; Kapitel 4.1, bei Anm. 101.
96. Müller-Hill, *Tödliche Wissenschaft,* S. 72; derselbe, »Genetics after Auschwitz«, S. 5f.
97. Nyiszli, *Auschwitz,* etwa S. 101ff.; Lifton, *Nazi Doctors,* S. 347ff.
98. Siehe *Globe and Mail* (Toronto), 7. Februar 1985; Müller-Hill, *Tödliche Wissenschaft,* S. 72–75; Lifton, *Nazi Doctors,* S. 357f., 362 und 369; Kater, »Burden«, S. 48f.
99. Verschuer, »Aufgaben und Ziele«, S. 999; derselbe, »Vier Jahre«, S. 58f. Siehe *Klinische Wochenschrift* 5 (1926), S. 2237.
100. Lifton, *Nazi Doctors,* S. 347–356; Nomberg-Przytyk, *Auschwitz,* S. 89–93; *Globe and Mail* (Toronto), 6. Februar 1985.
101. Siehe den Fall der Rücken an Rücken zusammengenähten Zigeunerzwillinge in: *Globe and Mail* (Toronto), 12. Juni 1985.
102. Mengeles früherer Sekretär Ernst Cohn, laut: ebenda, 29. Januar 1985.
103. Siehe ebenda, 7. Februar 1985.
104. Lifton, »Medicalized Killing in Auschwitz«, S. 289. In dieselbe Richtung geht auch der ernüchternde Artikel des kanadischen Genetikers David Suzuki im *Toronto Star,* 16. November 1985.
105. Jürgens, »Ohrmerkmale«, S. 253, zitiert Mengele, »Zur Vererbung«. Siehe Seidelman, »Mengele Medicus«, S. 228f. Zu Verschuer, siehe Verschuer, »Das ehemalige Kaiser-Wilhelm-Institut«; Scholz, »Otmar Frhr. von Verschuer«; Thomann, »Rassenhygiene«; Thomann, »Otmar Freiherr von Verschuer«, S. 63ff. Der Freiherr war einer der Ehrengäste bei der Zweiten Internationalen Konferenz für Humangenetik in Rom, 6.–12. September 1961. Siehe sein Foto in: *Acta Geneticae Medicae et Gemellologiae* 10 (1961), Bild Nr. 19.
106. Siehe Text in Kapitel 5.3, bei Anm. 40.
107. Eintrag 15. Januar 1942, in: *Meldungen aus dem Reich,* Bd. 9, S. 3176. Siehe Schmuhl, *Rassenhygiene,* S. 192.
108. Verschuer, »Vier Jahre«, S. 62.
109. Siehe den entlarvenden Brief Simon an Klein, Freiburg, 2. Juli 1934, ARW, 1, 33 g 178/4. Wie Schneider später selbst zum Mörder wurde, siehe in: Klee, *»Euthanasie«,* passim; Schmuhl, *Rassenhygiene,* passim nach S. 146.

110. »Aufgaben der Ärztin«, Rittmarshausen, 1936, ARW, 1, 80 g 581/1.
111. Siehe Herrmann, »Ist das Gesetz«; Engel, »Ärztliche Forderungen«; Müller-Meernach, »Fall«; und Text in Kapitel 5.3, bei Anm. 40–43.
112. Müller, *Lehrbuch; Gruber, Einführung.*
113. Siehe Kater, »Professionalization«, S. 684–688.
114. Zu Clauberg siehe Zörner et al., *Ravensbrück,* S. 132–135; Schübelin, »Expansionspolitik«; Klee, *Was sie taten,* S. 280 und 300f. Zu Hirt siehe Roth an REM, Berlin, 6. Januar 1945 (darin enthalten), BA, R 21/366; Kater, *»Ahnenerbe«,* S. 245–255.
115. Siehe Anm. 8 in diesem Kapitel und Kapitel 5.2, bei Anm. 7.
116. Delmer, *Black Boomerang,* S. 257f.
117. Ebermayer, *Deutschland,* S. 108ff.; *Deutschland-Berichte* (1935), Bd. 2, S. 162; ebenda (1936), Bd. 3, S. 1300.
118. Paradigmatisch für solche Exzesse ist der Umgang des Arztes Dr. Adolf Heiler aus Reit-im-Winkl mit der Patientin Katharina Beer. Wie geschildert in: Friedrich Beer an Reichsärztekammer, München, 27. August 1943, BDC, PÄ Heiler.
119. Bamm, *Flagge,* S. 114; Forßmann, *Selbstversuch,* S. 168. Zu der brutalisierenden Wirkung des Krieges auf alle deutschen Soldaten siehe die eindrucksvollen Aussagen in: *True to Type,* S. 5–78. Zur Abstumpfung der Sanitäter siehe S. 42.
120. Valentin, *Krankenbataillone;* Baader, »Militarisierung«, S. 92.
121. Beispiele in: *Deutschland-Berichte* (1937), Bd. 4, S. 692; Siegert, »Flossenbürg«, S. 472f.; Lifton, *Nazi Doctors,* S. 210 und 265.
122. Bock, *Zwangssterilisation,* S. 232f., 241f. und Schmuhl, *Rassenhygiene,* S. 129f., sind aktueller als Weitbrecht, *Psychiatrie,* S. 12; Nowak, *»Euthanasie«,* S. 65.
123. Siehe Ternon und Helman, *Les médecins allemands,* S. 155–180; Bock, *Zwangssterilisation,* S. 178–298; Kollath, *Grundlagen,* S. 387; Mayer, »Arzttum«, S. 786; Lifton, *Nazi Doctors,* S. 29; Schwarz, *Gutachten;* Schmuhl, *Rassenhygiene,* S. 157f.
124. Siehe Schiersmann, »Beitrag«; Gruber, *Einführung,* S. 203; Loehr, *Über die Stellung,* S. 33; *Ziel und Weg* 6 (1936), S. 134; Leibbrand, »Eugenik und Sterilisation«; Gütt, »Einführung«, S. 128; Weitbrecht, *Psychiatrie,* S. 12ff. Fälle von Sterilisierungen mit Komplikationen oder mit Todesfolge siehe *Deutschland-Berichte* (1936), Bd. 3, S. 1042f.
125. Unschuld, »Professionalisierung«, S. 265–272.
126. Fromm, »Berufsvertretung«, S. 268; Bussche und Krähe, »Prognose«, S. 365; Deneke, *Die Freien Berufe,* S. 202; Mausbach, »Vorstellungen«, S. 154.
127. Siehe die Fotos von Ärzten in diversen Parteiuniformen in Berufszeitschriften, etwa in: *Deutsches Ärzteblatt* 65 (1935), S. 569; und 71 (1941), S. 245.
128. Siehe Kater, »Hitler's Early Doctors«, S. 47f.; Cocks, *Psychotherapy,* S. 44f.; Wilhelm Josenhans in: *Ziel und Weg* 3 (1933), S. 156; Ramm, *Standeskunde,* S. 116.
129. Siehe Kater, »›Gesundheitsführung‹«; Schmiedebach, »Arzt«.
130. Siehe *Ziel und Weg* 5 (1935), S. 100 und 312; Ramm, *Standeskunde,* S. 101f.
131. Dieses komplexe Problem wird viel zu einfach gesehen in: Geuter, *Professionalisierung,* S. 325 und 383. Geuter kommt zu dem Schluß, daß es in der Summe einen beruflichen Fortschritt der Ärzte gegeben habe. Mit ähnlichem Tenor,

aber weniger ausführlich auch Prinz, *Vom neuen Mittelstand*, S. 324. Zum Warten auf eine neue Reichsärzteordnung vor 1933 siehe Stobrawa, *Die Ärztlichen Organisationen*, S. 29.

132. Unschuld, »Professionalisierung«, S. 270.
133. »Auszug aus dem Protokoll über die Dekanbesprechung am 13. und 14.4.1943«, BA, R 21/484.
134. Hippokratischer Eid im Wortlaut in: *Encarta 97, Enzyklopädie*, CD-Rom, Stichwort »Hippokratischer Eid«.
135. Ebenda.

-

Bibliographie

Archivmaterial

Archiv der Akademie der Wissenschaften Göttingen (AAWG). Pers. 65/49.
Archiv der Reichsstudentenführung und des Nationalsozialistischen Deutschen Studentenbundes, Universität Würzburg (ARW):
I
03 p 356; 05 g 353/2; 6 p 154; 6 p 359; 11 g 218/1; 11 g 218/2; 11 g 218/3; 11 p 71; 20 g 670; 33 g 178/4; 80 g 581/1; SOg 581/2.
II
280; 288; 531.
III
IV
1-31/2; 1-31/9; 1-31/10.
Berlin Document Center (BDC):
MF; NSF; OPG; PÄ; PK; RÄK; Forschungsmaterial (Research); RMK; RSK; SA; 55; TE
Bundesarchiv Koblenz (BA):
NS 19NeW1S31.
NS 22/860; 1177; 1183; 1193; 4203.
NSD, 53/2.
R 18/1309; 1504; 2956; 2958; 3122; 3638; 3686; 3715; 3764; 3766; 3766a; 3781; 3783; 3785; 3786; 3789; 3791; 3792; 3797; 3805; 3806; 3809; 3810; 3813; 3814; 5574; 5575; 5576; 5582; 5583.
R 21/366; 439; 475; 476; 477; 484; 485.
R 4311/940b.
R 561/83; 89; 100.
R 58/145; 146; 193.
RSW.
Schumacher/213; 241; 270, III.
Dokumentationsarchiv des Österreichischen Widerstandes Wien (DAÖW):
540; 957; 2962, 3136; 3996; 4100; 4101; 4491; 4748; 4799.
Generallandesarchiv Karlsruhe (GLAK):
465d/1419.
Hessisches Hauptstaatsarchiv Wiesbaden (HHSAW):
483/3159; 191.
Hoover Institution on War, Revolution, and Peace, Stanford (HIS):
13/254; 258.

Institut für Zeitgeschichte München (Ifz):
Dc. 01.06.
NO-864.
Israel State Archives, Jerusalem (ISA):
Record Group M/74/35. Record Group 2/M/7/40.
Leo Baeck Institute, New York (LBINY):
ARC. 1640. Box 1, Folder 3.
National Archives, Washingon, D.C. (NA):
T-253/23.
T-580/154/248.
Niedersächsisches Hauptstaatsarchiv Hannover (NHSA):
Hann. 122a, XII, 32 m.
Hann. 122a, XII, 126.
Staatsarchiv München (SAM):
LRA/30656.
NSDAP/27 (SA); 28 (SA); 31; 122; 371.
Staatsarchiv Münster (SAM):
Gauleitung Westfalen-Nord, Gauamt für Volkswohlfahrt, 7. Polit. Polizei, 3. Reich, 109.
United Nations Archives, New York (UNANY):
CROWCASS Central Registry File.
Unterlagen der Kassenärztlichen Vereinigung Deutschlands (KVD) und der Reichsärztekammer (RÄK), Berlin (Fotokopien in den York University Archives) (UK):
100; 106; 112; 130/118.02; 130/118.02/3; 130/118.02/4; 130/123.02; 130/131.02; 156/RÄK Revisionsamt; 190; 196/1; 199; 200; 207; 213; 215; 217; 234; 235; 243; 248.

Periodika

Acta Geneticae Medicae et Gemellologiae, 1961.
Ärzteblatt für Norddeutschland, 1939, 1940.
Ärztliche Mitteilungen, 1933, 1961.
Ärztliches Vereinsblatt, 1929.
Archiv für Sozialgeschichte, 1982, 1983, 1987.
B. Z. (Hamburg), 1955.
Bremer Nachrichten, 1936.
Bulletin of the History of Medicine, 1987.
Der Chirurg, 1943.
Der Erbarzt, 1935.
Der Freiwillige, 1967.
Der Führer, 1932.
Der Öffentliche Gesundheitsdienst, 1937.
Der SA-Mann (München), 1932.
Der Spiegel, 1976–1979, 1984, 1986, 1988.
Der Tagesspiegel (Berlin), 1986.

Deutsche medizinische Wochenschrift, 1957.
Deutsche Zeitschrift für Nervenheilkunde, 1935.
Deutsches Ärzteblatt, 1933–1937, 1939–1943, 1985–1987.
Die Ärztin, 1936-1937, 1939, 1941, 1943–1944.
Die medizinische Welt, 1933.
Die Wandlung, 1947.
Die Zeit (Hamburg), 1987.
Frankfurter Allgemeine Zeitung (Frankfurt/M.), 1985, 1988.
Frankfurter Zeitung (Frankfurt/M.), 1937, 1939.
Globe and Mail (Toronto), 1985–1988.
Hastings Center Report, 1976.
History, 1986.
Journal of the American Medical Association, 1933–1934, 1936, 1938–1939.
Journal of the History of Medicine, 1986.
Klinische Wochenschrift, 1926.
Medical Economics, 1939.
Mitteilungen der Gesellschaft Deutscher Naturforscher und Ärzte, 1937.
Mitteilungen des Kampfbundes für deutsche Kultur, 1929.
Münchener Medizinische Wochenschrift, 1930, 1936, 1938.
Nationalsozialistisches Jahrbuch, 1943, 1944.
New York Review of Books, 1987.
Palestine Post (Jerusalem), 1935.
Reichsgesetzblatt, 1937–1939, 1942.
Rundbrief: Ärzte warnen vor dem Atomkrieg, 1987.
Soziale Medizin: Zentralblatt für Reichsversicherung und Reichsversorgung, 1933.
Süddeutsche Zeitung (München), 1986–1987.
taz (Berlin), 1985.
Times Literary Supplement (London), 1984.
Toronto Star, 1985.
Völkischer Beobachter, 1933, 1938–1940.
Ziel und Weg, 1932–1939.

Bücher, Artikel und Dissertationen

Abella, Irving und Harold M. Troper, *None Is Too Many: Canada and the Jews of Europe, 1933–1948*. Toronto 1982.

Abraham, E. P. et al., »Historical Introduction«. In Howard W. Florey et al. (Hg.), *Antibiotics: A Survey of Penicillin, Streptomycin, and Other Antimicrobial Substances from Fungi, Actinomycetes, Bacteria, and Plants*. Bd. 2, London 1949, S. 631–671.

Achelis, Johann D., »Die Physiologie der Schmerzen«. *Der Nervenarzt* 9 (1936), S. 559–568.

Ackerknecht, Erwin H., *A Short History of Medicine*. Baltimore 1982.

Ackermann, Wilhelm, »Der ärztliche Nachwuchs zwischen Weltkrieg und nationalsozialistischer Erhebung«. Doktorarbeit, Köln 1940.

Adam, Uwe Dietrich, *Hochschule und Nationalsozialismus: Die Universität Tübingen im Dritten Reich.* Tübingen 1977.

Ders., *Judenpolitik im Dritten Reich.* Düsseldorf 1979.

Adler, H. G., *Theresienstadt 1941–1945: Das Antlitz einer Zwangsgemeinschaft: Geschichte, Soziologie, Psychologie.* Tübingen 1955.

Ders., *Der verwaltete Mensch: Studien zur Deportation der Juden aus Deutschland.* Tübingen 1974.

Adressbuch der Stadt Wiesbaden und Umgebung 1934/35, Bd. 43. o. J., IV.

Albisetti, James C., »The Fight for Female Physicians in Imperial Germany«. *Central European History* 15 (1982), S. 99–123.

Ders., »Women Students in the Third Reich«. *Review of Education* 11 (1985), S. 33–36.

Albrecht, Günter und Wolfgang Hartwig (Hg.), *Erinnerungen, Erlebnisse, Bekenntnisse.* 3. Aufl., Berlin (Ost) 1973.

Alexander, Leo, »Medical Science under Dictatorship«. *New England Journal of Medicine* 241, Nr. 2 (1949), S. 39–47.

Der alltägliche Faschismus: Frauen im Dritten Reich. Berlin 1981.

Althaus, Hermann, »Nationalsozialistische Volkswohlfahrt«. In Paul Meier-Benneckenstein (Hg.), *Das Dritte Reich im Aufbau: Übersichten und Leistungsberichte.* Bd. 2, Berlin 1939, S. 9–59.

Altstädter, Wilfried, »Sippe und berufliche Herkunft der Studierenden an der Universität München im Winterhalbjahr 1935/36«. *Zeitschrift des Bayerischen Statistischen Landesamtes* 69 (1937), S. 237–262.

Aly, Götz (Hg.), »Das Posener Tagebuch des Anatomen Hermann Voss«. In Götz Aly et al., *Biedermann und Schreibtischtäter: Materialien zur deutschen Täter-Biographie.* Berlin 1987, S. 15–66.

Aly, Götz und Karl Heinz Roth, *Die restlose Erfassung: Volkszählen, Identifizieren, Aussondern im Nationalsozialismus.* Berlin 1984.

Amann, Ursula, »Der antifaschistische Kampf deutscher Ärzte und Angehöriger des Sanitätsdienstes im national-revolutionären Krieg in Spanien 1936–1939«. In Achim Thom und Horst Spaar (Hg.), *Medizin im Faschismus: Symposium über das Schicksal der Medizin in der Zeit des Faschismus in Deutschland 1933–1945.* Berlin (Ost) 1985, S. 209–213.

Amende, Dietrich, »Arzt und Nationalsozialismus, Idealismus und Glaube«. *Ziel und Weg* 7 (1937), S. 56–61.

Angress, Werner T., *Generation zwischen Furcht und Hoffnung: Jüdische Jugend im Dritten Reich.* Hamburg 1985.

Arendt, Hannah, *Eichmann in Jerusalem: A Report on the Banality of Evil.* New York 1963. Deutsch: *Eichmann in Jerusalem: Ein Bericht von der Banalität des Bösen.* München 1976.

Aretin, Erwin von, *Krone und Ketten: Erinnerungen eines bayerischen Edelmannes* (Hg. Karl Buchheim und Karl Otmar von Aretin). München 1955.

Arminger, Gerhard, »Involvement of German Students in NS Organisations Based on the Archive of the Reichsstudentenwerk«. *Historical Social Research – Historische Sozialforschung,* Nr. 30 (April 1984), S. 3–34.

Aron, Fritz, »Die nichtarischen Ärzte in Deutschland«. *Central-Verein-Zeitung,* 4. Januar 1935 [unpaginiert].

Ders., »Wie geht es den ausgewanderten jüdischen Ärzten?«. *Central-Verein-Zeitung,* 6. Juni 1935 [unpaginiert].

Aschoff, Ludwig, »93. Naturforscher-Versammlung: Verbundenheit der Medizin mit der nationalen und übernationalen naturwissenschaftlichen Forschung«. *Deutsche medizinische Wochenschrift* 60 (1934), S. 1371ff.

Atzbach, Ernst, »Grundfragen der ärztlichen Kammergesetzgebung und Berufsgerichtsbarkeit und ihr Verhältnis zum Grundgesetz unter besonderer Berücksichtigung der historischen Entwicklung des ärztlichen Berufsrechts«. Doktorarbeit (Jura), Marburg 1960.

Auerbach, Hellmuth, »Volksmeinung und veröffentlichte Meinung in Deutschland zwischen März und November 1938«. In Franz Knipping und Klaus-Jürgen Müller (Hg.), *Machtbewußtsein in Deutschland am Vorabend des II. Weltkrieges.* Paderborn 1984, S. 273–293.

Baader, Gerhard, »Militarisierung des Gesundheitswesens im Nationalsozialismus und heute«. *Jahrbuch für kritische Medizin* 9 (1983), S. 85–94.

Ders., »Menschenexperimente«. In Fridolf Kudlien (Hg.), *Ärzte im Nationalsozialismus.* Köln 1985, S. 175–197.

Baecker-Vowinkel, Elisabeth, »8. Schulungslehrgang für Ärztinnen in Alt-Rehse vom 5.–15. Juli 1939«. *Die Ärztin* 15 (1939), S. 260ff.

Bähr, Walter und Hans W. Bähr (Hg.), *Kriegsbriefe gefallener Studenten 1939–1945.* Tübingen 1952.

Bambach, Gertrud, »Wie wir Alt-Rehse erlebten: Eine Erinnerung an den 2. Ärztinnenlehrgang, 23. bis 30. September 1937«. *Die Ärztin* 13 (1937), S. 334–337.

Bamm, Peter [Dr. Curt Emmrich], *Die unsichtbare Flagge: Ein Bericht,* 8. Aufl., München 1957.

Ders., *Eines Menschen Zeit: Memoiren eines Überheblichen.* München 1980.

Bardua, Heinz, *Stuttgart im Luftkrieg 1939–1945: Mit Dokumentenanhang und 67 Abbildungen.* Stuttgart, o. J.

Bartel, Walter, »Zur Entlarvung von Theorie und Praxis der faschistischen Verbrechen: Der Kampf der Antifaschisten im Bereich der Medizin«. In Achim Thom und Horst Spaar (Hg.), *Medizin im Faschismus: Symposium über das Schicksal der Medizin in der Zeit des Faschismus in Deutschland 1933–1945.* Berlin (Ost) 1985, S. 204–208.

Bartels, Friedrich, »Die berufstätige Frau«. *Ziel und Weg* 3 (1933), S. 13–17.

Ders., »Gesundheit und Wirtschaft«. *Ziel und Weg* 8 (1938), S. 528–532.

Bastian, Till, *Von der Eugenik zur Euthanasie: Ein verdrängtes Kapitel aus der Geschichte der Deutschen Psychiatrie.* Bad Wörishofen 1981.

Bauer, Curt, »Dem Arbeiter Ehestandsdarlehen – dem angestellten Arzt das Coelibat?«. *Ziel und Weg* 3 (1933), S. 542–545.

Bauer, Julius, »Gefährliche Schlagworte aus dem Gebiete der Erbbiologie«. *Schweizerische Medizinische Wochenschrift* 65 (1935), S. 633ff.

Ders., *Irrwege der menschlichen Gesellschaft: Medizin-psychologische Kritik sozialer Unzulänglichkeiten.* Liestal 1959.

Baur, Erwin et al., *Menschliche Erblichkeitslehre.* 3. Aufl., München 1927.

Beckenbauer, Alfons, »Eine Landshuter Jugendfreundschaft und ihre Verwicklung in die NS-Politik: Der Arzt Dr. Karl Gebhardt und der Reichsführer-SS Heinrich

Himmler«. *Verhandlungen des Historischen Vereins für Niederbayern* 100 (1974), S. 5–22.

Becker, Sophinette et al., »Einblicke in die Medizin während des Nationalsozialismus – Beispiele aus der Heidelberger Universität«. In Karin Buselmeier et al. (Hg.), *Auch eine Geschichte der Universität Heidelberg*. Mannheim 1985, S. 315–335.

Behrend-Rosenfeld, Else R., *Ich stand nicht allein: Erlebnisse einer Jüdin in Deutschland 1933-1944*. 2. Aufl., Frankfurt/M. 1963.

Bekenntnisse der Professoren an den deutschen Universitäten und Hochschulen zu Adolf Hitler und dem nationalsozialistischen Staat. Dresden [1934].

Below, Nicolaus von, *Als Hitlers Adjutant 1937–45*. Mainz 1980.

Benn, Gottfried, *Briefe an F. W. Oelze 1932–1945* (Hg. Harald Steinhagen und Jürgen Schröder). 2. Aufl., Wiesbaden 1977.

Berg-Pan, Renata, »Shanghai Chronicle: Nazi Refugees in China«. In Jarrell C. Jackman und Carla M. Borden (Hg.), *The Muses Flee Hitler: Cultural Transfer and Adaptation, 1930–1945*. Washington, D. C. 1983, S. 283–289.

Berger, Franz, »Einzelheiten zur Berufsgerichtsbarkeit«. *Deutsches Ärzteblatt* 69 (1939), S. 81–84.

Berger, Hermann, *Kleiner Kulturspiegel des heutigen Arzttums nach Zeitschriftenstimmen des letzten Jahrzehnts*. Jena 1940.

Berger, Michael, »Sozialversicherungsreform und Kassenarztrecht: Zur Verhinderung der Reform des Kassenarztrechtes in den Westzonen nach 1945«. In *Entwicklung und Struktur des Gesundheitswesens: Argumente für eine soziale Medizin*. Berlin 1974, S. 73–93.

Berghahn, Marion, *German-Jewish Refugees in England: The Ambiguities of Assimilation*. London 1984.

Berghahn, Volker R., »Meinungsforschung im ›Dritten Reich‹: Die Mundpropaganda-Aktion im letzten Kriegshalbjahr«. *Militärgeschichtliche Mitteilungen* 1 (1967), S. 83–119.

Bergmann, Gustav von, *Rückschau: Geschehen und Erleben auf meiner Lebensbühne*. München 1953.

Bericht über das Bayerische Gesundheitswesen für das Jahr 1939 (veröffentlicht vom Staatsministerium des Innern). Bd. 58, München 1941.

Bericht über eine wissenschaftliche Besprechung am 26. und 27. Oktober 1942 in Nürnberg über ärztliche Fragen bei Seenot und Winternot. In Mitteilungen aus dem Gebiet der Luftfahrtmedizin, Tagungsbericht 7/43 (Hg. A. J. Anthony) unpaginiert, o. J.

Berufszählung: Die berufliche und soziale Gliederung des Deutschen Volkes: Textliche Darstellungen und Ergebnisse. In Statistik des Deutschen Reichs: Volks-, Berufs- und Betriebszählung vom 16. Juni 1933, Bd. 458, Berlin 1937.

Bessel, Richard, *Political Violence and the Rise of Nazism: The Storm Troopers in Eastern Germany, 1925–1934*. New Haven 1984.

Bestvater, Horst, »Gedanken und Anregungen zur Neuordnung des Medizinstudiums«. *Deutsches Ärzteblatt* 69 (1939), S. 408f.

Bethge, Eberhard, *Dietrich Bonhoeffer: Man of Vision, Man of Courage*. New York 1970.

Bewer, Clemens, »Die Pflicht zur Hilfeleistung bei Unglücksfällen: Der neue Paragraph 330c StrGB in der Rechtsprechung des Reichsgerichts«. *Deutsches Ärzteblatt* 71 (1941), S. 169ff.

Ders., »Obrigkeitliche Befugnisse der Reichsärztekammer: Eine grundsätzliche Entscheidung des Reichsgerichts zu dem Fragenkomplex: Ärztekammer – Arzt – Ärztliche Verrechnungsstelle – Private Krankenversicherung«. *Deutsches Ärzteblatt* 72 (1942), S. 221–227.

Beyerchen, Alan D., *Scientists under Hitler: Politics and the Physics Community in the Third Reich.* New Haven 1977.

Bickel, Lennard, *Rise up to Life: A Biography of Howard Walter Florey Who Gave Penicillin to the World.* New York 1972.

Bielenberg, Christabel, *The Past Is Myself.* London 1968.

Biernat, Karl Heinz und Luise Kraushaar, *Die Schulze-Boysen/Harnack-Organisation im antifaschistischen Kampf.* Berlin (Ost) 1970.

Bilz, Josephine, »BDM.-Ärztin und BDM.-Führerin«. *Die Ärztin* 17 (1941), S. 212ff.

Birnbaum, Max P., *Staat und Synagoge 1918–1938: Eine Geschichte des Preußischen Landesverbandes jüdischer Gemeinden (1918–1938).* Tübingen 1981.

Birnbaum, Walter, *Zeuge meiner Zeit: Aussagen zu 1912 bis 1972.* Göttingen 1973.

Bittner, Georg, »Der deutsche Widerstand gegen Hitler: Ärzte in Opposition – Die sozial- und gesundheitspolitischen Vorstellungen des deutschen Widerstandes«. *Ärztliche Mitteilungen* 46 (1961), S. 1529–1535.

Blakeney, Michael, *Australia and the Jewish Refugees, 1933–1948.* Sydney 1985.

Blank, Heinz (Hg.), *Augenzeugenberichte vom Kriegsende 1945 im Markt Gangkofen: Eine Dokumentation: Ein Beitrag zur Zeitgeschichte des Marktes Gangkofen.* Gangkofen 1975.

Blasius, Dirk, *Umgang mit Unheilbarem: Studien zur Sozialgeschichte der Psychiatrie.* Bonn 1986.

Blau, Bruno, *Das Ausnahmerecht für die Juden in Deutschland 1933–1945.* 3. Aufl., Düsseldorf 1965.

Bleuel, Hans Peter und Ernst Klinnert, *Deutsche Studenten auf dem Weg ins Dritte Reich: Ideologien – Programme – Aktionen 1918–1935.* Gütersloh 1967.

Blome, Kurt, »Neue Deutsche Heilkunde, Arzt und Fortbildung«. *Ziel und Weg* 6 (1936), S. 246–251.

Ders., »Die Neuordnung der ärztlichen Fortbildung«. *Deutsches Ärzteblatt* 66 (1936), S. 2–11.

Ders., »Das ärztliche Fortbildungswesen in Deutschland: 3. Internationaler Kongress für ärztliche Fortbildung«. *Ziel und Weg* 7 (1937), S. 437ff.

Ders., »Rückblick und Ausblick unserer ärztlichen Fortbildung und Schulung«. *Deutsches Ärzteblatt* 67 (1937), S. 2–12.

Ders., »Freiheit der Forschung und Wissenschaft: Grundsätzliches zur Frage des ärztlichen und wissenschaftlichen Nachwuchses«. *Deutsches Ärzteblatt* 68 (1938), S. 242–248.

Ders., *Arzt im Kampf. Erlebnisse und Gedanken.* Leipzig 1942.

Bluhm, Agnes, »Zur Frage nach der generativen Tüchtigkeit der deutschen Frauen und der rassenhygienischen Bedeutung der ärztlichen Geburtshilfe«. *Archiv für Rassen- und Gesellschaftsbiologie* 9 (1912), S. 330–346.

Dies., *Die rassenhygienischen Aufgaben des weiblichen Arztes*. Berlin 1936.

Boberach, Heinz (Hg.), *Meldungen aus dem Reich: Auswahl aus den geheimen Lageberichten des Sicherheitsdienstes der SS 1939–1944*. Neuwied 1965.

Bock, Gisela, *Zwangssterilisation im Nationalsozialismus: Studien zur Rassenpolitik und Frauenpolitik*. Opladen 1986.

Boehnert, Gunnar C., »A Sociography of the SS Officer Corps, 1925–1939«. Doktorarbeit (Phil.), London 1977.

Ders., »The Jurists in the SS-Führerkorps, 1925–1939«. In Gerhard Hirschfeld und Lothar Kettenacker (Hg.), *Der »Führerstaat«: Mythos und Realität: Studien zur Struktur und Politik des Dritten Reiches*. Stuttgart 1981, S. 361–373.

Boelcke, Willi A. (Hg.), *Kriegspropaganda 1939–1941: Geheime Ministerkonferenzen im Reichspropagandaministerium*. Stuttgart 1966.

Bölling, Rainer, *Volksschullehrer und Politik: Der Deutsche Lehrerverein 1918–1933*. Göttingen 1978.

Böttcher, Alfred, »Wer ist Jude?« *Ziel und Weg* 5 (1935), S. 96ff.

Bonhoeffer, Karl, »Ein Rückblick auf die Auswirkung und die Handhabung des nationalsozialistischen Sterilisationsgesetzes«. *Der Nervenarzt* 20 (1949), S. 1–5.

Borst, Max, »Forschung und Fortbildung«. *Ziel und Weg* 7 (1937), S. 440–445.

Boschan, Siegfried, *Nationalsozialistische Rassen- und Familiengesetzgebung: Praktische Rechtsanwendung und Auswirkungen auf Rechtspflege, Verwaltung und Wirtschaft*. Berlin 1937.

Botz, Gerhard, *Wohnungspolitik und Judendeportation in Wien 1938 bis 1945: Zur Funktion des Antisemitismus als Ersatz nationalsozialistischer Sozialpolitik*. Wien 1975.

Ders., *Wien vom »Anschluß« zum Krieg: Nationalsozialistische Machtübernahme und politisch-soziale Umgestaltung am Beispiel der Stadt Wien 1938/39*. Wien 1978.

Boveri, Margret, *Verzweigungen: Eine Autobiographie* (Hg. Uwe Johnson). München 1982.

Bracher, Karl Dietrich, et al., *Die nationalsozialistische Machtergreifung: Studien zur Errichtung des totalitären Herrschaftssystems in Deutschland 1933/34*. 2. Aufl., Köln 1962.

Ders., *The German Dictatorship: The Origins, Structure, and Effects of National Socialism*. New York 1972.

Brandenburg, Hans-Christian, *Die Geschichte der HJ: Wege und Irrwege einer Generation*. Köln 1968.

Bridenthal, Renate und Claudia Koonz, »Beyond *Kinder, Küche, Kirche:* Weimar Women in Politics and Work«. In Renate Bridenthal und Claudia Koonz (Hg.), *When Biology Became Destiny: Women in Weimar and Nazi Germany*. New York 1984, S. 33–65.

Bromberg, Norbert und Verna Volz Small, *Hitler's Psychopathology*. New York 1983.

Broszat, Martin, et al. (Hg.), *Bayern in der NS-Zeit: Soziale Lage und politisches Verhalten der Bevölkerung im Spiegel vertraulicher Berichte*. München 1977.

Ders. »Resistenz und Widerstand: Eine Zwischenbilanz des Forschungsprojekts«. In Martin Broszat et al., *Bayern in der NS-Zeit IV: Herrschaft und Gesellschaft im Konflikt Teil C*. München 1981, S. 691–709.

Browning, Christopher R., »Genocide and Public Health: German Doctors and Polish Jews, 1939–41«. *Holocaust and Genocide Studies* 3 (1988), S. 21–36.

Brugsch, Theodor, *Ganzheitsproblematik in der Medizin: Zugleich eine Einführung in die medizinische Erkenntnislehre*. Berlin 1936.

Ders., *Arzt seit fünf Jahrzehnten*. 2. Aufl., Berlin (Ost) 1958.

Bruss, Regina, *Die Bremer Juden unter dem Nationalsozialismus*. Bremen 1983.

Buchbender, Ortwin und Reinhold Sterz (Hg.), *Das andere Gesicht des Krieges: Deutsche Feldpostbriefe 1939–1945*. München 1982.

Buchinger, Otto, *Vom Marinearzt zum Fastenarzt: Metamorphosen eines Wandernden*. Freiburg i.Br. 1955.

Buchmann, Erika, *Frauen im Konzentrationslager*. Stuttgart 1946.

Dies. (Hg.), *Die Frauen von Ravensbrück*. Berlin (Ost) 1959.

Büchner, Franz, *Von der Größe und Gefährdung der modernen Medizin*. Freiburg i. Br. 1961.

Ders., *Pläne und Fügungen: Lebenserinnerungen eines deutschen Hochschullehrers*. München 1965.

Bürger-Prinz, Hans, *Ein Psychiater berichtet*. München 1973.

Bumke, Oswald, »Das Nichtordinarienproblem in den medizinischen Fakultäten«. *Mitteilungen des Verbandes der deutschen Hochschulen* 12 (1932), S. 254–259.

Ders., »Der Staat und die Geisteskranken«. In *Handbuch der Geisteskrankheiten. Ergänzungsband* (Hg. Oswald Bumke). Berlin 1939, S. 280–305.

Ders., *Erinnerungen und Betrachtungen: Der Weg eines deutschen Psychiaters*. München 1952.

Bunz, Fritz, *Was muß der praktische Arzt vom staatlichen Gesundheitswesen wissen?* Berlin 1938.

Burchardt, Lothar, »Halbstaatliche Wissenschaftsförderung im Kaiserreich und in der frühen Weimarer Republik«. In Gunter Mann und Rolf Winau (Hg.), *Medizin, Naturwissenschaft, Technik und das Zweite Kaiserreich: Vorträge eines Kongresses vom 6. bis 11. September 1973 in Bad Nauheim*. Göttingen 1977, S. 35–51.

Burgschweiger, Brigitte, »Humangenetische und anthropologische Arbeiten (Dissertationen) in der Medizinischen Fakultät der Universität Erlangen in den Jahren 1933–1945«. Doktorarbeit, Erlangen/Nürnberg 1970.

Bussche, Rik van den und Horst Krähe, »Zur Prognose des Ärztebedarfs in der BRD seit 1960: Eine Kritik ihrer Ansätze und die Analyse ihrer Folgen«. In Volker Volkholz et al., *Analyse des Gesundheitssystems: Krankheitsstrukturen, ärztlicher Arbeitsprozeß, Sozialstaat: Reader zur Medizinsoziologie*. Frankfurt/M. 1974, S. 341–367.

Carmon, Arye, »The Impact of the Nazi Radical Decrees on the University of Heidelberg: A Case Study«. *Yad Vashem Studies* 11 (1976), S. 131–163.

Carsten, Francis L., *The Rise of Fascism*. London 1970.

Ders., *Fascist Movements in Austria: From Schönerer to Hitler*. London 1977.

Cassels, Alan, *Fascism*. New York 1975.

Catel, Werner, *Leben im Widerstreit: Bekenntnisse eines Arztes*. Nürnberg 1974.

Chain, Ernst Boris. »The Development of Bacterial Chemotherapy«. *Antibiotics and Chemotherapy* 4 (1954), S. 215–241.

Childers, Thomas, *The Nazi Voter: The Social Foundations of Fascism in Germany, 1919–1933.* Chapel Hill 1983.

Christian, Shirley, »In South America, Malpractice Has a Moral Dimension«. *New York Times,* 11. Mai 1986, S. 22 (Teil 4).

Chroust, Peter, »Social Situation and Political Orientation – Students and Professors at Gießen University, 1918–1945, II«. *Historical Social Research – Historische Sozialforschung*, Nr. 39 (Juli 1986), S. 36–85.

Ders., »Friedrich Mennecke: Innenansichten eines medizinischen Täters im Nationalsozialismus: Eine Briefauswahl«. In Götz Aly et al., *Biedermann und Schreibtischtäter: Materialien zur deutschen Täter-Biographie.* Berlin 1987, S. 67–122.

Cocks, Geoffrey, *Psychotherapy in the Third Reich: The Göring Institute.* New York 1985.

Coermann, Wilhelm und Fritz Wagner (Hg.), *Deutsches Ärzterecht: Ein Wegweiser für Ärzte, Zahnärzte und Krankenanstalten.* Stuttgart 1938.

Cole, John Alfred, *Lord Haw-Haw and William Joyce.* London 1964.

Coleman, William, »The Physician in Nazi Germany: An Essay Review«. *Bulletin of the History of Medicine* 60 (1980), S. 234–240.

Conrad-Martius, Hedwig, *Utopien der Menschenzüchtung: Der Sozialdarwinismus und seine Folgen.* München 1955.

Conti, Leonardo, »Zum neuen Jahre«. *Deutsches Ärzteblatt* 70 (1940), S. 1ff.

Ders., »Rückschau und Ausblick«. *Deutsches Ärzteblatt* 71 (1941), S. 1ff.

Ders., »Leistung und Aufgabe des deutschen Arztes im Kriege«. In *Aus Deutscher Medizin: Ausländisch-Deutsches Medizinertreffen Innsbruck 1942.* Berlin 1944, S. 15–26.

Conti, Nanna, »Das Hebammenwesen in Deutschland«. *Die Ärztin* 13 (1937), S. 294–302.

Dies., »Die Mitarbeit der Hebammen in der Säuglingsfürsorge«. *Die Ärztin* 17 (1941), S. 394–399.

Crome, Grete, »Der Gesundheitsdienst im Reichsarbeitsdienst: Arbeitsdienst für die weibliche Jugend«. *Die Ärztin* 13 (1937), S. 140ff.

Cron, Helmut, »Die Studentin: Soziales Herkommen und Berufswahl«. *Die Frau* 45 (1937/38), S. 249–252.

Dahrendorf, Ralf, *Gesellschaft und Demokratie in Deutschland.* München 1968.

Daim, Wilfried, *Der Mann, der Hitler die Ideen gab: Von den religiösen Verirrungen eines Sektierers zum Rassenwahn des Diktators.* München 1958.

Dammer, Anna, »Frauenstudium und Ausleseprinzip im Kriege«. *Die Ärztin* 20 (1944), S. 81ff.

Davidson, Henry A., »Professional Secrecy«. In E. Fuller Torrey (Hg.), *Ethical Issues in Medicine: The Role of the Physician in Today's Society.* Boston 1968, S. 181–194.

Davie, Maurice R., *Refugees in America: Report of the Committee for the Study of Recent Immigration from Europe.* New York 1947.

Dawidowicz, Lucy S., *The War against the Jews, 1933–1945.* New York 1976.

Deak, Istvan, »Could the Hungarian Jews Have Survived?« *New York Review of Books,* 4. Februar 1982, S. 24–27.

Ders., »The Convert«. *New York Review of Books,* 12. März 1987, S. 39–44.

Decker, Hannah S., *Freud in Germany: Revolution and Reaction in Science, 1893–1907*, New York 1977.
De Crinis, Max, *Gerichtliche Psychiatrie*, 2. und 3. Aufl., Berlin 1943.
Deich, Friedrich, »Jüdische Mediziner in München«. In Hans Lamm (Hg.), *Von Juden in München: Ein Gedenkbuch*, 2. Aufl., München 1959, S. 244–251.
Deicke-Busch, Grete, »BDM-Ärztin und Elternhaus«. *Die Ärztin* 17 (1941), S. 214–218.
Dies., »Soforteinsatz von Feldscheren und GD-Mädeln der Hitler-Jugend nach Terrorangriffen«. *Die Ärztin* 20 (1944), S. 11ff.
Delmer, Sefton, *Black Boomerang: An Autobiography*. London 1962.
Deneke, J. F. Volrad, »Deutsche Wissenschaftler vor dem Militärgericht in Lyon«. *Ärztliche Mitteilungen* 39 (1954), S. 362ff.
Ders., *Die freien Berufe*. Stuttgart 1956.
Deneke, J. F. Volrad und Richard E. Sperber, *Einhundert Jahre Deutsches Ärzteblatt/Ärztliche Mitteilungen*. Lövenich 1973.
Das Deutsche Führerlexikon 1934/35, Berlin, o. J.
Deutsche Hochschulstatistik: Sommerhalbjahr 1928. Veröffentlicht von den Hochschulverwaltungen. [Berlin 1928].
Deutschland-Berichte der Sopade. 7 Bd. (1934–1940), 5. Aufl., Frankfurt/M. 1980.
Dicks, Henry V., *Licensed Mass Murder: A Socio-Psychological Study of Some SS Killers*. Sussex 1972.
Diels, Rudolf, *Lucifer ante Portas: Zwischen Severing und Heydrich*. Zürich, o. J.
Diepgen, Paul, *Die Heilkunde und der ärztliche Beruf. Eine Einführung*. München 1938.
Dietrich, A., »Die Entwicklung des Krankheitsbegriffes«. *Hippokrates* 12 (1941), S. 1222–1226.
Dinter, Artur, *Die Sünde wider das Blut. Ein Zeitroman*. 3. Aufl., Leipzig 1919.
Dodd, Martha, *Through Embassy Eyes*. New York 1940.
Döring, Hans-Joachim, *Die Zigeuner im nationalsozialistischen Staat*. Hamburg 1964.
Dörner, Klaus, »Nationalsozialismus und Lebensvernichtung«. *Vierteljahrshefte für Zeitgeschichte* 15 (1967), S. 121–152.
Dohrmann, Fredegunde, »Aus dem Arbeitsgebiet des Betriebsarztes«. *Die Ärztin* 20 (1944), S. 39ff.
»Ein Dokument der Schande: Das Tagebuch des SS-Arztes Johann Paul Kremer«. *Der Widerstandskämpfer* 22 (1974), S. 71–74.
Domeinski, Heinz, »Zur Entnazifizierung der Ärzteschaft im Lande Thüringen«. In Achim Thom und Horst Spaar (Hg.), *Medizin im Faschismus: Symposium über das Schicksal der Medizin in der Zeit des Faschismus in Deutschland 1933–1945*. Berlin (Ost) 1985, S. 250–254.
Drexel, Emmi, »Über schulärztliche Arbeit«. *Die Ärztin* 13 (1937), S. 206–211.
Drüll, Dagmar, *Heidelberger Gelehrtenlexikon 1803–1932*. Berlin 1986.
Düning, Hans-Joachim, *Der SA-Student im Kampf um die Hochschule (1925–1935): Ein Beitrag zur Geschichte der deutschen Universität im 20. Jahrhundert*. Weimar 1936.
Ebermayer, Erich, *Denn heute gehört uns Deutschland ...: Persönliches und politi-*

sches Tagebuch: Von der Machtergreifung bis zum 31. Dezember 1935. Hamburg 1959.

Ebner, Franz, »Die Bestallungsordnung für Ärzte«. *Deutsches Ärzteblatt* 66 (1936), S. 502f.

Eckelmann, Christine und Kristin Hoesch, »Ärztinnen – Emanzipation durch den Krieg?« In Johanna Bleker und Heinz-Peter Schmiedebach (Hg.), *Medizin und Krieg: Vom Dilemma der Heilberufe 1865 bis 1985*. Frankfurt/M. 1987, S. 153–170.

Edsall, David L., »A Program for the Refugee Physician«. *Journal of the American Medical Association* 112 (1939), S. 1986f.

Ders., »The Emigré Physician in American Medicine«. *Journal of the American Medical Association* 114 (1940), S. 1068–1073.

Edsall, David L. und Tracy J. Putnam, »The Emigré Physician in America, 1941: A Report of the National Committee for Resettlement of Foreign Physicians«. *Journal of the American Medical Association* 117 (1941), S. 1881–1888.

Eiber, Ludwig, »Frauen in der Kriegsindustrie: Arbeitsbedingungen, Lebensumstände und Protestverhalten«. In Martin Broszat et al. (Hg.), *Bayern in der NS-Zeit III: Herrschaft und Gesellschaft im Konflikt, Teil B*. München 1981, S. 569–644.

Eichhoff, Theodore, »Nationalsozialistische Stimmen zur Frauenfrage«. *Soziale Praxis* 43 (1934), S. 1244–1248.

Ellersdorfer, Richard, »Auswirkungen der Machtergreifung des Nationalsozialismus auf das Gesundheitswesen in Deutschland im Spiegel der *Münchner Neuesten Nachrichten* von 1933 bis 1938«. Doktorarbeit, München 1977.

Engel, Richard, »Ärztliche Forderungen zum Sterilisationsgesetz«. Doktorarbeit, Erlangen 1935.

Engelhardt, Dietrich von und Heinrich Schipperges, *Die inneren Verbindungen zwischen Philosophie und Medizin im 20. Jahrhundert*. Darmstadt 1980.

Engelmann, Bernt, *Deutschland ohne Juden: Eine Bilanz*. München 1974.

Ericksen, Robert P., *Theologians under Hitler: Gerhard Kittel, Paul Althaus and Emanuel Hirsch*, New Haven 1985.

Etziony, M. B., *The Physician's Creed: An Anthology of Medical Prayers, Oaths and Codes of Ethics Written and Recited by Medical Practitioners through the Ages*, Springfield, Illinois 1973.

Falkenberg, Friedrich, »Mißstände im Gesundheitswesen«. *Deutsches Ärzteblatt* 72 (1942), S. 38–41.

Falstein, Louis (Hg.), *The Martyrdom of Jewish Physicians in Poland*. New York 1963.

Falter, Jürgen W., »Die Wähler der NSDAP 1928–1933: Sozialstruktur und parteipolitische Herkunft«. In Wolfgang Michalka (Hg.), *Die nationalsozialistische Machtergreifung*. Paderborn 1984, S. 47–59.

Ders. et al., *Wahlen und Abstimmungen in der Weimarer Republik: Materialien zum Wahlverhalten 1919–1933*. München 1986.

Faust, Anselm, *Der Nationalsozialistische Deutsche Studentenbund: Studenten und Nationalsozialismus in der Weimarer Republik*, 2 Bd., Düsseldorf 1973.

Ders., »Professoren für die NSDAP: Zum politischen Verhalten der Hochschullehrer 1932/33«. In Manfred Heinemann (Hg.), *Erziehung und Schulung im Dritten Reich*. Bd. 2, Stuttgart 1980, S. 31–49.

Feickert, Andreas, *Studenten greifen an: Nationalsozialistische Hochschulrevolution*. Hamburg 1934.

Feiten, Willi, *Der Nationalsozialistische Lehrerbund: Entwicklung und Organisation: Ein Beitrag zum Aufbau und zur Organisationsstruktur des nationalsozialistischen Herrschaftssystems*. Weinheim 1981.

Ferber, Christian von, *Die Entwicklung des Lehrkörpers der deutschen Universitäten und Hochschulen 1864–1954*. Göttingen 1956.

Feuchter, Georg W., *Der Luftkrieg*. 3. Aufl., Frankfurt/M. 1964.

Finkenrath, Kurt, *Die Organisation der deutschen Ärzteschaft: Eine Einführung in die Geschichte und den gegenwärtigen Aufbau des wissenschaftlichen, standes- und wirtschaftspolitischen ärztlichen Vereinslebens*. Berlin 1928.

Fischer, Conan, *Stormtroopers: A Social, Economic and Ideological Analysis, 1929–35*. London 1983.

Fischer, Eugen, *Die Rehobother Bastards und das Bastardierungsproblem beim Menschen: Anthropologische und ethnographische Studien am Rehobother Bastardvolk in Deutsch-Südwest-Afrika, ausgeführt mit Unterstützung der Kgl. preuß. Akademie der Wissenschaften*. Jena 1913.

Ders., et al. *Anthropologie*. Leipzig 1923.

Ders., *Der Begriff des völkischen Staates, biologisch betrachtet: Rede bei der Feier zur Erinnerung an den Stifter der Berliner Universität, König Friedrich Wilhelm III. in der Alten Aula am 29. Juli 1933*. Berlin 1933.

Ders., »Die Fortschritte der menschlichen Erblehre als Grundlage eugenischer Bevölkerungspolitik«. *Deutsche medizinische Wochenschrift* 59 (1933), S. 1069–1073.

Fischer, Hubert, *Aus den Erfahrungsberichten der Beratenden Chirurgen im Krieg 1939–1945*. Darmstadt 1963.

Fischer, Isidor (Hg.), *Biographisches Lexikon der hervorragenden Ärzte der letzten fünfzig Jahre*. Bd. 1: Berlin 1932. Bd. 2: Berlin 1933.

Fischer, Thora F., »Der nationalsozialistische Arzt«. Doktorarbeit, Kiel 1971.

Fischer-Homberger, Esther, *Geschichte der Medizin*. Berlin 1975.

Fleming, Alexander, »History and Development of Penicillin«. In Alexander Fleming (Hg.), *Penicillin: Its Practical Application*. London 1946, S. 1–23.

Fliedner, Hans-Joachim, *Die Judenverfolgung in Mannheim 1933–1945*. Bd. 1, Stuttgart 1971.

Floud, Roderick, *An Introduction to Quantitative Methods for Historians*. London 1974. Deutsch: *Einführung in quantitative Methoden für Historiker*. Stuttgart 1980.

Forßmann, Werner, *Selbstversuch: Erinnerungen eines Chirurgen*. Düsseldorf 1972.

Franke, Hans, *Geschichte und Schicksal der Juden in Heilbronn: Vom Mittelalter bis zur Zeit der nationalsozialistischen Verfolgungen (1050–1945)*. Heilbronn 1963.

Franken, Hermann, »Die Schmerzbekämpfung in der Geburtshilfe«. *Geburtshilfe und Frauenheilkunde* 3 (1941), S. 153–165.

Frankenthal, Käte, *Der dreifache Fluch: Jüdin, Intellektuelle, Sozialistin: Lebenserinnerungen einer Ärztin in Deutschland und im Exil* (Hg. Kathleen M. Pearle und Stephan Leibfried). Frankfurt/M. 1981.

Franze, Manfred, *Die Erlanger Studentenschaft 1918–1945*. Würzburg 1972.

Frei, Norbert, *Nationalsozialistische Eroberung der Provinzpresse: Gleichschaltung, Selbstanpassung und Resistenz in Bayern*. Stuttgart 1980.

Freund, Paul A., »Ethical Problems in Human Experimentation«. *New England Journal of Medicine* 273 (1965), S. 687–692.

Friedländer, Saul, *Kurt Gerstein oder die Zwiespältigkeit des Guten*. Gütersloh 1968.

Friedlander, Henry, »Jüdische Anstaltspatienten im NS-Deutschland«. In Götz Aly (Hg.), *Aktion T4 1939–1945: Die »Euthanasie«-Zentrale in der Tiergartenstraße 4*. Berlin 1987, S. 34–44.

Friedman, Saul S., *No Haven for the Oppressed: United States Policy toward Jewish Refugees, 1938–1945*. Detroit 1973.

Fröhlich, Elke, *Bayern in der NS-Zeit IV. Die Herausforderung des Einzelnen. Geschichten über Widerstand und Verfolgung*. München 1983.

Fromm, Bella, *Blood and Banquets: A Berlin Social Diary*. 2. Aufl., New York 1942. Deutsch: *Als Hitler mir die Hand küßte*. Berlin 1993.

Fromm, Ernst, »Die Ärztliche Berufsvertretung im Wandel der Zeit«. *Bayerisches Ärzteblatt* Nr. 8 (1960), S. 264–269.

Fuchs, H., »Erfahrungen mit dem geburtshilflichen Dämmerschlaf«. *Die medizinische Welt*, Nr. 15 (1941), S. 371ff.

25 [Fünfundzwanzig] Jahre Medizinische Fakultät der Universität Münster. Münster 1951.

Gasman, Daniel, *The Scientific Origins of National Socialism: Social Darwinism in Ernst Haeckel and the German Monist League*. London 1971.

Gatz, Erwin, *Hospitäler und Krankenhäuser im Kreise Kempen-Krefeld*. Kempen 1970.

Gauwerky, F., »Die Reichsfachgruppe Medizin in der Führerschule Alt-Rehse vom 10. bis 14. März 1937«. *Deutsches Ärzteblatt* 67 (1937), S. 375f.

Ders., »Tätigkeitsbericht der Reichsfachgruppe Medizin im Sommersemester 1937«. *Deutsches Ärzteblatt* 67 (1937), S. 1078f.

Gay, Peter, *Freud, Jews and Other Germans: Masters and Victims in Modernist Culture*. Oxford 1979.

Gebhard, Bruno, *Im Strom und Gegenstrom 1919–1937*. Wiesbaden 1976.

Geilen, Elisabeth, »Der erste Ärztinnen-Fortbildungslehrgang im Rudolf Hess-Krankenhaus«. *Deutsches Ärzteblatt* 67 (1937), S. 46f.

Geisler, Erika, »Ziel und Wege in der Gesundheitserziehung des Mädels«. *Die Ärztin* 17 (1941), S. 200–206.

Gelwick, Robert Arthur, »Personnel Policies and Procedures of the Waffen-SS«. Doktorarbeit (Phil.), University of Nebraska 1971.

Genschel, Helmut, *Die Verdrängung der Juden aus der Wirtschaft im Dritten Reich*. Göttingen 1966.

Gersbach, Alfons (Hg.), *Der Bürgermeister und der öffentliche Gesundheitsdienst: Ein Leitfaden für die unteren Verwaltungsbehörden, Bürgermeister; Ortspolizeibehörden und Gesundheitsämter*. Berlin 1939.

Gersdorff, Ursula von (Hg.), *Frauen im Kriegsdienst 1914–1945*. Stuttgart 1969.

Geuter, Ulfried, »Psychiatrisch-psychologische Folter in Chile und die psychosoziale Betreuung lateinamerikanischer Flüchtlinge: Ein Interview mit dem chilenischen Arzt Jorge Borudy«. *Psychologie und Gesellschaftskritik,* Nr. 2 (1978), S. 89–107.

Ders., *Die Professionalisierung der deutschen Psychologie im Nationalsozialismus.* Frankfurt/M. 1984.

Geyer-Kordesch, Johanna, »Die Diskriminierung von Frauen in der Medizin«. In Anne Schlüter und Annette Kuhn (Hg.), *Lila Schwarzbuch: Zur Diskriminierung von Frauen in der Wissenschaft.* Düsseldorf 1986, S. 225–233.

Gilbert, Martin, *The Holocaust: A History of the Jews of Europe during the Second World War.* New York 1985.

Giles, Geoffrey J., »University Government in Nazi Germany: Hamburg«. *Minerva* 16 (1978), S. 196–221.

Ders., *Students and National Socialism in Germany.* Princeton 1985.

Gillmor, Don, *I Swear by Apollo: Dr. Ewen Cameron, the CIA, and the Canadian Mind-Control Experiments.* Montreal 1987.

Glöcker, Heino, »Bestand und Entwicklung des berufsmäßig tätigen deutschen Heil- und Pflegepersonals bis Anfang 1938«. *Ärzteblatt für Norddeutschland* 3 (1940), S. 45.

Goebbels, Joseph, *Tagebücher 1945: Die letzten Aufzeichnungen.* Hamburg 1977. (Englisch: Louis P. Lochner [Hg.], *The Goebbels Diaries.* New York 1948.)

Götz von Olenhusen, Albrecht von, »Die ›nichtarischen‹ Studenten an den deutschen Hochschulen: Zur nationalsozialistischen Rassenpolitik 1933–1945«. *Vierteljahrshefte für Zeitgeschichte* 14 (1966), S. 175–206.

Goetze, Fritz und Hellmut Meeske (Hg.), *Reichsgesundheitswesen: Eine Sammlung der wichtigeren Gesetze, Verordnungen und Verwaltungsvorschriften des Reichsrechts über das Gesundheitswesen.* München 1937.

Gohrbandt, Erwin, »Auskühlung«. *Zentralblatt für Chirurgie* 70 (1943), S. 1553–1557.

Goldschmidt, Fritz, *Meine Arbeit bei der Vertretung der Interessen der jüdischen Ärzte in Deutschland seit dem Juli 1933. (Arbeitsbericht zu verschütteten Alternativen in der Gesundheitspolitik,* Nr. 2.), (Hg. Stephan Leibfried und Florian Tennstedt), Bremen 1979.

Goldstein, Richard H. und Patrick Breslin, »Technicians of Torture: How Physicians Become Agents of State Terror«. *Sciences* 26, Nr. 2 (März/April 1985), S. 14–19.

Golücke, Friedhelm, *Schweinfurt und der strategische Luftkrieg 1943: Der Angriff der US Air Force vom 14. Oktober 1943 gegen die Schweinfurter Kugellagerindustrie.* Paderborn 1980.

Gordon, Sarah, *Hitler, Germans and the »Jewish Question«.* Princeton 1984.

Graetz-Menzel, Charlotte, »Über die rassenbiologische Wirkung der akademischen Frauenberufe mit besonderer Berücksichtigung der Ärztinnen und Zahnärztinnen«. *Archiv für Rassen- und Gesellschaftsbiologie* 27 (1933), S. 129–150.

Graml, Hermann, *Der 9. November 1938: »Reichskristallnacht«.* 6. Aufl., Bonn 1958.

Granier, Gerhard et al. (Hg.), *Das Bundesarchiv und seine Bestände.* 3. Aufl., Boppard 1977.

Grill, Johnpeter Horst, *The Nazi Party in Baden, 1920–1945.* Chapel Hill 1983.

Grober, Julius, »Lehrstühle für Rassenhygiene«. *Deutsches Ärzteblatt 64* (1934), S. 337f.

Gross, Leonard, *Versteckt: Wie Juden in Berlin die Nazi-Zeit überlebten.* Reinbek 1983.

Groß, Walter, »Hütet die Flamme!«. *Ziel und Weg* 3 (1933), S. 114f.

Ders., »Arzt und Judenfrage«. *Ziel und Weg* 3 (1933), S. 186–189.

Ders., »Von der politischen zur geistigen Revolution«. *Deutsches Ärzteblatt* 64 (1934), S. 818–823.

Ders., »Die Dresdener Versammlung der Deutschen Naturforscher und Ärzte: Rückblick und Kritik«. *Ziel und Weg* 6 (1936), S. 538–542.

Grossmann, Anton, »Milieubedingungen von Verfolgung und Widerstand: Am Beispiel ausgewählter Ortsvereine der SPD«. In Martin Broszat und Hartmut Mehringer (Hg.), *Bayern in der NS-Zeit V: Die Parteien KPD, SPD, BVP in Verfolgung und Widerstand.* München 1983, S. 433–540.

Grossmann, Atina, »Abortion and Economic Crisis: The 1931 Campaign against Paragraph 218«. In Renate Bridenthal et al. (Hg.), *When Biology Became Destiny: Women in Weimar and Nazi Germany.* New York 1984, S. 66–86.

Dies., »Berliner Ärztinnen und Volksgesundheit in der Weimarer Republik: Zwischen Sexualreform und Eugenik«. In Christiane Eifert und Susanne Rouette (Hg.), *Unter allen Umständen: Frauengeschichte(n) in Berlin.* Berlin 1986, S. 183–217.

Grote, Heinrich, »KVD und ärztliche Fortbildung«. *Deutsches Ärzteblatt* 66 (1936), S. 11ff.

Ders., »Die Entwicklung des Berufs- und Standeslebens der deutschen Ärzteschaft durch den Nationalsozialismus«. *Deutsches Ärzteblatt* 66 (1936), S. 337–341.

Ders., »Kriegsbesoldung, Familienunterhalt und Zahlungen der KVD an einberufene Kassenärzte«. *Deutsches Ärzteblatt* 70 (1940), S. 158–161.

Ders., »Die Tätigkeit der KVD im Kriege«. *Deutsches Ärzteblatt* 72 (1942), S. 56–60.

Gruber, Georg B., *Einführung in Geist und Studium der Medizin: Zwölf Vorlesungen.* Leipzig 1934.

Gruchmann, Lothar, *Justiz im Dritten Reich 1933–1940: Verwaltung, Anpassung und Ausschaltung in der Ära Gürtner.* München 1987.

Grüttner, Michael, *Studenten im Dritten Reich*, Paderborn 1995.

Grunberger, Richard, *The 12-Year Reich: A Social History of Nazi Germany, 1933–1945.* New York 1972.

Günther, Hans F. K., *Das Bauerntum als Lebens- und Gemeinschaftsform.* 2. Aufl., Leipzig 1941.

Güse, Hans-Georg und Norbert Schmacke, *Psychiatrie zwischen bürgerlicher Revolution und Faschismus.* Bd. 2., Kronberg 1976.

Güstrow, Dietrich, *Tödlicher Alltag: Strafverteidiger im Dritten Reich.* Berlin 1981.

Gütt, Arthur, »Der Deutsche Arzt im Dritten Reich«. *Ziel und Weg* 3 (1933), S. 80ff.

Ders., et al., *Gesetz zur Verhütung erbkranken Nachwuchses vom 14. Juli 1933 mit Auszug aus dem Gesetz gegen gefährliche Gewohnheitsverbrecher und über Maßregeln der Sicherung und Besserung vom 24. Nov. 1933.* München 1934.

Ders., »Einführung zum Blutschutz- und Ehegesundheitsgesetz«. *Der Öffentliche Gesundheitsdienst* 2 A (1936), S. 121–131.

Ders. (Hg.), *Der öffentliche Gesundheitsdienst: Erläuterungen zum Gesetz über die Vereinheitlichung des Gesundheitswesens vom 3. Juli 1934 nebst Durchführungsverordnungen, Gebührenordnung und Anhang mit Erlassen.* 2. Aufl., Berlin 1939.

Ders. »Der Aufbau des Gesundheitswesens im Dritten Reich«. In Paul Meier-Benneckenstein (Hg.), *Das Dritte Reich im Aufbau: Übersichten und Leistungsberichte.* Bd. 2., Berlin 1939, S. 60–117.

Gumpert, Martin, *Hölle im Paradies: Selbstdarstellung eines Arztes.* Stockholm 1939.

Ders., *Heil Hunger! Health under Hitler.* New York 1940.

Guthrie, Douglas, *A History of Medicine.* London 1960.

Haag, F. E., »Die Krankenträgerausbildung im ärztlichen Studium«. *Ziel und Weg* 6 (1936), S. 414–417.

Haas, Albert, *The Doctor and the Damned.* New York 1984.

Hadda, Siegmund, »Als Arzt am Jüdischen Krankenhaus zu Breslau 1906–1943«. *Jahrbuch der Schlesischen Friedrich-Wilhelms-Universität zu Breslau* 17 (1972), S. 198–238.

Hadrich, Julius, »Die Zahl der Allgemeinpraktiker und Fachärzte in den deutschen Groß- und Mittelstädten im Jahre 1929«. *Ärztliche Mitteilungen* 30 (1929), S. 542ff.

Ders., »Die Zahl der Allgemeinpraktiker und Fachärzte in den deutschen Groß- und Mittelstädten im Jahre 1930«. *Ärztliche Mitteilungen* 32 (1931), S. 386ff.

Ders., »Das voraussichtliche Angebot von Ärzten in den kommenden Jahren«. *Deutsches Ärzteblatt* 64 (1934), S. 568f.

Ders., »Die Fachärzte für Orthopädie«. *Deutsches Ärzteblatt* 64 (1934), S. 801ff.

Ders., »Die nichtarischen Ärzte in Deutschland«. *Deutsches Ärzteblatt* 64 (1934), S. 1243ff.

Ders., »Zur sozialen und wirtschaftlichen Lage der angestellten Ärzte«. *Deutsches Ärzteblatt* 65 (1935), S. 159ff.

Ders., »Die Zahl der Ärzte Deutschlands und ihre Gliederung im Jahre 1935«. *Deutsches Ärzteblatt* 65 (1935), S. 696–700.

Ders., »Zahl und Verteilung der Kassenärzte im Jahre 1936«. *Deutsches Ärzteblatt* 66 (1936), S. 1058ff.

Haedenkamp, Carl, »Die Gesamtvorstände zur Lage«. *Ärztliche Mitteilungen* 34 (1933), S. 209–212.

Ders., »Grundlagen und Bedeutung des neuen Zulassungsrechtes«. *Deutsches Ärzteblatt* 64 (1934), S. 558–562.

Ders., *Die Neuordnung der deutschen Sozialversicherung.* München 1937.

Ders., »Änderungen der Zulassungsordnung für Ärzte«. *Münchener Medizinische Wochenschrift* 85 (1938), S. 409–413.

Härtel, Fritz, »Rasse und Chirurgie«. In Johannes Schottky (Hg.), *Rasse und Krankheit.* München 1937, S. 248–273.

Hagen, Louis, *Follow My Leader.* London 1951.

Hagen, Wilhelm, *Auftrag und Wirklichkeit: Sozialarzt im 20. Jahrhundert.* München-Gräfelfing 1978.

Hahn, Susanne, »Positionen der kommunistischen Partei Deutschlands zur lebensbewahrenden Aufgabe der Medizin in der Zeit der Weimarer Republik«. *Zeitschrift für die gesamte Hygiene und ihre Grenzgebiete* 28 (1982), S. 468–471.

Hanauske-Abel, Hartmut M., »From Nazi Holocaust to Nuclear Holocaust: A Lesson to Learn?«. *Lancet*, 2. August 1986, S. 271ff.

Ders., »Die Unfähigkeit zu trauern: Erziehungsziel für junge deutsche Ärzte?« *Rundbrief: Ärzte warnen vor dem Atomkrieg,* Sonderausgabe November 1987, S. 25–44.

Hanke, Peter, *Zur Geschichte der Juden in München zwischen 1933 und 1945*. München 1967.

Hansen, Eckhard et al., *Seit über einem Jahrhundert ...: Verschüttete Alternativen in der Sozialpolitik: Sozialer Fortschritt, organisierte Dienstleistermacht und nationalsozialistische Machtergreifung: Der Fall der Ambulatorien in den Unterweserstädten und Berlin*. Köln 1981.

Harrison's Principles of lnternal Medicine (Hg. Robert G. Petersdorf et al.), 10. Aufl., New York 1983.

Hartmann, Hans, »Der Mut zur Verantwortung: Eine Betrachtung zum Chirurgenkongreß 1940«. *Deutsches Ärzteblatt* 70 (1940), S. 169–172.

Hartshorne, Edward Yarnell, Jr., *The German Universities and National Socialism*. Cambridge, Mass. 1941.

Hassell, Ulrich von, *Vom Andern Deutschland: Aus den nachgelassenen Tagebüchern 1938–1944*. Frankfurt/M. 1964.

Hastings, Max, *Overlord: D-Day and the Battle for Normandy*. London 1985.

Hauer, Jakob Wilhelm (Hg.), *Paragraph 218: Eine sachliche Aussprache*. Leipzig [1931].

Haug, Alfred, »Der Lehrstuhl für Biologische Medizin in Jena«. In Fridolf Kudlien (Hg.), *Ärzte im Nationalsozialismus*. Köln 1985, S. 130–138.

Ders., »Das Rudolf-Hess-Krankenhaus in Dresden«. In Fridolf Kudlien (Hg.), *Ärzte im Nationalsozialismus*. Köln 1985, S. 138–145.

Hausen, Karin, »Unemployment Also Hits Women: The New and the Old Woman on the Dark Side of the Golden Twenties in Germany«. In Peter D. Stachura (Hg.), *Unemployment and the Great Depression in Weimar Germany*. Basingstoke 1986, S. 78–120.

Heiber, Helmut, *Walter Frank und sein Reichsinstitut für Geschichte des neuen Deutschlands*. Stuttgart 1966.

Ders. (Hg.), *Reichsführer! ...: Briefe an und von Himmler*. Stuttgart 1968.

Heidepriem, Lore, »Der erste Ärztinnenlehrgang in Alt-Rehse«. *Deutsches Ärzteblatt* 66 (1936), S. 1056f.

Hellmann, Dr. med., »Besonderheiten der ärztlichen Landpraxis«. *Ziel und Weg* 7 (1937), S. 368–374, 416–420.

Hellpap, Cläre, »Die NSV verschickt die stillende Mutter«. *Die Ärztin* 12 (1937), S. 33ff.

Dies., »Erholungspflege nach einfachen klimatischen Regeln: Aus der Müttererholungspflege der NSV«. *Die Ärztin* 13 (1937), S. 143–147.

Helmreich, W., »Rassen- und Erbhygiene im neuen Eherecht«. *Münchener Medizinische Wochenschrift* 83 (1936), S. 480–485.

Hempel, Henri Jacob (Hg.), *»Wenn ich schon ein Fremder sein muß ...«: Deutsch-jüdische Emigranten in New York*. Frankfurt/M. 1983.

Henderson, W. O., *The Rise of German Industrial Power; 1834–1914*. Berkeley und Los Angeles 1975.

Henry, Frances, *Victims and Neighbors: A Small Town in Nazi Germany Remembered*. South Hadley, Mass. 1984.

Herf, Jeffrey, *Reactionary Modernism: Technology, Culture, and Politics in Weimar and the Third Reich*. Cambridge, England 1984.

Herrmann, Gertraud und Erwin Hermann, »Nationalsozialistische Agitation und Herrschaftspraxis in der Provinz: Das Beispiel Bayreuth«. *Zeitschrift für Bayerische Landesgeschichte* 59 (1976), S. 201–250.

Herrmann, Martin, »Ist das Gesetz zur Verhütung erbkranken Nachwuchses imstande, die Huntington-Chorea-Familien zum Aussterben zu bringen?« Doktorarbeit, Erlangen 1935.

Heston, Leonard L. und Renate Heston, *The Medical Casebook of Adolf Hitler*, London 1979.

Hetzer, Gerhard, »Die Industriestadt Augsburg: Eine Sozialgeschichte der Arbeiteropposition«. In Martin Broszat et al. (Hg.), *Bayern in der NS-Zeit III: Herrschaft und Gesellschaft im Konflikt Teil B*. München 1981, S. 1–233.

Hiemer, Ernst, *Der Pudelmopsdackelpinscher und andere besinnliche Erzählungen*. Nürnberg 1940.

Hilberg, Raul, *The Destruction of the European Jews*. Chicago 1967.

His, Wilhelm, *Die Front der Ärzte*. Bielefeld 1931.

Hitler, Adolf, *Mein Kampf* (Englisch von Ralph Manheim. London 1974).

Hobby, Gladys L., *Penicillin: Meeting the Challenge*. New Haven 1985.

Hobohm, Johannes, »Der Nationalsozialismus als Überwinder des Zeitalters der Neurose«. *Ziel und Weg* 4 (1934), S. 41–44.

Hochmuth, Ursel und Gertrud Meyer, *Streiflichter aus dem Hamburger Widerstand 1933–1945: Berichte und Dokumente*. Frankfurt/M. 1969.

Höhne, Heinz, *Der Orden unter dem Totenkopf: Die Geschichte der SS*. Gütersloh 1967.

Hoemberg, Elisabeth, *Thy People, My People*. London 1950.

Höss, Rudolf, *Kommandant in Auschwitz: Autobiographische Aufzeichnungen* (Hg. Martin Broszat), München 1963.

Hoff, Ferdinand, *Erlebnis und Besinnung: Erinnerungen eines Arztes*. 4. Aufl., Frankfurt/M. 1972.

Hoffa, Lizzie, »Das Frauenstudium«. *Ärztliche Mitteilungen* 34 (1933), S. 203ff.

Hoffmann, Auguste, »Das sportärztliche Arbeitsgebiet«. *Die Ärztin* 13 (1937), S. 211–215.

Hoffmann, Erich, *Ringen um Vollendung: Lebenserinnerungen aus einer Wendezeit der Heilkunde 1933–1946*. Hannover 1949.

Hoffmann, Peter, *Widerstand, Staatsstreich, Attentat: Der Kampf der Opposition gegen Hitler*. 2. Aufl., Frankfurt/M. 1974.

Hohenstein, Alexander, *Wartheländisches Tagebuch aus den Jahren 1941/42*. München 1963.

Hohmann, Joachim S., *Zigeuner und Zigeunerwissenschaft: Ein Beitrag zur Grundlagenforschung und Dokumentation des Völkermordes im »Dritten Reich«*. Marburg 1980.

Huber, Ernst Rudolf, »Die Rechtsgestalt der NSDAP«. *Deutsche Rechtswissenschaft* 4 (1939), S. 314–351.

Huerkamp, Claudia, *Der Aufstieg der Ärzte im 19. Jahrhundert: Vom gelehrten Stand zum professionellen Experten: Das Beispiel Preußens*. Göttingen 1985.

Huerkamp, Claudia und Reinhard Spree, »Arbeitsmarktstrategien der deutschen Ärzteschaft im späten 19. und frühen 20. Jahrhundert: Zur Entwicklung des

Marktes für professionelle ärztliche Dienstleistungen«. In Toni Pierenkemper und Richard Tilly (Hg.), *Historische Arbeitsmarkforschung: Entstehung, Entwicklung und Probleme der Vermarktung von Arbeitskraft.* Göttingen 1982, S. 77–116.

Ich studiere: Ein Überblick über die Arbeit des deutschen Studententums. Unpaginiert, 1940.

Ivy, Andrew C., »Nazi War Crimes of a Medical Nature«. In Stanley Joel Reiser et al. (Hg.), *Ethics in Medicine: Historical Perspectives and Contemporary Concerns.* Cambridge, Mass. 1977, S. 267–272.

Jaeckel, Gerhard, *Die Charité: Die Geschichte des berühmtesten deutschen Krankenhauses.* Bayreuth 1963.

Jakobi, Helga et al., *Aeskulap und Hakenkreuz: Zur Geschichte der Medizinischen Fakultät in Gießen zwischen 1933 und 1945.* Gießen 1982.

Jamin, Mathilde, *Zwischen den Klassen: Zur Sozialstruktur der SA-Führerschaft.* Wuppertal 1984.

Jarausch, Konrad H., *Students, Society, and Politics in Imperial Germany: The Rise of Academic Illiberalism.* Princeton 1982.

Ders., *Deutsche Studenten 1800–1970.* Frankfurt/M. 1984.

Ders., »The Crisis of German Professions, 1918–33«. *Journal of Contemporary History* 20 (1985), S. 379–398.

Ders., »The Perils of Professionalism: Lawyers, Teachers, and Engineers in Nazi Germany«. *German Studies Review* 9 (1986), S. 107–137.

Jaspers, Karl, »Heidelberger Erinnerungen«. *Heidelberger Jahrbücher* 5 (1961), S. 1–10.

Jess, F., »Wie lange noch ›Chirurgogynäkologen‹?«. *Ziel und Weg* 5 (1935), S. 167ff.

Jochmann, Werner (Hg.), *Adolf Hitler: Monologe im Führerhauptquartier 1941–1944: Die Aufzeichnungen Heinrich Heims*, Hamburg 1980.

Johanny, Carl und Oskar Redelberger, *Volk, Partei, Reich*, 2. Aufl., Berlin 1943.

Johe, Werner, *Die gleichgeschaltete Justiz: Organisation des Rechtswesens und Politisierung der Rechtsprechung 1933–1945 dargestellt am Beispiel des Oberlandesgerichtsbezirks Hamburg.* Frankfurt/M. 1967.

Johnston, William M., *The Austrian Mind: An Intellectual and Social History, 1848-1938.* Berkeley 1983.

Jonas, Hans, »Philosophical Reflections on Experimenting with Human Subjects«, *Daedalus* 98 (1969), S. 219–247.

Jonas, Wolfgang, *Das Leben der Mansfeld-Arbeiter 1924 bis 1945.* Berlin (Ost) 1957.

Jünger, Ernst, »Über den Schmerz«. In Ernst Jünger, *Werke*, Bd. 5, Stuttgart o. J. (Erstveröffentlichung 1934), S. 151–198.

Jürgens, Hans W., »Ohrmerkmale«. In Luigi Gedda (Hg.), *De Genetica Medica*, Bd. 2, Rom 1961, S. 243–254.

Jungmann, Gerhard, »Von der Fürsorge zur Vorsorge«. *Deutsches Ärzteblatt* 69 (1972), S. 831–835.

Just, Günther, »Agnes Bluhm und ihr Lebenswerk«. *Die Ärztin* 17 (1941), S. 516–526.

Kalb, Renate, »Facheinsatz Ost 1940 der deutschen Studentinnen«. *Die Ärztin* 17 (1941), S. 19–23.

Kalisch, Hans, »Die Regelung des Ärztewesens in Palästina«. *Central-Verein-Zeitung*, 22. November 1935, unpaginiert.

Kann, Edmund van, »Der Altersaufbau der deutschen Ärzteschaft im Jahre 1937«. *Deutsches Ärzteblatt* 68 (1938), S. 208–211.

Ders., »Zahl und Gliederung der Fachärzte Deutschlands im Jahre 1940«. *Deutsches Ärzteblatt* 70 (1940), S. 283–286.

Ders., »Die Zahl der Ärzte 1942 und ein Rückblick bis 1937«. *Deutsches Ärzteblatt* 72 (1942), S. 300–303.

Kardorff, Ursula von, *Berliner Aufzeichnungen: Aus den Jahren 1942 bis 1945*. 3. Aufl., München 1962.

Karlson, Peter, »Die Versammlungen der Gesellschaft Deutscher Naturforscher und Ärzte 1920–1960«. In Hans Querner und Heinrich Schipperges (Hg.), *Wege der Naturforschung 1922–1972 im Spiegel der Versammlungen Deutscher Naturforscher und Ärzte*. Berlin 1972, S. 39–67.

Karstedt, Oskar, »Die Durchführung der Arier- und Kommunistengesetzgebung bei den Kassenärzten, Zahnärzten usw.«. *Reichsarbeitsblatt* 2 (Nichtamtlicher Teil 1934), S. 179–183.

Kater, Hermann (Hg.), *Politiker und Ärzte: 600 Kurzbiographien und Portraits*. 3. Aufl., Hameln 1968.

Kater, Michael H., »Krisis des Frauenstudiums in der Weimarer Republik«. *Vierteljahrschrift für Sozial- und Wirtschaftsgeschichte* 59 (1972), S. 207–255.

Ders., »Der NS-Studentenbund von 1926 bis 1928: Randgruppe zwischen Hitler und Strasser«. *Vierteljahrshefte für Zeitgeschichte* 22 (1974), S. 148–190.

Ders., »The Reich Vocational Contest and Students of Higher Learning in Nazi Germany«. *Central European History* 7 (1974), S. 225–261.

Ders., *Das »Ahnenerbe« der SS 1935–1945: Ein Beitrag zur Kulturpolitik des Dritten Reiches*. Stuttgart 1974.

Ders., *Studentenschaft und Rechtsradikalismus in Deutschland 1918–1933: Eine sozialgeschichtliche Studie zur Bildungskrise in der Weimarer Republik*. Hamburg 1975.

Ders., »Zum gegenseitigen Verhältnis von SA und SS in der Sozialgeschichte des Nationalsozialismus von 1925 bis 1939«. *Vierteljahrschrift für Sozial- und Wirtschaftsgeschichte* 62 (1975), S. 339–379.

Ders., »Ansätze zu einer Soziologie der SA bis zur Röhm-Krise«. In Ulrich Engelhardt et al. (Hg.), *Soziale Bewegung und politische Verfassung: Beiträge zur Geschichte der modernen Welt*. Stuttgart 1976, S. 798–831.

Ders., »Bürgerliche Jugendbewegung und Hitlerjugend in Deutschland von 1926 bis 1939«. *Archiv für Sozialgeschichte* 17 (1977), S. 127–174.

Ders., »Quantifizierung und NS-Geschichte: Methodologische Überlegungen über Grenzen und Möglichkeiten einer EDV-Analyse der NSDAP-Sozialstruktur von 1925 bis 1945«. *Geschichte und Gesellschaft* 3 (1977), S. 453–484.

Ders., »Hitlerjugend und Schule im Dritten Reich«, *Historische Zeitschrift* 228 (1979), S. 572–623.

Ders., »Die deutsche Elternschaft im nationalsozialistischen Erziehungssystem: Ein Beitrag zur Sozialgeschichte der Familie«. *Vierteljahrschrift für Sozial- und Wirtschaftsgeschichte* 67 (1980), S. 484–512.

Ders., »Die nationalsozialistische Machtergreifung an den deutschen Hochschulen: Zum politischen Verhalten akademischer Lehrer bis 1939«. In Hans Jochen Vogel et al. (Hg.), *Die Freiheit des Anderen: Festschrift für Martin Hirsch*. Baden-Baden, 1981, S. 49–75.

Ders., »Frauen in der NS-Bewegung«. *Vierteljahrshefte für Zeitgeschichte* 31 (1983), S. 202–241.

Ders., »Die ›Gesundheitsführung‹ des Deutschen Volkes«, *Medizinhistorisches Journal* 18 (1983), S. 349–375.

Ders., *The Nazi Party: A Social Profile of Members and Leaders*, 1919–1945. Cambridge, Mass. 1983.

Ders., »Sozialer Wandel in der NSDAP im Zuge der nationalsozialistischen Machtergreifung«. In Wolfgang Schieder (Hg.), *Faschismus als soziale Bewegung: Deutschland und Italien im Vergleich*. 2. Aufl., Göttingen 1983, S. 25–67.

Ders., »Everyday Anti-Semitism in Prewar Nazi Germany: The Popular Bases«. *Yad Vashem Studies* 16 (1984), S. 129–159.

Ders., »Doctor Leonardo Conti and His Nemesis: The Failure of Centralized Medicine in the Third Reich«. *Central European History* 18 (1985), S. 299–325.

Ders., »Medizinische Fakultäten und Medizinstudenten: Eine Skizze«. In Fridolf Kudlien (Hg.), *Ärzte im Nationalsozialismus*. Köln 1985, S. 82–104.

Ders., »Professionalization and Socialization of Physicians in Wilhelmine and Weimar Germany«. *Journal of Contemporary History* 20 (1985), S. 677–701.

Ders., »Professoren und Studenten im Dritten Reich«. *Archiv für Kulturgeschichte* 67 (1985), S. 465–487.

Ders., »Generationskonflikt als Entwicklungsfaktor in der NS-Bewegung vor 1933«. *Geschichte und Gesellschaft* 11(1985), S. 217–243.

Ders., »The Nazi Physicians' League of 1929: Causes and Consequences«. In Thomas Childers (Hg.), *The Formation of the Nazi Constituency, 1919–1933*. London 1986, S. 147–181.

Ders., »Physicians in Crisis at the End of the Weimar Republic«. In Peter D. Stachura (Hg.), *Unemployment and the Great Depression in Weimar Germany*. London 1986, S. 49–76.

Ders., »Problems of Political Reeducation in West Germany, 1945–1960«. *Simon Wiesenthal Center Annual* 4 (1987), S. 99–123.

Ders., »Medizin und Mediziner im Dritten Reich«. *Historische Zeitschrift* 244 (1987), S. 299–352.

Ders., »Ärzte und Politik in Deutschland, 1848–1945«. *Jahrbuch des Instituts für Geschichte der Medizin der Robert Bosch Stiftung* 5 (1987), S. 34–48.

Ders., »The Burden of the Past: Problems of a Modern Historiography of Physicians and Medicine in Nazi Germany«. *German Studies Review* 10 (1987), S. 31–56.

Ders., »Hitler's Early Doctors: Nazi Physicians in Predepression Germany«. *Journal of Modern History* 59 (1987), S. 25–52.

Kaul, Friedrich Karl, *Ärzte in Auschwitz*. Berlin (Ost) 1968.

Kaupen-Haas, Heidrun, »Die Bevölkerungsplaner im Sachverständigenbeirat für Bevölkerungs- und Rassenpolitik«. In Heidrun Kaupen-Haas (Hg.), *Der Griff nach der Bevölkerung: Aktualität und Kontinuität nazistischer Bevölkerungspolitik*. Nördlingen 1986, S. 103–120.

Kelchner, Mathilde, *Die Frau und der weibliche Arzt: Eine psychologische Untersuchung auf Grund einer Umfrage*. Leipzig 1934.

Dies., »Ärztliche Berufstätigkeit der Frau und Muttertum«. *Die Ärztin* 12 (1936), S. 115–125.

Keller, Karl, »Dozenten der Medizin und Zahnheilkunde an den deutschen Hochschulen«. *Deutsches Ärzteblatt* 65 (1935), S. 695–696.

Kelly, Reece Conn, »National Socialism and German University Teachers: The NSDAP's Efforts to Create a National Socialist Professoriate and Scholarship«. Doktorarbeit (Phil.), University of Washington 1973.

Kelting, Kristin, »Das Tuberkuloseproblem im Nationalsozialismus«. Doktorarbeit, Kiel 1974.

Kershaw, lan, *Popular Opinion and Political Dissent in the Third Reich: Bavaria, 1933–1945*. Oxford 1983.

Ders., *The »Hitler Myth«: Image and Reality in the Third Reich*. Oxford 1987.

Ders., »German Popular Opinion and the ›Jewish Question‹, 1939–1943: Some Further Reflections«. In Arnold Paucker (Hg.), *Die Juden im Nationalsozialistischen Deutschland: The Jews in Nazi Germany, 1933–1943*. Tübingen 1986, S. 365–385.

Kirkpatrick, Clifford, *Nazi Germany: lts Women and Family Life*. Indianapolis 1938.

Kisch, Bruno, *Wandlungen und Wanderungen: Die Geschichte eines Arztes im 20. Jahrhundert*. Köln 1966.

Kisskalt, Karl, *Theorie und Praxis in der Medizinischen Forschung*. München 1942.

Klare, Kurt, *Briefe von Gestern für Morgen: Gedanken eines Arztes zur Zeitenwende*. Stuttgart 1934.

Ders., *Soll ich Medizin studieren? Ein Brief*. Leipzig 1941.

Klecker, Erika, »Frauenvorbildung und Frauenstudium an den deutschen Universitäten«. *Die Ärztin* 17 (1941), S. 499–505.

Klee, Ernst, *»Euthanasie« im NS-Staat: Die »Vernichtung lebensunwerten Lebens«*. 2. Aufl., Frankfurt/M. 1983.

Ders., »Geldverschwendung an Schwachsinnige und Säufer«. *Die Zeit*, 25. April 1986, S. 41f., 45.

Ders., *Was sie taten – Was sie wurden: Ärzte, Juristen und andere Beteiligte am Kranken- oder Judenmord*. Frankfurt/M. 1986.

Klein, Ulrich, »SA-Terror und Bevölkerung in Wuppertal 1933/34«. In Detlev Peukert und Jürgen Reulecke (Hg.), *Die Reihen fast geschlossen: Beiträge zur Geschichte des Alltags unterm Nationalsozialismus*. Wuppertal 1981, S. 45–61.

Klein, Wilhelm (Hg.), *Der Amtsarzt: Ein Nachschlagewerk für Medizinal- und Verwaltungsbeamte*. 2. Aufl., Jena 1943.

Klinger, Heinz, *Wege und Nebenwege: Erinnerungen eines Hamburger Arztes*. Hamburg 1976.

Klinksiek, Dorothee, *Die Frau im NS-Staat*. Stuttgart 1982.

Kluge, Heinrich, »Die wirtschaftliche Lage der Ärzte im Deutschen Reich«. *Deutsches Ärzteblatt* 66 (1936), S. 1206–1209.

Kluge, Rudolf und Heinrich Krüger (Hg.), *Verfassung und Verwaltung im Dritten Reich (Reichsbürgerkunde)*. Berlin 1937.

Knipping, Ulrich, *Die Geschichte der Juden in Dortmund während der Zeit des Dritten Reiches*. Dortmund 1977.

Knoll, Wilhelm, »Arzt und Hochschullehrer«. *Ziel und Weg* 6 (1936), S. 436–439.

Knüpling, Harm, »Untersuchungen zur Vorgeschichte der Deutschen Ärzteordnung von 1935«. Doktorarbeit, Berlin 1965.

Kocka, Jürgen, *Klassengesellschaft im Krieg: Deutsche Sozialgeschichte 1914–1918.* Göttingen 1973.

Koehl, Robert Lewis, *The Black Corps: The Structure and Power Struggles of the Nazi SS.* Madison, Wisc. 1983.

Koester, Fritz, »Grundlagen und Bedeutung des Gesetzes zur Verhütung erbkranken Nachwuchses vom 14. Juli 1933«. *Deutsches Ärzteblatt* 64 (1934), S. 500–504.

Kötschau, Karl, »Die nationalsozialistische Revolution in der Medizin«. *Ziel und Weg* 3 (1933), S. 292–296.

Ders., »Zur nationalsozialistischen Revolution in der Medizin«. *Ziel und Weg* 5 (1935), S. 11–14, 132–135.

Ders., »Vorsorge und Fürsorge im Rahmen einer Neuen Deutschen Heilkunde«. *Ziel und Weg* 6 (1936), S. 240–246.

Ders., *Zum nationalsozialistischen Umbruch in der Medizin.* Stuttgart 1936.

Ders., »Sinnforschung in ihrer wissenschaftlichen und praktischen Bedeutung für den Arzt«. *Deutsches Ärzteblatt* 74 (1944), S. 72–76.

Kohte, Gisela, »Als Obergauärztin im Wartheland«. *Die Ärztin* 17 (1941), S. 207–211.

Kollath, Werner, *Grundlagen, Methoden und Ziele der Hygiene: Eine Einführung für Mediziner und Naturwissenschaftler, Volkswirtschaftler und Techniker.* Leipzig 1937.

Konner, Melvin, *Becoming a Doctor: A Journey of Initiation in Medical School.* New York 1987.

Koonz, Claudia, *Mothers in the Fatherland: Women, the Family, and Nazi Politics.* New York 1987 (Deutsch: *Mütter im Vaterland. Frauen im Dritten Reich*, Freiburg 1991).

Kovács, Mária, »Luttes professionnelles et antisemitisme: Chronique de la montée du fascisme dans le corps médical hongrois, 1920–1944«. *Actes de la Recherche en Sciences Sociales,* März 1985, S. 31–44.

Ders., *The Politics of the Legal Profession in Interwar Hungary.* Veröffentlicht vom Institute on East Central Europe, Columbia University. New York 1987.

Kramarz, Joachim, *Claus Graf Stauffenberg: 15. November 1907 – 20. Juli 1944: Das Leben eines Offiziers.* Frankfurt/M. 1965.

Krannhals, Paul, *Das organische Weltbild: Grundlagen einer neuentstehenden deutschen Kultur.* Bd. 2, 2. Aufl., München 1936 (Erstveröffentlichung 1928).

Ders., »Einkehr und Umkehr«. *Ziel und Weg* 4 (1934), S. 38ff.

Kranz, Heinrich Wilhelm, *»Die Gemeinschaftsunfähigen« (Ein Beitrag zur wissenschaftlichen und praktischen Lösung des sog. »Asozialenproblems«).* Gießen 1939.

Ders., »Zur Entwicklung der rassenhygienischen Institute an unseren Hochschulen«. *Ziel und Weg* 9 (1939), S. 286–290.

Kranz, Heinrich Wilhelm und Siegfried Koller, *»Die Gemeinschaftsunfähigen« (Ein Beitrag zur wissenschaftlichen und praktischen Lösung des sog. »Asozialenproblems«).* Gießen 1941.

Krausnick, Helmut, »Judenverfolgung«. In Hans Buchheim et al., *Anatomie des SS-Staates.* Bd. 2, Freiburg i. Br., 1965, S. 283–448.

Krebs, Hans, »Wie ich aus Deutschland vertrieben wurde: Dokumente mit Kommentaren«. *Medizinhistorisches Journal* 15 (1980), S. 357–377.
Krehl, Ludolf von, *Der Arzt.* 2. Aufl., Stuttgart 1938.
Kreienberg, Walter, »Die Auswirkungen des Gesetzes zur Verhütung erbkranken Nachwuchses an dem Krankenbestand der Psychiatrischen und Nervenklinik Erlangen«. Doktorarbeit, Erlangen 1937.
Kreienberg, Walter und J. Schenkel, »Über die beschleunigte Blutgerinnung beim Aufenthalt in großen Höhen«. *Luftfahrtmedizin* 8 (1943), S. 196–200.
Kreienberg, Walter und A. Winter, »Die Höhenfestigkeit von Hyper- und Hypotonikern«. *Luftfahrtmedizin* 5 (1941), S. 119–126.
Krenzlin, Hans-Helmuth, »Das NSKK: Wesen, Aufgaben und Aufbau des Nationalsozialistischen Kraftfahrkorps, dargestellt an einem Abriß seiner geschichtlichen Entwicklung«. In Paul Meier-Benneckenstein (Hg.), *Das Dritte Reich im Aufbau: Übersichten und Leistungsberichte.* Bd. 3, Berlin 1939, S. 266–287.
Kretschmer, Ernst, »Konstitutionslehre und Rassenhygiene«. In Ernst Rüdin (Hg.), *Erblehre und Rassenhygiene im völkischen Staat.* München 1934, S. 184–193.
Ders., *Gestalten und Gedanken: Erlebnisse.* 2. Aufl., Stuttgart 1971.
Kreuser, F., »Erneuerung des Studiums der Heilkunde«. *Ziel und Weg* 8 (1938), S. 373–379.
Die Kriminalität der Ärzteschaft: Eine Sammlung von Kriminalfällen der approbierten Ärzteschaft. Veröffentlicht vom Zentralverband der Volksgesundheit und Freiheit des Heilwesens Berlin. Essen 1929.
Krüger, Horst, *Das zerbrochene Haus: Eine Jugend in Deutschland.* 2. Aufl., München 1967.
Kubach, Fritz (Hg.), *Studenten bauen auf! Der 3. Reichsberufswettkampf der deutschen Studenten 1937/38: Ein Rechenschaftsbericht.* Unpaginiert, o. J.
Kudlien, Fridolf, »Widerstand deutscher Ärzte gegen das Dritte Reich«. In Gerhard Baader und Ulrich Schultz (Hg.), *Medizin und Nationalsozialismus: Tabuisierte Vergangenheit – Ungebrochene Tradition?* Berlin 1980, S. 212–218.
Ders. (Hg.), *Ärzte im Nationalsozialismus.* Köln 1985.
Ders., »Ärzte als Anhänger der NS-Bewegung«. In Fridolf Kudlien (Hg.), *Ärzte im Nationalsozialismus.* Köln 1985, S. 18–34.
Ders., »Ärzte als Helfer von Verfolgten: Kritiker von NS-Maßnahmen, Gegner des Dritten Reiches«. In Fridolf Kudlien (Hg.), *Ärzte im Nationalsozialismus.* Köln 1985, S. 209–245.
Kudlien, Fridolf und Christian Andree, »Sauerbruch und der Nationalsozialismus«. *Medizinhistorisches Journal* 15 (1980), S. 201–222.
Kühle, L., »Der erste Lehrgang des Hauptamtes für Volksgesundheit auf der Ordensburg Vogelsang vom 26. Sept. bis 4. Okt. 1937«. *Ziel und Weg* 7 (1937), S. 524–531.
Kühn, Kurt, »Deutsche Mediziner im Kampf gegen den Faschismus – dargestellt an Lebensbildern antifaschistischer Ärzte«. In Kurt Kühn (Hg.), *Ärzte an der Seite der Arbeiterklasse: Beiträge zur Geschichte des Bündnisses der deutschen Arbeiterklasse mit der medizinischen Intelligenz.* Berlin (Ost) 1973, S. 212–248.
Kümmel, Werner F., »Die Ausschaltung rassisch und politisch mißliebiger Ärzte«. In Fridolf Kudlien (Hg.), *Ärzte im Nationalsozialismus.* Köln 1985, S. 56–81.

Kürten, Heinz, »Die 47. Tagung der Deutschen Gesellschaft für Innere Medizin«. *Deutsches Ärzteblatt* 65 (1935), S. 407–410.

Kuhlo, Ulla, »Zum Jahre 1944«. *Die Ärztin* 20 (1944), S. 1f.

Dies., »Gesundheitsdienst im Bund Deutscher Mädel«. *Die Ärztin* 17 (1941), S. 193–200.

Kuhn, Helmut, »Die deutsche Universität am Vorabend der Machtergreifung«. In Helmut Kuhn et al., *Die deutsche Universität im Dritten Reich: Acht Beiträge.* München 1966, S. 13–43.

Kulka, Otto Dov, »Die Nürnberger Rassengesetze und die deutsche Bevölkerung im Lichte geheimer NS-Lage- und Stimmungsberichte«. *Vierteljahrshefte für Zeitgeschiche* 32 (1984), S. 582–624.

Kwiet, Konrad und Helmut Eschwege, *Selbstbehauptung und Widerstand: Deutsche Juden im Kampf um Existenz und Menschenwürde 1933–1945.* Hamburg 1984.

Labisch, Alfons und Florian Tennstedt, *Der Weg zum »Gesetz über die Vereinheitlichung des Gesundheitswesens« vom 3. Juli 1934: Entwicklungslinien und -momente des staatlichen und kommunalen Gesundheitswesens in Deutschland.* 2 Bd., Düsseldorf 1985.

Läuppi, E., »Experimente am Menschen als medizinisch-rechtliches Grenzproblem«. *Praxis* 60 (1961), S. 837–841.

Langbein, Friedrich, »Die Entstehung und Entwicklung der ärztlichen Organisationen in Deutschland seit Einführung der Sozialversicherung«. *Südwestdeutsches Ärzteblatt* 4 (1949), S. 81–90.

Langbein, Hermann, ... *wir haben es getan: Selbstportraits in Tagebüchern und Briefen 1939–1945.* Wien 1964.

Leber, Annedore (Hg.), *Das Gewissen steht auf: 64 Lebensbilder aus dem deutschen Widerstand 1933–1945.* 9. Aufl., Berlin 1960.

Lechler, Karl Ludwig, »Erkennung und Ausmerze der Gemeinschaftsunfähigen«. *Deutsches Ärzteblatt* 70 (1940), S. 293–297.

Leibbrand, W., »Eugenik und Sterilisation«. *Fortschritte der Medizin* 81 (1963), S. 718.

Leibfried, Stephan, »Stationen der Abwehr: Berufsverbote für Ärzte im Deutschen Reich 1933–1938 und die Zerstörung des sozialen Asyls durch die organisierten Ärzteschaften des Auslands«. *Leo Baeck Institute Bulletin* 62 (1982), S. 3–39.

Leiter, Anna, »Über bisherige Tätigkeit und Erfolg des Jugendpsychiaters im BDM«. *Die Ärztin* 17 (1941), S. 218–223.

Lemberger, Fritz, »Unsere praktischen Erfahrungen in der Krankenpflegeausbildung der Vorkliniker in München«. *Ziel und Weg* 7 (1937), S. 421ff.

Lemser, H., »Untersuchungsergebnisse an diabetischen Zwillingen«. *Münchener Medizinische Wochenschrift* 85 (1938), S. 1811–1815.

Leuner, H. D., *When Compassion Was a Crime: Germany's Silent Heroes, 1933–45.* London 1966.

Liebenam, Leonore, »Zwillingsforschung«. *Die Äztin* 17 (1941), S. 100–106.

Liebling, A. J. (Hg.), *The Republic of Silence.* New York 1947.

Liek, Erwin, *Der Arzt und seine Sendung: Gedanken eines Ketzers.* 4. Aufl., München 1927.

Ders., *Krebsverbreitung, Krebsbekämpfung, Krebsverhütung.* München 1932.

Ders., *Die Welt des Arztes: Aus 30 Jahren Praxis.* Dresden 1933.
Ders., *Im Bannkreis des Arztes: Aus dem Nachlaß.* Dresden 1935.
Ders., *Gedanken eines Arztes: Aus 30 Jahren Praxis.* 3. Aufl., Berlin 1942.
Lifton, Robert Jay, »Medicalized Killing in Auschwitz«. *Psychiatry* 45 (1982), S. 283–297.
Ders., *The Nazi Doctors: Medicalized Killing and the Psychology of Genocide.* New York 1986. Deutsch: *Ärzte im Dritten Reich.* Stuttgart 1988.
Lilienthal, Georg, »Rassenhygiene im Dritten Reich: Krise und Wende«. *Medizinhistorisches Journal* 14 (1979), S. 114–134.
Ders., »Zum Anteil der Anthropologie an der NS-Rassenpolitik«, *Medizinhistorisches Journal* 19 (1984), S. 148–160.
Ders., *Der »Lebensborn e. V.«: Ein Instrument nationalsozialistischer Rassenpolitik.* Stuttgart 1985.
Lindemann, Mary, *140 Jahre Israelitisches Krankenhaus in Hamburg: Vorgeschichte und Entwicklung.* Hamburg 1981.
List of Displaced German Scholars. 2. Aufl., Stockholm 1975 (Erstveröffentlichung 1936).
Loeffler, Lothar, »Der Auslesegedanke als Forderung in der Medizin«. *Münchener Medizinische Wochenschrift* 83 (1936), S. 673–676.
Loehr, Hanns, *Über die Stellung und Bedeutung der Heilkunde im nationalsozialistischen Staate.* Berlin 1934.
Lölhöffel, Edith von, »Frauensport und Frauentum«. *Die Ärztin* 12 (1936), S. 10–15.
Dies., »Die Ärztin in der Front der Heimat«. *Die Ärztin* 15 (1939), S. 267f.
Lösener, Bernhard, »Als Rassereferent im Reichsministerium des Innern«. *Vierteljahrshefte für Zeitgeschichte* 9 (1961), S. 264–313.
Lorenz, Charlotte, *Zehnjahres-Statistik des Hochschulbesuchs und der Abschlußprüfungen.* Bd. 2, Berlin 1943.
Lottmann, Werner, »Die Ausbildungsdauer auf den Hochschulen: Ein Problem der Bevölkerungspolitik und Begabtenförderung«. *Das Junge Deutschland* (1938), S. 413–426.
Lubarsch, Otto, *Ein bewegtes Gelehrtenleben: Erinnerungen und Erlebnisse: Kämpfe und Gedanken.* Berlin 1931.
Ludwig, Karl-Heinz, *Technik und Ingenieure im Dritten Reich.* Düsseldorf 1974.
Ders., »Der VDI als Gegenstand der Parteipolitik 1933 bis 1945«. In Karl-Heinz Ludwig (Hg.), *Technik, Ingenieure und Gesellschaft: Geschichte des Vereins Deutscher Ingenieure 1856–1981.* Düsseldorf 1981, S. 407–427.
Lüth, Paul, »Die Subkultur der Ärzte: Am Beispiel ihrer Körperschaften und Verbände«. In Volker Volkholz et al. (Hg.), *Analyse des Gesundheitssystems: Krankheitsstruktur, ärztlicher Arbeitsprozeß, Sozialstaat: Reader zur Medizinsoziologie.* Frankfurt/M. 1974, S. 368–396.
Luther, Ernst, »Die Durchsetzung des faschistischen Führerprinzips an der Medizinischen Fakultät Münster«. *Wissenschaftliche Beiträge der Martin-Luther-Universität Halle-Wittenberg,* 1967, S. 113–131.
Luther, Ernst und Burchard Thaler (Hg.), *Das hippokratische Ethos: Untersuchungen zu Ethos und Praxis in der deutschen Ärzteschaft.* Halle 1967.

Luther, Irmgart, »Landdienst – Gesundheitsdienst«. *Die Ärztin* 15 (1939), S. 230f.
Maassen, Willy, »Die Lebensverhältnisse der Jungärzte in Schleswig-Holstein«. *Ziel und Weg* 9 (1939), S. 292–296.
Macfarlane, Gwyn, *Howard Florey: The Making of a Great Scientist.* Oxford 1979.
Macrakis, Kristie, »Wissenschaftsförderung durch die Rockefeller-Stiftung im Dritten Reich«: Die Entscheidung, das Kaiser-Wilhelm-Institut für Physik finanziell zu unterstützen«. *Geschichte und Gesellschaft* 12 (1986), S. 348–379.
Mäding, Erhard, »Nachwuchspflege: Bericht über erbbiologisch bestimmte Selbsthilfebestrebungen für Akademiker«. *Ziel und Weg* 6 (1936), S. 444–447.
Ders., »Ergebnisse einer Erhebung über die Lebensverhältnisse der Jungakademiker in Sachsen«. *Ziel und Weg* 7 (1937), S. 62ff.
Maerz, Barbara, »Die *Münchener Neuesten Nachrichten* als Quelle zur medizinischen Lokalgeschichte für die Zeit von 1933 bis 1938 unter bevorzugter Berücksichtigung der medizinischen Veranstaltungen und der Berichterstattung über Personen und Institutionen des Gesundheitswesens«. Doktorarbeit, München 1977.
Mammach, Klaus, »Zum antifaschistischen Kampf der KPD«. In Dietrich Eichholz und Karl Gossweiler (Hg.), *Faschismusforschung: Positionen, Probleme, Polemik.* Berlin (Ost) 1980, S. 323–354.
Mann, Erika, *School for Barbarians.* New York 1938.
Mann, Gunter, »Rassenhygiene – Sozialdarwinismus«. In Gunter Mann (Hg.), *Biologismus im 19. Jahrhundert: Vorträge eines Symposiums vom 30. bis 31. Oktober 1970 in Frankfurt am Main.* Stuttgart 1973, S. 73–93.
Ders., »Sozialbiologie auf dem Wege zur unmenschlichen Medizin des Dritten Reiches«. In Marina Elisabeth Pfeffer-Küppers (Hg.), *Unmenschliche Medizin: Geschichtliche Erfahrungen, Gegenwärtige Probleme und Ausblick auf die zukünftige Entwicklung: Seminar.* Mainz 1983, S. 22–43.
Manthey, Gerda, »Aus der medizinischen Fachgruppenarbeit der Universität Berlin«. *Die Ärztin* 13 (1937), S. 51–55.
Marks, Sally, »Black Watch on the Rhine: A Study in Propaganda, Prejudice and Prurience«. *European Studies Review* 13 (1983), S. 297–334.
Marrus, Michael R. und Robert O. Paxton, *Vichy France and the Jews.* New York 1981.
Maršalek, Hans, »Eine teuflische Initiative«: Die medizinischen Versuche im Konzentrationslager Mauthausen«. *Der Widerstandskämpfer* 18, Nr. 11 (1970), S. 49–52.
Martin, Rolf Ludwig, »Rasse und Verbrechen«. Doktorarbeit, Gießen 1937.
Mason, Timothy W., *Arbeiterklasse und Volksgemeinschaft: Dokumente und Materialien zur deutschen Arbeiterpolitik 1936–1939.* Opladen 1975.
Ders., »Arbeiteropposition im nationalsozialistischen Deutschland«. In Detlev Peukert und Jürgen Reulecke (Hg.), *Die Reihen fast geschlossen: Beiträge zur Geschichte des Alltags unterm Nationalsozialismus.* Wuppertal 1981, S. 293–313.
Mass, Konrad, *Das erste Jahr der Regierung Hitler.* München 1934.
Mausbach, Hans, »Gesundheits- und sozialpolitische Vorstellungen der deutschen Ärzteschaft«. In *Entwicklung und Struktur des Gesundheitswesens: Argumente für eine soziale Medizin.* Bd. 5, Berlin 1974, S. 152–163.

Mausbach, Hans und Barbara Mausbach-Bromberger, »Anmerkungen zu den Formen, dem Spektrum und dem Wesen des antifaschistischen Widerstandes unter den Ärzten«. In *Volk und Gesundheit: Heilen und Vernichten im Nationalsozialismus.* Tübingen 1982, S. 222–229.

Mayer, August, *50 Jahre selbst erlebte Gynäkologie: Abschiedsvorlesung vom 25.7.1950.* München 1961.

Ders., »Arzttum im Dritten Reich: Ärztliches Berufsgeheimnis, Tötung von mißgebildeten Neugeborenen, Euthanasie«. *Deutsches Ärzteblatt* 63 (1966), S. 785ff.

Mayr-Weber, Vilma, »Die Aufgabe der Reichsarbeitsdienstärztin an der Volksgesundheit«. *Die Ärztin* 19 (1943), S. 174ff.

McClelland, Charles, *State, Society and University in Germany, 1700–1914.* Cambridge, England 1980.

Mclntyre, J. Earl, »Citizenship and Medical Licensure«. *Journal of the American Medical Association* 112 (1939), S. 1075ff.

Mclntyre [Stephenson], Jill, »Women and the Professions in Germany, 1930–1940«. In Anthony Nicholls und Erich Matthias (Hg.), *German Democracy and the Triumph of Hitler: Essays in Recent German History.* London 1971, S. 175–213.

Mehringer, Hartmut, »Die KPD in Bayern 1919–1945«. In Martin Broszat und Hartmut Mehringer (Hg.), *Bayern in der NS-Zeit V: Die Parteien KPD, SPD, BVP in Verfolgung und Widerstand.* München 1983, S. 1–286.

Meier, H., »Das Ende des jüdischen Arzttums«. *Ziel und Weg* 9 (1939), S. 110ff.

Meier, Kurt, *Kirche und Judentum: Die Haltung der evangelischen Kirche zur Judenpolitik des Dritten Reiches.* Göttingen 1968.

Meinberg, Wilhelm, »Gesundheitsbetreuung der Belegschaft der Reichswerke Hermann Göring«. *Ziel und Weg* 8 (1938), S. 524–28.

Meldungen aus dem Reich: Die geheimen Lageberichte des Sicherheitsdienstes der SS 1938–1945 (Hg. Heinz Boberach), 17 Bd., Herrsching 1984.

Mengele, Josef, »Rassenmorphologische Untersuchungen des vorderen Unterkieferabschnittes bei vier rassischen Gruppen«. *Morphologisches Jahrbuch* 79 (1937), S. 60–117.

Ders., »Sippenuntersuchungen bei Lippen-Kiefer-Gaumenspalte«. *Zeitschrift für menschliche Vererbungslehre und Konstitutionslehre* 23 (1938), S. 17–42.

Ders., »Zur Vererbung der Ohrfisteln«. *Der Erbarzt,* Nr. 8 (1940), S. 59f.

Mersmann, Ingrid, »Medizinische Ausbildung im Dritten Reich«. Doktorarbeit, München 1978.

Meyer, Ernie, »Deathly Science«. *Jerusalem Post Magazine,* 23. Januar 1987, S. 6–9.

Meyerhoff, Hermann, *Herne 1933–1945: Die Zeit des Nationalsozialismus: Ein kommunalhistorischer Rückblick.* Herne 1963.

Michaelis, Cassie et al., *Die braune Kultur: Ein Dokumentenspiegel.* Zürich 1934.

Middlebrook, Martin, *The Battle of Hamburg: Allied Bomber Forces against a German City in 1943.* London 1980.

Miedzinski, Herta, »Kriegseinsatz der deutschen Studentinnen«. *Die Ärztin* 17 (1941), S. 256–260.

Milch, Isabella, »The Expatriated Elite: The Emigration of Scholars during the Third Reich«. *Kultur Chronik,* Nr. 2 (1985), S. 14ff.

Mitscherlich, Alexander, *Ein Leben für die Psychoanalyse: Anmerkungen zu meiner Zeit.* Frankfurt/M. 1980.

Mitscherlich, Alexander und Fred Mielke, *Das Diktat der Menschenverachtung: Eine Dokumentation.* Heidelberg 1947.

Dies., *Wissenschaft ohne Menschlichkeit: Medizinische und Eugenische Irrwege unter Diktatur, Bürokratie und Krieg.* Heidelberg 1949.

Dies., *Medizin ohne Menschlichkeit: Dokumente des Nürnberger Ärzteprozesses.* Frankfurt/M. 1962.

Modersohn, Wolf J., »Das Führerprinzip in der Deutschen Medizin 1933–1945«. Doktorarbeit, Kiel 1982.

Moe, Kristine, »Should the Nazi Research Data Be Cited?« *Hastings Center Report,* Dezember 1984, S. 5ff.

Moll, Albert, *Ärztliche Ethik: Die Pflichten des Arztes in allen Beziehungen seiner Thätigkeit.* Stuttgart 1902.

Mollison, Theodor, »Die Maori in ihren Beziehungen zu verschiedenen benachbarten Gruppen«. *Korrespondenzblatt: Deutsche Gesellschaft für Anthropologie, Ethnologie und Urgeschichte* 38 (1907), S. 147–152.

Ders., »Beitrag zur Kraniologie und Osteologie der Maori«. *Zeitschrift für Morphologie und Anthropologie* 11 (1908), S. 529–595.

Ders., »Die Körperproportionen der Primaten«. *Gegenbaurs Morphologisches Jahrbuch* 42 (1911), S. 79–302.

Ders., »Rassenkunde« und Rassenhygiene«. In Ernst Rüdin (Hg.), *Erblehre und Rassenhygiene im völkischen Staat.* München 1934, S. 34–48.

Moser, Jonny, *Die Judenverfolgung in Österreich 1938–1945.* Wien 1966.

Mosse, George L., *The Crisis of German Ideology: Intellectual Origins of the Third Reich.* New York 1964.

Ders., *Germans and Jews: The Right, the Left, and the Search for a »Third Force« in Pre-Nazi Germany.* New York 1971.

Ders., *Toward the Final Solution: A History of European Racism.* New York 1978.

Ders., *Nationalism and Sexuality: Respectability and Abnormal Sexuality in Europe.* New York 1985.

Mrugowsky, Joachim (Hg.), *Das ärztliche Ethos: Christoph Wilhelm Hufelands Vermächtnis einer fünfzigjährigen Erfahrung.* München 1939.

Much, Hans, *Homöopathie: Kritische Gänge hüben und drüben.* Leipzig 1926.

Müller, Arnd, *Geschichte der Juden in Nürnberg 1146–1945.* Nürnberg 1968.

Mueller, B., »Die gegenwärtige Lage der Strafrechtsreform, vom medizinischen Standpunkt aus gesehen«. *Münchener Medizinische Wochenschrift* 83 (1936), S. 20–23.

Müller, Ingo, *Furchtbare Juristen: Die unbewältigte Vergangenheit unserer Justiz.* München 1987.

Müller, Reiner, *Lehrbuch der Hygiene für Ärzte und Biologen.* München 1935.

Müller-Hill, Benno, *Tödliche Wissenschaft: Die Aussonderung von Juden, Zigeunern und Geisteskranken 1933–1945.* Reinbek 1984.

Ders., »Genetics after Auschwitz«. *Holocaust and Genocide Studies* 2, Nr. 1 (1987), S. 3–20.

Müller-Meernach, Wolfgang, »Ein Fall von Mißbildungen bei Zwillingen und seine erbgesundheitliche Bedeutung«. Doktorarbeit, Erlangen 1937.

Nabielek, Rainer, »Anmerkungen zu Paul Diepgens Selbsteinschätzung seiner Tätigkeit an der Berliner Universität während des NS-Regimes«. *Zeitschrift für die gesamte Hygiene und ihre Grenzgebiete* 31 (1985), S. 309–314.

Nach Hitler: Der schwierige Umgang mit unserer Geschichte: Beiträge von Martin Broszat (Hg. Hermann Graml und Klaus-Dieter Henke) 2. Aufl., München 1987.

Nachtsheim, Hans, »Warum Eugenik?« *Fortschritte der Medizin* 81 (1963), S. 711ff.

Naschold, Frieder, *Kassenärzte und Krankenversicherungsreform: Zu einer Theorie der Statuspolitik*. Freiburg i.Br. 1967.

Nau, Elisabeth, »Die jugendgerichtsärztliche Tätigkeit in ihren vorbeugenden und fürsorgerischen Auswirkungen«. *Die Ärztin* 19 (1943), S. 138–146.

Nazi Medicine: Doctors, Victims and Medicine in Auschwitz. New York 1986.

Neubert, Rudolf, *Mein Arztleben: Erinnerungen*. Rudolstadt 1974.

Neumaier, Hugo, »Krisis der Medizin und Ausbildung des Ärztenachwuchses«. *Ziel und Weg* 6 (1936), S. 16ff.

Neumann, Bernd, *Auschwitz: Bericht über die Strafsache gegen Mulka und andere vor dem Schwurgericht Frankfurt*. Frankfurt/M. 1965.

Neumark, Fritz, *Zuflucht am Bosporus: Deutsche Gelehrte, Politiker und Künstler in der Emigration 1933–1953*. Frankfurt/M. 1980.

Neumeister, H., »Die gegenwärtige Lage der akademischen Berufe«. *Soziale Praxis* 45 (1936), S. 1263–1270.

Niederland, Doron, »Deutsche Ärzte-Emigration und gesundheitspolitische Entwicklungen in ›Eretz Israel‹ (1933–1948)«. *Medizinhistorisches Journal* 20 (1985), S. 149–184.

Niedermeyer, Albert, *Wahn, Wissenschaft und Wahrheit: Lebenserinnerungen eines Arztes*. Innsbruck 1956.

Nissen, Rudolf, *Helle Blätter – dunkle Blätter: Erinnerungen eines Chirurgen*. Stuttgart 1969.

Nomberg-Przytyk, Sara, *Auschwitz: True Tales from a Grotesque Land* (Hg. Eli Pfefferkorn und David H. Hirsch), Chapel Hill 1985.

Novikov, Jouri, *Politische Psychiatrie in der UdSSR: Gastvortrag*. Berlin 1981.

Nowak, Kurt, *»Euthanasie« und Sterilisierung im »Dritten Reich«: Die Konfrontation der evangelischen und katholischen Kirche mit dem »Gesetz zur Verhütung erbkranken Nachwuchses« und der »Euthanasie«-Aktion*. 2. Aufl., Göttingen 1980.

Nyiszli, Miklos, *Auschwitz: An Eyewitness Account of Mengele's Infamous Death Camp*. New York 1986.

Oehme, Curt, »Das medizinische Experiment am Menschen«. *Die Wandlung* 2 (1947), S. 484–491.

Oettingen, Eberhard Notger von, »Wir Assistenzärzte: Eine zeitgemäße Betrachtung«. *Ziel und Weg* 7 (1937), S. 601–604.

Ophir, Baruch Zvi und Falk Wiesemann (Hg.), *Die jüdischen Gemeinden in Bayern 1918–1945: Geschichte und Zerstörung*. München 1979.

Opitz, Kurt (Hg.), *Bestallungsordnung für Ärzte und Prüfungsordnung für Zahnärzte*. 4. Aufl., Berlin 1936.

Orlopp-Pleick, Erna, »Organisation der Bezirksgruppe Ostpreußen des Bundes Deutscher Ärztinnen«. *Die Ärztin* 12 (1936), S. 30–34.

Orlow, Dietrich, *The History of the Nazi Party, 1933–1945*. Pittsburgh 1973.

Ostler, Fritz, *Die deutschen Rechtsanwälte 1871–1971.* Essen 1971.

Ostrowski, Siegfried, »Progressive Infectious Skin-Necrosis and Hospital-Gangrene (with a Report of an Epidemic of Hospital Gangrene)«. *Acta Medica Orientalia* 9 (1950), S. 139–152.

Ders., »Vom Schicksal jüdischer Ärzte im Dritten Reich: Ein Augenzeugenbericht aus den Jahren 1933–1939«. *Leo Baeck Institute Bulletin* 6 (1963), S. 313–351.

Padover, Saul K., *Experiment in Germany: The Story of an American Intelligence Officer.* New York 1946.

Panhuizen, Anneliese, »Wie mache ich die Schularzttätigkeit fruchtbar für die ärztliche Tätigkeit im Bund Deutscher Mädel?« *Die Ärztin* 12 (1936), S. 7–10.

Parlow, Siegfried, »Über einige kolonialistische und annexationistische Aspekte bei deutschen Ärzten von 1884 bis zum Ende des 1. Weltkrieges«. *Wissenschaftliche Zeitschrift der Universität Rostock: Mathematisch-Naturwissenschaftliche Reihe* 15 (1966), S. 537–549.

Ders., »Über einige Aspekte der politisch-ideologischen Haltung deutscher Ärzte in der November-Revolution 1918 bis zum Eisenacher Ärztetag im September 1919 unter besonderer Berücksichtigung der medizinischen Fachpresse«. *Wissenschaftliche Beiträge der Martin-Luther-Universität Halle-Wittenberg,* 1967, S. 49–74.

Ders., »Zum Faschisierungsprozeß innerhalb der deutschen Ärzteschaft (1933–1945)«. In Iris Ganzke et al., *Medizin, Menschenbild und sozial-biologisches Problem: Ein Beitrag zu den philosophischen Grundlagen der Medizin in der sozialistischen Gesellschaft.* Berlin (Ost) 1974, S. 163–173.

Ders., »Zur Integration ärztlicher Standesorganisationen in das faschistische Machtgefüge«. In Achim Thom und Horst Spaar (Hg.), *Medizin im Faschismus: Symposium über das Schicksal der Medizin in der Zeit des Faschismus in Deutschland 1933–1945.* Berlin (Ost) 1985, S. 77–84.

Partei-Statistik. Veröffentlicht vom Reichsorganisationsleiter der NSDAP, Bd. 1, München 1935.

Pascher, Joseph, »Das Dritte Reich, erlebt an drei deutschen Universitäten«. In Helmut Kuhn et al., *Die deutsche Universität im Dritten Reich: Acht Beiträge.* München 1966, S. 47–69.

Paucker, Arnold (Hg.), *Die Juden im Nationalsozialistischen Deutschland/The Jews in Nazi Germany, 1933–1945.* Tübingen 1986.

Paul, Helmut A. und Hans Stirn, »Die fachärztliche Versorgung«. In Maria Blohmke et al. (Hg.), *Handbuch der Sozialmedizin.* Bd. 3, Stuttgart 1976, S. 193–211.

Pauwels, Jacques R., *Women, Nazis, and Universities: Female University Students in the Third Reich,* 1933–1945. Westport, Conn. 1984.

Pearle, Kathleen M., »Ärzteemigration nach 1933 in die USA: Der Fall New York«. *Medizinhistorisches Journal* 19 (1984), S. 112–137.

Pechel, Rudolf, *Deutscher Widerstand.* Erlenbach-Zürich 1947.

Petersilie, Paul, »Die Honorarverteilung der KVD während des Krieges«. *Deutsches Ärzteblatt* 70 (1940), S. 26–32.

Petry, Christian, *Studenten aufs Schafott: Die Weiße Rose und ihr Scheitern.* München 1968.

Petzina, Dieter, *Autarkiepolitik im Dritten Reich: Der nationalsozialistische Vierjahresplan.* Stuttgart 1968.

Peukert, Detlev, *Volksgenossen und Gemeinschaftsfremde: Anpassung, Ausmerze und Aufbegehren unter dem Nationalsozialismus.* Köln 1982.

Pfannenstiel, Wilhelm, »Gedanken über das Wertproblem in der Medizin«. *Ziel und Weg* 5 (1935), S. 122–128.

Pfanner, Helmut F., »The Role of Switzerland for the Refugees«. In Jarrell C. Jackman und Carla M. Borden (Hg.), *The Muses Flee Hitler: Cultural Transfer and Adaptation, 1930–1945.* Washington, D.C. 1983, S. 235–248.

Pfreimbter, Richard, »Der Schweriner Knabenmordprozeß«. *Münchener Medizinische Wochenschrift* 83 (1936), S. 448ff.

Piechocki, Werner und Wolfram Kaiser, »Jüdische Gelehrtenschicksale 1933 bis 1945«. *Wissenschaftliche Zeitschrift der Humboldt-Universität zu Berlin: Mathematisch-Naturwissenschaftliche Reihe* 19 (1970), S. 383–388.

Plant, Richard, *The Pink Triangle: The Nazi War against Homosexuals.* New York 1986.

Platen-Hallermund, Alice, *Die Tötung Geisteskranker in Deutschland.* Frankfurt/M. 1948.

Plesch, János, *János: Ein Arzt erzählt sein Leben.* München 1949.

Ploetz, Alfred, *Die Tüchtigkeit unsrer Rasse und der Schutz der Schwachen.* Berlin 1895.

Pommerin, Reiner, *»Sterilisierung der Rheinlandbastarde«: Das Schicksal einer farbigen deutschen Minderheit 1918–1937.* Düsseldorf 1979.

Ponsold, Albert, *Der Strom war die Newa: Aus dem Leben eines Gerichtsmediziners.* St. Michael 1980.

Prägert, Hans. »Die Krankenpflegerausbildung für Vorkliniker in München«. *Ziel und Weg* 6 (1936), S. 417f.

Preuss, Ulrich K., »Die Perversion des Rechtsgedankens«. In Jörg Tröger (Hg.), *Hochschule und Wissenschaft im Dritten Reich.* 2. Aufl., Frankfurt/M. 1986, S. 116ff.

Pridham, Geoffrey, *Hitler's Rise to Power: The Nazi Movement in Bavaria, 1923–1933.* London 1973.

Prinz, Michael, *Vom neuen Mittelstand zum Volksgenossen: Die Entwicklung des sozialen Status der Angestellten von der Weimarer Republik bis zum Ende der NS-Zeit.* München 1986.

Prokop, Otto und Ehrenfried Stelzer, »Die Menschenexperimente des Dr. med. Heissmeyer (Medizinische und kriminalistische Erhebungen)«. *Kriminalistik und forensische Wissenschaften* 3 (1970), S. 67–104.

Pross, Christian und Rolf Winau (Hg.), *Nicht mißhandeln: Das Krankenhaus Moabit.* Berlin 1984.

Pueschel, Erich, *Die Seenotverbände der deutschen Luftwaffe und ihr Sanitätsdienst 1939–1945.* Düsseldorf 1978.

Pulzer, Peter, *The Rise of Political Anti-Semitism in Germany and Austria.* New York 1964.

Quinn, Susan, *A Mind of Her Own: The Life of Karen Horney.* New York 1987.

Ramm, Rudolf, *Ärztliche Rechts- und Standeskunde: Der Arzt als Gesundheitserzieher.* Berlin 1942.

Rauschning, Hermann, *Men of Chaos.* 1942. Nachdruck Freeport, New York 1971.

Rebentisch, Dieter, »Die ›politische Beurteilung‹ als Herrschaftsinstrument der NSDAP«. In Detlev Peukert und Jürgen Reulecke (Hg.), *Die Reihen fast geschlossen: Beiträge zur Geschichte des Alltags unterm Nationalsozialismus.* Wuppertal 1981, S. 107–125.

Rebentisch, Dieter und Karl Teppe (Hg.), *Verwaltung contra Menschenführung: Studien zum politisch-administrativen System.* Göttingen 1986.

Reck-Malleczewen, Friedrich Percyval, *Diary of a Man in Despair.* London 1970.

Reich-Ranicki, Marcel (Hg.), *Meine Schulzeit im Dritten Reich: Erinnerungen deutscher Schriftsteller.* München 1984.

Reiche, Eric G., »From ›Spontaneous‹ to Legal Terror: SA, Police, and the Judiciary in Nürnberg, 1933–34«. *European Studies Review* 9 (1979), S. 237–264.

Ders., *The Development of the SA in Nürnberg, 1922–1934.* Cambridge, England 1986.

Reichert, F., »Juden und jüdische Mischlinge im Deutschen Reich: Umfang und zeitliche Entwicklung des jüdischen Einbruchs in die deutschen Reichsteile«. *Deutsches Ärzteblatt* 70 (1940), S. 322–325.

Reichsstudentenwerk: Bericht über die Arbeit im Kriege (Hg. Otto Reise), Berlin 1941.

Reichsstudentenwerk: Kurzberichte aus der Arbeit des Jahres 1935 [–1939]. [Berlin-Charlottenburg 1935–1939].

Reinmöller, Johannes, *Ins Dritte Reich: Antrittsrede des neuen Rektors Professor Dr. Johannes Reinmöller am 4. November 1933: Rede am Reichsgründungstage, am 18. Januar 1934.* Erlangen 1934.

Reiter, Hans, »Nationalsozialistische Revolution in Medizin und Gesundheitspolitik«. *Ziel und Weg* 3 (1933), S. 422–427.

Ders., »Ärzte – Forscher – Pfuscher: Vortrag, gehalten auf der Tagung des NS-Ärztebundes des Gaues Madgeburg in Schierke i.H., am 29. September 1933«. *Deutsches Ärzteblatt* 65 (1935), S. 1014–1018.

Ders. (Hg.), *Ziele und Wege des Reichsgesundheitsamtes im Dritten Reich: Zum 60jährigen Bestehen des Reichsgesundheitsamtes.* Leipzig 1936.

Ders., »Vorschläge zur Neugestaltung des Hygieneunterrichts und zur Sicherung des Nachwuchses auf dem Gebiet der Hygiene«. *Münchener Medizinische Wochenschrift* 85 (1938), S. 16–19.

Repgen, Konrad, »Ein KPD-Verbot im Jahre 1933?« *Historische Zeitschrift* 240 (1985), S. 67–99.

Richarz, Monika (Hg.), *Jüdisches Leben in Deutschland: Selbstzeugnisse zur Sozialgeschichte 1918–1945.* Stuttgart 1982.

Ring, Friedrich, *Zur Geschichte der Militärmedizin in Deutschland.* Berlin (Ost) 1962.

Ringer, Fritz K., *The Decline of the German Mandarins: The German Academic Community 1890–1933.* Cambridge, Mass. 1969. Deutsch: *Die Gelehrten. Der Niedergang der deutschen Mandarine 1890–1933.* Stuttgart 1983.

Rissom, Renate, *Fritz Lenz und die Rassenhygiene.* Husum 1983.

Rittmeister, John, »Der augenblickliche Stand der Poliklinik und ihre künftigen Aufgaben«. *Zentralblatt für Psychotherapie und ihre Grenzgebiete* 12 (1940), S. 88–96.

Robinsohn, Hans, *Justiz als politische Vefolgung: Die Rechtsprechung in »Rassenschandefällen« beim Landgericht Hamburg 1936–1943.* Stuttgart 1977.

Rodenwaldt, Ernst, »Die Rückwirkung der Rassenmischung in den Kolonialländern auf Europa«. *Archiv für Rassen- und Gesellschaftsbiologie* 32 (1938), S. 385–396.

Ders., *Ein Tropenarzt erzählt sein Leben.* Stuttgart 1957.

Rodenwaldt, Ernst und Heinz Zeiss, *Einführung in die Hygiene und Seuchenlehre.* 5. Aufl., Stuttgart 1943.

Rodnick, David, *Postwar Germans: An Anthropologist's Account.* New Haven, 1948.

Röder, Hans, »Der erste Lehrgang der Reichsfachgruppe Medizin auf der Ordensburg Vogelsang«. *Ziel und Weg* 7 (1937), S. 518–524.

Röhrs, Hans-Dietrich, *Hitlers Krankheit: Tatsachen und Legenden: Medizinische und psychische Grundlagen seines Zusammenbruchs.* Neckargemünd 1966.

Röpke, Erna, »Die Ärztin im Reichsmütterdienst«. *Die Ärztin* 12 (1936), S. 39–46.

Rohland, Brigitte, »Zur Rolle des Hartmannbundes in Vergangenheit und Gegenwart: Bemerkungen zu einem fragwürdigen Jubiläum«. *Humanitas: Zeitung für Medizin und Gesellschaft* 26 (1980), S. 9.

Romann, Ursula, »Die Ärztin«. *Frauenkultur,* Nr. 11 (November 1937), S. 8f.

Dies., »Zweites Medizinerinnenlager in Kiel: Über die Betreuung des gesunden und kranken Kindes«. *Die Ärztin* 13 (1937), S. 243f.

Dies., »Die Sondertagung der Studentinnen auf dem Lager der Reichsfachgruppe Medizin vom 16.–26. Sept. 1937 auf der Ordensburg Vogelsang«. *Die Ärztin* 13 (1937), S. 306–311.

Rosenstein, Paul, *Narben bleiben zurück: Die Lebenserinnerungen des großen jüdischen Chirurgen.* München 1954.

Roth, Karl Heinz, *»Auslese« und »Ausmerze«: Familien- und Bevölkerungspolitik unter der Gewalt der nationalsozialistischen »Gesundheitsfürsorge«.* In Gerhard Baader und Ulrich Schultz (Hg.), *Medizin und Nationalsozialismus: Tabuisierte Vergangenheit – Ungebrochene Tradition?* Berlin 1980, S. 152–164.

Ders., »Schöner neuer Mensch: Der Paradigmenwechsel der klassischen Genetik und seine Auswirkungen auf die Bevölkerungsbiologie des Dritten Reichs«. In Heidrun Kaupen-Haas (Hg.), *Der Griff nach der Bevölkerung: Aktualität und Kontinuität nazistischer Bevölkerungspolitik.* Nördlingen 1986, S. 11–63.

Roth, Karl Heinz und Götz Aly, »Die Diskussion über die Legalisierung der nationalsozialistischen Anstaltsmorde in den Jahren 1938–1941«. *Recht und Psychiatrie* 1–2 (1983–1984), S. 51–64 (1983), 36–47 (1984).

Rothfels, Hans, »Augenzeugenbericht zu den Massenvergasungen«. *Vierteljahrshefte für Zeitgeschichte* 1 (1953), S. 177–194.

Rüdiger, Jutta (Hg.), *Die Hitler-Jugend und ihr Selbstverständnis im Spiegel ihrer Aufgabengebiete.* Lindhorst 1983.

Rühle, Gerd, *Das Dritte Reich: Dokumentarische Darstellung des Aufbaues der Nation.* Bd. 1, 3, 6. Berlin 1933, 1935, 1938.

Rürup, Reinhard, *Emanzipation und Antisemitismus: Studien zur »Judenfrage« der bürgerlichen Gesellschaft.* Göttingen 1975.

Ders. (Hg.), *Wissenschaft und Gesellschaft: Beiträge zur Geschichte der Technischen Universität Berlin 1879–1979.* 2 Bd., Berlin 1979.

Ruppert, Joseph, »Die Seucheninsel Polen: Allgemeine Gesundheitspflege unter deutscher Ärzteführung«. In Jost Walbaum (Hg.), *Deutsche Ärzte – Einsatz im Osten: Die Aufbauarbeit im Gesundheitswesen des Generalgouvernements.* Krakau 1941, S. 23–38.

Sadji, Amadou Booker, *Das Bild des Negro-Afrikaners in der Deutschen Kolonialliteratur (1884–1945): Ein Beitrag zur literarischen Imagologie Schwarzafrikas.* Berlin 1985.

Saller, Karl, *Die Rassenlehre des Nationalsozialismus in Wissenschaft und Propaganda.* Darmstadt 1961.

Sauer, Paul, *Dokumente über die Verfolgung der jüdischen Bürger in Baden-Württemberg durch das nationalsozialistische Regime 1933–1945.* 2 Bd., Stuttgart 1966.

Ders. (Hg.), *Die Schicksale der jüdischen Bürger Baden-Württembergs während der nationalsozialistischen Verfolgungszeit 1933–1945: Statistische Ergebnisse der Erhebungen der Dokumentationsstelle bei der Archivdirektion Stuttgart und zusammenfassende Darstellung.* Stuttgart 1969.

Sauerbruch, Ferdinand, *Das war mein Leben.* 2. Aufl., München 1979.

Schadewaldt, Hans, *Von der Medizinischen Akademie zur Universität Düsseldorf 1923–1973: Festschrift anläßlich des 50jährigen Jubiläums der Gründung der Medizinischen Akademie am 13. Mai 1923.* Berlin 1973.

Ders. (Hg.), *75 Jahre Hartmannbund: Ein Kapitel deutscher Sozialpolitik.* Bonn-Bad Godesberg 1975.

Schadt, Jörg (Hg.), *Verfolgung und Widerstand unter dem Nationalsozialismus in Baden: Die Lageberichte der Gestapo und des Generalstaatsanwalts Karlsruhe 1933–1940.* Stuttgart 1976.

Schäfer, Hans Dieter, *Das gespaltene Bewußtsein: Über deutsche Kultur und Lebenswirklichkeit 1933–1945.* 2. Aufl., München 1982.

Schallwig, Volker, »Paracelsus' Bedeutung in der Medizin des Nationalsozialismus«. Doktorarbeit, Kiel 1974.

Scheda, Karl (Hg.), *Deutsches Bauerntum: Sein Werden, Niedergang und Aufstieg.* Konstanz 1935.

Scheel, Gustav-Adolf, »Rede des Reichsstudentenführers zum Abschluß des Deutschen Studententages 1938«. In *Wille und Weg der nationalsozialistischen Studenten. (Die Studentische Kameradschaft,* Sonderausgabe), 1939, S. 13–19.

Schellenberg, Walter, *Aufzeichnungen: Die Memoiren des letzten Geheimdienstchefs unter Hitler* (Hg. Gita Petersen), Wiesbaden 1979.

Schenck, Ernst Günther, »Wie sollen wir uns zur Schulmedizin stellen?« *Hippokrates* 10 (1939), S. 1089–1096.

Ders., *Grundlagen und Vorschriften für die Regelung der Krankenernährung im Kriege.* 4. Aufl., Berlin 1942.

Ders., *Das menschliche Elend im 20. Jahrhundert: Eine Pathologie der Kriegs-, Hunger- und politischen Katastrophen Europas.* Herford 1965.

Ders., *Ich sah Berlin sterben: Als Arzt in der Reichskanzlei.* Herford 1970.

Scherler, Johannes, *Querschnitt durch die deutsche Sozialversicherung: Zum praktischen Gebrauch des Arztes.* Berlin 1937.

Schieder, Theodor, »Kultur, Wissenschaft und Wissenschaftspolitik im Deutschen Kaiserreich«. In Gunter Mann und Rolf Winau (Hg.), *Medizin, Naturwissen-*

schaft, Technik und das Zweite Kaiserreich: Vorträge eines Kongresses vom 6. bis 11. September 1973 in Bad Nauheim. Göttingen 1977, S. 9–34.

Schiersmann, Otto, »Ein Beitrag zur praktischen Auswirkung des Gesetzes zur Verhütung erbkranken Nachwuchses«. *Deutsches Ärzteblatt* 64 (1934), S. 30f.

Schleunes, Karl A., *The Twisted Road to Auschwitz: Nazi Policy toward German Jews, 1933–1939.* Urbana, Ill. 1970.

Schmidt, Gerhard, *Selektion in der Heilanstalt 1939–1945.* Stuttgart 1965.

Schmidt, Dr. med., »Nochmals: Der ledige Assistenzarzt«. *Ziel und Weg* 3 (1933), S. 575ff.

Schmiedebach, Heinz-Peter, »Der Arzt als Gesundheitsoffizier – die systematische Militarisierung der Medizin von 1933 bis zum Zweiten Weltkrieg«. In Johanna Bleker und Heinz-Peter Schmiedebach (Hg.), *Medizin und Krieg: Vom Dilemma der Heilberufe 1865 bis 1985.* Frankfurt/M. 1987, S. 191–208.

Schmuhl, Hans-Walter, *Rassenhygiene, Nationalsozialismus, Euthanasie: Von der Verhütung zur Vernichtung »lebensunwerten Lebens«, 1890–1945.* Göttingen 1987.

Schneeberger, Guido (Hg.), *Nachlese zu Heidegger: Dokumente zu seinem Leben und Denken.* Bern 1962.

Schneider, Ulrich, »Widerstand und Verfolgung an der Marburger Universität 1933–1945«. In Dieter Kramer und Christina Vanja (Hg.), *Universität und demokratische Bewegung: Ein Lesebuch zur 450-Jahrfeier der Philipps-Universität Marburg.* Marburg 1977, S. 219–256.

Schönberg, Volker, »Die Geschichte der 1. Medizinischen Klinik A und B an der Universität Düsseldorf von der Begründung im Jahre 1907 bis zum Jahre 1973«. Doktorarbeit, Düsseldorf 1973.

Schönfeld, Walther, »Die Einstellung der Heidelberger Medizinischen Fakultät in den achtziger Jahren zum Medizinstudium der Frauen«. *Ruperto-Carola* 29 (1961), S. 198–205.

Schönfelder, Heinrich (Hg.), *Deutsche Reichsgesetze: Sammlung des Verfassungs-, Gemein-, Straf- und Verfahrensrechts für den täglichen Gebrauch.* 13. Aufl., München 1943.

Scholl, Hans und Sophie Scholl, *Briefe und Aufzeichnungen* (Hg. Inge Jens), Frankfurt/M. 1984.

Scholz, Walter, »Otmar Frhr. von Verschuer zum 70. Geburtstag«. *Münchener Medizinische Wochenschrift* 108 (1966), S. 1469f.

Schreiber, Georg, *Deutsche Wissenschaftspolitik von Bismarck bis zum Atomwissenschaftler Otto Hahn.* Köln 1954.

Schröder, Gerald, »Die »Wiedergeburt« der Pharmazie – 1933 bis 1934«. In Herbert Mehrtens und Steffen Richter (Hg.), *Naturwissenschaft, Technik und NS-Ideologie: Beiträge zur Wissenschaftsgeschichte des Dritten Reichs.* Frankfurt/M. 1980, S. 166–188.

Schübelin, Jürgen, »Expansionspolitik und Ärzteverbrechen: Das Beispiel Carl Clauberg«. In *Volk und Gesundheit: Heilen und Vernichten im Nationalsozialismus.* Tübingen 1982, S. 187–204.

Schütze, Erwin, »Beamtenpolitik im Dritten Reich«. In Hans Pfundtner (Hg.), *Dr. Wilhelm Frick und sein Ministerium: Aus Anlaß des 60. Geburtstages des Reichs-*

und Preußischen Ministers des Innern Dr. Wilhelm Frick am 12. März 1937. München 1937, S. 47–65.

Schultz, Johannes Heinrich, *Lebensbilderbuch eines Nervenarztes: Jahrzehnte in Dankbarkeit.* Stuttgart 1964.

Schultze, Walter, »Die Bedeutung der Rassenhygiene für Staat und Volk in Gegenwart und Zukunft«. In Ernst Rüdin (Hg.), *Erblehre und Rassenhygiene im völkischen Staat.* München 1934, S. 1–21.

Schulz, Edgar, »Judentum und Degeneration«. *Ziel und Weg* 5 (1935), S. 349–355.

Ders., »Die Entwicklung der Berufsverhältnisse der Glaubensjuden in Preußen zwischen den Zählungen vom 16. Juni 1925 und 16. Juni 1933«. *Ziel und Weg* 7 (1937), S. 460–473.

Schumann, Heinz und Gerda Werner (Hg.), *Erkämpft das Menschenrecht: Lebensberichte und letzte Briefe antifaschistischer Widerstandskämpfer.* Berlin (Ost) 1958.

Schwarberg, Günther, *Der SS-Arzt und die Kinder: Bericht über den Mord vom Bullenhuser Damm.* München o. J.

Schwarz, Hanns, *Ein Gutachten über die ärztliche Tätigkeit in sog. Erbgesundheitsverfahren.* Halle 1950.

Das Schwarzbuch: Tatsachen und Dokumente: Die Lage der Juden in Deutschland 1933 (Hg. Comité des Délégations Juives, Paris 1934). Nachdruck, Frankfurt/M. 1983.

Seidelman, William E., »Mengele Medicus: Medicine's Nazi Heritage«. *Milbank Quarterly* 66 (1988), S. 221–239.

Seidler, Franz W., *Prostitution, Homosexualität, Selbstverstümmelung: Probleme der deutschen Sanitätsführung 1939–1945.* Neckargemünd 1977.

Ders., »Das nationalsozialistische Kraftfahrkorps und die Organisation Todt im Zweiten Weltkrieg«. *Vierteljahrshefte für Zeitgeschichte* 32 (1984), S. 625–636.

Seier, Hellmut, »Der Rektor als Führer: Zur Hochschulpolitik des Reichserziehungsministeriums 1934–1945«. *Vierteljahrshefte für Zeitgeschichte* 12 (1964), S. 105–146.

Ders., »Niveaukritik und partielle Opposition: Zur Lage an den deutschen Hochschulen 1939/40«. *Archiv für Kulturgeschichte* 58 (1976), S. 227–246.

Seifert, Ernst, »Zur ärztlichen Ausbildung auf der Hochschule des Dritten Reiches«. *Ziel und Weg* 8 (1938), S. 370–373.

Seifert, Johannes, »Die Krankenversicherung nach dem Stande von 1935 und 1936«. *Deutsches Ärzteblatt* 68 (1938), S. 79ff.

Selchow, Bogislav von, *Hundert Tage aus meinem Leben.* Leipzig 1936.

Senger, Valentin. *Nr. 12 Kaiserhofstrasse.* New York 1980.

Shirer, William L., *The Rise and Fall of the Third Reich: A History of Nazi Germany.* New York 1960.

Showalter, Dennis E., *Little Man, What Now?* Der Stürmer *in the Weimar Republic.* Hamden 1982.

Siebert, Margret, »Studentinnen beim Medizinischen Facheinsatz Ost vom Sommer 1940«. *Die Ärztin* 17 (1941), S. 312–315.

Siegert, Toni, »Das Konzentrationslager Flossenbürg: Gegründet für sogenannte Asoziale und Kriminelle«. In Martin Broszat und Elke Fröhlich (Hg.), *Bayern in der NS-Zeit II: Herrschaft und Gesellschaft im Konflikt. Teil A.* München 1979, S. 429–491.

Sigerist, Henry E., *Man and Medicine: An Introduction to Medical Knowledge*. 1932. Nachdruck, College Park, Maryland 1970.

Söken, Gertrud, »Rassenpolitische Erziehung in der Mütterschule«. *Die Ärztin* 13 (1937), S. 94ff.

Sons, Hans-Ulrich, »Bis in die psychologischen Wurzeln: Die Entnazifizierung der Ärzte in Nordrhein-Westfalen (britisches Besatzungsgebiet)«. *Deutsches Ärzteblatt* C 79, Nr. 36 (1982), S. 60ff.

Speer, Albert, *Inside the Third Reich: Memoirs*. New York 1970.

Spender, Stephen, *European Witness*. New York 1946.

Stachura, Peter D., *Nazi Youth in the Weimar Republic*. Santa Barbara 1975.

Stadler, Dr. med., »Unverheirateter Arzt gesucht!«, *Ziel und Weg* 3 (1933), S. 339ff.

Stähle, Eugen, *Geschichte des Nationalsozialistischen Deutschen Ärztebundes e. V.: Gau Württemberg-Hohenzollern*. Stuttgart 1940.

Staff, Ilse (Hg.), *Justiz im Dritten Reich: Eine Dokumentation*. Frankfurt/M. 1964.

Stalherm, Dr. med., »Die Betriebsärztin«. *Die Ärztin* 20 (1944), S. 37ff.

Statistisches Handbuch von Deutschland 1928–1944. Veröffentlicht vom Länderrat des Amerikanischen Besatzungsgebiets. München 1949.

Statistisches Jahrbuch für das Deutsche Reich. Veröffentlicht vom Statistischen Reichsamt. Berlin 1932, 1934, 1935, 1937.

Stein, George H., *The Waffen-SS: Hitler's Elite Guard at War 1939–1945*. Ithaca 1966.

Steinert, Marlis G., *Hitlers Krieg und die Deutschen: Stimmung und Haltung der deutschen Bevölkerung im Zweiten Weltkrieg*. Düsseldorf 1970.

Stephenson, Jill, *Women in Nazi Society*. London 1975.

Dies., *The Nazi Organisation of Women*. London 1981.

Sterilization: Implications for Mentally Retarded and Mentally Ill Persons. Law Reform Commission of Canada, Arbeitspapier 24, Ottawa 1979.

Stern, Fritz, *The Politics of Cultural Despair: A Study in the Rise of the Germanic Ideology*. Garden City, New York 1965.

Stern, Heinemann, *Warum hassen sie uns eigentlich? Jüdisches Leben zwischen den Kriegen: Erinnerungen* (Hg. Hans Ch. Meyer), Düsseldorf 1970.

Stern, Karl, *The Pillar of Fire*. New York 1951.

Steude, Kurt, »Prof. Dr. med. Karl Gelbke – ein Leben als Arzt und Kommunist«. In Kurt Kühn (Hg.), *Ärzte an der Seite der Arbeiterklasse: Beiträge zur Geschichte des Bündnisses der deutschen Arbeiterklasse mit der medizinischen Intelligenz*. Berlin (Ost) 1973, S. 192–201.

Stobrawa, Franz, *Die ärztlichen Organisationen in der Bundesrepublik Deutschland: Entstehung und Struktur*. Düsseldorf 1979.

Stock, Ulrich, »Deutsche Ärzte und die Vergangenheit«. *Die Zeit*, 12. Juni 1987, S. 56.

Stockhorst, Erich, *Fünftausend Köpfe: Wer war was im Dritten Reich*. Velbert 1967.

Stoeckel, Walter, *Erinnerungen eines Frauenarztes* (Hg. Hans Borgelt), München 1966.

Stokes, Lawrence D., »Das Eutiner Schutzhaftlager 1933/34: Zur Geschichte eines ›wilden‹ Konzentrationslagers«. *Vierteljahrshefte für Zeitgeschichte* 27 (1979), S. 570–625.

Ders. (Hg.), *Kleinstadt und Nationalsozialismus: Ausgewählte Dokumente zur Geschichte von Eutin 1918–1945.* Neumünster 1984.

Ders., »Professionals and National Socialism: The Case Histories of a Small-Town Lawyer and Physician, 1918–1945«. *German Studies Review* 8 (1985), S. 449–480.

Strauss, Herbert A., »The Immigration and Acculturation of the German Jew in the United States of America«. *Leo Baeck Institute Yearbook* 16 (1971), S. 63–94.

Ders., »Jewish Emigration from Germany: Nazi Policies and Jewish Responses (I)«. *Leo Baeck Institute Yearbook* 25 (1980), S. 313–361.

Ders., »Jewish Emigration from Germany: Nazi Policies and Jewish Responses (II)«. *Leo Baeck Institute Yearbook* 26 (1981), S. 343–409.

Stresau, Hermann, *Von Jahr zu Jahr.* Berlin 1948.

Stürmer, Michael, *Das ruhelose Reich: Deutschland 1866–1918.* Berlin 1983.

Stürzbecher, Manfred, »Die gesundheitspolitische Konzeption Arthur Gütts im Jahre 1924«. *Berliner Ärzteblatt* 84 (1971), S. 1072–1082.

Stumpfl, Friedrich, »Untersuchungen an kriminellen und psychopathischen Zwillingen«. *Der Öffentliche Gesundheitsdienst* 2 B (1936), S. 409–413.

Ders., *Die Ursprünge des Verbrechens: Dargestellt am Lebenslauf von Zwillingen.* Leipzig 1936.

Syroth, Max, »Das ärztliche Berufsgeheimnis«. *Münchener Medizinische Wochenschrift* 83 (1936), S. 1469–1473.

Szagunn, Ilse, »Dritte Wiener Medizinische Woche: Die Bekämpfung der Volkskrankheiten Krebs, Rheumatismus und Tuberkulose«. *Deutsches Ärzteblatt* 71 (1941), S. 235–239.

Dies., »Die Vierte Wiener Medizinische Woche«. *Deutsches Ärzteblatt* 71 (1941), S. 402ff.

Dies., »Sportärztliche Erfahrungen für den deutschen Frauensport: Ein ärztlicher Fortbildungskurs der Wiener Akademie für ärztliche Fortbildung über Sportschäden und Sportverletzungen«. *Die Ärztin* 17 (1941), S. 50–54.

Dies., »Edith von Lölhöffel zum Gedächtnis«. *Die Ärztin* 17 (1941), S. 95–99.

Dies., »Wandlungen im Krankheitsbegriff«. *Deutsches Medizinisches Journal* 2 (1951), S. 328–332.

Das Tagebuch der Hertha Nathorff: Berlin–New York: Aufzeichnungen 1933 bis 1945 (Hg. Wolfgang Benz), München 1987.

Die Tagebücher von Joseph Goebbels: Sämtliche Fragmente. Bd. 4: 1. 1. 1940 bis 8. 7. 1941 (Hg. Elke Fröhlich), München 1987.

Taute, M. et al. (Hg.), *Die Entwicklung des deutschen Gesundheitswesens: Kulturhistorische Schau über hundert Jahre.* Berlin 1931.

Teixeira, Wilmes Roberto G., »The Mengele Report«. *American Journal of Forensic Medicine and Pathology* 6 (1985), S. 279–283.

Tenfelde, Klaus. »Proletarische Provinz: Radikalisierung und Widerstand in Penzberg/Oberbayern 1900–1945«. In Martin Broszat et al. (Hg.), *Bayern in der NS-Zeit IV: Herrschaft und Gesellschaft im Konflikt. Teil* C. München 1981, S. 1–382.

Tennstedt, Florian, »Sozialgeschichte der Sozialversicherung«. In Maria Blohmke et al. (Hg.), *Handbuch der Sozialmedizin.* Bd. 3, Stuttgart 1976, S. 385–492.

Ders., *Geschichte der Selbstverwaltung in der Krankenversicherung von der Mitte des 19. Jahrhunderts bis zur Gründung der Bundesrepublik Deutschland.* Bonn 1977.

Tennstedt, Florian und Stephan Leibfried, »Sozialpolitik und Berufsverbote im Jahre 1933: Die Auswirkungen der nationalsozialistischen Machtergreifung auf die Krankenkassenverwaltung und die Kassenärzte«. *Zeitschrift für Sozialreform* 25 (1979), S. 129–153, 211–238.

Teppe, Karl, »Der Reichsverteidigungskommissar: Organisation und Praxis in Westfalen«. In Dieter Rebentisch und Karl Teppe (Hg.), *Verwaltung contra Menschenführung im Staat Hitlers: Studien zum politisch-administrativen System.* Göttingen 1986, S. 278–301.

Ternon, Yves und Socrate Helman, Les *médecins allemands et le national-socialisme: Les métamorphoses du darwinisme.* Tournai 1973.

Thévoz, Robert et al. (Hg.), *Pommern 1934/35 im Spiegel von Gestapo-Lageberichten und Sachakten (Darstellung).* Köln 1974.

Thimm, Lea, »Agnes Bluhm: Die rassenhygienischen Aufgaben des weiblichen Arztes«. *Die Ärztin* 12 (1936), S. 135–139.

Dies., »Alt-Rehse«, *Die Ärztin* 12 (1936), S. 187f.

Thomann, Klaus-Dieter, »Otmar Freiherr von Verschuer – ein Hauptvertreter der faschistischen Rassenhygiene«. In Achim Thom und Horst Spaar (Hg.), *Medizin im Faschismus: Symposium über das Schicksal der Medizin in der Zeit des Faschismus in Deutschland 1933–1945.* Berlin (Ost) 1985, S. 57–67.

Ders., »Rassenhygiene und Anthropologie: Die zwei Karrieren des Prof. Verschuer«. *Frankfurter Rundschau,* 20. Mai 1985, S. 20.

Toland, John, *Adolf Hitler.* New York 1977.

The Torture Report. Veröffentlicht von der British Medical Association. London 1986.

Trepper, Leopold, *Die Wahrheit: Autobiographie.* München 1978.

True to Type: A Selection from Letters and Diaries of German Soldiers and Civilians Collected on the Soviet-German Front. London, o. J.

Tyrell, Albrecht (Hg.), *Führer befiehl ...: Selbstzeugnisse aus der »Kampfzeit« der NSDAP: Dokumentation und Analyse.* Düsseldorf 1969.

Über menschliches Maß: Opfer der Hölle Ravensbrück sprechen ... Warschau 1970.

Ungern-Sternberg, Roderich von, »Wert und Bedeutung der weiblichen Berufstätigkeit«. *Deutsches Ärzteblatt* 68 (1938), S. 44ff.

Unschuld, Paul Ulrich, »Professionalisierung im Bereich der Medizin: Entwurf zu einer historisch-anthropologischen Studie«. *Saeculum* 25 (1974), S. 251–276.

Valentin, Rolf, *Die Krankenbataillone: Sonderformationen der deutschen Wehrmacht im Zweiten Weltkrieg.* Düsseldorf 1981.

Verschuer, Otmar Freiherr von, »Aufgaben und Ziele der menschlichen Erblichkeitslehre«. *Münchener Medizinische Wochenschrift* 74 (1927), S. 999–1002.

Ders., »Soziale Umwelt und Vererbung«. In Alfred Grotjahn et al. (Hg.), *Ergebnisse der Sozialen Hygiene und Gesundheitsfürsorge.* Bd. 2, Leipzig 1930, S. 1–33.

Ders., »Das Qualitätsproblem in der Bevölkerungspolitik«. *Medizinische Welt,* Nr. 26 (1931), S. 934f.

Ders., *Erbpathologie: Ein Lehrbuch für Ärzte.* Dresden 1934.

Ders., »Vier Jahre Frankfurter Universitäts-Institut für Erbbiologie und Rassenhygiene«. *Der Erbarzt,* Nr. 5 (1939), S. 57–64.

Ders., »Bevölkerungs- und Rassenfragen in Europa«. *Europäischer Wissenschafts-Dienst,* Nr. 1 (1944), S. 11–14.

Ders., »Das ehemalige Kaiser-Wilhelm-Institut für Anthropologie, menschliche Erblehre und Eugenik«. *Zeitschrift für Morphologische Anthropologie* 55 (1964), S. 127–174.

Vescovi, Gerhard, »Die soziale Bedeutung und Funktion des ärztlichen Berufsrechts«. In Maria Blohmke et al. (Hg.), *Handbuch der Sozialmedizin.* Bd. 3, Stuttgart 1976, S. 211–244.

Vezina, Birgit, *Die »Gleichschaltung« der Universität Heidelberg im Zuge der nationalsozialistischen Machtergreifung.* Heidelberg 1982.

Viehweg, Dr. med., »Die Nürnberger Grundgesetze«. *Deutsches Ärzteblatt* 65 (1935), S. 1116–1119.

Vogeler, Karl, *August Bier: Leben und Werk.* München 1941.

Voigt, Klaus, »Refuge and Persecution in Italy, 1933–1945«. *Simon Wiesenthal Center Annual* 4 (1987), S. 3–64.

Volz, Hans, *Daten der Geschichte der NSDAP.* 9. Aufl., Berlin 1939.

Voswinckel, Peter, *50 Jahre Deutsche Gesellschaft für Hämatologie und Onkologie.* Würzburg 1987.

Wagner, Gerhard, »Stellung und Aufgaben des beamteten Arztes im neuen Reiche«. *Deutsches Ärzteblatt* 64 (1934), S. 778ff.

Ders., »Unser Reichsärzteführer spricht: Rede, gehalten auf dem Reichsparteitag 1935«. *Ziel und Weg* 5 (1935), S. 431–435.

Ders., »Die Reichsärzteordnung, ein Instrument nationalsozialistischer Gesundheitspolitik«. *Ziel und Weg* 6 (1936), S. 2ff.

Ders., »Neue Deutsche Heilkunde«. *Deutsches Ärzteblatt* 66 (1936), S. 419ff.

Ders., »Die Stellung des Arztes im neuen Deutschland«. *Ziel und Weg* 7 (1937), S. 394–397.

Ders., »Die Ziele der nationalsozialistischen Gesundheitspolitik«. *Ziel und Weg* 7 (1937), S. 487–493.

Ders., »Rasse und Volksgesundheit«. *Ziel und Weg* 8 (1938), S. 515–521.

Ders., »Gesundes Leben – Frohes Schaffen: Rede zur Eröffnung der Ausstellung am 24. September 1938 in Berlin«. *Ziel und Weg* 8 (1938), S. 549–555.

Ders., *Die Nürnberger Judengesetze: Nationalsozialistische Rassen- und Bevölkerungspolitik: Mit Erläuterungen zu den Nürnberger Rassegrundgesetzen.* 3. Aufl., München 1939.

Ders., »Sicherung der wirtschaftlichen Existenz des Kassenarztes«. *Deutsches Ärzteblatt* 69 (1939), S. 23f.

Ders., »Volksgesundheit und Leistungsprinzip im nationalsozialistischen Staate: Die Aufhebung der Kurierfreiheit in Deutschland«. *Ziel und* Weg 9 (1939), S. 137–140.

Walk, Joseph (Hg.), *Das Sonderrecht für die Juden im NS-Staat: Eine Sammlung der gesetzlichen Maßnahmen und Richtlinien – Inhalt und Bedeutung.* Heidelberg 1981.

Wasserstein, Bernard, *Britain and the Jews of Europe, 1939–1945.* Oxford 1979.

Wegner, Bernd, *Hitlers Politische Soldaten: Die Waffen-SS 1933–1945: Studien zu*

Leitbild, Struktur und Funktion einer nationalsozialistischen Elite. Paderborn 1982.

Wehler, Hans-Ulrich, *Das Deutsche Kaiserreich 1871–1918*. 4. Aufl., Göttingen 1980.

Weindling, Paul, »Die preußische Medizinalverwaltung und die ›Rassenhygiene‹, 1905–1933«. In Achim Thom und Horst Spaar (Hg.), *Medizin im Faschismus: Symposium über das Schicksal der Medizin in der Zeit des Faschismus in Deutschland 1933–1945*. Berlin (Ost) 1985, S. 48–56.

Ders., »Race, Blood and Politics«. *Times Higher Education Supplement*, 19. Juli 1985, S. 13.

Weingart, Peter, »Eugenik – Eine angewandte Wissenschaft: Utopien der Menschenzüchtung zwischen Wissenschaftsentwicklung und Politik«. In Peter Lundgreen (Hg.), *Wissenschaft im Dritten Reich*. Frankfurt/M. 1985, S. 314–349.

Weisenborn, Günther, *Der lautlose Aufstand: Bericht über die Widerstandsbewegung des deutschen Volkes 1933–1945*. Hamburg 1953.

Weiss, Sheila Faith, *Race Hygiene and National Efficiency: The Eugenics of Wilhelm Schallmeyer*. Berkeley 1987.

Weitbrecht, H. J., *Psychiatrie in der Zeit des Nationalsozialismus: Rede, gehalten am 10. Februar 1966 in der Rheinischen Friedrich-Wilhelms-Universität zu Bonn im Rahmen des Studium Universale*. Bonn 1968.

Weizsäcker, Viktor von, *Arzt und Kranker*. Leipzig 1941.

Ders., »Euthanasie und Menschenversuche«. *Psyche* 1 (1947–1948), S. 68–102.

Ders., *Natur und Geist: Erinnerungen eines Arztes*. 2. Aufl., Göttingen 1955.

Wer ist Wer? Das deutsche Who's Who. 16. Aufl. (Hg. Walter Habel), Berlin 1970.

Wer ist Wer? Das deutsche Who's Who. 25. Aufl., Lübeck 1986.

Wer ist's? 10. Aufl. (Hg. Hermann A. L. Degener), Berlin 1935.

Werle, Karl-Peter, »Formen des Widerstandes deutscher Ärzte 1933 bis 1945«. Doktorarbeit, Kiel 1974.

Werner, Andreas, »SA und NSDAP: SA: ›Wehrverband‹, ›Parteitruppe‹ oder ›Revolutionsarmee‹? Studien zur Geschichte der SA und der NSDAP 1920–1933«. Doktorarbeit (Phil.), Erlangen-Nürnberg 1964.

Whalen, Robert Weldon, *Bitter Wounds: German Victims of the Great War 1914–1939*. Ithaca 1984.

Who's Who in Germany. 3. Aufl. (Hg. Horst G. Kliemann und Stephen S. Taylor), München 1964.

Winkler, Dörte, *Frauenarbeit im »Dritten Reich«*. Hamburg 1977.

Winkler, Ernst, »Zur Frage der Krankenausbildung der Medizinstudenten«. *Ziel und Weg* 5 (1935), S. 277f.

Winter, Irina (Hg.), *Georg Benjamin: Arzt und Kommunist*. Berlin (Ost) 1962.

Wirtschaftstaschenbuch für Ärzte (Hg. Julius Hadrich), Leipzig 1926.

Wirz, Franz, »Hochschule und Fortbildung«. *Deutsches Ärzteblatt* 67 (1937), S. 47ff.

Witter, Ben, »Es hat doch auch die anderen Deutschen gegeben«. *Die Zeit*, 19. Juli 1981, S. 54.

Wolff, Inge, »Bericht über das III. Reichslager für medizinische Fachgruppenreferentinnen vom 31. 3.– 4. 4.1937 auf der Reichsschule I der NS.-Frauenschaft in Coburg«. *Die Ärztin* 13 (1937), S. 162–165.

Dies., »Die politische Erziehung der deutschen Studentin«. In *Wille und Weg der nationalsozialistischen Studenten.* (*Die Studentische Kameradschaft*, Sonderausgabe), 1939, S. 66–69.

Wolff-Mönckeberg, Mathilde, *Briefe, die sie nicht erreichten: Briefe einer Mutter an ihre fernen Kinder in den Jahren 1940–1946* (Hg. Ruth Evans), Hamburg 1980.

Wren, Christopher, »Salvaging Lives after Torture«. *New York Times Magazine,* 17. August 1986, S. 18–24.

Wuttke [-Groneberg], Walter, »Die Herrschaft von Künstlern: Zur ärztlichen Methodenlehre«. In Martin Doehlemann (Hg.), *Wem gehört die Universität? Untersuchungen zum Zusammenhang von Wissenschaft und Herrschaft anläßlich des 50jährigen Bestehens der Universität Tübingen.* Lahn-Gießen 1977, S. 177–200.

Ders., »Von Heidelberg nach Dachau«. In Gerhard Baader und Ulrich Schultz (Hg.), *Medizin und Nationalsozialismus: Tabuisierte Vergangenheit – Ungebrochene Tradition?* Berlin 1980, S. 113–144.

Ders. (Hg.), *Medizin im Nationalsozialismus: Ein Arbeitsbuch.* Tübingen 1980.

Ders., »Leistung, Vernichtung, Verwertung: Überlegungen zur Struktur der Nationalsozialistischen Medizin«. In *Volk und Gesundheit: Heilen und Vernichten im Nationalsozialismus.* Tübingen 1982, S. 6–59.

Wyman, David S., *The Abandonment of the Jews: America and the Holocaust, 1941–1945.* New York 1985.

Zapp, Albert, »Untersuchungen zum Nationalsozialistischen Deutschen Ärztebund (NSDÄB)«. Doktorarbeit, Kiel 1979.

Zelzer, Maria, *Weg und Schicksal der Stuttgarter Juden: Ein Gedenkbuch.* Stuttgart, o. J.

Der zivile Luftschutz im Zweiten Weltkrieg: Dokumentation und Erfahrungsberichte über Aufbau und Einsatz (Hg. Erich Hampe), Frankfurt/M. 1963.

Zmarzlik, Hans-Günter, »Der Sozialdarwinismus in Deutschland als geschichtliches Problem«. *Vierteljahrshefte für Zeitgeschichte* 11 (1963), S. 246–273.

Zörner, G. et al., *Das Frauen-KZ Ravensbrück.* Berlin (Ost) 1971.

Zofka, Zdenek, »Der KZ-Arzt Josef Mengele: Zur Typologie eines NS-Verbrechers«. *Vierteljahrshefte für Zeitgeschichte* 34 (1986), S. 245–267.

Zondek, Hermann, *Auf festem Fuße: Erinnerungen eines jüdischen Klinikers.* Stuttgart 1973.

Zorn, Gerda, *Stadt im Widerstand.* Frankfurt/M. 1965.

Zülch, Tilman (Hg.), *In Auschwitz vergast, bis heute verfolgt: Zur Situation der Roma (Zigeuner) in Deutschland und Europa.* Reinbek 1979.

Zweihundertfünfzig Jahre Charité Berlin. Berlin (Ost) 1960.

Register

Abteilung Volksgesundheit 57
Achelis, Johann 371
Adenauer, Konrad 28
Ahlson, Astrid Lange 149
Ahronheim, Heinz Jacques 345
Akademie der Wissenschaften 28
Alexander, Leo 31
Aliyah 348
Allan Memorial Institute 35
Allgemeine Erklärung der Menschenrechte (UN) 33
Alt-Rehse, Führerschule der deutschen Ärzteschaft 123-124, 186, 204, 225, 262, 275
»Alte Kämpfer« 52, 113, 115, 117, 126, 133, 151–152, 197
Amende, Dietrich 30, 293, 298
Amt für Sippenforschung 299
Amtsärzte 46, 186, 304, 316
Arbeitsgemeinschaft sozialdemokratischer Ärzte 138
Archiv für Rassen- und Gesellschaftsbiologie 192
Arendt, Hannah 37
Aretin, Erwein Freiherr von 156
Arminger, Gerhard 267
Aron, Fritz 345
Aron, Ruth 307
Ärztliche Mitteilungen 40
Aschoff, Ludwig 206, 284
Baader, Dr. 156
Bach, Ernst 164, 213–217
Baerwolf, Fritz 136
Bahr, Dr. 187
Balfour Deklaration 349
Bamm, Peter (Curt Emmrich) 99, 103
Bartels, Friedrich 113, 163, 299
Bauer, Julius 240
Beck, Ludwig 232
Beer, Arthur 310
Behrens, Carl Heinz 114
Bello, Heinz 277
Benjamin, Georg 303, 331
Benn, Gottfried 310
Bergk, Susanne 161
Bergmann, Gustav von 207
Beringer, Kurt 243
Berlin Document Center 21, 40
Berlin-Plötzensee, Zuchthaus 141
Bernbeck, Rupprecht 25
Berufsordnung für die deutschen Ärzte 65, 75, 79–80
Best, Werner 111
Bethel, Pflegeanstalt für Behinderte 263, 382
Bewer, Clemens 54
Bickenbach, Otto 223
Bier, August 231, 366, 371
Bierhallenputsch 115, 213, 225
Biko, Steve 34
Birnbaum, Dr. 307
Bittner, Georg 134
Blasius, Dirk 16
Blome, Kurt 77, 80, 113, 123, 126, 204, 262, 299, 333
Bluhm, Agnes 160, 166, 192, 371, 373
Bodelschwingh, Friedrich von 263
Boehm, Hermann 224–225
Bonhoeffer, Karl 215, 243
Bormann, Martin 282–283
Borst, Max 205
Böttcher, Alfred 195

Boye, Hans-Jochen 131
Brandenburg-Görden, Zuchthaus 96
Brandt, Dr. 97
Brandt, Karl 49-51, 59-60, 81, 90–91, 217, 229, 289, 334, 367
Brauchbar, Hans 340
Braun, Dr. 143
Braun, Eva 311
Braun, Ilse 311
Breipohl, Wilhelm 97
Brugsch, Theodor 95, 143, 146, 206
Brüning, Heinrich 68
Buchinger, Otto 103, 148
Büchner, Franz 148, 206–207, 241–243, 277
Bumke, Oswald 226–227, 238–239, 284
Bund Deutscher Ärztinnen (BDÄ) 165, 180–182, 184, 461
Bundesärztekammer 13–14, 25, 29, 40
Bürger-Prinz, Hans 227–229, 284
Buschke, Abraham 237
Caffier, Dr. 97
Cameron, Ewen 35
Catel, Werner 26, 96, 239
Central-Verein 349
Chain, Ernst Boris 248
Charité 90–91, 94, 130, 215, 245, 248, 383
Christliche Demorkatische Union 28
CIA (Central Intelligence Agency) 35
Clauberg, Carl 25, 296, 367, 383
Claus, Martin 306
Cocks, Geoffrey 36
Cohn-Hülse, Wilfried 307
Colegio Medico 34
Compton Committee 34
Conrad, Dr. 144
Conti, Leonardo 30, 44, 47, 49–50, 58–60, 62–63, 81–83, 85, 87, 91, 113, 119–120, 123, 125–126, 153, 168–169, 172, 183, 196–197, 207, 214–217, 221, 254, 283, 287–288, 294, 297–300, 306–307, 331–333, 367, 371, 386
Coolidge, Calvin 342
Cramer, Max 351
Creutzfeldt, Hans Gerhardt 243
Daniel, Gertrud 162
De Crinis, Max 215–217, 220–221, 254, 285, 287
Degenhardt, Donald 276
Degkwitz, Rudolf 229, 242
Deklaration von Helsinki 33
Deklaration von Tokio 33
Der Jungarzt 275
Der Stürmer 314
Deuschl, Hans 123, 301
Deutsch Medizinische Wochenschrift 40
Deutsche Arbeitsfront (DAF) 45, 83, 318
Deutsche Gesellschaft für Neurologie 226
Deutsche Gesellschaft für Rassenhgiene 192
Deutscher Ärztevereinsbund 53-54, 301
Deutscher Verband Akademischer Frauenvereine 181
Deutsches Ärzteblatt 14–15, 28, 40
Deutsches Frauenwerk (DFW) 165, 187
Deutschnationale Volkspartei (DNVP) 54
Die Ärztin 26, 166, 182–183
Die Frau 164
»Die Sünde wider das Blut« 295
Diels, Rudolf 307
Diepken, Paul Robert 205, 259
Dingeldey, Dr. 262
Dinter, Artur 295
Dollfuß, Engelbert 215, 231
Domagk, Gerhard 206
Donnerberg, Hanna 151, 184–185
Eberl, Irmfried 296
Ebner, Gregor 129
Eckard, Heinrich 76
Eckhardt, Hermann 140
Ehrlich, Paul 196, 364
Einstein, Albert 196
Emigranten 85, 305, 336-337, 339, 347–348, 352
Endrös, Anton 115
Ensinger, Theodor 147

Entress, Friedrich 132
Eppinger, Hans 247
Erster Weltkrieg 66, 87, 101, 112–114, 138, 231, 233, 235, 237, 244, 280, 303, 305, 309, 341, 364, 369, 375–376
Essig, Bertha 161
Eugenik. *Siehe* »Rassenkunde«
»Euthanasie« 10, 13, 15, 17–18, 26, 31, 35–36, 66, 143–144, 148, 155, 197, 241, 243–244, 263–264, 299, 361, 368, 381–382, 387
Évian-les-Bains 338, 349
Ewald, Gottfried 244
Fackenheim, Dr. 329
Falstein, Louis 31
Feder, Gottfried 111
Fetscher, Reiner 138
Fiehler, Karl 302, 304, 318
Finger, Otto 200
Fischer, Eugen 196–197, 199, 295, 330, 373–378, 380
Fischer, Josef 131
Fischer-Homberger, Esther 360
Fleischmann, Friedrich 273
Forßmann, Werner 96, 216, 221, 227–228, 366
Franco, Francisco 143
Frank, Hans 111
Frankenthal, Käte 340, 347, 356–357
Frauenklinik Cecilienhaus 234
Freerksen, Enno 218
Freikorps 112–115, 164, 213, 244, 369, 376
Freisler, Roland 111, 241
Freud, Sigmund 66, 372
Freudenberg, Ernst 238
Frey, Emil Karl 207
Frick, Wilhelm 153, 282, 322, 326, 358
Fricke, Dr. 213
Friedheim, Ilse 353
Friedländer, Rudolf 353
Fröwis, Babette 29
Führerlexikon 111, 116
Futter, Dorothea 354
Galen, Clemens August Graf von 155
Gauger, Kurt 155
Gaupp, Vera 146
Gauwerky, F. 262
Gay, Peter 372
Gebhardt, Karl 12, 37, 208, 219, 367, 383
Geilen, Elisabeth 182
Geisler, Charlotte 161
Gelbke, Dina 139
Gelbke, Karl 138-141, 276
Gerstein, Kurt 154
Gesetz über die berufsmäßige Ausübung der Heilkunde ohne Bestallung (»Heilpraktikergesetz« 79
Gesetz zur Verhinderung erbkranken Nachwuchses 227, 299
Gesetz zur Wiederherstellung des Berufsbeamtentums 136, 222, 233
Gestapo 139, 141, 142, 148, 229, 237, 241, 277, 303, 307, 323–324, 329, 331–332, 334, 340
Gideon, Simon 345
Gieseler, Wilhelm 195
Gietzelt, Fritz 138, 140–142, 150
Gluskinos, Ludwig 303
Goebbels, Joseph 89, 168, 254, 302
Goldberg, Adolf 329
Goldberg, Martha 329
Göring, Hermann 58, 89, 147, 219
Göring, Martin 36, 239, 241
Gottlieb, Bernward J. 218
Graetz-Menzel, Charlotte 164
Graf, Willi 277
Grawitz, Ernst 219
Grawitz, Ernst Robert 156, 219
Gressler, Margot 158–159, 184–185
Groß, Leo 352
Groß, Walter 179, 206, 231, 295, 297, 299, 301, 314, 333, 382
Groeger, Karl 277
Groscurth, Georg 241–242
Grote, Heinrich 54, 114, 137, 306, 314
Gruber, Georg B. 382
Gruhle, Hans Walther 238
Gruner, Gottfried 101
Guertler, Wilhelm 246

Guleke, Nicolai 289
Gumpert, Martin 311, 336, 340
Güstrow, Dietrich 276
Gütt, Arthur 59, 299, 301
Hadda, Siegmund 323
Haedenkamp, Carl 14, 54, 123, 164, 301
Hagen, Wilhelm 74, 145
Hahn, Gustav Heinrich 97, 169
Hahn, Jacoba 169
Hahnemann, Samuel 368
Hamann, Erhardt 116
Hanauske-Abel, Hartmut 22
Hanf-Dressler, Kurt 154
Harms, Juliane 121
Harnack, Arvid 139
Hartmann, Friedrich 220–221, 231
Hartmann, Hermann 52
Hartmannbund 28, 52–55, 82, 112, 114, 120, 235, 301
Haselmayer, Heinrich 116
Hauer, Alois 149
Hauptamt für Volksgesundheit 57, 125, 187
Hauptmann, Alfred 235
Havemann, Robert 241
Hebammen 62-63, 371
Hechaluz (Pionierorganisation) 348
Heckel, Ernst 191
Hegemann, Gerd 164
Heilbronner, Anna 351
Heilbronner, Edgar 351
Heinze, Hans 229
Heißmeyer, August 208
Heißmeyer, Kurt 207–209, 365
Helman, Socrate 35
Helmy, M. 146
Herlitschka, Kurt 136
Herxheimer, Karl 235, 237
Hes, Paul 353
Hess, Rudolf 57–58, 120, 123, 193, 211-212, 241, 282, 326
Heubner, Wolfgang 242
Heyde (Sawade), Werner 228, 363
Heyde, Bernhard 309
Heydrich, Reinhard 12, 307, 326
Hiemer, Ernst 293
Hilfskassenärzte 48, 74, 159
Himmler, Heinrich 12, 50, 83, 129–131, 208, 210–211, 214, 216–219, 221, 254, 260, 289, 328, 343, 370
Hippokrates 371
Hippokratischer Eid 34, 94, 143, 145, 148, 207, 242, 335, 387–388
Hirohito 32
Hirsch, Cäsar 346
Hirsch, Max 312
Hirt, August 211, 260, 383
His, Wilhelm 364
Hitler-Jugend 108, 133, 151, 165, 176–177, 181, 183, 185–187
Hoßbachprotokoll 45
Höber, Rudolf 236
Hochschulkommission der NSDAP 212, 214
Hoff, Ferdinand 227, 229-230, 284
Hoffa, Lizzie 167
Hoffmann, Auguste 182
Hoffmann, Erich 223, 227
Hoffmann, Heinrich 195, 224
Hofmann, Edmund 97
Hohenlychen Sanatorium 208, 219
Hohl, Martin 144
Holfelder, Hans 218
Hölzel, F. 144
Holzmann, Wilhelm 224
Huwer, Günter 361–363
IG Farben 206
Igersheimer, Joseph 236
Institut für Erbgesundheits- und Rassenpflege 198
Institut für Militärmedizin und Hygiene 28
Internationale Gesellschaft für Medizingeschichte 362
Ivy, Andrew C. 361
Jacob, Franz 142
Jagic, Nikolaus 247
Jakobowitz, Martin 321
Jansen, Werner 213–214, 217
Jarausch, Konrad H. 21, 32
Jaschke, Rudolf Edler von 198
Jaspers, Karl H. 224

Jaspersen, Karsten H. 155
Jüdische Vertretung für Palästina 348, 350
Jungärzte 108, 117, 119–120, 162, 168, 184, 257, 261–262, 283, 289, 303, 306, 383
Jünger, Ernst 369
Jungmann, Gerhard 28
Juristen 32, 44, 110–112, 128, 199, 254, 265, 270–272
Kaiser-Wilhelm-Gesellschaft 364
Kaiser-Wilhelm-Institut für Anthropologie und Eugenik 211, 374
Kaiser-Wilhelm-Institut für Psychiatrie 145, 235
Kampfbund für deutsche Kultur 118
Karstedt, Oskar 306–307, 309
Kassenärztliche Vereinigung Deutschlands (KVD) 29, 39–40, 55-57, 59, 61, 68, 71–72, 74–76, 83, 93, 106, 110, 113–114, 120–121, 124, 135, 137, 148, 150–151, 159, 166–167, 182–184, 198, 235, 305–306, 310, 312–314, 317, 319, 321, 324, 339
Kassenarztrecht 29
Kastration 197, 368
Katz, Theodor 303
Kauffmann, Dr. 307
Kelchner, Mathilde 161, 166
Keller, Dr. 322
Kemal Pascha (Atatürk) 236
Kiesselbach, Anton 363, 383
Kirchert, Werner 156
Kirkpatrick, Clofford 167
Klare, Kurt 114, 150, 206, 224, 292, 300, 303, 370
Klee, Ernst 17
Klein, Fritz 294
Klein, Wilhelm 307
Kleist, Karl 243
Klipp, Carl-Oscar 314
Koblenzer Bundesarchiv 40
Koch, Robert 364
Koller, Siegfried 193, 201, 372
Kondeyne, Karl-Walther 133
Konzentrationslager 11–12, 20, 31, 130, 136, 147, 155, 167, 194, 199–200, 223, 237–238, 264, 290, 321, 325, 329, 331, 337, 340, 352, 361, 383-384; Auschwitz 29, 31, 333; Belzec 218; Buchenwald 208, 329; Dachau 146, 156, 208, 210, 303, 329, 331, 340; Flossenbürg 156; Groß-Rosen 132; Mauthausen 132, 208, 331; Natzweiler 383; Neuengamme 208; Oranienburg-Sachsenhausen 148, 208, 242, 329; Ravensbrück 130, 188, 335; Treblinka 296
Kötschau, Karl 28, 115, 301, 369-371
Kovács, Mára 32
»Krankenbehandler« (jüdische Ärzte) 327–328, 333, 335
Krankenkassensystem 42, 56, 68, 305
Kranz, Heinrich Wilhelm 195, 197–201, 223, 377–378
Krause, Karl 141
Krause, Paul 240, 243
Krauss, Walter 115
Krebs, Hans 233, 235–236
Krehl, Ludolf von 206, 224
Kreienberg, Walter 26–27, 366
Kreiselmaier, Johannes 138, 141–142
Kremer, Johann Paul 207, 209–211, 383
Kretschmer, Ernst 239
»Kristallnacht« 332, 340, 349
Krückmann, Emil 242
Küchenmeister, Walter 139
Kudlien, Fridolf 16
Kuhlo, Ursula 183
Kuhn, Philalethes 192–194, 198–199, 373
Kühn, Wolfgang 142
Kürten, Heinz 223
Lagarde, Paul de 368
Lancet 38
Landsberg, Dr. 308
Lazarus, Paul 313
Lebsche, Max 241
Lehmann, Ilse 353
Lejeune, Fritz 119
Lenz, Fritz 160, 193–194, 197, 253, 291–292

Leopold, Dr. 307
Lepsius, Richard 122
Ley, Robert 59, 83, 221
Liebenfels, Lanz von 291
Liebl, Ludwig 52, 118, 120
Liek, Erwin 202, 368–372, 380, 382
Liepmann, Wilhelm 234, 236
Lifton, Robert Jay 12–13, 16, 18, 22, 31, 37, 129, 154, 156, 190, 291, 297, 381
Linden, Herbert 196
Lindgens, Hermann 285
Lippert, Julius 304
Lölhöffel, Edith von 165, 182
Löning, Friedrich 237
Lubarsch, Otto 234
Lustig, Walter 334
Madlener, Max 221
Mager, Leo 146
Mann, Erika 146
Markus, Max 305
Marx, Martin 311
Marxismus 139, 141, 240–241
Masur, Dr. 308
Mayer-Gross, Willy 235
Medical Practitioners Ordinance 350
Medizinische Akademie der SS in Graz 131, 215, 218, 220
Meier, H. H. 293, 298
Mein Kampf 30, 291, 296
Meixner, Dr. 156
Meller, Josef 247
Memorial Hospital for Cancer Research 347
Mendel, Gregor Johann 195
Mengele, Josef 17, 29, 34, 37, 132–133, 207, 211, 218, 322, 373, 378–381
Mennecke, Friedrich 115
Meyer, Robert 235-236
Meyerhof, Otto 236
Meyerowitz, Bruno 356
Mielke, Fred 13, 15, 35, 37–38
Mitscherlich, Alexander 13–15, 35, 37–38, 277
Moeller van den Bruck, Arthur 368
Moll, Albert 365
Mollison, Theodor James 373–374, 377–378
Mosse, George L. 22
Mrugowsky, Joachim 219, 370
Much, Hans 369
Müller, Helmut 142
Müller, Reiner 194, 297, 382
Müller-Hill, Benno 17, 22, 37–38
Münch, Wilhelm 156
Münchener Medizinische Wochenschrift 40
Munk, Dr. 147
Mussolini, Benito 32
Mutschmann, Martin 239, 276
Nathan, Dr. 345
Nathorff, Hertha 336, 340
Nationalpreis 371
Nationalsozialistischer Kraftfahrkorps 175, 185
Neandertaler 373
Neger 192, 368, 373–374
Neue Deutsche Heilkunde (NDH) 230, 274
Niedermeyer, Albert 148
Niekisch, Ernst 277
Nietzsche, Friedrich 368
Nissen, Rudolf 234, 236
Nördlinger, Julius 143
NS-Dozentenbund 199, 218, 222–223, 230
NS-Kulturgemeinde 121
NS-Lehrerbund 118, 125
NS-Rechtswahrerbund 118
NSÄB (Nationalsozialistischer Deutscher Ärztebund) 26, 28, 44, 52–53, 113–114, 117–125, 147, 151, 153, 179, 181, 184, 198, 204, 207, 262, 301, 311
NSDAP 11, 26, 28, 45, 52–53, 56, 77, 103–104, 106–113, 115–121, 124–125, 134, 141, 147, 152-153, 155, 163, 176, 179, 181–182, 184–186, 188, 192, 201, 207–209, 212, 223, 228, 230, 244, 262, 264–268, 270–273, 284, 295, 302, 311–312, 362–363
NSDStB 176, 178–179, 262, 273, 459
NSF 185, 187

NSKK (Nationalsozialistische Kraftfahrkorps) 134, 273
NSV (Nationalsozialistische Volkswohlfahrt) 134, 159, 176–177, 186–187, 230
Nußbaum, Oskar 345
Nürnberger Ärzteprozeß 12, 15, 33
Nürnberger Ärzteprozesse 361
Nürnberger Kodex 18, 33
Nürnberger Rassengesetze 27, 234, 282, 295, 299, 309, 315, 320-322, 326, 331, 333, 338, 350, 359
Nyiszli, Miklos 379
Oberheuser, Herta 188, 363
Oppenheimer, Eduard 301
Oppolzer, Robert 237
Orlopp-Pleick, Erna 165, 181
Ostara 291
Ostrowski, Siegfried 323, 328–329, 352
Otto, Helmut 115
Pagel, Gerhard 142
Pakheiser, Theodor 204
Paracelsus-Medaille 27
Paragraph 218 76, 320
Pasternak, Leonid 145
Paul, Elfriede 138–140
Pauly, Erasmus 116
Payr, Erwin 207
Peel Kommission 348, 350
Peschke, Karl 114
Peysack, Georg 352
Pfannenstiel, Wilhelm 217–218, 372
Pfundtner, Hans 153
Pharmazeuten 111, 117, 121
Phillipsthal, Dr. 307
Pick, Ludwig 237
Pietz, Carlo 147
Pinochet, Augusto 18
Platen-Hallermund, Alice 15, 35, 201, 243
Plesch, Johannes 340, 353
Ploetz, Alfred 160, 191–192, 194, 372
Pohl, Oswald 208
Pohlisch, Kurt 238
Pribram, Egon 233
Prinzipien der ärztlichen Ethik (UN) 33
Privatkrankenkassen 305
Probst, Christoph 277
Ramm, Rudolf 294, 296, 298, 300
Rascher, Sigmund 37, 207, 210–211, 218, 242, 366
»Rassenkunde« 10, 27, 190–191, 193–199, 201, 206, 223, 225, 231, 258–259, 275, 286–287, 291, 298, 372–374, 382, 385, 387
Rassenpolitisches Amt 187, 263
Rassismus 143, 298, 325, 364, 373, 377
Rauschning, Hermann 111
Rehm, Theo 115
Reichsarbeitsdienst 45, 186, 252
Reichsarzt SS 131
Reichsärztekammer (RÄK) 56–57, 80, 106–107, 109, 113, 117, 121, 124–125, 127, 155, 158–159, 182–183, 186
Reichsärzteordnung 54, 57, 75, 78–80, 82, 105, 182, 256, 316, 386
Reichserziehungsministerium (REM) 164, 173, 189, 197, 212–213, 216–218
Reichsfluchtsteuer 339
Reichsgesundheitsamt 59
Reichsgesundheitsführung 30, 47, 49–50, 58, 62, 75, 83, 94, 97, 168–169, 185, 262, 331
Reichssippenamt 299
Reichstag 116, 147, 223
Reichsverband Angestellter Ärzte 44
Reichsverband der Naturärzte 79
Reichswehr 126
Reinmöller, Johannes 226
Reiter, Hans 30–31, 59, 192–193, 196, 301
Rittmeister, John 241
Rockefeller-Stiftung 346
Rodenwaldt, Ernst 27
Roemer, Dr. 144
Röhm, Ernst 126-127
»Röhmputsch« 133, 147, 312
Röhrs, Hans-Dietrich 371
Romann, Ursula 165

Roosevelt, Franklin D. 342
Röpke, Erna 165
Rose, Gerhard 367
Rosenberg, Alfred 118, 121, 123, 212
Rosenstein, Paul 323, 339, 346–347, 351–352
Rostock, Paul 217, 246
Rote Kapelle 139, 241
Rotes Kreuz 177
Rotzinger, Henriette 352
Rüdin, Ernst 145, 192, 235, 238–239, 373
Rudolf-Hess-Krankenhaus 77, 204, 225
Ruppert, Joseph 294, 297
Ruppin, Walter 308
Russ, Herta 184–185
Rust, Bernhard 212, 218
SA 14, 28, 118, 125–130, 133, 145–146, 151, 154, 175–176, 184, 207, 214, 223, 230–231, 233, 237, 267, 270–273, 302–303, 307–308, 312, 363
SA-Hochschulamt 271
Saalfeldt, Wolfgang 77, 115, 126
Sadger, Max 352
Saefkow, Anton 142
Samuel, Maximilian 335
Sandelowski, Werner 354
Sandler, Aron 351
Sauer, Helene 182
Sauerbruch, Ferdinand 73–74, 207, 219–221, 230–232, 234, 241, 285, 311, 366–367, 371–372
Sauerbruch-Arm 364
Schachtel-Kurt 356
Schadewaldt, Hans 134, 223, 361–363
Scheel, Gustav Adolf 259
Schellenberg, Walter 216
Schemm, Hans 308
Schenck, Ernst Günther 207–208, 370–371
Schiller, Friedrich 147
Schirach, Baldur von 133
Schittenhelm, Alfred 217
Schmidt, Werner 135
Schmorell, Alexander 277
Schmuhl, Hans-Walter 36
Schneider, Carl 205, 382
Schnell, Karl 143
Scholl, Hans 277
Schönberg, Hildegard 184–185
Schönerer, Georg Ritter von 215
Schröder-Jakowski, Dr. 180
Schubert, Margarete 182
Schultz, Johannes Heinrich 239
Schultze, Walter 194
Schulz, Bruno 146
Schulze-Boysen, Harro 139
Schumacher, Kurt 139
Schumann, Horst 296
Schunk, Josef 146
Schürmann, Paul 194, 203, 212–214, 242, 370
Schwabe, Otto 320
Schwang, Anne-Liese 168
Schwarz, Hanns 346
Schweitzer, Albert 27
Seckendorf, Ernst 321
Seeman, Dr. von 207
Seifert, Ernst Heinrich 205
Seitz, Walter 146
Selchow, Bogislav Freiherr von 376
Seldte, Franz 306
Seligmann, Erich 323
Senger, Valentin 154
Serelmann, Hans 324
Sewering, Hans Joachim 13–17, 28–29, 39, 152
Siebeck, Richard 238
Sievers, Wolfram 154
Sinti und Roma 200, 377, 379–380
Soergel, Clara 180
Soetbeer, Franz 237
Sozialdarwinismus 9, 60, 160, 191
Spaar, Horst 36
SPD 138–139, 143, 153, 155, 307
Speer, Albert 95, 111
Spender, Stephen 276
Spengler, Oswald 368
SS 14, 18, 28, 37, 45, 100, 116, 118, 125, 127–133, 136, 140–141, 148, 152, 154, 175, 179-180, 184, 196, 207–210, 214–

222, 224, 231, 237, 244, 252, 267, 270–273, 284, 289, 303, 307–308, 321, 323, 329–331, 348, 363, 367, 370, 377–378, 385
SS-Lebensborn 130
SS-Napola 251
Staeckert, Curt 312–313
Stähle, Eugen 114, 144, 304, 308
Stauder, Alfons 53–54, 298, 301
Stauffenberg, Claus Graf von 232
Stein, Johannes 223–224
Steinheimer, Ludwig 301
Steirischer Heimatschutz 220
Sterilisation 27, 29
Stern, Alfred 355
Stern, Dr. 308
Stern, Karl 235
Steude, Kurt 276
Stickl, Otto 195
Stöcker, Wilhelm 301
Stoeckel, Walter 89, 97, 130, 207, 245–246
Straßer, Gregor 111, 120
Strauß, Kurt 221–222, 228, 328
Strauss, Hermann 237
Streicher, Julius 293, 302, 304, 314, 319, 370
Studenten der Zahnmedizin 270
Studentenkompanien 253, 266, 276–277
Sulfonamide 206
Technische Hochschule Dresden 192
Teleky, Ludwig 346
Ternon, Yves 35
Thannhauser, Siegfried 236
Theilhaber, Felix 351
Thimm, Lea 163, 167, 181–182
Thom, Achim 22
Thomalla, Curt 155, 260
Tietz, Ludwig 308
Tincher, J. M. 342
Tirala, Lothar Gottlieb 195–196, 239
Todt, Fritz 111
Toland, John 311
Treite, Percival 130
Trendelenburg, Wilhelm 220, 247
Tries, Hilde 184
Trusted, H. H. 350
Ungern-Sternberg, Roderich von, Hilde 161
Universität 44, 56, 80, 87, 105, 124, 131, 170, 172-173, 189, 193, 195–196, 202–203, 205–206, 211–212, 214, 222, 229, 231, 233, 245, 251, 254–255, 258, 261–262, 264–265, 274, 276, 278–279, 282–284, 286–289, 344, 353, 362–365, 368, 370, 381; Berlin 14, 194, 219–220, 241, 245, 255, 288, 374; Bonn 223; Düsseldorf 26, 361; Erlangen 26; Frankfurt 279, 322, 377; Freiburg 277; Gießen 198–199, 201, 224; Graz 215, 219; Greifswald 255; Hamburg 26; Heidelberg 204, 238; Jena 289, 362; Kiel 27, 218; Mainz 26; Marburg 197, 218; München 28, 132, 164, 191, 210, 212, 220, 223, 235, 241; Münster 164, 209–210; Posen 218, 297; Rostock 275; Straßburg 244, 383; Tübingen 38, 224, 287; Wien 237; Würzburg 26, 170, 275, 281
Unschuld, Paul Ulrich 384
Usadel, Georg 223
Usadel, Willy 223–224
Verein Deutscher Studenten 376
Verein sozialistischer Ärzte« 138
Verschuer, Otmar Freiherr von 17, 37, 195, 197–199, 211, 322, 373, 375–382
Veterinäre 50, 117, 121, 128
Vierjahresplan 88
Villain, Erwin 306
Vilmar, Karsten 14–17, 39, 361, 363
Virchow, Rudolf 369
Völkerbund 347
Völkischer Beobachter 227, 301
Volkmar, Herbert 151
Vollmann 263
Voss, Hermann 297
Wacker, Otto 214
Wagner, Georg 379
Wagner, Gerhard 52–54, 56–58, 61, 77,

79, 82, 113–114, 118, 120, 123, 150, 163–164, 167, 170, 181–184, 193, 203–204, 206, 211–215, 217, 224, 233–234, 240, 258, 261–263, 279, 282–283, 292–293, 296–299, 301, 304–306, 314–315, 317, 319, 321–322, 324, 326, 331, 333, 339, 368, 370–371, 386
Waldeck-Pyrmont, Josias Erbpriz zu 217
Waldheim, Kurt 325
Wannseekonferenz 333
Wasserstein, Bernard 353
Wehrmacht 45–51, 67, 74, 88, 91–93, 97, 141, 147–149, 199, 201, 231, 242, 245, 252–253, 255, 257, 266, 275, 334, 362
Weiße Rose 277
Weil, Siegmund 353
Weimarer Republik 27, 41–42, 44, 52, 54, 61, 68, 78, 81–82, 88, 91–92, 112–113, 117, 119–120, 125–126, 137–139, 142, 157–158, 164, 174, 189, 193, 202, 222, 224, 229, 236, 249–250, 264, 266–267, 278, 364
Weizsäcker, Viktor Freiherr von 372
Weltärzteverband 29, 33
Wenckebach-Krankenhaus 361
Wenzel, Ernst 132
Wermter, Edith 162
Wiener Akademie der Wissenschaften 247
Wilhelm II. 191
Willstätter, Richard 242
Wirths, Eduard 154
Wirz, Franz 212, 214, 262, 370
Wittern, Ernst 136
Wohlfeil, Gertrud 168
Wolf, Friedrich 356
Württember, Herzog Karl Eugen von 147
Würzburger, Adolf 351
Wuttke-Gronenberg, Walter 16
Zahnärzte 32, 72–73, 117, 121, 128, 272, 336, 385
Ziel und Weg 40, 234, 301, 303
Zitronensäurezyklus 235
Zondek, Hermann 233